Jan Toman / Jiří Felix

DER GROSSE KOSMOS NATUR-FÜHRER

UNSERE TIER- UND PFLANZENWELT

Mit 1350 Abbildungen von
Květoslav Hísek, Libuše Knotková,
Jaromír Knotek und Jiří Polák

FRANCKH-KOSMOS

Aus dem Tschechischen übertragen von
Ruth Kassube und Walter Kraus
Text des botanischen Teils
von Dr. Jan Toman
Text des zoologischen Teils
von Dr. Jiří Felix
Mit 1350 farbigen Illustrationen von
Květoslav Hísek, Libuše Knotková, Jaromír
Knotek und Jiří Polák

Umschlag von Theodor Bayer-Eynck unter
Verwendung von Zeichnungen von
Květoslav Hísek

CIP-Titelaufnahme
der Deutschen Bibliothek

Toman, Jan:
Der große Kosmos-Naturführer :
unsere Tier- und Pflanzenwelt /
Jan Toman ; Jiří Felix
[Aus d. Tschech. übertr. von Ruth Kassube
u. Walter Kraus]. – 8. Aufl. – Stuttgart :
Franckh-Kosmos, 1990
    (Kosmos-Naturführer)
    Bis 7. Aufl. u.d.T.: Felix, Jiří:
    Der große Naturführer
    ISBN 3-440-06132-9
NE: Felix, Jiří:

8. Auflage
Die 1.–7. Auflage ist unter dem Titel Felix/
Toman/Hísek, Der Große Naturführer
erschienen
© 1972, 1990, Artia, Prag
Für die deutsche Ausgabe:
© 1972, 1990, Franckh-Kosmos Verlags
GmbH & Co., Stuttgart
Alle Rechte vorbehalten
ISBN 3-440-06132-9
Lektorat: Rainer Gerstle
Herstellung: Lilo Pabel und
Heiderose Stetter
Printed in Czechoslovakia / Imprimé en
Tchécoslovaquie
Satz: G. Müller, Heilbronn
Druck: Artia, Prag
Buchbinderische Verarbeitung:
Mohndruck, Gütersloh

Der große Kosmos-Naturführer

Pflanzen

Tiere

Vorwort

In Europa finden wir Überreste von Dünen, große Flächen künstlich angelegter Teiche und Talsperren, aus den Gebirgen stürzen reißende Wildwässer zu Tal, durch die Tiefebenen winden sich die Bänder der Bäche und Flüsse, hier gleißen spiegelglatte Kolke und Altwässer. Wir können dunkle Wälder bewundern oder durch lichte Haine wandern und aus riesigen Großstadt-Ballungsgebieten in die Felder, Wiesen und Fluren flüchten. Die europäische Natur ist vielgestaltig – von Erlenbüschen, Weiden und Waldsteppen bis hin zu Berg-Buchenwäldern, von Felssteppen mit Eichen- und Kiefernwäldern bis zu den Berg-Fichtenwäldern und Alpenmatten, von den Steinfeldern, Bergseen und Gletschern bis zu den Weinbergen auf sonnenbestrahlten Hängen; all das finden wir auf diesem im Norden, Westen und Süden von Meeren gesäumten Kontinent.

Diese Vielzahl der verschiedensten Biotope beherbergt natürlich mannigfaltige Tier- und Pflanzengesellschaften. Viele Pflanzen und Tiere sind im Hinblick auf ihre Umwelt bescheiden und kommen in verschiedenen Biotopen vor, andere hingegen stellen ganz ausgeprägte Ansprüche und sind von ihrer Umgebung stark abhängig. Wir können uns hier nicht mit allen in der europäischen Natur vorkommenden Biotopen befassen, doch sollen die wichtigsten, typischsten und größten sowie die Zusammensetzung ihrer Pflanzen- und Tiergesellschaften erwähnt werden.

Diese Zusammensetzung ist das Resultat einer langen und komplizierten Entwicklung in ferner Vergangenheit. Das Artenspektrum wurde hauptsächlich von den sich im ausgehenden Tertiär und beginnenden Quartär abspielenden Veränderungen beeinflußt, also binnen der letzten zwei Millionen Jahre. Den ausschlaggebenden Einfluß haben ungeheure Klimaveränderungen ausgeübt:

Bild 1. Die Flußseeschwalbe (*Sterna hirundo*) brütet nicht nur an der Küste und auf Schären, sondern auch an Seen und Teichen im Binnenland.

Bild 2. Das Alpenmurmeltier (*Marmota marmota*) tut sich an den Samen aus den Zapfen der Latschenkiefer gütlich.

Wandlungen von subtropischem bis fast tropischem Klima, wobei in Mitteleuropa Palmen wuchsen und einige Affenarten lebten, zu einem kalten bis nahezu arktischen. Die Eiszeiten mit ihren den Verhältnissen der heutigen sibirischen Tundra ähnlichen Bedingungen wurden in langen Intervallen von warmen Zwischeneiszeiten abgelöst, die man mit den Bedingungen des heutigen Balkan vergleichen könnte. Solche Klimawechsel zogen notgedrungen umfangreiche Wanderungen von Pflanzen und Tieren nach sich, das Aussterben vieler Arten und ganzer Gattungen, sobald das Klima für sie unerträglich wurde, sowie das Vordringen anderer Tier- und Pflanzengruppen in günstige Biotope. Das Resultat dieser Wandlungsprozesse ist eben die heutige europäische Tier- und Pflanzenwelt, in deren Zusammensetzung man die Vertreter der warmen und kalten, feuchten und trockenen Perioden aus vielen Jahrtausenden ausfindig machen kann.

Einfluß auf die Zusammensetzung von Fauna und Flora haben auch die ganz verschiedenartige geologische Unterlage und die Ausbildung der Oberfläche des europäischen Territoriums, das sich durch eine starke Vertikalgliederung von weiten Tiefebenen über Hügellandschaften, Hochflächen und Mittelgebirge bis hin zu den Gipfeln der Hochgebirge auszeichnet.

Der Laubwald

Das Aussehen des Laubwaldes ändert sich zwischen Tiefebene und Gebirge. In regelmäßig oder wenigstens gelegentlich überschwemmten Geländen an fließenden Gewässern hat er die Gestalt des Auwaldes, in dem Erlen, Weiden und Pappeln dominieren. Je größer die Entfernung von den Wasserläufen, desto häufiger mischen sich Eichen, Ulmen, Eschen, Linden und Ahorne unter diesen Auwald. In den mittleren Lagen überwiegen Eichen- und Hainbuchenwälder, Überreste von einst reichen Forsten aus diesen Bäumen, die heute bereits in weitestem Umfang abgeholzt und durch künstlich gepflanzte Nadelwaldungen ersetzt sind. Im Bergvorland macht sich zwischen Eichen und Hainbuchen immer häufiger die Buche geltend, um schließlich zu überwiegen und die typischen Berg-Buchenwälder mit Tannen- und Fichtenbeimischung zu bilden. Der Laubwald ist deutlich in Stockwerke gegliedert. In den meisten Fällen weist er drei

auf – Bäume, Sträucher und krautigen Unterwuchs. Diese Anordnung erlaubt das Wachstum vieler Pflanzen auf kleiner Fläche und eine Nutzung des Raums über und unter der Erde und schränkt so die gegenseitige Konkurrenz ein. Die gleichen Vorteile bietet diese Stockwerkgliederung auch den Tieren, z. B. finden einige Vogelarten ihre Nahrung am Boden, andere in den Sträuchern oder auf den Stämmen der Bäume, weitere hoch oben in den Kronen.

Das Strauchstockwerk oder Unterholz der Auwälder ist oft undurchdringlich dicht. Es besteht einerseits aus jungen Bäumchen, z. B. Ulmen oder Pappeln, die aus den Wurzelausläufern alter Bäume erwachsen, aus Weiden, die sich vegetativ aus Bruchstücken leicht vermehren, andererseits auch aus echten Sträuchern. Hier wachsen der Schwarze Holunder (*Sambucus nigra*), der Rote Hornstrauch (*Cornus sanguinea*), Schneeball (*Viburnum opulus*), Faulbaum

Bild 3. Die Blindschleiche (*Anguis fragilis*) ist ovovivipar, die Weibchen bringen normalerweise lebende Junge zur Welt.

Bild 4. Zu den guten Speisepilzen gehört die Goldgelbe Koralle (*Ramaria aurea*), die im Spätsommer und Herbst hauptsächlich in Laubwaldungen wächst.

(*Rhamnus frangula*), Pfaffenhütchen (*Euonymus europaeus*) und andere. Charakteristisch für den Auwald sind auch Schlingpflanzen, vor allem der Gemeine Hopfen (*Humulus lupulus*), der Efeu (*Hedera helix*) und die Waldrebe (*Clematis vitalba*). Die Krautflora der Auwälder ist gleichfalls reichhaltig, obgleich durch die dichten Gehölzbestände nur wenig Sonnenlicht bis auf den Boden durchdringt. Hier blühen das Gelbe Windröschen (*Anemone ranunculoides*), der Märzenbecher (*Leucojum vernum*), Vergißmeinnicht (*Myosotis palustris*), Schlüsselblume (*Primula veris*), Lungenkraut (*Pulmonaria officinalis*), Bärenlauch (*Allium ursinum*), Dotterblumen (*Caltha*), Drachenwurz (*Calla palustris*) und andere, vielfach seltene und geschützte Pflanzen. Die Auwaldfauna ist ungeachtet der gelegentlichen Überschwemmungen artenreich. Hier kommen die gleichen Wildarten vor wie in den höher liegenden Wäldern, Hirsche und Rehe eingeschlossen, für das Schwarzwild ist die Umwelt der Auwälder sogar besonders günstig. Typische Vögel sind hier Mönchsgrasmücke (*Sylvia atricapilla*), Nachtigall (*Luscinia megarhynchos*), Beutelmeise (*Remiz pendulinus*), Pirol (*Oriolus oriolus*), an den Wasserläufen dann die verschiedenen Wasservogelarten.

Bild 5. Das Maiglöckchen (*Convallaria majalis*) liebt lockere, warme Böden.

Genau wie der Auwald bietet der Laubwald allgemein günstige Bedingungen für die Ausbildung von Strauch- und Krautstockwerk. Im Frühjahr sind die Bäume noch unbelaubt, und so können die Sonnenstrahlen bis auf den Boden vordringen, ihn erwärmen und die Vegetation zum Sprießen bringen. Sobald die Bäume ihre Blätter hervorbringen und ihre Kronen den Erdboden beschatten, verschwindet der farbenfrohe Teppich der Frühlingsvegetation, und die schattenliebenden Pflanzen übernehmen das Regiment. Gerade dieser saisonbedingte Wandel ist für Laubwälder charakteristisch.

Schon im Vorfrühling erscheinen in den Eichenwaldungen Schneeglöckchen, gefolgt von den blauen Blüten des Leberblümchens (*Hepatica nobilis*), dem purpurroten Lungenkraut (*Pulmonaria*), den weißen Blütensternen der Buschwindröschen (*Anemone nemorosa*), dem bunten Lerchensporn (*Corydalis*), der Haselwurz (*Asarum*), den vielfarbigen Waldwicken (*Lathyrus vernus*) und vielen anderen. Im Sommer werden sie dann von den verschiedensten Habichtskräutern (*Hieracium*) und Gräsern, z. B. von den Schwingeln (*Festuca*), der Gefiederten Zwenke (*Brachypodium pinnatum*), dem Wiesenknäuelgras (*Dactylis glomerata*) usw., abgelöst.

Charakteristische Kräuter der Hainbuchen-Eichenwaldungen sind z.B. die Große Sternmiere (*Stellaria holostea*), die Traubenwucherblume (*Chrysanthemum corymbosum*), das Rauhe und Berg-Hartheu (*Hypericum hirsutum* und *H. montanum*), Ginster (*Genista*), Geißklee (*Lembotropis*), Nickendes Leimkraut (*Silene nutans*).

Wie in den Hainbuchen-Eichenwaldungen wachsen auch in den Buchenwäldern z.B. Vierblättrige Einbeeren (*Paris quadrifolia*), Zwiebelzahnwurz (*Dentaria bulbifera*), Waldmeister (*Galium odoratum*), Christophskraut (*Actaea*), Aronstab (*Arum maculatum*), Weißwurz (*Polygonatum*), Hain-Gilbweiderich (*Lysimachia nemorum*).

Neben den begehrten Waldfrüchten wie Himbeeren, Brombeeren oder Blaubeeren locken im Wald vor allem die Pilze. Auch wenn wir im Laubwald nicht so viele finden wie in Nadel- oder Mischwaldungen, haben wir auch hier gute Chancen. Unter statt-

lichen Eichen wächst einer der schönsten Röhrlinge, der Eichensteinpilz (*Boletus aestivalis*), unter den Espen leuchten die orangeroten Hüte der Rotkappen. Aber auch der giftigste Pilz Europas, der Grüne Knollenblätterpilz (*Amanita phalloides*), begleitet am häufigsten die Eiche und ist in allen Laubwaldtypen anzutreffen, vor allem in wärmeren Gegenden.

Das Strauchstockwerk der Hainbuchen-Eichenwälder ist üppig entwickelt. Hier wachsen Haselstrauch (*Corylus avellana*), Pfaffenhütchen (*Euonymus*), Roter Hornstrauch (*Cornus sanguinea*), Schneeball (*Viburnum*) und Liguster oder Rainweide (*Ligustrum vulgare*). An den Waldrändern ist dieses Unterholz am dichtesten. Oft wachsen hier Dornsträucher wie Schlehdorn (*Prunus spinosa*), Weißdorn (*Crataegus oxycantha*), Kreuzdorn (*Rhamnus catharticus*) und Heckenrosen, die den Waldsaum häufig völlig undurchdringlich machen.

Buchenwälder besitzen ein merklich ärmeres Strauchstockwerk. Hier überwiegen Traubenholunder (*Sambucus racemosa*), Heckenkirsche (*Lonicera nigra*) und der zeitig im Frühjahr blühende giftige Seidelbast (*Daphne mezereum*).

Eichen- und Hainbuchenwälder werden von vielen Insekten bewohnt. Wohl jeder kennt die Galläpfel, die Gallen der Gemeinen Eichengallwespe (*Cynips quercifolii*), in denen ihre Larven sitzen. Räuberische Käfer wie der Große und Kleine Puppenräuber (*Calosoma sycophanta* und *C. inquisitor*) stellen in den Baumkronen schädlichen Raupen von Trägspinnern (*Lymantria*) und anderen Schmetterlingen nach. Laubwälder werden auch von zahlreichen Bockkäfern (*Cerambycidae*) bewohnt.

Dieser Insektenreichtum kommt natürlich den Waldvögeln gelegen. Für sie ist es auch

Bild 6. An reinen Bächen stellt der Feuersalamander (*Salamandra salamandra*) Regenwürmern, Schnecken, Insekten und Spinnen nach. Er kommt gegen Abend aus seinem Schlupfwinkel, bei Regenwetter auch tagsüber.

günstig, daß die Bäume der alten Eichenwaldungen zahlreiche Höhlen aufweisen, die sie mit Vorliebe zum Brüten beziehen. Neben Meisen (Parus), Kleiber (*Sitta*), Baumläufer (*Certhia*) und Kuckuck leben hier auch verschiedene Spechtarten (*Picidae*), die mit ihren Kletterfüßen und meißelartigen Schnäbeln hervorragend zum Insektensammeln unter der Rinde und im Holz ausgerüstet sind. Eichenwälder sind auch die Heimstatt von Hohltaube (*Columba oenas*) und Eichelhäher (*Garrulus glandarius*). Schwerlich kann man von einer typischen Säugerfauna in Hainbuchen-Eichenwaldungen sprechen. Wie auch in den Buchenwäldern leben hier Eichhörnchen, Dachs, Fuchs, Baummarder (*Martes martes*), Iltis (*Putorius putorius*) und Wildkatze (*Felis silvestris*). Ein charakteristischer Kleinsäuger ist hier die Haselmaus (*Muscardinus avellanarius*). Der König unter den Säugetieren ist hier der Rothirsch, eine noch engere Bindung an den Laubwald zeigt das Reh. Waldränder werden ziemlich häufig von Hasen besucht.

Die Vogelwelt der Buchenwaldungen ist immerhin ein wenig ausgeprägter. Als Singvogel ist hier der Zwergschnäpper (*Ficedula parva*) zu Hause, hier nisten Eulen, insbesondere der Waldkauz (*Strix aluco*).

Von allen Waldtypen sind die sich in längst vergangenen Zeiten über weite Gebiete Europas erstreckenden ursprünglichen Laubwälder am meisten vom Menschen zerstört worden. Vor allem in tieferen Lagen hat der Mensch seine Ansiedlungen in die Nähe lichter Laubwälder gelegt, wo er günstige Klimabedingungen und Nahrung für sich und seine Haustiere vorfand. Die größten Schäden sind den Laubwäldern aber um die Wende des 18. zum 19. Jahrhundert zugefügt worden, als die sich entfaltende Wirtschaft nach immer mehr Bauholz verlangte und erbarmungslos deren Vorräte plünderte. Viele natürliche Laubwälder wurden so völlig gerodet, um anschließend durch Fichten-Monokulturen ersetzt zu werden. Ihre Überreste – vor allem Berg- und Urwälder – werden heute als Naturschutzgebiete gehütet.

Bild 7. Der Eichensteinpilz (*Boletus aestivalis*) ist ein Leckerbissen für die Große Wegschnecke.

Der Nadelwald

Bild 8. Ein ausgewachsenes Blatt sowie spiralig zusammengerollte junge Blätter des Gemeinen Wurmfarns (*Dryopteris filixmas*).

Die Bedeutung der Berg-Nadelwälder im Hinblick auf Wasserwirtschaft, Klimabildung und Erosionsschutz kann überhaupt nicht hoch genug veranschlagt werden. Bergwälder fangen die meisten Niederschläge auf, beeinflussen die Atmosphäre für riesige geographische Räume günstig, lassen viele Flüsse entspringen und verhindern ein Wegschwemmen der Humusschicht. Auf Nadelwälder stößt man natürlich auch in tieferen Lagen, doch sind das bis auf Ausnahmen Fichten- oder Kiefernmonokulturen, künstlich für den Holzeinschlag gepflanzt. Ursprüngliche natürliche Nadelwälder finden wir heute nur noch in den Bergen. Fichtenwaldungen werden häufig von eingestreuten Tannen, Lärchen und Buchen

begleitet, in Kiefernwäldern kommen noch Eichen, Birken, Linden und Pappeln hinzu. Das Strauchstockwerk des Nadelwaldes ist arm, daher wirken Fichten- oder Kiefernwälder viel eintöniger als Laubwälder. In Fichtenbeständen findet man nur die Gemeine Eberesche (*Sorbus aucuparia*) häufiger, deren jungen Sträuchern die Beschattung durch die dichten Fichtenkronen nichts ausmacht; Kiefern werden häufiger von Wacholder (*Juniperus communis*) begleitet. In den höheren Gebirgslagen kommt der Traubenholunder (*Sambucus racemosa*) häufig vor. Das unterste Stockwerk der Nadelwälder besteht größtenteils aus mehrjährigen Gräsern, Moosen und Farnen, mancherorts auch aus Heidekraut und den niedrigen Blau- und Preiselbeersträuchern.

An feuchten hellen Standorten breiten sich dichte Reitgrasbestände (*Calamagrostis villosa*) aus, schattigere, aber nicht besonders feuchte Stellen wachsen mit der Draht-Schmiele (*Avenella flexuosa*) zu. Neben diesen dominierenden, freilich auch in anderen Waldtypen vorkommenden Pflanzen treten hier auch seltenere Arten auf, die auf die ganz spezifischen Bedingungen der Nadelwaldungen angewiesen sind. An Fichtenwälder sind Rippenfarn (*Blechnum spicant*), Wurmfarn (*Dryopteris filix-mas*) und Keulenbärlapp (*Lycopodium clavatum*) gebunden, von den Kräutern der Waldsauerklee (*Oxalis acetosella*), das Einblütige Moosauge (*Moneses uniflora*), der Alpenlattich (*Homogyne alpina*) und der Würgerenzian (*Gentiana asclepiadea*). Die Moosdecke ist gleichfalls gut ausgebildet, in den Fichtenwäldern insbesondere das Gemeine und Schöne Widertonmoos (*Polytrichum commune* und *P. formosum*) sowie das Torfmoos (*Sphagnum*).

In Nadelwäldern wachsen auch eine Reihe von Heilpflanzen, darunter Hartheu (*Hypericum*), Lungenkraut (*Pulmonaria obscura*), Tausendgüldenkraut (*Centaurium minus*) und andere. Zu den seltenen und geschützten Pflanzen gehören unter anderem Orchideenarten wie Sumpfwurz (*Epipactis helleborine*) und die Zweiblättrige Kuckucksblume (Platanthera bifolia), in den Kiefernwäldern der Zwergbuchs (*Chamaebuchsus alpestris*) und die Frühlingsheide (*Erica carnea*).

Nadelwälder sind pilzreich. Die schönsten ·Röhrlinge – der Fichten- (*Boletus edulis*) und der Kiefernsteinpilz (*B. pinicola*) wachsen hier gemeinsam mit den verschiedenen

Butterpilzen, Täublingen und anderen. Als Baumschädling muß der auf Baumstümpfen, Wurzeln und auch lebenden Stämmen wachsende Hallimasch (*Armillaria mellea*) angesehen werden, der seine Holzunterlage völlig zerstören kann. Eine noch ernstere Gefahr stellt der Zunderschwamm (*Fomes annosus*) dar; er ruft Fichtenholzfäule hervor.

Der Nadelwald hat auch in den Reihen der Insekten nicht wenige Schädlinge. Einer der berüchtigsten ist der sich außerordentlich schnell vermehrende Buchdrucker (*Ips typographus*). Seine Larven nagen unter der Fichtenrinde Gänge, in denen sie sich verpuppen; die geschlüpften Käfer nagen weiter, um nach drei Wochen wieder an den Rändern der genagten Gänge Eier zu legen. Bei stärkerem Buchdruckerbefall müssen Fichten verdorren und absterben. Zum Glück hat dieser Käfer eine Reihe natürlicher Feinde: Unter den Vögeln sind das in erster Linie Tannenmeise (*Parus ater*) und Haubenmeise (*P. cristatus*) sowie Spechte (*Picidae*), unter den Insekten Ameisenbuntkäfer (*Thanasimus formicarius*), Kurzflügelkäfer (*Staphylinidae*) und einige Hautflüglerarten (*Hymenoptera*).

Die Raupen der Kiefern-Buschhorn-Blattwespe (*Diprion pini*) nagen Kiefernnadeln und Rinde der jungen Triebe ab und können bei Überhandnahme Kahlfraß hervorrufen. Ihre Zahl wird von einer Reihe Schmarotzerinsekten sowie von Feinden unter den Wirbeltieren gemindert.

Die auffälligen schuppigen Geschwülste an den Zweigenden sind die durch Saugtätigkeit entstandenen Gallen der Tannenlaus

Bild 9. Die Gelbhalsmaus (*Apodemus flavicollis*) lebt in größeren feuchten Waldungen mit dichtem Unterholz.

(*Dreyfusia nordmannianae*). Sie fällt mit Vorliebe jüngere Bäume an und wird von Vögeln oder Wild übertragen.

Die Weibchen der Riesenholzwespen (*Uroceras gigas*) sehen großen Wespen ähnlich. Ihren langen Legebohrer stechen sie bis 15 mm tief ins Fichtenholz, um ihre Eier hineinzulegen. Die geschlüpften Larven nagen im Holz.

Auch eine Reihe von Schmetterlingen, vor allem Nachtfalter, sind gefürchtete Nadelholzschädlinge, zumal in Monokulturen. Die Nonne (*Lymantria monacha*) kann gerade-zu zum Schrecken der „Stangenäcker" werden, ihre Larven fressen nämlich die Nadeln ab. Zu ihren natürlichen Feinden gehören Meisen, Kuckuck, Fledermäuse und auch räuberische Käfer.

Äußerst nützlich ist hingegen die weitverbreitete Waldameise (*Formica rufa*). Ihre kollektiven Wohnstätten, die sogar über 1 m hohen Haufen aus Nadeln und feinen Zweiglein, sind weithin zu sehen. Ihre Beute besteht zu 90% aus Waldschädlingen – Larven, Raupen und auch Insektenvollkerfen. Es wurde festgestellt, daß Ameisen einen

Bild 10. Nester der Waldameise (*Formica rufa*) findet man meist an sonnigen Stellen in Nadelwäldern. Dort kann man auch den Breitblättrigen Sitter (*Epipactis helleborine*), eine unscheinbare Orchideenart, antreffen.

Umkreis von 20 m um ihr Nest schädlingsfrei halten, so daß sie hier die Bäume zuverlässig vor einem Raupenkahlfraß schützen. Und noch 15 m über diesen Kreis hinaus sorgen sie für ein sichtlich vermindertes Schadinsektenvorkommen.

Hauptsächlich in Nadelwaldungen erscheint eine Reihe der heute bereits seltenen Bockkäfer (*Cerambycidae*), auffällige, bekannte Käfer. Die Larven des Rothalsbocks (*Leptura rubra*) entwickeln sich am häufigsten in morschenden Stubben oder Stämmen von Kiefern und Fichten, auf frisch gefällten Stämmen ist der Nadelholzbock (*Rhagium inquisitor*) anzutreffen, dessen Larven unter der Rinde verdorrter borkenkäferbefallener Nadelbäume leben. Gleichfalls auf frisch gefällten Kiefern findet sich der Zimmermannsbock (*Acanthocinus aedilis*) ein, dessen Männchen Fühler von mehrfacher Körperlänge besitzen. In den Stümpfen von Fichten, Kiefern und Tannen entwickeln sich die Larven des Schulterbocks (*Toxotus cursor*), aber auch andere Bockkäferarten leben in den Nadelwäldern.

Nadelwaldungen bieten auch vielen Vögeln eine Heimstatt. Hier nisten Meisen (*Parus*), Spechte (*Picidae*), Gimpel (*Pyrrhula pyrrhula*), Misteldrosseln (*Turdus viscivorus*) und Kreuzschnäbel (*Loxia curvirostra*), die sich von den Nadelholzsamen ernähren. Der Waldbaumläufer (*Certhia familiaris*) klettert in Spiralbewegungen an den Baumstämmen empor und pickt mit seinem spitzen Schnabel Insekten und Larven aus den Rindenspalten. Aus den Fichtenkronen ertönt zuweilen die zwitschernde Stimme des kleinsten europäischen Vogels, des Wintergoldhähnchens (*Regulus regulus*) von nur 5–6 g Körpergewicht. In lichten trockenen Nadelwäldern lebt auch der Ziegenmelker (*Caprimulgus europaeus*), auf den Fichtenästen baut der Sperber (*Accipiter nisus*) seinen großen Horst. Die Nadelwälder des Berglandes sind die Heimat des ursprünglich der Nordlandtaiga entstammenden Tannenhähers (*Nucifraga caryocatactes*). Eine besondere Anziehung auf Jäger übt namentlich das Auerhuhn (*Tetrao urogallus*), der größte europäische Hühnervogel, aus. Das Männchen kann bis zu 6 kg schwer sein.

Bild 11. Ein Kaisermantel (*Argynnis paphia*) ruht auf einem blühenden Zwergbuchs (*Chamaebuxus alpestris*) aus.

In den Nadelwäldern findet man nicht besonders viele Säuger mit einer intensiven Bindung an dieses Biotop. Wie in den Laubwäldern leben hier Rothirsch und Reh, Baummarder (*Martes martes*) und Dachs (*Meles meles*), Rotfuchs, Wildkatze und das allgegenwärtige Eichhörnchen. Als typische Tiere der Berg-Nadelwälder gelten nur der Säuger und Vögel jagende Luchs (*Lynx lynx*) sowie der heute bereits seltene Wolf. Auch die Steppenbirken- oder Streifenmaus (*Sicista betulina*) bewohnt ausschließlich schüttere Fichtenbestände an der oberen Waldgrenze.

Wiesen und Weiden

Bild 12. Einer der häufigsten Schmetterlinge ist der Kleine Fuchs (*Aglais urticae*).

Zwar sind alle Wiesen grün, aber eine sieht längst nicht wie die andere aus. Hier kommt es sehr darauf an, wie und in welchem Umfang der Mensch sie beeinflußt hat. Unter diesem Gesichtspunkt kann man Wiesen in drei Gruppen einteilen. Die erste Gruppe besteht aus Grünland, das als natürliche und ursprüngliche waldlose Pflanzengesellschaft vorwiegend in den Flußtälern entstanden ist und überdauert hat. Solche Täler wurden regelmäßig und langfristig überschwemmt, so daß kein Wald in der Uferzone gedieh. Ursprüngliche Wiesen lassen sich heute kaum noch finden, man sollte sie als Relikte der einstigen natürlichen Wiesenvegetation mit oft auch seltenen Pflanzenarten schätzen. Daneben haben sie eine beträchtliche Bedeutung für das Verständnis der Landschaftsentwicklung.
Die meisten heutigen Wiesengesellschaften gehören in die zweite Gruppe, in die Gruppe der Halb- und Vollkulturwiesen. Sie sind an kleineren Wasserläufen erst durch das Zutun des Menschen entstanden, der den Auwald gerodet und die entstehenden Grünflächen regelmäßig gemäht hat. Je stärker der Mensch die Zusammensetzung dieser Wiesenflora durch die Einsaat anderer, wirtschaftlich bedeutsamerer Gräser oder auch durch Düngung beeinflußt hat, desto stärker haben sich die Halbkulturwiesen zu richtigen Wiesenkulturen gewandelt.
Die Wiesen der dritten Gruppe – die Höhen- oder Almwiesen – sind gänzlich von der Tätigkeit des Menschen abhängig. Sie sind erst nach der Besiedlung der Gebirge entstanden, also vor verhältnismäßig kurzer Zeit. Um sich in den Bergen ernähren und sein Vieh weiden zu können, mußte der Mensch erst an geeigneten Stellen den Bergwald roden. Die Bergwiesen lassen sich größtenteils nicht maschinell bearbeiten, und so werden sie durch arbeitsaufwendige Mahd von Hand oder durch Beweidung unterhalten. Es genügt, den Weidetrieb für ein paar Jahre zu unterbrechen, und schon dringt allmählich wieder der Wald in diese Wiesengesellschaft vor. Auf den verlassenen Almwiesen sprießen bald Sämlinge von Gehölzen, und nach nicht allzulanger Zeit verschwindet so eine blühende Almwiese mit vielen seltenen Kräutern, der Wald tritt wieder seine Herrschaft an.
Die Beweidung des Grünlands hat an trockeneren Stellen, an denen ein magerer Boden keine Entwicklung von üppigen Wiesengesellschaften zuließ, Weideland entstehen lassen. Diesen weniger anspruchsvollen Gräsern schaden Verbiß der Horste, Niedertreten und natürliche Düngung durch Weidevieh nicht. Eine regelmäßige, alljährliche und langfristige Beweidung ist also nicht nur für die Kondition des Viehs günstig, sondern sorgt auch für eine geeignete Pflanzenzusammensetzung auf den Weiden und Almen.
Kennzeichnend für die Pflanzengesellschaften von Wiesen und Weiden ist das eindeutige Übergewicht von Gräsern gegenüber anderen Kräutern. Mit Gehölzen rechnet man auf dem Grünland überhaupt nicht, die vereinzelten Bäume sind vom Menschen als Orientierungspunkte oder sogar nur als Dekorationselement angepflanzt worden, um die Eintönigkeit einer Wiese aufzulockern. Den Gehölzen, eher aber nur kleineren Sträuchern, wurde ihr Platz in den heckenbestandenen Rainen zwischen Wiesen, Weideland und Äckern zugewiesen.

Bild 13. Der sonnenbeschienene grasbedeckte Hang, den die Weiße Lichtnelke (*Melandium album*) ziert, beherbergt die Zauneidechse (*Lacerta agilis*), die sich hier auf einem Stein sonnt.

Unter den Gräsern der Halbkultur- und Kulturwiesen erscheinen die Vertreter der Süßgrasfamilie (*Poaceae*) in großer Zahl, z. B. Wiesenlieschgras (*Phleum pratense*), Fuchsschwänze (*Alopecurus*), Kammgras (*Cynosurus*), Zittergräser (*Briza*), Wiesenknäuelgras (*Dactylis glomerata*), Rasenschmiele (*Deschampsia cespitosa*) und weitere. Kräuter sind in blühenden Wiesen durch die Kuckucks-Lichtnelke (*Lychnis flos-cuculi*), Hahnenfüße (*Ranunculus*), Wiesen-Storchschnabel (*Geranium pratense*), Frauenmantel (*Alchemilla*) und viele andere Arten vertreten.

Auf Weideland begegnet man häufig dem Schmalblättrigen Rispengras (*Poa angustifolia*), Raygras (*Lolium perenne*), Straußgräsern (*Agrostis*), der Feld-Hainsimse (*Luzula campestris*), dem Gemeinen Ruchgras (*Anthoxanthum odoratum*) und anderen, eher Trockenheit liebenden Gräsern. Von den Kräutern wachsen hier Schafgarbe (*Achillea millefolium*), Löwenzahn (*Taraxacum*), Wegerich (*Plantago*), Vogelknöterich (*Poly-*

Bild 14. An sonnigen Sommertagen fliegen die Widderchen (*Zygaena*) über Wiesen und Fluren dahin.

sind die Schmetterlinge. Von Blüte zu Blüte fliegen die verschiedenen Bläulinge (*Polyommatus*) oder goldfarbenen Dukatenfalter (*Lycaena*). Auf trockenen Wiesen sitzen die kleinen Widderchen (*Zygaena*) mit Vorliebe auf Distelblüten, hier fliegen Gelblinge (*Colias*), Augenfalter (*Satyridae*), bunte Fleckenfalter (*Vanessa*) und Kaisermäntel (*Argynnis*) umher. Unter breiten Krautblättern halten sich tagsüber verschiedene Nachtfalter verborgen, z. B. Bärenspinner (*Arctiidae*). Nach Einbruch der Dunkelheit fliegen sie dicht über den Boden entlang, um geeignete Pflanzen für ihre Eiablage zu suchen.

An warmen Sonnentagen schwärmen über den Wiesen massenhaft verschiedene Fliegenarten, im Gras leben vor allem während des Spätsommers kleine Heuschrecken in unglaublicher Zahl – eine willkommene Beute für insektenfressende Vögel. Nahezu alle Wiesen werden von Schaumzikaden (*Cercopis*) bevölkert, die wie riesige Flöhe aus dem Gras aufspringen, um sich ein Stück weiter wieder zu verstecken. An hohen Kräutern kann man auffällige schaumartige Gebilde beobachten, in denen die Larven dieser Zikaden verborgen sind.

Große Insektenmengen erscheinen in der Nähe des Weideviehs. In den Rinderkot legen Hunderte von kleinen Käferweibchen ihre Eier, da sich ihre Larven in diesem Kot entwickeln und ernähren. Unangenehme, aber ständige Weideviehbegleiter sind die Fliegen; zu einer regelrechten Plage, sogar für den Menschen, werden die Bremsen (*Tabanidae*), die ihre Opfer erbarmungslos stechen, um Blut zu saugen.

Sonnenbeschienenes Grünland wird auch von Kriechtieren bewohnt. Gerne sonnt sich hier die Zauneidechse (*Lacerta agilis*), die sich in ihrer Nähe niederlassende Insekten geschickt erbeutet. Bemerkt sie eine Gefahr, verschwindet sie blitzschnell in einem Erdloch oder zwischen Steinen, doch kommt sie binnen kurzem wieder hervor. Auf feuchten Wiesen begegnet man auch Amphibien, z. B. Fröschen (*Rana*).

Als Vertreter der zahlreichen wiesenbewohnenden Nager soll hier wenigstens ein typisches Steppentier genannt werden – das schlanke Ziesel (*Citellus citellus*). Es nährt sich von Gras, Früchten und Insekten und lebt für gewöhnlich kolonieweise. Dieser früher sehr zahlreiche Nager wird heute aber immer seltener.

Das Wild des Waldes meidet bei Tag die

gonum aviculare) u. a. Im Hügel- und Bergland sind die Grasbestände der Weideflächen durch weitere Arten angereichert, z. B. mit Steifem Borstengras (*Nardus stricta*) oder Alpen-Lieschgras (*Phleum alpinum*). Die Wiesenfauna ist sehr bunt, vor allem im Frühling und Sommer, wenn sich die Wiesen mit einem für Insekten verlockenden Blütenteppich überziehen. Am auffälligsten

Wiesen, doch treten nach Einbruch der Dunkelheit viele Tiere zum Äsen aus, da sie dann weniger auffallen.

Wiesen ziehen verschiedene Vogelarten an, vor allem Insektenfresser. Am Boden bauen zwischen den Grashorsten Schafstelze (*Motacilla flava*), Braunkehlchen (*Saxicola rubetra*) und andere Arten ihre Nester. Auch einige Raubvögel lassen sich von den Grünflächen verlocken, die Kornweihe (*Circus cyaneus*) legt auch ihr Nest am Boden an. Von den Eulen ist auf nassen Wiesen am häufigsten die Sumpfohreule (*Asio flammeus*) zu finden. Regelmäßig stellen sich Wiedehopfe (*Upupa epops*) in den Wiesen ein, um hier Insekten, vor allem Käfer, zu jagen. Auch Störche erscheinen hier, um gesetzten Schrittes über die Wiese zu stelzen und dabei nach großen Insekten oder kleinen Nagetieren zu forschen.

Bild 15. Die Schafstelze (*Motacilla flava*) bewohnt die Wiesen der Tiefebenen, häufig in Wassernähe.

Felder

Bild 16. Getreidekörner im Vergleich. Von oben: Weizen, Hafer, Roggen und Gerste.

Die in ferner Vergangenheit bewaldeten großen Gebiete in den Tiefebenen und Hügellandschaften Europas hat der Mensch zur sogenannten Kultursteppe umgeformt. Mit Axt und Feuer hat er alle Gehölze gerodet, Moore trockengelegt, den Boden gepflügt und besät – kurz, mit dem Ackerbau begonnen. Die Kultursteppe bzw. die Felder kann man also als eine voll der Sonne und dem Wind ausgesetzte, alljährlich abgeerntete, kultivierte, gedüngte und chemisch behandelte Fläche definieren.

Neben den angebauten Kulturen stellen auch verschiedene Wildkräuter, sogenannte „Unkräuter", eine wichtige Komponente der Feldflora dar, sie sind auch aus intensiv bestellten Ackerflächen nicht wegzudenken. Bezeichnend für die Feldunkräuter ist ihre Fähigkeit, sich dem Vegetationszyklus der angebauten Früchte sowie vielen agrartechnischen Methoden und Eingriffen anpassen zu können. Diese Kräuter vermehren sich leicht vegetativ durch Teile ihrer Wurzeln bzw. Wurzelstöcke, wie etwa die Gemeine Quecke (*Agropyron repens*), andere

durch unterirdische Knollen, etwa die Knollige Platterbse (*Lathyrus tuberosus*) bzw. Zwiebeln wie der Gelbstern (*Gagea arvensis*). Die Wurzeln einiger Kräuter dringen so tief in den Boden ein, daß sie auch durch tiefes Pflügen nicht vernichtet werden. Das ist beim Ackerschachtelhalm (*Equisetum arvense*), der Ackerwinde (*Convolvulus arvensis*) oder der Ackerkratzdistel (*Cirsium arvense*) der Fall.

Auch zwischen den Wildkräutern in Sommer- und Winterfrucht bestehen Unterschiede. Die meisten Winterfrüchte zeigen normalerweise einen größeren „Unkraut"-Artenreichtum, da die Frühjahrsbestellung immerhin einen Großteil der „Unkräuter" vernichtet. In den Sommersaaten findet man meist Pflanzen mit einem kurzen Vegetationszyklus wie etwa Ackersenf (*Sinapis arvensis*), Acker-Gauchheil (*Anagallis arvensis*) oder Gemeine Ackerröte (*Sherardia arvensis*). Die Unkräuter der Wintersaaten sind für gewöhnlich einjährige Pflanzen, die im Herbst keimen und im folgenden Frühjahr wachsen und blühen. Zu ihnen gehören beispielsweise verschiedene Ehrenpreise (*Veronica triphyllos, Veronica arvensis*) oder das Knäuelkraut (*Scleranthus annuus*).

Die meisten „Unkräuter" lassen sich in eine der hier folgenden vier Gruppen einreihen. In die erste gehören Arten, die schon im Frühjahr lange vor der Ernte der betreffenden Frucht ausreifen; Beispiele liefern das Frühlings-Hungerblümchen (*Erophila verna*), der Feld-Ehrenpreis (*Veronica arvensis*) oder der Gelbstern (*Gagea arvensis*). Die zweite Gruppe umfaßt Kräuter, die gleichzeitig mit dem Getreide reif werden und deren reife Samen bei der Ernte in den Boden gelangen. Zu ihnen gehört die heute immer seltener werdende Kornrade (*Agrostemma githago*) oder der häufigere Acker-Hahnenfuß (*Ranunculus arvensis*). Die dritte Gruppe wird von ausdauernden Pflanzen gebildet, die zwar bei der Ernte abgemäht werden, aber aus den unbeschädigten Wurzeln sogleich neu wachsen und noch im selben Jahr wieder blühen, wie z. B. die Ackerwinde (*Convolvulus arvensis*). Die Pflanzen der vierten und letzten Gruppe sprießen relativ spät und reifen erst nach der Ernte. In diese Gruppe kann man auch Wildkräuter einordnen, die im Lauf einer Vegetationszeit ihren Lebenszyklus mehrmals wiederholen können. Ein Beispiel ist das Ackerveilchen (*Viola tricolor*), das häufig mehrere Generationen im Jahr hervorbringt.

In den Hackfruchtkulturen ist die Unkrautzusammensetzung meist recht eintönig. Oft überwiegt eine Unkrautart, z. B. der Gänsefuß (*Chenopodium polyspermum*) oder der Pfirsichblättrige Knöterich (*Polygonum persicaria*).

Es gibt auch „Unkräuter", die nicht in der Nachbarschaft einer jeden Frucht wachsen. Das hängt mit der unterschiedlichen Bearbeitung der einzelnen Feldfrüchte sowie den Bedingungen, unter denen die Kulturen wachsen, zusammen. Typische Unkrautgesellschaften haben Hopfenfelder, Weingärten, Tabakfelder, Flachskulturen, Heilpflanzen- oder Nektarspender-Kulturen. Beispiele für derart spezialisierte „Unkräuter" liefern der vorwiegend nur auf Tabak, seltener auf Sonnenblumen oder anderen Pflanzen schmarotzende Hanfwürger (*Orobanche ramosa*) oder die ausschließlich auf Flachs parasitierende Flachsseide (*Cuscuta epilium*).

Seit den letzten Jahrzehnten spritzt der Mensch seine Fruchtkulturen mit immer wirksameren Unkraut- und Insektenvertilgungsmitteln, behandelt das Saatgut gegen Infektionen, Saatgutreinigungsanlagen entfernen die Unkrautsamen mit weitgehender Perfektion. Und so kann es eines Tages kommen, daß niemand mehr Kornraden, Acker-Schwarzkümmel (*Nigella arvensis*) oder Feldrittersporn (*Consolida regalis*) auf den Feldern zu Gesicht bekommt.

Die Umwandlung der Waldlandschaft zur Kultursteppe bedeutete auch einen Wandel für die Zusammensetzung der Tiergesellschaften. Die hier ursprünglich beheimateten Tiere sind verdrängt oder ausgerottet worden. Die Felder wurden von neuen Arten besiedelt, in erster Linie von ursprünglichen Steppentieren. Viele haben sich nicht nur schnell den veränderten Bedingungen angepaßt, sondern in den Feldern einen reich gedeckten Tisch gefunden. Daher können diese Tiere gelegentlich in katastrophalem Ausmaß überhandnehmen, vor allem in Dürrejahren, die für sie ausgesprochen günstig sind.

Bild 17. Die Futterpflanze des Windenschwärmers (*Herse convolvuli*) ist die Ackerwinde (*Convolvulus arvensis*).

Geradezu ideale Lebensbedingungen finden die verschiedenen Nagetierarten auf den Feldern, da sie sich von Getreide und anderer Frucht ernähren. Der Hamster (*Cricetus cricetus*) verzehrt den Sommer über eine beträchtliche Kornmenge, darüber hinaus legt er sich in seinem unterirdischen Bau Vorräte von mehreren Kilogramm Gewicht an.

Ein noch bedeutsamerer Schädling ist die Feldmaus (*Microtus arvalis*), deren starke Zunahme den Landwirten beträchtliche Sorgen bereiten kann. Zum Glück werden Felder und Äcker auch von Greifvögeln wie Mäusebussarden (*Buteo buteo*) und Turm-

Bild 18. Die Feldmaus (*Microtus arvalis*) ist sehr fruchtbar, das Weibchen kann zwölfmal im Jahr über zehn Junge werfen. Zum Glück hat sie im Tierreich viele natürliche Feinde.

falken (*Falco tinnunculus*) besucht, die für eine spürbare Verringerung der Mäusebestände sorgen. Sowohl kleine marderartige Raubtiere (*Mustelidae*) als auch Füchse fangen regelmäßig diese schädlichen Nager. Der bedeutendste Haarwildvertreter auf den Feldern ist der Feldhase (*Lepus europaeus*). Auf den großen mit Monokulturen bestellten Anbauflächen finden auch Schadinsekten sowohl über als auch unter der Erde ihre Verbreitung. Die Larven des Saatschnellkäfers (*Agriotes lineatus*) fressen an den Wurzeln und oberirdischen Pflanzenteilen des Getreides. An den Getreideähren richtet der Buckellaufkäfer (*Zabrus gibbus*) Schaden an, indem er die Körner auffrißt, während seine Larven an der Frühjahrssaat fressen. Auf Getreide halten sich auch verschiedene Wanzenarten (*Heteroptera*) auf. Zu einem unliebsamen Kartoffelschädling hat sich der vor vielen Jahren aus Mexiko nach Europa eingeschleppte Kartoffel- oder Coloradokäfer entwickelt. In den Hopfenschlägen leben viele schädliche Blattlausarten (*Aphidoidea*), die sich sehr schnell vermehren und die Pflanzen durch ihre Saugtätigkeit, ihren ins Pflanzengewebe ausgeschiedenen Speichel und ihre Exkremente schädigen. Zu ihren wirksamsten natürlichen Feinden gehören die Marienkäfer (*Coccinella*) samt ihren räuberischen Larven, die sich von diesen Blattläusen ernähren. Im Frühjahr und Sommer bieten die Kleeschläge ein buntes Bild, da sich in ihnen Fleckenfalter (*Nymphalidae*), Gelblinge (*Colias*), Bläulinge (*Polyommatus*) und andere, den süßen Blütennektar saugende Schmetterlinge aufhalten.

Für insektenfressende Vögel stellen die Felder und Äcker ein regelrechtes Paradies dar. Der liebliche Gesang der Feldlerche (*Alauda arvensis*) erklingt im Frühling und Sommer weithin schallend aus der Höhe, wo dieser Vogel wie ein großer Schmetterling auf der Stelle flattert. Auch die Haubenlerche (*Galerida cristata*), ein ursprünglich aus dem Osten stammender Steppenvogel, hält sich gern an den Feldrändern auf. Soll von typischen Feldvögeln die Rede sein, muß an erster Stelle das Rebhuhn (*Perdix perdix*) genannt werden, ein ganz besonders beliebtes Federwild. Infolge von Che-

Bild 19. Der Rosenkäfer (*Cetonia aurata*) fliegt an Sonnentagen auf blühenden Pflanzen umher.

mieanwendung in der Landwirtschaft sind die Rebhuhnbestände in einigen Ländern Europas jedoch katastrophal zurückgegangen. Ein noch schlimmeres Schicksal hat die Wachtel (*Coturnix coturnix*) ereilt, die früher zu den zahlreichsten Vogelarten Europas gehörte. In den Ländern Südeuropas und Nordafrikas, wo Wachtelfleisch als außerordentliche Delikatesse galt, wurden auf dem Zug alljährlich über 20 Millionen dieser Vögel in Netzen gefangen. Heute steht dieser Vogel in den meisten europäischen Ländern unter Schutz, und so sind die Bestände in den letzten Jahren wieder ein wenig größer geworden.

Gebirge

Die Lebensbedingungen in den Gebirgen unterscheiden sich ganz wesentlich von denen in Tiefebene und Bergvorland. Hier herrscht ein ganz anderes Klima: niedrigerer Luftdruck, starker, vorwiegend in einer bestimmten Richtung wehender Wind, ein niedriger Temperatur-Jahresdurchschnitt von Luft und Boden, hochintensive Sonnenstrahlung, große Niederschlagsmengen; die Winter sind im Gebirge verhältnismäßig lang und rauh, eine dicke Schneedecke liegt hier häufig sieben und mehr Monate, auf den Gletscherfeldern sogar ganzjährig. Die Pflanzengesellschaften der Gebirge sind lange vor dem Zugriff des Menschen verschont geblieben. In die Gebirge ist der Mensch relativ spät vorgedrungen, nachdem er schon längst weite Landstriche in Tiefebenen und Bergvorland in Äcker und Wiesen umgewandelt hatte. In den Bergen betreibt der Mensch vorwiegend Weidewirtschaft, in geringerem Umfang Holzeinschlag oder den Abbau wertvoller Erze, abgesehen vom Erholungsbetrieb, für den die Berge dank ihrer sauberen Luft und relativ erhaltenen Natur eine unersetzliche Umwelt darstellen.

Baumwüchsige Gehölze findet man in den Bergen oberhalb der Waldgrenze nur vereinzelt, etwa Lärchen oder Zirbelkiefern. Die meisten Gehölze haben hier einen strauchartigen Wuchs, hauptsächlich kommt eine bedeutende Art der Alpinstufe, die Latschenkiefer (*Pinus mugo*) vor. Auch unter den Kräutern überwiegen niedrige, oft polsterförmige Pflanzen wie das Stengellose Leimkraut (*Silene acaulis*), die alpinen Steinbrecharten (*Saxifraga*), Zwergprimel (*Primula minima*) und andere. Die winzigen, oft liegenden Sträucher von Netzweide (*Salix reticulata*), Krautweide (*Salix herbacea*) und Quendelblättrige Weide (*Salix serpyllifolia*) kriechen über den Fels oder die Steinblöcke der Geröllfelder. Die erschwerten Existenzbedingungen überwinden viele Alpenpflanzen, indem sie auch unter einer dicken Schneedecke immer grün bleiben. Einige blühen sogar unter dem Schnee oder durchstoßen mit ihren Blütenstengeln die Schneedecke, um schon zeitig im Frühjahr zur Blüte zu kommen, wie z. B. das Alpenglöckchen (*Soldanella*).

Einjährige Kräuter wachsen im Hochgebirge nur ausnahmsweise. Der Bergsommer ist zu kurz, als daß sich binnen einer einzigen Vegetationsperiode der ganze Lebenszyklus abspielen könnte, d. h. Samenkeimung, Wachstum der oberirdischen Teile, Blüte und Samenreifung. Dafür kommt es aber in den Bergen nicht selten vor, daß Pflanzen blühen, noch ehe ihre Blätter voll entwickelt sind, wie etwa bei den Pestwurz-Arten (*Petasites*).

Die Zusammensetzung der Gebirgsflora kann man gut beim Aufstieg von den Bergwäldern zu den Alpenmatten und Quellgebieten unterhalb der aufragenden Gipfel verfolgen. Dort überwiegen dann stattliche Krautpflanzen und Gräser; nur vereinzelte „fahnenartige" Bäume mit zur windabgewandten Seite gerichteten Ästen trotzen dem Ansturm des Windes. Die Schründe und Geröllfelder werden von typischen Pflanzengesellschaften besiedelt, die sich überwiegend aus niedrigen, kriechenden oder sich polsterförmig ausbreitenden Arten zusammensetzen. Auf dem Fels der höchsten Gipfel findet man nur noch Flechten mit krustenähnlichem, an die Felsunterlage geschmiegtem Thallus. Nur in Ausnahmen entdeckt man hier in Spalten und Ritzen anspruchslose, widerstandsfähige Blütenpflanzen wie z.B. den Ehrenpreis (*Veronica aphylla*), Schnee-Enzian (*Gentiana nivalis*) oder Milchweißen und Schweizer Mannsschild (*Androsace lactea* und *A. helvetica*).

Die Gebirge haben auch ihre typischen Bewohner aus dem Tierreich, die sich dem Leben auf den oft sehr steilen und unzugänglichen Felshängen angepaßt haben. Einige Tiere, wie z.B. die Gemse (*Rupicapra rupicapra*) haben sich diese höchste Felszone zur Heimstatt ausersehen. Hier sind sie vor Raubtieren sicher, denen die Leichtigkeit und Gelenkigkeit fehlt, mit der sich eine Gemsherde über die Felsnasen und -simse bewegt. Im Sommer halten sich die Gemsen an der Schneegrenze auf, um im Winter in tiefere Lagen herunterzukommen. Sie sind hervorragende Kletterer, die mit ihren bis zu 8 m weiten gewandten Sprüngen sogar tiefe Klüfte und Abgründe zu überwinden wissen. Jeder auch noch so schmale Felsvorsprung bietet ihnen eine ausreichende Absprungfläche für einen halsbrecherischen Satz. Eine Gemsherde wird in der Regel von einer alten erfahrenen Geiß angeführt, während die ausgewachsenen Böcke den größten Teil des Jahres gesondert leben. Auf ihren noch schwachen Beinchen folgen die Jungtiere oft schon ein paar Stunden nach dem Ablammen furchtlos den Muttertieren.

In den österreichischen, Schweizer und

französischen Alpen lebt der Steinbock (*Capra ibex*). Er hält sich normalerweise in Höhen von 2300 bis 3200 m oberhalb der Waldgrenze auf und bleibt hier nicht selten auch in den Wintermonaten. Steinböcke leben in kleinen Herden. Geißen, Zicklein und Jungböcke bilden einen eigenen Trupp. Ältere Böcke streunen in Gruppen von höchstens 30 Tieren umher, alte Böcke sind Einzelgänger und kommen nur in der Brunst zu den Geißen. Der Steinbock steht auf seinem ganzen Verbreitungsgebiet unter Naturschutz.

Zu den typischen Bewohnern der Hochgebirge wie Alpen und Karpaten gehört das Alpenmurmeltier (*Marmota marmota*), das auch in den Pyrenäen, im Schwarzwald und anderen Gebirgen ausgesetzt worden ist. Murmeltiere leben auf Steinhängen zwischen 800 und 3000 m ü. M. in Kolonien, die aus maximal 18 Tieren bestehen.

Natürlich haben die Gebirge auch typische Bewohner aus der Vogelwelt. Die Felsen von Alpen, Pyrenäen und Karpaten werden vom prächtig gefärbten Mauerläufer (*Tichodroma muraria*) bewohnt, der nur im Winter der leichteren Nahrungssuche halber in tiefere Lagen kommt. Man erkennt ihn auf den ersten Blick an den roten, weiß gefleckten Flügeln.

Über den Felsen segelt der mächtige Steinadler (*Aquila chrysaetos*) mit einer Flügelspannweite von rund 2 m dahin. Die Hochzeitsflüge der Adler kann man im Frühjahr hoch über den Berggipfeln beobachten.

Die Alpenkrähe (*Pyrrhocorax pyrrhocorax*) bewohnt Felsbiotope in den Alpen, in Spanien, aber auch auf den Britischen Inseln.

Die Ringdrossel (*Turdus torquatus*) hält sich am liebsten auf schütter bewachsenen Hängen mit Latschenkiefern und niedrigen Fichten auf, wo sie sich dann in der Nähe von Wildwassern einfindet.

Grasbestandene Berghänge werden von zahlreichen Insekten bevölkert. Vor allem Schmetterlinge stellen hier ihre Schönheit zur Schau, wie z.B. der Apollofalter (*Parnassius apollo*), ein großer Falter, der eine Flügelspannweite von 70 mm erreichen kann.

Bild 20. Zu den seltenen Vögeln gehört der Mauerläufer (*Tichodroma muraria*), ein Bewohner der Felszonen.

Menschliche Ansiedlungen

Ungeachtet der hohen Zahl von gezüchteten Pflanzensorten und veredelten Tierrassen beherrschen auch in der allernächsten Umgebung des Menschen wilde Pflanzen und Tiere das Artenspektrum. Einige, wie z.B. die Vögel, bemerkt man auf den ersten Blick, andere sind völlig unauffällig. Außerdem sind viele Pflanzen und Tiere ungebetene Gäste, die man nur sehr schwer los wird.

Jedem Gärtner sind die seinen mustergültig gepflegten Garten heimsuchenden „Unkräuter" wohlbekannt, z.B. Kanadisches Berufkraut (*Conyza canadensis*), Greiskraut (*Senecio vulgaris*) oder Franzosen- bzw. Knopfkraut (*Galinsoga*). Der König unter diesen ungeliebten Kräutern ist der Geißfuß oder Zaungiersch (*Aegopodium podagraria*); es ist unglaublich, mit welcher Hartnäckigkeit er allen Bemühungen, ihn aus dem Garten zu vertreiben, trotzt. Manche „Unkräuter" sind kleine, hübsch blühende Pflänzchen, wie z.B. der Persische Ehrenpreis (*Veronica persica*) oder sein Verwandter *Veronica sublobata,* die Vogelmiere (*Stellaria media*), das Gemeine Hirtentäschel (*Capsella bursa-pastoris*) oder die Stengelumfassende Taubnessel (*Lamium amplexicaule*).

Die lästigsten „Unkräuter" sind mehrjährige Pflanzen mit langen unterirdischen Wurzelstöcken, die im Boden wuchern. Wenn man ein Beet umgräbt, zerteilt man eigentlich nur die Wurzelstöcke von Gemeiner Quecke (*Agropyron repens*) oder Geißfuß zu Schnittlingen und hat so für ihre Vermehrung gesorgt.

Die im Garten oder an Wegrändern wachsenden „Unkräuter" zeichnen sich größtenteils durch eine enorme Vitalität aus, insbesondere Pflanzen, die aus anderen Erdteilen eingeschleppt worden sind, wie z.B. das Springkraut (*Impatiens parviflora*) oder das bereits genannte Berufkraut. Sie sind ungeheuer expansiv, da unsere einheimischen Kräuter mit ihrer riesigen Fortpflanzungsfähigkeit nicht konkurrieren können. Die reifen Samenkapseln des aus Mittelasien eingewanderten Springkrauts platzen schon bei der leichtesten Berührung jäh auf, so daß die Samen herausgeschleudert werden. Die aus Mittel- und Südamerika nach Europa eingeschleppten Knopf- oder Franzosenkräuter bringen an einer einzigen Pflanze in einer Vegetationszeit Tausende von winzigen, federleichten Schließfrüchten hervor, die mit einem genialen Flugapparat ausge-

Bild 21. Die Bläulinge (*Maculinea*) flattern an Sommertagen dicht über dem Boden dahin und lassen sich auf blühenden Kräutern nieder.

Der Mensch lebt inmitten einer Vielzahl von Kulturpflanzen und Haustieren. Seine Häuser zieren dekorative Kletterpflanzen, ihre Umgebung verschönen gepflegte Gärten mit einer Menge Blumen und Zierhölzern, Obstbäume verheißen reiche Ernten, im Gemüsegarten werden die neuesten Sorten gezogen, und selbst in den Wohnräumen umgibt sich der Mensch mit Zimmerpflanzen.

Genauso begleiten den Menschen auf Schritt und Tritt Haustiere. Hunde und Katzen sind zu alltäglichen Gesellschaftern geworden, die Wohnungen beleben Aquarien mit Zierfischen, Käfige mit exotischen Vögeln, nicht selten auch Terrarien mit kleinen Kriechtieren, Kinder haben ihre Freude an Meerschweinchen oder Goldhamstern. Auch die lange Liste der Nutztiere, egal, ob Säuger oder Vögel, wird von den Züchtern unentwegt um neue Rassen bereichert.

Bild 22. Dichtes Buschwerk mit Brennesseln (*Urtica dioica*) behagt dem Igel (*Erinaceus europaeus*), der sich darin verbirgt, um erst bei Dämmerung auf Beute auszugehen.

rüstet sind – mit einem zarten Fallschirm, der diese Frucht über große Entfernungen tragen kann. Wenn erst einmal irgendwo einige wenige dieser expansiven Pflanzen auftreten, gewinnen sie binnen weniger Jahre die Herrschaft über weite Flächen.

Wir wollen uns aber hüten, alle „Unkräuter" in Bausch und Bogen zu verwerfen! Viele haben nützliche Eigenschaften. Sie dienen zur Zubereitung schmackhafter Speisen oder enthalten Heilstoffe, die für die Pharmazeutik eine wichtige Rolle spielen und auch in der Volksheilkunde genutzt werden. Im Frühjahr sind die jungen Blättchen der Großen und Kleinen Brennessel (*Urtica dioica* und *U. urens*) wegen ihres hohen Vitamin-C-Gehalts ein beliebter Zusatz in Salaten und Bratenfüllungen. Aus Rapünzchen (*Valerianella locusta*) und Löwenzahnblättern (*Taraxacum officinale*) lassen sich schmackhafte Salate zubereiten. Zu Delikatessen mit Heilwirkung gehören Löwenzahnwein oder Wein bzw. Kompott aus Holunderbeeren (*Sambucus nigra*). Kamille

Bild 23. Der Menschenfloh (*Pulex irritans*) parasitiert auf Mensch und Haustieren.

(*Matricaria chamomilla*) oder Huflattich (*Tussilago farfara*) gehören zu den gesuchtesten und bekanntesten Heilpflanzen. Hier ließen sich noch viele weitere Beispiele anführen.

Besonders erwähnt werden sollte die Pflanzenwelt von Miststätten, Schuttplätzen, deren unmittelbarer Umgebung und verödeten Stellen, für die die Melden- (*Atriplex*) und Gänsefußgewächse (*Chenopodium*) sowie viele andere Pflanzen charakteristisch sind. Die meisten der um die menschlichen Behausungen, an Wegrändern und auf Schuttflächen wachsenden Pflanzen zeichnen sich durch eine ungeheure „Abhärtung" aus. Sie ertragen standhaft alle möglichen ungünstigen Einflüsse, Schadstoffe in der Luft, einen hohen Stickstoffgehalt des Bodens und sogar tagtägliches Niedertrampeln. Zusammen mit den aus Kulturen verwilderten Pflanzen sollen sie im Bildteil des Buchs näher vorgestellt werden. Nicht zu vergessen sind letzthin die in Parks und Alleen zur Verbesserung der versmogten Stadtluft gepflanzten Gehölze.

Mit fortschreitender Zivilisation sind aus der Umgebung der menschlichen Ansiedlungen viele Lebewesen verschwunden, andere hingegen sind in die Nähe des Menschen gerückt. Sie fanden hier vor allem günstigere Bedingungen für Ernährung und Fortpflanzung. Einige Arten haben unter den vom Menschen geschaffenen günstigen Bedingungen die Gelegenheit zu einer unglaublichen, geradezu katastrophalen Vermehrung genutzt und so nicht selten unersetzliche Schäden angerichtet.

Unter den kleinen Säugetieren haben insbesondere die Nager Gefallen an den menschlichen Ansiedlungen gefunden, vor allem die Hausmaus (*Mus musculus*), Haus- und Wanderratte (*Rattus rattus* und *R. norvegicus*), die sich hier an Vorräten und Abfällen gütlich tun. Sie haben vornehmlich in vergangenen Zeiten unabsehbare Schäden gestiftet. Den Nagern sind kleine Raubtiere in die Nähe des Menschen gefolgt, z. B. Mauswiesel (*Mustela nivalis*), Steinmarder (*Martes foina*) und Iltis (*Putorius putorius*), die diesen Schädlingen nachstellten. Im Lauf der Zeit sind sie dann selbst zu schädlichem Raubzeug geworden – Iltisse und Marder haben sich auf eine leichtere Beute spezialisiert, auf Küken, Hühner, Enten und ihre Eier.

In die Nachbarschaft des Menschen haben auch viele Insekten Einzug gehalten, in erster Linie Fliegen, aber auch Schmetterlinge und Käfer. Gemüsebeete locken ungebetene Gäste in hellen Scharen an. Hier flattern ganze Kohlweißling-Schwärme (*Pieris brassicae*) umher, deren Weibchen ihre Eier auf die Blätter von Strunkgemüse legen, so daß die schlüpfenden Raupen diese bis auf die Blattrippen abfressen. Blühende Zierpflanzen in Gärten, auf Terrassen und Fensterbänken locken auch zahlreiche Insekten an, vor allem Schmetterlinge, die aus den Blüten süßen Nektar saugen.

Unmittelbar in die menschlichen Behausungen halten im Herbst zahlreiche Insektenarten Einzug, die hier unter günstigen Bedingungen überwintern wollen. Das sind z. B. verschiedene Fleckenfalter (*Vanessa*), die Gemeine Florfliege (*Chrysopa vulgaris*), vielfach auch Marienkäfer (*Coccinellidae*) und natürlich die allgegenwärtigen Fliegen. In schlecht gelüfteten Räumen läßt sich gern die Winkelspinne (*Tegenaria derhami*) nieder, die hier ihre dichten Netze anlegt. Auch heute noch tritt mancherorts wirklich lästiges Ungeziefer auf – Flöhe (*Pulex irritans*) oder sogar Wanzen (*Cimex*), an warmen Orten, z. B. in Bäckereien, auch Schaben. In letzter Zeit erscheint in den mitteleuropäischen Großstadt-Haushalten auch die unlängst aus südlichen Gegenden hierher verschleppte Pharaoameise. Sie vermehrt sich rasch und läßt sich nur sehr schwer vertilgen. Kleiderschränke und Vorräte von Mehl, Hülsenfrüchten und anderen Nährmitteln werden von vielen Vorratsschädlingen heimgesucht, unter denen wohl die Motten (*Tinaidae*) die bekanntesten sind. Deren

Raupen machen sich heißhungrig über alles her, was ihnen in den Weg kommt.

Zu den treuen Gartenbewohnern gehören die Schnecken (*Gastropoda*), die nach Einbruch der Dunkelheit junge Gemüsepflänzchen abfressen. Ihre unerwünschte Tätigkeit wird von den oft in Gärten auftauchenden Kröten gebremst. Auf Dachböden, Türmen und ähnlichen Orten lassen sich die insektenfressenden Fledermäuse nieder. Einige Arten halten sich auch in Großstädten auf, wo sie sogar die Lüftungsschächte moderner Gebäude zum Schlafplatz wählen.

Bild 24. Die Erdkröte (*Bufo bufo*) hält sich häufig nicht nur in Gärten, sondern auch in ebenerdigen Kellerräumen und Schuppen auf, wo sie Unterschlupf sucht. Auf dem Land kann sie auch in feuchteren Kellern überwintern.

Zum Schluß seien die Vögel genannt. Als willkommene Gesellschafter des Menschen erfüllen sie mit ihrem Gesang seine Ansiedlungen mit Leben. Der Haussperling (*Passer domesticus*) hat sich wohl schon zu einer Zeit zum Menschen gesellt, als dieser mit dem Getreidebau anfing, und ist wohl die erste Vogelart gewesen, die sich dauernd in der Nähe des Menschen niedergelassen hat. Heute erscheint er inmitten der Städte, oft auf lärmerfüllten Straßen und Plätzen. Auch die Amsel (*Turdus merula*) ist heute ein gängiger Menschenbegleiter, doch hat sie sich erst viel später in seine Nachbarschaft begeben. Noch 1855 haben Ornithologen die Amsel als einen sehr scheuen Waldvogel beschrieben. Heute findet man sie in Schreber- und Baumgärten, Parks, aber auch auf Hinterhöfen, wo sie ihr Nest auf Fensterbänken, Balkonen usw. anlegt.
Fast gänzlich hat die Rauchschwalbe (*Hirundo rustica*) ihre ursprünglichen Heim-

Bild 25. Die Amsel (*Turdus merula*) hat sich auf die Dauer in der Nähe des Menschen angesiedelt. Ihr Nest baut sie direkt auf einem Fenstersims, auf einem Balken oder einem Weidenkorb, im Garten wählt sie Astgabeln von Sträuchern oder kleinen Bäumen.

stätten in den Felsen verlassen. Sie ist in die Nähe des Menschen übergewechselt und hat sich vielfach direkt in seinen Häusern und Viehställen niedergelassen. In den menschlichen Ansiedlungen haben auch Mauersegler (*Apus apus*) und Mehlschwalbe (*Delichon urbica*) Fuß gefaßt, letztere baut ihr Nest an Hauswänden unter Mauervorsprüngen oder Balkonen. Besondere Aufmerksamkeit verdient der Star (*Sturnus vulgaris*), der sich leicht anlocken läßt und überall dort heimisch wird, wo man ihm einen Nistkasten anbietet, egal ob in Garten, Park oder Hinterhof.

Auch andere Vogelarten suchen immer häufiger die Nähe des Menschen. Da sind beispielsweise Haus- und Gartenrotschwanz (*Phoenicurus ochruros* und *Ph. phoenicurus*), aber auch Kohl- und Blaumeise (*Parus major* und *P. caeruleus*). Auf Türmen läßt sich die Dohle (*Corvus monedula*), in Parkanlagen hingegen die Saatkrähe (*Corvus frugilegus*) nieder. In den Städten hat während der letzten Zeit auch der Turmfalke (*Falco tinnunculus*) seine Heimstatt gefunden und ist hier sogar zum Standvogel geworden. Er nistet nicht nur auf Kirchtürmen, sondern auch auf den Fenstersimsen von Hochhäusern. Die Schleiereule (*Tyto alba*) bewohnt Dachböden oder Scheunen und Taubenschläge. Im Verlauf der letzten Jahre wurden die städtischen Parks und Gärten auch von der Singdrossel (*Turdus philomelos*) besiedelt. In der Nähe menschlicher Siedlungen hält sich ganzjährig die Türkentaube (*Streptopelia decaocto*) auf.

Die Futterhäuschen in Gärten und auf Balkonen werden im Winter vielfach von Waldvögeln besucht, aber auch im Sommer kann man in Gärten oder Parks typische Waldvögel antreffen, wie z. B. Pirol (*Oriolus oriolus*) oder Grünspecht (*Picus viridis*). Schließlich besuchen nicht nur Vögel, sondern auch andere Waldtiere häufig Städte; man muß sich nur einmal daran erinnern, wie oft man Eichhörnchen begegnet ist.

Bild 26. In Astgabeln flicht der Pirol (*Oriolus oriolus*) sein tiefes korbartiges Nest aus Halmen und Bast, damit die Jungvögel auch bei starkem Wind nicht herausfallen können.

Fließende Gewässer

Das dichte Netz aus blauen Fäden und Bändern auf der Karte stellt die fließenden Gewässer dar, kann aber kein Bild von ihrer Vielfalt geben. Klar und kalt entspringt das Wasser vor allem in der Bergwaldregion, bahnt sich als Wildwasser seinen Weg durch ein steinernes Bett mit vielen Hindernissen und stürzt bergab. Diese Wildbäche ergießen sich in große Bäche und Flüßchen, die sich dann zu mächtigen Flüssen und Strömen vereinen. An ihren Unterläufen wandeln sie wieder ihre Gestalt, da ihre Ufer dort häufig durch einen künstlichen Eingriff befestigt sind. In der Flußmündung macht sich dann schon der Einfluß der nahen See bemerkbar – die Stromgeschwindigkeit sinkt, das süße Flußwasser mischt sich mit dem Salzwasser des Meeres.

Auf ihrem Weg von der Quelle bis zur Mündung führt die Strömung ständig Sand, Schlamm und Bodenkrume mit, um sie in den tiefer gelegenen Altarmen oder in der Mündung als Anschwemmungen abzusetzen. Von den Wildbächen zu den trägen Flußunterläufen nimmt der Sauerstoffgehalt des Wassers ab, und die Wasserverschmutzung steigt stark an. All diesen Umständen – der Strömung mit ihrer sich ändernden Geschwindigkeit, der Abtragung und Anlagerung von Schwemm-Material, dem schwankenden Sauer- und Nährstoffgehalt sowie dem Verschmutzungsgrad – müssen sich die lebenden Organismen anpassen, und zwar nicht nur die ausgesprochenen Wasserbewohner, sondern auch solche, die ihre Heimstatt in der unmittelbaren Nähe der Wasserläufe haben.

In einem fließenden Wasser der höheren Lagen entdeckt man ein Wassermoos mit verästelten, dicht mit gekielten Blättchen besetzten Stengeln, das Quellmoos (*Fontinalis antipyretica*). In sanft fließenden Gewässern findet man in reichem Maße eine andere Pflanze mit gleichfalls untergetauchtem Stengel und im Wasser schwebenden fadenförmig zerschlissenen Blättern – den Flutenden Hahnenfuß (*Batrachium fluitans*). Die Ufer der reißenden Flüsse und Bäche lassen normalerweise eine so ausgeprägte Ufervegetation wie die der Altarme, Teiche und versumpften Kolke vermissen. Aber auch an den Fließgewässern wächst eine interessante Flora. Talgrundbäche werden oft von Beständen des stattlichen Wasserampfers (*Rumex aquaticus*) gesäumt, träge fließende Bäche und Flüsse begleitet der Wasserknöterich (*Polygonum amphibium*), auf ihrer Oberfläche treibt das Knoten-Laichkraut (*Potamogeton fluitans*). Der Uferbewuchs besteht oft aus Echtem Mädesüß (*Filipendula ulmaria*) und anderen Pflanzen, z. B. der Ufertamariske oder Birtze (*Myricaria germanica*), die, ähnlich wie der Gemeine Sanddorn (*Hippophaë rhamnoides*), auf Kiesanschwemmungen wächst. Längs der

Bild 27. Der Flutende Wasserhahnenfuß (*Batrachium fluitans*) läßt träge, aber auch stärker strömende Fließgewässer zuwachsen. In seine untergetauchten Bestände legt die Blauflügel-Prachtlibelle (*Calopteryx virgo*) ihre Eier.

Tieflandflüsse ziehen sich charakteristische Auwälder und Uferbüsche aus Weiden, Pappeln und Erlen hin. Dazwischen leuchten die blauvioletten Blüten des Bittersüßen Nachtschattens (*Solanum dulcamara*), der im Herbst seine dunkelroten giftigen Beeren zeigt, oder die großen weißlichen Blüten der Zaunwinde (*Calystegia sepium*).

Die Lebewesen der fließenden und der reißenden Gewässer sind auf besondere Weise für das Leben in dieser Umwelt angepaßt. Um nicht von der reißenden Strömung oder dem nach Regengüssen hochgehenden Wasser mitgenommen zu werden, besitzen sie abgeflachte Körper und verschiedene Haltevorrichtungen. Die bekanntesten Wasserbewohner sind zweifellos die Fische, nicht nur die Süßwasserfische. Das kalte klare Wasser der Flußoberläufe wird auch von einigen Seefischen aufgesucht, die hier nach viele hundert Kilometer langen Zügen durch die Meere ablaichen. Einige verbringen hier sogar ihre Jugend.

Im fließenden Wasser leben viele Krebs- (*Crustacea*) und Weichtierarten (*Mollusca*), auch Unmengen von Insektenlarven wie z. B von Köcherfliegen (*Trichoptera*), Großlibellen (*Anisoptera*), Eintagsfliegen (*Ephemeroptera*), Wasserkäfern usw. Auch die Bach- und Flußufer haben typische Bewohner. Hier fliegen Klein- (*Zygoptera*) und Großlibellen (*Anisoptera*) umher, doch treten hier auch unangenehme Fliegenarten wie Goldaugenbremsen (*Chrysops*) oder Bremsen (*Tabanus*) auf den Plan, deren Weibchen den Menschen anfallen, um Blut zu saugen. An schwülen Sommertagen vor einem Gewitter sind sie besonders dreist. An Wasserläufen leben zahlreiche prachtvolle Schmetterlinge und Käfer, deren Raupen oder Larven sich auf Weiden, Pappeln, Espen, Weidenröschen (*Epilobium*) oder Wolfsmilchgewächsen (*Euphorbia*) entwickeln.

Die Ufer fließender Gewässer werden von vielen Vögeln bevölkert. Unmittelbar am Wasser oder ganz in seiner Nähe halten sich am liebsten die bunten Stelzen (*Motacilla*) auf. Die Wasseramseln (*Cinclus*) sind tüchtige Taucher, die am Grund Insektenlarven und Kleinkrebse, aber auch Baumaterial für ihr Nest sammeln. Dieses Nest legen sie dann dicht am Wasser an. Ein Uferbewohner ist auch der Flußregenpfeifer (*Charadrius dubius*). Er läuft eifrig auf frei liegenden Kiesbänken umher und sucht nach Insekten oder Regenwürmern. Er brütet auch auf

Bild 28. Der Flußaal (*Anguilla anguilla*) reift in Bächen und Flüssen heran.

dem Steinufer. Im angeschwemmten Schotter oder Kies erstellt er eine Nistmulde, in der die gesprenkelten bräunlichen Eier nicht von Kieseln zu unterscheiden sind.

Wasserpflanzen und Wassertiere stellen an ihre Umwelt ganz spezifische Ansprüche und reagieren schnell auf veränderte Bedingungen. Hier genügt eine einmalige Wasserverschmutzung, der sie sich nicht anpassen können, und das daraus folgende Verschwinden einer Art der wasserbewohnenden Gesellschaft beeinträchtigt oft in nicht wieder gutzumachender Weise die Zusammensetzung insgesamt.

In fließenden Gewässern leben viele typische Säuger, von denen sich einige auch in stehenden Gewässern aufhalten. Der Europäische Biber (*Castor fiber*) bewohnt mit Vorliebe die langsam fließenden Flüßchen, die er mit seinen charakteristischen Dämmen aus Ästen und dünneren Stämmen versieht. Der Fischotter (*Lutra lutra*) baut sich seine gemütlichen Höhlen an Ufern. Auch die Bisamratte (*Ondatra zibethicus*) fehlt hier nicht. Sie treffen wir in langsam fließenden Flüßchen und größeren Bächen an.

Stehende Gewässer

Bild 29. Die Zwergrohrdommel (*Ixobrychus minutus*) gründet ihr Nest im niederliegenden Schilf.

Die Welt der Wasser- und Sumpfpflanzen sowie der Tiere in den stehenden Gewässern ist mannigfaltig und unterscheidet sich in vieler Hinsicht von den Gesellschaften der Wildwässer, Bäche und Flüsse. Die Kolke, Teiche, Seen und großflächigen Talsperren enthalten weniger Sauerstoff als das fließende Wasser, mit zunehmender Tiefe nimmt das Licht im Wasser ab und nehmen die Nährstoffe durch die sich zersetzenden toten Organismen zu, da sie nicht von der Strömung fortgebracht werden können.

Außergewöhnlich reich ist der Mikrokosmos des Wassers. In einem einzigen kleinen Tropfen entdeckt man unter dem Mikroskop eine Unmenge dem menschlichen Auge sonst verborgener Einzeller (*Protozoa*), die mit Hilfe spezieller Körperanhänge, den Geißeln oder Wimpern, umherwirbeln. Das pflanzliche Plankton besteht aus mikroskopischen Grün- und Blaualgen sowie Bakterien. Die umfangreichste Komponente des Tierplanktons stellen Millionen von Kleinkrebsen (*Crustacea*) dar, die allgegenwärtig sind, in Teichen, Tümpeln und auch in ganz kleinen Wasserlachen. Sie sind gut für das Leben in nassem Milieu ausgerüstet; einige Arten bewegen sich mit Hilfe von Schwimmfüßen voran, andere, wie z. B. die Wasserflöhe (*Cladocera*), scheinen vermittels ihrer wie Ruder arbeitenden langen gespaltenen Fühler rhythmisch zu hüpfen. Diese Kleinkrebse sind der wichtigste Bestandteil in der Nahrung aller Fischarten.

In stehenden Gewässern gedeihen zahlreiche auf der Wasseroberfläche treibende Pflanzen wie z. B. die Wasserlinse (*Lemna*) oder auch untergetauchte Pflanzen wie die Kanadische Wasserpest (*Elodea canadensis*), Tausendblatt (*Myriophyllum*) und einige Laichkrautarten (*Potamogeton*). Auf dem ruhigen Wasserspiegel treiben die Blätter von Teich- (*Nuphar*) und Seerosen (*Nymphaea*), aber auch der Wasser-Hahnenfuß (*Batrachium aquatile*). Die Mehrzahl der Pflanzen wurzelt im Grund und läßt an den Ufern die charakteristischen Schilfdickichte entstehen. Das Vorkommen von wasserliebenden Arten hängt vom jeweiligen Wasserstand ab. Einige Pflanzengesellschaften mit Kalmus (*Acorus*), Rohrkolben (*Typha*), Igelkolben (*Sparganium*), Schilfrohr (*Phragmites*) oder Wasserschwertlilie (*Iris pseudocorus*) bedecken nur solche Ufer, die auch bei größter Dürre und niedrigstem Wasserstand ständig unter Wasser stehen. Nur im Frühjahr und Herbst überschwemmte Gebiete

wachsen hingegen mit feuchtigkeitsliebenden Seggen (*Carex*) und Simsen (*Scirpus*) zu, ihr saisonweise überfluteter Bewuchs geht in Wiesengesellschaften über. Aus diesem Grund findet man eine ganze Reihe von Pflanzen sowohl am Gewässerrand als auch in nassen Wiesen oder Mooren.

Durch Trockenlegung von Sümpfen und Mooren entstehen neue Wiesen oder Äcker. So verschwinden unwiederbringlich viele seltene Wasser- und Sumpfpflanzen, die heute größtenteils bereits unter Schutz stehen, wie die Schwanenblume (*Butomus*), die Sibirische Schwertlilie (*Iris sibirica*), Schachblume (*Fritillaria melleagris*), Knabenkraut (*Orchis*), Kuckucksblume (*Dactylorhiza*), Sumpfwurz (*Epipactis palustris*), Fieberklee (*Menyanthes*), Wasserschlauch (*Utricularia*), Sonnentau (*Drosera*), Fettkraut (*Pinguicula*) und andere wasserliebende Kleinode unserer Natur.

Bild 30. Die Sumpfschwertlilie (*Iris pseudacorus*) dient der Plattbauch-Libelle (*Libellula depressa*) als Ruheplatz.

Auf dem Wasserspiegel stehender Gewässer tummeln sich Wasserläufer (*Gerridae*), darunter leben zahlreiche Wasserkäfer, die hervorragend ans nasse Milieu angepaßt sind. Ihre Hinterbeine arbeiten wie mächtige Ruder, ebenso wie die Hinterbeine des Gemeinen Rückenschwimmers (*Notonecta glauca*). Auf ihre Beute lauern hier blutgierig die Egel (*Hirudinea*).

Stehende Gewässer werden von Amphibien in großer Zahl bewohnt. In ihnen entwickeln sich die Larven von Molchen (*Triturus*) und Kaulquappen. Einige Froscharten, z. B. Unken (*Bombina*), halten sich auch als erwachsene Tiere im stehenden Flachwasser auf und suchen sich nur über Winter einen Schlupfwinkel auf dem Trockenen. Auch Wasserfrösche (*Rana esculenta*) halten sich stets unmittelbar am Wasser auf, in dem sie bei Gefahr mit einem rettenden Sprung verschwinden.

Auch die mit dem Wasser verbundenen Vögel haben sich ans Leben im nassen Milieu angepaßt. Ihre Füße sind kurz, aber kräftig, die Zehen sind mit breiten Schwimmhäuten versehen. Einige Tauchvögel haben weit hinten liegende Füße, deren Bewegung bei der Unterwasserjagd hinter dem Körper erfolgt und so für einen kräftigen Antrieb sorgt. Den größten Vogelartenreichtum zeigen große Seen und großflächige Teiche, die zudem Ufer mit üppiger Vegetation besitzen. Im Pflanzengewirr finden die Vögel geeignete Schlupfwinkel. Auf den feuchten Wiesen in Wassernähe legen die Sumpfvögel (*Charadriiformes*), aber auch verschiedene Entenarten und weitere Vögel ihre Nester an. Büsche und Bäume auf Inseln oder in Wassernähe werden von den Schreitvögeln (*Ciconiiformes*) aufgesucht, die auf den Ästen ihre Nester bauen und so oft zahlenstarke Kolonien entstehen lassen. Auch die Kormorane (*Phalacrocorax*) kommen an solchen Orten vor. Die dichte Vegetation am Ufer und im Flachwasser ist die Heimstatt der Rallen (*Rallidae*) und Rohrsänger (*Acrocephalus*). Im Röhricht und Schilf verborgen, bauen Hauben- (*Podiceps cristatus*)

Bild 31. Auf Wasserpflanzen läßt sich der Wasserfrosch (*Rana esculenta*) gern nieder.

Bild 32. Bei stärkerer Vermehrung kann die Bisamratte (*Ondata zibethica*) mit ihren mehrere Meter langen Röhren die Staudämme von Fischteichen gefährden.

und Rothalstaucher (*Podiceps ruficollis*) ihre schwimmenden Nester. Auch die Lachmöwenkolonien (*Larus ridibundus*) fehlen hier nicht. Die Schilfdickichte bieten auch vielen Singvogelschwärmen Schutz, die sich zum Zug in den Süden anschicken und hier ein Nachtquartier finden.

Die Kunst des Schwimmens beherrschen auch einige Säugetiere, die vom Land ins Wasser übergewechselt sind und sich dieser neuen Umwelt angepaßt haben. Auch an ihren Füßen haben sich Schwimmhäute ausgebildet, wie beim Biber, dessen Schwanz zudem wie ein plattes Steuerruder funktioniert.

Die Meeresküsten

Meeresküsten haben ein vielgestaltiges Aussehen. Häufig finden sich Felsküsten mit unmittelbar aus dem Wasser aufragenden Kliffs. Niedrige, regelmäßig überschwemmte und unablässig von der Brandung bearbeitete Terrassen sammeln Zeugen des Lebens im Meer an. Zwischen Muscheln und anderen auf den Strand geworfenen Schalen verschiedener Organismen kann man auch viele Lager von Algen oder Tangen finden, die der Wellengang von ihrem felsigen Halt unter Wasser losgerissen hat. Felsen und Kliffs oberhalb der Brandungslinie tragen hauptsächlich Beläge aus Flechten, wie Wandflechten (*Xanthoria*), Farbstoff-Flechten (*Lecanora*) oder die winzigen strauchförmigen *Ramalina*.

Die salzigen Watten, deren Sandböden unablässig von Meerwasser genetzt werden, haben schon eine reichere Flora. Zu den Pionierpflanzen dieser Sande gehören die Queller (*Salicornia herbacea* und *S. prostata*). Verwandte dieser Kräuter sind die Strandsoden (*Suaeda maritima* und *S. prostata*), das Kali-Salzkraut (*Salsola kali*) und *Basia hirsuta*. Der Meersenf (*Cakile maritima*) besiedelt den Salzboden von der Brandungslinie bis zu den Dünen. Sehr häufig erscheint hier das salz- und sandliebende Schwadengras (*Puccinellia maritima*), das zusammen mit anderen salzliebenden Arten wie der Salzbinse (*Juncus gerardii*), Meerstrandbinse (*J. maritimus*) und der Strandsimse (*Bolboschoenus maritimus*) charakteristische Bestände schafft. Das Salz-Milchkraut (*Glaux maritimas*) verträgt die Überflutung mit Meerwasser und Versandung gut. Salzliebende Pflanzen haben sich ihrer extremen Umwelt vorzüglich angepaßt: Ihr Zellsaft enthält eine höhere Salzkonzentration als andere Pflanzen, so daß der höhere osmotische Druck in den Zellen ihnen die Aufnahme von Salzwasser erlaubt. Für Landpflanzen wäre diese salzignasse Umgebung eigentlich zu trocken, sie könnten das salzgesättigte Wasser nicht aufnehmen und müßten Durst und Hunger leiden. Außerdem haben salzliebende Pflanzen ziemlich fleischige Stengel und Blätter; der Bau ihrer Außenhaut verhindert eine übermäßige Wasserverdunstung.

Ein weiterer Küstentyp sind die großflächigen Sandstrände. Eine wichtige Eigenschaft der Sandküsten ist die meist beträchtliche und unablässige Bewegung des Sandes durch Windeinwirkung. Sand ist nährstoffarm, wasserdurchlässig und ein schlechter

Wärmeleiter. Pflanzen auf Sandboden leben praktisch dauernd in einer nährstoffarmen und sehr kühlen Umgebung, was ihnen die Wasseraufnahme vermittels der Wurzeln erschwert. Der meist landwärts wehende Wind trägt den Sand von der Küstenlinie fort und läßt Dünen entstehen. Im Windschatten eines Hindernisses, etwa eines Steins, Pflanzenbüschels oder eines Häufchens angewehter Muschelschalen sammelt sich der Treibsand, die Düne wächst allmählich. Die Pflanzen wachsen durch diese Miniaturdüne hindurch oder besiedeln sie von Neuem, wirken erneut als Hindernis, und die Düne wächst weiter in die Höhe und Breite. Der Wind läßt sie von der Küste fortwandern, das süße Regenwasser wäscht das Salz weitgehend aus, und es entsteht eine Binnendüne. Zersetzte Pflanzenüberreste und Kalkstaub aus den Schalen von Meerestieren reichern diese Binnendüne mit Kalzium und anderen Elementen an, der Sand wird nährstoffreicher, und der entstehende Humus gestattet letzten Endes das Wachstum anspruchsvoller Pflanzen. Hier gedeihen die Queckenart *Elytrigia juncea*, Strandaster (*Aster tripolium*), Krähenfußwegerich (*Plantago coronopus*), Gemeine Grasnelke (*Armeria maritima*), Stranddistel (*Eryngium maritimum*) und die Strandkamille (*Matricaria maritima*) zusammen mit einigen Gräsern, z. B. dem Dünenhafer (*Elymus arenaria*) und dem verwandten Strandhafer oder Sandhalm (*Ammophila arenaria*). Auf den entsalzenen Dünen und Sanden tiefer im Binnenland können nun auch viel anspruchsvollere Pflanzen wachsen, z. B. die Strandgerste (*Carex arenaria*). Auf den so gefestigten Dünen fassen dann auch schon Sträucher Fuß wie der Sand- oder Seedorn (*Hippophaë rhamnoides*) oder die Kriechweide (*Salix repens*). Auf dem vom Wurzelwerk der Kräuter und Sträucher durchzogenen Boden kommt die Bewegung des Treibsands völlig zum Stillstand, so daß hier auch Bäume wachsen können.

Aber damit haben wir uns schon recht weit von der Küste entfernt…

Die Meere bieten einer ungeheuren Menge von Lebewesen Nahrung. In den endlosen Ozeanen entstehen tagtäglich Millionen Tonnen von feinem Plankton, Algen, Kleinkrebsen, Weichtieren und anderen Lebewesen, die den Fischen als Nahrung dienen. Von den Fischen ernähren sich die Flossenfüßer und fischfressenden Seevögel. An den Küsten findet man häufig wirbellose

Meerestiere wie Krebse (*Crustacea*), Weichtiere (*Mollusca*), aber auch Stachelhäuter (*Echinodermata*) und kleine Fische, die alle bei Ebbe in Kolken oder Felsspalten zurückgeblieben sind. Einige, wie z.B. die Krabben (*Brachyura*), sind bei Ebbe auf dem trockenfallenden Watt sehr aktiv und nehmen hier Nahrung auf.

Solche Stellen werden von ganzen Vogelschwärmen besucht, die hier einen reichgedeckten Tisch finden. Das sind normalerweise Möwen und Reiher (*Ardeidae*), doch fehlen die Strandvögel (*Charadriiformes*), vor allem die Regenpfeifer (*Charadriidae*), Wasser- (*Tringinae*) und Strandläufer (*Calidrinae*) nicht. Auffällig sind die stattlichen, schwarzweiß gefärbten Austernfischer (*Haematopus ostralegus*) mit ihren roten Schnäbeln. Sie laufen in kleinen Trupps auf Sandbänken und im Flachwasser umher und suchen nach Beute. Entdeckt der Austernfischer eine Muschel, knackt er mit seinem starken Schnabel spielend die Schalen und frißt das weiche Tier. Sein Nest baut dieser schöne Vogel auf Sand oder Stein an der Küste und kleidet es mit winzigen Muscheln, Steinchen, Holzstückchen usw. aus.

Zu den typischen Säugetieren in den Küstenbereichen der europäischen Meere gehört der Gemeine Seehund (*Phoca vitulina*), der in den Gewässern des Nordatlantiks, aber auch in der westlichen Ostsee lebt. Manchmal zieht er sogar stromaufwärts; in der Elbe wurden Seehunde schon rund 700 km landeinwärts angetroffen.

Bild 33. An den Meeresküsten kommt eine ganze Reihe Krabbenarten vor, die sich hier von tierischen und pflanzlichen Überresten ernähren. Im Bild der Taschenkrebs (*Cancer pagurus*) und eine für die Nordseeküste typische Pflanze, die Gemeine Grasnelke (*Armeria maritima*).

Pilze

Ist von Pilzen die Rede, fallen jedermann zuerst die Hüte der Stein- und Birkenpilze, Pfifferlinge, Parasol- oder Fliegenpilze ein, aber zu den Pilzen gehören auch Hefepilze, Rost, Brandpilze oder Mehltau. Was haben all diese Organismen gemeinsam? Sie haben kein Blattgrün, kein Chlorophyll, mit dessen Hilfe die grünen Pflanzen Aufbau- und Vorratsstoffe gewinnen. Pilze müssen also ihre Ernährung auf andere Art bewerkstelligen.

Fäulnisbewohnende saprophytische Pilze ernähren sich von organischen, bei der Verwesung von Organismen entstehenden Stoffen; Schmarotzer- oder Parasitenpilze entnehmen ihre Nahrung grünen Pflanzen, können aber auch auf Tieren oder sogar Menschen parasitieren. Und schließlich wachsen einige Pilze in einer Lebensgemeinschaft oder Symbiose mit anderen Pflanzen. Dieses eigenartige Zusammen-

Bild 1. Der auffällige Fichtensteinpilz gehört zu den besonders begehrten Pilzen.

leben von Pilzen und Wurzeln höherer Pflanzen wird Mykorrhiza genannt.

Fäulnispilze wachsen meist am Boden, doch kann man auch auf dem Holz gestürzter Bäume saprophytische Baumpilze entdecken, wie z. B. den Echten Zunderschwamm (*Fomes fomentarius*). Das dünnwandige Myzel dieser Pilze nimmt Wasser mit den darin gelösten Nährstoffen aus zersetztem Humus, faulenden Pflanzen- oder Tierkörpern auf. Das Myzel der parasitischen Pilze fällt lebende Organismen an, dringt ins Pflanzengewebe ein und entzieht ihm Nährstoffe, wodurch es freilich die befallene Pflanze schwächt oder vernichtet. Zu den parasitischen Baumpilzen gehören vor allem der Hallimasch (*Armillaria mellea*), einige Seitlinge (*Pleurotus*) und viele Porlinge (*Polyporaceae*). Die Mykorrhiza-Pilze sind uns am besten bekannt, gerade sie sind bei den Pilzsammlern begehrt. Der Butterpilz (*Suillus luteus*) wächst unter Kiefern, der Goldröhrling (*Suillus grevillei*) lebt in Symbiose mit der Lärche. Fichtensteinpilz (*Boletus edulis*), Kiefern- und Eichensteinpilz (*B. pinophilus* und *B. aestivalis*) erhielten ihre Namen von den Bäumen, mit deren Wurzeln sie in Symbiose leben, die sowohl für den Pilz als auch den Baum von Vorteil ist. Die Pilzhyphen umhüllen die feinen Wurzelspitzen, dringen in deren Zellinneres ein und entnehmen ihnen bestimmte Stoffe, während sie diesen Zellen ihrerseits andere Stoffe übergeben.

Viele Pilze sind wichtige Helfer in der Lebensmittelindustrie. Alle Gärvorgänge, gleich, ob bei der Herstellung von Bier, Wein, Essig oder Hefeteig, werden durch die Tätigkeit mikroskopisch kleiner Hefepilze ermöglicht. Einige Hefepilzarten führen auch unerwünschte Gärungen herbei, z. B. Biertrübung, andere Arten können beim Menschen Hauterkrankungen hervorrufen.

Pilze einer weiteren Gruppe, die Schimmelpilze, können als Saprophyten Nahrungsmittel und alle möglichen anderen Produkte (z. B. in den Tropen Filmmaterial in Kameras) zerstören oder als pathogene Organismen Erkrankungen bei Mensch und Tier hervorrufen. Andere Schimmelpilze verleihen bestimmten Käsesorten bei der Reifung ihren spezifischen Duft und Geschmack. Das sind in erster Linie die Arten der Gattung *Penicillium*, z. B. *P. camembertii, P. gorgonzola, P. roquefortii* und weitere mehr. Unter diesen nützlichen Schimmelpilzen ragen

Bild 2. Oft wird der Gallenröhrling (*Tylopilus felleus*) mit den eßbaren Röhrlingen verwechselt. Man erkennt ihn aber am deutlichen Netzmuster auf dem Stiel. Außerdem verrät er sich durch seinen brennendscharfen Geschmack, eine winzige Kostprobe genügt.

die Produzenten von Antibiotika, z. B. von Penizillin (*P. notatum* und *P. chrysogenum*), Patulin (*P. patulum*) oder Griseofulvin mit Fungizidwirkung (*P. griseum* u.a.) hervor.

Es gibt eßbare und schmackhafte Pilze, ungenießbare, übel oder widerlich bitter schmeckende und leider auch hochgiftige. Unter den größtenteils eßbaren und wohlschmeckenden Röhrlingen gibt es auch einige ungenießbare Arten, wie etwa den Bitterröhrling (*Boletus albidus*), den Schönfußröhrling (*B. calopus*), aber auch einige schwach bis gefährlich giftige – den Netzstieligen Hexenröhrling (*B. luridus*), den Satansröhrling (*B. satanas*) oder widerwärtig bittere; ein einziger Gallenröhrling (*Tyophilus felleus*) genügt, um ein Pilzgericht zu verderben und in den Mülleimer wandern zu lassen. Und umgekehrt – unter den größtenteils ungenießbaren Knollenblätterpilzen, zu denen auch der tödlich giftige Spitzhüti-

Bild 3. Den Safranschirmpilz (*Macrolepiota procera*) kann man leicht vom Riesenschirmpilz (*M. procera*) an der starken Farbreaktion des Fleisches unterscheiden. Auf Druck oder im Anschnitt verfärbt sich das Fleisch schnell ins Rotbraune. Beide Schirmlinge sind eßbar.

ge Knollenblätterpilz (*Amanita virosa*) und der Grüne Knollenblätterpilz (*A. phalloides*) gehören, befinden sich ausgezeichnete, wohlschmeckende Arten wie der Perlpilz (*A. rubescens*). Schließlich ist der schmackhafteste Pilz überhaupt, den schon die alten Römer zu schätzen wußten, der heute leider schon seltene Kaiserling (*Amanita caesarea*).
Einige niedere Pilze sind gefährliche Schädlinge für bestimmte Kulturpflanzen. Eine ernsthafte Gefahr für die Weingärten stellt vor allem in feucht-warmen Sommern der falsche Mehltau des Weins (*Plasmopara viticola*) dar. Er ist in der Mitte des vorigen Jahrhunderts aus Amerika nach Europa eingeschleppt worden und hat insbesondere in den ersten Jahren, ehe ein wirksames Spritzmittel entwickelt wurde, den Winzern große Verluste zugefügt. Die befallenen Trauben schrumpfen augenfällig zusammen, werden ledrig-braun und fallen vorzeitig ab. Noch früher, schon zu Beginn des letzten Jahrhunderts und gleichfalls aus Amerika ist der Kartoffelfäule-Erreger *Phytophtora infestans* nach Europa gebracht worden. Die von diesem Schimmel befallenen Blätter bekommen dunkle Flecken, auf der Unterseite erscheint ein weißer Belag, die Kartoffelknollen verwandeln sich in trokkene, ledrige Mumien. Einige Pilze können

sich in einer bestimmten Hinsicht als schädlich, in einer anderen als nützlich erweisen. Der Mutterkornpilz (*Claviceps purpurea*) ist im Getreide unerwünscht, denn das Mutterkorn ist giftig, doch stellt es einen wertvollen Rohstoff für die Pharmazeutik dar. Die Deuteromyceten-Art *Apiocrea chrysosperma* zerstört verschiedene Röhrlinge, vor allem den Rotfußröhrling (*Xerocomus chrysenteron*). Der verwandte *Byssonectria luteovirens* befällt Täublinge und andere Blätterpilze. Morchel und Lorchel (*Morchella* und *Helvella*) haben in ihrer Verwandtschaft nicht nur den Ahornrunzelschorf (*Rhytisma acerinum*), sondern auch den Fruchtfäule-Erreger (*Monilinia fructigena*). Der ruft eine Obstkrankheit hervor, die sich von faulenden Äpfeln und Birnen auf heranreifende Früchte ausbreitet. Die betroffenen Früchte sind pilzdurchzogen, sie fallen ab oder bleiben vertrocknet und mumifiziert den Winter über am Baum. Werden sie nicht unverzüglich verbrannt, breitet sich die Ansteckung aus und kann auch auf die Äste übergreifen, die z. B. an Kirschbäumen gänzlich absterben.

Alle Pilze weisen zwei Vermehrungstypen auf. In den Hohlräumen der Schlauchpilze sitzen sogenannte Schläuche, sackähnliche Gebilde, in denen die Fortpflanzungskörperchen, die Sporen, entstehen. Die Ständerpilze bilden ihre Sporen an den Enden besonderer Zellen, der Basidien. Die Sporenschicht der Basidien befindet sich bei Blätterpilzen an den Lamellenrändern, bei den Röhrenpilzen im Röhrcheninneren. Der Pilzkörper ist normalerweise faserig. Pilzfasern bilden das Myzelium, an dem winzige Vermehrungsorgane oder große Fruchtkörper wachsen.

Die Klassifizierung der Pilze in Familien beruht auf Merkmalen der Fruchtkörper, aber auch auf Sporenbau und -bildung.

Bild 4. Die Entwicklung des Fruchtkörpers der Stinkmorchel (*Phallus impudicus*). Für die Sporenverbreitung sorgen Fliegen, die gerne am übelriechenden Schleim des Pilzhuts lecken.

Abteilung **Pilze** – *Mycophyta*

Klasse **Schlauchpilze** – *Ascomycetes*

Familie **Hefepilze** – *Saccharomycetaceae*

1 Bierhefe *Saccharomyces cerevisiae*
Einzellige Pilze, nur unter dem Mikroskop
sichtbar. Als „Preßhefe" in Haushalt und
Bäckerei verwendet. Andere Hefearten ver-
gären Traubenmost zu Wein. Bierhefe wird
in großen Mengen gezüchtet, zum Beispiel
für die Vergärung der Bierwürze zu Bier. Die
Zellen vermehren sich durch Sprossung.
Die Tochterzellen bleiben oft zusammen
und bilden dann verzweigte Ketten.

Familie **Taschenpilze** – *Taphrinaceae*

2 Pflaumentaschenpilz *Taphrina pruni*
(Exoascus pruni)
Befällt Pflaumen und verursacht an ihnen
auffallende Mißbildungen, sogenannte Nar-
rentaschen. Erregt oftmals abnormale
Zweigbildung: Die Bäume bilden dann sehr
dichte, rutenartige Zweigbüsche. Diesem
Pilz verwandte Arten erzeugen ähnliche
Mißbildungen an Birken und Hainbuchen.
Das Pilzgeflecht durchdringt die Äste oder
Früchte der Wirtspflanzen, und an deren
Oberfläche wachsen die Endzellen zu spo-
renhaltigen Schläuchen heran. Die Schläu-
che stehen sehr dicht nebeneinander, wes-
halb sie an der Oberfläche der befallenen
Pflanzenteile wie eine feine Reifschicht
erscheinen.

Familie **Mutterkornpilze** – *Clavicipitaceae*

3 Mutterkornpilz *Claviceps purpurea*
Der Pilz schmarotzt in den Fruchtknoten von
Gräsern, vor allem des Roggens. Die Sporen
des Pilzes keimen auf den Fruchtknoten
zu Pilzfäden aus, die den ganzen Fruchtknoten durchsetzen und zerstören und schließlich ein sogenanntes Mutterkorn bilden. Das
Mutterkorn fällt aus, überwintert im Boden,
und im nächsten Jahr wachsen aus ihm gestielte, am Ende klöppelförmige, rosa bis
purpurrot gefärbte Körper aus Pilzgeflecht
heraus. Sie enthalten kleine Fruchtkörper
(Perithezien), in denen wiederum Sporen
gebildet werden. Das Mutterkorn ist giftig; es

enthält vor allem Alkaloide, aus denen wertvolle Medikamente gewonnen werden.

Familie *Phacidiaceae*

4 Ahornrunzelschorf *Rhytisma acerinum*
Schmarotzt auf Ahornblättern. Der Pilz erzeugt auf der Oberseite der Blätter rundliche bis unregelmäßige, große, schwarze, gelbumrandete Flecken – Lager aus Pilzgeflecht. Im Frühjahr bilden sich in diesen Lagern längliche, schwarze, kleine Fruchtkörper mit Schläuchen, die fadenförmige Sporen enthalten. Lebt auf den Blättern des Spitzahorns.

Familie **Morcheln** – *Morchellaceae*

5 Speisemorchel, *Morchella esculenta*
Fruchtkörper besteht aus Hut und Stiel. Der Hut ist meist ei- oder kugelförmig, bis zu 8 cm hoch, gelblich bis bräunlich gefärbt, mit unregelmäßigen, tiefen und breiten Gruben, die keine zusammenhängenden Reihen bilden, sondern eher an zerknitterte Bienenwaben erinnern. Der Pilz wächst im April und Mai in lichten Laub- oder Mischwäldern, in alten Gärten, Parks usw. Geschützt!

Familie **Lorcheln** – *Helvellaceae*

6 Frühjahrslorchel, Giftlorchel
Gyromitra esculenta
Hut braun bis dunkelbraun, unregelmäßig gewunden, wulstig gefurcht, hohl, bis 10 cm breit. Stiel weißlich bis gelblich, hohl, an der Oberfläche manchmal gerieft, kürzer als der Hut. Im zeitigen Frühjahr in sandigen Kiefernwäldern, aber auch in anderen Nadelwäldern. Giftigkeit umstritten; verschiedene Menschen reagieren beim Genuß der Frühjahrslorchel sehr verschieden. Der Pilz sollte daher keinesfalls gegessen werden.

6

4

5

63

Klasse **Ständerpilze** – *Basidiomycetes*

Familie **Rostpilze** – *Pucciniaceae*

1 Getreiderost, Schwarzrost
Puccinia graminis
Schmarotzt teils auf Getreide, teils auf der Berberitze. Bildet rostfarbene Sporenlager an der Unterseite von Berberitzenblättern; die Sporen werden vom Wind auf Getreide oder andere Gräser übertragen, auf deren Blättern sie auskeimen. An den Blättern der Graspflanzen bilden sich zunächst die sogenannten Sommersporen, durch die sich der Pilz weiter ausbreitet und weitere Graspflanzen infiziert. Am Ende der Vegetationsperiode entwickeln sich die schwarzen Lager der Wintersporen, die die kalte Jahreszeit überdauern. Im Frühjahr keimen aus ihnen schlauchförmige Gebilde, an deren Ende je vier sogenannte Basidiosporen entstehen. Die Basidiosporen infizieren wieder Berberitzenblätter.

Familie **Rindenpilze** – *Corticiaceae*

2 Striegeliger Schichtpilz
Stereum hirsutum
Wächst an Stümpfen und Stämmen von Laubhölzern. Fruchtkörper zart ledrig, oft muschelförmig, etwas gestreift; seine freien Teile stehen vom Untergrund ab. Oben ist der Fruchtkörper samtig behaart bis rauh-

filzig, unten trägt er eine Fruchtschicht, die trocken graugelb, feucht orangefarben erscheint.

Familie **Porlinge** – *Polyporaceae*

3 Bunter Porling, Schmetterlingsporling
Trametes versicolor
Der dünnfleischige bis lederige Fruchtkörper bildet fächerartige, oft dachziegelig angeordnete Stöcke mit festen Hütchen, die konzentrische dunklere und hellere Streifen tragen. Die Streifen sind mit braunen, grauen, orangefarbenen und gelblichen Härchen samtartig besetzt. Die Unterseite ist weißlich. Der Pilz wächst sehr häufig auf Stümpfen und gefällten Stämmen von Laubbäumen und Sträuchern, auf trockenen Ästen und abgestorbenem Holz, auch außerhalb der Wälder. Der verwandte Striege-

1

2

3

lige Porling *T. hirsuta* trägt keine auffallenden Streifen. Beide Arten sind ungenießbar.

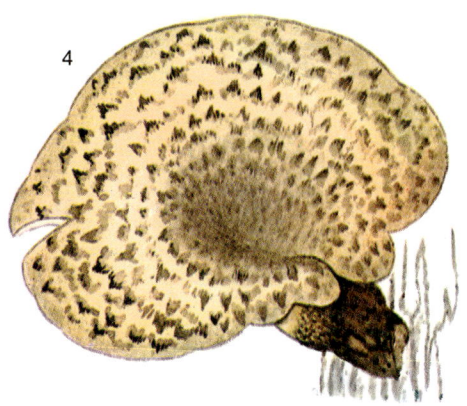

4 Schuppiger Schwarzfußporling
Polyporellus squamosus
Junge Fruchtkörper gewölbt, ältere breit ausladend. Der fächer- bis nierenförmige, weißliche bis bräunlichgelbe Hut ist dicht von dunkleren (meist braunen), verhältnismäßig großen Schuppen bedeckt. Weißes Fleisch, die großen Poren weißlich bis gelblich, Stiel seitenständig oder zentral, kurz, unten schwarzbraun. Der Pilz wächst auf Ästen, Stämmen, Wurzeln und Stümpfen von Laubbäumen (besonders Walnuß), einzeln oder in Gruppen übereinander vom Frühling bis zum Winter. Junge, zarte, noch nicht lederige Fruchtkörper sind eßbar (Geschmack mehlig-gurkig).

5 Schwefelporling *Laetiporus sulphureus* (Grifola sulphurea)
Fruchtkörper fleischig, jung saftig, später zäh und brüchig. Hüte wachsen seitlich aus dem Baum heraus, gewöhnlich in größeren Stöcken dicht übereinander. Junge Fruchtkörper leuchten schwefelgelb, reife mehr orangefarben, alte bräunlich. Der Pilz wächst häufig auf Stümpfen, Ästen und Stämmen von Laubbäumen. Junge Frucht-

körper sind genießbar, schmecken jedoch säuerlich und sind holzig.

6 Feuerschwamm *Phellinus igniarius*
Fruchtkörper meist hufförmig an Buchenstämmen, vor allem im Gebirge, wo sie oft sehr groß werden. Der Hut wächst seitlich ohne Stiel heraus; er ist geschichtet, oberseits grau. Die Fruchtkörper wurden früher ebenso wie die des verwandten Echten Zunderschwammes *Fomes fomentarius* als Zunder zum Feueranmachen verwendet. Die Fruchtkörper des Zunderpilzes wurden bis vor kurzem in armen Gebirgsgegenden in feine, lederige Blättchen zerklopft, aus denen man Mützen und Westen nähte.

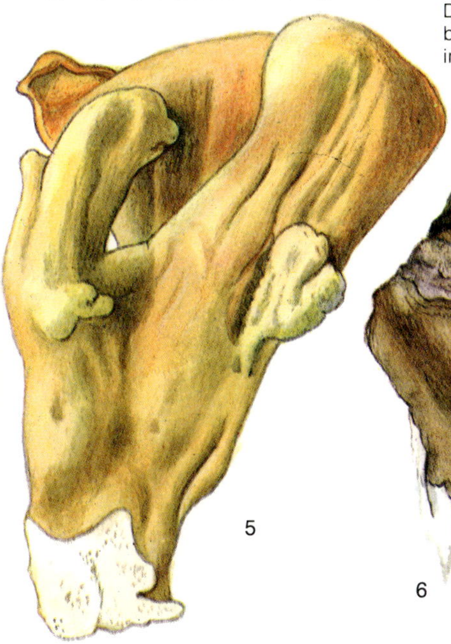

5

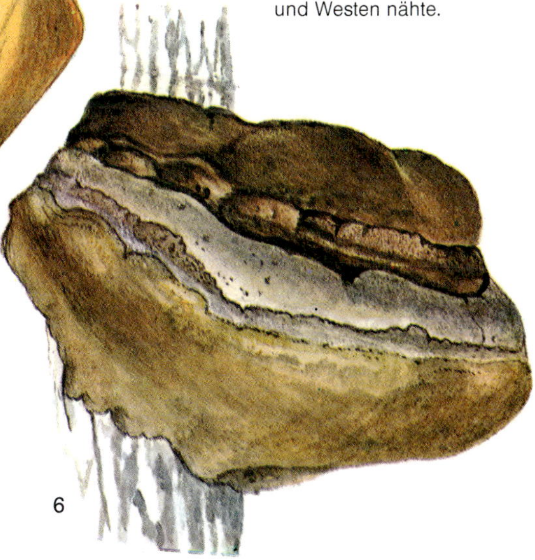

6

Familie **Stachelpilze** – *Hydnaceae*

1 Habichtspilz *Hydnum imbricatum*
Flach trichterförmiger Hut; Rand in der
Jugend eingerollt. Hut 6 bis 18 cm breit,
bräunlich bis graubraun, dicht mit großen,
abstehenden, schwarzbraunen Schuppen
bedeckt (Schuppen stehen am dichtesten in
der trichterförmigen Mitte). Unterseite mit
der Fruchtschicht ist dicht mit grauen bis
bräunlichen Stacheln besetzt. Wächst im
Spätsommer bis Herbst in Nadelwäldern,
vor allem in Kiefernwäldern.

Familie **Korallenpilze** – *Clavariaceae*

2 Orangegelbe Koralle,
Zitronengelber Ziegenbart
Ramaria aurea (Clavaria aurea)
Eßbare Art der Korallenpilze. Dichte,
strauchartige Fruchtkörper. Fruchtschicht
an der Oberfläche der Endästchen. Von anderen Korallenpilzen ist die eßbare Koralle
durch die gelbe Farbe und stumpfe Äst-
enden, die an Druckstellen nicht rot werden,
zu unterscheiden. Der winzige Strunk und
das Fleisch sind weiß. Vor allem in wärme-

ren Gebieten stellenweise häufig (Ende
Sommer und Anfang Herbst in Wäldern).

Familie **Röhrenpilze** – *Boletaceae*

3 Gallenröhrling *Tylopilus felleus*
Wird auf den ersten Blick leicht mit dem
Steinpilz verwechselt, von dem er sich jedoch durch das ausgeprägtere Netz auf
dem Stiel und die frühzeitig hellrosa bis rosa
werdenden Röhren unterscheidet; die Röhren laufen an Druckstellen rostbraun an.
Schmeckt beißend-bitter, ist vollständig ungenießbar, aber nicht giftig. Häufiger Wald-
pilz, besonders in Nadelwäldern der höheren Lagen.

4 Steinpilz, Herrenpilz *Boletus edulis*
Schönster und meistgeschätzter der drei
einander ähnlichen Röhrlinge. Der Rothütige Steinpilz (Fichten- oder Kiefernsteinpilz)
und der Eichen- oder Sommersteinpilz unterscheiden sich von *B. edulis* durch die
Farbe und durch das Zusammenleben ihres
Myzels mit den Wurzeln verschiedener Bäume. Der helle Stiel des Steinpilzes trägt in
der oberen Hälfte ein netzartiges Muster; der

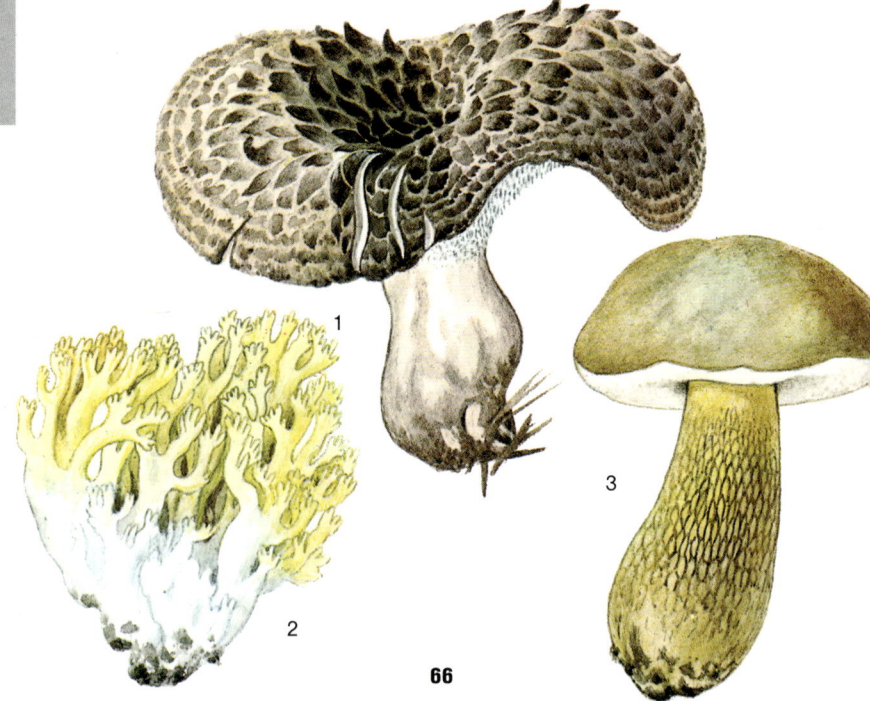

1

2

3

66

zeitiger erscheinende Eichensteinpilz hat über dem ganzen dicken Stiel ein grobmaschiges Netz; der Rothütige Steinpilz mit dem rotbraunen, charakteristischen Hut trägt auf dem keulenförmigen Stiel ein feines und enges Netz. Der Steinpilz wächst vom Flachland bis ins Gebirge von Juli bis Oktober vor allem in Fichtenwäldern; der Eichensteinpilz erscheint von Frühjahr bis September in Laubwäldern, auf Teichdämmen, die mit Eichen bepflanzt sind, seltener unter anderen Bäumen; der Rothütige Steinpilz wächst im Flachland den ganzen Sommer und Herbst über in sandigen Kiefernwäldern. Geschützt!

5 Butterpilz *Suillus luteus*

Schokoladenbrauner Hut mit gut abziehbarer, dünnhäutiger Oberhaut, die bei Feuchtigkeit schmierig-schleimig, bei Trockenheit glattglänzend ist. Bei jungen Fruchtkörpern ist der Hut durch eine zarte Hülle mit dem Stiel verbunden, von der bei ausgewachsenen Exemplaren ein gut erkennbarer Ring zurückbleibt. Oberhalb des Ringes ist der Stiel weißlich-gelb, meist dunkel gefleckt. Vom Flachland bis ins Gebirge an grasigen Stellen an den Rändern von Kiefernwäldern, meist den ganzen Sommer und Herbst hindurch. Vorzüglicher Speisepilz.

6 Rotfußröhrling *Xerocomus chrysenteron*

Bei jungen Fruchtkörpern ist der Hut dunkelbraun und glatt, bei älteren gelbbraun, unregelmäßig rissigfelderig zerklüftet, in den Rissen rosa bis purpurn. Stiel verhältnismäßig dünn, schmutziggelb bis gelbbraun, rot überlaufen. Röhren der jungen Fruchtkörper gelb, später gelbgrün; sie verfärben sich an Druckstellen schmutzigblau, ebenso das Fleisch des Stieles an Schnittstellen. Wächst von der Ebene bis ins Gebirgsvorland in allen Wäldern, bevorzugt aber Nadelwälder.

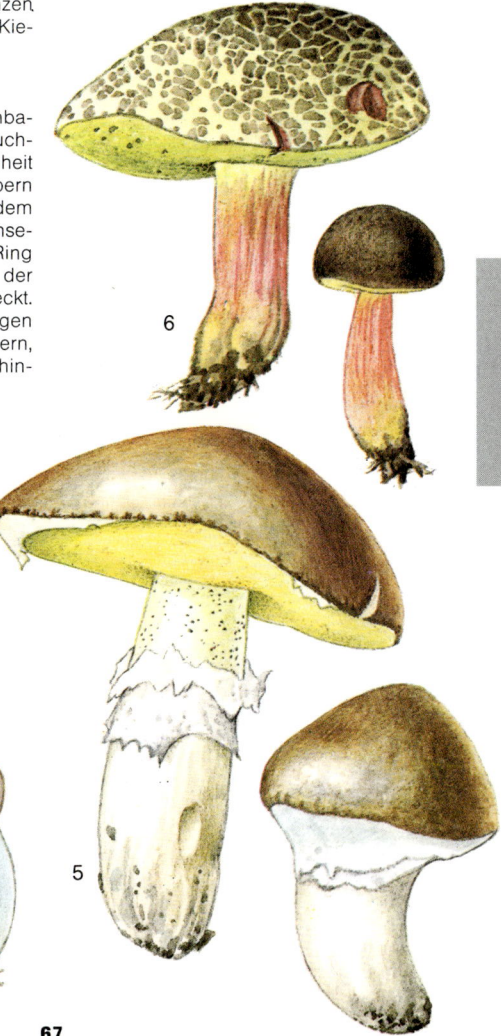

6

5

4

67

Familie Röhrenpilze – *Boletaceae*

1 Birkenpilz *Leccinum scabrum*
Der fleischige Hut ist bei Trockenheit oft rissig, das Fleisch ist wässerig, weißlich und wird frühzeitig weich. Die Röhren sind bräunlichgrau und werden ebenfalls frühzeitig weich. Stiel hochgewachsen, fest, weißlich bis bräunlichgrau, faserig, mit winzigen schwärzlichen Schuppen besetzt; Fleisch des Stieles wird – angeschnitten – zart rosa bis grau. Vom Flachland bis ins Gebirge; im Sommer und Herbst oft unter Birken und Espen. Geschützt!

2 Rotkappe *Leccinum aurantiacum*
Hut dunkelorangefarben bis braunrot. Stiel hochwüchsig, zäh, weiß bis zart grau, mit flockigen Schüppchen bedeckt, die zuerst weißlich sind, später rötlich bis bräunlich werden. Das weiße Fleisch färbt sich grau bis schwärzlich. Vom Flachland bis ins Gebirge in Wäldern verschiedener Zusammensetzung, immer aber unter Espen. Wächst im Sommer und Herbst. Geschützt!

Familie Leistenpilze – *Cantharellaceae*

3 Pfifferling, *Cantharellus cibarius*
Junge Fruchtkörper mit gewölbtem, ältere mit abgeflachtem bis flach trichterförmigem Hut; der ganze Fruchtkörper fast dottergelb, das Fleisch weißlich bis gelblich. Vom Flachland bis ins Gebirge vom Sommer bis zum Herbst; häufig in Nadelwäldern, stellenweise in Kiefernwäldern. Geschützt!

Familie Edelpilze – *Agaricaceae*

4 Wiesen-Egerling, Champignon
Agaricus campestris
Junge Fruchtkörper mit länglich-kugelför-

1

2

3

4

5

6

migem, ältere mit bräunlich-faserigem bis bräunlich-schuppigem Hut. Das Fleisch ist weißlich, die Blätter sind hellrosa bis fleisch-rötlich, bei älteren Fruchtkörpern bis scho-koladenbraun gefärbt. Stiel weißlich mit ei-nem Häutchen, das ihn im oberen Drittel wie ein auffallender Ring umschließt. Der Eger-ling wächst an gedüngten, grasigen Stellen vorwiegend außerhalb der Wälder.

5 Riesenschirmling, *Lepiota procera*
Stiel bis 35 cm hoch. Hut erst kugelförmig gewölbt, manchmal gebuckelt, später breit verflacht, bräunlich, mit dunkleren, zerrisse-nen Schuppen auf der Oberseite. Fleisch

und Blätter weiß oder weißlich. Knolliger Stiel mit beweglichem Ring. Vom Flachland bis ins Gebirge. Wächst vom Sommer bis in den Herbst in Mischwäldern.

Familie **Ritterlingpilze** – *Tricholomataceae*

6 Mairitterling, *Calocybe gambosa*
Beliebter Frühjahrsspeisepilz; ab April im Gras oder in lichten Wäldern unter Laub-bäumen und Sträuchern. Weißlicher, ins Gelbliche bis ins Bräunliche gehender Hut, Blätter weißlich oder graugelb. Kurzer, weiß-licher, zylindrischer Stiel mit nach Mehl duf-tendem und schmeckendem Fleisch.

Familie **Sprödblätterpilze** – *Russulaceae*

1 Frauentäubling *Russula cyanoxantha*
Violetter, grüner, violett-grüner oder ins Violette spielender, grünlicher Hut. Weißliches Fleisch, weißliche, manchmal gelbliche, biegsame, im Gegensatz zu anderen Täublingen nicht brüchige Blätter. Vom Flachland bis ins Vorgebirge im Sommer und im Herbst, häufig in Misch- und Laubwäldern. Der Pilz wird viel gesammelt, vor allem für Saucen oder – gemischt mit Röhrlingen – zum Einlegen in Essig.

2 Kirschroter Speitäubling, Speiteufel
Russula emetica
Der auffallend glänzende, blutrote Hut ist schwer mit dem anderer eßbarer Pilze zu verwechseln. Fruchtkörper in der Jugend mit gewölbtem, später mit abgeflachtem, in der Mitte flach vertieftem Hut. Blätter und Stiel weiß bis schwach gelblich, Fleisch weißlich. Vom Flachland bis ins Gebirge von Sommer bis Herbst; in allen Wäldern auf sauren Böden, besonders in Misch- und Nadelholzbeständen. Schwach giftig, wegen des beißenden Geschmacks ungenießbar.

3 Edelreizker, Echter Reizker
Lactarius deliciosus
Junge Fruchtkörper mit gewölbtem, reife mit abgeflachtem, in der Mitte eingedelltem, gelblich-orangefarbenem Hut; auf dem Hut gewöhnlich einige dunklere, meist grünliche konzentrische Kreise. Das Fleisch sondert an Schnittstellen orangefarbene Milch ab, die Blätter werden an Druckstellen grün. Hauptsächlich im Herbst an grasigen Stellen in Nadelwäldern, vor allem in jungen Fichtenbeständen. Der Pilz wird seines würzigen Geschmackes wegen vornehmlich zum Einlegen in Essig gesammelt. Kaum zu verwechseln mit dem nicht eßbaren Falschen Reizker oder Birkenreizker *L. torminosus*, der weiße Milch absondert und meist unter Birken wächst.

Familie **Wulstlingartige** – *Amanitaceae*

4 Grüner Knollenblätterpilz
Amanita phalloides
Giftigster Pilz Europas! Hut gelbgrün, rein grün oder braungrün, erst gewölbt, später flach ausgebreitet. Stiel, Fleisch und Blätter weißlich. Stiel mit weißem Ring, unten keulenförmig verdickt mit auffallender, zipfelig zerrissener, weißlicher bis zartgrauer Scheide. Des unten verdickten Stieles wegen auch Grüner Giftwulstling genannt. Im Sommer und Herbst häufig in Laub- oder Mischwäldern wärmerer Gebiete; in Nadelwäldern nur ausnahmsweise unter Kiefern. Unauffälliger, etwas süßlicher Geschmack. Enthält zwei tödlich giftige Stoffe!

5 Perlpilz, Perlwulstling
Amanita rubescens
Hut fleischig, blaßrosa bis schwarzbraun mit
bräunlichen, warzenartigen Schuppen.
Fleisch im Anschnitt fleischrosa, Blätter
weißlich, blaßrosa überhaucht. Stiel hoch
und stark, zeigt unten eine knollenartige
Verdickung und unter dem Hut einen weißlichen bis graurosa Ring, der an der Oberseite gewöhnlich dicht gerieft ist. Von ähnlichen ungenießbaren Wulstlingen durch
das rötliche Fleisch und den gerieften Ring
zu unterscheiden. Wächst vom Flachland
bis ins Gebirge im Sommer und Herbst in allen Waldtypen, vor allem in Nadelwäldern
unter Fichten.

6 Fliegenpilz *Amanita muscaria*
Bedeutend weniger giftig als der Grüne
oder der Spitzhütige Knollenblätterpilz;
wirkt eher rauschgiftartig. Hut mit weißlichen
oder gelblichen, schorfigen Schuppen auf
korallenroter Oberhaut. Fleisch und Blätter
weißlich bis gelblich. Stiel weiß, unten mit
den konzentrischen Ringen der Reste der
Gesamthülle. Unter dem Hut ein nicht ge-
riefter breiter Ring. Sommerschmuck der
Nadelwälder vom Flachland bis hoch ins
Gebirge.

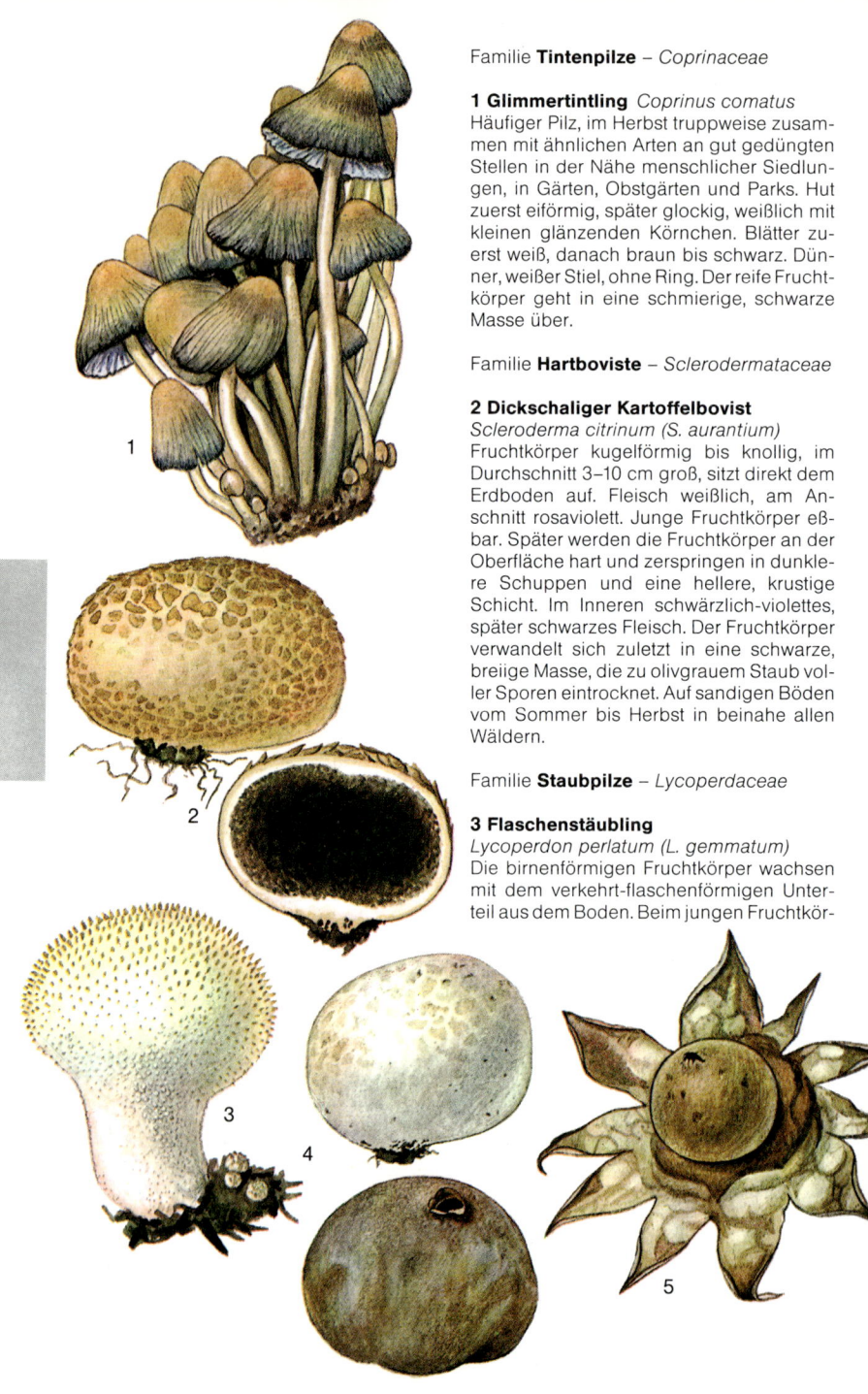

Familie **Tintenpilze** – *Coprinaceae*

1 Glimmertintling *Coprinus comatus*
Häufiger Pilz, im Herbst truppweise zusammen mit ähnlichen Arten an gut gedüngten Stellen in der Nähe menschlicher Siedlungen, in Gärten, Obstgärten und Parks. Hut zuerst eiförmig, später glockig, weißlich mit kleinen glänzenden Körnchen. Blätter zuerst weiß, danach braun bis schwarz. Dünner, weißer Stiel, ohne Ring. Der reife Fruchtkörper geht in eine schmierige, schwarze Masse über.

Familie **Hartboviste** – *Sclerodermataceae*

2 Dickschaliger Kartoffelbovist
Scleroderma citrinum (S. aurantium)
Fruchtkörper kugelförmig bis knollig, im Durchschnitt 3–10 cm groß, sitzt direkt dem Erdboden auf. Fleisch weißlich, am Anschnitt rosaviolett. Junge Fruchtkörper eßbar. Später werden die Fruchtkörper an der Oberfläche hart und zerspringen in dunklere Schuppen und eine hellere, krustige Schicht. Im Inneren schwärzlich-violettes, später schwarzes Fleisch. Der Fruchtkörper verwandelt sich zuletzt in eine schwarze, breiige Masse, die zu olivgrauem Staub voller Sporen eintrocknet. Auf sandigen Böden vom Sommer bis Herbst in beinahe allen Wäldern.

Familie **Staubpilze** – *Lycoperdaceae*

3 Flaschenstäubling
Lycoperdon perlatum (L. gemmatum)
Die birnenförmigen Fruchtkörper wachsen mit dem verkehrt-flaschenförmigen Unterteil aus dem Boden. Beim jungen Fruchtkör-

per ist die Oberfläche weißlich oder creme-
farben und warzig-stachelig; der reife ist
glatt, mit einer unregelmäßig gerundeten
Öffnung auf dem Scheitel, aus dem beim
Zerdrücken oder Darauftreten eine Wolke
bräunlicher Sporen herausfliegt. Sommer-
und Herbstpilz.

4 Grauer Bovist *Bovista plumbea*
Junge Fruchtkörper annähernd kugelförmig, oben etwas eingedrückt, auf der Oberfläche weißlich, innen rein weiß; reife Fruchtkörper dunkelgrau, angefüllt mit braunen
Fäserchen mit Sporen, die beim Zerdrücken
des Fruchtkörpers durch eine ovale Öffnung
auf dem Scheitel herausfliegen. Sommer
und Herbst. Häufiger Pilz vom Flachland bis
ins Gebirge an grasigen Stellen, Wiesen-
rändern, Weiden und Waldrändern.

Familie **Sternpilze** – *Geastraceae*

5 Gewimperter Erdstern
Geastrum fimbriatum
Junge Fruchtkörper kugelförmig. Bei reifen
Fruchtkörpern platzt die äußere Schicht
sternförmig in Lappen auf, die sich nach
außen stülpen und ausbreiten, bis der
kugelförmige Innenteil mit dem kleinen
Öffnungshof auf einem dünnen, gestielten
Hälschen freiliegt. Die Zipfel sind schwach
hygroskopisch; bei Trockenheit wickeln sie
sich um den kugelförmigen Teil des Fruchtkörpers, bei Nässe entfalten sie sich und
stülpen sich schließlich um, wobei das
eigentliche, mit einem sporentragenden
Geflecht erfüllte Fruchtkörperchen erscheint. Sommer und Herbst.

Familie **Rutenpilze** – *Phallaceae*

6 Gemeine Stinkmorchel
Phallus impudicus
Der Pilz fällt durch seine Gestalt sowie – in
der Reife – durch seinen ekelhaften Gestank
nach faulendem Fleisch auf. Erinnert von
weitem durch den langen, walzenförmigen
Stiel mit dem kegelförmigen, grubigen Hütchen an eine Echte Morchel. Junge Fruchtkörper sind eiförmig und von einer weißlichen Haut eingehüllt. Stiel bis 25 cm hoch,
dicht mit flachen Poren besetzt. Hut von oliv-
grünem Schleim bedeckt, dessen Geruch
aasfressende Insekten anlockt. Vom Sommer bis zum Herbst. In der Ebene bis zum
Gebirgsvorland in Laubwäldern. Reife
Fruchtkörper ungenießbar.

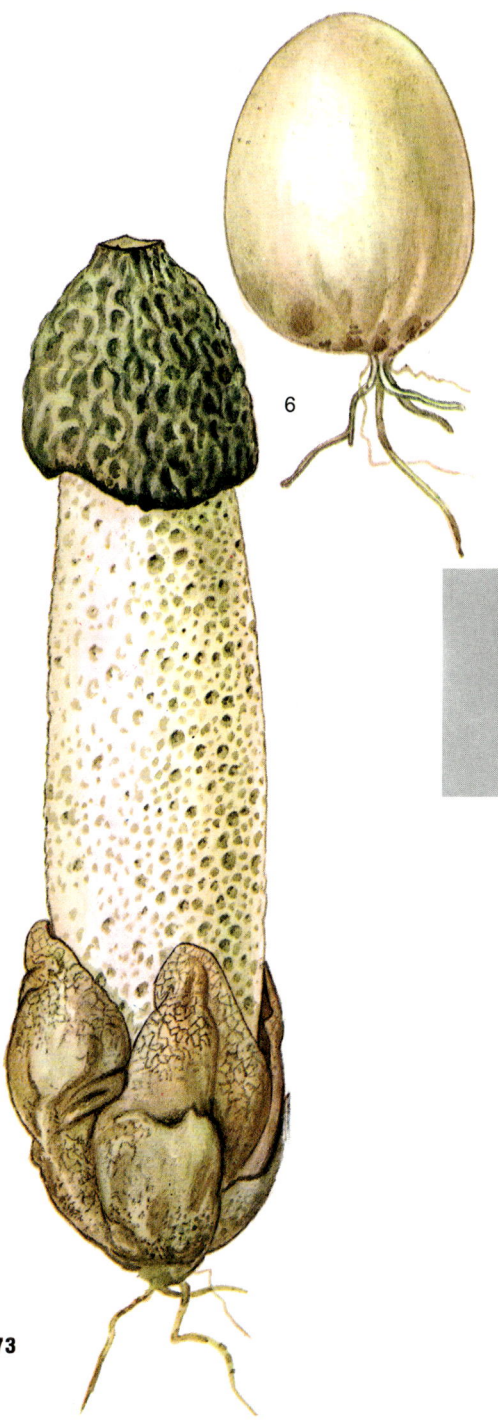

6

Flechten

Flechten werden auch lichenisierte Pilze genannt. Was sind nun eigentlich Flechten? Pilze können bekanntlich Saprophyten, Parasiten und Symbionten sein. In den Flechten lebt nun Pilzgewebe in Symbiose mit Algenkolonien oder -fasern. Worin unterscheidet sich dieses Leben zu zweit von gewöhnlichen Symbiosen?

Obgleich in der Natur die beiden Komponenten mit einigen Schwierigkeiten getrennt existieren könnten, läßt erst die Verbindung von Pilzfasern mit Algenzellen die charakteristische Gestalt des Flechtenthallus entstehen. Auch aus physiologischer Sicht ist die Symbiose von Pilz und Alge bedeutsam. Zwar entzieht der Pilz der Alge die Produkte der Photosynthese, doch gibt er ihr Wasser und nährende Salze dafür. Dies ist bereits eine höhere Symbiosestufe, die sich durch gewisse Stoffwechselprodukte auszeichnet, z. B. durch die Flechtensäuren, die weder Pilz noch Alge allein zustandebringen und die erst im Flechtenthallus entstehen.

Bei den meisten Flechten wird die Pilzkomponente – der sogenannte Mykobiont – von Schlauchpilzen gebildet, in den Tropen auch von Ständerpilzen. In der Algenkomponente – dem Phycobionten – findet man Grünalgen, vor allem *Chlorococcales* oder Blaualgen, z. B. Kolonien von *Nostoc, Chroococcus* u. a. Trotz aller Formenvielfalt kann man die Flechten grob in drei Gruppen unterteilen, in Krusten-, Laub- und Strauchflechten. Der Innenbau ist auch unterschiedlich, für gewöhnlich überwiegt aber die Pilzmasse. Pilzfasern bilden das dichte Gewirr der krustigen Oberschicht, darunter liegt eine lockere Faserschicht mit Algen, dann kommt eine dünne Pilzfaserschicht, oft sitzen an der Unterseite noch einzelne Fasern oder Faserbündel, die in die Unterlage, auf der die Flechten wachsen, eindringen.

Für die Bestimmung von Flechten und ihre Einordnung ins System sind die Fortpflanzungsorgane der Pilzkomponente von Bedeutung, da die Algen dauernd in ihrem Vegetationszustand verharren. Jetzt wird auch klar, warum die Flechten lichenisierte Pilze genannt werden. Die Pilzkomponente kann man anhand der Fruchtkörper ins Pilzsystem einordnen, doch kann der Flechtenthallus nur dann entstehen, wenn aus den Pilzsporen Fasern wachsen und diese der entsprechenden Alge begegnen.

Flechten findet man an allen erdenklichen Standorten und Unterlagen. Reichlich wachsen sie auf Baumrinde, morschendem Holz, auf Fels, Steinblöcken und Mauerwerk. Einzelne Arten zeichnen sich manchmal

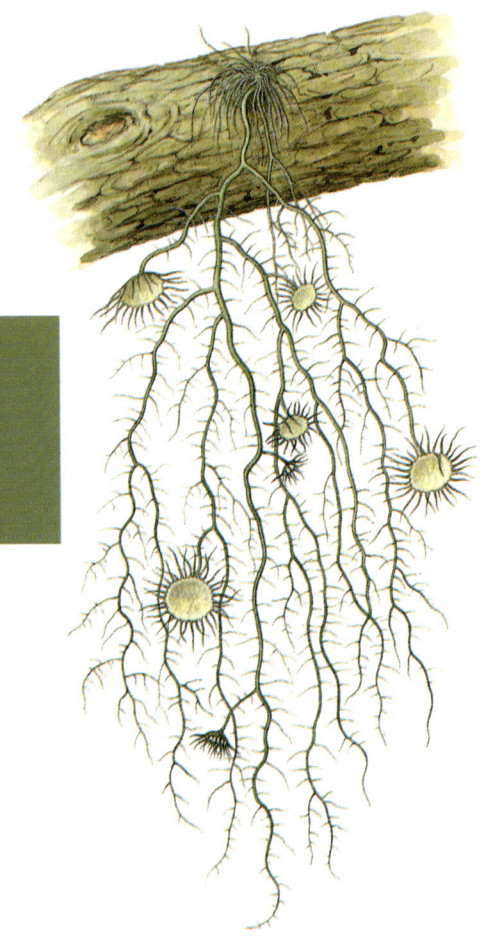

Bild 1. Die auffällige Bartflechtenart *Usnea florida* wirkt sehr dekorativ. Sie ist ein hochempfindlicher Anzeiger für Luftverschmutzung im Gebirge.

Bild 2. Die verschiedenen Becherflechten-arten unterscheiden sich in Form und Farbe. Rechts die Waldbeerenflechte (*Cladonia sylvatica*), links *Cladonia coccifera*.

durch eng umrissene Ansprüche aus; einige wachsen nur auf Kalksteinfelsen, andere nur auf Silikatgrund. Flechten findet man im Hochgebirge, andere wieder in der Tiefebene; einige Arten bevorzugen sonnige Stellen, andere schattig-feuchte. Jeweils verschiedene Arten wachsen auf Laubhölzern und Nadelholzborke. Die meisten unserer Flechten reagieren sehr empfindlich auf Luftverschmutzung.

Die auf der Rinde von Obstbäumen wachsenden Flechten gelten als schädlich, denn sie können die Atmung an den bedeckten Baumteilen beeinträchtigen, hier halten sich Feuchtigkeit und auch schädliche Insekten. Im hohen Norden dienen die Bodenflechten, insbesondere die Rentierflechte (*Cladonia rangiferina*) den pflanzenfressenden Rentieren als Nahrung, in den Wüsten sogar dem Menschen. Schon die Bibel weiß von „Manna" zu berichten, mit dem sich die Israeliten gesättigt haben – offensichtlich handelte es sich um vom Wind losgerissene und verwehte Thalli der Mannaflechte (*Lecanora esculenta*). Die am Mittelmeer wachsende Lackmusflechte (*Roccella tinctoria*) oder die Tundraflechten *Ochrolechia tartarea* u. *O. parella* liefern Verbindungen, aus denen die Farbstoffe Lackmus und Orcein

hergestellt werden. Aus Flechten lassen sich auch Polysaccharide und Alkohol gewinnen, sie finden mancherorts noch heute in der Parfümerie Verwendung, einige Arten produzieren sogar Stoffe mit antibiotischer Wirkung. Flechten enthalten eine Reihe weiterer chemischer Verbindungen, die in anderen Organismen nicht vorkommen.

Bild 3. Junger Fruchtkörper der auf Baumrinde wachsenden Pflaumen-Brandflechte (*Evernia prunastri*).

75

1

Abteilung **Flechten** – *Lichenes*

Familie **Scheibenflechten** – *Lecideaceae*

1 Landkartenflechte, Tintenflechte
Rhizocarpon geographicum
Bildet gelbgrüne Lager mit schwarzem
Saum. Sie sind vielfältig gelappt, fein kru-
stenförmig und, einer Landkarte ähnlich,
auffallend gezeichnet. Die Pilzkomponente
bildet schwarze, kleine Fruchtkörper. Vom
Flachland bis hoch ins Gebirge, am häufigsten auf Granit und Felsblöcken.

Familie **Becherflechten** – *Cladoniaceae*

2 Wald-Becherflechte *Cladonia sylvatica*
Gelbgrünes oder strohgelbes Geflecht mit
feinen, am Ende schwach bräunlichen Ästchen. Selten stehen an den Enden der Ästchen rotbraune, kleine Fruchtkörper.

Wächst an ähnlichen Stellen wie die Rentierflechte. Geschützt!

3 Rentierflechte, Erdflechte
Cladonia rangiferina.
Lager dem Untergrund angedrückt. Der aufgerichtete Teil bildet auffallende, weißliche
bis graue, reichverzweigte Büschel. Ein-
seitswendige, gekrümmte Ästchen mit
bräunlichen Spitzen. Vom Flachland bis ins
Gebirge in trockenen Kiefernwäldern und
auf Heideland. Geschützt!

4 Becherflechte *Cladonia fimbriata*
Aus dem grundständigen Teil des schuppigen Geflechts wachsen kleine, 1–3 cm hohe,
oberseits graugrüne oder olivfarbene, unten
weißliche Becherchen heraus. Die Pilzkomponente bildet am Becherrand sehr kurzgestielte, bräunliche, kleine Fruchtkörper.
Vom Flachland bis hoch ins Gebirge an trokkenen Standorten, in lichten Wäldern. Geschützt!

Familie **Schildflechten** – *Peltigeraceae*

5 Schildflechte *Peltigera canina*
Blättrig gelapptes Lager. Oberseits grauweiß oder bräunlich, feinfilzig, unterseits
weißlich mit vielen Büscheln von Haftfäden.
An den Enden der Lappen braune, röhrenförmig gewundene, aufgerichtete Fruchtkörperchen. Vom Flachland bis ins
Gebirge an sonnenbeschienenen Plätzen.

Familie **Schüsselflechten** – *Parmeliaceae*

6 Gemeine Astflechte *Parmelia physodes*
Vielleicht die häufig-
ste Flechte. Rosetti-

3

2

4

76

ges, oberseits graues, graubraunes oder graugrünes, unterseits dunkelbraunes bis schwarzes Lager, am Rand mit einem weißlichen Saum. Fruchtkörper werden nur ausnahmsweise gebildet. Bildet ausgedehnte Beläge auf Stämmen und Ästen von Bäumen, wächst aber auch auf Stümpfen und abgestorbenen Bäumen, zuweilen auch auf dem Boden. Geschützt!

7 Islandflechte *Cetraria islandica*
Blättrig-buschiges, aufsteigendes Lager mit tütenförmig gedrehten Lappen; oberseits olivgrün bis graubraun, unterseits heller, grauweiß, weiß gefleckt. Vom Hügelland bis hoch ins Gebirge in Nadelwäldern, auf Heiden und Torfmooren. Geschützt!

Familie **Bartflechten** – *Usneaceae*

8 Pflaumenbrandflechte *Evernia prunastri*
Weiches, strauchartig verzweigtes, gewöhnlich überhängendes, graugrünes bis gelbgrünes Geflecht, unterseits heller, am Rand und oberseits weißlich gefleckt. Vom Flachland bis ins Gebirge. Auf Laubbäumen.

Familie **Goldflechten** – *Teloschistaceae*

9 Gelbflechte *Xanthoria parietina*
Lager leuchtend hell- bis orangegelb, rosettig angeordnet, runzelig, auf verschiedensten Unterlagen. Die Pilzkomponente bildet sehr häufig dunklere, schüsselförmige Fruchtkörperchen. Vom Flachland bis ins Gebirge.

7

8

6

5

9

Moose

Laub- und Lebermoose (*Bryopsida, Marchantiopsida*) sind schon wirkliche, meist am Boden wachsende Grünpflanzen, die vieles mit den übrigen grünen Pflanzen gemeinsam haben, sowohl mit den sporenbildenden Farngewächsen (*Pteridophyta*), als auch den Nackt- und Bedecktsamern. Sie besitzen Blattgrün (*Chlorophyll*), so daß sie assimilationsfähig sind; ein Produkt dieser Tätigkeit ist Stärke, bei Lebermoosen Öle. Aber die Ähnlichkeit mit der äußeren Erscheinung der höheren Pflanzen trügt. Moose haben keine echten Wurzeln, sondern nur unterirdische Haftfasern. Ihr Stengel ist auch kein echter Stengel, da er ein nur wenig differenziertes Gewebe besitzt und

Bild 1. Das Frauenhaar (*Polytrichum communis*) ist unsere stattlichste Moospflanze und wird fast 40 cm hoch. Die Kapsel ist mit einem Deckel verschlossen und einer bei Reife abfallenden Kappe bedeckt (links).

Bild 2. Querschnitt durch ein Sporangium des Frauenhaars. Unter der Kappe sitzen durch Scheidewände getrennte sporengefüllte Kammern (Mitte).

Bild 3. Stengel und Zweige des Kahnblättrigen Torfmooses (*Sphagnum palustre*) sind mit winzigen Blättchen bedeckt (rechts).

echte Gefäßbündel vermissen läßt, die Blättchen bestehen meist nur aus einer einzigen Zellschicht. Manchmal ist der Thallus überhaupt nicht in Stielchen und Blätter differenziert, wie z. B. bei den Hornmoosen (*Anthocerotopsida*) und einigen Lebermoosen. Dafür kommen die Fortpflanzungs- und Geschlechtsorgane der Moose schon denen der Farngewächse nahe.

Bei einhäusigen Arten besitzt die einzelne Pflanze beide Geschlechtsorgane, zweihäusige sind geschlechtlich unterschieden. Nach der Befruchtung wächst aus dem Keim eine ungeschlechtliche Stufe, die mit der Pflanze über einen sogenannten Stiel verbunden ist, durch den sie Nährstoffe bezieht. Ein weiterer fadenförmiger Stiel trägt die Sporenkapsel. Aus der keimenden Spore erwächst ein Vorkeim und erst auf ihm die eigentliche Pflanze – die geschlechtliche Stufe.

Welche Bedeutung haben die Moose für den Menschen? Wirkliche Heil- oder Nutzpflanzen gibt es darunter nicht, doch haben die Moosbüschel oder -polster einen sehr günstigen Einfluß auf den Wasserhaushalt des Bodens.

Moose haben nämlich keine Wurzeln und können folglich dem Boden kaum Feuchtigkeit entziehen, außerdem schützen sie ihn vor zu starker Wasserverdunstung. Torfmoose (*Sphagnidae*) sind auch aus vielen weiteren Gründen wichtig. Sie wachsen in Hochmooren, auf nährstoffarmem Grund in niederschlagsreichen Gegenden. An der Wasseroberfläche wachsen sie nach, unten sterben sie ab und lassen so alljährlich eine dünne Torfschicht entstehen. Pro Jahr beträgt ihr Wachstum an der Oberfläche bis zu einem Zentimeter, eine gleiche Torfschicht entsteht unter Luftabschluß in der Tiefe, so daß eine Zersetzung kaum möglich ist. Wenn man sich vor Augen führt, daß sich dieser Vorgang Jahrzehnte und Jahrhunderte unablässig wiederholt, kann man sich eine Vorstellung von der Mächtigkeit der Torfschichten in den Hochmooren machen. An der Torfbildung sind auch andere an diesen Orten wachsende und nicht viel Nährstoff benötigende Pflanzen beteiligt wie Seggen, Wollgras, Binsen und andere.

Gestochenes Torf hat eine beträchtliche Bedeutung für den Menschen. Im Gartenbau wird es zum Auflockern der Gartenerde genutzt. In der Balneologie dient es zu Moorbädern und -packungen. Natürliche Torfmoore sind Wasserreservoire für die Entste-

Bild 4. Die Geschlechtsorgane des Brunnenlebermooses (*Marchantia polymorpha*); die weiblichen haben Sternform, die männlichen sehen wie Regenschirmchen aus. Die ungeschlechtlichen Brutkörperchen sitzen in napfartigen Kelchen.

hung von Flüssen, die aus diesen Quellmooren entspringen und haben somit eine entscheidende klimagestaltende Funktion. Leider sind die wenigen Restflächen der Moore unserer Landschaft auch heute noch stark gefährdet.

Moose kann man wirklich an den verschiedensten Standorten antreffen. Lebermoose wachsen meist an feuchtschattigen Stellen, aber auch auf Felsen, trockenen Böden oder Baumrinde.

Einige wachsen sogar in Teichen, wie das schwimmende Moos *Riccia fluitans*. Auf Stoppeläckern und nassen Feldern erscheint das Hornmoos (*Anthoceros punctatus*), in dessen Thallus man schwarze Pünktchen erkennen kann; das sind Schleimzellen, in denen symbiontisch Blaualgen (*Nostoc*) leben. Auch an anderen Standorten wachsen Moose, auf Baumstämmen und -stümpfen, Felsen, Mauern und Dächern, auf Wald- und Wiesenböden. Unter ihnen gibt es Arten, die in Waldbächen dahinfließende Büschel bilden wie das Quellmoos (*Fontinalis antipyretica*) oder die in Sümpfen, an Wasserrändern und vielen anderen Orten wachsen.

Die Zahl der Moose wird auf 25 000 Arten geschätzt. Ihre Einteilung in Familien beruht auf der Morphologie der Kapseln sowie dem anatomischen Blattbau.

Abteilung **Moose** – *Bryophyta*

Klasse **Lebermoose** – *Marchantiopsida (Hepaticae)*

Familie **Brunnenlebermoose**– *Marchantiaceae*

1 Brunnenlebermoos
Marchantia polymorpha
Blättriges, breit bandförmiges und gabelig verzweigtes, mit Haftfäden am Untergrund verankertes Lager. An der Oberfläche eine auffällige, rautenförmige Felderung – Luftkammern mit jeweils einer einzelnen Atempore in der Mitte. Zweihäusig; Geschlechtsorgane auf gestielten Scheiben, die männlichen unregelmäßig gelappt, die weiblichen mehrstrahligen Sternchen ähnelnd. Ungeschlechtliche Vermehrung durch besondere, in flachen Bechern liegende Körperchen. Bildet überall an feuchten Stellen dunkelgrüne Überzüge; auffallend ist das Vorkommen an Brandstätten. Vom Flachland bis ins Gebirge an sonnigen Stellen und im Halbschatten.

Klasse **Laubmoose** – *Bryopsida (Musci)*

Unterklasse **Torfmoose** – *Sphagnidae*

Familie **Torfmoose** – *Sphagnaceae*

2 Kahnblättriges Torfmoos,
Sumpf-Torfmoos *Sphagnum palustre*

Bevorzugt wie die meisten Torfmoose lichte Standorte. Bildet weiche weißliche bis bläulich-grüne Teppiche. Meist einfache, 10–40 cm hohe Stämmchen. Häufiger als bei anderen Torfmoosen bilden sich an den Scheiteln der Stämmchen eiförmige Sporenkapseln auf kurzen Stielen. Viele Torfmoose sind für die Torfbildung wichtig.

Unterklasse **Echte Laubmoose** – *Bryidae*

Familie **Widertonmoose** – *Polytrichaceae*

3 Gemeines Widertonmoos,
Haarmützenmoos, Goldenes Frauenhaar
Polytrichum commune
Stattliches Moos, dessen einfache, aufrechte Stämmchen bis zu 40 cm hoch werden. Scharf gesägte Blättchen bedecken bei

3

1

2

Trockenheit das Stämmchen dicht, bei Nässe stehen sie ab. Stiel etwa 10 cm lang, rot gefärbt. Große Kapsel, die von einer gelblich-braunen bis rötlichen, haarartigen Haube bedeckt wird. Im Gebirge in Hochmooren, auf sumpfigen Wiesen, an Waldbächen und auf Lichtungen. Im Flachland ist das kleinere Schöne Widertonmoos oder Frauenhaar *P. formosum (P. attenuatum)* häufiger, dessen Blättchen auch bei Trockenheit abstehen. Geschützt!

Familie **Gabelzahnmoose** – *Dicranaceae*

4 Besen-Gabelzahnmoos
Dicranum scoparium
Stämmchen aufrecht, bis 10 cm hoch, dicht mit sichelförmig gebogenen, stumpfen, an den Spitzen kleingezähnten Blättchen bewachsen. Stiel rötlich, 2–4 cm hoch; Kapsel zylindrisch, schwach gebogen, bräunlich mit langgezogen schnabelförmigem, rötlichem Deckel. Die Haube greift vom Deckel auf die Kapsel über. Nadelwälder. Vom Flachland bis hoch in die Berge. Wächst sowohl auf der Erde als auch auf Stümpfen, Stämmen, Felsblöcken und Felsen. Häufig. Geschützt!

Familie **Doppelhaarmoose** – *Ditrichaceae*

5 Purpur- oder Hornzahnmoos
Ceratodon purpureus
Stämmchen aufrecht, spärlich beblättert, meist gabelig verzweigt. Blättchen eiförmig-lanzettlich, in den oberen zwei Dritteln am Rande umgerollt, bei Trockenheit zusammengekrümmt. Stiel glänzend dunkelrot, Kapsel geneigt bis waagerecht; die Haube reicht vom Deckel bis über die Mitte der Kapsel herab. Vom Flachland bis ins Gebirge häufig. Lichtungen, Sandböden, Felsen.

Familie **Weißmoose** – *Leucobryaceae*

6 Weißgrünes Polstermoos, Weißmoos,
Ordenskissen *Leucobryum glaucum*
Ausgedehnte Polster, die reichlich Wasser aufsaugen und dadurch den Torfmoosen ähneln. Zweihäusig, männliche Pflanze schlanker; weibliche Pflanzen mit 1–2 cm hohem, dunkel purpurrotem Stiel. Das Moos „fruchtet" nur äußerst selten. Beblätterte Stämmchen mit ganzrandigen, am Rand umgerollten, an der Spitze röhrenförmig eingerollten Blättern ohne Blattrippen. Auf mageren Böden in Nadel-, besonders Kiefernwäldern. Geschützt!

4   6   5

1

Familie **Drehmoose** – *Funariaceae*

1 Wetteranzeigendes Drehmoos
Funaria hygrometrica
Stark fruchtendes Moos. Wächst auf der Erde, auf Torfböden, an Mauern und Dächern und in Gräben. Kommt auffallend häufig an Brandstätten vor. Stämmchen einfach, höchstens 3 cm hoch mit knospig zusammengerollten, kurz gespitzten, ganzrandigen oberen Blättchen. Stiel gelb bis rot, stark gekrümmt und gedreht, Kapsel gefurcht, braun, gewöhnlich nickend. Vom Flachland bis ins Gebirge.

Familie **Birnmoose** – *Bryaceae*

2 Silber-Birnmoos *Bryum argenteum*
Kleines Moos; bildet hellgrüne bis silberweiße, glänzende Rasen. Stämmchen nur 1–2 cm lang, Blättchen eiförmig, zugespitzt, Kapsel nickend, rot, walzig verlängert bis eiförmig mit kleinem, zugespitztem Deckel. Stiel kurz (etwa 1 cm hoch), rot. Von der Ebene bis ins Gebirge, in niederen Lagen jedoch häufiger. Auf Mauern, Felsen, Wegen, zwischen Pflastersteinen usw.

Familie **Sternmoose** – *Mniaceae*

3 Punktiertes Sternmoos
Mnium punctatum
Sehr häufig. Stämmchen etwa 5 cm hoch, dunkel purpurbraun. Blättchen verhältnismäßig groß, fast rund, am Ende der aufrechten Stämmchen auffallend rosettig angeordnet. Stiel 2–4 cm hoch, gewöhnlich purpurrot, oben gelb, mit einer waagrechten oder geneigten Kapsel. Deckel lang, scharf

2

4

3

5   6

schnabelförmig. Haube glänzt bräunlich. Sternmoose wachsen an feuchten Standorten: an den Ufern von Bächen oder auch im Bachbett selbst, in Wäldern. Sternmoose sind oft fruchtend anzutreffen.

Familie **Schlafmoose** – *Entodontaceae*

4 Schrebers Astmoos, Rotstengelmoos
Entodon schreberi (Hypnum schreberi)
Stämmchen bis 15 cm hoch, aufsteigend, regelmäßig zweizeilig-fiederästig, Zweige an der Spitze zurückgebogen. Blättchen dachziegelig angeordnet, breit eiförmig, sehr gewölbt, nach unten umgeschlagen; an den Seitenästchen sind die Blättchen kleiner als an den Stämmchen. Zweihäusig, nur stellenweise fruchtend. Stiel rot, dünn, gebogen; Kapsel länglich, gekrümmt. Nadel- und Mischwälder, Wiesen, grasige Abhänge, Felsen.

Familie **Hainmoose** – *Hylocomiaceae*

5 Glänzendes Hainmoos
Hylocomium splendens
Kräftig, bis 20 cm hoch, Seitenäste zwei- bis dreifach fiedrig verzweigt. Stämmchen auffallend etagenartig angeordnet. Blättchen eiförmig verlängert, verschmälern sich unvermittelt zu einer kleinen Spitze, sind dachziegelig an die Stämmchen angedrückt, Blattränder im oberen Drittel fein gesägt. Zweihäusig. Weibliche Pflanzen mit rotem, bis 4 cm hohem Stiel und geneigter, eiförmiger Kapsel. Wächst vor allem in Fichtenwäldern, aber auch in Mischwäldern mit eingestreuten Fichten, auf Grasabhängen, bewachsenen Felsen und Wiesen. Bildet meist ausgedehnte Teppiche. Fruchtet nicht selten.

Familie **Runzelmoose** – *Rhytidiaceae*

6 Dreieckblättriges Kranzmoos
Rhytidiadelphus triquetrus
Stämmchen stattlich, dicht beblättert, bis 15 cm hoch, aufrecht oder niederliegend, ungleichmäßig verzweigt. Blättchen lanzettlich zugespitzt, stehen nach allen Seiten sparrig ab, sind in der oberen Hälfte fein gesägt und gerieft. Zweihäusig. Stiel etwa 2–5 cm hoch, gebogen. Kapsel kurz eiförmig, geneigt, purpurrot mit kurzschnäbeligem Deckel. Häufig an schattigen Plätzen in Mischwäldern, besonders auf Kalkböden, sowie in Fichten-Buchen-Beständen. Auch auf Wiesen und Grashängen.

Farnpflanzen

Den Ginkgobaum (*Ginkgo biloba*) kann man als „lebendes Fossil" ansehen, da er schon seit 200 Millionen Jahren Florenbestandteil unseres Planeten ist. Aber wir wollen in der Erdgeschichte noch weiter zurückgehen, bis ins Paläozoikum, dessen charakteristische Formationen die sog. „Steinkohlenwälder" aus baumwüchsigen Bärlapp-, Schachtelhalm- und Farngewächsen waren. Das waren die Urahnen der Farne, ihre krautwüchsigen Nachkommen kann man heute fast überall auf der Welt antreffen. Über die lange, unvorstellbar lange Zeit von 350 Millionen Jahren erlebten diese Sporenpflanzen Entwicklung, Aussterben und Anpassung an den Übergang aus den Gewässern und Sümpfen auf das Land.

Die Farnpflanzen haben sich gewandelt, der Baumwuchs wurde von einer niedrigen, ja kriechenden Krautgestalt abgelöst, doch haben sie zahlreiche Merkmale behalten: in erster Linie die Vermehrungsweise in feuchter Umgebung, die auch heute noch eine Vorbedingung für die Ausbildung der mikroskopischen Geschlechtsorgane ist.

Die Körper von Bärlapp, Schachtelhalmen

und Farnen werden von einer ungeschlechtlichen Stufe gebildet, die unabhängig von der geschlechtlichen Stufe ist. Sie zeigen schon eine deutliche Differenzierung in Wurzel, Stengel und Blätter. Damit hängt auch der relativ komplizierte morphologische und anatomische Bau zusammen. Der ganze Körper ist von einem Gefäßstrangsystem durchzogen, das den Nährstofftransport besorgt. Neben den Assimilationsblättern haben die Pflanzen auch Sporenblätter, an denen die Sporangien entstehen. Manche bringen auch zapfenähnliche Blattstände mit Sporangien hervor.

Farnpflanzen sind also uralte, im Paläozoikum entstandene Sporenpflanzen. Sie haben ihren Entwicklungshöhepunkt offensichtlich im Karbon erreicht. Die heute gängigen Vertreter der europäischen Bärlappe, Schachtelhalme und Farne sollen noch näher vorgestellt werden. Einige seltenere und unscheinbarere Gruppen können hier jedoch nur erwähnt werden. Unter den ausgestorbenen paläozoischen Bärlapppflanzen befanden sich auch die baumwüchsigen Sigillaria- und Lepidodendron-Arten. Viele trugen auf der Blattoberseite kleine Zünglein (*Lingula*), genau wie die heutigen Moosfarne (*Selaginella*). Sie haben ein eher moosähnliches Aussehen und wachsen in den Bergen. Eine andere Gruppe hat sich wegen ihrer Lebensweise in feuchter Umgebung oder direkt im Wasser erhalten können. Im Wasser der Bergseen wachsen bis heute seltene Brachsenkräuter (*Isoëtes*) mit tatsächlich pfriemförmigen, knapp 20 cm langen Blättern.

Wer einen Riesenschachtelhalm-Bestand (*Equisetum telmateia*) entdeckt, in dem die meisten Pflanzen rund 2 m groß sind, gewinnt schon eine gewisse, aber immer noch recht entfernte Vorstellung von den baumwüchsigen Vorfahren der heutigen Arten. Schließlich findet man unter den Farnpflanzen auch Gewächse, die sich vom Land wieder ins Wasser begeben haben. Die Schwimmfarne (*Salvinia*) kennt so mancher auch als Aquarienpflanzen. In Aquarienhandlungen ist auch der Zarte Algenfarn (*Azolla caroliniana*) erhältlich, der sich schnell vegetativ vermehrt und binnen kurzem mit seinen Blättchen die Wasseroberfläche im Aquarium bedeckt, ähnlich wie die Schwimmfarne.

Bild 1. Ein Überbleibsel der ausgestorbenen Farngewächse aus dem Paläozoikum ist das Brachsenkraut (*Isoëtes lacustris*).

Bild 2. Junge Blätter des Adlerfarns (*Pteridium aquilinum*) sind typisch spiralig eingerollt. Am Stengelquerschnitt läßt sich gut die charakteristische Zeichnung des Hohlraums mit den Gefäßbündeln ausmachen.

Abteilung **Farnpflanzen** – *Pteridophyta*

Klasse **Bärlappe** – *Lycopodiopsida*

Familie **Bärlappgewächse** – *Lycopodiaceae*

1 Keulenbärlapp *Lycopodium clavatum*
Kriechende, bis 1 m lange Stengel, die sich gabelig in kürzere, aufrechte Stengelchen verzweigen. Blätter lineal-lanzettlich, ganzrandig bis unregelmäßig gezähnt, haarfein grannig. Sporenähren gewöhnlich paarweise auf dünnen Stengeln mit kleineren, anliegenden Blättchen. Sporenblätter breit-eiförmig, zu einem langen, fast farblosen, weichen Grännchen ausgezogen. Vom Flachland bis hoch ins Gebirge in lichten, trockenen Wäldern, auf Heideland und in Beständen von Borstgras. Geschützt!

Familie **Teufelsklauengewächse** – *Huperziaceae*

2 Tannenteufelsklaue *Huperzia selago*
Bildet Büsche. Stengel dicht bewurzelt, aufrecht, von unten an verzweigt, bis 25 cm hoch. Blätter aufgerichtet, abstehend, weich, lineal-lanzettlich, ganzrandig. Sporenkapseln in den Achseln normaler Blätter, etwa über der Hälfte der Stengellänge. Vermehrung häufig auch durch abfallende Knospen, die sich in den Achseln endständiger Blätter entwickeln. Überwiegend im Gebirge in feuchten Wäldern. Sporenkapseln reifen von Juli bis Oktober. Geschützt!

Klasse **Schachtelhalme** – *Equisetopsida*

Familie **Schachtelhalmgewächse** – *Equisetaceae*

3 Acker-Schachtelhalm
Equisetum arvense
Diese Art hat zwei verschiedene Stengel. Der Frühjahrsstengel endet mit einer Sporenähre, der Sommerstengel ist unfruchtbar. Frühjahrsstengel 10–20 cm hoch, wachsgelb bis bräunlich, mit walzlichen, etwas aufgeblähten, hellgrünen, gezähnten Scheiden; stirbt nach dem Ausstäuben im März und April ab. Sporenähren bis 3 cm lang, bräunlich. Sommerstengel etwa 50 cm hoch, oft schon von unten an verzweigt. Vom Flachland bis ins Gebirge auf sandigen und lehmigen Böden.

4 Wald-Schachtelhalm
Equisetum sylvaticum
Zwei Stengeltypen; Frühjahrsstengel bis zu einem halben Meter hoch, zuerst wachsrosa, beim Reifen der Sporenkapseln grün, später sehr ähnlich den Sommerstengeln. Sommerstengel wachsen etwa zur gleichen Zeit. Stark verzweigt, Zweige fein, schlaff, gewöhnlich überhängend und weiter verzweigt. Scheide etwas aufgebläht, trichterförmig; ihre Zähne sind zu drei bis vier stumpfen, häutigen, rötlichen Lappen verwachsen. Vom Flachland bis ins Gebirge, an feuchten Plätzen in Wäldern.

1

2

5 Teich-Schachtelhalm
Equisetum fluviatile
Stengel stattlich, bis über einen Meter hoch, fein gerieft, oft unverzweigt und glänzend; untergetauchte Teile rotbraun. Blattscheiden anliegend, glänzend, unten rötlich, oben grün mit schwarzen, schmal weiß berandeten, pfriemartigen Zähnen. Sporenähren kurz, eiförmig. Vom Flachland bis ins Gebirge, in Sümpfen, an Ufern.

Klasse **Farne** – *Polypodiopsida (Filices)*

Familie **Rautenfarngewächse** – *Ophioglossaceae*

6 Gemeine Natternzunge
Ophioglossum vulgatum
Kleine, etwa 10 cm hohe Farne mit einem unterirdischen Stamm und einem einzigen Blatt. Der unfruchtbare Abschnitt des Blattes ist lederig, eiförmig-länglich, ganzrandig, gelbgrün, matt glänzend; er sitzt etwa in der Mitte des fruchtbaren Abschnittes, an dessen Ende die Sporenkapseln in zwei Reihen zu einer einfachen, linealischen Sporenähre angeordnet sind. Im Flach- und Hügelland auf sumpfigen Wiesen.

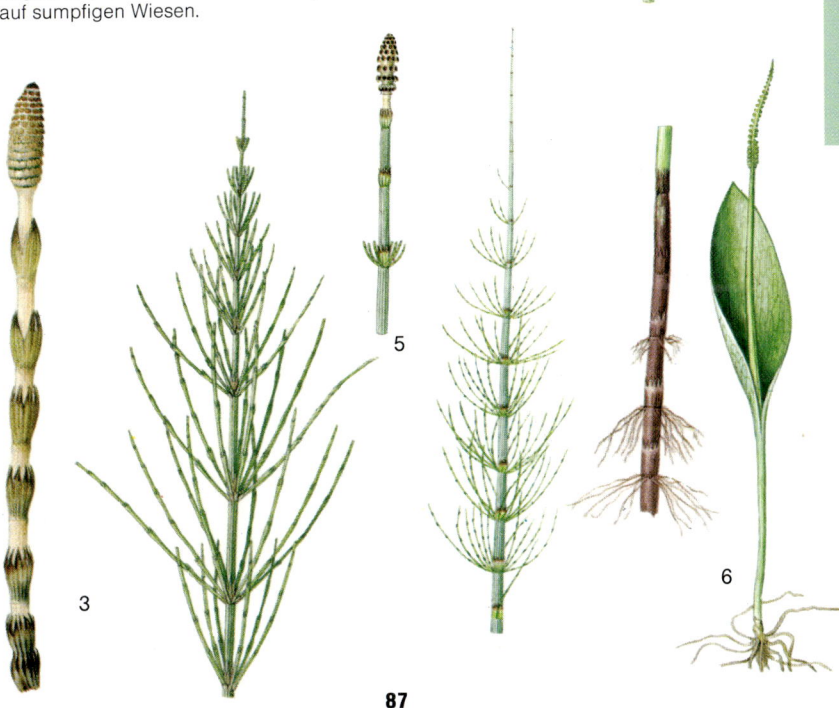

4

5

3

6

Familie **Rautenfarngewächse**
– *Ophioglossaceae*

1 Mond-Rautenfarn, Mondraute
Botrychium lunaria
Kleiner, bis 20 cm hoher Farn. Unfruchtbarer Abschnitt des einzigen Blattes einfach, fruchtbarer Teil ein- bis dreifach gefiedert. Der unfruchtbare Abschnitt trägt bis zu neun Paar halbmondförmige, ganzrandige oder gekerbte, lederige Fiedern. Der sporentragende Abschnitt ist langgestielt, an seinem Ende sitzen auf linealischen Fiedern zweireihig angeordnete Sporenkapseln. Sie sind gelbbraun, später zimtfarben. Vom Flachland (selten) bis hoch hinauf ins Gebirge auf Wiesen, Weiden und Felsen. Sporenkapseln reifen von Mai bis Juni. Geschützt!

Familie **Straußfarngewächse** –
Matteucciaceae

2 Deutscher Straußfarn
Matteuccia struthiopteris
Aus einem starken Erdsproß wächst ein regelmäßiger Trichter von bis zu 150 cm hohen, unfruchtbaren Blättern. Blattwedel einfach gefiedert, Fiedern fein, lineal-lan-

zettlich. Fruchtbare Blätter stehen inmitten der unfruchtbaren; sie sind nur 50–60 cm hoch, einfach gefiedert (mit zuerst eingerollten, später entfalteten Fiedern) und mit Häufchen von Sporenkapseln. An feuchten Stellen entlang von Gebirgsbächen. Sporen reifen von Juni bis August. Geschützt!

Familie **Rippenfarngewächse** –
Blechnaceae

3 Rippenfarn *Blechnum spicant*
Bergfarn; ebenfalls mit zwei verschiedenen Blattarten. Aus dem dicht-schuppigen Wurzelstock wachsen zuerst die äußeren, unfruchtbaren, überwinternden, bis zur Spindel fiederteiligen, lederigen Blätter heraus; ihre Fiedern sind dunkelgrün, lineal-lanzettlich, ganzrandig. Die nicht überwinternden Sporenblätter wachsen aus der Mitte der Rosette heraus. Sie sind länger, aufsteigend, bis 40 cm hoch, in lineale, am Rande umgerollte Fiedern geteilt. Auf der

1

2

3

Unterseite tragen die Sporenblätter linealische Häufchen von Sporenkapseln. In schattigen Bergwäldern, besonders Fichtenwäldern.

Familie **Schildfarngewächse –**
Aspidiaceae

4 Gemeiner Wurmfarn *Dryopteris filix-mas*
Stattlicher, bis über einen Meter hoher Farn, Blattstiele gelblich, mit einer schwarzen Furche, wie der Wurzelstock und die Spreitenrippen dicht mit rostfarbenen Spreuschuppen besetzt. Die Wedel sind an den Rippen gleichfalls mit rostfarbenen Schuppen besetzt. Spreiten gefiedert, die Fiedern sind tief geteilt, die Fiederchen dunkelgrün, auf der Rückseite heller, am Rande kerbig gezähnt (Zähne nicht stachelspitzig). Große Sporenkapselhäufchen an der Mittelrippe der Fiederchen; Schleier nierenförmig. Vom Flachland bis hoch ins Gebirge in schattigen Wäldern, auf Geröll, seltener auf Felsen.

5 Echter Buchenfarn
Phegopteris polypodioides
Bis 40 cm hohe, langgestielte Blätter wachsen aus einem langen Wurzelstock heraus. Die Wedel sind einfach gefiedert, die lanzettlichen Fiedern tief gelappt und am Rande sowie unten spärlich behaart. Charakteristisch: Das unterste Fiederpaar ist meist nach abwärts gerichtet und die untersten Fiederchen verschmelzen mit der Blattachse. Häufchen rundlicher, hellbrauner Sporenkapseln am Rande der Fiederchen; Schleier fehlen. Vom Hügelland bis ins Gebirge ziemlich häufig in feuchten, schattigen Wäldern.

Familie **Frauenfarngewächse –**
Athyriaceae

6 Zerbrechlicher Blasenfarn
Cystopteris fragilis
Langgestielte, bis 40 cm hohe Blätter wachsen aus einem kurzen Wurzelstock heraus. Stiele brüchig, dunkelbraun, in der Regel kürzer als die doppelt gefiederten Wedel. Fiederchen tief gelappt und gezähnt. Unterstes Blattpaar kürzer als das benachbarte. Sporenkapselhäufchen in zwei Reihen nahe den Ausschnitten. Ziemlich häufig auf feuchten Felsen und Geröll, hauptsächlich in schattigen Wäldern, aber auch in Mauerspalten vom Flachland bis hoch ins Gebirge. Sporenkapseln eiförmig-lanzettlich.

4

5

6

Familie **Frauenfarngewächse** –
Athyriaceae

1 Wald-Frauenfarn *Athyrium filix-femina*
Bis über einen Meter hohe Blätter wachsen
aus einem kurzen, dunkelbraunen, schuppigen Wurzelstock heraus. Blattstiele unten
braunschuppig. Blätter frisch-grün, zwei-
bis dreifach gefiedert; Fiedern wechselständig, länglich-lanzettlich, lang zugespitzt,
fiederig gezähnt. Ränder der Fiedern gewöhnlich umgebogen, mit länglichen bis
sichelförmigen Sporenkapselhäufchen.
Vom Flachland bis ins Gebirge häufig,
wächst gesellig in feuchten Wäldern.

Familie **Streifenfarngewächse** –
Aspleniaceae

2 Nordischer oder **Schmaler Streifen-
farn** *Asplenium septentrionale*
Kleiner Farn. Die bis 15 cm hohen Blätter
überwintern. Wurzelstöcke kurz, schwarzbraun, schuppig. Blattstiele lang, unterseits

schwarzbraun. Blätter mit zwei bis drei lang-
gezähnten Fiedern. Sporenkapselhäufchen
mit ganzrandigen, seitlich angehefteten
Schleiern auf der ganzen Rückseite der
Fiedern. Vom Flachland bis ins Gebirge in
Felsspalten, auf Geröll.

3 Mauerraute *Asplenium ruta-muraria*
Bis 15 cm hohe Blätter wachsen aus einem
kriechenden Wurzelstock heraus. Blätter
langgestielt, meist überwinternd, doppelt
gefiedert, graugrün. Fiedern dreieckig-eiförmig oder lanzettlich bis länglich-eiförmig,
an der Spitze meist fein gezähnt. Sporenkapselhäufchen linealisch, zusammenflie-
ßend. Vom Flachland bis ins Gebirge, häufig
in Fels- und Mauerspalten und auf Geröll;
fast immer auf Kalkboden.

Familie **Adlerfarngewächse** –
Hypolepidaceae

4 Adlerfarn *Pteridium aquilinum*
Aus einem starken, kriechenden Wurzel-

4

5

stock wächst jährlich ein einziges, nicht
überwinterndes, bis 2 m hohes Blatt heraus.
Stiel dreikantig, bis 1 m lang. Blattwedel
zwei- bis dreifach gefiedert, hellgrün. Fiederchen lanzettlich, an der Spitze ganzrandig, unten gelappt, mit Sporenkapselhäufchen am umgerollten Rand. Vom Flachland bis ins Gebirge in lichten Wäldern, besonders in Kiefernwäldern, auf Lichtungen
und steinigen Heiden. Oft gesellig, gewöhnlich auf nicht kalkhaltigem Boden.

Familie **Tüpfelfarngewächse –**
Polypodiaceae

5 Gemeiner Tüpfelfarn, Engelsüß
Polypodium vulgare
Wurzelstock lang, kriechend. Blätter wachsen an langen Blattstielen aus dem Wurzelstock heraus. Blätter in wechselständige,
schmal-längliche, ganzrandige, weich-le-
derige vorne gerundete Fiedern geteilt.
Sporenkapselhäufchen an der Unterseite
der Fiedern in zwei Reihen, relativ groß,

rundlich, ohne Schleier. Auf schattigen,
feuchten und bemoosten Felsen, Steinblök-
ken, sowie auf modernden Stämmen von
Laubbäumen.

Familie **Schwimmfarngewächse –**
Salviniaceae

6 Gemeiner Schwimmfarn
Salvinia natans
Kleiner Wasserfarn mit einem 5–15 cm langen Stengel, der dreizählige Blattquirle
trägt. Jeweils zwei Blätter eines Quirls sind
sehr kurz gestielt, oberseits bänderig-steif-
haarig: Schwimmblätter; das dritte Blatt ist
zu einem Wasserblatt mit zahlreichen, wur-
zelartig zerschlitzten, untergetauchten Abschnitten umgewandelt. Sporenkapseln in
kugeligen Sporenbehältern, teils mit kleinen
männlichen, teils mit großen weiblichen
Sporen. Stellenweise an der Oberfläche von
Seen und Flußarmen in langsam fließenden
Gewässern. Auch als Aquarienpflanze verwendet. Geschützt!

Gräser und grasartige Gewächse

Die Gräser sind ein typisches Beispiel für gesellschaftsweise wachsende Pflanzen. Sie sind zahlreich in den Savannen der Tropen vertreten, ebenso in den gemäßigten Zonen auf Pampas, Steppen und Prärien. In Mitteleuropa sind Gräser von den europäischen Kultur- und Halbkulturwiesen in den Tiefebenen und von Alpenmatten allgemein bekannt, selbstverständlich besteht auch das Weideland zum größten Teil aus

Bild 2. Detail der Ruchgras-Ähre: grannenlose Spelze, begrannte Vorspelze, zwei federartige Narben und zwei überhängende bewegliche Staubgefäße (die meisten Gräser haben drei).

Grasbeständen. Gräser wachsen auf der ganzen Erde von den Tropen bis in beide Polarregionen, von der Meeresküste bis ins Hochgebirge, in Wüsten und Wäldern. Sie sind eine der reichsten Blütenpflanzenfamilien, ihre Artenzahl wird auf 10 000 geschätzt.

Gräser, genauer gesagt die Vertreter der Familie Süßgräser (*Poaceae*), sind einkeimblättrige Kräuter mit gebündelten Wurzeln. Die Stengel sind unverzweigte, meist hohle knotige, zylindrische feste Halme. Nur in Ausnahmefällen verholzen sie, bekannt sind die als Stöcke und Angelruten verwendeten Bambusrohre. Grasblätter sind wechselständig, ungestielt und mit Blattscheide versehen. Manchmal sitzt am Übergang von Blattspreite und -scheide ein winziges Blatthäutchen (Ligula). Die oft recht üppigen Blütenstände bilden Ähren. Die Grasfrüchte sind einsamige Karyopsen mit fester, an der Fruchtwand liegender Samenschale.

Gräser sind nicht nur in frischem oder getrocknetem Zustand wichtige Futterpflanzen, ihre größte Bedeutung für den Menschen haben sie als Nahrungslieferanten. Roggen, Weizen, Hafer, Gerste, aber auch Mais, Reis und Hirse sind die bekanntesten als Getreide gezüchteten Grasarten. Ihre stärkehaltigen Körner werden in Mühlen zu Mehl verarbeitet oder wie der Reis im ganzen verzehrt. Außer Stärke und Eiweiß erhält man aus den Getreidekörnern Spiritus, Mal-

Bild 1. Blühender Horst des Gemeinen Ruchgrases (*Anthoxanthum odoratum*).

Bild 3. Am Ahrendetail sieht man die grannenlose Hüll- und Vorspelze, zwei federähnliche Narben und drei Staubgefäße.

tose, Dextrin, Speiseöl und andere Produkte. Aus Gerstenkörnern wird heute kein Mehl mehr hergestellt, da Gerstenbrot nicht besonders schmackhaft ist und schnell hart wird.

Gerstengraupen und -gries erfreuen sich aber heute noch allgemeiner Beliebtheit. Auch Malzkaffee wird immer noch aus Gerste hergestellt, deren größte Bedeutung in der Verwendung als Braugerste zur Herstellung von Malz liegt. Dazu werden die vorgekeimten Gerstenkörner gedarrt, d.h. leicht geröstet.

Hafer ist der wichtigste Rohstoff für Haferflocken und -grieß. Hirse wurde bei uns früher in viel größerem Umfang angebaut, heute begegnet man ihr kaum, am ehesten noch als Vogelfutter.

Auch viele alkoholische Getränke basieren auf Getreide. Bier kann man sich ohne Gerstenmalz kaum vorstellen, ebensowenig Whisky ohne Roggen. Der japanische Sake und der malaiische Arrak sind bekannte Reisspirituosen. Auch der Mais wird zu alkoholischen Getränken vergoren.

Von diesem Exkurs über die Nutzgräser zurück, wollen wir noch kurz die „grasartigen Gewächse" erwähnen. Das sind keine echten Gräser; sie können aber wegen des gemeinsamen Vorkommens, ähnlichen Aussehens und Wuchses auf den ersten Blick mit den Gräsern verwechselt werden. Nur haben weder Seggen (*Carex*) noch Binsen (*Juncus*) knotige Halme.

Riedgräser (*Cyperaceae*) haben eher dreikantige Stengel, Binsengewächse (*Juncaceae*) häufig Blätter, an denen sich Ober-

und Unterseite nicht auseinanderhalten lassen. Von den Gräsern unterscheiden sich die Vertreter dieser beiden Familien vor allem durch ihre Blüten und Früchte. Binsengewächse haben Kapseln, Riedgräser wiederum Schließfrüchte. In den hauptsächlich aus der stattlichen Grasart *Phragmites australis*, dem Gemeinen Schilf, bestehenden Schilfdickichten findet man häufig Beimischungen aus nässeliebenden Seggen und Binsen, auf trockeneren Wiesen oder Weiden hingegen andere Seggenarten und auch die Feld-Hainsimse (*Luzula campestris*) gemeinsam mit vielen anderen echten Grasarten.

Bild 4. Erblühte ausladende Rispe des Gemeinen Zittergrases (*Briza media*).

Klasse **Einkeimblättrige** – *Liliopside* (*Monocotyledonae*)

Familie **Binsengewächse** – *Juncaceae*

1 Feld-Hainsimse *Luzula campestris*
Ausdauernde, buschige, bis 15 cm hohe Pflanze, gewöhnlich mit Ausläufern. Stengel aufrecht. Blätter lineal, lang, aber spärlich gewimpert. Blüten klein, in blütenarmen Köpfen, die einen spirrenartigen Blütenstand bilden. Sechs Blütenhüllblätter, braun, gleich lang, lanzettlich zugespitzt, häutig gerandet. Blüht im März und April. Vom Flachland bis ins Gebirge häufig auf Rainen, Triften und Wiesen.

2 Flatterbinse *Juncus effusus*
Ausdauernde, beinahe 1 m hohe, dichtrasige Pflanze. Stengel aufrecht mit ununterbrochenem Mark. Aus dem Wurzelstock wachsende Blätter stengelähnlich. Blüten in einem lockeren, ausgebreiteten, scheinbar seitenständigen Blütenstand. Das stengelähnliche Tragblatt setzt den Stengel fort. Blütenhüllen klein, sechszählig; Blütenhüllblätter strohgelb oder bräunlich mit dünnhäutigem Saum. Blüht von Juni bis August.

Vom Flachland bis ins Gebirge auf nassen Wiesen und an Gewässern.

Familie **Riedgrasgewächse** – *Cyperaceae*

3 Schmalblättriges Wollgras
Eriophorum angustifolium
Ausdauernde, locker büschelige, bis über 50 cm hohe Pflanze. Stengel stielrund. Blätter rinnig, schmal-lineal, lang dreikantig zugespitzt, rauh. Gestielte, zu drei bis fünf stehende, eiförmige Ährchen; Deckblätter klein, lanzettlich, weiß-trockenhäutig gerandet. Blütenhülle aus Borsten, verwandelt sich während der Fruchtreife in einen langen, weißen Wollschopf. Blüht im April und Mai. Vom Flachland bis ins Gebirge auf nassen Wiesen und Flachmooren.

4 Gemeine Teichsimse *Schoenoplectus lacuster (Scirpus lacustris)*
Stattliche, 1–4 m hohe, ausdauernde Pflanze mit dickem, kriechendem Wurzelstock. Stengel stielrund. Blätter scheidig mit lineal-dreieckigen Blattspreiten. Blüten in Ährchen; Blütenhülle sechszählig, aus Borsten bestehend; drei Narben; Deckblätter rot-

1

2

5

braun, Ährchen in einem reichverzweigten, spirrenartigen Blütenstand. Blüht von Mai bis Juli. In niederen Lagen ziemlich häufig an Gewässern.

5 Gemeine Waldsimse *Scirpus sylvaticus*
Ausdauernde, stattliche, bis 1 m hohe, locker büschelige Pflanze mit kurzem Wurzelstock. Stengel gewöhnlich aufrecht, beblättert, stumpf-dreikantig, hohl. Blätter breit-lineal, flach, am Rande rauh. Blütenstand groß, reich verzweigt. Sitzende Ährchen, zu mehreren am Ende des Stieles. Blütenhülle

sechszählig, borstenartig; Tragblätter schwarzbraun. Blüht von Mai bis August. Vom Flachland bis ins Gebirge. Auf Sumpfwiesen und an Gewässerufern.

6 Wiesensegge *Carex nigra* (*C. vulgaris*)
Ausdauernde, 25–70 cm hohe, nicht büschelige, graugrüne Pflanze. Wurzelstock mit unterirdischen Ausläufern. Stengel dreikantig, nur oben etwas rauh. Blätter flach oder fadenförmig eingerollt, rauh. Endährchen männlich, die übrigen Ährchen weiblich. Weibliche Blüten mit zwei Narben; ihre schwarzbraunen Deckblätter schmal weißhäutig gerandet und grünlich gekielt. Blüht im Mai und Juni. Überall häufig auf nassen Wiesen und an Gewässern.

7 Frühlingssegge *Carex caryophyllea*
Ausdauernde, 20–40 cm hohe Pflanze. Wurzelstöcke mit Ausläufern. Stengel dünn, stumpf dreikantig, glatt. Blätter flach, gekielt, fest, rauh. Ährchen genähert, sitzend, oder das unterste entfernt und kurzgestielt. Endährchen männlich, übrige Ährchen weiblich. Deckblätter rostbraun, glänzend, grünlich gekielt. Drei Narben. Früchte bräunlich, fein flaumig. Blüht im April und Mai. Überall häufig auf trockenen Wiesen und Hängen.

3

4

6

7

Familie **Süßgräser** – *Poaceae*
(*Gramineae*)

1 Haar-Federgras, *Stipa capillata*
Ausdauerndes, dicht-horstiges, beinahe 1 m hohes, graugrünes Gras. Halme gedrängt, aufrecht, Knoten in Scheiden verborgen. Blätter borstig, am Rande rauh. Lockere Rispen. Hüllspelzen grün, kurzgrannig; Deckspelzen mit bis 15 cm langen, verborgenen Grannen ohne federige Haare. Blüht im Juli und August. In den niederen Lagen wärmerer Gebiete an sonnigen Hängen und auf grasigen oder steinigen Hügeln.

2 Wiesenschwingel *Festuca pratensis*
Ausdauerndes, bis über 1 m hohes, rasiges Gras. Halme bogig aufsteigend, gewöhnlich mit drei Knoten und Blättern. Blattspreiten oben etwas rauh, unterseits glatt. Lockere Rispen. Ährchen bis zehnblütig, zu mehreren an den Rispenästchen. Blüten mit drei Staubblättern, die lange Fäden besitzen; zwei federige Narben. Hüllspelzen lanzettlich, Deckspelzen gewöhnlich grannenlos. Blüht im Juni und Juli. Vom Flachland bis ins Gebirge beinahe überall auf Wiesen, Triften, Rasen, Rainen und Gräben.

3 Einjähriges Rispengras *Poa annua*
Gewöhnlich einjähriges oder auch zweijähriges ausdauerndes, bis 30 cm hohes, büschelig verzweigtes Gras. Halm aufsteigend oder aufrecht, etwas zusammengedrückt mit seitlichen, wurzelnden Ausläufern. Blattspreiten nur am Rande etwas rauh; obere Blätter mit deutlichem Blatthäutchen. Rispen locker, oft einseits-wendig; Ährchen blütenarm. Hüllspelzen glatt, untere einaderig, obere dreiaderig. Deckspelze am Rand dünn-trockenhäutig; Deckspelze und Vorspelze behaart. Blüht beinahe das ganze Jahr. Vom Flachland bis ins Gebirge überall häufig.

4 Wiesenrispengras *Poa pratensis*
Ausdauerndes, bis beinahe 1 m hohes, büscheliges Gras. Halme kurz aufsteigend oder aufrecht, glatt, stielrund mit unterirdischen Ausläufern. Blattspreiten flach, rinnig zusammengefaltet oder gerollt; halmständige Blätter gewöhnlich aufrecht abstehend, zäh; Blatthäutchen kaum bemerkbar. Rispen ausgebreitet, aufrecht. Hüllspelzen gleichförmig. Deckspelzen fünfnervig, am Grund zottig. Blüht im Mai und Juni. Vom Flachland bis ins Gebirge überall sehr häufig.

5 Gemeines Zittergras *Briza media*
Ausdauerndes, büscheliges, bis 50 cm ho-

4

7

5

1

2

3

6

6 Wiesenknäuelgras *Dactylis glomerata*
Ausdauerndes, dichtrasiges, stattliches, bis
über 1 m hohes Gras. Halme gewöhnlich
rauh. Blattscheide zweischneidig zusammengedrückt, braun. Blattspreiten flach, an
den Rändern und der Aderung rauh; Blatthäutchen deutlich, zugespitzt. Rispen aufrecht, oft einseitswendig. Ährchen drei- bis
fünfblütig, am Ende der Rispenästchen
knäuelig gehäuft. Hüllspelzen ungleich, stachelspitzig. Deckspelzen gekielt, zugespitzt.
Blüht von Mai bis Juni. Vom Flachland bis
ins Gebirge sehr häufig auf Wiesen und Weiden, in Gebüschen, lichten Laubwäldern
und an Wegrändern.

7 Wiesenkammgras *Cynosurus cristatus*
Ausdauerndes, dichtrasiges, kurze Ausläufer treibendes, bis über 50 cm hohes Gras.
Halme aufrecht, glatt. Blattspreiten gerieft,
kurz-lineal, an der Spitze etwas rauh; Blatthäutchen kaum wahrnehmbar. Ährenrispen
einseitswendig. Ährchen beinahe sitzend,
zweireihig. Blüht im Juni und Juli. Vom
Flachland bis ins Gebirge ziemlich häufig
auf Wiesen, Weiden und Lichtungen.

hes Gras. Wurzelstock mit kurzen
Ausläufern. Halme dünn, glatt, aufrecht. Blattspreiten flach; halmständige Blätter kurz, am Rande rauh;
Blatthäutchen sehr kurz. Rispen weit
ausgebreitet, locker. Ährchen
nickend, zitternd, oft violett überlaufen, grannenlos, rundlich-eiförmig
bis herzförmig. Hüllspelzen unsymmetrisch verkehrt-eiförmig, kielig.
Deckspelzen aufgewölbt, hellge-
randet. Blüht im Mai und Juni. Vom
Flachland bis ins Gebirge ziemlich
häufig auf Wiesen, Lichtungen und
Grasabhängen.

Familie **Süßgräser** – *Poaceae*
(*Gramineae*)

1 Kalk-Blaugras, Blaues Kopfgras
(*Sesleria varia, Sesleria coerulea,
S. calcaria*)
Ausdauerndes, büscheliges, bis beinahe 50
cm hohes Gras. Halme nur unten beblättert.
Blattspreiten flach, etwas rauh, mit deutlich
knorpeligem Rand; Blatthäutchen sehr kurz,
behaart. Unter dem Blütenstand zwei
schuppige Hochblätter. Ährenrispen stahlblau bis violett, selten gelblich, länglich-
eiförmig. Ährchen gewöhnlich zweiblütig.
Hüllspelzen kurz begrannt; Deckspelzen
gezähnt, mittlerer Zahn grannig verlängert.
Vorspelzen zweizähnig. Blüht von März bis
Juni. Auf Felsen, steinigen Hängen und
moorigen Wiesen; in bergigen Gegenden,
gewöhnlich auf Kalkboden; im Flachland
sehr selten.

2 Ausdauernder Lolch, Deutsches
Weidelgras, Englisches Raygras
Lolium perenne
Gewöhnlich ausdauerndes, dichtrasiges
Gras. Halme aufrecht, bis über 50 cm hoch.

Scheiden kahl. Blattspreiten flach; Blatthäutchen kaum erkennbar. Ährchen aufrecht, bis zwölfblütig, gelblich-grün, verflacht, schmal-eiförmig. Ährchen sind zu
einer lockeren, schlanken Ähre angeordnet
und mit der Schmalseite an die glatte Spindel gedrückt. Die einzige Hüllspelze ist länger als das halbe Ährchen. Deckspelzen
kurz stachelspitzig ohne Grannen. Blüht von
Mai bis Oktober. Von der Ebene bis ins
Gebirgsvorland allgemein auf trockenen
Wiesen, Rasen, Rainen und an Wegrändern.

3 Gemeine Quecke, Kriechquecke
Agropyron repens (*Elytrigia repens*)
Ausdauernde Pflanze mit weitkriechendem,
zähem Wurzelstock und langen Ausläufern.
Halme aufrecht, 30–150 cm hoch, kahl. Blattspreiten weich, spärlich geadert. Drei- bis
fünfblütige, eiförmige, abgeflachte Ährchen,
zu einer schlanken, zweireihigen Ähre geordnet und mit der Fläche an die zähe
Spindel gedrückt. Hüllspelzen gleichförmig,
mehraderig. Deckspelzen sehr kurz begrannt. Ährchen fällt als Ganzes ab. Blüht
von Juni bis August. Hartnäckiges Unkraut.
Vom Flachland bis ins Gebirge stellenweise

4 3 2

allgemein auf Feldern, Schuttplätzen, Rasen, an Wegrändern.

4 Taube Trespe, Waldtrespe
Bromus sterilis
Ein- oder zweijähriges, büscheliges, bis über 50 cm hohes Gras. Halme fest, kahl. Blattspreiten flach, am Rande etwas rauh. Blatthäutchen geschlitzt. Rispen groß, lokker, nach allen Seiten ausgebreitet. Rispenäste fein, abstehend, mit dem Ende nickend. Ährchen groß, schmal-keilförmig, bis sechsblütig, oft violett überlaufen. Hüllspelzen grannig zugespitzt. Deckspelzen mit bis 3 cm langen Grannen. Schließfrüchte gerieft. Blüht im Mai und Juni. In niederen Lagen häufig an Wegrändern, auf Schuttplätzen, Rainen und Böschungen.

5 Rasenschmiele
Deschampsia cespitosa
Ausdauerndes, dichtrasiges, bis 150 cm hohes Gras. Halm aufrecht, Scheiden gewöhnlich etwas rauh. Blattspreiten flach, auf der Oberseite auffallend rauh, wellblechartig gerillt. Blatthäutchen deutlich, oft zerschlitzt, weißlich. Rispen ausgebreitet, reich verzweigt. Ährchen zwei- bis dreiblütig, kurz gestielt, in der Regel leicht violett. Hüllspelzen stumpf, dünnhäutig gerandet. Deckspelzen kurzgrannig, weißlich gerandet, fein gezähnt. Blüht im Juni und Juli. Vom Flachland bis ins Gebirge häufig auf nassen Wiesen und in feuchten Wäldern. Verwandt: Geschlängelte oder Draht-Schmiele *D. flexuosa*. Blätter fest, fadenförmig; gekniete Deckspelzengrannen ragen aus den Ährchen heraus.

6 Wolliges Honiggras *Holcus lanatus*
Ausdauerndes, dichtbüscheliges, bis 1 m hohes, weichhaariges Gras. Halm aufrecht oder gekniet aufsteigend. Blätter flach, am Rand etwas rauh; Blatthäutchen kaum erkennbar, geschlitzt. Rispen nur zur Blütezeit ausgebreitet. Ährchen zwei- bis dreiblütig, gestielt. Hüllspelzen rauh, gewimpert. Deckspelzen klein, ragen mit den Grannen aus den Ährchen heraus. Blüht von Juni bis August. Vom Flachland bis ins Gebirge häufig, stellenweise allgemein auf Wiesen, Rainen und an Waldrändern.

2

3

4

Familie **Süßgräser** – *Poaceae* (*Gramineae*)

1 Wohlriechendes oder **Gemeines Ruchgras** *Anthoxanthum odoratum*
Ausdauerndes, dichtrasiges, duftiges Gras. Halme aufrecht, glatt, bis beinahe 50 cm hoch, spärlich beblättert. Blattspreiten flach, gewöhnlich behaart; Blatthäutchen kurz. Ährchen gelbgrün, sehr kurz gestielt, einblütig, zu Ährenrispen geordnet. Hüllspelzen lanzettlich. Deckspelzen grannig, behaart. Nur zwei Staubblätter. Blüht im Mai und Juni. Vom Flachland bis ins Gebirge häufig auf trockenen Wiesen, Weiden, lichten Wäldern und Matten.

2 Landreitgras *Calamagrostis epigeios*
Ausdauerndes, stattliches, bis 150 cm hohes, tiefwurzelndes Gras. Halme rohrartig, graugrün, unter der Rispe sehr rauh. Scheiden und Blattspreiten rauh; Blatthäutchen deutlich geschlitzt. Rispe dicht, vielästig, Ährchen gestielt, grünlich oder violettbräunlich. Hüllspelzen pfriemlich zugespitzt. Deckspelzen dreiadrig, häutig, mit

einem Haarbüschelchen. Grannen überragen die Deckspelzen weit. Blüht im Juli und August. Häufig auf Lichtungen und in lichtem Buschwerk, aber auch an sandigen Gewässerufern.

3 Wiesenfuchsschwanzgras
Alopecurus pratensis
Ausdauerndes, bis 1 m hohes Gras. Wurzelstock mit kurzen Ausläufern. Halm gewöhnlich aufrecht, glatt. Blattspreiten flach, oberseits rauh. Ährenrispe dicht, walzig. Blüten zu drei bis sechs, Ährchen sehr kurz gestielt. Hüllspelzen zugespitzt, über ein Drittel verwachsen, am grünen Kiel dicht gewimpert, oft rötlich. Deckspelzen beinahe so lang wie die Hüllspelzen, mit langer, gekniefer Granne. Blüht im Mai und Juni. Vom Flachland bis ins Gebirge sehr häufig auf feuchten Wiesen. Verwandt: Rostgelbes Fuchsschwanzgras *A. aequalis*. Halme knickig aufsteigend, Staubbeutel weißlich, nach dem Ausstäuben orangerot.

4 Wiesenlieschgras, Timotheusgras
Phleum pratense

5 1 6

Ausdauerndes, bis 1 m hohes, dichtrasiges Gras mit zahlreichen unfruchtbaren Ausläufern. Halm aufrecht oder etwas knickig aufsteigend. Blattspreiten kahl, rauh. Ährenrispe dick, beim Umbiegen nicht lappig, gleichförmig, graugrün. Ährchen beinahe sitzend. Hüllspelzen weißlich-trockenhäutig, am grünlichen Kiel gewimpert, kurzgrannig. Deckspelzen weißhäutig. Staubblätter violett. Blüht von Juni bis August. Von der Ebene bis ins Gebirgsvorland häufig auf Wiesen und Rainen; in niederen Lagen häufiger.

5 Steifes Borstgras *Nardus stricta*
Ausdauerndes, dichte und feste Horste bildendes, bis 30 cm hohes Gras. Wurzelstöcke mit zahlreichen, zu dichten Reihen zusammengedrängten Büscheln. Halme aufrecht, nur unten beblättert. Blätter borstig, graugrün, rauh, stechend zugespitzt, mit auffallenden Scheiden. Ähren einseitswendig. Ährchen einblütig, oft stahlblau überlaufen, schmal-lineal, später kammförmig schräg von der Spindel abstehend. Hüllspelzen fehlen. Deckspelze mit einer

rauhen Granne. Drei Staubblätter. Eine einzige Narbe. Blüht von Mai bis Juni. Von der Ebene bis hoch hinauf in die Berge auf Weiden, Heiden, Bergwiesen und an Waldrändern, in der Regel nicht auf kalkhaltigen Böden. Bildet in den Bergen oft dichte Bestände.

6 Gemeines Schilfrohr, Schilf, Rohr
Phragmites australis (P. communis)
Ausdauerndes, sehr stattliches, bis 4 m hohes Gras mit langkriechendem Wurzelstock. Halm dick, graugrün, fest. Blätter der unfruchtbaren Triebe auffallend zweireihig angeordnet. Blattspreiten flach, allmählich zugespitzt, unterseits rauh, anliegend behaart. Statt des Blatthäutchens ein weißlicher Haarkranz. Rispen groß, dicht, reichverzweigt. Ährchen grau- bis violettbraun; Ährchenachse seidigglänzend langbehaart. Hüllspelzen ungleich. Deckspelzen lang zugespitzt, grannenlos. Blüht von Juli bis September. Sehr häufig auf nassen Wiesen, Sümpfen und an Gewässern. Oft gesellig; bildet ausgedehnte Röhrichte.

Kräuter

Bild 1. An einer einzigen Löwenzahnpflanze (*Taraxacum officinale*) kann man oft Blütenstände in allen Entwicklungsstadien finden.

Wer hört, daß Bananenstauden stattliche Kräuter, Heidel- und Preiselbeeren hingegen Sträucher sind, wird sich wohl wundern. Kräuter können doch keine Stämme haben und überhaupt – Heidel- oder Preiselbeeren sollen Sträucher sein? Was sind denn eigentlich die Unterschiede zwischen Kräutern und Gehölzen?

Kräuter sind ein-, zwei- und mehrjährige oder ausdauernde Pflanzen mit einem nicht verholzenden Sproß, der kein sekundäres Dickenwachstum aufweist und am Ende der Vegetationsperiode abstirbt. Die Zeit der Vegetationspause überstehen mehrjährige und ausdauernde Kräuter in der gemäßigten Zone mit Hilfe unterirdischer Wurzeln, Wurzelstöcke, Knollen oder Zwiebeln. Gehölze hingegen haben einen holzigen Sproß, die Bäume Stämme, die Sträucher Stämmchen oder Zweige. Halbsträucher haben verholzende Sprosse, deren Enden bzw. junge Glieder absterben und abfallen. Alle Gehölze wachsen sekundär in die Dikke. Da die ausdauernden Bananenstauden zwar lange wachsen, aber weder einen holzigen Sproß noch ein sekundäres Dickenwachstum haben und ihre vermeintlichen „Stämme" nur die Überreste der Blattscheiden sind, stellen sie keine Bäume oder Sträucher, sondern nur stattliche Krautpflanzen dar, die größten im ganzen Pflanzenreich.

Die Lebensformen der Krautpflanzen kann man in vier Gruppen einteilen. Einjährige Kräuter keimen, wachsen, blühen und fruchten in einer einzigen Vegetationszeit. Zu ihnen gehören zahlreiche Unkräuter, die den ganzen Vegetationszyklus binnen einer Saison durchlaufen müssen, z.B. der Klatschmohn (*Papaver rhoeas*), Kornblume (*Centaurea cyanus*) usw.

Zweijährige Kräuter keimen und bringen im ersten Jahr nur eine Grundblattrosette oder die ersten vegetativen Organe hervor; in diesem Stadium überwintern sie. Erst in der folgenden Vegetationszeit wachsen sie heran, blühen und entwickeln Früchte. Als Beispiel können Königskerze (*Verbascum*), Roter Fingerhut (*Digitalis purpurea*), aber auch Wintergetreide, d.h. im Herbst gesätes Getreide, vor allem Weizen dienen.

Mehrjährige Kräuter keimen und bringen im ersten Jahr Vegetativorgane hervor, um dann zu überwintern. In diesem Zustand können mehrjährige Pflanzen auch einige der folgenden Vegetationszeiten ausharren oder weitere vegetative Organe hervorbrin-

Bild 2. Blühende Klatschmohnpflanze (*Papaver rhoeas*) mit dem im Kelch eingeschlossenen Fruchtknoten und der heranreifenden Samenkapsel mit vertrockneten Narbenresten.

gen. Erst im letzten Lebensjahr kommen sie zur Blüte, bilden Samen und sterben ab. Als Zierpflanzen sind die Agaven, vor allem *Agave americana* wohlbekannt. Sie bringen große Rosetten sukkulenter Blätter mit dicht dornenbesetzten Rändern und einer scharfen Spitze hervor. In diesem Stadium verharrt die Agave eine Reihe von Jahren, ja sogar Jahrzehnten, erst dann entsteht an einer mächtigen Achse der Blütenstand. Unmittelbar darauf geht die Pflanze ein. Sie blüht also nur einmal am Ende ihres Lebens. Von den einheimischen Pflanzen leben die Sommerwurz-Arten (*Orobanche*) auf eine ähnliche Weise. Sie parasitieren mehrere Jahre auf ihrem Wirt und lassen dabei nur unterirdische Vegetationsorgane entste-

(*D. cartusianorum*) oder die Kuckucks-Lichtnelke (*Lychnis flos-cuculi*).
Zu den bemerkenswertesten ausdauernden Wasserpflanzen gehören die Verwandten unserer See- (*Nymphaea*) und Teichrosen (*Nuphar*) – *Victoria amazonica* syn. *V. regia* aus dem Amazonasgebiet und *Victoria cruziana* aus dem Stromgebiet des Paraná. Beide werden in europäischen Warmhäusern gezüchtet, ihre zwei Meter messenden Blätter gehören zu den größten im Pflanzenreich. Die duftenden Blüten werden bis zu 35 cm groß, sie öffnen sich am Spätnachmittag, blühen die ganze Nacht, um sich am Morgen wieder zu schließen. Anfänglich sind sie blaßrosa und schließen sich gleich nach der Bestäubung wieder; wenn sie sich

Bild 3. Schnitt durch den Blütenkorb des Löwenzahns. Die Hüllblätter sind grün, die gelben Zungenblüten werden zum Korbrand hin länger.

hen. Wenn sie schließlich erblühen, sterben sie noch im selben Jahr ab.
Ausdauernde Kräuter sind Pflanzen, die mehrere Vegetationszeiten leben, alljährlich blühen und Samen bringen. Die ungünstige Jahreszeit überstehen sie vermittels ihrer unterirdischen Organe wie Wurzeln, Wurzelstöcke, Zwiebeln oder Knollen. Ausdauernd sind z. B. verschiedene Leimkräuter wie das Nickende Leimkraut (*Silene nutans, S. otites*) und das Stengellose Leimkraut (*S. acaulis*). Weitere Beispiele sind die Heidenelke (*Dianthus deltoides*), Karthäusernelke

Bild 4. Am Blütenstand der Margerite (*Leucanthemum vulgare*) sieht man die beiden Blütentypen: am Rand Zungenblüten, in der Mitte Röhrenblüten.

Bild 5. Blatt des Rundblättrigen Sonnentaus (*Drosera rotundifolia*) mit langstieligen Klebstoffdrüsen und kurzen Verdauungsdrüsen.

lasiophylla werden noch in 6000 m Höhe verzeichnet. *Ermania koezlii* wurde in Kaschmir noch bei 6300 m gesammelt! Diese anspruchslosen und widerstandsfähigen Pflänzchen halten auch noch einen weiteren Rekord – in der Eroberung der Arktis. Das Grönland-Hungerblümchen (*Draba groenlandia*) wurde am Koch-Fjord in Nordgrönland bis 82° 48' nördlicher Breite gefunden. *Braya purpurascens* erscheint noch auf Grinell-Land am Ostausläufer von Ellesmere Island auf dem Kanadisch-Arktischen Archipel bei 83° 24' nördlicher Breite.

Aber wem glückt es schon, Hungerblümchen (*Draba*) in den Bergen Kaschmirs oder unweit des Nordpols auf Grönland zu bewundern? Die größten Früchte aus dem Pflanzenreich kann man unter Umständen sogar im eigenen Garten züchten. Der Riesenkürbis (*Cucurbita maxima*) gehört nicht zur europäischen einheimischen Flora – er

am zweiten Tag erneut öffnen, sind sie bereits rosarot. Diese herrlichen Nachtblüten liegen mit ihrer Größe gewiß über dem Durchschnitt im Pflanzenreich, doch können sie kaum mit den Maßen der Schmarotzerpflanze *Rafflesia arnoldii* aus Sumatra konkurrieren. Deren fleischige Blüten erreichen einen Durchmesser von 1 m und 3 m Umfang bei einem Gewicht von über 5 kg; sie sind in der Tat die größten bekannten Blüten.

Welche Rekorde haben Kräuter bei der Miniaturisierung ihrer Körper erzielt? Als kleinste zweikeimblättrige blühende Pflanze gilt *Arceuthobium minutissimum,* ein Mistelgewächs (*Loranthaceae*), das auf der Himalaja-Tränenkiefer (*Pinus griffithii*) parasitiert. Dieser winzige Schmarotzer lebt unter der Borke des Baums und streckt nur seine 2–3 mm langen Blütenstiele heraus.

Die Tränenkiefer (*Pinus griffithii*) wächst in Höhen von rund 3000 m ü. M., doch dringen kleine Kräuter sogar in doppelte Höhen vor. Der erste Platz in der Himalajabesteigung gehört Pflanzen aus der Familie Kreuzblütler (*Brassicaceae*). Die Raukenverwandte *Braya oxycarpa* und das Altai-Hungerblümchen (*Draba altaica*) wachsen in Westtibet und Sikkim in 5600 m Höhe, die Hungerblümchen *Draba glomerata* und *D.*

Bild 6. Die Schlüsselblume (*Primula veris*) gehört unzertrennlich zum Frühlingsaspekt der Wäldchen.

tern besitzt längliche bis eiförmige Früchte, die im Reifezustand bei Berührung mit lautem Geräusch abbrechen und unter beträchtlichem Druck ihre Samen und schleimige Fruchtmasse ziemlich weit verspritzen. Aber zurück nach Mitteleuropa. Auch hier kann man unter den Kräutern Raritäten entdecken. Mit Blättern, deren Kanten in Nord-Süd-Richtung und deren Flächen nach Osten und Westen orientiert sind, ragt der auf sonnigen Schuttgeländen wachsende Stachellattich (*Lactura serriola*) hervor.

Auch bei uns wachsen fleischfressende Pflanzen, allerdings nur noch vereinzelt und selten. Die bekannteste ist wohl der Sonnentau (*Drosera rotundifolia*). Weniger bekannt ist das Gemeine Fettkraut (*Pinguicula vulgaris*). Es hat eine Rosette aus länglich-eirunden Grundblättern mit aufgestülpten Rändern und gestielten Drüsen auf der Oberseite, die einen klebrigen Schleim ausscheiden, auf dem kleine Insekten haften bleiben. Auch verschiedene wurzellose

Bild 7. Die fleischigen Fortsätze an den Samen des Märzveilchens (*Viola odorata*) sind eine beliebte Nahrung für Ameisen, die mit dem Verschleppen der Samen für die Verbreitung der Veilchen sorgen.

stammt aus den Tropen Mittelamerikas. Hier und da wird seine großfruchtige Sorte *gigantea* gezüchtet, deren Früchte 80 cm im Durchmesser und 100 kg Gewicht erreichen können. Im Garten läßt sich kein ganzjährig günstiges feuchtwarmes Tropenklima wie in seiner Heimat erzielen, in der Rekordfrüchte 150 cm Durchmesser und 125 kg Gewicht haben. Diese Beeren sind die größten Früchte überhaupt.

Wenn nun schon von einem Vertreter der Familie Kürbisgewächse (*Cucurbitaceae*) die Rede war, sollen noch weitere erwähnt werden. Die Gurke (*Cucumis sativus*) oder Zuckermelone (*Melo saccharinus*) brauchen wohl nicht in Erinnerung gebracht zu werden. Dafür dürfte die Spritzgurke (*Ecbalium elaterium*) hin und wieder einen Mittelmeer-Reisenden interessiert und auf einem Abendspaziergang auch ein wenig erschreckt haben. Diese niederliegende bis rankende Krautpflanze mit fleischigen Blät-

Bild 8. Das Endblatt der Wiesenplatterbse (*Lathyrus pratensis*) ist zu drei windenden Ranken umgebildet, mit denen sie sich an Grashalmen oder anderen Pflanzen festhält.

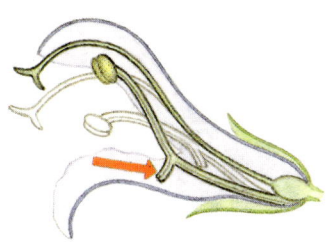

Bild 9. Der Bestäubungsmechanismus des Salbeis (*Salvia officinalis*). In Ruhe ist der Griffel mit der zweiteiligen Narbe und dem Staubgefäß an die gewölbte obere Blütenlippe gedrückt. Das Insekt versucht, an den Nektar am Grund der Blütenröhre zu gelangen und biegt durch den Druck auf den Staubgefäßfortsatz Staubbeutel und Narbe um. Der Pollenstaub gelangt auf den Insektenkörper und der aus einer anderen Blüte mitgebrachte Pollen wird an die Narbe gedrückt.

Wasserpflanzen haben ihre Blätter zu Fang und Verdauung von Insekten umfunktioniert. Das sind die Wasserschlauch-Arten (*Utricularia*), die zwischen ihren fadenförmig zerschlissenen Blättchen feine transparente Blasen tragen. Rings um eine kleine Öffnung sitzen Reizborsten, in der Mündung ein elastischer, sich nur nach Innen öffnender Deckel, der das Entkommen von Wasserinsekten oder Kleinkrebsen verhindert. An den Blaseninnenwänden befinden sich vierarmige Drüsenhaare und nahe der Mündung auch gestielte Drüsen, die Verdauungsstoffe ausscheiden und gleichzeitig die zersetzten Organismen aufnehmen. Die Beobachtung dieser kleinen Dramen der auf den Sonnentau- oder Fettkrautblättern gefangenen Insekten zwingt zum Nachdenken über diese Einrichtungen zur Nahrungsergänzung unter den Bedingungen ärmerer Böden mit Stickstoffmangel oder über die Ersatznahrung des wurzellosen Wasserschlauchs in nährstoffarmen Gewässern.

Die Welt der Kräuter ist außerordentlich reich und vielgestaltig. Sollte hier auch noch ihre menschliche Nutzung oder ihre Heilwirkung erwähnt werden, reichte das ganze Buch nicht aus.

Klasse **Zweikeimblättrige** –
Magnoliopsida (Dicotyledoneae)

Familie **Seerosengewächse** –
Nymphaeaceae

1 Weiße Seerose, Teichrose,
Wasserrose *Nymphaea alba*
Ausdauernde Wasserstaude mit starkem,
kriechendem Wurzelstock. Blätter sehr
langgestielt mit eiförmig-rundlicher, schmal
herzförmig geschweifter Blattspreite, die auf
der Wasseroberfläche schwimmt. Blüten
groß; Kronblätter weiß, genauso lang wie die
vier grünen Kelchblätter. Innere Staubblätter mit linealen Fäden. Narben gelb. Blüht
von Juni bis August. In niederen Lagen, in
stehenden Gewässern. Auch als Zierpflanze. Verwandt: Kleine oder Glänzende Seerose *N. candida* mit kleineren Blüten; Kronblätter hier etwas kürzer als die Kelchblätter,
innere Staubfäden lanzettlich verbreitert,
Narben meist rot. Beide Arten geschützt!

2 Große Mummel, Gelbe Teichrose,
Nixblume *Nuphar luteum*
Wasserpflanze, ähnlich der Weißen Seerose, mit starkem, ausdauerndem Wurzelstock. Blätter langgestielt, Blattspreiten beinahe rund, keilförmig ausgerandet, lederig,
kahl, schwimmen auf der Wasseroberfläche. Blüten gelb, stark duftend, Narbe trichterförmig vertieft. Früchte flaschenförmige,
fleischige Kapseln. Blüht von Juni bis
August. In niederen Lagen in stehenden
Gewässern. Verwandt: Kleine Mummel oder
Zwergmummel *N. pumilum* mit kleineren,
schwach duftenden Blüten, einer flachen,
sternförmigen Narbe und unterseits seiden-
haarigen Blättern. Beide *Nuphar*-Arten geschützt!

Familie **Nieswurzgewächse** –
Helleboraceae

3 Sumpfdotterblume *Caltha palustris*
Ausdauernde, kahle Staude. Wurzel büschelig. Stengel aufrecht, manchmal aufsteigend und wurzelnd. Untere Blätter gestielt, obere fast sitzend, Blattspreiten herz-
bis nierenförmig oder rundlich, scharf gesägt, glänzend. Blüten gelb, glänzend, fünfzählig, nicht in Kelch oder Krone gegliedert.
Frucht eine geschnäbelte Balgfrucht. Von
April bis Juni. Vom Flachland bis ins Gebirge häufig an Bachufern, auf nassen Wiesen
oder in Gräben.

4 Europäische Trollblume,
Kugelranunkel *Trollius altissimus*
Stattliche, ausdauernde Pflanze. Stengel
30–60 cm hoch, aufsteigend, in einzelnen
Blüten endend. Blätter tief handförmig geteilt; Blattabschnitte dreispaltig, tief gesägt,
die unteren langgestielt, die oberen fast sitzend. Blüten mit einem Durchmesser bis zu
3 cm, kugelförmig, hell bis goldgelb, aus
zahlreichen Blütenhüllblättern zusammengesetzt. Frucht eine längliche, geschnäbelte
Balgfrucht. Blüht im Mai und Juni. Vom
Gebirgsvorland bis ins Gebirge auf nassen
Wiesen. Der auffallenden Blüten wegen stellenweise ausgerottet; verdient strengen
Schutz! Als Zierpflanzen Hybriden mit asiatischen Arten, die teilweise orange blühen.
Geschützt!

5 Ähren-Christophskraut *Actaea spicata*
Ausdauernde, giftige Pflanze. Stengel unverzweigt, 30–40 cm hoch, riecht unangenehm. Blätter grundständig, zwei- bis dreifach gefiedert; Blättchen eiförmig, zugespitzt, gezähnt. Blüten gelblichweiß, klein, in
langgestielten Trauben. Frucht eine
schwarzglänzende Beere. Blüht im Mai und
Juni. Vom Hügelland bis ins Gebirge, in
schattigen Laubwäldern. Im Flachland selten.

6 Wald- oder **Gemeine Akelei**
Aquilegia vulgaris
Ausdauernde, bis über 50 cm hohe Pflanze.
Stengel spärlich beblättert, armblütig.
Grundblätter doppelt dreizählig, ihre Blättchen keil- bis eiförmig, tiefgezähnt, obere
Stengelblätter kleiner und weniger geteilt.
Blüten langgestielt, überhängend, blauviolett, selten weißlich oder rosa; Kelchblätter
stehen auseinander, Kronblätter sind zu einem gekrümmten Sporn verlängert. Gartenformen mit gefüllten Blüten in verschiedenen Farben. Blüht von Mai bis Juli. Von der
Ebene bis ins Hügelland in Laubwäldern.
Zusammen mit einigen sibirischen und
nordamerikanischen Arten als Zierpflanze
in Gärten. Geschützt!

Familie **Nieswurzgewächse –**
Helleboraceae

1 Gelber Eisenhut, Wolfseisenhut
Aconitum lycoctonum (A. vulparia)
Giftige, ausdauernde Pflanze, Wurzelstöcke
dünn. Stengel ausladend verzweigt, bis
über 1 m hoch. Blätter handförmig geteilt;
Blattabschnitte breit-keilförmig, flaumig
oder kahl. Blütenstände locker, rispenför-
mig; Blüten gelb, behaart, mit langwalzigem
Helm. Fruchtknoten kahl. Blüht von Juni bis
August. Vom Hügelland bis ins Gebirge in
Laubwäldern und Buschwerk. Geschützt!

2 Blauer Eisenhut *Aconitum callibotryon*
(A. napellus)
Giftige, ausdauernde Pflanze. Wurzeln knollenartig. Stengel aufrecht, verzweigt sich
erst im Blütenstand. Blätter in lanzettliche
bis breit-lineale Abschnitte geteilt. Blüten
dunkelviolett in dichten, traubenförmigen
Blütenständen, mit Helmen, die fast genau-

so hoch sind wie breit. Blüht von Juni bis
August. In feuchten Gebirgswäldern und an
den Ufern von Gebirgsbächen. Als Zierpflanze in Gärten; manchmal verwildert.
Verwandt: Bunter Eisenhut *A. variegatum*;
wächst an ähnlichen Stellen im Gebirge;
Helm viel höher als breit. Alle Eisenhutarten
sind streng geschützt!

3 Hoher Rittersporn *Delphinium elatum*
Ausdauernde, bis 150 cm hohe Pflanze.
Stengel einfach, nur im Blütenstand spärlich
verzweigt, bereift. Grundblätter langgestielt,
oben kahl, unterseits flaumig, tief handförmig, drei- bis fünfgeteilt; Blattabschnitte
breit-eiförmig, tief eingeschnitten. Blüten
dunkelblau bis blauviolett, langgespornt, in
einer reichen, vielblütigen Traube. Blüht im
Juni und Juli, an seinen ursprünglichen
Standorten im Gebirge bis September. In
den Alpen, Sudeten und Karpaten an Bergbächen. Oft als Zierpflanze in Gärten. Geschützt!

4 Feldrittersporn, Ackerrittersporn
Consolida regalis (C. segetum,
Delphinium consolida)
Einjährige, meist kahle Pflanze. Stengel auf-
recht, gewöhnlich 50 cm hoch, nur in der
oberen Hälfte verzweigt. Blätter dreizählig,
Blättchen zwei- bis dreizählig geteilt, ihre
Abschnitte lineal; Hochblätter lineal, unge-
teilt, kürzer als die Blütenstiele. Blüten ge-
wöhnlich blau, gespornt, in lockerer Traube.
Kahle Balgfrüchte. Blüht von Juli bis Sep-
tember. Früher häufiges Ackerunkraut. In
niederen Lagen, hauptsächlich in wärmeren
Gebieten.

Familie **Hahnenfußgewächse** –
Ranunculaceae

5 Buschwindröschen,
Weiße Osterblume *Anemone nemorosa*
Bis 25 cm hoch, Wurzelstock dünn, lang,
meist mit einem einzigen Grundblatt. Stengel einfach, unverzweigt. Blätter gestielt,
kahl, dreizählig (eigentlich dreizählige Quirle von Hochblättern), Blattabschnitte zwei-
bis dreispaltig. Blüten einzeln, langgestielt;
Blütenhüllblätter gewöhnlich sechs, weiß,
kahl, außen rosa angehaucht. Behaarte
Schließfrüchte. Blüht von März bis Mai.
Wächst beinahe überall in Laubwäldern und
Gebüsch und auf feuchteren Wiesen. Verwandt: Gelbes Windröschen *A. ranunculoides* mit gelben Blüten und fast sitzenden
Blättern.

6 Waldwindröschen, Waldanemone
Anemone sylvestris
Bis 35 cm hoch. Wurzelstock kurz mit einer
Grundrosette. Blätter handförmig geteilt,
ihre Abschnitte gestutzt gezähnt. Stengelblätter (eigentlich Hochblätter) handförmig
fünfteilig, ihre Abschnitte tief gezähnt, lanzettlich. Blüten gewöhnlich einzeln, langgestielt, mit fünf außen behaarten, breit-
eiförmigen, beiderseits weißen Blütenhüllblättern. Behaarte Schließfrüchte. Blüht von
April bis Juni. In warmen Gebieten an besonnten, buschbestandenen Hängen und in
lichten Wäldern, meist auf Kalkboden. Von
der Ebene bis ins Hügelland. Geschützt!

Familie **Hahnenfußgewächse** –
Ranunculaceae

1 Berghähnlein, Narzissenblütiges Windröschen *Anemone narcissiflora*
Stengel bis 40 cm hoch, behaart, mehrblütig. Grundblätter mit handförmig drei- bis
fünfteiligen Blattspreiten; Blattabschnitte
breit-dreieckig, tief ausgeschnitten, geteilt.
Hochblätter tief gezähnt, in gewöhnlich fünf-
zähligem Quirl. Blüten in drei- bis achtzäh-
liger Dolde, gestielt, aufrecht; weiße, außen
gewöhnlich violett überhauchte Blütenhüllblätter. Kahle Schließfrüchte. Blüht von Mai
bis Juli. Auf Bergmatten der Alpen und der
anderen mitteleuropäischen Gebirge. Giftig.
Streng geschützt!

2 Alpenkuhschelle *Pulsatilla alba*
(*P. alpina*)
Bis 30 cm hohe Pflanze. Wurzelstock viel-
triebig mit einer Grundrosette und einigen
einfachen, behaarten, einblütigen Stengeln
mit einem Quirl von Hochblättern. Grundblätter lang-, Stengelblätter kurzgestielt,
zweimal dreizählig, mit tief eingeschnitte-
nen Abschnitten. Blüten langgestielt, sechszählig, weiß oder schwefelgelb, außen rosa
oder violett überhaucht und dicht behaart.
Früchte im Gegensatz zu den Windröschen
langfederig geschwänzt. Blüht von Mai bis
August. Auf Berghalden und Matten und im
Knieholz. Wie die übrigen Kuhschellen
streng geschützt!

3 Echte Kuhschelle, Gewöhnliche oder
Aufrechte Küchenschelle
Pulsatilla vulgaris
Eine Sammelart großblütiger, rotvioletter
Kuhschellen. Die hier abgebildete Spielart
hat einen bis 50 cm hohen, abstehend wolli-
gen Stengel. Grundblätter entwickeln sich
erst nach dem Abblühen; sie sind langgestielt, erst filzig-wollig, später spärlich behaart, einfach oder doppelt gefiedert; ihre
Abschnitte sind breit-keilförmig, tief dreifach
eingeschnitten. Hochblätter in schmale, lineale Abschnitte geteilt. Blüten groß, sechszählig, außen seidig behaart, erst glockig,
später weit geöffnet, hell- bis trüb violett.
Blüht von März bis Mai. An Grashängen, vorwiegend auf kalkhaltigem Untergrund. Auch
als Steingartenpflanze gezogen. Geschützt!

4 Eisenhutblättriger Hahnenfuß, Eisen-
hut-Hahnenfuß *Ranunculus aconitifolius*

chen gestielt, tief gezähnt. Stengelblätter
ähneln den grundständigen Blättern, die
oberen sind sitzend, dreigeteilt, mit lanzett-
lich-linealen Abschnitten. Blüten groß, glänzend goldgelb. Blüht von Mai bis August.
Häufig auf nassen Wiesen und Äckern, an
Bach- und Teichufern. In Gärten Unkraut.

Ausdauernde, stattliche, bis über 1 m hohe
Pflanze. Wurzelstock kurz. Stengel reich verzweigt. Grundblätter langgestielt, handförmig fünfteilig, Seitenabschnitte zweilappig,
alle tief gesägt; Stengelblätter ähneln den
Grundblättern, sind meist sitzend. Kronblätter weiß, fünfzählig, mit Nagel. Kurzge-
schnäbelte Schließfrüchte. Blüht von Mai bis
August. In Bergwäldern, an Bächen und im
Knieholz; in den Alpen und im Alpenvorland
zerstreut. Giftig!

5 Scharfer Hahnenfuß
Ranunculus acris (R. acer)
Ausdauernde, bis 1 m hohe Pflanze. Stark
giftig! Grundständige Blätter langgestielt,
handförmig fünfteilig, die Abschnitte lanzettlich, eingeschnitten, gezähnt. Stengel kahl
bis anliegend behaart. Stengelblätter ähneln den Grundblättern, die oberen sind
handförmig in lineale Abschnitte gegliedert.
Blüten fünfzählig, glänzend goldgelb. Kurz-
geschnäbelte Schließfrüchte. Blüht von Mai
bis September. Häufig auf Wiesen.

6 Kriechender Hahnenfuß
Ranunculus repens
Ausdauernde, niederliegende Pflanze.
Stengel bis 50 cm lang, aufsteigend, oft
mit wurzelnden Ausläufern. Grundständige
Blätter ein- bis zweimal dreizählig; Blätt-

1

2

3

Familie **Hahnenfußgewächse** –
Ranunculaceae

1 Gemeiner Wasserhahnenfuß,
Froschkraut, Wasser-Haarkraut
Batrachium aquatile
Ausdauernde Wasserpflanze mit flutendem,
kahlem, verzweigtem Stengel. Untergetauchte Blätter gestielt, zwei- bis dreifach
dreizählig; Abschnitte kurz, fadenförmig,
gabelig verzweigt, fallen nach dem Heraus-
ziehen aus dem Wasser zusammen. Auf der
Wasseroberfläche schwimmende Blätter
langgestielt, herzförmig rundlich bis nierenförmig, handförmig drei- bis fünfzählig gelappt, die Lappen gekerbt. Blüten weiß, fünfzählig, langgestielt, blühen auf der Wasseroberfläche auf. Früchtchen runzelig. Blüht
von Juni bis September. In stehenden Gewässern niederer Lagen.

2 Dreilappiges Leberblümchen,
Märzblümchen *Hepatica nobilis*
Ausdauernde Pflanze mit kriechendem
Wurzelstock. Stengel einblütig. Blätter drei-
lappig, lederig, unterseits weich behaart.
Dicht unter der Blüte ein dreizähliger Quirl
einfacher, sitzender, kelchartiger Hoch-
blätter. Die behaarten Blütenstiele sind ei-
gentlich Stengel. Blüten sechszählig, selten
vier-bis zehnzählig, blau bis hell- oder
dunkelviolett, selten rosa oder weißlich.
Schließfrüchte ohne Anhängsel. Blüht im
März und April. Von der Ebene bis ins
Gebirgsvorland häufig in Laubhainen und
Gebüsch; fehlt jedoch stellenweise. Geschützt!

3 Frühlings-Scharbockskraut, Feigwurz
Ficaria verna (Ranunculus ficaria)
Ausdauernde Pflanze mit kleinen Wurzelknollen zwischen den Wurzelbüschen.
Stengel kahl, bis 20 cm hoch. Grundständige Blätter lang-, Stengelblätter kurzgestielt,
herzförmig-rundlich bis nierenförmig, gekerbt bis gezähnt, kahl, glänzend. In den
Achseln der unteren Blätter oft kleine Brutknöllchen. Blüten einzeln; Blütenblätter

4

5

6

glänzend gelb, acht- bis zwölfzählig, manchmal vervielfacht. Früchte sind verkümmerte Schließfrüchte. Blüht von März bis Mai. Fast allgemein auf Wiesen, in Gebüschen, Gräben und an den Ufern von Gewässern.

4 Frühlings-Adonisröschen, Teufelsauge
Adonis vernalis
Ausdauernde, giftige, bis 40 cm hohe Pflanze. Wurzelstock dick, Stengel aufrecht, unten schuppig. Blätter sitzend, zwei- bis vierfach in schmal-lineale Abschnitte gefiedert. Blüten einzeln, groß, leuchtendgelb. Kelch weich behaart; Kronblätter 10–20, schmallänglich. Blüht im April und Mai. An sonnigen und strauchbestandenen Hängen und in Kiefernwäldern, gewöhnlich auf kalkhaltigem Untergrund. Zuweilen auch als Zierpflanze gezogen. Streng geschützt!

5 Sommer-Adonisröschen, Teufelsauge
Adonis aestivalis
Einjährige, bis 50 cm hohe Pflanze. Stengel aufrecht, spärlich verzweigt. Untere Blätter gestielt, die oberen sitzend, gewöhnlich drei- bis vierfach gefiedert; Blattabschnitte

lineal, oft dreizählig. Blüten einzeln, klein; Kronblätter rot, selten hellgelb, am Ansatz gewöhnlich mit einem schwarzen Fleck. Früchtchen geschnäbelt, kahl, rundlichkantig. Blüht von Mai bis Juli. In den niederen Lagen wärmerer Gebiete häufig. Feldunkraut.

6 Aufrechte Waldrebe *Clematis recta*
Ausdauernde, bis über 1 m hohe Pflanze mit aufrechtem, nicht kletterndem Stengel. Untere Stengelblätter ungeteilt, die oberen unpaarig gefiedert, mit 2–4 Fiederpaaren. Blättchen ganzrandig, gestielt, spitz-eiförmig. Blüten in reichen, zweigabeligen Trugdolden. Blütenhülle kronartig gefärbt, gewöhnlich vierzählig, weiß, am Rand weißfilzig. Schließfrüchte mit langem, abstehend behaartem Anhängsel. Blüht im Juni und Juli. In niederen Lagen an buschbestandenen Hängen, in lichten Hainen und auf Wiesen, vor allem auf kalkhaltigem Untergrund. Zum Bewuchs von Gartenlauben und Mauern werden die violett-blühende Italienische Waldrebe *C. viticella* aus Südeuropa und einige ostasiatische Arten und ihre Hybriden gezüchtet; sie haben große blaue oder purpurrote Blüten.

Familie **Wiesenrautengewächse –**
Thalictraceae

1 Akeleiblättrige Wiesenraute *Thalictrum aquilegii folium*

Stattliche Pflanzen bis über 1 m hoch. Stengel aufrecht, im Blütenstand verzweigt, kahl, gefurcht. Blätter zwei- bis dreifach gefiedert; Blättchen verkehrt-eiförmig, kahl, gewöhnlich bereift, vorn tief gekerbt (ähnlich denen der Akelei). Blüten in reichen, trugdoldenartigen Blütenständen; Blütenhülle grünlich-weiß, bald abfallend, Staubfäden violett, nach oben verdickt. Fruchtknoten und Früchte langgestielt, hängend. Blüht von Mai bis Juli. Vom Hügelland bis ins Gebirge in feuchten Wäldern und im Ufergestrüpp. Verwandt: Kleine Wiesenraute *T. minus,* mit gelben Staubblättern und gelblicher Blütenhülle.

Familie **Osterluzeigewächse –**
Aristolochiaceae

2 Braune Haselwurz *Asarum europaeum*

Ausdauernde Pflanze mit verzweigtem, schuppigem Wurzelstock. Stengel aufstei-gend, gewöhnlich mit zwei langgestielten, immergrünen, nierenförmigen, ganzrandigen, am Rande gewimperten Blättern. Blüten einzeln, fleischig; Blütenhülle dreizählig, glockig, außen bräunlich, innen dunkelviolett, duftend. Blüht von März bis Mai. Vom Flachland bis ins Gebirge. Ziemlich häufig in feuchteren Hainen und schattigem Buschwerk.

3 Aufrechte oder **Gemeine Osterluzei** *Aristolochia clematitis*

Unangenehm riechende, ausdauernde Pflanze mit aufrechtem, unverzweigtem, bis über 50 cm hohem Stengel. Blätter wechselständig, langgestielt, abgerundet herzförmig. Blüten in lockeren, achselständigen Büscheln, erst aufrecht, später nickend. Blütenhülle röhrig, mäßig gebogen, am Grund kolbenförmig ausgebaucht, am Ende zungenförmig, schmutziggelb. Frucht eine birnenförmige Kapsel. Blüht im Mai und Juni. In niederen Lagen wärmerer Gebiete in Gebüschen, besonders in „lebenden Zäunen" und in Weinbergen. Aus ehemaligen Kulturen verwildert; heute eingebürgert.

Familie **Mohngewächse** – *Papaveraceae*

4 Alpenmohn *Papaver alpinum*
Ausdauernde, spärlich büschelige Pflanze.
Stengel unverzweigt, bis 20 cm hoch, einblütig, borstig behaart. Blätter nur in einer
Grundrosette, gestielt, einfach gefiedert;
Blattabschnitte lineal bis lineal-lanzettlich,
tief gelappt, graugrün. Blüten weiß oder
gelb; Kelch schwarz-borstig behaart, bald
abfallend, Kronblätter breit, verkehrt-eiförmig. Früchte sind kleine, kantig verkehrt-
eiförmige, anliegend borstige Mohnkap-
seln. Blüht im Juli und August. In der Hoch-
gebirgsstufe der Alpen und Karpaten auf
Geröll und brüchigen Felsen.

5 Klatschmohn *Papaver rhoeas*
Einjährige Pflanze. Stengel aufrecht, einfach
oder nur spärlich verzweigt, abstehend borstig, beblättert, fast 1 m hoch. Blätter gefiedert; Blattabschnitte tieflappig gezähnt; untere Blätter gestielt, die oberen fast sitzend;
borstig behaart. Blüten einzeln auf langen,
abstehend borstig-behaarten Stielen, erst
nickend, während der Blütezeit meist aufrecht. Kelch grün, borstig behaart, fällt frühzeitig ab; Kronen vierzählig mit scharlachroten Blättern; Narbe gewöhnlich zehn-
strahlig. Mohnkapsel verkehrt-eiförmig,
kahl. Blüht von Mai bis Juli. Als Unkraut auf
Äckern, Schuttplätzen und Rainen. In wärmeren Gebieten von der Ebene bis ins Gebirgsvorland manchmal häufig; fehlt stellenweise.

6 Großes Schöllkraut
Chelidonium majus
Ausdauernde Pflanze mit orangefarbenem
Milchsaft, Stengel bis 70 cm hoch, aufrecht,
verzweigt. Blätter zerstreut behaart, die unteren gestielt, buchtig-fiederteilig, die oberen fast sitzend, fiederschnittig; Blattabschnitte lappig gekerbt, unterseits graugrün.
Blüten in Dolden, gelb, bald abfallend.
Früchte sind lineale Kapseln. Blüht von Mai
bis Oktober. Sehr häufig von der Ebene bis
ins Gebirgsvorland in schattigen Hainen,
Ufergestrüpp und besonders auf Schuttplätzen.

1

2

6

Familie **Erdrauchgewächse –**
Fumariaceae

1 Echter oder Gemeiner Erdrauch
Fumaria officinalis
Einjährige, bis 30 cm hohe, graugrüne
Pflanze. Stengel aufrecht oder aufsteigend,
verzweigt, reich beblättert. Blätter gestielt,
doppelt gefiedert; Blättchen gestielt, handförmig geteilt, Abschnitte der Blättchen gezähnt, lineal. Blüten klein, rosarot, an der
Spitze dunkel purpurfarben; Blüten in aufrechten, reichen Trauben; Kelchblätter
klein, ausdauernd. Schließfrüchte am
Scheitel eingedrückt. Blüht von Mai bis
Oktober. Von der Ebene bis ins Gebirgsvorland häufig als Unkraut auf Feldern und
Schuttplätzen.

2 Hohler Lerchensporn
Corydalis cava (*C. bulbosa*)
Ausdauernde, bis 30 cm hohe Pflanze mit
großer, hohler, unterirdischer Knolle. Stengel aufrecht, stark, gewöhnlich zweiblättrig.
Blätter doppelt dreizählig, Blättchen gelappt. Blüten in reicher, aufrechter Traube;
Tragblätter ganzrandig. Kronen schmutzig
rosa oder gelblich-weiß, gespornt. Früchte
sind lange, sich allmählich schnabelförmig
verjüngende Kapseln. Blüht von März bis
Mai. Von der Ebene bis ins Gebirgsvorland
in humusreichen Hainen und Gebüschen.
Verwandt: Mittlerer Lerchensporn *C. fa-
bacea* (*C. intermedia*); blütenarme, hän-

gende Trauben. Gefingerter Lerchensporn
C. solida; fingerförmig geteilte Tragblätter.

Familie **Kreuzblütengewächse –**
Brassicaceae (*Cruciferae*)

3 Ackersenf *Sinapis arvensis*
Einjährige, bis über 50 cm hohe Pflanze.
Stengel aufrecht, gewöhnlich unverzweigt,
zerstreut behaart, im Blütenstand kahl werdend. Blätter meist ungeteilt, ungleich grob
gezähnt, die unteren manchmal leierförmig
fiederspaltig. Blüten mit gespreizten, gelbgrünen Kelchblättern und vier dottergelben
Kronblättern. Frucht eine kahle oder kurz zu-
rückgebogene behaarte Schote mit kurzem
Schnabel. Blüht von Juni bis Oktober. In
niederen Lagen häufig als Feldunkraut. Verwandt: Weißer Senf *S. alba;* wird seines
Samens wegen angebaut.

4 Ackerrettich, Hederich,
Wilder Rettich *Raphanus raphanistrum*
Einjährige Pflanze mit dünner Wurzel und ei-
nem steifborstigen, im Blütenstand kahlen
Stengel. Blätter gestielt; die unteren leierför-

3

4

5

mig gelappt bis leierförmig fiederteilig, ungleich gezähnt; die oberen oft ungeteilt und unregelmäßig gezähnt. Kronblätter schwefelgelb, violett geadert; Kelchblätter anliegend. Als Frucht eine gerade, perlschnurartig eingeschnürte, zerfallende Schote mit schnabelförmigem Endstück. Blüht von Juni bis Oktober. Häufig als Unkraut auf Feldern und Schuttplätzen. Verwandt: Gartenrettich *R. sativus;* Blüten weiß oder violett angehaucht, Schote nicht auseinanderfallend, wird als Rohgemüse angebaut (Radieschen „Eiszapfen").

5 Gemeine Pfeilkresse, Herzkresse, Türkische Kresse
Cardaria draba (Lepidium draba)
Ausdauernde, grauflaumige, bis 50 cm hohe Pflanze. Grundständige Blätter länglich, buchtig gezähnt; Stengelblätter gewöhnlich flach gezähnt, pfeilförmig umfassend. Blüten in reichen, rispenartigen Blütenständen,

Kronen weiß. Früchte sind Schötchen, flach herzförmig, gewöhnlich breiter als lang, abstehend und dünn gestielt, mit einem langen, bleibenden Griffel. Blüht von Mai bis Juli. Als Unkraut auf Feldern, Schuttplätzen und Böschungen. Heimat: östliches Mittelmeergebiet. Heute an vielen Stellen eingebürgert, besonders in wärmeren Gebieten.

6 Ackerpfennigkraut, Hellerkraut
Thlaspi arvense
Bis 30 cm hohe Pflanze, einjährig, kahl, riecht beim Zerreiben unangenehm. Stengel kantig. Blätter ausgeschnitten gezähnt, mit pfeilförmigem Grund, sitzend. Blüten in aufrechten endständigen Trauben; Kelche gelbgrün, Kronen weiß. Frucht ein Schötchen: groß, flach, eiförmig-rundlich, ringsum breitgeflügelt. Blüht von Mai bis Oktober. Als Unkraut auf Feldern, Brachland und Schuttplätzen.

Familie **Kreuzblütengewächse** –
Brassicaceae (Cruciferae)

1 Gemeines Hirtentäschelkraut
Capsella bursa-pastoris
Ein- oder zweijährige, bis 50 cm hohe Pflanze. Stengel oft verzweigt. Rosettige Grundblätter, fiederig geschnitten bis fast ganzrandig; Stengelblätter stengelumfassend. Blütenstand vielblütig; Blüten klein, weiß, manchmal kronenlos. Frucht ein Schötchen: dreieckig, ungeflügelt, mehrsamig. Blüht von März bis November, manchmal das ganze Jahr über. Vom Flachland bis ins Gebirge häufig; Unkraut auf Feldern, Brachland, Schuttplätzen und an Wegen.

2 Ausdauerndes oder Wildes
Silberblatt, Mondviole *Lunaria rediviva*
Bis 140 cm hohe Pflanze. Kriechender Wurzelstock. Stengel aufrecht, unverzweigt. Blätter gestielt, herzförmig, die oberen dreieckig-länglich, alle gezähnt. Blüten blaßviolett, selten weißlich. Früchte sind Schötchen: groß, elliptisch, verjüngen sich an beiden Enden, haben häutige Scheidewände und feste Fruchtklappen. Blüht von Mai bis Juli. Vom Hügelland bis ins Gebirge zerstreut in Bergwäldern, auf Geröll und in feuchten Schluchten. Verwandt: Einjähriges Silberblatt oder Judas-Silberblatt *L. annua;* Heimat östliches Mittelmeergebiet; obere Blätter sitzend, Schötchen groß, beinahe rund.

3 Felsensteinkraut, Echte Steinkresse
Alyssum saxatile
Kraut mit ausdauernder Rosette länglicher bis verkehrt-lanzettlicher, graufilziger Blätter. Wurzel oft holzig. Stengel bis 30 cm hoch, aufrecht, blattarm, im Blütenstand verzweigt. Blütenstand dicht, schirmtraubenförmig; Kronblätter goldgelb, flach ausgerandet. Früchte sind kahle Schötchen. Blüht im April und Mai. Auf sonnigen Felsen. Auch als Steingartengewächs angepflanzt. Verwandt: Kelchsteinkraut *A. alyssoides (A. calycinum)*; keine Grundrosette, Kelchblätter fallen nicht ab, sondern dauern auf den Schötchen aus, Blüten blaßgelb.

4 Bergsteinkraut *Alyssum montanum*
Pflanze nur 10–20 cm hoch, ohne Grundrosette. Stengel und graugrüne Blätter graubehaart. Haare sind unter der Lupe deutlich sternförmig. Untere Blätter verkehrt-eiförmig oder spatelig, obere Blätter verkehrt-lanzettlich oder länglich. Blüten in einfachen Trauben; Kelchblätter und Kronen fallen frühzeitig ab. Kronblätter goldgelb. Traube während der Fruchtreife verlängert und locker, die Früchte (Schötchen) beinahe rund. Blüht von April bis Juni. In niederen Lagen wärmere Gebiete auf Felsen, trockenen und sonnigen Abhängen, auf Sandfeldern und an den Rändern von Kiefernwäldern.

5 Frühlings-Hungerblümchen

Erophila verna (Draba verna)
Einjährige, nur 10 cm hohe Pflanze mit Grundrosette. Stengel einfach, blattlos, fadenförmig. Blätter elliptisch oder lanzettlich bis breit-lineal, ganzrandig oder gezähnt. Blütenstand armblütig; Kelchblätter auf der Rückseite behaart, am Rande weiß oder zart violett; Kronblätter deutlich zweispaltig, weiß. Früchte sind Schötchen, länglich bis beinahe rund, ohne Griffel. Blüht von März bis Mai. Vom Flachland bis ins Gebirge sehr häufig, stellenweise gesellig auf Feldern, Hängen, Weiden, Brachland und Mauern. Geschützt!

6 Wiesenschaumkraut

Cardamine pratensis
Ausdauernde, 20–40 cm hohe Pflanze. Kurzer Wurzelstock. Stengel aufrecht, hohl. Grundblätter in einer blattarmen Rosette, unpaarig gefiedert, drei bis acht Fiederpaare; Blättchen eiförmig-rundlich, eckig gezähnt; Stengelblättchen fiederig geschnitten mit linealen, in der Regel ganzrandigen Abschnitten. Blüten zart violett, deutlich violett geadert oder weiß, oft in rei-cher Traube. Staubblätter gelb. Früchte sind Schoten, aufrecht abstehend, lineal ohne Schnabel. Blüht von April bis Juni. Vom Flachland bis ins Gebirge, häufig auf feuchten Wiesen. Verwandt: Bitteres Schaumkraut *C. amara* mit markhaltigem Stengel und weißen Blüten mit dunkelvioletten Staubbeuteln.

5

6

4

3

Familie **Kreuzblütengewächse –**
Brassicaceae (Cruciferae)

1 Echtes Barbenkraut *Barbarea vulgaris*
Zweijährige, bis über 50 cm hohe, kahle
Pflanze. Grundblätter leierförmig fiederteilig
mit rundlich-eiförmigen Endabschnitten;
obere Blätter verkehrt-eiförmig, tief-gezähnt
bis fiederspaltig, keilförmig stengelumfassend, abstehend geöhrt. Blütentrauben
dicht, Blütenstiele abstehend. Blüten goldgelb; Kronblätter beinahe doppelt so lang
wie die Kelchblätter. Früchte sind Schoten,
die nicht abgeschnürt sind und an kurzen
Stielen aufrecht abstehen. Blüht von Mai bis
Juni. Vom Flachland bis ins Gebirge häufig
auf Wiesen, in Gräben und an Bächen, aber
auch auf Feldern und in Gärten.

2 Gemeine Nachtviole
Hesperis matronalis
Ausdauernde, stattliche, über 1 m hohe,
behaarte Pflanze. Untere Blätter länglich,
spitzig, gestielt; obere Blätter eiförmig-lanzettlich, beinahe sitzend; alle Blätter kerbig

gesägt. Vor allem bei Zuchtpflanzen reiche
Blütentrauben. Blüten groß, gewöhnlich violett, selten rötlich oder weiß; Kronblätter
flach ausgerandet und duftend. Frucht ist
ein rundes, längliches Schötchen mit kahlen
Klappen. Blüht von Mai bis Juli. Im Mittelmeergebiet wild, bei uns oft als Zierpflanze
angebaut und an Zäunen, Mauern, im Gebüsch und in lichten Wäldern verwildert.

3 Knoblauchsrauke *Alliaria petiolata*
Zweijährige, ausdauernde Pflanze, meist
kahl; duftet beim Zerreiben nach Knob-
lauch. Stengel aufrecht, gewöhnlich bereift,
unverzweigt. Untere Blätter langgestielt,
herzförmig, kerbig gesägt; Stengelblätter
kurzgestielt, eiförmig bis länglich-dreieckig,
unregelmäßig gezähnt. Blüten klein, weiß.
Früchte sind große, an genauso dicken Stielen schräg abstehende oder aufrechte
Schoten. Blüht von April bis Juni. Häufig in
feuchten Wäldern und Gebüschen, auf Geröll und schattigen Schuttplätzen, an
Mauern und in Gärten. Von der Ebene bis ins
Gebirgsvorland.

1

2

3

Familie **Resedengewächse** –
Resedaceae

4 Gelbe Resede *Reseda lutea*
Einjährige bis ausdauernde Pflanze. Stengel aufrecht, gewöhnlich unverzweigt, bis 50 cm hoch. Blätter einfach bis doppelt dreigeteilt; Blattabschnitte lineal-länglich, kahl, am Rand rauh. Blüten in dichten Trauben, die sich während der Fruchtreife verlängern, gelbgrün, sechszählig; oberes Kronblatt dreilappig. Frucht eine aufrechte Kapsel. Blüht von Mai bis September. In den niederen Lagen wärmerer Gebiete eingebürgert. An Wegrändern, auf Schotter, auf Böschungen und Hängen, auch auf Schuttplätzen und als Unkraut in Weinbergen.

Familie **Zistrosengewächse** – *Cistaceae*

5 Gelbes Sonnenröschen
Helianthemum ovatum
Ausdauernde, nur etwa 10–20 cm hohe Pflanze. Stengel unten verholzt, niederliegend oder aufsteigend, behaart. Blätter verkehrt-eiförmig bis eiförmig-länglich, behaart, unten filzig. Blütenstand mit großen Blüten, gewöhnlich blütenarm. Zwei kleine äußere Kelchblätter lineal, drei innere größere eiförmig. Kronen fünfzählig, gelb, selten gelblich-weiß. Blüht von Juni bis Oktober. Vom Flachland bis ins Gebirge ziemlich häufig auf sonnigen Hängen, Weiden und an Waldrändern.

Familie **Nelkengewächse** –
Caryophyllaceae

6 Kornrade *Agrostemma githago*
Einjährige Pflanze mit aufrechtem, bis 1 m hohem, graufilzigem Stengel. Blätter gegenständig, lineal-lanzettlich, behaart. Blüten einzeln, langgestielt. Kelche fünfzählig, unten glockig verwachsen. Kronen groß, schmutzig rotviolett, Kronblätter verkehrt-eiförmig. Frucht eine länglich-eiförmige Kapsel mit schwarzen, nierenförmigen, giftigen Samen. In niederen Lagen als Getreideunkraut auf den Feldern. War früher wesentlich häufiger als heute. Heimat vermutlich das östliche Mittelmeergebiet.

Familie **Nelkengewächse** –
Caryophyllaceae

1 Kuckucks-Lichtnelke, Kranzrade
Lychnis flos-cuculi
Ausdauernde, bis 80 cm hohe Pflanze. Stengel beinahe kahl, beblättert. Gegenständige Blätter länglich-lanzettlich, ganzrandig. Blütenstand eine lockere, zweigabelige Trugdolde. Blüten groß, Kelche glockig-röhrig, fünfzählig. Kronblätter rosarot, bis zur Mitte in vier lineale Zipfel gespalten, mit kleiner, linealer Nebenkrone. Frucht eine eiförmig-runde Kapsel. Blüht von Mai bis Juli. Vom Flachland bis ins Gebirge häufig auf Wiesen und Flachmooren.

2 Weiße Nachtnelke, Weiße Lichtnelke
Melandrium pratense (M. album)
Einjährige bis ausdauernde, beinahe 1 m hohe, weich-flaumige, im Blütenstand drüsige Pflanze. Stengel aufrecht, meist verzweigt. Untere Blätter gestielt, eiförmig; obere Blätter eiförmig-lanzettlich bis breit-lanzettlich, sitzend; alle Blätter gegenständig. Blütenstand eine armblütige, gabelästige Trugdolde. Blüten nickend, gestielt, fünfzählig; öffnen sich erst am Nachmittag, duften schwach, Kelche glockig aufgeblasen; Kronblätter weiß, zweizipfelig. Frucht eine breit-eiförmige, in den ausdauernden Kelch gehüllte Kapsel. Blüht von Juni bis September. Von der Ebene bis ins Gebirgsvorland ziemlich häufig auf Wiesen und Rainen, auf Grashängen und in Kleefeldern. Verwandt: Rote Nachtnelke *M. dioicum (M. rubrum)* mit roten Blüten und zottigem Stengel.

3 Gemeine Pechnelke *Viscaria vulgaris*
Ausdauernde, über 50 cm hohe Pflanze. Stengel kahl, unter den Knoten der oberen Blätter klebrig. Untere Blätter verkehrt-eiförmig, obere Blätter lineal-lanzettlich, alle gegenständig, oft rötlich angelaufen. Blütenstand gewöhnlich aus dreiblütigen, gegenständigen, zweigabeligen Trugdolden zusammengesetzte Blüten, groß; Kelche rötlich, walzlich, Kronen rot. Frucht eine eiförmige Kapsel. Blüht von Mai bis Juli. Von der Ebene bis ins Gebirgsvorland ziemlich häufig auf Weiden, an steinigen Hängen und trockenen Felsen.

4 Stengelloses Leimkraut, Polsternelke
Silene acaulis
Ausdauernde, polsterbildende, dichtbüschelige Pflanze. Verzweigter Wurzelstock.

Stengel zahlreich, nur 2–4 cm hoch, einblütig, oft dicht beblättert. Blätter lineal, spitzig,
abstehend. Blüten einzeln, beinahe sitzend
oder auf kurzen, geraden Stielen. Kelche
schmal-glockig, Kronblätter leuchtend- bis
dunkelrosa. Frucht eine gestielte, eiförmige
Kapsel. Blüht von Juni bis September. In den
Alpen und Karpaten auf steinigen Weiden,
Geröllhängen und Felsen oberhalb der
Waldgrenze.

5 Taubenkropf-Leimkraut,
Aufgeblasenes Leimkraut
Silene vulgaris (S. cucubalus, S. inflata)
Bis 50 cm hohe, ausdauernde, graugrüne,
kahle Pflanze. Blätter elliptisch bis lanzettlich, ganzrandig, untere Blätter beinahe,
obere Blätter deutlich sitzend. Blüten in
zweigabeligen Trugdolden, die unteren
lang-, die oberen kurzgestielt. Kelch eiförmig aufgeblasen, kahl, auffallend netzadrig,
gelblich-grün oder rosa-violett überlaufen.
Kronblätter gewöhnlich weiß, tief zweispaltig. Frucht eine eiförmig-kugelige Kapsel.
Blüht von Juni bis September. Vom Flachland bis hoch in die Berge ziemlich häufig
an Hängen, Böschungen und Waldrändern,
aber auch auf Geröll und Felsen.

6 Nickendes Leimkraut *Silene nutans*
Bis über 50 cm hohe, ausdauernde Pflanze.
Blattarme Grundrosette. Stengel aufrecht,
unverzweigt. Grundständige Blätter lang-,
obere Blätter kurzgestielt, lanzettlich bis
lineal-lanzettlich, kurz-flaumig. Blütenstand
einseitswendig, drüsig-flaumig. Blüten
langgestielt, nickend. Kelche walzlich,
schmutzig-weiß; Kronblätter tief zweispaltig.
Winzige Nebenkrone. Frucht eine eiförmig-
kegelige Kapsel. Blüht von Mai bis August.
Von der Ebene bis ins Gebirgsvorland ziemlich häufig an sonnigen Hängen, Felsen und
an Waldrändern.

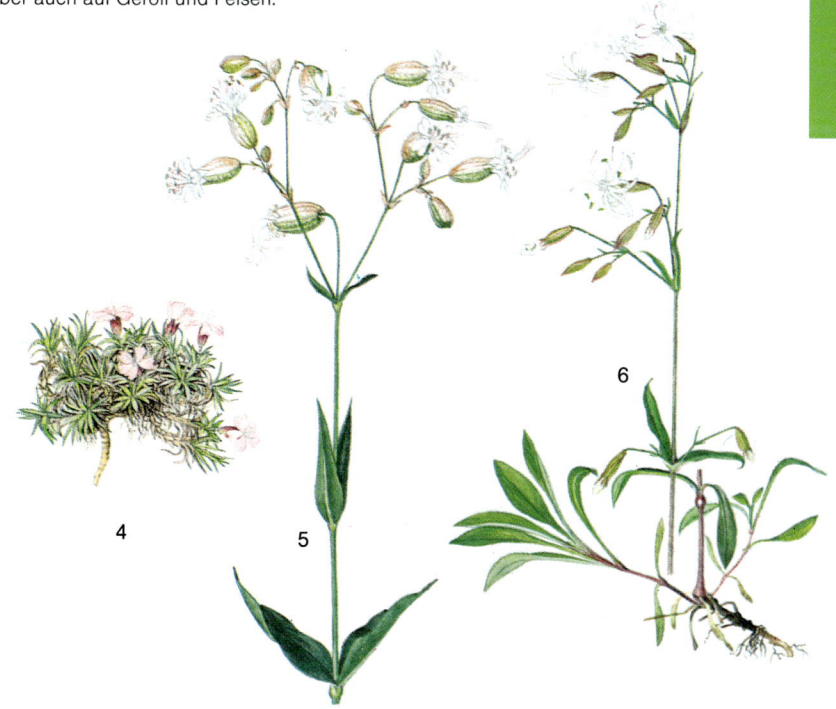

4

5

6

Familie **Nelkengewächse** –
Caryophyllaceae

1 Karthäusernelke, Echte Steinnelke
Dianthus carthusianorum
Ausdauernde, dichtbüschelige, über 25 cm
hohe Pflanze. Blühende Stengel verlängert,
nicht blühende kurz, kahl, unverzweigt. Blätter lineal, am Grund kurzscheidig verwachsen, spitzig, fest, am Rande rauh. Blütenstand kopfig; Blüten fast sitzend, Hochblätter trockenhäutig, braun bis rotbraun, stumpf, verkehrt-eiförmig, mit granniger Spitze, kürzer als der Kelch. Kelch walzig, kahl, rotbraun überlaufen; Kronblätter purpurn, an der Spitze gezähnt. Frucht eine längliche Kapsel. Blüht von Juni bis September. Ziemlich häufig auf grasigen und steinigen, trockenen Abhängen, Rainen und Weiden. Geschützt!

2 Heidenelke *Dianthus deltoides*
Ausdauernde, über 25 cm hohe, büschelige Pflanze. Wie bei der Karthäusernelke zwei verschiedene Stengel, die aber rauh bis behaart sind. Blätter lineal, spitzig, kaum verwachsen, am Rand rauh gezähnt. Blütenstand eine zweigabelige Trugdolde; Blüten langgestielt; Hochblätter trockenhäutig. Kelch walzlich, rot überlaufen, Kronblätter karminrot, am Ende gezähnt, gewimpert, weißpunktiert und dunkel gestreift. Blüht von Juni bis September. Von der Ebene bis ins Hügelland ziemlich häufig auf Rainen, Weiden und an Waldrändern. Geschützt! Als Zierpflanzen werden verwandte Arten gezogen, zum Beispiel die Gartennelke *D. caryophyllus* oder die Chinesische Nelke *D. chinensis*.

3 Echtes Seifenkraut
Saponaria officinalis
Ausdauernde, bis 75 cm hohe, stattliche Pflanze. Stengel aufrecht, gewöhnlich feinflaumig, nur im Blütenstand verzweigt. Blätter elliptisch-länglich, spitzig, sitzend, dreiadrig, am Rande rauh. Blüten blaßrosa bis weiß, in dichten, gegenständigen, büsche-

1

2

3

ligen Blütenständen. Kelche gewöhnlich hellgrün, behaart. Kronblätter flach ausgerandet, langgenagelt. Frucht eine länglich-eiförmige Kapsel. Blüht von Juni bis September. Von der Ebene bis ins Hügelland ziemlich häufig in Ufergebüschen, auf sandigen Hügeln und Böschungen. Manchmal als Zierpflanze angebaut und verwildert.

Familie **Mierengewächse (Nelkengewächse** z. T.) – *Alsinaceae* (*Caryophyllaceae* z. T.)

4 Große Sternmiere *Stellaria holostea*
Ausdauernde, lockerrasige Pflanze. Wurzelstock kriechend. Stengel aufrecht, bis 30 cm hoch, vierkantig. Blätter schmal-lanzettlich, zugespitzt, gegenständig, abstehend, unterseits und am Rande rauh. Blütenstand eine lockere gabelartige Trugdolde. Kronblätter weiß, groß, bis zweimal länger als der Kelch, beinahe bis zur Mitte zweispaltig. Blüht von Mai bis September. Von der Ebene bis ins Hügelland ziemlich häufig in Hainen und an buschbestandenen Hängen. Verwandt: Vogel-Sternmiere oder Hühnerdarm *S. media* mit kleineren Blüten; ihre Kronblätter sind genauso lang wie der Kelch.

5 Ackerhornkraut *Cerastium arvense*
Ausdauernde, spärlich büschelige, bis 30 cm hohe Pflanze. Zahlreiche kriechende oder aufsteigende Stengel mit nichtblühenden Trieben und achselständigen Blattbüscheln. Blätter lineal-lanzettlich bis länglich, zugespitzt, behaart. Blütenstand eine lockere, zweigabelige Trugdolde. Nebenblätter trockenhäutig gerandet. Kelchblätter behaart, trockenhäutig gerandet. Kronblätter bis zweimal länger als der Kelch, groß, weiß, zweispaltig. Blüht von April bis Juli. Vom Flachland bis ins Gebirge ziemlich häufig auf Rainen und an trockenen Hängen.

6 Gemeines Hornkraut
Cerastium holosteoides
Ausdauernde, büschelige, bis 40 cm hohe Pflanze. Blühende Stengel aufsteigend, nichtblühende kurz, dicht beblättert. Blätter länglich-eiförmig, stumpf zugespitzt, kurz behaart, gewöhnlich anliegend. Blütenstand gedrängt. Nebenblätter krautig. Kronblätter klein, weiß, zweigeteilt, wenig länger als der Kelch. Blüht von Mai bis Oktober. Vom Flachland bis ins Gebirge häufig auf trockenen Wiesen und an Grashängen.

4

5

6

127

1

Blätter schmal-lineal, scharf zugespitzt, kürzer als die Stengelglieder. Nebenblätter eiförmig, am Stiel verwachsen, silbrig-häutig. Blütenstand zweigabelig, trugdoldenartig, arm; Blütenstiele nach dem Abblühen gesenkt, während der Fruchtreife wieder aufgerichtet und verlängert. Kronblätter rot, gewöhnlich kürzer als die Kelchblätter. Blüht von Mai bis September. Von der Ebene bis ins Gebirgsvorland ziemlich häufig auf Sandböden.

Familie **Veilchengewächse** – *Violaceae*

2 Märzveilchen, Wohlriechendes Veilchen *Viola odorata*
Ausdauernde Pflanze. Wurzelstock mit Ausläufern. Blätter grundständig, rundlich-nierenförmig bis herz-eiförmig, zart flaumig, klein gekerbt. Stengel bis 10 cm hoch mit breit-eiförmigen, ganzrandigen oder an der Spitze drüsig-fransigen Nebenblättern. Blüten duftend, blauviolett; Kronblätter am Grund weißlich, gespornt; Kelche mit abstehenden Anhängseln, die viel kürzer sind als der violette Sporn. Blüht im März und April. Ziemlich häufig in Hainen und Gebüschen niederer Lagen. In Gärten oft als Schnittblume; an grasigen Stellen verwildert. Verwandt: Hundsveilchen *V. canina*. Keine Ausläufer, weißlicher Sporn, nicht duftende Blüten.

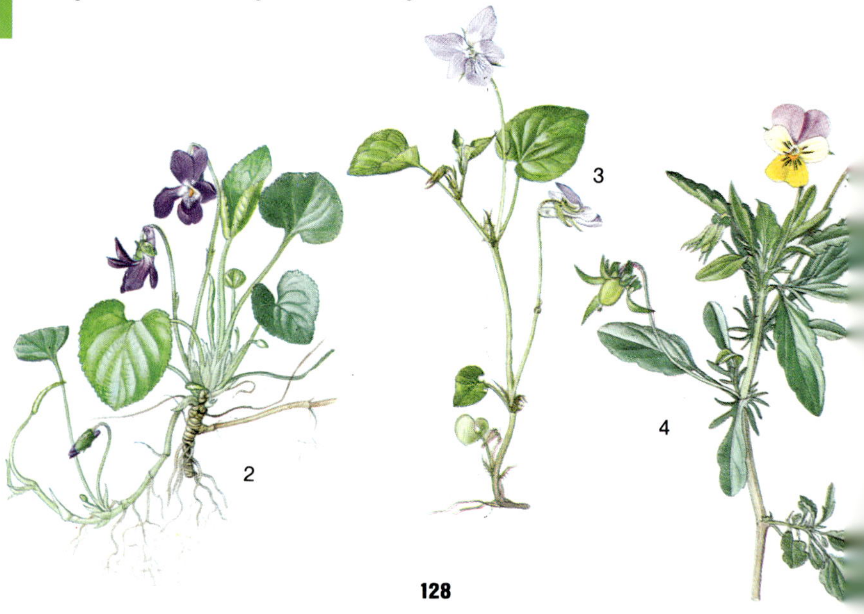

Familie **Knorpelmierengewächse** – *Illecebraceae*

1 Rote Schuppenmiere, Spärkling *Spergularia rubra*
Einjährige bis ausdauernde, breit ausladend-büschelige, niederliegende oder aufsteigende Pflanze. Stengel 5–25 cm lang.

3

2

4

5

6

3 Hainveilchen *Viola riviniana*
Ausdauernde Pflanze mit kurzem Wurzelstock und einer Grundrosette. Aufrechte
Stengel gewöhnlich 10–15 cm hoch. Blätter
langgestielt, breit-herzförmig, gekerbt; Nebenblätter lanzettlich, gefranst. Blüten groß,
hellblau, Kronblätter breit verkehrt-eiförmig.
Kelche mit eckig bis rundlichen Anhängseln. Sporn weißlich oder schwach violett,
stumpf, mit deutlich sichtbarer Furche. Blüht
im April und Mai. Häufig in lichten und
humusreichen Wäldern und Hainen.

4 Ackerstiefmütterchen, Ackerveilchen
Viola tricolor
Einjährige bis ausdauernde, bis über 20 cm
hohe Pflanze. Stengel verzweigt, aufrecht
oder aufsteigend. Blätter gestielt, eiförmig
oder rundlich bis lanzettlich-eiförmig. Nebenblätter geteilt, mit großen, gekerbten
Endabschnitten. Blüten auf langen Stielen.
Kelchblätter lanzettlich mit beinahe runden
Anhängseln. Kronblätter oft zweimal länger
als der Kelch, die beiden oberen meist violett, die übrigen blaßgelb. Sporn länger als
die Kelchanhängsel. Blüht von Mai bis September. Von der Ebene bis ins Gebirgsvorland auf Feldern und Wiesen.

Familie **Gänsefußgewächse –**
Chenopodiaceae

5 Dorf-Gänsefuß, Guter Heinrich
Chenopodium bonus-henricus
Bis 1 m hohe, ausdauernde Pflanze. Stengel
unverzweigt, Blätter gestielt, dreieckig,
ganzrandig, grasgrün. Blütenknäuel klein,
in einer dichten, endständigen Scheinähre,
manchmal etwas nickend. Blüten mit kleinen, fünfzähligen Blütenhüllen, die die
Schließfrüchte während der Fruchtreife ein-
hüllen. Blüht von Mai bis August. Von der
Ebene bis ins Gebirgsvorland häufig in der
Umgebung menschlicher Siedlungen.

6 Glänzende Melde *Atriplex nitens*
Einjährige, bis 150 cm hohe Pflanze. Stengel
verzweigt, Blätter gelappt dreieckig, oberseits glänzend, dunkelgrün, unterseits sil-
briggrau mit einem mehligen Belag. Blütenstand besonders während der Fruchtreife
nickend. Blätter der Fruchthülle eiförmig-
rautenförmig, länger als die Fruchtstiele,
ganzrandig. Blüten klein, grünlich. Blüht von
Juli bis September. In niederen Lagen ziemlich häufig auf Schuttplätzen und an Wegen.

1 Kleiner Ampfer *Rumex acetosella*
Ausdauernde, oft rötlich angelaufene Pflanze. Stengel etwa 25 cm hoch, niederliegend bis aufrecht, Blätter schmal-spießförmig, langgestielt, obere Blätter pfeilförmig lineal. Blütenstand locker. Blüten mit kleiner, grünlicher Blütenhülle. Während der Fruchtreife drei vergrößerte und ausdauernde, eiförmige bis elliptische, ganzrandige, innere Blütenhüllblättchen mit hervortretender Nervatur. Blüht von Mai bis August. Von der Ebene bis ins Gebirgsvorland häufig auf Sandböden, Weiden und in Kleefeldern.

2 Großer Ampfer, Sauerampfer
Rumex acetosa
Ausdauernde, über 50 cm hohe Pflanze. Untere Stengelblätter länglich-eiförmig, pfeilförmig, mit zugespitzten, nach unten gerichteten Lappen. Nebenblätter zu gezackten bis fransigen, stengelumfassenden Tüten

verwachsen. Blütenstand gedrängt. Blüten mit grünlicher Blütenhülle. Innere Blütenhüllblättchen rundlich-eiförmig, am Grund mit einer kleinen, rundlichen Schwiele. Äußere Blütenhüllblätter während der Fruchtreife zurückgebogen. Blüht von Mai bis Juli. Vom Flachland bis ins Gebirge häufig, stellenweise allgemein auf nassen Wiesen und grasigen Plätzen. Verwandt: Krauser Ampfer *R. crispus*. Innere Blütenhüllblätter dreieckig-eiförmig; untere Blätter charakteristisch gekraust.

3 Schlangen- oder Wiesenknöterich,
Natterwurz, Schlangenwurz
Polygonum bistorta
Ausdauernde Pflanze mit dickem Wurzelstock und bis 1 m hohen, einfachen Stengeln. Blätter länglich-eiförmig, zugespitzt, am Rande kleingekerbt bis ganzrandig; Stengelblätter herzförmig, sitzend, grundständige Blätter flügelig gestielt. Einzelne, dichte Scheinähren. Blüten hellrosa, selten weißlich. Blüht von Mai bis Juli. Vom Flachland bis hoch in die Berge ziemlich häufig auf nassen Wiesen, Flachmooren und Bergwiesen. Verwandt: Flohknöterich *P. persicaria*. Blätter oft mit einem markanten, dunkelrotbraunen, halbmondförmigen Fleck.

4 Vogelknöterich *Polygonum aviculare*
Meist einjährige, niederliegende Pflanze mit verzweigten, bis 50 cm langen, teppichartig ausgebreiteten Stengeln. Blätter länglich bis lanzettlich-lineal, mit häutigen, meist zu ausgefransten, stengelumfassenden Tuten verwachsenen Nebenblättern. Blüten gewöhnlich einzeln oder zu zweit bis fünft in den Blattachseln. Blütenhülle weißlich oder rosa, klein bis unauffällig, während der Fruchtreife scharlachrot, gut sichtbar. Blüht von Mai bis Oktober. Von der Ebene bis ins Hügelland häufig, stellenweise allgemein. Auf Sandböden, Feldern und ausgetretenen Wegen.

5 Windender Buchweizen *Fagopyrum convolvulus* (*Polygonum convolvulus*)
Einjährige, kriechende oder windende Pflanze. Stengel kantig, bis über 1 m lang. Blätter länglich-eiförmig bis dreieckig, pfeilförmig, lang zugespitzt. Blüten in zahlreichen lockeren, traubenförmigen Blütenständen. Blütenhüllblätter klein, dicht drüsig. Blüht von Juli bis Oktober. In niederen Lagen häufig als Unkraut auf Feldern, Brachland und Schuttplätzen. Verwandt:

Hecken-Buchweizen *F. dumetorum*. Stengel stielrund; Blütenstand vielblütig.

Familie **Hanfgewächse** – *Cannabaceae*

6 Gemeiner Hopfen *Humulus lupulus*
Ausdauernde, zweihäusige Pflanze. Rechtswindende Liane. Stengel 2–6 m lang, rauh behaart. Nebenblätter beinahe verwachsen. Blätter gegenständig, langgestielt, untere Blätter rundlich-eiförmig, handförmig, drei- bis fünflappig, herzförmig; obere Blätter flacher, geteilt bis ungeteilt; alle Blätter grobgezähnt, rauh, gelbdrüsig. Männliche Blüten in blattachselständigen Rispen. Weibliche Blüten in eiförmigen zapfenartigen Scheinähren. Reife Scheinähren herabhängend, blaßgrün, mit von goldgelben Drüsen bedeckten Schließfrüchten und Schuppen. Blüht von Juli bis August, wilde Pflanzen bis September. In niederen Lagen ziemlich häufig im Ufergebüsch. Weibliche Pflanzen werden seit dem 8. Jahrhundert in Hopfengärten angebaut.

6

Familie **Nesselgewächse** – *Urticaceae*

1 Kleine Brennessel *Urtica urens*
Einjährige, einhäusige, 10–40 cm hohe Pflanze. Stengel aufrecht. Blätter eiförmig bis elliptisch, eingeschnitten gesägt. Blütenstände aufrecht, so lang wie oder kürzer als die Blattstiele. Blüten mit hellgrüner Blütenhülle. Schließfrüchte eiförmig. Ganze Pflanze von Brennhaaren bedeckt, die beim Berühren stark brennen. Blüht von Juni bis September. In niederen Lagen häufig als Unkraut in Gärten, auf Schuttplätzen und auf Wegrändern.

2 Große Brennessel *Urtica dioica*
Stattliche, ausdauernde, zweihäusige, 50–150 cm hohe Pflanze. Stengel aufrecht, selten locker verzweigt. Kriechender Wurzelstock. Blätter gestielt, länglich-eiförmig, herzförmig, zugespitzt, grob gesägt. Männliche Blütenstände aufrecht, länger als die Blattstiele; weibliche Blütenstände rispenförmig, nickend, noch länger. Blütenhülle

grünlich. Schließfrüchte eiförmig. Die ganze Pflanze von Brennhaaren bedeckt. Blüht von Juni bis Oktober. Vom Flachland bis in die Berge häufig auf Schuttplätzen, im Gebüsch, in feuchten Wäldern, Gräben, entlang von Wegen und Zäunen.

Familie **Sonnentaugewächse** – *Droseraceae*

3 Rundblättriger Sonnentau
Drosera rotundifolia
Ausdauernde Pflanze. Aus einer Grundrosette rundlicher, fleischiger, langgestielter, rötlich drüsig-behaarter Blätter wachsen ein bis mehrere 10–20 cm hohe, kahle, rötliche Schäfte mit Wickeln kleiner, weißer, fünfzähliger Blüten heraus. Frucht eine Kapsel. Blüht im Juli und August. Vom Flachland bis ins Gebirge auf morastigen Wiesen und Torfmooren. Wächst an stickstoffarmen Standorten und gewinnt die fehlenden Verbindungen aus organischen Stoffen: insektenfressende Pflanze. Die reizbaren drüsi-

1

2

3

4

5

6

gen Auswüchse auf den Blättern (Tentakel) sondern eine klebrige Flüssigkeit ab, die zum Festhalten von Insekten dient. Verdauungsdrüsen sondern Stoffe ab, die zum Auflösen der Weichteile eines kleinen Insektes nötig sind. Pflanze streng geschützt!

Familie **Dickblattgewächse** – *Crassulaceae*

4 Große Fetthenne *Sedum telephium*
Ausdauernde Pflanze mit dicker Wurzel und aufrechten, bis über 50 cm hohen, fleischigen, graugrünen Stengeln. Blätter flach, beinahe rund bis elliptisch-länglich, gezähnt, mit breitem Grund sitzend, wechselständig, gegenständig oder zu dritt quirlständig, fleischig, gewöhnlich graugrün. Blütenstände reich, trugdoldenförmig. Blüten fünfzählig, Kronen hell gelbgrün, seltener rosa bis purpurrot. Blüht von Juni bis September. Vom Flachland bis ins Gebirge ziemlich häufig auf Felsen, Rainen, steinigen Hängen, Mauern und am Rand trockener Wälder.

5 Scharfe Fetthenne, Mauerpfeffer
Sedum acre
Ausdauernde, buschige, 5–15 cm hohe Pflanze. Wurzelstock dünn, reich verzweigt. Stengel aufsteigend, nicht blühende Stengel dicht dachziegelig, blühende spärlicher beblättert. Blätter eiförmig, abgerundet glatt, stumpf, sitzend, von beißendem Geschmack. Blütenstände armblütige Wickel. Blüten kurzgestielt, Kronen gelb. Blüht von Juni bis Juli. Von der Ebene bis ins Gebirgsvorland ziemlich häufig an sonnigen Hängen und Felsen, auf sandigen Stellen, Rainen und Mauern. In Gärten oft angepflanzt: Zweifelhafte Fetthenne *S. spurium,* blüht rot, selten mit gelben oder weißen Kronen. Heimat Kaukasus.

6 Sprossende Hauswurz
Sempervivum soboliferum
Ausdauernde Pflanze mit charakteristisch in Grundrosetten angeordneten Blättern. Blätter breit-lanzettlich, an der Spitze rötlichbraun, kahl, nur am Rande kurz gewimpert. Stengel drüsig-flaumig, bis 20 cm hoch, dicht beblättert. Kelch dicht drüsig-flaumig, Kelchzipfel an der Spitze rot. Kronen sechszählig, blaßgelb. Blüht im Juli und August. Vom Flachland bis ins Gebirge an Felsen, steinigen Abhängen und Mauern. Geschützt! Als Zierpflanze angebaut: Echte oder Dach-Hauswurz *S. tectorum.* Blüht rosa.

Familie **Steinbrechgewächse –**
Saxifragaceae

1 Knöllchen-Steinbrech, Körner-
Steinbrech *Saxifraga granulata*
Ausdauernde, schütter-buschige, bis 40 cm
hohe Pflanze. Magere Grundrosette. Stengel gewöhnlich verzweigt. Grundständige
Blätter langgestielt, rundlich-nierenförmig,
tief gekerbt, drüsig-flaumig, in den Achsen
Brutknöllchen. Stengelblätter locker, beinahe sitzend, verkehrt-eiförmig, an der Spitze
tief gelappt, ohne Knöllchen. Blütenstand
blütenarm. Hochblätter lineal. Blüten kurz-
drüsig; Kronblätter weiß, wenigstens dreimal länger als der Kelch. Frucht eine breit-
eiförmige Kapsel. Blüht im Mai und Juni. In
niederen Lagen häufig an trockenen Stellen,
auf Wiesen, Hängen, Rasenflächen, Rainen
und an Waldrändern. Geschützt!

2 Traubensteinbrech *Saxifraga
paniculata* (*S. aizoon*)
Ausdauernde, fleischige Pflanze. Feste,
graugrüne Blätter in zahlreichen Grundrosetten. Stengel bis 30 cm hoch, spärlich
beblättert. Grundblätter verkehrt-eiförmig,
keil- bis zungenförmig, gesägt, knorpelig,
am Rande mit deutlichen Grübchen, an deren Grund Wasserspalten Kalk absondern.
Stengelblättchen klein, zungenförmig, fein
gesägt. Blütenstände wenigblütig; Kronen
weiß, oft rotgetupft. Frucht eine kugelförmige Kapsel. Blüht im Juni und Juli. Zerstreut
auf Felsen, Geröll und steinigen Hängen. In
den Alpen eine Reihe verwandter Arten, von
denen einige als Zierpflanzen gezogen werden. Die polster- und rosettenbildenden
Steinbrecharten sind geschützt.

3 Sumpfherzblatt, Studentenröschen
Parnassia palustris
Ausdauernde Pflanze mit blattarmer Grundrosette. Stengel 10–20 cm hoch, grundständige Blätter langgestielt, ei- bis herzförmig,
kahl. Stengel einblütig mit einem einzigen,
herzförmig umfassenden Blatt. Blüten fünfzählig, groß, weiß, mit fünf Staubblättern, die

1

2

3

6

4

5

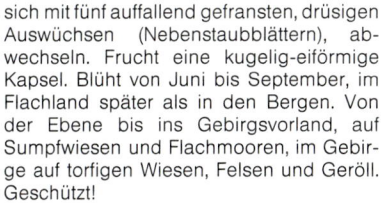

sich mit fünf auffallend gefransten, drüsigen Auswüchsen (Nebenstaubblättern), abwechseln. Frucht eine kugelig-eiförmige Kapsel. Blüht von Juni bis September, im Flachland später als in den Bergen. Von der Ebene bis ins Gebirgsvorland, auf Sumpfwiesen und Flachmooren, im Gebirge auf torfigen Wiesen, Felsen und Geröll. Geschützt!

Familie **Rosengewächse** – *Rosaceae*

4 Waldgeißbart *Aruncus sylvester*
Ausdauernde, bis 2 m hohe Pflanze. Stengel aufrecht, spärlich verzweigt, kahl. Blätter langgestielt, zwei- bis dreifach dreizählig gefiedert; Blättchen breit- bis länglich-eiförmig, kurzgestielt bis fast sitzend, zugespitzt, ungleichmäßig gesägt. Blütenstand reich, dicht, rispenförmig, aus langen, später hängenden Trauben kleiner Blüten zusammengesetzt. Blüten eingeschlechtig, zweihäusig. Männliche Blüten gelblich-weiß, weibliche Blüten weißlich. Braune Balgfrüchte. Blüht im Juli. Vom Hügelland bis ins Gebirge in feuchten Bergwäldern und im Ufergebüsch. Geschützt!

5 Echtes Mädesüß *Filipendula ulmaria*
Ausdauernde, bis 150 cm hohe Pflanze.

Wurzelstock kriechend. Stengel aufrecht, fest, spärlich verzweigt, kahl. Blätter unterbrochen unpaarig gefiedert, mit Nebenblättern; Blättchen eiförmig, doppelt gezähnt, endständige Blättchen größer, handförmig drei- bis fünflappig. Blüten klein, fünfzählig, gelb-weiß, duftend, in reichen Blütenständen. Blüht im Juni und Juli. Häufig an Gewässern, im Ufergebüsch, auf nassen Wiesen und in Verlandungszonen. Verwandt: Kleines Mädesüß *F. vulgaris* mit kleinen, länglichen Blättchen und sechszähligen Blüten.

6 Sumpfblutauge *Comarum palustre*
Ausdauernde, stattliche, bis zu 1 m hohe Staude mit holzigem Wurzelstock. Blätter unpaarig gefiedert, mit 2–3 Fiederpaaren; Blättchen länglich-lanzettlich, gezähnt, oben kahl, dunkelgrün, unterseits auf der Nervatur behaart, graugrün, am Rand bewimpert. Blütenstände locker, Hochblätter dreizählig bis einfach. Blüten fünfzählig, Kelche außen grün, innen dunkel purpurrot, die kleineren äußeren Kelchblätter grün. Kronen purpurrot, Staubblätter dunkelrot. Schließfrüchte eiförmig. Blüht im Juni und Juli. Von der Ebene bis ins Gebirgsvorland in Sümpfen, an Teichen und in Mooren.

Familie **Rosengewächse** – *Rosaceae*

1 Gänsefingerkraut *Potentilla anserina*
Ausdauernde Pflanze mit dickem Wurzelstock. Stengel niederliegend, oft wurzelnd,
bis über 50 cm lang. Blätter unterbrochen
unpaarig vielzählig gefiedert; Blättchen
länglich bis verkehrt-eiförmig, gesägt, unterseits weiß-filzig. Blüten groß, goldgelb,
fünfzählig, an langen Stielen; äußere Kelchblätter dreizipfelig. Blüht von Mai bis August.
Von der Ebene bis ins Gebirgsvorland häufig auf Dorfplätzen, Weiden, an Wegrändern
und Gewässerufern. Verwandt: Kriechen-
des Fingerkraut *P. reptans* mit handförmig-
fünfzähligen, gewöhnlich kahlen Blättern
und ganzrandigen äußeren Kelchblättern.

2 Goldfingerkraut *Potentilla aurea*
Ausdauernde Pflanze mit dickem Wurzelstock. Stengel aufsteigend, über 25 cm lang,
wächst seitlich aus grundständiger Blattrosette heraus. Blätter handförmig fünfzählig;
Blättchen keil- bis verkehrt-eiförmig, an der
Spitze scharf gezähnt, am Rand und unterseits auf der Aderung silbern-seidig behaart. Oberseits glatt, glänzend. Blütenstiele
lang, anliegend behaart. Blütenblätter goldgelb, am Ansatz orangefarben, verkehrt-
herzförmig, ausgerandet. Blüht von Juni bis
September. Wächst ziemlich häufig auf
Bergwiesen und Matten.

3 Frühlingsfingerkraut *Potentilla verna*
(*P. tabernaemontani*)
Ausdauernde Pflanze mit mehrtriebigem Wurzelstock und nicht blühenden, oft verlängerten und wurzelnden Ausläufern. Zahlreiche Stengel, niederliegend, am Ende aufsteigend, beinahe 25 cm lang, gewöhnlich abstehend behaart. Blätter langgestielt, handförmig fünfzählig; Blättchen keilförmig bis länglich-verkehrt-eiförmig, seidig glänzend, am Rand und auf dem Adernetz behaart, von der halben Länge an gezähnt. Blüten gestielt, Kronblätter gelb, ausgerandet. Blüht von März bis Juni. Häufig auf sonnigen Hängen, Grasabhängen und Sandböden. Verwandt: Silberfingerkraut *P. argentea*. Blätter mit umgerolltem Rand, unterseits weiß-filzig, so lang wie die Stengel.

4 Aufrechtes Fingerkraut, Ruhrwurz,
Blutwurz *Potentilla erecta*
Ausdauernde Pflanze mit knotigem, an der Schnittfläche rotem Wurzelstock. Stengel aufrecht oder aufsteigend, bis 30 cm hoch, dicht beblättert. Grundblätter gestielt; Stengelblätter fast sitzend, gewöhnlich handförmig dreizählig; Blättchen keilförmig bis verkehrt-eiförmig, gezähnt; Nebenblätter geteilt, groß, auffallend. Blüten langgestielt, klein, vierzählig, Kronblätter gelb, flach ausgerandet. Blüht von Juni bis August. Vom Flachland bis ins Gebirge häufig auf Wiesen, in Wäldern und auf Heideland.

5 Weißes Fingerkraut *Potentilla alba*
Ausdauernde Pflanze mit mehrtriebigem Wurzelstock ohne Ausläufer. Zahlreiche blütentragende Stengel, bis 10 cm hoch, aus den Achseln der grundständigen Blätter herauswachsend. Blätter handförmig fünfzählig; Blättchen lanzettlich, ganzrandig, nur an der Spitze fein gezähnt, oben dunkelgrün, unterseits silbrig, anliegend seidig behaart. Blüten mit weißen Kronen; innere Kelchblätter beinahe so lang wie die äußeren. Behaarte Schließfrüchte. Blüht von Mai bis Juli. In niederen Lagen in trockenen Hainen, besonders in Eichenwäldern, auf trockenen Wiesen und Grashängen.

6 Walderdbeere *Fragaria vesca*
Ausdauernde Pflanze mit verzweigtem Wurzelstock, Grundrosetten mit kriechenden, wurzelnden Ausläufern. Die bis zu 20 cm hohen Stengel wachsen aus den Blattachseln heraus. Blätter dreizählig; Blättchen eiförmig, gezähnt, sitzend. Blütenstiele angedrückt behaart, Blüten weiß. Reife Früchte halbkugelförmig bis stumpf-kegelförmig, rot, leicht abfallend. Blüht im Mai und Juni. Vom Flachland bis ins Gebirge häufig auf Lichtungen, in lichten Wäldern und auf buschbewachsenen Hängen. Verwandt: Zimterdbeere *F. moschata*. Blütenstiele mit waagerecht abstehenden Härchen; seitliche Teilblätter sehr kurz gestielt; Erdbeeren grünlich-weiß, an der Sonnenseite rot.

5

6

Familie **Rosengewächse** – *Rosaceae*

1 Achtblättrige Silberwurz
Dryas octopetala
Niedrige, nur einige Zentimeter hohe Polster, die von einem stark verzweigten, niederliegenden, verholzten Stämmchen gebildet werden. Blätter gestielt, länglich-elliptisch, gekerbt, lederig, unterseits weißfilzig, oberseits glänzend und kahl, dunkelgrün. Blüten groß, einzeln, auf bis 10 cm langen, aufrechten Stielen; Kronen gewöhnlich achtzählig, Kronblätter verkehrt-eiförmig, weiß. Schließfrüchte mit langem, behaartem Anhängsel. Blüht von Juni bis August. Überwiegend auf kalkhaltigem Untergrund, auf Felsen, Geröll und Grashängen der Alpen und Karpaten.

2 Echte Nelkenwurz, Benediktenkraut
Geum urbanum
Ausdauernde, bis über 50 cm hohe Pflanze mit dickem Wurzelstock und grundständiger Blattrosette. Rosettenblätter gestielt, unterbrochen unpaarig gefiedert; Blättchen rundlich-eiförmig, unregelmäßig doppeltgezähnt, Endblättchen gewöhnlich dreilappig. Untere Stengelblätter dreizählig, die oberen dreilappig. Blüten aufrecht, Kelch nach dem Abblühen zurückgeschlagen, Kronen gelb, abfallend. Früchtchen borstig behaart mit einem verlängerten, in der Mitte hakenartig gedrehten Griffel. Blüht von Mai bis August. Von der Ebene bis ins Gebirgsvorland häufig auf Wiesen, in lichten Wäldern und Buschwerk, an Wegen und auf Schuttplätzen.

3 Bachnelkenwurz *Geum rivale*
Audauernde, bis 1 m hohe Pflanze mit dickem Wurzelstock. Stengel aufrecht, behaart, rund, rötlich angelaufen. Grundständige Blätter in einer Rosette, langgestielt, unterbrochen leierförmig gefiedert; Endblättchen groß, rundlich-eiförmig, dreilappig, gezähnt; Seitenblättchen eiförmig, gezähnt. Stengelblätter dreizählig. Blüten nickend, außen braunrot, innen gelb; Frucht nach dem Abblühen aufgerichtet. Schließfrüchte mit zweigeteiltem Griffel. Blüht im Mai und Juni. Vom Hügelland bis hoch ins Gebirge ziemlich häufig auf nassen Wiesen und an Gewässerufern.

4 Kleiner Odermennig
Agrimonia eupatoria
Ausdauernde, bis 1 m hohe, abstehend behaarte Pflanze mit dickem Wurzelstock.

Stengel spärlich verzweigt. Blätter unterbrochen unpaarig gefiedert; Blättchen länglich-lanzettlich, gezähnt. Stengelblätter werden nach oben zu schnell kleiner, die oberen sind kürzer als die Stengelglieder. Blüten kurzgestielt in einfacher, aufrechter Traube; Kronen klein, gelb, abfallend. Kelch zottig, tief und zahlreich gefurcht, außen mit einem Kränzchen von Kelchborsten, die bei der Fruchtreife zäh, abstehend und hakenförmig sind. Blüht von Juni bis August. Von der Ebene bis ins Gebirgsvorland ziemlich häufig auf Rainen, an Wegen, buschbestandenen Hängen und auf Weiden.

5 Großer Wiesenknopf
Sanguisorba officinalis
Ausdauernde, bis über 1 m hohe Pflanze mit dickem Wurzelstock. Stengel aufrecht, oben verzweigt. Grundblätter in einer Rosette, unpaarig gefiedert; Blättchen sehr kurz gestielt, länglich-eiförmig, gezähnt, oben glänzend dunkelgrün, unten blaugrün, kahl. Blütenköpfchen ei-länglich, dunkel purpurrot; Blüten klein, kronenlos. Blüht von Juli bis September. Von der Ebene bis ins Gebirgsvorland häufig auf nassem Wiesen. Verwandt: Kleiner Wiesenknopf oder Bibernell *S. minor* mit kugelförmigem, rötlich-grünem Köpfchen und breit-eiförmigen, unterseits grünen Blättchen.

6 Gemeiner Frauenmantel, Wiesen-Frauenmantel *Alchemilla vulgaris*
Ausdauernde, 10 bis 30 cm hohe, hellgrüne Pflanze mit langem Wurzelstock. Grundständige Blätter in einer Rosette. Stengel aufsteigend bis aufrecht, abstehend behaart. Grundblätter gestielt, rundlich, gelappt, die Lappen gezähnt. Blüten klein, kronenlos, gelbgrün auf gewöhnlich kahlen Stielen; Kelchblätter entweder kahl oder gewimpert. Blüht von Mai bis September. Vom Flachland bis ins Gebirge häufig auf Wiesen und Weiden, an Bächen, Wegen und Waldrändern.

5

4

6

Familie **Schmetterlingsblütengewächse** –
Fabaceae (Papilionaceae)

1 Vielblättrige Lupine
Lupinus polyphyllus
Ausdauernde, bis 150 cm hohe Staude.
Stengel beblättert, aufrecht, unverzweigt.
Blätter gestielt, handförmig, dreizehn- bis
fünfzehnteilig; Blättchen lanzettlich, oben
kahl, unterseits leicht behaart. Blüten groß,
in dichten, aufrechten Trauben; Kronen
blau, selten weiß. Früchte sind groß, behaarte, vielsamige Hülsen. Blüht von Juli bis August. Heimat: Nordamerika; auf Lichtungen
als Futter für das Wild sowie zur Düngung
angebaut; in Gärten als Zierpflanze. Verwildert oft. Südeuropäische Arten zuweilen als
Futterpflanzen angebaut; sie blühen weiß
oder gelb.

2 Echter Steinklee *Melilotus officinalis*
Zweijährige Pflanze mit aufrechtem, bis 1 m
hohem, kantigem, gewöhnlich kahlem Stengel. Blätter gestielt, dreizählig; Blättchen
länglich verkehrt-eiförmig bis elliptisch-lanzettlich, kahl, gezähnt, mittleres Blättchen
deutlich gestielt. Nebenblätter lanzettlich,
ganzrandig. Blüten in achselständigen, gestielten, reichen Trauben; Einzelblüten klein,
nickend, gelb, verblassen nach dem Abblühen. Frucht eine eiförmige, kahle, schwärzliche Hülse. Blüht von Juni bis September.
Von der Ebene bis ins Hügelland häufig entlang von Wegen, auf Feldern, Brachland
und Böschungen. Verwandt: Weißer Steinklee *M. albus*, nach der Blütenfarbe leicht
vom Echten Steinklee zu unterscheiden.

3 Blaue Luzerne *Medicago sativa*
Ausdauernde, bis 80 cm hohe Pflanze. Stengel aufrecht, kahl. Blätter dreizählig; Blättchen verkehrt-eiförmig, kahl, mittleres Blättchen deutlich gestielt. Blüten in dichten,
kurzen Trauben, violett oder blau, selten
weißlich, Fahne mit dunklerer Zeichnung.
Frucht eine schraubig gedrehte Hülse mit
zwei bis drei Windungen. Blüht von Juni bis
September. Heimat: Ursprünglich Vorder-
und Mittelasien; als Futterpflanze angebaut
und manchmal verwildert. Verwandt: Si-
chel-Luzerne *M. falcata*; Heimat Mitteleuropa, blüht gelb, Hülsen sichelförmig
gebogen. Beide Arten kreuzen sich oft.

4 Weißklee, Lämmerklee,
Kriechender Klee *Trifolium repens*
Ausdauernde Pflanze. Stengel niederlie-
gend-kriechend, wurzelnd, bis 30 cm lang,
oft etwas violett, am Ende aufsteigend. Blätter langgestielt, dreizählig; Blättchen sitzend, verkehrt-eiförmig bis breit-elliptisch,
vorn flach ausgerandet oder stumpf, fein
gezähnt, in der Mitte mit einem helleren
Fleck. Blütenköpfchen kugelförmig; Blüten
weiß, grünlich bis leicht rosa, nach dem
Abblühen hellbraun. Blüht von Mai bis September. Auf Wiesen und Grasflächen und in
Gräben; stellenweise zur Bienenweide angepflanzt.

5 Rot- oder Wiesenklee
Trifolium pratense
Ausdauernde, beinahe 50 cm hohe Pflanze.
Stengel aufrecht, einfach. Grundblätter dreizählig, langgestielt; Blättchen sitzend, eiförmig oder elliptisch, ganzrandig, auf der
Vorderseite meist mit einem weißlichen
oder rotbraunen Fleck. Stengelblätter ebenfalls sitzend. Blütenköpfchen rund bis eiför-

1

mig, Blüten hell karmin- und fleischrot, selten weißlich. Blüht von Juni bis September. Vom Flachland bis ins Gebirge häufig auf Wiesen und Waldlichtungen; allgemein als Futterpflanze angebaut. Verwandt: Inkarnatklee *T. incarnatum*. Gezüchtet; mit auffallenden, länglich-walzigen Köpfchen. Kleiner Hasenklee *T. arvense*. Mit kleinen, zottigbehaarten Köpfchen und graurosa Blüten; einjährig auf Sandböden.

6 Gemeiner Wundklee, Tannenklee
Anthyllis vulneraria
Ausdauernde Pflanze. Stengel behaart, bis 30 cm hoch, aufsteigend bis aufrecht. Grundständige Blätter unpaarig gefiedert; Blättchen länglich-eiförmig bis lanzettlich, das endständige Blättchen viel größer als die Seitenblättchen. Köpfchen kugelrund. Blüten blaßgelb bis rötlich. Blüht von Mai bis August. Auf sonnigen Hängen; früher stellenweise als Viehfutter angebaut.

4

6

2

3

5

Familie **Schmetterlingsblütengewächse**
– *Fabaceae (Papilionaceae)*

1 Gemeiner Hornklee, Wiesenhornklee
Lotus corniculatus
Ausdauernde Pflanze mit vieltriebigem Wurzelstock. Stengel niederliegend oder aufsteigend, bis 30 cm lang, deutlich kantig, voll. Blätter unpaarig gefiedert, fünfzählig; Blättchen kahl, ganzrandig, verkehrt-lanzettlich, unterseits graugrün. Blüten groß, kurzgestielt, Blütenstand wenigblütig. Kronen sattgelb, außen gewöhnlich rötlich. Blüht von Mai bis September. Vom Flachland bis ins Gebirge. Häufig auf Wiesen, Weiden und Triften. Verwandt: Sumpf-Hornklee *L. uliginosus* mit hohem Stengel.

2 Bunte Kronwicke *Coronilla varia*
Ausdauernde, stattliche Pflanze. Zahlreiche Stengel, niederliegend oder aufsteigend, oft kletternd, verzweigt, bis 1 m lang. Blätter unpaarig gefiedert, vielfiederig. Blättchen sehr kurz gestielt, länglich-elliptisch, weich stachelspitzig. Blütenstand langgestielt, aufrecht. Kronen rosaweiß, Fahne dunkelrosa oder violett, Schiffchen an der Spitze dunkelviolett. Frucht eine flach eingeschnürte, gebogene Hülse. Blüht von Juli bis August. Von der Ebene bis ins Gebirgsvorland auf Rainen, an buschbestandenen Hängen und auf Wiesen. Giftig!

3 Saat- oder **Futteresparsette**
Onobrychis viciifolia
Ausdauernde, stattliche, zerstreut behaarte, bis über 50 cm hohe Pflanze. Stengel fest, aufsteigend. Blätter unpaarig gefiedert; Blättchen schmal-elliptisch bis lineal. Blütentraube eiförmig bis walzig; Kronen hell karminrot, die Fahne scharlachrot gestreift. Frucht eine flache, runde Hülse mit sehr kurzen Stacheln. Blüht von Mai bis Juli. Seit dem 16. Jahrhundert häufig angebaute Futterpflanze; verwildert oft und ist stellenweise in niederen Lagen an Feldrainen und trockenen Hängen eingebürgert. Verwandt: Berg-Esparsette *O. montana;* wächst in den Alpen; Stengel zahlreich, niederliegend; Blüten dunkelrot; Hülsen langstachelig.

1

2

3

4 Zaunwicke *Vicia sepium*
Ausdauernde Pflanze mit verzweigtem Wurzelstock. Stengel aufrecht oder rankend, bis über 50 cm hoch. Blätter gefiedert, mit wenigen Fiederpaaren, vorn mit geteilter Ranke; Blättchen eiförmig, vorn flach ausgerandet und kurz stachelspitzig, gewimpert. Blüten zu drei bis sechs in den Blattachseln; Kronen schmutzigviolett, Kelchzähne ungleich, kürzer als die Kelchröhre. Blüht von Mai bis August. Vom Flachland bis ins Gebirge häufig auf Wiesen, im Gebüsch und auf Waldlichtungen. Verwandt: Saat- oder Futterwicke *V. sativa*. Blüten mit bläulicher Fahne und scharlachroten Flügeln; als Futterpflanze angebaut; oft verwildert.

5 Vogelwicke *Vicia cracca*
Ausdauernde Pflanze mit starkem, kriechendem Wurzelstock. Stengel kantig, weich behaart, bis über 1 m hoch. Blätter gefiedert, mit vielen Fiederpaaren und geteilter Ranke; Blättchen eiförmig, lanzettlich bis lineal, unterseits gewöhnlich behaart. Blütenstände traubenförmig, mehrblütig, einseitswendig, gestielt, fast so lang wie die Blätter. Kronen blauviolett, selten weißlich. Frucht eine kurzgestielte Hülse. Blüht von Juli bis August. Vom Flachland bis ins Gebirge ziemlich häufig auf Wiesen, im Gebüsch und auf Rainen. Verwandt: Zottel- oder Winterwicke *V. villosa*. Wollig behaart; Blätter mit wenigen Fiederpaaren, Blättchen lanzettlich; Blüten blauviolett in reichen Trauben.

6 Zottige Fahnenwicke, Spitzkiel
Oxytropis pilosa
Ausdauernde, 15–30 cm hohe, zottige Pflanze. Stengel aufrecht, aufsteigend, kräftig. Blätter unpaarig gefiedert, vielfiederpaarig; Blättchen schmal-lanzettlich. Blütenstand reich, traubenförmig; Blüten abstehend, hellgelb. Frucht eine lineale, abstehend weißbehaarte Hülse. Blüht im Juni und Juli. In niederen Lagen wärmerer Gebiete an sonnigen Hängen.

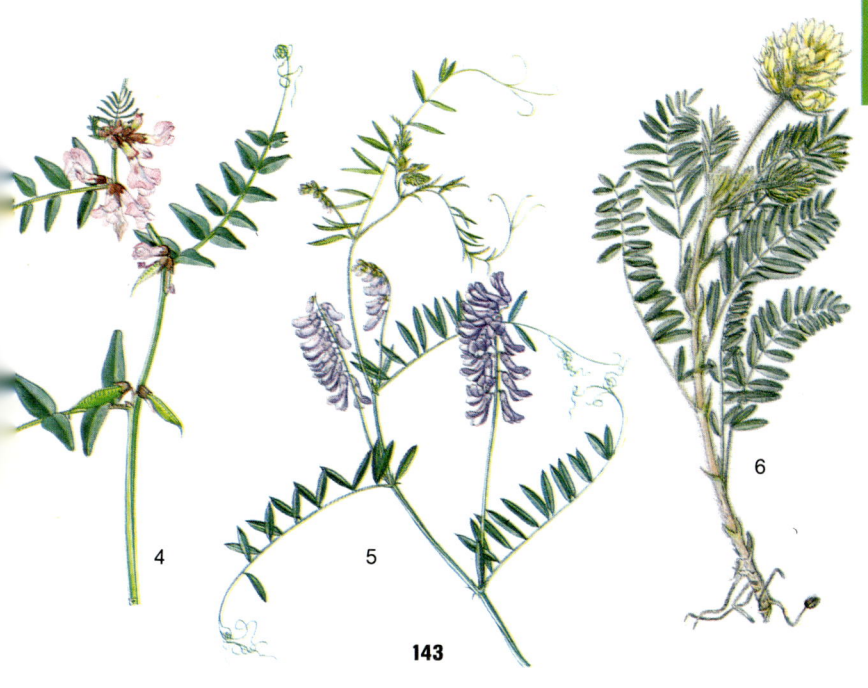

Familie **Schmetterlingsblütengewächse**
– *Fabaceae* (*Papilionaceae*)

1 Erdnuß- oder **Knollige Platterbse**
Lathyrus tuberosus
Ausdauernde Pflanze mit kriechendem
Wurzelstock und knollig-verdickten Wurzeln. Kahl, graugrün, Stengel niederliegend
oder rankend, bis 1 m lang, vierkantig. Blätter
mit einem Fiederpaar eiförmiger Blättchen
und geteilter Ranke. Blütenstand locker,
langgestielt; Blüten duftend, hell scharlachrot, Fahne dunkler, Schiffchen weißlich.
Blüht von Juni bis August. In niederen Lagen
wärmerer Gebiete als Unkraut auf Feldern,
an Wegrändern und an Böschungen, besonders auf Kalkboden. Verwandt: Bunte
oder Wohlriechende Platterbse *L. odoratus.*
Blüten groß, weiß, leuchtend rot oder bunt.
Heimat Südeuropa, bei uns als Zierpflanze
gezüchtet.

2 Waldplatterbse *Lathyrus sylvestris*
Ausdauernde, stattliche Pflanze mit langem,
kriechendem Wurzelstock. Zahlreiche Stengel, niederliegend, aufsteigend oder rankend, bis 2 m lang, geflügelt. Blätter mit
einem Fiederpaar und geteilter Ranke; Blättchen lineal-lanzettlich, Stiele der Blättchen
breit geflügelt. Blütenstand blattachselständig, langgestielt; Blüten fleischrot, groß.
Frucht eine große Hülse. Blüht im Juli und
August. Von der Ebene bis ins Gebirgsvor-

land in lichten Wäldern und an buschbestandenen Hängen. Verwandt: Wiesenplatterbse *L. pratensis*; blüht gelb.

3 Frühlings-Waldwicke,
Frühlings-Platterbse
Orobus vernus (*Lathyrus vernus*)
Ausdauernde Pflanze. Stengel gewöhnlich
einzeln, bis 40 cm hoch, aufrecht, kantig.
Blätter mit 2–4 Fiederpaaren, ohne Ranken;
Blättchen breit-eiförmig, lang zugespitzt.
Blütenstände gewöhnlich einzeln, wenig-
blütige Trauben. Blüten rotviolett, später
blaugrün, bläuliche Flügel. Blüht im April
und Mai. Von der Ebene bis ins Gebirgsvorland ziemlich häufig in schattigen Hainen.
Verwandt: Schwarzwerdende Waldwicke *O.
niger*. Blätter mit mehr (4–6) Fiederpaaren,
dunkelgrün, Blättchen schmaler, Blüten violett.

4 Süßholz-Tragant,
Bärenschote, Süßblättriger Tragant
Astragalus glycyphyllos
Stengel niederliegend, kahl, manchmal
kriechend bis über 1 m lang. Blätter unpaarig
gefiedert, mit 4–7 Fiederpaaren; Blättchen
breit, eiförmig bis elliptisch. Blütenstand
traubenförmig, blattachselständig, gestielt,
kürzer als die Blätter; Blüten gelbgrün.
Frucht eine kahle, lineale, sichelförmige gebogene Hülse. Blüht im Juni und Juli. Von
der Ebene bis ins Gebirgsvorland häufig in

lichten Wäldern und Gebüschen. Verwandt: Schweizer oder Südlicher Tragant *A. helveticus.* Blüten gelblich-weiß mit einem dunkelvioletten Schiffchen. Alpentragant *A. alpinus.* Blüten blaßblau, Schiffchen rotviolett.

Familie **Storchschnabelgewächse** – *Geraniaceae*

5 Blutroter Storchschnabel
Geranium sanguineum
Ausdauernde Pflanze mit kriechendem, dickem Wurzelstock. Stengel aufsteigend, abstehend behaart, bis 50 cm lang. Grundständige Blätter bald verdorrend. Stengelblätter gegenständig, gestielt, tief handförmig geteilt in fünf bis sieben weitergeteilte lineale Abschnitte. Blüten einzeln, achselständig, langgestielt, fünfzählig; Kronen blutrot. Blüht von Juni bis August. In niederen Lagen in lichtem Gebüsch und auf steinigen Hängen. Verwandt: Sumpfstorchschnabel *G. palustre.* Rotviolette, zu zweit stehende Blüten; Blätter handförmig fünf- bis siebenspaltig.

6 Stinkender Storchschnabel,
Ruprechtskraut *Geranium robertianum*
Ein- bis zweijährige Pflanze, rötlich überlaufen, behaart, unangenehm riechend. Stengel aufrecht oder niederliegend, bis 40 cm lang. Blätter handförmig zusammengesetzt, drei- bis fünfzählig; Blättchen gestielt, bis zweifach fiederteilig, Abschnitte gezähnt. Blüten rosa, zu zweit stehend; Blütendurchmesser unter 15 mm. Blüht von Mai bis Oktober. Vom Flachland bis ins Gebirge sehr häufig in Wäldern, auf Geröll und Mauern. Verwandt: Waldstorchschnabel *G. sylvaticum* mit purpurroten Blüten. Wiesenstorchschnabel *G. pratense* mit blauvioletten Blüten. Brauner Storchschnabel *G. phaeum* mit braunen oder braunvioletten Blüten. Alle Storchschnabel-Arten haben auffallend schnabelartig verlängerte Früchte, die in einsamige Teilfrüchte zerfallen.

6

4

3

5

Familie **Storchschnabelgewächse –**
Geraniaceae

1 Schierlings-Reiherschnabel
Erodium cicutarium
Ein- oder zweijährige Pflanze. Stengel aufrecht, behaart, bis über 25 cm lang. Grundständige Blätter rosettig, langgestielt; obere Blätter kürzer; alle Blätter unpaarig gefiedert; Abschnitte fiederspaltig, behaart. Blütenstände mehrblütig, Kronen rosaviolett. Fruchtschnäbel flaumig mit langer, spiralig gedrehter, hygroskopischer Granne. Blüht von April bis Oktober. Vom Flachland bis ins Gebirge häufig auf Feldern, Brachland, Böschungen und Schuttplätzen.

Familie **Sauerkleegewächse –**
Oxalidaceae

2 Waldsauerklee, Hainsauerklee
Oxalis acetosella
Ausdauernde, bis 10 cm hohe Pflanze. Stengel fehlen; Blätter und langgestielte Blüten wachsen direkt aus dem zähen, kriechenden Wurzelstock heraus. Blätter dreizählig; Blättchen sitzend, verkehrt-herzförmig, ganzrandig, unterseits gewöhnlich rötlich.

Blüten weiß, außen oft violett angehaucht. Frucht eine Kapsel. Blüht im April und Mai. Wächst häufig in schattigen und feuchten Wäldern oder Gebüschen. Verwandt: Europäischer Sauerklee *O. europaea* mit quirlständigen Blättern. Gehörnter Sauerklee *O. corniculata* mit wechselständigen, purpurrot gefärbten Blättern. Beide Arten blühen gelb.

Familie **Leingewächse –** *Linaceae*

3 Echter Lein, Saatlein, Flachs
Linum usitatissimum
Einjährige, bis über 50 cm hohe Pflanze. Stengel aufrecht, dicht beblättert. Blätter lineal-lanzettlich bis lineal, zugespitzt, dreiadrig, ganzrandig. Blüten in reichen, trugdoldenförmigen Blütenständen; Kronen fünfzählig, hellblau. Frucht eine kugeligeiförmige Kapsel. Blüht im Juni und Juli. Uralte, aus Vorderasien stammende Kulturpflanze; wird besonders im Gebirgsvorland angebaut. Verwandt: Purgier- oder Wiesenlein, Wiesenflachs *L. catharticum*. Blüten klein, weiß; Stengel gabelig verzweigt; Blätter gegenständig, zugespitzt, verkehrt-eiförmig.

1

2

3

Familie **Rautengewächse** – *Rutaceae*

4 Weißer Diptam,
Eschenblättriger Diptam, Brennender
Busch *Dictamnus albus*
Ausdauernde, charakteristisch duftende
Pflanze mit weißlichem, verzweigtem Wurzelstock. Stengel aufrecht, bis über 1 m
hoch, im Blütenstand rötlich-drüsig. Blätter
unpaarig gefiedert, mit 3–5 Fiederpaaren;
Blättchen eiförmig oder lanzettlich, fein
gesägt, durchscheinend punktiert, dunkelgrün, auf der Aderung drüsig. Blüten in reichen, endständigen Trauben; Krone rosa,
dunkel geadert, selten weißlich, außen drüsig. Frucht eine drüsig behaarte Kapsel.
Blüht von Mai bis Juni. Seltene Pflanze son-
niger Hänge und Waldsteppen in wärmeren
Gebieten. Streng geschützt!

Familie **Kreuzblümchengewächse** –
Polygalaceae

5 Gemeines Kreuzblümchen,
Wiesenkreuzblume *Polygala vulgaris*
Ausdauernde, buschige Pflanze. Stengel
aufsteigend, aufrecht oder kriechend, bis 25
cm lang, gewöhnlich einfach, kahl. Blätter
lineal-lanzettlich. Tragblätter kürzer als die
Blütenknospen. Blüten blau, selten rosa
oder weiß; zwei vergrößerte, flügelartige
Kelchblätter, die Flügel netzig geadert.
Frucht eine flache, verkehrt-herzförmige
Kapsel. Blüht von Mai bis August. Häufig auf
trockenen Wiesen, Grashängen und an
Waldrändern. Verwandt: Schopfiges Kreuzblümchen *P. comosa.* Tragblätter bilden vor
dem Aufblühen an der Spitze der Traube
einen auffallenden Schopf.

Familie **Wolfsmilchgewächse** –
Euphorbiaceae

6 Waldbingelkraut *Mercurialis perennis*
Ausdauernde Staude mit kriechendem
Wurzelstock. Stengel gewöhnlich aufrecht,
stielrund, unverzweigt, kahl. Blätter gestielt,
länglich-eiförmig bis elliptisch-lanzettlich,
kerbig gezähnt, in der Regel anliegend behaart. Blüten eingeschlechtig, klein, grünlich; weibliche Blüten langgestielt, einzeln
oder zu zweit; männliche Blüten in Knäueln,
die dichte, lockere Trauben bilden. Frucht
eine feinbeborstete Kapsel. Blüht im April
und Mai. Vom Flachland bis in die Berge in
schattigen Wäldern. Verwandt: Einjähriges
oder Schutt-Bingelkraut *M. annua.* Stengel
vierkantig, verzweigt; weibliche Blüten beinahe sitzend.

1

2

3

Familie **Wolfsmilchgewächse** – *Euphorbiaceae*

1 Zypressen-Wolfsmilch
Euphorbia cyparissias
Ausdauernde, bis 30 cm hohe Staude mit verzweigtem, holzigem Wurzelstock. Stengel buschig, aufrecht, unten blattlos und rot überlaufen, besonders an nichtblühenden Zweigen dicht beblättert. Blätter schmallineal. Hüllblätter gelblich, nach dem Abblühen rötlich. Scheindolde mit gabelig verzweigten Ästen. In den nackten Blüten auffällige, zweihornige, wachsgelbe kleine Drüsen. Frucht eine feinwarzige Kapsel. Blüht im April und Mai. Von der Ebene bis ins Gebirgsvorland häufig auf Weiden und Rainen, an Hängen und Wegen. Alle Wolfsmilch-Arten haben weißen Milchsaft.

Familie **Balsaminengewächse** – *Balsaminaceae*

2 Großes Springkraut, Rührmichnichtan
Impatiens noli-tangere
Einjährige, bis 1 m hohe Pflanze. Stengel aufrecht, am Grund meist knotenförmig verdickt. Blätter mit ungeflügelten Blattstielen, wechselständig, kahl, eiförmig-länglich, zu-gespitzt, gezähnt, am Grund mit vereinzelten Drüsen. Blüten in achselständigen, blütenarmen Trauben, goldgelb, am Schlund rot punktiert, nickend, groß, mit gekrümmtem Sporn. Frucht eine walzliche Kapsel. Blüht im Juli und August. Vom Flachland bis ins Gebirge in feuchten Wäldern, Gebüschen und an Gewässerufern. Verwandt: Kleinblütiges Springkraut *I. parviflora*. Blüten klein, aufrecht, Sporn gerade; Heimat Sibirien, nach Mitteleuropa eingeschleppt und eingebürgert.

Familie **Malvengewächse** – *Malvaceae*

3 Wilde Malve *Malva sylvestris*
Zweijährige bis mehrjährige Pflanze. Stengel aufsteigend oder aufrecht, bis 1 m lang. Blätter gestielt, handförmig gespalten; Lappen eiförmig, gekerbt. Blüten gestielt; Blütenstand locker, achselständig; Kelch mit Außenkelch; Kronen rosa, dunkler gestreift, Kronblätter tief ausgerandet; Staubblätter zu einer den Griffel umgebenden Röhre verwachsen. Frucht scheibenförmig, zerfällt bei der Reife in halbmondförmige Teile. Blüht

4

5

6

von Juni bis September. In den niederen Lagen wärmerer Gebiete an Wegen und Zäunen.

4 Wegmalve, Käsepappel *Malva neglecta* Einjährige bis ausdauernde Pflanze. Stengel niederliegend oder aufsteigend, verzweigt, beinahe 50 cm lang. Blätter langgestielt, handförmig gelappt; Lappen stumpf gekerbt, an der Unterseite behaart. Blüten achselständig, gestielt, zur Fruchtzeit geneigt; Kelchzipfel flach; Krone rosa bis weißlich, dunkel geadert, Kronblätter ausgerandet, etwa zweimal länger als der Kelch. Blüht von Juni bis Oktober. Vom Flachland bis ins Gebirge häufig auf Schuttplätzen, an Wegen und Mauern.

Familie **Hartheugewächse –** *Hypericaceae*

5 Tüpfelhartheu, Johanniskraut *Hypericum perforatum* Ausdauernde Pflanze. Stengel aufrecht, bis über 50 cm hoch, kahl, mit zwei länglichen, schmalen Leisten und zahlreichen, nicht-blühenden, reichbeblätterten Seitentrieben. Blätter eiförmig-elliptisch, kahl, auffällig durchscheinend punktiert. Blüten in reichen, endständigen Doldenrispen; Blütenstiele wie die Kelch- und goldgelben Kronblätter schwarz punktiert; Staubblätter in drei Büscheln. Frucht eine punktierte, drüsige Kapsel. Blüht im Juli und August. Vom Flachland bis ins Gebirge häufig auf Lichtungen, an buschbestandenen Hängen.

Familie **Weiderichgewächse –** *Lythraceae*

6 Blutweiderich *Lythrum salicaria* Stattliche, bis über 1 m hohe, ausdauernde Staude. Stengel aufrecht, behaart, scharf vierkantig. Blätter lanzettlich, am Grunde abgerundet oder herzförmig sitzend, beinahe kahl. Blütenstand endständig, reich. Blüten sechszählig; innere Kelchzähne halb so lang wie die äußeren; Kronen bläulichviolett, rötlich oder weißlich. Frucht eine Kapsel. Blüht von Juli bis September. Von der Ebene bis ins Gebirgsvorland an Gewässerufern und auf nassen Wiesen.

Familie **Nachtkerzengewächse** –
Onagraceae

1 Schmalblättriges Weidenröschen,
Staudenfeuerkraut
Chamaerion angustifolium
(*Chamaenerion angustifolium*)
Ausdauernde, bis über 1 m hohe Pflanze.
Stengel aufrecht, gewöhnlich kahl und unverzweigt. Blätter lanzettlich bis lineal-
lanzettlich, beinahe ganzrandig, lang zugespitzt, dünn, weich, unterseits geadert. Blüten groß, in reichen Trauben; Kelch außen
rot; Kronen purpurrot, selten weißlich. Frucht
eine lang-lineale, flaumige Kapsel. Samen
mit Haarschopf, flugfähig. Blüht im Juli und
August. Häufig auf Lichtungen, an Waldrändern und Böschungen und auf Schuttplätzen; oft gesellig.

2 Bergweidenröschen
Epilobium montanum
Ausdauernde, bis 80 cm hohe Pflanze. Stengel aufrecht oder kurz aufsteigend, einfach
oder nur im Blütenstand spärlich verzweigt,
zweireihig anliegend behaart, Spitze vor
dem Aufblühen gewöhnlich nickend. Blätter
gegenständig, sehr kurz gestielt, elliptisch-
eiförmig, zugespitzt, gezähnt, gewöhnlich
flaumig. Blüten vierzählig; Kronen bis 1 cm
groß; Kronblätter scharf ausgerandet, dunkel geadert; Narbe vierspaltig. Frucht eine
flaumig-drüsige Kapsel. Blüht von Juni bis
September. Vom Flachland hoch hinauf
in die Berge häufig in Wäldern und auf
buschbestandenen Hängen; oft gesellig.
Verwandt: Zottiges Weidenröschen *E. hirsutum* mit bis zu 2 cm großen Blüten und
weichbehaarten Stengeln.

3 Gemeine Nachtkerze, Zweijährige
Nachtkerze *Oenothera biennis*
Zweijährige, bis über 1 m hohe Pflanze.
Stengel aufrecht, gewöhnlich unverzweigt.
Die in einer Grundrosette dem Boden anliegenden Blätter länglich verkehrt-eiförmig;
Stengelblätter wechselständig, länglich,
klein gezähnt, Blüten groß (bis 3 cm Durchmesser) in endständigen, durchblätterten
Trauben; Kelchblätter lanzettlich, zurückgebogen; Kronblätter flach ausgerandet, blaßgelb, Frucht eine lineale, filzige Kapsel.
Blüht von Juni bis August. Heimat Nordamerika; nach Europa eingeschleppt und von
der Ebene ins Gebirgsvorland eingebürgert: häufig an Gewässerufern, Böschungen
und sandigen Wegrändern.

Familie **Wassernußgewächse** –
Trapaceae

4 Wassernuß *Trapa natans*
Einjährige Pflanze mit langem, untergetauchtem Stengel. Zwei verschiedene
Blattarten: Untergetauchte Blätter fiederschnittig mit fadenförmigen Abschnitten;
Schwimmblätter zu einer Rosette angeordnet, Blattspreiten rautenförmig, vorn scharf
gezähnt, Stiele etwas aufgeblasen. Blüten
achselständig, einzeln, vierzählig, weiß;
Kronen klein, abfallend; Kronblätter vorn
flach ausgerandet. Frucht eine auffallende
Nuß mit öligem Samen und vergrößertem,
verholztem, vierdornigem Kelch. Blüht im
Juli und August. In stehenden und fließenden Gewässern niederer Lagen; heute selten geworden.

Familie **Mannstreugewächse** –
Eryngiaceae

5 Feld-Mannstreu, Männertreu
Eryngium campestre
Ausdauernde, stattliche, breit ausladende,
über 50 cm hohe, graugrüne Pflanze. Stengel reich verzweigt. Blätter dreizählig;
Abschnitte doppelt-fiederspaltig mit gewöhnlich eiförmigen, bis auf die Spindel
herablaufenden, stachelig-gezähnten Zipfeln. Blüten in kugeligen Blütenköpfen; Hüll-

blätter lineal-lanzettlich; Kelchzipfel stachelig; Kronen klein, weiß oder graugrün. Blüht
im Juli und August. In wärmeren Gebieten
niederer Lagen an sonnigen Hängen, auf
Weiden und Rainen.

6 Gewöhnlicher oder Waldsanikel
Sanicula europaea
Ausdauernde Pflanze mit kriechendem, kür-
zerem Wurzelstock. Stengel aufrecht, bis 40
cm hoch, kantig. Grundblätter gestielt, herzförmig-rundlich, drei- bis fünfteilig; Abschnitte zwei- bis dreispaltig, scharf gezähnt; ein oder zwei sitzende Stengelblätter.
Blüten in reichen Döldchen, die eine spär-
liche, zusammengesetzte Dolde bilden;
Kronen klein, weißlich; Staubblätter ragen
aus der Krone heraus. Blüht im Mai und Juni.
Vom Flachland bis ins Gebirge in Laubwäldern, Gebüschen und an buschigen
Hängen; fehlt stellenweise, nur im Gebirgsvorland häufiger.

4

6

2

5

151

1

2

4

Familie **Mannstreugewächse** –
Eryngiaceae

1 Große Sterndolde, Stranze
Astrantia major
Ausdauernde Pflanze mit holzigem Wurzelstock, Stengel aufrecht, bis über 50 cm
hoch, mit ein oder zwei Blättern. Grundblätter gestielt, rundlich-nierenförmig, tief fünf-
bis siebenteilig; Abschnitte eiförmig, grob
gezähnt. Stengelblätter tiefer geteilt; Abschnitte keilförmig, an der Spitze dreilappig.
Hüllblätter lanzettlich, rötlich oder weiß,
gezähnt. Blüten in einfachen Dolden; Kronen weiß; Staubblätter ragen aus der Blüte
heraus. Blüht von Juni bis August. Vom
Flachland bis ins Gebirge zerstreut an Waldrändern, in schattigem Gebüsch und auf
Waldwiesen.

Familie **Doldengewächse** –
Apiaceae (Umbelliferae)

2 Gemeine Sichelmöhre *Falcaria vulgaris*
Gewöhnlich mehrjährige, kahle, graugrüne
Pflanze. Stengel aufrecht, sehr ästig, ausgebreitet. Blätter zäh; untere Blätter einfach,
obere Blätter bis zweifach dreizählig; Abschnitte zwei- bis dreispaltig mit linealen,
zugespitzten, scharf gesägten Zipfeln. Dolden aus Döldchen locker zusammengesetzt. Blüten klein, weiß. Blüht von Juli bis
September. Ziemlich häufig auf Rainen, an
trockenen Hängen, Weg-, Feld- und Wie-
senrändern.

3 Kleine Bibernelle, Steinbibernelle
Pimpinella saxifraga
Ausdauernde, bis über 50 cm hohe Pflanze.
Stengel stielrund, fein gerillt, markig. Untere
Blätter langgestielt, unpaarig gefiedert;
Blättchen tief gezähnt, sitzend; Spreiten der
obersten Blätter gewöhnlich verkümmert.
Mittlere Blätter scheidig sitzend. Dolden und
Döldchen ohne Hüllen und Hüllchen. Blüten
sehr klein; Kronen weiß, rosa oder gelblich.
Gerippte Spaltfrüchte. Blüht von Juni bis
September. Vom Flachland bis ins Gebirge
sehr häufig an Hängen, auf Rainen, Weiden,
trockenen Wiesen und an Waldrändern.

3 5 6

4 Zaungiersch, Geißfuß,
Podagrakraut *Aegopodium podagraria*
Stattliche, ausdauernde, beinahe 1 m hohe
Pflanze. Stengel hohl, kantig, mit unterirdischen Ausläufern. Blätter gewöhnlich scheidig gestielt, die unteren doppelt, die oberen
einfach dreizählig; Blättchen eiförmig, gestielt, die seitlichen gewöhnlich gelappt,
gesägt. Dolden und Döldchen ohne Hüllen
und Hüllchen. Kronen klein, weiß oder zart
rosa. Spaltfrüchte braun, hellgerippt. Blüht
im Juni und Juli. Häufig in feuchten Wäldern
und Gräben und als hartnäckiges Unkraut in
Gärten.

5 Waldengelwurz, Brustwurz
Angelica sylvestris
Mehrjährige, stattliche, bis 150 cm hohe
Pflanze mit dickem Wurzelstock. Blätter
scheidig gestielt, Blattstiele rinnig, große,
aufgeblähte Scheiden. Untere Blätter bis
dreifach fiederteilig, obere Blätter weniger
und einfacher geteilt, die obersten Blätter
scheidig sitzend; Blättchen eiförmig, beinahe sitzend, gesägt. Dolden dicht, ohne

Hüllen; reiche Döldchen. Kronen klein, weiß
oder zart rosa. Dreirippige Spaltfrüchte, am
Rand mit breiten Fruchtflügeln. Blüht von
Juni bis September. Vom Flachland bis ins
Gebirge recht häufig in feuchten Wäldern,
Gebüschen und im Ufergestrüpp.

6 Pferdesaat, Roßkümmel, Rebendolde,
Wasserfenchel *Oenanthe aquatica*
Pflanze einjährig oder zweijährig, ausladend verzweigt. Stengel aufrecht, bis über 1
m hoch, unten bis 5 cm dick, hohl, an den
Knoten wurzelnd. Blätter scheidig gestielt,
zwei- bis dreifach fiederteilig; Zipfel an der
Spitze gezähnt, lanzettlich, an den untergetauchten Blättern fadenförmig. Zahlreiche Dolden; Döldchen mit Hüllchen. Kronen
klein, weiß, Randblüten strahlig. Spaltfrüchte abgerundet, kantig. Blüht von Juni bis
August. In niederen Lagen an Gewässern,
im Hügelland, an überfluteten Stellen. Verwandt: Gemeine Hundspetersilie *Aethusa
cynapium*. Blätter glänzend, bis dreifach
fiederteilig; Hüllchen dreizählig, klein, einseitswendig, zurückgeschlagen.

Familie **Doldengewächse** – *Apiaceae*
(*Umbelliferae*)

1 Gewöhnlicher oder **Gemeiner Pastinak**
Pastinaca sativa
Stattliche, bis 1 m hohe, zweijährige Pflanze.
Stengel kantig gefurcht, rauh bis behaart.
Blätter unpaarig gefiedert; Blättchen eiförmig bis länglich, gesägt-gelappt bis fiederteilig. Döldchen ohne Hüllen und Hüllchen
auf kantigen Stielen. Blüten gelb, klein.
Spaltfrüchte breit-elliptisch, über $\frac{1}{2}$ cm
groß, flach. Blüht von Juni bis September.
Von der Ebene bis ins Gebirgsvorland häufig auf Wiesen und in Straßengräben. Früher
wegen der dicken, möhrenartigen, weißen
Wurzeln als Wurzelgemüse angebaut. Verwandt: Echter oder Wiesenkümmel *Carum
carvi*. Obere Blätter in fadenförmige Abschnitte geteilt, Blüten weiß, Randblüten
schwach strahlig.

2 Wilde Möhre, Mohrrübe *Daucus carota*
Zweijährige, beinahe 1 m hohe Pflanze.
Stengel borstig behaart, aufrecht. Blätter
zwei- bis dreifach gefiedert; Abschnitte fiederspaltig, an den oberen Blättern linealisch. Dolden dicht, reich. Hülle aus zahlreichen gefiederten Hüllblättern mit lineali-

schen Zipfeln. Blüten weiß oder gelblich bis
zart rosa, die mittlere sogenannte Mohren-
blüte in der Regel dunkelviolett. Randblüten
strahlig. Spaltfrüchte eiförmig, hakenförmig
borstig. Blüht von Juni bis September. Vom
Flachland bis ins Gebirge sehr häufig auf
trockenen Wiesen, Rainen und Hängen. Als
Wurzelgemüse angebaut: Gartenmöhre *D.
sativus*.

3 Wiesenbärenklau, Herkuleskraut
Heracleum sphondylium
Stattliche, bis 150 cm hohe, ausdauernde,
unangenehm riechende Pflanze. Stengel
aufrecht, gefurcht, steif-borstig, hohl. Blätter
groß, die unteren rinnig gestielt, die oberen
sitzend, mit aufgeblasenen Scheiden, ein-
bis dreifach gefiedert. Abschnitte unsymmetrisch gelappt bis fiederspaltig, gekerbt oder
grob gezähnt. Dolden groß, Hüllen fehlen
gewöhnlich, Hüllchen gewimpert. Blüten
weiß oder gelblich-grün, selten zartrosa;
Randblüten meist strahlig. Blüht von Juni bis
September. Vom Flachland bis ins Gebirge
sehr häufig auf nassen Wiesen, Schuttplätzen und an Wegrändern.

Familie **Primelgewächse** – *Primulaceae*

6 Berg-Troddelblume, Alpenglöckchen
Soldanella montana
Ausdauernde, kleine Pflanze mit kriechendem Wurzelstock. Blätter in einer Grundrosette, langgestielt, rundlich-nierenförmig, flach gekerbt, dünnfleischig. Schäfte 10–30 cm hoch. Dolde mit 3 bis 6 Blüten an nickenden, feindrüsigen Stielen. Blüten blauviolett oder rotviolett; Kelche fünfteilig; Kronen glockig, bis über die Hälfte in lineale Zipfel fransig zerschlitzt, Schlund mit zweispaltigen Schuppen. Frucht eine eiförmige, in 10 stumpfe Zacken zerspringende Kapsel. Blüht im Mai und Juni. In Gebirgswäldern und auf Bergwiesen. Geschützt!

2

4 Wiesenkerbel *Anthriscus sylvestris*
Ausdauernde, stattliche, bis 150 cm hohe Pflanze. Stengel gerieft, hohl, gewöhnlich kahl oder nur unten borstig. Blätter zwei- bis dreifach gefiedert. Abschnitte gezähnt. Untere Blätter gestielt, obere scheidig sitzend, die Scheiden am Rand weißlich-filzig. Dolden langgestielt, Döldchen mit Hüllchen. Blüten weiß oder grünlich bis gelblich, nicht strahlig. Schließfrüchte glänzend, lineal-lanzettlich, kurzgeschnäbelt. Blüht von Mai bis August. Sehr häufig auf Wiesen.

Familie **Strandnelkengewächse** –
Plumbaginaceae

5 Gemeine Grasnelke *Armeria maritima*
Ausdauernde, 10–50 cm hohe Pflanze. Blätter in Rosetten, lineal, einaderig, in der Regel am Rande gewimpert. Schäfte gewöhnlich einzeln, aufrecht, stielrund, glatt, mit rosa oder roten, ausnahmsweise weißlichen Blüten in einem kopfigen Blütenstand. Kelch trichterförmig, ausdauernd. Kronen nicht abfallend, abgerundet oder fein ausgerandet. Blüht von Mai bis Oktober. Von der Ebene bis ins Gebirgsvorland häufig auf Sandböden, Dünen, Geröll, Wiesen und in Kiefernwäldern. Geschützt!

6

5

Familie **Primelgewächse** – *Primulaceae*

1 Wiesenschlüsselblume, Primel
Primula veris
Ausdauernde, bis 30 cm hohe Pflanze. Blätter in einer Grundrosette; runzelig, unterseits behaart, länglich-eiförmig, wellig gekerbt, mit geflügeltem Stiel. Schaft mit einigen Blüten an kurzen Stielen. Kelch weit glockenförmig, fünfzähnig; Kelchzähne eiförmig, kurz-zugespitzt. Blüten duftend, dottergelb, am Schlund orangefarben, mit glockig vertieftem Kronsaum; Kronröhre etwas länger als der Kelch. Frucht eine ovale Kapsel, kürzer als der Kelch. Blüht von April bis Juni. Von der Ebene bis ins Gebirgsvorland ziemlich häufig auf Wiesen, in Hainen und Gebüschen. Geschützt!

2 Waldschlüsselblume *Primula elatior*
Der Wiesenschlüsselblume sehr ähnlich. Blätter der Grundrosette weniger runzelig, unterseits graugrün, eiförmig, unregelmäßig gekerbt. Blütenstiele etwas länger. Der Kronröhre enganliegender Kelch. Blüten nicht duftend, schwefelgelb, flacher Kronsaum. Kronröhre bis zweimal länger als der fünfzähnige Kelch. Kelchzähne lanzettlich, lang-zugespitzt. Frucht eine walzige Kapsel, länger als der Kelch. Blüht von März bis Mai. Vom Hügelland bis ins Gebirge ziemlich häufig bis selten in Laubwäldern und Gebüschen und auf feuchten Wiesen. Geschützt!

3 Alpenaurikel, Gamsblume
Primula auricula
Bis über 20 cm hohe, ausdauernde, fein- und sehr kurzdrüsig-flaumige, gewöhnlich mehligbestäubte Pflanze. Blätter in einer Grundrosette, fleischig, rundlich bis länglich verkehrt-eiförmig, in einen breiten Stiel übergehend, gewöhnlich ganzrandig, graugrün, mit knorpeligem Rand. Schaft mit großen, duftenden, gelben, im Schlund weißlichen Blüten. Kronen breit-trichterförmig; Kronzipfel vorn ausgerandet, flach ausgebreitet. Frucht eine kugelförmige Kapsel. Blüht von April bis Juni. In den Alpen und Karpaten und ihrem Vorland auf Kalkfelsen. Auch kultiviert. Geschützt!

6

4

2

4 Waldalpenveilchen

Cyclamen purpurascens (C. europaeum)
Ausdauernde Pflanze mit unterirdischer, ab-
geflacht-kugelförmiger Sproßknolle. Blätter
in einer Grundrosette, langgestielt, herzför-
mig-rund, fleischig, flach gekerbt, oben
dunkelgrün und weißlich gefleckt, unterseits
karminrot. Blütenstiele bis 15 cm hoch, zur
Fruchtzeit schraubig gedreht und hängend.
Blüten purpurrot, duftend; Kronen im
Schlund dunkler, mit zurückgebogenen
Zipfeln. Frucht eine kugelförmige Kapsel.
Blüht von Juni bis September. Wächst nur in
Ostbayern, zerstreut im benachbarten
Österreich und in den südlichen Gebieten
der Tschechoslowakei. In Laubwäldern und
Gebüschen, gewöhnlich auf Kalkboden.
Geschützt! Das als Zimmerblume beliebte
Alpenveilchen mit verschiedenfarbigen Blü-
ten stammt aus Persien.

5 Gemeiner Gilbweiderich

Lysimachia vulgaris
Ausdauernde, bis 150 cm hohe Pflanze mit
kriechendem Wurzelstock. Stengel aufrecht, dicht beblättert, stielrund. Blätter gegenständig oder (öfter) dreizählig quirlständig, flaumig, kurzgestielt, länglich-eiförmig,
zugespitzt, ganzrandig, zerstreut rötlich-
punktiert und durchscheinend geadert. Blüten goldgelb; Kelch mit rötlich gerandeten
Zipfeln. Blüht von Juni bis August. Von der
Ebene bis ins Gebirgsvorland ziemlich häufig in feuchten Wäldern und an Gewässerufern.

6 Pfennig-Gilbweiderich, Pfennigkraut

Lysimachia nummularia
Ausdauernde, kriechende Pflanze mit ei-
nem bis 50 cm langen, wurzelnden Stengel.
Blätter rundlich-eiförmig bis rundlich,
stumpf, ganzrandig, rötlich punktiert. Blüten
einzeln oder zu zweit in den Blattachseln;
Kronen sattgelb, innen dunkelrot punktiert.
Frucht eine kugelförmige Kapsel. Blüht von
Mai bis Juni. Ziemlich häufig auf feuchten
Wiesen, in feuchten Wäldern, Gebüschen
und Gräben. Verwandt: Haingilbweiderich
L. nemorum. Stengel kurz-kriechend bis
aufsteigend; Blätter eiförmig, zugespitzt;
Blütenstiele länger als die Blätter.

Familie **Wintergrüngewächse** *Pyrolaceae*

1 Rundblättriges Wintergrün
Pyrola rotundifolia
Pflanze ausdauernd, kahl, bis 30 cm hoch. Stengel aufsteigend, stumpf-dreikantig. Blätter in einer Grundrosette, breit-eiförmig bis rundlich, gestielt, undeutlich gekerbt, lederig; breite, umfassende Stengelschuppen. Blüten weiß in einer dichten, kurzen Traube. Tragblätter gewöhnlich genauso lang wie die Blütenstiele. Krone offen, breitglockig; Kronblättchen zweimal länger als die sich nicht überdeckenden, lanzettlichen Kelchblätter. Blüht im Juni und Juli. Vom Flachland bis ins Gebirge in schattigen Wäldern und Gebüschen. Geschützt!

2 Einblütiges Moosauge, Wintergrün
Moneses uniflora
Ausdauernde, bis über 10 cm hohe Pflanze. Blätter nur in Grundrosetten, rundlich, gestielt, klein gekerbt, lederig. Blüten einzeln, groß, nickend, duftend, an langen Schäften. Kelch gelblich; Krone weiß; Kelch- und Kronblätter vorn gewimpert. Narbe fünflappig. Frucht eine aufrechte Kapsel. Blüht von Mai bis Juli. Vom Hügelland bis ins Gebirge in moosigen Wäldern. Geschützt!

Familie **Enziangewächse** – *Gentianaceae*

3 Frühlingsenzian *Gentiana verna*
Kleine, ausdauernde, bis 10 cm hohe Pflanze. Wurzelstock mit zahlreichen Grundrosetten elliptisch-lanzettlicher, zugespitzter Blätter. Stengel aufrecht, kurz, einblütig mit ein bis drei Paaren kleinerer Blätter. Blüten aufrecht; Krone stieltellerförmig mit fünf azurblauen Zipfeln; zwischen den Kronzipfeln zweispaltige Zähne mit einem weißen Strich in der Mitte. Blüht von März bis Mai, im Hochgebirge bis August. In den Alpen und ihren Vorländern auf Bergwiesen und Feldern. Verwandt: Kreuzenzian *G. cruciata* mit vierzipfeligen Kronen. Lungenenzian *G. pneumonanthe* mit im Schlund grünlich gefleckten Kronen. Deutscher Enzian *G. germanica* mit violetten Blüten. Alle Enzianarten sind geschützt!

4 Punktierter Enzian, Tüpfelenzian
Gentiana punctata
Ausdauernde, bis 60 cm hohe Pflanze mit dickem, vieltriebigem Wurzelstock. Stengel aufrecht, hohl. Blätter eiförmig bis breitelliptisch, zugespitzt, sitzend. Blüten sitzend, groß, walzig-glockig, in den Achseln der oberen Blätter und in Büscheln an der Stengelspitze. Kronen gelb, dunkelpurpurrot punktiert. Blüht im Juli und August. Wächst auf Matten, Fluren und Bergweiden der Alpen und Karpaten. Verwandt: Gelber Enzian *G. lutea*. Wird, obwohl ebenfalls geschützt, seiner bitteren Wurzel wegen gesammelt. Kronen goldgelb, bis zum Grund geteilt. Purpurenzian *G. purpurea*. Kronen außen purpurrot, innen gelb. Ungarischer oder Brauner Enzian *G. pannonica*. Blüten trübpurpurn, dunkelviolett punktiert. Alle Enzian-Arten sind geschützt!

5 Stengelloser Enzian *Gentiana acaulis*
Ausdauernde, höchstens 10 cm hohe, kahle Pflanze mit einer Grundrosette fast lede-

riger, eiförmig-lanzettlicher Blätter. Blüten groß, aufrecht, bis 6 cm lang, kurzgestielt; Krone trichterförmig-glockig, dunkelblau, am Schlund etwas heller, Kronröhre violettbraun, oft dunkelgrün gefleckt. Sehr selten sind die Blüten weißlich oder gelblich. Blüht von April bis August. In den Alpen und ihrem Vorland auf Hochgebirgswiesen, Matten und Felsen. Verwandt: Großblütiger Enzian *G. clusii.* Kalkliebend, lanzettliche Kelchzipfel, die am Rande von Papillen rauh sind, zugespitzte Kelchbuchten. Alle Enzianarten sind geschützt!

6 Schwalbenwurzenzian, Würgerenzian
Gentiana asclepiadea
Ausdauernde, bis 80 cm hohe, oft ausladend-büschelige Pflanzen. Stengel schräg aufrecht oder bogenförmig aufsteigend. Blätter eiförmig-lanzettlich, lang zugespitzt, sitzend. Blüten achselständig, sehr kurz gestielt, gewöhnlich zweireihig angeordnet. Kronen trichterförmig-glockig, azurblau, am Schlund rotviolett punktiert, selten weiß. Blüht von Juli bis September. In den Alpen und Karpaten in Wäldern, auf Bergweiden und an Bachufern. Geschützt!

6

3

4

5

Familie **Enziangewächse** – *Gentianaceae*

1 Echtes Tausendgüldenkraut
Centaurium erythraea
Ein- bis zweijährige Pflanze, beinahe 50 cm hoch. Stengel aufrecht, vierkantig, oben spärlich gabelig verzweigt. Grundblätter in einer Rosette, eiförmig oder verkehrt-eiförmig; Stengelblätter länglich, eiförmig bis lanzettlich, zugespitzt, sitzend, ganzrandig. Blüten kurzgestielt bis sitzend, rosarot, selten weißlich; Kronen fünfzählig, stieltellerförmig ausladend. Frucht eine schmalwalzige Kapsel. Blüht von Juli bis September. An Wald- und Buschrändern auf Lichtungen, trockenen Wiesen und Hängen. Geschützt!

2 Ausdauernder Tarant, Sumpfenzian
Swertia perennis
Ausdauernde, bis 50 cm hohe Pflanze. Stengel aufrecht, oft violett überlaufen. Blätter elliptisch; untere Blätter gestielt, obere Blätter lanzettlich, sitzend bis halbstengelumfassend. Blüten in einer traubenartigen, durchblätterten Trugdolde; Blütenstiele geflügelt vierkantig. Kronen groß, fünfzählig, violett- bis stahlblau, dunkler punktiert, im Schlund grünlich, am Grunde der Zipfel dunkelviolett, fransig. Frucht eine Kapsel. Blüht von Juni bis August. Im Gebirge auf moorigen Wiesen, in Quellgründen und an Bergbächen. Geschützt!

Familie **Fieberkleegewächse** – *Menyanthaceae*

3 Dreiblättriger Fieberklee, Bitterklee, Biberklee *Menyanthes trifoliata*
Bis 30 cm hohe Staude mit dickem, kriechendem Wurzelstock. Blütentragende Stengel aufrecht, blattlos, nur am Grunde scheidig-schuppig. Blätter dreizählig, scheidig, wachsen an langen Stielen aus dem Wurzelstock heraus; Blättchen beinahe sitzend, verkehrt-eiförmig, groß. Blüten auffallend, dekorativ, in dichten Trauben. Kronen breit-trichterförmig, in fünf fransige Zipfel geteilt, weißlich oder zartrosa; Staubblätter violett. Frucht eine rundlich-eiförmige Kapsel. Blüht im Mai und Juni. Vom Flachland bis ins Gebirge auf sumpfigen Wiesen, an Gewässerufern und in Gräben. Geschützt!

1 2 3

Familie **Hundsgiftgewächse** –
Apocynaceae

4 Kleines Immergrün *Vinca minor*
Ausdauernde Pflanze mit lang kriechendem
Wurzelstock. Nichtblühende Stengel kriechend, wurzelnd; blühende Stengel kurz,
höchstens 20 cm hoch, aufrecht oder aufsteigend, am Grunde manchmal verholzend. Blätter lederig, gegenständig, immergrün, länglich-lanzettlich bis elliptisch,
ganzrandig, kahl. Blüten in den Blattachseln, langgestielt, einzeln, fünfzählig. Kronen stieltellerförmig, hellblau bis blauviolett,
selten weißlich oder zartrosa; Kronzipfel gekrümmt verkehrt-eiförmig. Frucht aus zwei
unten verwachsenen Balgfrüchten zusammengesetzt. Blüht im April und Mai. Von der
Ebene bis ins Gebirgsvorland zerstreut in
Laubwäldern und Gebüschen. Als Zierpflanze gezüchtet, oft auch verwildert und
stellenweise eingebürgert.

Familie **Schwalbenwurzgewächse** –
Asclepiadaceae

5 Weiße Schwalbenwurz *Vincetoxicum
hirundinaria* (*Cynanchum vincetoxicum*)
Ausdauernde, bis über 1 m hohe, giftige
Pflanze mit Wurzelstock und zahlreichen
dicken Wurzeln. Stengel aufrecht, einfach,
stielrund, zweireihig flaumig. Blätter gegenständig, lanzettlich bis eiförmig-länglich,
ganzrandig, unterseits auf der Aderung flaumig. Blütenstand langgestielt. Blüten fünfzählig; Kronen glockig, weiß, selten grün-
lich-gelblich, klein. Frucht eine lange, lanzettliche Kapsel. Samen mit schneeweißem,
seidigem Haarschopf. Blüht von Mai bis
August. Von der Ebene bis ins Gebirgsvorland in wärmeren Gebieten auf sonnigen
Hängen und Felsen, an Wald- und Buschrändern; auf Kalkböden häufiger.

Familie **Windengewächse** –
Convolvulaceae

6 Ackerwinde *Convolvulus arvensis*
Ausdauernde, langkriechende und windende, bis 1 m lange Pflanze. Stengel linksdre-
hend, stumpfsechskantig. Blätter pfeil- bis
spießförmig. Blüten achselständig auf langen Stielen, gewöhnlich einzeln; Kronen
breit-trichterförmig, am Rand undeutlich gelappt, weiß oder rosa bis rötlich. Blüht von
Juni bis September. Auf Feldern, Brachland,
Rainen, Böschungen oder Dünen. Oft lästiges Unkraut.

6

4

5

1

Familie **Borretschgewächse** –
Boraginaceae

1 Gemeine oder Echte Hundszunge
Cynoglossum officinale
Zweijährige, verzweigte, bis 80 cm hohe
Pflanze. Stengel aufrecht, dicht beblättert.
Blätter lanzettlich, zugespitzt; grundständige Blätter gestielt, Stengelblätter sitzend bis
halbstengelumfassend; alle Blätter ganzrandig, besonders unterseits dicht weiß
behaart bis graufilzig. Blüten in dichten
Wickeln; Blütenstiele nickend. Kronen rotbraun, selten rosa. Teilfrüchte am Scheitel
abgeflacht, am Rand wulstig verdickt, auf
der Oberfläche gestachelt. Blüht von Mai bis
Juli. In den niederen Lagen wärmerer Gebiete häufig auf Hängen und Rainen und an
Wegrändern.

2 Ackersteinsame
Lithospermum arvense
Einjährige, bis 50 cm hohe, dicht anliegend
behaarte Pflanze. Stengel aufrecht, einfach
oder nur oben verzweigt. Blätter lanzettlich,
sitzend, einaderig. Blüten in beblätterten
Wickeln. Kronen weiß bis bläulich, Kronröhren manchmal zart lila, im Schlund mit Haar-
leisten. Früchtchen braun, runzelig, nicht
glänzend. Blüht von April bis Juli. In niederen Lagen häufig als Ackerunkraut und an
Wegrändern. Verwandt: Blauroter Stein-
same *L. purpureocaeruleum* mit purpurnen,
später tiefblau werdenden Blüten.

3 Ackervergißmeinnicht
Myosotis arvensis
Zweijährige, selten einjährige Pflanze, bis
40 cm hoch, abstehend behaart. Stengel
aufrecht oder aufsteigend. Blätter spatelig-
lanzettlich, sehr behaart. Blüten in blattlosen, dichten Wickeln; Blütenstiele stehen
waagerecht ab. Kelch abstehend behaart,
bis über die Mitte in lanzettliche Zipfel
geteilt, am Stiel mit hakenförmigen Haaren.
Kronen klein, dunkelblau, Früchte abstehend gestielt, zerfallen in vier hartschalige
Teilfrüchte. Blüht von August bis Oktober.
An Wegrändern und auf Wiesen, Schuttplätzen, Sandböden, Brachland und als Unkraut
auf Feldern. Verwandt: Buntes Vergißmeinnicht *M. discolor* (*M. versicolor*). Fruchtstiele
kürzer als der Kelch; Kronen je nach dem
Grad des Aufblühens von Gelb über Rot und
Blau bis Violett gefärbt.

4 Waldvergißmeinnicht
Myosotis sylvatica
Zweijährige oder ausdauernde, bis 50 cm
hohe, frischgrüne, weich und gewöhnlich
dicht abstehend behaarte Pflanze. Stengel
aufrecht, stielrund. Blätter verkehrt-eiförmig
bis lanzettlich. Blüten in dichten Wickeln mit
abstehend behaarten Spindeln. Kelch unten mit vielen hakigen Haaren, kürzer als die
Fruchtstiele, zur Fruchtzeit geschlossen.
Kronen himmelblau, im Schlund gelblich,
flachrandig, über 5 Millimeter Durchmesser.
Teilfrüchte glänzend, schwarzbraun. Blüht
im Mai und Juni. Vom Flachland bis ins
Gebirge. Ziemlich häufig in Wäldern und auf
Wiesen; manchmal als Zierpflanze angebaut. Verwandt: Sumpfvergißmeinnicht *M.
palustris*. Kelch anliegend behaart, nur zu
einem Drittel geteilt; Stengel kantig.

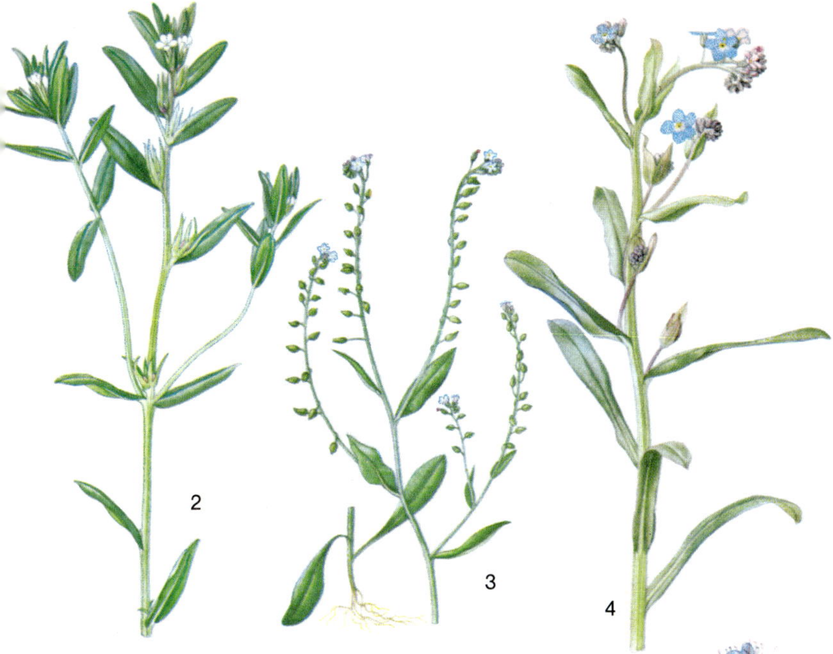

5 Kleine Wachsblume *Cerinthe minor*
Zwei- oder mehrjährige, bis über 50 cm
hohe, kahle, rauhe, graubereifte Pflanze.
Stengel aufrecht oder aufsteigend. Blätter
eiförmig, stengelumfassend; untere Blätter
gewöhnlich weißgefleckt, durch winzige
Warzen rauh. Kelch meist borstig gewimpert. Kronen schwefelgelb, fast bis zur Mitte
geteilt, nickend. Teilfrüchte zweisamig.
Blüht von Mai bis Juli. In niederen Lagen
wärmerer Gebiete und im Alpenvorland zerstreut auf Weiden, Rainen, Hängen, Feldern
und an Wegrändern.

6 Blauer Natternkopf *Echium vulgare*
Zweijährige, stattliche, bis 1 m hohe, abstehend borstige Pflanze. Stengel aufrecht, einfach. Blätter schmal-länglich, sitzend. Blüten in dichten Wickeln in den Blattachseln,
groß. Kelche steif behaart. Kronen schräg
trichterförmig bis fast zweilippig, rundlich
gelappt, erst rosa, später blau, selten weiß.
Teilfrüchte dreikantig, rauh-warzig. Blüht
von Mai bis Oktober. Von der Ebene bis ins
Gebirgsvorland häufig auf sonnigen Hängen, Rainen, Schuttplätzen und an Wegrändern; an manchen Stellen allgemein verbreitet.

2

3

4

5   6

163

5

4

1

Familie **Borretschgewächse** –
Boraginaceae

1 Gemeine Ochsenzunge
Anchusa officinalis
Zwei- oder mehrjährige, bis 80 cm hohe, dicht abstehend, rauhbehaarte, rauhe Pflanze. Stengel aufrecht. Blätter lanzettlich, ganzrandig, mit dem breiten bis herzförmigen Grund sitzend. Blüten in dichten, kurzen, achselständigen, zur Fruchtzeit verlängerten Wickeln. Einzelblüten sitzend, anfangs rötlich, dann dunkelblau-violett, selten weißlich. Krone mit beinahe runden Zipfeln und weiß-samtigen Schlundschuppen. Teilfrüchte punktiert. Blüht von Mai bis September. Von der Ebene bis ins Gebirgsvorland wärmerer Gebiete häufig auf Weiden, Rainen, an Wegrändern, auf Feldern und Schuttplätzen. Verwandt: Italienische Ochsenzunge *A. italica* (*A. azurea*) mit großen, himmelblauen Kronen.

2 Braunes Mönchskraut, Napfkraut
Nonea pulla
Pflanze ausdauernd, graubehaart, bis 50 cm hoch. Stengel aufrecht, fest. Blätter länglich-lanzettlich, die oberen halbstengelumfassend, ganzrandig, borstig-drüsig behaart.

Blüten kurzgestielt, in kurzen, dichten, achselständigen Wickeln. Kelche glockig, zur Fruchtzeit vergrößert. Kronen röhrig-trichterförmig, braunviolett, selten gelblich oder weißlich; Kronröhre weißlich. Früchte eiförmig, gefurcht. Blüht von Mai bis August. In den niederen Lagen wärmerer Gebiete auf Rainen, Weg- und Feldrändern; oft auf Kalkboden.

3 Echtes Lungenkraut
Pulmonaria officinalis
Ausdauernde Pflanze, dunkelgrün, rauh behaart, bis 30 cm hoch. Grundblätter herzförmig, plötzlich in den Blattstiel verschmälert, zugespitzt, oft weißlich gefleckt; Stengelblätter fast sitzend, eiförmig bis lanzettlich. Kurzgestielte Blüten in beblätterten, kurzen und dichten Wickeln. Kelche zur Fruchtzeit vergrößert. Kronen purpurrot, dann blauviolett. Früchte dunkelbraun. Blüht von März bis Mai. Von der Ebene bis ins Gebirgsvorland recht häufig in Hainen, schattigen Wäldern und Gebüschen.

2

Blüten in spärlicheren, beblätterten Wickeln, kurz behaart, gelblich-weiß. Kronen röhrig bis trichterförmig. Kelche tief geteilt. Früchte runzelig. Blüht im April und Mai. Von der Ebene bis ins Gebirgsvorland ziemlich häufig in feuchten Wäldern und Gebüschen, selten auf Wiesen.

Familie **Lippenblütengewächse** – *Lamiaceae (Labiatae)*

6 Kriechender Günsel *Ajuga reptans*
Ausdauernde, bis 30 cm hohe Pflanze. Ausläufer kriechend. Grundblätter langgestielt, zur Blütezeit noch vorhanden. Stengel aufrecht, einfach, vierkantig. Stengelblätter gekerbt bis ganzrandig. Blütenstand eine lockere, beblätterte Scheinähre. Blüten kurzgestielt, schräg abstehend, glockig. Kelche bis zur Mitte geteilt. Kronen blauviolett, selten rosa oder weißlich; Unterlippe tief dreilappig. Vier einsamige Teilfrüchte. Blüht von Mai bis August. Vom Flachland bis ins Gebirge häufig auf Wiesen, in Gebüschen und Wäldern. Verwandt: Genfer- oder Heidegünsel *A. genevensis*. Ohne Ausläufer; oberste Tragblätter kürzer, gewöhnlich dreilappig; Kronen dunkelblau.

4 Gemeiner Beinwell, Schwarzwurz
Symphytum officinale
Ausdauernde, stattliche, rauhborstige, bis 1 m hohe Pflanze. Wurzelstock nicht verdickt. Stengel reichverzweigt, gewöhnlich flügelig-kantig. Blätter lang herablaufend, breitlanzettlich, mit geflügelten Stielen. Blüten in reichen, dichten, beblätterten Wickeln, kurzgestielt, trüb-purpurrot, rosa oder weißlich. Kronen länglich-kolbenförmig. Kelche etwa bis zur Mitte geteilt. Früchte graubraun, glänzend. Blüht von Mai bis Juli. Von der Ebene bis ins Gebirgsvorland häufig auf nassen Wiesen, an Gewässerufern und in Gräben.

5 Knolliger Beinwell
Symphytum tuberosum
Ausdauernde, kurz-rauhhaarige, höchstens 50 cm hohe Pflanze. Wurzelstock knollenartig verdickt. Stengel aufrecht, kaum verzweigt, undeutlich kantig. Blätter nicht so lang herablaufend wie beim Gemeinen Beinwell, breit-lanzettlich, Stiele geflügelt.

6

Familie **Lippenblütengewächse –**
Lamiaceae (*Labiatae*)

1 **Efeu-Gundermann,** Gundelrebe
Glechoma hederacea
Ausdauernde, bis 40 cm hohe, zerstreut behaarte bis kahle Pflanze. Wurzelstock langkriechend. Stengel aufsteigend, wurzelnd. Blätter gestielt, nierenförmig bis breit-herzförmig, gekerbt. Blüten zu zweit und zu dritt achselständig. Kelch röhrig, behaart, undeutlich zweilippig. Kronen blauviolett, Oberlippe zwei-, Unterlippe dreilappig mit dunklerer Zeichnung. Blüht von April bis Juli. Vom Flachland bis ins Gebirge gewöhnlich in Wäldern und Gebüschen, auf Wiesen und Schuttplätzen, an Wegrändern und als Unkraut in Gärten.

2 Gemeine oder **Kleine Braunelle**
Prunella vulgaris
Ausdauernde, zerstreut behaarte oder kahle, bis 30 cm hohe Pflanze. Stengel braunviolett gefärbt, aufsteigend. Blätter gestielt eiförmig-elliptisch, ganzrandig bis kerbig gezähnt; oberstes Blattpaar dicht unter dem Blütenstand. Blüten in kurzen, gedrängten Scheinähren, in den Achseln der gewöhnlich violettbraunen Hochblätter. Kronen blauviolett, selten weißlich, Oberlippe hochgewölbt und gewimpert. Teilfrüchte glänzend. Blüht von Mai bis September. Häufig auf Weiden, trockenen Wiesen, in lichten Wäldern und an Wegrändern. Verwandt: Großblütige Braunelle *P. grandiflora.* Größere Blüten; oberstes Blattpaar weiter vom Blütenstand entfernt.

3 **Melissen-Immenblatt**
Melittis melissophyllum
Ausdauernde, bis 50 cm hohe, weich behaarte Pflanze. Wurzelstock dick. Stengel aufrecht. Blätter gestielt, herz-eiförmig, kerbig-gezähnt, zugespitzt. Blüten groß, duftend, in den Achseln der oberen Blätter. Kronen langröhrig, weiß-oder zartrosa, Unterlippe rosa, Mittelzipfel gewöhnlich gelb oder dunkelrosa gezeichnet. Teilfrüchte glatt, dreikantig. Blüht im Mai und Juni. In den niederen Lagen wärmerer Gebiete in Hainen, besonders auf Kalkboden.

4 **Bunte Hanfnessel,** Hohlzahn
Galeopsis speciosa
Stattliche, bis 1 m hohe, einjährige Pflanze. Stengel unter den Knoten verdickt, abstehend steif behaart. Blätter gestielt, eiförmig-

4

5   6

lanzettlich, sägeartig gezähnt, zugespitzt. Blüten groß; Kronröhre länger als der Kelch. Kronen blaßgelb, Mittelzipfel der Unterlippe rotviolett. Blüht von Juli bis September. In lichten Wäldern und auf Lichtungen, in Gebüschen und auf Ödland. Verwandt: Weichhaariger Hohlzahn *G. pubescens.* Blüten purpurrot mit zwei gelben Flecken auf der Unterlippe. Stechender oder Gemeiner Hohlzahn *G. tetrahit.* Blüten kleiner, hellpurpurrot oder weißlich, Unterlippe scharlachrot punktiert.

5 Schwarznessel, Schwarzer Gottvergeß, Stinkdorn *Ballota nigra*
Ausdauernde, bis 1 m hohe Pflanze. Stengel und Blätter grau-flaumig. Blätter eiförmig oder herzförmig-rundlich, zugespitzt, kerbig-gesägt, runzelig. Kelche wollig mit grannig-zugespitzten Zähnen. Kronen rot-violett

bis weißlich, Mittelzipfel der Unterlippe mit weißer Zeichnung. Blüht von Juni bis September. Von der Ebene bis ins Gebirgsvorland häufig, stellenweise gemein, auf Schuttplätzen, Dorfplätzen, in Gebüschen, an Wegen und Zäunen.

6 Gold-Taubnessel, Goldnessel
Galeobdolon luteum
(*Lamium galeobdolon*)
Ausdauernde, bis fast 50 cm hohe Pflanze mit Ausläufern. Stengel aufgerichtet, einfach. Blätter gestielt, herz-eiförmig, zugespitzt, gezähnt. Blüten in dichten, beblätterten Scheinquirlen, gelb, groß. Teilfrüchte schwarz. Blüht von April bis Juli. Vom Flachland bis ins Gebirge, häufig in feuchten Wäldern und Gebüschen. Verwandt: Weiße Taubnessel *Lamium album.* Blüten weiß; allgemein verbreitet.

Familie **Lippenblütengewächse –**
Lamiaceae (Labiatae)

1 Gefleckte Taubnessel
Lamium maculatum
Ausdauernde, bis über 50 cm hohe Pflanze
mit Ausläufern. Blätter gestielt, dreieckig-
eiförmig bis herzförmig-lanzettlich, zugespitzt, oft weißlich gefleckt, gezähnt. Blüten
in dichten Scheinquirlen, groß. Kronen purpurn, die Unterlippe dunkelviolett gefleckt,
die Kronröhre deutlich aufwärts gebogen.
Dreikantige, grüne Teilfrüchte. Blüht von
April bis September. Häufig in Gebüschen,
lichten Wäldern und an Wegrändern. Verwandt: Rote Taubnessel *L. purpureum.* Blüten rosarot, Kronröhren fast gerade; häufiges, einjähriges Unkraut.

2 Waldziest, Waldnessel
Stachys sylvatica
Ausdauernde, bis 1 m hohe, abstehend
weichbehaarte Pflanze. Stengel aufrecht,
oben drüsig-klebrig. Blätter langgestielt,
breit-herzförmig, gezähnt. Blüten in blütenarmen, gewöhnlich sechsblütigen, beblätterten Scheinquirlen, dunkelpurpurrot.
Staubblätter länger als die Blüten, meist
seitwärts gebogen. Blüht von Juni bis September. Vom Flachland bis ins Gebirge.
Ziemlich häufig in feuchten Wäldern, Gebüschen und Lichtungen. Verwandt:
Sumpfziest *S. palustris.* Blätter fast sitzend,
lanzettlich; Blüten hellpurpurrot. Aufrechter
oder Bergziest *S. recta.* Blüten blaßgelb.

3 Heil-Batunge, Rote Betonie,
Heil-Ziest *Betonica officinalis*
(Stachys officinalis)
Ausdauernde, bis 1 m hohe Pflanze. Stengel
aufrecht, spärlich beblättert, oben blattarm.
Blätter gestielt, länglich-eiförmig bis ellip-
tisch, gekerbt, obere fast sitzend. Blüten-
stand dicht, schmal walzig; Kronen hellpur-
purn, Kronröhre weißlich. Blüht im Juli und
August. Ziemlich häufig in Wäldern und auf
Wiesen. Verwandt: Fuchsschwanz-Batunge
B. alopecuros. Blüten hellgelb. Wächst in
den Alpen.

1

2

3

4 Quirlblütiger Salbei *Salvia verticillata*
Ausdauernde, bis über 50 cm hohe, behaarte Pflanze. Grundblätter vertrocknen bereits während der Blüte. Stengelblätter gestielt, die obersten beinahe sitzend, herzförmig bis dreieckig, zackig gekerbt, oft geöhrt. Blütenstand reich. Blüten violett, selten weißlich oder zartrosa. Blüht von Juni bis September. Eingebürgert in den niederen Lagen wärmerer Gebiete auf Rainen, Hängen und Wegrändern und auf Böschungen. Verwandt: Wald- oder Steppensalbei *S. nemorosa*. Einheimisch. Blüten blauviolett, Scheinquirle blütenarm; Blätter eiförmig-lanzettlich; Deckblätter violett.

5 Wiesensalbei *Salvia pratensis*
Bis über 50 cm hohe, ausdauernde, behaarte Pflanze mit einer Grundrosette. Stengel meist aufrecht, oben drüsig. Grundblätter langgestielt, breit- bis länglich-lanzettlich, am Grund gewöhnlich herzförmig, flachlappig gekerbt, runzelig. Stengelblätter fehlen gewöhnlich. Blütenarme Scheinquirle. Blüten groß, blau, selten rosa oder weißlich;

Oberlippe in einem Bogen gekrümmt, Unterlippe kurz. Blüht von Mai bis August. Ziemlich häufig auf trockenen Hängen, Wiesen, in Gebüschen und auf Rainen, hauptsächlich in wärmeren Gebieten. Verwandt: Klebriger Salbei *S. glutinosa*. Blüten hellgelb, drüsig-flaumig, Unterlippe braungefleckt.

6 Wilder oder **Echter Dost,**
Wilder Majoran *Origanum vulgare*
Ausdauernde, bis über 50 cm hohe Pflanze. Wurzelstock verholzend, mit Ausläufern. Stengel gewöhnlich aufrecht, beblättert. Blätter kurzgestielt, länglich-eiförmig, fast ganzrandig, durchscheinend, drüsig punktiert, oft violett überlaufen. Blütenstand rispig-trugdoldig. Blüten hellrot, selten weißlich. Teilfrüchte braun. Blüht von Juni bis September. Ziemlich häufig an sonnigen Hängen, in Gebüschen, auf Lichtungen und an Waldrändern, hauptsächlich in wärmeren Gebieten.

4

6

5

Familie **Lippenblütengewächse** –
Lamiaceae (Labiatae)

1 Frühblühender Thymian, Quendel
Thymus praecox
Niedere, ausdauernde Pflanze. Stengel oft
verholzt, kriechend, wurzelnd, bis 50 cm
lang. Blütentragende Stengel aufsteigend,
dicht beblättert, abstehend behaart. Blätter
breit-spatelig, Aderung unterseits hervortretend, Adern enden in einem Randwulst. Blütenstand köpfchenförmig. Blüten violett.
Blüht von Mai bis Juni. In den niederen
Lagen wärmerer Gebiete an sonnigen Hängen, besonders auf Kalkboden.

2 Ackerminze *Mentha arvensis*
Ausdauernde, fast 50 cm hohe, behaarte
oder kahle, oft violett überlaufene, duftende Pflanze mit ober- und unterirdischen
Ausläufern. Stengel niederliegend oder aufsteigend, dicht beblättert. Blätter eiförmig
oder elliptisch, gezähnt oder gekerbt. Blüten
blattachselständig. Kelche glockig mit drei-
eckigen oder eiförmigen Zähnen. Kronen
violett, im Schlund gewimpert. Blüht von
Juni bis Oktober. Von der Ebene bis ins
Gebirgsvorland häufig, stellenweise ge-

6

4

Fruchtzeit sternförmig vergrößert. Die Pflanze ist in all ihren Teilen giftig! Blüht von Juni bis August. Vom Hügelland bis ins Gebirgsvorland zerstreut auf Lichtungen und an Waldrändern.

4 Schwarzes Bilsenkraut
Hyoscyamus niger
Ein- oder zweijährige, bis 80 cm hohe, drüsig-zottige Pflanze. Stengel aufrecht, dicht beblättert. Blätter wechselständig, buchtig ausgerandet, die oberen halbstengelumfassend. Blüten in den Achseln der oberen Blätter. Kelch walzig-glockig, drüsig behaart, netzförmig geadert. Kronen trichterförmig, trüb-gelblich, violett geadert, Schlund gewöhnlich rötlichviolett. Staubgefäße violett. Frucht eine Deckelkapsel mit schwarzbraunen Samen. Die Pflanze ist in allen ihren Teilen giftig! Blüht von Juni bis Oktober. Auf Schutthalden, Dorfplätzen und an Wegrändern; in wärmeren Gebieten häufiger.

5 Blasenkirsche *Physalis alkekengi*
Ausdauernde, über 50 cm hohe Pflanze mit kriechendem Wurzelstock. Stengel aufrecht, stumpf-kantig, oben flaumig. Blätter gestielt, breit-eiförmig, gewöhnlich ganzrandig, zugespitzt. Blüten einzeln, blattachselständig, gestielt. Kronen radförmigglockig, schmutzig-weiß oder gelblichgrün. Beeren orangefarben, in den vergrößerten, blasig aufgetriebenen, zur Reifezeit roten Kelch eingeschlossen. Blüht von Mai bis August. In Laubwäldern, Gebüschen und Weinbergen; im Karpatengebiet häufiger; zuweilen als Zierpflanze gezogen.

6 Schwarzer Nachtschatten
Solanum nigrum
Einjährige, bis 80 cm hohe, dunkelgrüne Pflanze. Stengel aufrecht oder niederliegend. Blätter breit-eiförmig oder dreieckig, flach gelappt. Blüten in lockeren, endständigen Blütenständen. Kronen weiß, radförmig fünfzählig. Beeren gewöhnlich schwarz, selten grünlich oder gelblich. Blüht von Juni bis Oktober. Von der Ebene bis ins Gebirgsvorland häufig, stellenweise gemein, als Unkraut auf Feldern, in Gärten und auf Schuttplätzen. Verwandt: Bittersüßer Nachtschatten *S. dulcamara.* Kletternder Halbstrauch mit violetten Blüten. Staubbeutel gelb, zu einem Kegel verbunden, der aus der zurückgebogenen Krone herausragt. Beeren rot. Beide Arten giftig!

mein, auf Äckern, in Gräben, auf Wiesen und feuchten Böden.

Familie **Nachtschattengewächse –**
Solanaceae

3 Schwarze Tollkirsche, Tollbeere
Atropa belladonna
Ausdauernde, drüsig-flaumige, bis 150 cm hohe Pflanze. Stengel dick, aufrecht, verzweigt. Blätter wechselständig, im Blütenstand scheinbar gegenständig, ungleich groß, eiförmig bis elliptisch, ganzrandig, flaumig. Blüten nickend, scheinbar achselständig, gestielt, einzeln, fünfzählig. Kronen walzig-glockig, außen braun-violett, innen graugelb, rötlich-marmoriert, mit aufgebogenen Zipfeln. Beere schwarz. Kelch zur

1

2

3

Familie **Braunwurzgewächse
(Rachenblütler)** – *Scrophulariaceae*

1 Kleinblütige Königskerze,
Kleinblütiges Wollkraut
Verbascum thapsus
Pflanze zweijährig, bis über 150 cm hoch,
gelblich-weißfilzig. Blätter der Grundrosette
länglich verkehrt-eiförmig; Stengelblätter
eiförmig bis lanzettlich, feingekerbt, bis zum
nächstunteren Blatt herablaufend. Blüten in
reichen, traubigen Blütenständen. Kronen
hellgelb, bis zu 2 cm Durchmesser. Staubfäden der zwei längeren Staubblätter kahl, die
der drei kürzeren behaart. Blüht von Juni bis
September. Von der Ebene bis ins Gebirgsvorland ziemlich häufig an Waldrändern, auf
sonnigen Hängen, Weiden und Schuttplätzen und an Mauern. Verwandt: Großblütige
Königskerze *V. thapsiforme* (*V. densiflo-
rum*). Blüten bis zu 4 cm Durchmesser. Untere Blätter unvollkommen herablaufend.
Staubfäden der kahlen Staubblätter nur etwa zweimal länger als die Staubbeutel.

2 Mehlige Königskerze
Verbascum lychnitis
Pflanze zweijährig, bis über 1 m hoch, filzig

behaart. Grundblätter verkehrt-eiförmig,
flach gekerbt bis ganzrandig. Stengelblätter
beinahe sitzend, verkehrt-eiförmig, länglich.
Stengel rispig verzweigt. Blüten in reichen
Blütenständen. Kronen gelb, radförmig. Alle
Staubfäden etwa gleich lang, weißwollig.
Blüht von Juni bis August. Von der Ebene bis
ins Gebirgsvorland häufig auf sonnigen
Hängen und Weiden, an Wald- und Wegrän-
dern. Verwandt: Schwarze Königskerze *V.
nigrum.* Staubfäden violettwollig; untere
Blätter gewöhnlich herzförmig.

3 Violette Königskerze
Verbascum phoeniceum
Zweijährige, beinahe 1 m hohe Pflanze mit
gewöhnlich dicht-drüsigem Stengel. Blätter
der Grundrosette eiförmig, Stengelblätter
sehr locker, herzförmig, sitzend. Blüten in
endständigen Trauben. Kronen dunkelviolett mit bis zu 2 cm Durchmesser. Blüht von
Mai bis Juli. In den niederen Lagen wärmerer Gebiete zerstreut an Waldrändern, an
buschigen, sonnigen Hängen und auf
Sandböden.

4 Gemeines Leinkraut, Frauenflachs, Kleines Löwenmaul *Linaria vulgaris*
Ausdauernde, bis beinahe 50 cm hohe, gewöhnlich unverzweigte, dicht beblätterte Pflanze. Blätter wechselständig, sitzend, lineal-lanzettlich, ganzrandig. Blüht in einer dichten, endständigen Traube. Kronen schwefelgelb, gespornt, Gaumen der Unterlippe orangefarben. Frucht eine eiförmige Kapsel. Blüht von Juni bis Oktober. Von der Ebene bis ins Gebirgsvorland häufig, stellenweise gemein auf Feldern, Brachland, Rainen und Felsen und an Wegrändern. Verwandt: Kleines Alpen-Leinkraut *L. alpina.* Grau, niederliegend. Blätter in drei- bis vierzähligen Quirlen. Blüten violett mit orangefarbenem Gaumen der Unterlippe. Wächst in den Alpen.

5 Ackerwachtelweizen
Melampyrum arvense
Einjährige, bis 30 cm hohe, flaumige Pflanze. Blätter gegenständig, lanzettlich, untere Blätter ganzrandig, obere in der unteren Hälfte eingeschnitten gezähnt. Blüten in einer allseitswendigen, dichten Ähre. Tragblätter purpurrot, unterseits schwarz punk-

tiert. Kronen purpurrot, im Schlund gelblich. Blüht von Mai bis September. Von der Ebene bis ins Gebirgsvorland ziemlich häufig auf Feldern und Brachland, an Hängen, Waldrändern und im Gebüsch. Verwandt: Kammwachtelweizen *M. cristatum.* Tragblätter rötlich, sattelförmig gebogen, mit zusammengefalteten, kammförmig gezähnten Hälften. Kronen gelblich-weiß, purpurrot überlaufen. Hainwachtelweizen *M. nemorosum.* Tragblätter flach, blauviolett. Kronen goldgelb.

6 Wiesenwachtelweizen
Melampyrum pratense
Einjährige, bis 50 cm hohe, gewöhnlich verzweigte Pflanze. Blätter lineal-lanzettlich, ganzrandig. Blüten in einseitswendiger, lockerer Ähre. Kelchzipfel lanzettlich-pfriemlich. Kronen weißlich bis zitronengelb, am Schlund fast geschlossen. Blüht von Mai bis September. Vom Flachland bis ins Gebirge häufig in Wäldern, an Waldwegen, auf Lichtungen. Verwandt: Waldwachtelweizen *M. sylvaticum.* Kelchzipfel dreieckig-lanzettlich. Kronen gelb bis orangegelb mit weitgeöffnetem Schlund.

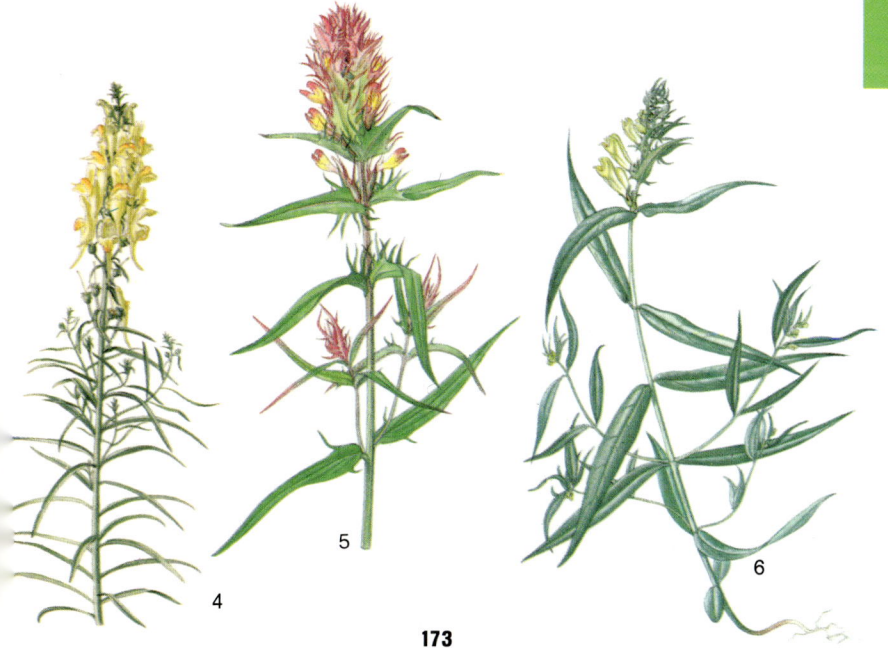

4

5

6

Familie **Braunwurzgewächse (Rachenblütler)** – *Scrophulariaceae*

1 Gamander-Ehrenpreis
Veronica chamaedrys
Pflanze ausdauernd, bis 25 cm hoch, zwei-reihig behaart, spärlich verzweigt, aufstei-gend. Blätter kerbig-gesägt, gegenständig, eiförmig bis elliptisch. Lockere Blüten-trauben in den Achseln der oberen Blätter. Kronen abfallend, sattblau. Frucht eine ver-kehrt-herzförmige Kapsel, kürzer als der Kelch. Blüht im Mai und Juni. Häufig, stellen-weise gemein auf Wiesen, Rainen, Weiden, in Mischwäldern und Gebüschen. Ver-wandt: Quendel-Ehrenpreis *V. serpyllifolia*. Blüten weißlich oder rosa; Blätter rundlich.

2 Wald-Ehrenpreis *Veronica officinalis*
Ausdauernde, bis über 25 cm hohe Pflanze. Stengel gleichmäßig behaart, niederlie-gend, wurzelnd, am Ende aufsteigend. Blät-ter feingesägt, eiförmig oder länglich-eiför-mig, kurzgestielt. Blüten in reichen Trauben, blaßviolett bis blaulila. Frucht eine verkehrt-herzförmige, drüsige Kapsel. Blüht von Juni bis August. In trockenen Wäldern, auf Lich-tungen und Heiden. Verwandt: Persischer Ehrenpreis *V. persica*. Stiele länger als die eiförmigen, gekerbten Blätter. Kronen blau, im Schlund gelblich. Eingebürgert.

3 Ähriger Ehrenpreis *Veronica spicata*
Ausdauernde, bis über 40 cm hohe, flaumi-ge, oben drüsige Pflanze. Blätter gegen-ständig, elliptisch, stumpf, sägeartig ge-kerbt, zur Spitze hin ganzrandig. Blüten in dichten, reichen, endständigen Trauben. Kronen blau oder violettblau. Frucht eine verkehrt-herzförmige, drüsige Kapsel. Blüht von Juni bis August. Von der Ebene bis ins Gebirgsvorland ziemlich häufig an sonni-gen Hängen, auf Weiden und Rainen, hauptsächlich in wärmeren Gebieten. Ver-wandt: Langblättriger Ehrenpreis *V. longi-folia* mit zugespitzten, bis zur Spitze scharf gesägten Blättern.

4 Zottiger Klappertopf
Rhinanthus alectorolophus
Einjährige, bis 80 cm hohe, stattliche Pflanze. Stengel aufrecht, grünlich. Blätter

lanzettlich bis länglich-eiförmig, sägeartig gezähnt. Reicher Blütenstand. Tragblätter beinahe dreieckig, scharf gezähnt. Kelch bauchig aufgeblasen, weiß-zottig. Krone gelb, Oberlippe mit einem zart violetten oder weißlichen Zähnchen. Frucht eine abgeflachte Kapsel. Blüht von Mai bis Juni. Vom Flachland bis ins Gebirge zerstreut auf Wiesen, in Gebüschen und als Feldunkraut. Verwandt: Kleiner Wiesenklappertopf *R. minor.* Kelch kahl. Alpenklappertopf *R. alpinus.* Kronen gelblich, oft violett gefleckt. Wächst auf Bergwiesen.

5 Waldläusekraut *Pedicularis sylvatica*
Zweijährige Pflanze. Äußere Stengel niederliegend, nur am Ende aufsteigend; innere Stengel aufrecht bis 15 cm hoch. Blätter fiederteilig, wechselständig, Abschnitte fiederlappig. Blüten in lockeren, endständigen Trauben. Kelch ungleich fünfzähnig. Krone blaßrosa bis rötlich. Blüht von Mai bis Juni. Vom Flachland bis ins Gebirge zerstreut auf feuchten Wiesen, Flachmooren und Heideland. Verwandt: Karlszepter-Läusekraut, Moorkönig *P. sceptrum-carolinum.* Blüten schwefelgelb, Unterlippe rotgerandet. Wächst in den Alpen und Karpaten. Geschützt!

6 Großblütiger oder **Blasser Fingerhut**
Digitalis grandiflora
(*D. ambigua*)
Ausdauernde, bis über 1 m hohe, giftige Pflanze. Stengel aufrecht, oben drüsig-flaumig. Blätter wechselständig, untere Blätter verkehrt-lanzettlich, obere Blätter eiförmiglanzettlich, sitzend. Blüten in einer einseitswendigen, dichten Traube. Krone röhrigglockig, außen hellgelb, innen braun gefleckt, mit gelapptem Saum. Blüht im Juni und Juli. Vom Hügelland bis ins Gebirge auf Lichtungen, steinigen, überwachsenen Hängen und in lichten Wäldern. Geschützt!

6

3

4

abstehend in den Achseln der rötlichen Nebenblätter. Kelch zweilippig, die Lippen gewöhnlich ungeteilt. Kronen röhrig-glockig, zweilippig, weißlich. Oberlippe dunkel drüsig behaart und purpurrot überlaufen. Blüht im Juni und Juli. Hauptsächlich in den wärmeren Gebieten auf sonnigen Hängen. Schmarotzt auf Quendel und anderen Lippenblütlern. In Mitteleuropa wächst eine ganze Reihe von Sommerwurz-Arten, die auf wilden und auf Kulturpflanzen schmarotzen.

Familie **Wegerichgewächse** –
Plantaginaceae

3 Spitzwegerich *Plantago lanceolata*
Ausdauernde, bis 50 cm hohe Pflanze. Blätter in einer Grundrosette. Einfacher, aufrechter, rinniger Schaft. Blätter schmallänglich, gewöhnlich ganzrandig, Blüten in einer eiförmig-walzigen Ähre. Kronen weißlich, Staubbeutel gelb. Frucht eine Deckkapsel. Blüht von Mai bis September. Vom Flachland bis ins Gebirge häufig; stellenweise gemein auf Wiesen, Feldern, Weiden

Familie **Sommerwurzgewächse** –
Orobanchaceae

1 Rötliche Schuppenwurz
Lathraea squamaria
Ausdauernde, beinahe 25 cm hohe, nicht grüne, schmarotzende Pflanze. Wurzelstock fleischig, verzweigt, mit hohlen, weißen Schuppen, Stengel aufrecht, dick, fleischig, zartrosa. Blätter schuppig. Blüten in einer einseitswendigen, dichten, zuerst nickenden Traube. Kronen röhrig-trichterförmig, zweilippig, hellpurpurn, mit rötlichen Unterlippen. Frucht eine Kapsel mit großen Samen. Blüht von März bis Mai. In Laubwäldern niederer Lagen. Schmarotzt auf den Wurzeln von Laubhölzern.

2 Weiße oder **Quendel-Sommerwurz**
Orobanche alba
Mehrjährige, schmarotzende, nur einmal im Leben blühende Pflanze. Stengel schlank, in der Erde verdickt, bis über 25 cm hoch, unverzweigt, drüsig behaart. Dichte Stengelschuppen, die unteren eiförmig-länglich, die oberen länglich-lanzettlich. Blüten in einer lockeren, walzigen Traube, waagrecht

und an Wegrändern. Verwandt: Mittlerer oder Weide-Wegerich *P. media.* Blätter elliptisch bis eiförmig, Schaft stielrund, Staubfäden lila.

4 Großer Wegerich, Breiter Wegerich
Plantago major
Ausdauernde, 10–30 cm hohe Pflanze. Blätter in einer Grundrosette, plötzlich herzförmig in den langen Stiel zusammengezogen, rundlich-eiförmig. Schaft aufrecht oder kurz aufsteigend. Blütenähre schmalwalzig, sehr lang, oft länger als der Schaft. Kronen bräunlich, Staubfäden weißlich. Frucht eine Deckelkapsel. Blüht von Juni bis Oktober. Vom Flachland bis ins Gebirge sehr häufig auf Weiden, Feldern, Schuttplätzen und an Wegrändern.

Familie **Rötegewächse** – *Rubiaceae*

5 Gemeine Ackerröte *Sherardia arvensis*
Einjährige, rauhbehaarte Pflanze. Stengel niederliegend oder aufsteigend, bis 30 cm hoch, verzweigt, vierkantig. Blätter in vierzähligen Quirlen, die oberen bis sechszählig, lanzettlich bis länglich, zugespitzt, einaderig, borstig gewimpert. Blüten in blütenarmen, achselständigen Blütenständen. Kronen klein, rosa bis lila. Frucht in zwei Teilfrüchte zerfallend. Blüht von Juni bis Oktober. Von der Ebene bis ins Gebirgsvorland häufig als Ackerunkraut, vor allem auf Kalkböden.

6 Waldmeister *Galium odoratum*
(*Asperula odorata*)
Ausdauernde, bis 30 cm hohe, gewöhnlich kahle, grüne Pflanze. Stengel aufrecht, vierkantig, glatt. Quirle aus sechs bis neun Blättern. Blätter eiförmig-lanzettlich, kahl, am Rande rauh, an der Spitze gewöhnlich stachelspitzig. Blüten in endständigen, zweigabeligen, trugdoldenförmigen, langgestielten Blütenständen. Kronen klein, weiß, trichterförmig, etwa bis zur Mitte vierspaltig. Teilfrüchte mit steifen, hakigen Borsten. Blüht im Mai und Juni. Vom Flachland bis ins Gebirge häufig in schattigen Laubwäldern und Gebüschen. Verwandt: Labmeister *G. glaucum.* Quirle von acht bis zehn graugrünen, schmallinealischen Blättern.

4

5

6

177

Familie **Rötegewächse** – *Rubiaceae*

1 Klettenlabkraut, Klimmendes Labkraut
Galium aparine
Pflanze einjährig. Stengel durch zurückge-
bogene Stachelborsten rauh, niederliegend
oder klimmend, vierkantig, bis 150 cm lang.
Blätter in sechs- bis neunzähligen Quirlen,
keilig-lanzettlich, am Rand und unterseits
auf der Aderung rauh behaart bis stachelig,
stachelspitzig. Blütenstand trugdoldig,
blattachselständig. Kronen viergeteilt, grün-
lichweiß, mit abstehenden Zipfeln. Teilfrüchte hakig-borstig auf geraden Stielen. Blüht
von Juni bis Oktober. Vom Flachland bis ins
Gebirge häufig in Gebüschen, auf Schuttplätzen und Feldern, an Waldrändern.

2 Echtes Labkraut *Galium verum*
Ausdauernde Pflanze. Wurzelstock kriechend. Stengel aufrecht oder aufsteigend,
bis über 60 cm hoch, verzweigt, oben vierkantig. Blätter kahl, schmal-lineal, einaderig
in acht- bis zwölfzähligen Quirlen. Blüten
gelb, in dichten, reichen, endständigen Rispen. Blüht von Mai bis September. Häufig

auf Wiesen, Weiden, sonnigen Hängen, Rainen und Sandböden. Verwandt: Kreuz-Lab-
kraut *G. cruciata.* Stengel niedrig, unverzweigt, abstehend behaart; Blätter dreiaderig, eiförmig-elliptisch, behaart; Blüten gelb.

3 Gemeines Labkraut, Wiesenlabkraut
Galium mollugo
Ausdauernde, bis 1 m hohe Pflanze. Stengel
niederliegend, aufsteigend oder aufrecht,
oft klimmend, vierkantig, kahl. Blätter lineal,
am Rande fein stachelig, stachelspitzig. Blüten weiß, in reichen, endständigen Rispen.
Kronzipfel zu haarfeinen Stachelspitzen verlängert. Glatte oder fein runzelige Teilfrüchte. Blüht von Mai bis September. Vom Flachland bis ins Gebirge ziemlich häufig auf
Wiesen und Rainen, in Gebüschen, an
Waldrändern und auf Sandböden.

Familie **Geißblattgewächse** –
Loniceraceae

4 Zwergholunder, Attich
Sambucus ebulus
Ausdauernde, bis 150 cm hohe, stattliche,

1

2

3

riechende, giftige Pflanze. Stengel aufrecht, gerieft. Blätter gestielt, unpaarig gefiedert; Blättchen scharf gesägt; blattartige Nebenblätter. Blütenstände reich, schirmförmig. Kronen radförmig, drei- bis sechszipfelig, weiß oder zartrosa. Staubbeutel violett, nach dem Ausstäuben schwarz. Beeren schwarz, glänzend, giftig. Blüht im Juni und Juli. Von der Ebene bis ins Gebirgsvorland zerstreut auf Lichtungen, an Waldrändern, in Gebüschen und auf Rainen. Verwandte Arten sind Holzgewächse.

Familie **Baldriangewächse** – *Valerianaceae*

5 Gezähnter Feldsalat, Rapunzelchen
Valerianella dentata
Einjährige, bis 20 cm hohe, kahle Pflanze. Stengel aufrecht, vom Grund an gabelig verzweigt. In den Gabeln der Zweige gewöhnlich einzelne Blüten, weitere Blüten in köpfchenförmigen Blütenständen an den Zweigenden. Blüten klein, bläulich-weiß. Kelchrand an der Frucht deutlich gezähnt, ein Zahn größer als die übrigen. Blätter läng-

lich-spatelig, gegenständig, am Grund oft mit ein bis zwei Paar stumpfer Zähnchen. Blüht von Juni bis September. Von der Ebene bis ins Gebirgsvorland zerstreut auf Feldern und Brachland. Verwandt: Gemeiner Feldsalat, Salatrapunzel *V. locusta.* Keine Blüten in den Astgabeln; Kelchrand undeutlich gezähnt; Blätter ganzrandig.

6 Echter Baldrian *Valeriana officinalis*
Ausdauernde, bis über 1 m hohe Pflanze. Wurzelstock kurz, kriechend, oft mit Ausläufern, beim Welken ausgeprägt riechend. Blätter fiederig geschnitten, die unteren gestielt, die oberen sitzend. Blüten in reichen, dreiarmigen Trugdolden. Kronen fünfzählig, weiß oder zartrosa. Fruchtkelch mit Haarkranz. Blüht von Juni bis September. Vom Flachland bis ins Gebirge in Ufergebüschen, auf Auen, feuchten Wiesen und an strauchbestandenen Hängen. Verwandt: Kleiner Baldrian *V. dioica.* Niedrig; Grundblätter beinahe ungeteilt, eiförmig; Stengelblätter bis leierförmig fiederig geschnitten; Blüten eingeschlechtig.

4

5

6

179

Familie **Kardengewächse** – *Dipsacaceae*

1 Wilde Karde, Waldkarde
Dipsacus sylvestris
Zweijährige, stattliche, bis über 150 cm hohe Pflanze. Stengel aufrecht, an den Leisten stachelig. Grundblätter in einer Rosette; Stengelblätter länglich-lanzettlich, gegenständig, am Grund paarweise verwachsen, am Rand und in der Mittelrippe stachelig. Stiel des Blütenkopfes dicht stachelig. Blüten blaßlila, selten weißlich. Hochblätter meistens länger als der Blütenkopf. Spreublätter pfriemlich-stachelig, länger als die Blüten. Blüht im Juli und August. In niederen Lagen auf Schwemmland, Weiden, Schuttplätzen und an Wegrändern.

2 Ackerwitwenblume, Ackerskabiose
Knautia arvensis
Ausdauernde, beinahe 1 m hohe, abstehend behaarte Pflanze. Stengel aufrecht. Grundrosette. Blätter graugrün, spatelig-lanzettlich bis verkehrt-eiförmig; Stengelblätter gewöhnlich fiederspaltig, die Abschnitte lan-

zettlich. Blütenköpfe langgestielt. Kronen blau, rosa-violett, weißlich oder gelblich; Randblüten strahlig. Frucht an Nüßchen mit borstig-behaartem Innenkelch. Blüht im Juni und August. Vom Flachland bis ins Gebirge häufig auf Wiesen, Weiden, Rainen, an Hängen und Waldrändern. Verwandt: Waldwitwenblume *K. sylvatica*. Blätter ungeteilt, Blüten violett.

3 Gelbe Skabiose, Grindkraut
Scabiosa ochroleuca
Ausdauernde, bis über 50 cm hohe Pflanze. Stengel aufrecht. Blätter der Grundrosette länglich, leierförmig-fiederteilig, Endabschnitte bis eingeschnitten gezähnt. Abschnitt der Stengelblätter lineal, gewöhnlich gezähnt. Blütenköpfe langgestielt; Randblüten strahlig. Kronen hellgelb. Kelchborsten anfangs rostrot. Blüht von Juli bis Oktober. In den niederen Lagen wärmerer Gebiete häufig an sonnigen Hängen auf Rainen, felsigen Abhängen und an Waldrändern.

2   3   1

Familie **Glockenblumengewächse** –
Campanulaceae

4 Pfirsichblättrige Glockenblume
Campanula persicifolia
Ausdauernde, bis 1 m hohe Pflanze. Wurzelstock kriechend. Stengel aufrecht, spärlich beblättert. Blätter glänzend, kahl, flach gekerbt, klein, verkehrt-eiförmig bis spatelig-lanzettlich, obere Blätter schmal-lanzettlich. Blüten groß, bis über 3 cm lang, in einer wenigblütigen, gewöhnlich einseitswendigen Traube. Kelchzipfel lanzettlich; Krone weitglockig, nur zu einem Drittel geteilt, himmelblau bis blauviolett. Frucht eine gerade Kapsel. Blüht von Juni bis September. Vom Flachland bis ins Gebirge ziemlich häufig in Wäldern und Gebüschen und an buschbestandenen Hängen.

5 Geknäuelte Glockenblume, Büschelglockenblume *Campanula glomerata*
Ausdauernde, bis 60 cm hohe, kahle oder flaumig- bis steifbehaarte Pflanze. Stengel aufrecht, stumpfkantig. Untere Blätter gestielt, herzförmig oder abgerundet, länglich; Stengelblätter lanzettlich, sitzend. Blüten sitzend in endständigen oder auch achselständigen Blütenknäueln. Kronen trichterförmig-glockig, dunkelblau bis blauviolett, selten weiß. Blüht von Juni bis September. Vom Flachland bis ins Gebirge an gras- oder strauchbestandenen Hängen, in lichten Wäldern, auf Kahlschlägen.

6 Alpenglockenblume
Campanula alpina
Zweijährige oder ausdauernde, bis 20 cm hohe, wolligbehaarte Pflanze. Grundrosette mit verkehrt-lanzettlichen, vorn leicht gekerbten Blättern. Stengelblätter lanzettlich, gewöhnlich gekerbt, selten ganzrandig. Blüten nickend auf zottigen Stielen. Kronen weitglockig, hellblau, mit innen wollig behaarten Zipfeln. Blüht im Juni und August. In den Alpen und Karpaten auf Geröll und Matten. Verwandt: Bärtige Glockenblume *C. barbata*. Stattlicher, mit blaßlila bis blauen Blüten. Wächst in den Alpen.

4   5   6

Familie **Glockenblumengewächse –** *Campanulaceae*

1 Ährige Teufelskralle, Rapunzel
Phyteuma spicatum
Ausdauernde, bis 80 cm hohe Pflanze. Stengel aufrecht. Grundblätter langgestielt, herzeiförmig, oft mit einem dunklen Fleck in der Mitte; Stengelblätter lanzettlich; alle Blätter doppelt kerbig gesägt. Blüten in einem walzigen, dichten Blütenköpfchen. Kronen grünlich-blaßgelb, röhrig mit linealen Zipfeln. Frucht eine Kapsel. Blüht von Mai bis Juni. Vom Flachland bis ins Gebirge ziemlich häufig in Laubwäldern, auf Waldwiesen und in Gebüschen. Verwandt: Kopfige oder Kugelige Teufelskralle *P. orbiculare*. Mit dunkelblauen Blüten in kugeligen Köpfchen.

2 Berg-Sandknöpfchen, Sandglöckchen,
Schafskabiose *Jasione montana*
Zweijährige, bis 50 cm hohe, gewöhnlich behaarte Pflanze. Grundblätter länglich-lanzettlich, während der Blüte meist abgestorben; Stengelblätter lanzettlich, am Rand wellig verbogen, kleingezähnt. Blüten in kugelförmigen Blütenköpfen. Hochblätter eiförmig. Kronen blau, selten rosa oder weiß, mit linealen Zipfeln. Frucht eine kugelförmige Kapsel. Blüht von Juni bis August. Von der Ebene bis ins Gebirgsvorland häufig auf sandigen Weiden, Dünen, felsigen Hängen und in Kiefernwäldern, vor allem auf nicht kalkhaltigem Untergrund.

Familie **Korbblütengewächse –** *Asteraceae (Compositae)*

3 Gemeine Wegwarte, Wilde Zichorie
Cichorium intybus
Ausdauernde, bis 150 cm hohe, milchsaftführende Pflanze. Stengel zäh, aufrecht, verzweigt. Grundblätter in einer Rosette, schrotsägeförmig gelappt, gestielt, unterseits borstig behaart. Stengelblätter spießförmig, untere sitzend, obere lanzettlich. Zahlreiche Blütenkörbe, Hüllblätter zweireihig, Blüten zungenförmig, an der Spitze fünfzähnig, blau, selten rosa oder weißlich. Früchte ohne Haarkranz, nur sehr kurzschuppig gerandet. Blüht von Juli bis Oktober. Von der Ebene bis ins Gebirgsvorland häufig an Wegrändern, auf Weiden und Rai-

1

2

3

nen. Der Wurzel wegen angebaut (Zichorie), selten als Salatgemüse.

4 Kleines oder Langhaariges Habichtskraut, Mausohr
Hieracium pilosella

Ausdauernde Pflanze mit langen Ausläufern. Stengel einköpfig, blattlos, bis 30 cm hoch. Blätter in einer Grundrosette, eiförmig-lanzettlich, borstig behaart, unterseits weißfilzig, an den Ausläufern kleiner. Hüllblätter lineal, graugrün, am Rande behaart. Blüten zungenförmig, an der Spitze fünfzählig, gelb; Randblüten außen rötlich-streifig. Schwarze Früchte mit Haarkranz. Blüht von Mai bis Oktober. Vom Flachland bis ins Gebirge häufig auf Wiesen, Weiden, Rainen, an Weg- und Waldrändern. Verwandt: Öhrchen-Habichtskraut *H. auricula*. Stengel tragen mehrere Blütenkörbchen; Blätter kahl, graugrün. Die Gattung *Hieracium* ist außerordentlich formenreich.

5 Orangerotes Habichtskraut
Hieracium aurantiacum

Ausdauernde, bis 50 cm hohe Pflanze mit Ausläufern. Stengel vielköpfig, aufgerichtet, oben schwarz-drüsig. Blätter der Grundrosette lanzettlich, weich behaart, drüsig, unterseits wollig. Blütenstiele abstehend schwärzlich behaart. Hüllblätter schwärzlich, heller gerandet. Blüten dunkel orangefarben. Blüht von Juni bis August. Auf Bergwiesen der Alpen und Karpaten und ihrer Vorländer. Als Zierpflanze gezogen, manchmal verwildert.

6 Gemeine Kuhblume,
Gemeiner Löwenzahn, Butterblume
Taraxacum officinale

Ausdauernde, 20–40 cm hohe, milchsaftführende Pflanze. Blätter der Grundrosette schrotsägeförmig gelappt bis fiederteilig oder nur leierförmig ausgeschnitten. Schäfte blattlos, hohl, einköpfig. Äußere Hüllblätter linealisch, zurückgeschlagen, die inneren aufgerichtet und länger. Blüten goldgelb. Früchte feinhöckerig mit langem Schnabel und weißem Haarkranz. Blüht von April bis August. Vom Flachland bis ins Gebirge sehr häufig auf Wiesen, Weiden, Rasenflächen, als Ackerunkraut und an Wegrändern.

Familie **Korbblütengewächse** –
Asteraceae (Compositae)

1 Stachellattich *Lactuca serriola*
Zweijährige, bis über 1 m hohe, milchsaft-
führende, borstig behaarte bis stachelige
Pflanze. Untere Stengelblätter fiederlappig,
am Rand und am Grunde auf der Hauptrip-
pe stachelig gezähnt; obere Blätter lanzettlich, mit senkrecht gestellter Spreite, gewöhnlich in Nordsüdrichtung eingestellt
(Kompaßpflanze). Blütenkörbe in reichen
Blütenständen. Kronen gelb, zungenförmig.
Früchte mit Haarkranz. Blüht von Juni bis
September. In den niederen Lagen wärmerer Gebiete häufig auf Schuttplätzen und
Brachland und an Wegrändern. Verwandt:
Gartenlattich oder Grüner Salat *L. sativa;*
seiner Blattköpfe wegen als Gemüse gezogen.

2 Einblütiges Ferkelkraut,
Alpen-Ferkelkraut
Hypochoeris uniflora
Ausdauernde, bis 50 cm hohe Pflanze.
Stengel aufrecht, einköpfig, unter dem
Blütenkorb keulig verdickt und steif be-
haart, gewöhnlich blattlos. Blätter der
Grundrosette länglich keilig-lanzettlich,
flach ausgeschnitten, gezähnt, rauh be-
haart. Blütenkorb groß, bis über 5 cm Durch-
messer. Korbhüllen eiförmig-kugelig, weich

schwärzlich behaart. Kronen gelb. Früchte
geschnäbelt, mit einreihigem Haarkranz.
Blüht von Juli bis September. Auf Bergwiesen, Matten und auf Zwergstrauchheiden.

3 Großer Bocksbart *Tragopogon dubius*
Zweijährige, bis über 50 cm hohe Pflanze.
Stengel aufrecht, reich verzweigt und beblättert. Blätter lineal-lanzettlich, scharf
zugespitzt, hängend, gewöhnlich graugrün.
Stengel unter dem Blütenkorb keulig verdickt, hohl. Blütenkörbe groß; Kronen gelb.
Hüllblätter länger als die Randblüten. Früchte bis 4 cm lang, stachelig rauh, geschnäbelt, mit Haarkranz. Blüht von Mai bis Juli.
In den niederen Lagen wärmerer Gebiete
ziemlich häufig an sonnigen Grashängen,
an Rainen und Wegrändern.

4 Niedrige Schwarzwurzel
Scorzonera humilis
Bis 40 cm hohe, ausdauernde Pflanze mit
schwarzem Wurzelstock. Stengel aufrecht,
einfach, fast blattlos, gewöhnlich einköpfig.
Grundblätter gestielt, lineal-lanzettlich, in
der Jugend wollig, frühzeitig kahl werdend.
Blütenkörbe groß, walzig-glockig. Korbhüllen oft wollig. Kronen gelb. Früchte mit Haarkranz. Blüht im Mai und Juni. Vom Hügelland bis ins Gebirge auf nassen Wiesen,
Mooren und in Wäldern. Verwandt: Purpur-

Schwarzwurzel *S. purpurea* mit hellvioletten Blüten und schmal-linealen Blättern.

5 Gemeiner Wasserdost, Wasserhanf, Kunigundenkraut
Eupatorium cannabinum
Ausdauernde, stattliche, bis 150 cm hohe Pflanze. Stengel aufrecht, reich beblättert. Blätter kurzgestielt, gegenständig, handförmig drei- bis fünfschnittig; Abschnitte spatelig-lanzettlich, sägeartig gezähnt. Blütenstände reich. Blütenkörbchen klein, blütenarm. Korbhüllen schmal-walzig. Kronen rötlich, rosa-violett, selten weiß, röhrig, fünfzipfelig. Früchte warzig mit Haarkranz. Blüht von Juli bis September. Vom Flachland bis ins Gebirge in feuchten Wäldern, Ufergebüsch, Gräben und auf Kahlschlägen.

6 Echte oder Gemeine Goldrute
Solidago virgaurea
Ausdauernde, bis 1 m hohe Pflanze. Stengel aufrecht, einfach, beblättert. Untere Blätter eiförmig bis elliptisch, gestielt, gewöhnlich gezähnt; obere Blätter fast sitzend, lanzettlich. Blütenkörbchen in aufrechter, dichter, allseitswendiger Traube oder Rispe. Zungenblüten länger als die Hüllblätter, Röhrenblüten ebenso wie die Zungenblüten gelb. Früchte behaart mit Haarkranz. Blüht von Juni bis Oktober. Vom Flachland bis ins

6

Gebirge ziemlich häufig auf Felsen, Sandböden, buschbestandenen Hängen, Matten und in lichten Wäldern.

4

5

Familie **Korbblütengewächse –**
Asteraceae (Compositae)

1 Mehrjähriges Gänseblümchen,
Maßliebchen, Tausendschönchen
Bellis perennis
Ausdauernde, bis 15 cm hohe Pflanze. Blätter in einer Grundrosette, länglich verkehrt-eiförmig bis spatelig, kerbig gesägt. Schäfte aufrecht, einköpfig. Korbboden kegelförmig, hohl. Hüllblätter lanzettlich, stumpf, vorn gewimpert. Scheibenblüten röhrenförmig, gelb; Randblüten zungenförmig, weiß oder rosa, oft außen rot angelaufen. Blüht von März bis November. Vom Flachland bis ins Gebirge sehr häufig auf Grasplätzen. Auch als Zierpflanze gezogen, oftmals nur mit Zungenblüten (Tausendschönchen).

2 Alpenaster *Aster alpinus*
Ausdauernde, bis 20 cm hohe Pflanze. Stengel unverzweigt, arm beblättert, einköpfig. Blätter dreinervig, behaart, ganzrandig; grundständige Blätter spatelig, Stengelblätter länglich-lanzettlich, sitzend. Blütenkör-be groß, über 4 cm Durchmesser, Hüllblätter lanzettlich, gewimpert. Röhrenblüten gelb, Randblüten lang, zungenförmig, violettblau, selten rosa oder weißlich. Blüht von Juni bis August. In den Bergen auf felsigen, steinigen oder grasbewachsenen Hängen. Auch als Zierpflanze gezüchtet. Geschützt!

3 Kanadisches Berufskraut
Conyza canadensis (Erigon canadensis)
Ein- oder zweijährige, bis 1 m hohe Pflanze. Stengel aufrecht, dicht beblättert, einfach. Reichblütige Rispen mit vielköpfigen Rispenästen. Blätter lanzettlich, die unteren gestielt, die oberen sitzend. Blütenkörbchen klein; Hüllblätter dünnhäutig gerandet. Scheibenblüten röhrenförmig, gelblich-weißlich; Randblüten schmutzig-weiß, etwas länger als die Hüllblätter. Früchte mit Haarkranz. Blüht von Juni bis Oktober. Heimat Nordamerika; eingeschleppt und heute stellenweise sehr häufig als Unkraut in Gärten, auf Schuttplätzen, Sandböden, Brachland, Böschungen, Lichtungen und an Wegrändern sowie Gewässerufern.

4 Scharfes oder **Echtes Berufskraut**
Erigeron acer
Zweijährige bis ausdauernde, bis 30 cm hohe, rauhbehaarte Pflanze. Stengel aufrecht, rötlich, dicht beblättert. Blätter gewöhnlich ganzrandig, untere Blätter länglich verkehrteiförmig, gestielt, die anderen lanzettlich, sitzend. Blütenkörbchen über 1 cm im Durchmesser, in wenigköpfigen Trauben. Korbhülle walzig; Hüllblätter lineal, grau behaart. Scheibenblüten röhrenförmig, weißlich oder gelblich-grün; Randblüten kurz zungenförmig, fädig, rosa-violett, etwas länger als die Scheibenblüten. Blüht von Juni bis September. Von der Ebene bis ins Gebirgsvorland ziemlich häufig auf trockenen Grashängen, Rainen und an Wegrändern.

5 Zweihäusiges Katzenpfötchen
Himmelfahrtsblümchen *Antennaria dioica*
Ausdauernde, bis 20 cm hohe Pflanze mit Ausläufern. Stengel und Unterseiten der Blätter weißfilzig. Blätter der Ausläufer spatelig; Stengelblätter lanzettlich bis lineal. Blütenkörbchen gehäuft, kurz gestielt; Hüll-

blätter dachziegelig, am Grunde weißwollig, zur Spitze hin kahl und trockenhäutig. Bei zwittrigen Blütenkörbchen sind die Hüllblätter weißlich, selten zart rosa, die Blüten in der Regel weißlich. Bei weiblichen Körbchen sind die Hüllblätter gewöhnlich rosa, die Blüten rosa bis rötlich. Blüht im Mai und Juni. Vom Flachland bis ins Gebirge häufig auf Weiden, Sandböden, Lichtungen, in Kiefernwäldern und auf Heideland.

6 Edelweiß *Leontopodium alpinum*
Ausdauernde, bis 20 cm hohe, dicht weißfilzige Pflanze. Stengel aufrecht, einfach, spärlich beblättert. Blätter der Grundrosette spatelig-lanzettlich, gestielt, ganzrandig; Stengelblätter wechselständig, länglichlanzettlich. Blütenkörbchen klein, halbkugelig, am Stengelende knäuelig gehäuft, von sternförmig ausgebreiteten, lanzettlichen, weißfilzigen, ungleich großen Hochblättern gestützt. Blüten klein, gelblich-weißlich. Blüht von Juli bis September. Auf Kalkfelsen und steinigen Wiesen der Karpaten und Alpen. Streng geschützt!

4

5

6

Familie **Korbblütengewächse –**
Asteraceae (Compositae) •

1 Waldruhrkraut *Gnaphalium sylvaticum*
Ausdauernde, bis 50 cm hohe Pflanze. Stengel aufrecht, einfach, dicht beblättert. Blätter einaderig, ganzrandig, oben flaumig oder kahl, unterseits graufilzig; untere Blätter lanzettlich, obere Blätter mehr schmal-lineal. Blütenkörbchen klein, zu mehreren in den oberen Blattachseln; Hüllblätter hellbraun gerandet. Blüten klein, schmal röhrig, bräunlich. Blüht von Juli bis September. Vom Flachland bis ins Gebirge ziemlich häufig in lichten Wäldern, auf Lichtungen und Heiden.

2 Wiesenalant *Inula britannica*
Ausdauernde, bis 60 cm hohe, glänzend-anliegend behaarte bis kahle Pflanze. Stengel aufrecht, beblättert. Blätter weich behaart bis kahl, eiförmig-länglich bis lanzettlich, gewöhnlich ganzrandig, sitzend; obere Blätter oft herzförmig stengelumfassend. Körbe einzeln oder bis zu viert eine Traube bildend. Korbhülle breit-eiförmig; Hüllblät-

ter lineal-lanzettlich, behaart und drüsig. Röhrenblüten und lang-lineale Zungenblüten gelb. Blüht von Juni bis September. Von der Ebene bis ins Hügelland zerstreut auf feuchten Wiesen, in Gräben und Gebüschen.

3 Gemeine Spitzklette
Xanthium strumarium
Einjährige, bis über 1 m hohe, graugrüne Pflanze. Stengel dick, spärlich beblättert. Blätter herzförmig-dreieckig, gelappt. Lappen sägeartig gezähnt. Blütenkörbchen eingeschlechtig, einhäusig, blattachselständig; männliche Blütenkörbchen mehrblütig, grünlich; weibliche Blütenkörbchen zweiblütig mit zwei Schnäbeln an der Spitze. Hüllblätter starr-stachelig. Früchte mit geraden, abstehenden oder zusammenneigenden Fruchtschnäbeln in der verwachsenen Korbhülle eingeschlossen. Blüht von Juli bis Oktober. Heimat: Ursprünglich Südamerika; heute ist die Pflanze in den niederen Lagen wärmerer Gebiete auf Schuttplätzen, an Wegrändern und in Gärten eingebürgert.

4 Dreiteiliger Zweizahn *Bidens tripartita*
Einjährige, bis 1 m hohe, reichverzweigte
Pflanze. Stengel oft rotbraun überlaufen.
Stengelblätter gegenständig, gestielt, drei-
bis fünfteilig; Abschnitte lanzettlich, gezähnt. Blütenkörbchen gewöhnlich kugelförmig, einzeln an den Zweigenden. Äußere
Hüllblätter blattartig vergrößert, die zahlreichen inneren Hüllblätter eiförmig,
braungelb. Blüten braungelb. Zungenblüten fehlen. Früchte vierkantig, an den Kanten
rückwärts stachelig-rauh, mit zwei bis vier
geraden Grannen. Blüht von Juni bis Oktober. Von der Ebene bis ins Gebirgsvorland
ziemlich häufig in Gräben, am Wasser und
in Auen. Verwandt: Nickender Zweizahn *B.
cernua.* Blütenkörbe größer, gewöhnlich mit
zungenförmigen Blüten; Blätter ungeteilt.

5 Ackerhundskamille *Anthemis arvensis*
Einjährige, bis 50 cm hohe Pflanze. Stengel
aufrecht, reich verzweigt. Blätter fiederig
geschnitten; Abschnitte kammförmig-fie-
derteilig. Blütenkörbchen einzeln, langgestielt. Korbhülle halbkugelförmig; Hüllblättchen blaß, dünnhäutig gerandet. Korb-

boden kegelförmig, ganz mit lanzettlichen,
zugespitzten, starr-stachelspitzigen Streu-
blättern bewachsen. Scheibenblüten gelb,
zungenförmige Randblüten weiß. Früchte
ohne Haarkranz. Blüht von Mai bis Oktober.
Von der Ebene bis ins Gebirgsvorland häufig auf Feldern, Schuttplätzen und an
Wegrändern.

6 Stinkende Hundskamille
Anthemis cotula
Einjährige, zerstreut behaarte, riechende,
bis 50 cm hohe Pflanze. Stengel reich verzweigt. Blätter zwei- bis dreifach fiederig
geschnitten; Abschnitte schmal-lineal, gezähnt. Blütenkörbchen einzeln, gestielt;
Korbhüllen schüsselförmig; Hüllblätter
breithäutig gerandet. Scheibenblüten gelb,
zungenförmige Randblüten weiß. Früchte
warzig ohne Haarkranz. Blüht von Juni bis
Oktober. Von der Ebene bis ins Gebirgsvorland zerstreut auf Dorfplätzen, Feldern,
Schutthalden und an Wegrändern.

2

5

6

Familie **Korbblütengewächse –**
Asteraceae (Compositae)

1 Kleinblütiges Knopfkraut,
Franzosenkraut *Galinsoga parviflora*
Einjährige, bis 80 cm hohe Pflanze. Stengel
oben sehr kurz-flaumig. Blätter gegenständig, eiförmig, zugespitzt, scharf gesägt.
Blütenkörbchen klein, in wenigköpfigen,
endständigen Blütenständen. Hüllblätter
abfallend. Scheibenblüten gelb, kurz zungenförmige Randblüten vier bis fünf. Frucht
mit schuppigem Haarkranz. Blüht von Mai
bis Oktober. Heimat: Südamerika; nach Europa eingeschleppt und von der Ebene bis
ins Gebirgsvorland als Unkraut auf Feldern,
in Gärten und auf Schuttplätzen eingebürgert. Verwandt: Behaartes Knopfkraut *Galinsoga ciliata;* Stengel oben dicht- und lang-
zottig.

2 Sumpfschafgarbe, Bertramsgarbe
Achillea ptarmica
Ausdauernde, bis 1 m hohe Pflanze mit holzigem, kriechendem Wurzelstock. Stengel
aufrecht, dicht beblättert. Blätter lineal-lanzettlich, sitzend, scharf knorpelig gesägt.
Blütenkörbe groß, in armen Blütenständen.
Korbhüllen halbkugelförmig; Hüllblätter
dunkelbraun gerandet. Röhrenblüten
schmutzig-weiß; Zungenblüten weiß, bis zu
12, länger als die Korbhülle. Blüht von Juli
bis September. Von der Ebene bis ins Gebirgsvorland am Wasser und auf nassen
Wiesen. Früher öfter kultiviert, besonders
mit gefüllten Köpfchen.

3 Gemeine Schafgarbe
Achillea millefolium
Ausdauernde, bis 50 cm hohe Pflanze. Sten-
gel aufrecht, im Blütenstand dicht verzweigt,
reich beblättert. Blätter doppelt gefiedert;
Fiederabschnitte lineal-lanzettlich, flach ge-
ordnet; Blattspindel nur an der Spitze etwas
gezähnt. Blütenkörbchen klein, in dichter
Doldenrispe. Röhrenblüten schmutzigweiß;
Zungenblüten höchstens fünf, weiß oder
rosa, Zungen etwa halb so lang wie die
Korbhülle. Blüht von Juni bis Oktober. Vom
Flachland bis ins Gebirge sehr häufig auf
Wiesen, Weiden, Felsen, Lichtungen und an
Wegrändern.

6

5

4

4 Echte Kamille *Chamomilla recutita* (*Matricaria chamomilla*)

Einjährige, beinahe 50 cm hohe, duftende Pflanze. Stengel verzweigt, kahl. Blätter wechselständig, spärlich, bis dreifach gefiedert mit schmal-linealischen Abschnitten. Blütenkörbe einzeln, langgestielt an den Zweigenden. Korbhüllen halbkugelförmig; Hüllblätter bräunlich gesäumt. Scheibenblüten röhrenförmig, gelb, mit fünfzipfeligen Kronen; Randblüten weiß, zungenförmig, bald herunterhängend. Korbböden hohl, kegelförmig, ohne Spreublätter, Früchte ohne Haarkranz. Blüht von März bis August. Ziemlich häufig in wärmeren Gebieten von der Ebene bis ins Gebirgsvorland auf Feldern und Brachland und an Wegrändern. Auch als Heilpflanze angebaut und verwildert.

5 Strahlenlose Kamille

Chamomilla suaveolens (*Matricaria matricarioides, M. discoidea*) Einjährige, bis 30 cm hohe, duftende Pflanze. Stengel verzweigt, dicht beblättert. Blätter sitzend, bis dreifach gefiedert mit lineal-

lanzettlichen Abschnitten. Blütenkorbstiele kurz, oben verdickt. Korbhüllen halbkugelförmig, mit durchscheinend häutig gerandeten Hüllblättern. Alle Blüten gelb-grün, röhrenförmig, die Kronen vierzipfelig; Zungenblüten fehlen. Korbböden kegelförmig, hohl. Früchte ohne Haarkranz. Blüht von Juni bis August. Heimat: Nordostasien; eingeschleppt und auf Schuttplätzen, Brachland und an Wegrändern völlig eingebürgert.

6 Geruchlose Strandkamille,

Falsche Kamille *Matricaria maritima* (*Tripleurospermum inodorum*) Ein- oder zweijährige, beinahe 50 cm hohe Pflanze. Stengel aufrecht, gewöhnlich nur oben verzweigt. Blätter bis dreifach gefiedert mit schmal-linealen bis fädigen Abschnitten. Blütenkörbe groß, langgestielt. Scheibenblüten röhrenförmig, gelb; Zungenblüten weiß, waagerecht abstehend. Korbböden halbkugelförmig, markig. Blüht von Juni bis Oktober. Von der Ebene bis ins Gebirgsvorland sehr häufig auf Feldern, Brachland, Schuttplätzen und an Wegrändern.

Familie **Korbblütengewächse –**
Asteraceae (Compositae)

1 Gemeiner Rainfarn, Wurmkraut
Tanacetum vulgare (Chrysanthemum vulgare)
Ausdauernde, über 1 m hohe, buschige, aromatische Pflanze mit kriechendem, reich verzweigtem Wurzelstock. Stengel aufrecht, zäh, dicht beblättert. Blätter tief fiederteilig; Abschnitte lanzettlich, sägeartig gezähnt, unterseits drüsig punktiert. Zahlreiche Blütenkörbchen in reichen Doldenrispen. Korbhüllen halbkugelförmig. Blüten gelb, röhrenförmig, fünfzipfelig; Zungenblüten fehlen. Früchte mit feingezähntem Rand. Blüht von Juni bis September. Vom Flachland bis ins Gebirge häufig auf Böschungen, Schuttplätzen, an Wegen und Gewässerufern. Giftig!

2 Weiße Wucherblume, Margerite,
Orakelblume *Leucanthemum vulgare*
Ausdauernde, bis über 50 cm hohe Pflanze. Stengel aufrecht, einfach, manchmal spärlich verzweigt. Untere Blätter gestielt, einfach, spatelförmig, gekerbt bis gesägt; obere Blätter lineal-länglich, gesägt, sitzend.

Blütenkörbchen groß, langgestielt. Korbhülle halbkugelförmig; Hüllblättchen hellbis schwarzbraun gerandet. Scheibenblüten röhrenförmig, gelb; Zungenblüten weiß. Früchte ohne Haarkranz. Blüht von Juni bis Oktober. Häufig auf Wiesen, Hängen, Weiden. Auch als Zierpflanze gezüchtet.

3 Traubenwucherblume
Chrysanthemum corymbosum
Ausdauernde, bis über 1 m hohe Pflanze. Stengel aufrecht, im Blütenstand reich verzweigt, dicht beblättert. Untere Blätter gestielt, die übrigen sitzend; alle Blätter fiederschnittig; Abschnitte doppelt sägeartig gezähnt, die Spindel gesägt. Blütenkörbe in Doldenrispen. Röhrenblüten gelb, Zungenblüten weiß, lineal. Blüht von Juni bis August. In wärmeren Gebieten vom Flachland bis ins Gebirge ziemlich häufig in lichten Wäldern, an sonnigen Hängen und in Gebüschen, vor allem auf Kalkböden.

4 Gemeiner Beifuß, Echter Beifuß
Artemisia vulgaris
Ausdauernde, bis über 120 cm hohe, riechende Pflanze. Stengel aufrecht, büschelig, zäh, reich verzweigt. Blätter fiederteilig

1

2

3

mit lanzettlichen, lappig-gezähnten Abschnitten; obere Blätter fiederspaltig mit ganzrandigen, im Blütenstand einfachen, lineal-lanzettlichen, unterseits fein weißfilzigen Abschnitten. Blütenkörbchen winzig, länglich-eiförmig, in reichen, dichten Rispen. Alle Blüten röhrenförmig, gelblich bis rotbraun. Blüht von Juni bis September. Vom Flachland bis ins Gebirge sehr häufig auf Schuttplätzen, an Wegrändern, Böschungen und Gewässerufern.

5 Gemeiner Huflattich *Tussilago farfara*
Ausdauernde, bis 20 cm hohe Pflanze. Wurzelstock kriechend, mit Ausläufern. Stengel aufrecht, einköpfig. Grundrosette, deren Blätter sich erst nach dem Abblühen entwickeln. Blätter langgestielt, eckig-rundlich, tiefherzförmig, flach schwärzlich gezähnt,

unterseits graufilzig. Stengelblätter länglich-eiförmig, dicht, gelblich, schuppenförmig. Korbhüllen glockig. Hüllblätter lineal, manchmal rötlich überlaufen. Blüten gelb; Scheibenblüten röhrenförmig, Randblüten zungenförmig. Früchte mit Haarkreuz. Blüht im März und April. Vom Flachland bis ins Gebirge häufig auf Feldern, in Gräben und auf Kahlschlägen.

6 Roter oder Gemeiner Alpenlattich
Homogyne alpina
Ausdauernde, bis 30 cm hohe Pflanze mit dünnem Wurzelstock. Stengel grauzottig, aufrecht, einköpfig, gewöhnlich mit zwei eiförmigen, stengelumfassend sitzenden Blättern. Blätter der Grundrosette langgestielt, beinahe lederig, herz-nierenförmig, sehr flach ausgerandet, kahl, nur unterseits auf der Aderung spärlich behaart. Blütenkörbchen walzig-röhrig; Hüllblätter lineal. Blüten schmutzig-violett, fast durchweg röhrenförmig, etwas länger als die Hüllkelche. Früchte mit Haarkranz. Blüht von Mai bis Juli. Ziemlich häufig in Bergwäldern auf Matten.

4

6

5

Familie **Korbblütengewächse** –
Asteraceae (Compositae)

1 Rote oder Gemeine Pestwurz

Petasites hybridus (P. officinalis)
Ausdauernde, zur Fruchtzeit bis 1 m hohe
Pflanze mit dickem Wurzelstock. Unvollkommen zweihäusig. Stengel aufrecht, einfach, dicht schuppig, oft violett überlaufen.
Blätter der Grundrosette langgestielt, eckig-
rundlich, herzförmig bis nierenförmig,
stumpfgezähnt, fast oder ganz kahl. Schuppen stengelumfassend, lanzettlich, die unteren scheidig. Blütenkörbchen in dichten
Trauben, diese zur Fruchtzeit verlängert.
Korbhüllen glockig-röhrenförmig, rosa-violett überlaufen, Blüten violett-rosa; männliche Blüten röhrenförmig fünfzipfelig, weibliche Blüten schmalröhrenförmig. Früchte
mit Haarkranz. Blüht im April und Mai. Vom
Flachland bis ins Gebirge ziemlich häufig
truppweise an Gewässerufern und auf nassen Wiesen.

2 Weiße Pestwurz *Petasites albus*
Ausdauernde, zur Fruchtzeit bis 80 cm hohe
Pflanze mit dünnem, langkriechendem Wurzelstock. Stengel und Schuppen blaßgrün.
Blätter der Grundrosette rundlich, herz-nierenförmig, eckig-gelappt, scharf gezähnt,
unterseits graufilzig bis fast kahl. Blüten
gelblich-weiß; männliche Blüten röhrenförmig fünfzipfelig, weibliche Blüten schmal
röhrenförmig. Blüht im April und Mai. Vom
Hügelland bis ins Gebirge zerstreut in
Wäldern und an Bächen, in höheren Lagen
häufiger, oft gesellig.

3 Berg-Wohlverleih, Arnika
Arnica montana
Ausdauernde, bis 50 cm hohe Pflanze mit
kriechendem Wurzelstock. Stengel aufrecht, drüsig-flaumig, mit nur wenigen
Blütenkörbchen. Blätter der Grundrosette
eiförmig, ganzrandig; Stengelblätter gegenständig, eiförmig bis lanzettlich. Hüllblätter
lanzettlich. Blüten orangegelb, Scheibenblüten röhrenförmig, Randblüten zungenförmig. Früchte mit Haarkranz. Blüht im Juni

und Juli. Vom Hügelland bis ins Gebirge auf Wiesen, Waldlichtungen, an den Rändern von Torfmooren, hauptsächlich in höheren Lagen. Geschützt!

4 Österreichische Gemswurz
Doronicum austriacum
Ausdauernde, bis 150 cm hohe Pflanze mit kurzem Wurzelstock und kantigen, aufrechten, behaarten, mehrköpfigen Stengeln. Grundblätter gestielt, herz-eiförmig, kerbig gesägt; Stengelblätter länglich, herzförmig stengelumfassend bis geöhrt, gezähnt und gewimpert. Blütenkörbe langgestielt. Hüllblätter lineal-lanzettlich. Blüten gelb; Scheibenblüten röhrenförmig, Randblüten lang zungenförmig. Früchte der mittleren Blüten mit, die der Randblüten ohne Haarkranz. Blüht im Juli und August. Vom Vorland bis in die Gebirge Mitteleuropas in lichten Wäldern und Ufergebüschen.

5 Jakobskreuzkraut, Jakobsgreiskraut
Senecio jacobea
Ausdauernde oder zweijährige, bis 1 m hohe Pflanze. Stengel aufrecht, dicht beblättert, nur oben verzweigt. Untere Blätter leierför-mig-fiederteilig; Stengelblätter gewöhnlich sitzend, fiederschnittig mit mehrteiligen Öhrchen und beinahe gleichen, gezähnten Abschnitten. Blütenkörbchen in rispenförmigen Blütenständen. Korbhülle glockig; Hüllblätter lineal. Blüten gelb; Scheibenblüten röhrenförmig, die zahlreichen Randblüten zungenförmig. Blüht von Juni bis September. Von der Ebene bis ins Gebirgsvorland ziemlich häufig auf trockenen Hängen, Wiesen, an Waldrändern und Wegen.

6 Fuchskreuzkraut *Senecio fuchsii*
Ausdauernde, bis 150 cm hohe Pflanze. Stengelblätter lanzettlich mit verschmälertem Grund, kurzgestielt, abstehend gezähnt und fast kahl. Blütenkörbe in lockeren, rispenförmigen Blütenständen. Korbhüllen walzig. Scheibenblüten röhrenförmig. Randblüten gewöhnlich fünf, zungenförmig, alle Blüten hellgelb. Früchte mit langem Haarkranz. Blüht von Mai bis Juli. Vom Hügelland bis ins Gebirge in Wäldern und auf Lichtungen. Verwandt: *S. nemorensis*. Stengel und sitzende Blätter behaart, Blütenstände dichter.

6   4   5

Familie **Korbblütengewächse –**
Asteraceae (Compositae)

1 Kleine Klette *Arctium minus*
Zweijährige, stattliche, bis über 1 m hohe
Pflanze. Stengel aufrecht, dick, reich verzweigt, wollig-flaumig. Blätter gestielt, breit-
eiförmig, herzförmig, ganzrandig oder flach
gezähnt, unterseits schwach graufilzig. Blütenkörbe in traubenförmigen Blütenständen. Korbhüllen kugelförmig; Hüllblätter an
der Spitze hakig gebogen. Blüten röhrenförmig, rotviolett. Früchte mit Haarkranz. Blüht
von Juni bis September. Von der Ebene bis
ins Gebirgsvorland ziemlich häufig auf
Schuttplätzen und an Wegrändern. Verwandt: Filzige Klette *A. tomentosum* mit
dicht spinnwebig-wolliger Korbhülle.

2 Nickende Distel *Carduus nutans*
Zweijährige, bis 1 m hohe Pflanze. Stengel
durch den kraus herablaufenden Blattgrund
flügelartig gestachelt. Blätter länglich bis
lanzettlich, fiederspaltig; Abschnitte stachelig gelappt. Blütenkörbe groß, einzeln, nikkend, gestielt. Korbhüllen kugelförmig; Hüllblätter stachelig zugespitzt, außen wollig.
Blüten röhrenförmig, etwas unsymmetrisch,
rotviolett. Früchte mit Haarkranz. Blüht von
Juni bis September. Von der Ebene bis ins
Gebirgsvorland ziemlich häufig an sonnigen Hängen, auf Weiden, an Weg- und
Waldrändern.

3 Weg- oder Stacheldistel
Carduus acanthoides
Zweijährige, bis 1 m hohe Pflanze. Stengel
schmal geflügelt, stachelig. Blätter länglich-
lanzettlich bis fiederteilig, kraus herablaufend; Abschnitte stachelig gezähnt.
Blütenkörbe aufrecht, an kurzen, stachelig
geflügelten Stielen; Korbhüllen kugelig-ei-
förmig; Hüllblätter stechend stachelig. Blüten rosaviolett. Blüht von Juni bis September. Von der Ebene bis ins Gebirgsvorland
besonders in wärmeren Gebieten zerstreut
auf Weiden, Schuttplätzen und an Wegrän-

4

1

dern. Verwandt: Krause Distel C. crispus.
Stengel und Zweige breit, kraus, geflügelt;
Blätter buchtig-fiederspaltig; Blütenkörbchen zu drei bis fünf gedrängt.

4 Ackerkratzdistel Cirsium arvense
Ausdauernde, bis über 1 m hohe Pflanze.
Stengel aufrecht, beblättert, ungeflügelt.
Blätter lanzettlich oder elliptisch, buchtig
gezähnt, ungeteilt bis fiederteilig, stachelig
gezähnt; obere Blätter sitzend. Blütenkörbchen klein, zahlreich. Korbhüllen spinnwebig behaart, violett; Hüllblätter zugespitzt
bis kurz stachelig. Blüten unvollkommen
zweihäusig, rosa-violett; Kronen bis fast zum
Grunde gespalten. Früchte mit federigem
Haarkranz. Blüht von Juni bis September.
Vom Flachland bis ins Gebirge sehr häufig
auf Schuttplätzen, als Unkraut auf Feldern
und in den Wäldern auf Lichtungen. Verwandt: Gemeine Kratzdistel, Lanzettdistel C.
vulgare. Stengel lappig geflügelt; Blätter
unterseits fein graufilzig, Abschnitte scharf
stachelig.

5 Sumpfkratzdistel Cirsium palustre
Zweijährige, bis 150 cm hohe, dicht stachelige Pflanze. Stengel gelappt bis stachelig
geflügelt, unten behaart, unverzweigt.
Grundblätter rötlich überlaufen; Stengelblätter beinahe bis zum benachbarten Blatt
herablaufend, lanzettlich; untere Stengelblätter buchtig-fiederspaltig, die oberen
gelappt, stachelig gezähnt. Blütenkörbchen
klein, dicht an der Spitze des Stengels gedrängt. Korbhüllen fein spinnwebig; Hüllblätter gewöhnlich violett überlaufen. Blüten
rosa-violett. Blüht von Juni bis September.
Vom Flachland bis ins Gebirge häufig auf
nassen Wiesen und Lichtungen. Verwandt:
Graue Kratzdistel C. canum mit einzelnen
Blütenkörbchen auf langen, grau-spinnwebigen, blattlosen Stielen.

6 Kohlkratzdistel, Kohldistel
Cirsium oleraceum
Ausdauernde, bis 150 cm hohe Pflanze.
Stengel aufrecht, entfernt beblättert. Blätter
weich-stachelig gewimpert, die unteren bis
tief fiederteilig mit gezähnten Abschnitten,
die oberen fiederspaltig, herzförmig sitzend.
Blütenkörbe gehäuft, von vergrößerten ungeteilten, bleichen Hochblättern umhüllt.
Blüten weißlich-gelb. Von Juni bis September. Von der Ebene bis ins Gebirgsvorland
ziemlich häufig auf feuchten Wiesen.

3   5   6

Familie **Korbblütengewächse** –
Asteraceae (*Compositae*)

1 Wiesenflockenblume *Centaurea jacea*
Ausdauernde, bis 50 cm hohe Pflanze. Stengel aufrecht, gewöhnlich verzweigt, arm beblättert. Obere Blätter ganzrandig, eiförmig-lanzettlich, sitzend. Blütenkörbe einzeln an den Zweigenden. Hüllblätter mit deutlichem, trockenhäutigem Anhängsel. Blüten rosa-purpurn, Randblüten vergrößert, strahlig. Früchte ohne Haarkranz. Blüht von Juni bis Oktober. Vom Flachland bis ins Gebirge häufig auf Wiesen, Weiden, Rainen und an Wegrändern. Verwandt: Skabiosen-Flockenblume *C. scabiosa*. Blätter fiederteilig; Anhängsel der Hüllblätter schwarz gesäumt, gefranst.

2 Korn-Flockenblume, Kornblume
Centaurea cyanus
In der Regel einjährige, bis 60 cm hohe Pflanze. Stengel aufrecht, oft verzweigt. Blätter fast kahl; Stengelblätter sitzend, schmal-lanzettlich bis lineal, ganzrandig. Blütenkörbe einzeln an den Zweigen. Hüll-

blätter länglich, die mittleren mit Anhängseln, die einen hellen, gewimpert-gezähnten, herablaufenden Saum bilden. Scheibenblüten violett, Randblüten vergrößert, blau, selten weißlich oder rosa. Früchte mit kurzem Haarkranz. Blüht von Juni bis September. Ziemlich häufiges Ackerunkraut. Stammt aus dem Mittelmeergebiet, in Mitteleuropa völlig eingebürgert.

3 Berg-Flockenblume
Centaurea montana
Ausdauernde, bis 60 cm hohe Pflanze. Wurzelstock kurz, mit Ausläufern. Stengel kurz aufsteigend, spärlich verzweigt, oft nur einköpfig, geflügelt. Blätter länglich bis lanzettlich, ganzrandig, unterseits spinnwebig-wollig, oberseits fast kahl; Stengelblätter sitzend und herablaufend. Blütenkörbe gestielt, groß. Hüllblätter mit schwarzem, herablaufendem, kurz-gezähntem Saum. Scheibenblüten violett, Randblüten vergrößert, blau, rosa oder weiß. Blüht von Mai bis Oktober. Wächst vom Gebirgsvorland bis ins Gebirge auf Bergwiesen und in Bergwäldern.

6

2

1

198

4 Große Eberwurz, Silberdistel
Carlina acaulis
Ausdauernde Pflanze. Stengel sehr verkürzt, selten mehr als einige Zentimeter hoch. Nur ein einziger, großer Blütenkorb. Blätter in einer Grundrosette, fiederspaltig, ungleich stachelig gezähnt. Blütenkörbe mit über 15 cm Durchmesser. Korbhüllen flach; äußere Hüllblätter blattartig, innere Hüllblätter lineal, oberseits silbrig-glänzend, unterseits gelblich, bei Sonnenbestrahlung sternförmig ausgebreitet, bei Nässe um die Blütenkörbe geschlossen. Blüten röhrenförmig, weißlich. Früchte mit federigem Haarkranz. Blüht von Juli bis September. Von der Ebene bis ins Vorgebirge, zerstreut auf trockenen Triften, sonnigen, steinigen Hängen. Fehlt stellenweise. Geschützt!

5 Kleine Eberwurz, Golddistel
Carlina vulgaris
Zweijährige, bis 50 cm hohe Pflanze. Stengel aufrecht, gewöhnlich mit einigen Blütenkörben. Blätter unterseits spinnwebig-wollig, später kahl, zäh, länglich-lanzettlich, am Rande dicht stachelig; Grundblätter in einer Rosette, Stengelblätter herzförmig sitzend; Hochblätter gehen in die Hüllblätter über und sind unter den Blütenkörben gedrängt. Blütenkörbe halbkugelförmig; innere Hüllblätter strohgelb, strahlig. Blüten gelblich, an der Spitze schwärzlich. Früchte mit kurzem Haarkranz. Blüht von Juli bis September. Vom Flachland bis ins Gebirge an trockenen Hängen und in lichten Wäldern.

6 Blaue Kugeldistel
Echinops sphaerocephalus
Ausdauernde, stattliche, bis über 150 cm hohe, gewöhnlich unverzweigte, weißwollige Pflanze. Untere Blätter gestielt, die übrigen stengelumfassend sitzend, lanzettlich-länglich, fiederspaltig; Abschnitte stachelig gezähnt. Blütenkörbchen in kugeligem Kopf gehäuft. Blüten bläulich-weißlich, röhrenförmig, fünfzipfelig. Früchte mit fransigen Schuppen anstatt des Haarkranzes. Blüht von Juni bis August. In den niederen Lagen wärmerer Gebiete zerstreut an Waldrändern, in Weinbergen, Steinbrüchen, an Gewässerufern, auf Schuttplätzen und an Wegrändern.

3

5

4

199

Orchideen, Lilien und Verwandte

In dieser Gruppe werden die einkeimblättrigen Pflanzen behandelt, mit Ausnahme der Gräser und grasartigen Gewächse, die in einem selbständigen Kapitel erwähnt wurden. Von berückender Exotik ist das Bild der tropischen Orchideen in den Schaufenstern von Blumenhandlungen oder in den Gewächshäusern der botanischen Gärten. So viele bizarre Formen und mannigfaltige Farbkombinationen der Blüten bei Vertretern einer einzigen Pflanzenfamilie wirken sogar ein wenig befremdend. Dabei muß man sich freilich klarmachen, daß die Zahl aller Orchideengewächse (*Orchidaceae*) auf 25 000 Arten geschätzt wird und man es

hier mit der reichsten Familie im ganzen Pflanzenreich zu tun hat. Die Orchideengewächse nehmen auch ein Riesenareal ein: Zwar wachsen sie hauptsächlich in den feuchten Tropenwäldern, doch reicht ihre Verbreitung bis weit in die Arktis und erstreckt sich von den Regenurwäldern an der Küste bis hoch hinauf in die Gebirge.
So verschiedenartig wie ihre Standorte sind auch Körperbau, Ernährungsweise und Lebensformen. Unsere Orchideengewächse gehören größtenteils zu den grünen bodenwüchsigen, autotrophen Orchideen, die nur gelegentlich ihre Ernährung auf saprophytische Weise ergänzen, doch tritt bei fast allen Arten Wurzelmykorrhiza auf. Nur einige wenige mitteleuropäische Arten sind chlorophyllose, gänzlich saprophytische Pflanzen wie z. B. die Nestwurz (*Neottia*), *Corallorhiza*, Ohnblatt (*Epipogium*) und einige weitere. Die tropischen Orchideen sind größtenteils Epiphyten, d. h. sie wachsen auf anderen Pflanzen, meist auf hohen Gehölzen; nur einige Gattungen gehören zu den Bodenpflanzen.
Viele unserer Orchideen zeichnen sich durch Wurzelknollen aus. Die Knabenkräuter (*Orchis*), nach deren wissenschaftlicher Bezeichnung die ganze Familie ihren Namen erhielt, haben ein charakteristisches Knollenpaar; fingerförmig geteilte Knollen besitzen Kuckucksblumen (*Dactylorhiza*) und andere. Die Vorratsstoffe in den Knollen ermöglichen den Pflanzen, die ungünstige Winterzeit zu überstehen, in anderen Regionen wiederum die Trockenzeiten. Sie lassen sich nämlich anders als Stärke im Bedarfsfall schneller und leichter in Nährstoffe umwandeln. Die epiphytischen Orchideen haben auch Knollen, keinesfalls aber Wurzelknollen, sondern zum Stiel gehörige Organe, mit denen sie sich auch vegetativ

Bild 1. Eine der prächtigsten europäischen Orchideen, der Frauenschuh (*Cypripedium calceolus*). Die auffällig geblähte ursprüngliche Oberlippe neigt sich erst im Lauf der Blütenentwicklung in die untere Lage.

vermehren können. Eine häufige Erscheinung sind bei epiphytischen Orchideen Luftwurzeln, mit denen die Pflanzen atmen und gleichzeitig Luftfeuchtigkeit aufnehmen, die in den tropischen Regenwäldern bei fast 100% liegt. Manche Epiphyten haben überhaupt keine Blätter, deren Funktion haben die chlorophyllreichen Luftwurzeln übernommen.

Die Vielfalt der Orchideenblüten ist wohl die verschwenderischste im ganzen Pflanzenreich. Die Pflanzen haben einige wenige bis mehrere Dutzend Blüten, die manchmal dicht zusammengedrängt in üppigen Blütentrauben aus den Kronen hoher Bäume, auf denen diese tropischen Epiphyten fußen, herabhängen. Manchmal können diese Girlanden 4 m lang werden, wie bei der neuguineischen Art *Renenthera lowii*. Die größten Blüten unter den europäischen Orchideengewächsen haben der Frauenschuh (*Cypripedium calceolus*) – 9 cm – und die Bocks-Riemenzunge (*Himantoglossum hircinum*) mit ihrer bis zu 5 cm langen, riemenförmig gedrehten, violett gesprenkelten Lippe. Die übrigen Arten unserer Flora haben wesentlich kleinere Blüten, und bei einigen Sittern (*Epipactis*), Zweiblättern (*Listera*), Wendelorchis (*Spiranthes*) oder der Knabenkrautgattung *Herminium* sind sie winzig und unauffällig. Interessant sind die verschiedengestaltigen Blüten der Ragwurz-Arten (*Ophrys*), die auch zu den einzelnen Artennamen geführt haben: Fliegenragwurz (*O. insectifera*), Spinnenragwurz (*O. sphecodes*), Hummelragwurz (*O. fuciflora*) oder Bienenragwurz (*O. apifera*).

Orchideenblüten sind hochinteressant. Vor dem Öffnen drehen sie sich um 180°, die Samenanlage krümmt sich dabei um ihre eigene Längsachse, so daß das gespornte und lippige Kelchblatt in die Blütenunterpartie gerät. Die Pollenkörner sind nur selten lose, meist sind sie zu gestielten Pollinien mit einem klebrigen Plättchen am Stielende verkittet. Mit diesem Plättchen bleibt das Pollinium am Körper des die Blüte besuchenden Insekts haften, beim anschließenden Besuch einer anderen Blüte klebt es an der Narbe fest, und die Bestäubung ist vollzogen.

Orchideensamen gehören zu den kleinsten und leichtesten Samen im ganzen Pflanzenreich, ihre Zahl ist überaus groß. Von den einheimischen Arten produziert die Kukkucksblumenart *Coeloglossum viride* die

Bild 2. Der Blütenstand der Schwanenblume (*Butomus umbellatus*) ist eine Zierde der Uferwiesen und Überschwemmungsgelände.

wenigsten Samen, nur rund 1330. Dafür enthält aber der Fruchtknoten der südamerikanischen Orchidee *Cychnoches ventricosum* über 4 Millionen Samen!

Trotz dieser ungeheuren Produktion sind aber die Aussichten auf die Entstehung einer neuen Pflanze äußerst gering, da so ein Samenkorn nur unter günstigen Bedingungen keimen kann und die meisten Orchideengewächse, die tropischen nicht ausgenommen, für ihre Ernährung die Wurzelmykorrhiza brauchen.

Bei keiner anderen Pflanzenfamilie sind so viele künstliche Kreuzungen herausgezüchtet worden wie gerade bei den Orchideen. Auf der Jagd nach immer neuen Farb- und Formkombinationen sind nicht nur viele Arten derselben Gattung, sondern auch aus verschiedenen Gattungen gekreuzt worden. Allein innerhalb der brasilianischen Gattung *Cattleya* mit ihren 60–70 Arten sind über 5000 Kreuzungen bekannt. Die Arten und Unterarten der indomalaiischen Gattung *Vanda* wurden erfolgreich mit Vertretern aus

11 weiterer Gattungen gekreuzt. Eine Menge Unterarten und Sorten wurde bei beliebten Orchideen der Gattungen *Dendrobium, Catasetum, Cymbidium, Oncidium, Odontoglossum, Laelia, Phalaenopsis, Miltonia, Stanhopea* und vielen anderen erzielt.

Zwar stehen in Europa alle Orchideenarten streng unter Naturschutz, doch schwinden mit jedem Jahr ihre natürlichen Standorte immer mehr durch Bodenmelioration, Spülungen von kunstdüngerbehandelten Akkerflächen, und vernichten ganze Pflanzenpopulationen. Nicht einmal die tropischen Orchideen sind vor dem Zugriff des Menschen sicher, da mit jeder Stunde unwiederbringlich ein weiteres Stück der Urwälder am Amazonas, in Zentralafrika und Südostasien durch rücksichtsloses Abholzen der Bäume, in deren Wipfel die Orchideen leben, verschwindet.

Zur Ordnung der Lilienartigen (*Liliales*) gehören außer den Liliengewächsen (*Liliaceae*) beispielsweise auch Lauchgewächse, Maiglöckchen, Herbstzeitlose, Schneeglöckchen und Knotenblume sowie die Schwertlilien.

Auch die Liliengewächse kennt wohl jeder eher aus dem Garten als aus der freien Natur. In diese Familie gehören die Lilien (*Lilium*), Schachblumen (*Fritillaria*), Tulpen (*Tulipa*), Hundszahnlilien (*Erythronium*), Gelbsterne (*Gagea*), Faltenlilien (*Lloydia*) und einige weitere Gattungen. Die hier aufgezählten Pflanzen scheinen gängig und allgemein bekannt zu sein. Kennen wir sie aber wirklich gut? Bestimmt nur die gezüch-

teten Arten – die Madonnenlilie (*Lilium candidum*) aus dem Libanon, Südsyrien und umliegenden Gebieten oder die ostasiatischen Arten wie die Königslilie (*L. regale*) oder Tigerlilie (*L. tigrinum*). Unsere schönste einheimische Lilie ist sicherlich die Türkenbundlilie (*L. martagon*) mit ihren überhängenden, hell purpurnen, dunkel gefleckten Blüten und zurückgestülpten Kelchblättern. Ich kenne eine Stelle in einem lichten Wäldchen, wo Dutzende dieser turbanförmigen Blüten mit ihren Krönchen aus weit herausragenden Staubfäden und dunkel-orangenen Staubbeuteln in der Sonne prangen – eine wahre Augenweide für jeden, der die Formen und Farben der Natur liebt.

Mit den Fritillarien ist es ähnlich, auch hier kennen wir wohl eher die Kaiserkrone (*Fritillaria imperialis*) aus dem Iran und Afghanistan, die wegen ihrer großen gelben oder ziegelroten Blüten gern gezogen wird. Aber wer kann sich schon rühmen, die eigenartigen Blüten der Schachblume (*F. meleagris*) in der Natur gesehen zu haben? Die unglaubliche Regelmäßigkeit, mit der sich hier schachbrettartig Braun und Violett auf ihren Blütenblättern abwechseln, gehört zu den kleinen Wundern unserer Flora der nassen Wiesen und Auen.

Die Hundszahnlilie (*Erythronium dens-canis*) kennen die meisten Mitteleuropäer wohl nur aus dem Garten, doch kann man sie in Südeuropa auch in freier Natur entdecken. Aus der Mitte zweier gefleckter Blätter wächst eine rosige, auf der Rückseite braun gefleckte Blüte. In Mitteleuropa ist diese Art als ein Relikt der Tertiärflora selten, streng geschützt und nur an einigen Orten in Österreich, der Tschechoslowakei und der Schweiz vorhanden, auf die sie vereinzelt aus ihrem südlicheren Verbreitungsareal übergreift.

Am vertrautesten sind uns wohl die in vielen Unterarten und Sorten gezüchteten Tulpen. Gartentulpen werden zusammenfassend als *Tulipa gesneriana* bezeichnet. Ihre Beliebtheit, Zucht und Verbreitung in Europa datieren erst aus dem 16. Jahrhundert, ob-

Bild 3. Die Herbstzeitlose (*Colchicum autumnale*) im Herbst und Frühjahr des folgenden Jahres.

schon sie bereits im 10. Jahrhundert in Vorderasien gezüchtet wurden. Beliebt sind auch die niederwüchsigen, frühblühenden, aus Mittelasien stammenden sogenannten botanischen Tulpen aus dem Umkreis der Arten *T. greigi, T. fosteriana* oder *T. kaufmanniana.*

All diesen Liliengewächsen kann man in freier Natur nur noch sehr selten begegnen. Sie sind heute streng geschützt. Wir sollten uns mit der Pracht der Züchtungen zufriedengeben und nie versuchen, Zwiebeln oder Knollen wild wachsender Pflanzen in den Garten zu bringen. Sie gehören in die Natur und sollen ihr erhalten bleiben.

Die Vertreter der Ordnung Schwanenblumenartige (*Butomales*) sind Wasser- oder Sumpfpflanzen. Zur Ordnung Schraubenbaumartige (*Pandanales*) gehören Sumpfpflanzen mit charakteristischen kugel- oder kolbenförmigen Blütenständen, wie z. B. der Schmalblättrige Rohrkolben (*Typha angustifolia*), eine stattliche, die Ufer unserer Gewässer schmückende Pflanze.

Sehr verschiedenartig ist die Ordnung Aronstabartige (*Arales*). Man findet hier auch den ursprünglich indischen Echten Kalmus, der heute in ganz Europa heimisch geworden ist, sowie Wasserlinsengewächse (*Lemnaceae*).

Zu dieser Familie gehören die einfachsten Bedecktsamer. Die Wurzellose Wasserlinse (*Wolffia arrhiza*) ist, wie der Name vermuten läßt, ein wurzelloses Pflänzchen, dessen gesamten Körper winzige, nur etwa 1,5 mm große Glieder ohne Gefäßbündel und Atemöffnungen bilden. In einem kleinen Hohlraum an der Oberseite sitzt die männliche Blüte mit nur einem einzigen Staubgefäß sowie die nur aus einem einzigen Stempel bestehende weibliche Blüte. Die Wurzellose Wasserlinse wächst auch in Süd- und Westeuropa, wurde nach Mitteleuropa eingeschleppt und wird in Aquarien gehalten. Wegen des hohen Eiweißgehaltes wird sie in Westindien gezüchtet, versuchsweise werden ihre Glieder zu Nahrung für langfristige Raumflüge verarbeitet.

Bild 4. Die Kronblätter der herabhängenden Blüten der Türkenbundlilie (*Lilium martagon*) sind auffällig aufwärts gedreht.

Familie **Orchideen** – *Orchidaceae*

1 Weißes Waldvögelein
Cephalanthera damasonium (*C. alba*)
Ausdauernde, bis über 50 cm hohe Pflanze. Stengel schlank, unten schuppig, bis oben beblättert. Blätter länglich-eiförmig, kahl. Blüten in wenigblütiger Ähre. Blütenhüllblätter gelblich-weiß. Untere Tragblätter in der Regel länger als der Fruchtknoten. Blüht im Mai und Juni. Von der Ebene bis ins Gebirgsvorland zerstreut in Laubwäldern.

2 Breitblättriger Sitter, Sumpfwurz
Epipactis helleborine (*E. latifolia*)
Ausdauernde, bis 50 cm hohe Pflanze, oft mit nichtblühenden Trieben. Stengel aufrecht, gewöhnlich grün, oben flaumig. Blätter breit-eiförmig, grün, meist abstehend, unterseits flaumig, stengelumfassend sitzend, länger als die Stengelglieder. Ähre länglich, einseitswendig, locker. Zahlreiche Blüten, erst nickend, während der Blüte abstehend. Innere Blütenhüllblätter grünlich oder rosa bis violett. Blüht von Juni bis August. Vom Flachland bis ins Gebirge ziemlich häufig in Wäldern.

3 Zweiblättrige Kuckucksblume,
Waldhyazinthe *Platanthera bifolia*
Ausdauernde, bis beinahe 50 cm hohe Pflanze mit zwei Knollen. Stengel aufrecht, hohl. Zwei gegenständige, breit-elliptische Blätter; am Stengel bis zu drei kleine, schuppige Blättchen. Ähre locker, walzig. Deckblätter gelbgrün. Blüten ziemlich groß, weißlich, duftend, gespornt. Blüht im Juni und Juli. Vom Flachland bis ins Gebirge in lichten Wäldern und auf Waldwiesen.

4 Große Händelwurz
Gymnadenia conopsea
Ausdauernde, bis über 50 cm hohe Pflanze. Knollen bis fünfteilig fingerförmig. Stengel aufrecht. Blätter länglich-lineal, graugrün. Blütenähre mit lanzettlichen, am Rand oft violetten Hochblättern. Blüten purpurrot, selten weißlich; Sporn bis doppelt so lang wie der auffallend gedrehte Fruchtknoten. Blüht von Mai bis Juli. Vom Flachland bis ins Gebirge zerstreut in lichten Wäldern, auf Wiesen und grasigen Hängen, gewöhnlich auf Kalkböden. Geschützt!

5 Kleines Knabenkraut *Orchis morio*
Ausdauernde, bis 25 cm hohe Pflanze mit

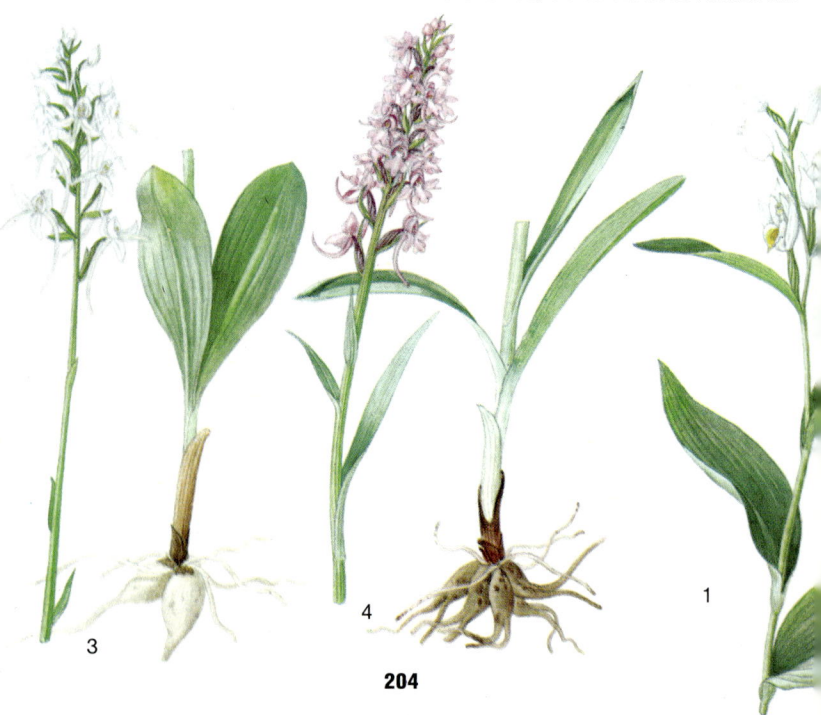

3   4   1

ungeteilten, kugelförmigen Knollen. Stengel grün. Blätter graugrün, die unteren lanzettlich, die oberen schuppig-scheidig. Ähre locker. Blüten purpurrot, selten weißlich, grünlich geadert. Blütenhülle bildet einen kurzen, stumpfen Helm; Lippe violettrot, dunkel gefleckt; Sporn dick, walzig-keulig. Frucht eine Kapsel mit vielen winzigen Samen. Blüht von April bis Juni. Von der Ebene bis ins Gebirgsvorland zerstreut auf trockenen Wiesen und grasigen Hängen.

6 Breitblättriges Knabenkraut
Dactylorhiza majalis
Ausdauernde, bis 50 cm hohe Pflanze mit mehrfingerig geteilten Knollen. Stengel aufrecht, hohl. Blätter länglich-eiförmig bis lanzettlich, kurzscheidig,

dunkelgrün, gewöhnlich schwarzbraun gefleckt. Blütenähre dicht. Blüten lila oder purpurn, selten rötlich oder weißlich; äußere Blütenhüllblätter gefleckt; Lippe purpurrot, dreilappig; Sporn kürzer als der Fruchtknoten. Blüht von Mai bis Juli. Von der Ebene bis ins Gebirgsvorland zerstreut auf feuchten Wiesen.

7 Frauenschuh *Cypripedium calceolus*
Ausdauernde, bis 50 cm hohe, flaumige Pflanze. Wurzelstock kurzkriechend. Stengel aufrecht, unten schuppig. Drei oder vier wechselständige Blätter, breit-lanzettlich, gefaltet, stengelumfassend. Blüten groß, einzeln, seltener zu zweit in der Achsel des laubartigen Deckblattes, Lippe schuhförmig, bauchig aufgeblasen, hellgelb, rötlich punktiert; übrige Blütenhüllblätter bräunlich-purpurrot; Narbe dreilappig. Blüht im Mai und Juni. Vom Flachland bis ins Gebirge auf kalkhaltigem Untergrund zerstreut in Laubwäldern.
Alle Orchideen sind geschützt!

205

Familie **Germergewächse –**
Melanthiaceae

1 Weißer Germer, Nieswurz
Veratrum album
Ausdauernde, stattliche, bis 150 cm hohe
Pflanze. Blätter unterseits flaumig, längsge-
fältelt, breit-elliptisch; obere Blätter lanzettlich. Blüten groß, in reichen, langen Rispen;
untere Blüten zwittrig, die oberen meist nur
männlich. Blütenhülle sechszählig, weiß,
außen grünlich oder beiderseits gelblich-
grün. Frucht eine vielsamige Kapsel. Blüht
von Juni bis August. Vom Vorland bis ins
Gebirge auf Bergwiesen, Matten, Fluren und
im Knieholz.

Familie **Zeitlosegewächse –**
Colchicaceae

2 Herbstzeitlose *Colchicum autumnale*
Ausdauernde, giftige, bis 20 cm hohe Pflanze mit unterirdischer, tief eingelagerter Knolle. Blätter grundständig, breit-lanzettlich,
werden im Frühjahr mit der reifenden Kapsel aus der Erde geschoben. Blüten hellvio-
lett, lang röhrenförmig, Zipfel der Blütenhülle trichterförmig ausgebreitet. Staubblätter
sechs. Fruchtknoten dreifächerig, tief unter
der Erde. Frucht eine Kapsel, die im nächsten Jahr über der Erde ausreift. Blüht von
August bis November. Vom Flachland bis
ins Gebirgsvorland ziemlich häufig auf
feuchten Wiesen. Fehlt an manchen Orten.

Familie **Liliengewächse –** *Liliaceae*

3 Türkenbundlilie *Lilium martagon*
Ausdauernde, stattliche, bis 1 m hohe Pflanze mit zusammengesetzten, schuppigen
Zwiebeln. Stengel aufrecht, oft rötlich überlaufen. Blätter länglich oder verkehrt-eiförmig, elliptisch, zugespitzt, kurz gewimpert,
untere und mittlere gewöhnlich quirlständig.
Lockere Blütentrauben; Blütenstiele länger
als die nickenden Blüten; Blütenhüllblätter
bogig zurückgebogen (turbanähnlich),
schmutzig-purpurrot, braun gefleckt. Staubblätter sechs. Fruchtknoten dreifächerig.
Blüht von Juni bis August. In Laubwäldern
und Gebüschen und auf Bergwiesen, vor
allem auf Kalkboden. Geschützt!

Familie **Lauchgewächse –** *Alliaceae*

4 Bärenlauch *Allium ursinum*
Ausdauernde, bis 50 cm hohe, kahle Pflan-

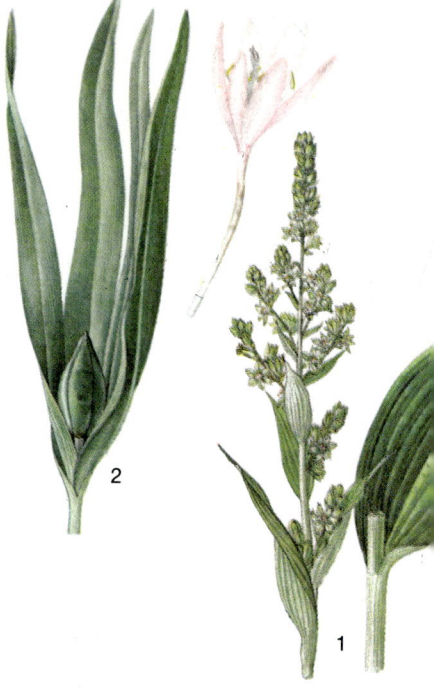

ze. Kleine, längliche Zwiebeln. Stengel blattlos. In der Regel nur zwei Grundblätter,
breit-elliptisch oder lanzettlich, langgestielt.
Blütenscheide aus zwei oder drei Hochblättern unter einer lockeren Scheindolde mit
langgestielten Blüten. Blüten bis 1 cm groß,
sternförmig ausgebreitet, weiß; Blütenhülle
sechszählig. Frucht eine Kapsel. Blütenstand ohne Brutzwiebeln. Blüht im Mai und
Juni. Vom Flachland bis ins Gebirge in
feuchten Laubwäldern zerstreut, oft gesellig.

5 Gelber Lauch *Allium flavum*
Ausdauernde, bis zu 50 cm hohe Pflanze mit
eiförmigen Zwiebeln. Blätter halbrund, hohl,
schmal-lineal, graureift. Blütenscheide
aus zwei ungleich langen Hochblättern. Blütenhülle glockig, gelb; Staubblätter ragen
aus der Blütenhülle heraus. Frucht eine drei-
eckig-eiförmige Kapsel. Blütenstand ohne
Brutzwiebeln. Blüht von Juni bis August. In
den niederen Lagen der Karpatengebiete
zerstreut an sonnigen Hängen, Felsen und
auf Sandböden.

Familie **Maiglöckchengewächse –**
Convallariaceae

6 Zweiblättrige Schattenblume
Maianthemum bifolium
Ausdauernde, bis 15 cm hohe Pflanze mit
dünnem, kriechendem Wurzelstock. Stengel aufrecht, gewöhnlich mit zwei kurzgestielten, herz-eiförmigen, zugespitzten Blättern. Blütenstand gestielt, traubenförmig.
Blüten kurzgestielt, klein, weiß bis gelblich;
Blütenhülle vierzählig, sternförmig ausgebreitet. Beeren zuerst zart rosa, dunkel
punktiert, später ganz rot. Blüht von Mai bis
Juli. Vom Flachland bis ins Gebirge ziemlich
häufig in Wäldern und Gebüschen.

7 Vielblütige Weißwurz, Salomonssiegel
Polygonatum multiflorum
Ausdauernde, bis beinahe 1 m hohe Pflanze
mit dickem, kriechendem Wurzelstock.
Stengel stielrund, kahl. Blätter wechselständig, eiförmig bis elliptisch, kahl. Blüten
blattachselständig, gewöhnlich drei bis fünf,
nicht duftend. Blütenhülle verwachsen,
sechszipfelig, schmal röhrig, weiß; Zipfel
grünlich, flaumig. Beeren blauschwarz.
Blüht im Mai und Juni. Von der Ebene bis ins
Gebirgsvorland ziemlich häufig in schattigen Wäldern und Buschwerk. Giftig.

207

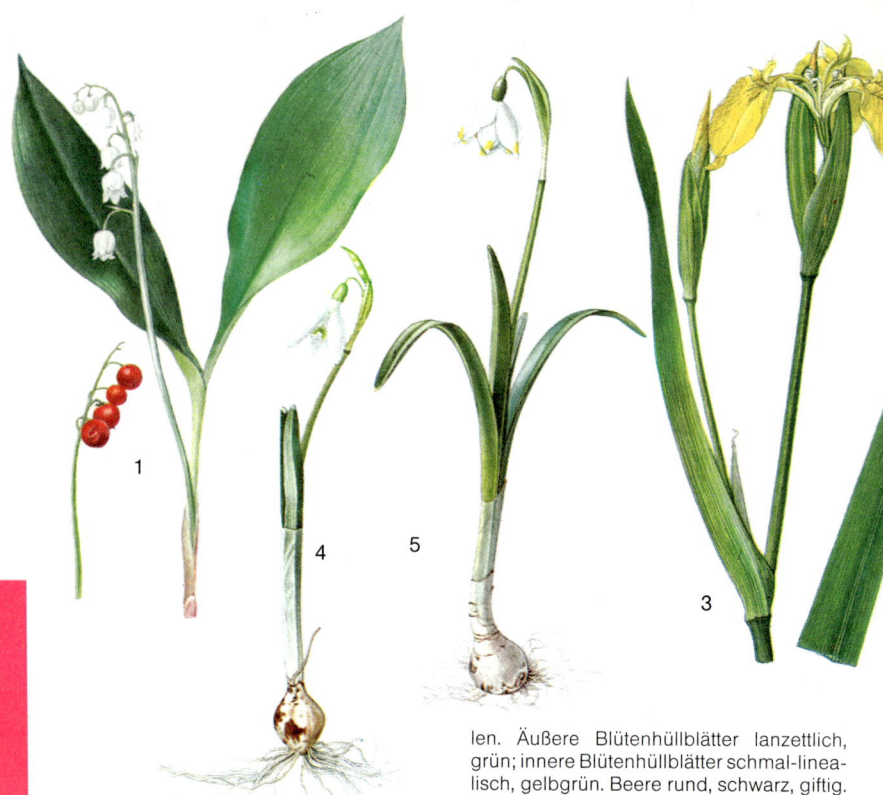

Familie **Maiglöckchengewächse –**
Convallariaceae

1 Maiglöckchen, Maiblume
Convallaria majalis
Ausdauernde, bis 20 cm hohe, giftige Pflanze mit kriechendem Wurzelstock. Gewöhnlich zwei Blätter, gestielt, elliptisch-lanzettlich, ganzrandig, kahl. Blüten kurzgestielt, nickend, duftend, weiß in lockerer, einseitswendiger Traube. Beeren rot. Blüht im
Mai und Juni. Vom Flachland bis ins Gebirge
in lichten Laubwäldern und auf Bergwiesen.
Geschützt!

Familie **Einbeerengewächse –** *Trilliaceae*

2 Vierblättrige Einbeere *Paris quadrifolia*
Ausdauernde, etwa 30 cm hohe, giftige
Pflanze mit kriechendem Wurzelstock. Stengel aufrecht, Blätter breit-elliptisch-lanzett-
lich, groß, gewöhnlich in einem einzigen,
vierblättrigen Quirl. Blüten einzeln, in der
Regel vierzählig, an langen, aufrechten Stie-

len. Äußere Blütenhüllblätter lanzettlich,
grün; innere Blütenhüllblätter schmal-linea-
lisch, gelbgrün. Beere rund, schwarz, giftig.
Blüht im Mai und Juni. Vom Flachland bis ins
Gebirge zerstreut in Laub-, Misch- und Auwäldern.

Familie **Schwertliliengewächse –**
Iridaceae

3 Wasserschwertlilie *Iris pseudacorus*
Ausdauernde, bis 1 m hohe Pflanze mit
dickem, verzweigtem, kurz kriechendem
Wurzelstock. Stengel stattlich, aufrecht, verflacht, oben wenig verzweigt. Blätter breit-
lineal, schwertförmig. Blütenhülle sechszählig, äußere Blütenhüllblätter eiförmig,
zurückgeschlagen, gelb, in der Mitte
dunkler und violettbraun geadert. Blüht im
Mai und Juni. In niederen Lagen ziemlich
häufig an Gewässerufern und Sümpfen. Geschützt!

Familie **Amaryllisgewächse –**
Amaryllidaceae

4 Kleines Schneeglöckchen
Galanthus nivalis
Ausdauernde, bis 20 cm hohe Pflanze mit

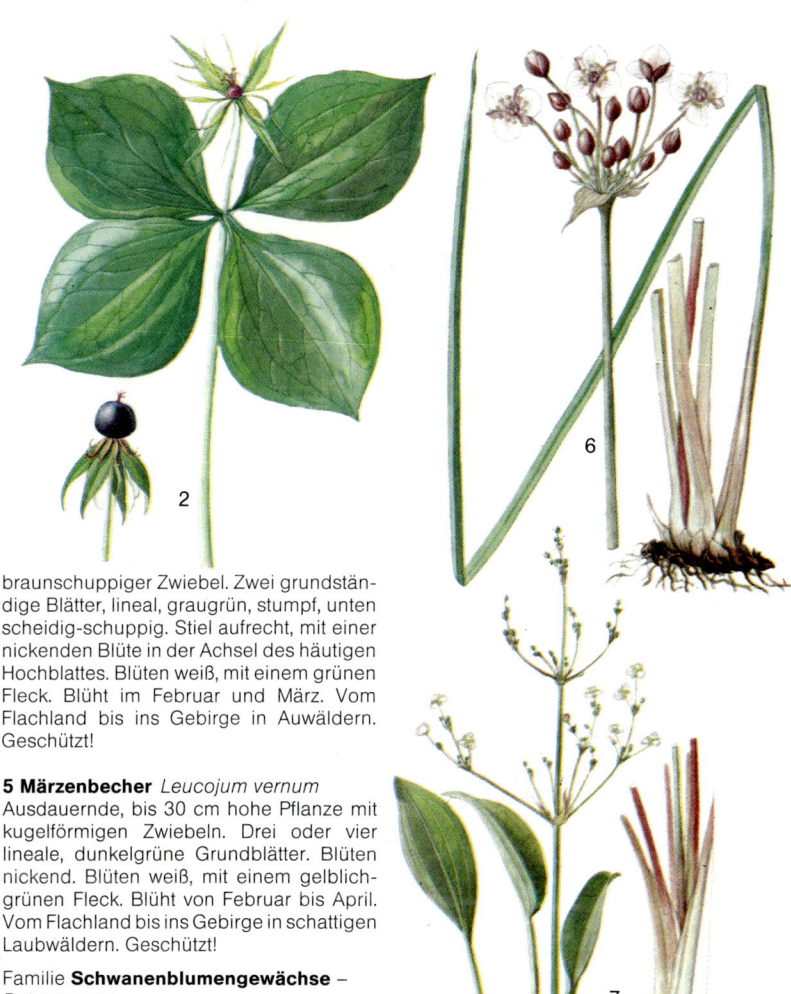

braunschuppiger Zwiebel. Zwei grundständige Blätter, lineal, graugrün, stumpf, unten scheidig-schuppig. Stiel aufrecht, mit einer nickenden Blüte in der Achsel des häutigen Hochblattes. Blüten weiß, mit einem grünen Fleck. Blüht im Februar und März. Vom Flachland bis ins Gebirge in Auwäldern. Geschützt!

5 Märzenbecher *Leucojum vernum*
Ausdauernde, bis 30 cm hohe Pflanze mit kugelförmigen Zwiebeln. Drei oder vier lineale, dunkelgrüne Grundblätter. Blüten nickend. Blüten weiß, mit einem gelblichgrünen Fleck. Blüht von Februar bis April. Vom Flachland bis ins Gebirge in schattigen Laubwäldern. Geschützt!

Familie **Schwanenblumengewächse** – *Butomaceae*

6 Schwanenblume *Butomus umbellatus*
Ausdauernde, bis 150 cm hohe Sumpfpflanze mit kriechendem Wurzelstock. Blätter unten scheidig, dreieckig, oben lineal-flach, in Grundrosetten. Blüten zartrosa in mehrblütigen Blütenständen. Blüht von Juni bis August. Von der Ebene bis ins Hügelland zerstreut an Gewässerufern und in Gräben.

Familie **Froschlöffelgewächse** – *Alismataceae*

7 Gemeiner Froschlöffel
Alisma plantago-aquatica
Ausdauernde, bis über 1 m hohe Wasser-

oder Sumpfpflanze mit kurzem, verdicktem Wurzelstock. Untergetauchte Blätter lineallänglich; über die Wasseroberfläche herausragende Blätter langgestielt, breit-eiförmig, zugespitzt. Blüten klein, gestielt, in reichen, quirligen Rispen. Kronblätter weiß, selten zartrosa. Blüht von Juni bis September. Von der Ebene bis ins Gebirgsvorland sehr häufig an den Ufern stehender Gewässer und in Gräben.

Familie **Laichkrautgewächse** – *Potamogetonaceae*

1 Schwimmendes Laichkraut
Potamogeton natans
Ausdauernde Wasserpflanze. Stengel bis 150 cm lang. Blätter langgestielt, elliptisch, zugespitzt, am Stiel beinahe herzförmig; obere Blätter meist schwimmend. Blüten klein, ohne Blütenhülle in aufrechten, über die Wasseroberfläche emporragenden, walzigen Ähren. Blüht von Juni bis August. Von der Ebene bis ins Gebirgsvorland recht häufig in stehenden und langsamfließenden Gewässern.

Familie **Aronstabgewächse** – *Araceae*

2 Echter Kalmus *Acorus calamus*
Ausdauernde, über 1 m hohe, locker büschelige Sumpfpflanze mit dickem, aromatisch riechendem Wurzelstock. Blätter zweireihig, schwertförmig-lineal. Stengel dreieckig. Hochblatt blattartig, grün, den Stengel über den Blütenkolben fortsetzend. Im scheinbar seitenständigen Kolben kleine, unscheinbare Blüten. Blüht im Juni und ne, unscheinbare Blüten. Blüht im Juni und

Juli. Von der Ebene bis ins Gebirgsvorland an Gewässern.

3 Sumpfschlangenwurz *Calla palustris*
Ausdauernde, bis 30 cm hohe Sumpf- oder Wasserpflanze mit hohlem, grünem Wurzelstock. Stengel kahl, blattlos. Kolben kurz, walzig, kurz gestielt, in eine weiße, außen grünliche Blütenscheide gehüllt. Blätter zweireihig, langgestielt, rundlich-herzförmig. Blüten gelbgrün, klein, hüllenlos. Beeren rot. Blüht von Mai bis August. Von der Ebene bis ins Gebirgsvorland in Tümpeln, toten Flußarmen. Giftig. Geschützt!

4 Gefleckter Aronstab *Arum maculatum*
Ausdauernde, beinahe 50 cm hohe Pflanze mit knolligem Wurzelstock. Stengel aufrecht, unten schuppig. Blätter langgestielt, dreieckig pfeilförmig. Kolben groß, in eine Blütenscheide gehüllt. Blütenscheide tütenförmig, weißlich oder grünlich, selten rötlich. Beeren rot, giftig. Blüht von April bis Juni. Von der Ebene bis ins Gebirgsvorland zerstreut in schattigen und feuchten Laubwäldern. Geschützt!

4

2

3

Familie **Igelkolbengewächse** –
Sparganiaceae

5 Ästiger Igelkolben *Sparganium erectum*
Ausdauernde, bis 50 cm hohe Sumpf- oder
Wasserpflanze. Wurzelstock dick, mit Ausläufern. Blätter zäh, aufgerichtet, unten dreikantig, bis zur Spitze gekielt. Stengel aufrecht, oben ästig. Blütenstand ästig. Eingeschlechtige Blüten in kugeligen, auf einem
Ast untereinander sitzenden Köpfchen.
Blüht von Juni bis August. Bis ins Gebirgsvorland in stehenden Gewässern.

Familie **Rohrkolbengewächse** –
Typhaceae

6 Schmalblättriger Rohrkolben
Typha angustifolia
Ausdauernde, bis 3 m hohe Pflanze mit
kriechendem Wurzelstock. Stengel aufrecht, stielrund. Blätter aufgerichtet, schmal-
lineal, höchstens 1 cm breit. Blütenstand aus
zwei walzigen Kolbenteilen zusammengesetzt; unterer Kolbenteil mit weiblichen,
oberer mit männlichen Blüten. Blüht im Juli
und August. Von der Ebene bis ins Gebirgsvorland häufig.

Familie **Wasserlinsengewächse** –
Lemnaceae

7 Dreifurchige Wasserlinse
Lemna trisulca (**a**)
Ausdauernde, kleine, frei auf der Wasser-
oberfläche schwimmende Wasserpflanze.
Sprosse eiförmig-lanzettlich, langgestielt,
blattartig, linsenförmig, zusammenhän-
gend. In stehenden Gewässern. **Kleine
Wasserlinse** *L. minor* (**b**). Sproßglieder
rundlich bis breit-eiförmig. **Vielwurzelige
Teichlinse** *Spirodela polyrhiza* (**c**) Sproß-
glieder rundlich-eiförmig, unterseits rötlich.
Jedes Glied hat ein Wurzelbüschelchen.

1

a

6

7

b

c

5

Bäume und Sträucher

Unter Gehölzen versteht man Pflanzen, deren Sproß holzig oder verholzend ist und ein sekundäres Dickenwachstum aufweist. Sie können ihr Laub abwerfen oder auch nicht und umfassen Bäume, Sträucher und Halbsträucher von mächtigen Riesen bis zu den niedrigen Heidel- oder Preiselbeersträuchern.

Bäume und Sträucher sind durch ihre unterschiedliche Wuchsform und Gestalt festgelegt. Ein Baum ist dabei immer eine Holzpflanze, die deutlich in einen einzelnen Hauptstamm und eine reich verästelte Krone gegliedert ist. Sträucher weichen von diesem Erscheinungsbild ab. Ihre Sproßachse teilt sich gewöhnlich schon direkt über dem Boden in mehrere gleich starke Stämmchen, die sich ihrerseits sofort verzweigen. Etwas übertrieben könnte man

Bild 1. Zweig der Gemeinen Kiefer (*Pinus sylvestris*) mit männlichem (links) und weiblichem Blütenzapfen (rechts), unten ein reifer Zapfen mit ausgefallenen Samen.

Sträucher sogar als Baumkronen definieren, die ohne tragenden Stamm in den Wurzelbereich übergehen.

Halbsträucher sind gewöhnlich niedrigwüchsige Holzpflanzen von strauchförmigem Wuchs, bei denen nur die basalen Teile, etwa die unteren Abschnitte der Stämmchen und größeren Äste, verholzt sind, während die jungen Äste und sämtliche Zweige krautig bleiben. Die absolute Wuchshöhe ist somit für die Unterscheidung von Bäumen, Sträuchern und Halbsträuchern völlig unerheblich. Manche Straucharten können kleinwüchsige Bäume an Wuchshöhe bei weitem übertreffen. Andererseits gibt es aber auch etliche Gehölzarten, die wahlweise in Strauch- oder in Baumgestalt wachsen können. Eines der bekanntesten Beispiele aus der heimischen Gehölzflora ist der Schwarze Holunder. Einen Wuchsformwechsel zwischen Halbstrauch und Baum- oder Strauchgestalt läßt die Natur dagegen nicht zu. Ebenso gibt es auch keine Halbbäume, denn schon die jüngsten Zuwachsteile verholzen rasch und komplett.

Bäume sind langlebige Gehölze. Das Alter von mächtigen Eichen oder Linden kann oft nur geschätzt werden. Am Stammquerschnitt kann man aber die sogenannten Jahresringe zählen, die durch den Wechsel von Vegetationsruhe und -aktivität zustande kommen, doch läßt sich diese Methode nicht bei lebenden Bäumen anwenden. Fachleute stellen das tatsächliche Alter von Bäumen ganz anders fest. Mit dem Kernbohrer wird eine Sonde in den Stamm gebohrt und eine entsprechende Probe entnommen, die dabei entstehenden winzigen Narben heilen bald.

In Mitteleuropa gehören Eiben (*Taxus*) zu den ältesten Bäumen, das Alter einzelner Exemplare wird mit mehr als zweitausend Jahren angegeben. Eiben wachsen sehr langsam, der Stammdurchmesser nimmt jährlich nur 0,5–1 mm zu. Lärchen werden selten 600 Jahre alt, bei Eichen stellen 500 Jahre schon ein Rekordalter dar. Nicht einmal die phantastisch gekrümmten und ausgehöhlten Stämme der am Mittelmeer gepflanzten Olivenbäume (*Olea*) sind älter als ein paar hundert Jahre.

Dafür wachsen aber in Nordamerika bis auf den heutigen Tag noch Zeitgenossen der alten Ägypter und Sumerer. In den kalifornischen White Mountains haben sich lebende Exemplare von Grannen- oder Borstenkie-

Bild 2. Männliche Blüten der Rotbuche (*Fagus sylvatica*).

Bild 3. Blütenstand der Winterlinde (*Tilia cordata*).

fern (*Pinus aristata*) erhalten, nicht höher als 10 m, die Stämme sturmgebeugte und windzerzauste Reste, ein Torso der einst stolz aufragenden Gestalt, aber doch noch lebende grüne Äste tragend. Datierungen mit Hilfe der Radiokarbon-Analyse haben gezeigt, daß die bislang für die ältesten lebenden Organismen gehaltenen, etwa 3200 Jahre alten Mammutbäume (*Sequoiadendron giganteum*) wesentlich jünger als diese Kiefern sind. Das Holz von abgestorbenen Grannenkiefern trotzt immer noch der Zersetzung, so daß auch diese Baumüberreste datiert werden konnten und ihr Alter auf 6200 bis 7100 Jahre festgelegt wurde. Die in der Langlebigkeit den zweiten Platz einnehmenden Mammutbäume halten einen anderen Rekord – sie sind die größten und mächtigsten Pflanzen überhaupt. Ein Exemplar des Riesen-Mammutbaums (*Sequoiadendron giganteum*) mit dem Namen „Vater des Waldes" war mit 135 m Höhe der höchste bisher gemessene Baum, er hatte am Boden einen Stammdurchmesser von 12 m. Den heutigen Rekord unter den Riesen-Mammutbäumen hält „General Sherman" aus dem Sequoia National Park – Höhe 83 m, Durchmesser am Boden 11 m; noch in 3 m Höhe beträgt sein Durchmesser über 8 m; dieser Baum stellt also 1400 Kubikmeter Holz dar. Die höchste Pflanze der Welt ist gegenwärtig ein Exemplar des Immergrünen Mammutbaums (*Sequoia sempervirens*) mit 112 m. Er wächst im kalifornischen Redwoods State Park.

Mit der Höhe der Mammutbäume konkurrierten die Eukalyptusbäume (*Eucalyptus*). Berichte aus früheren Zeiten gaben Maximalhöhen von 150 m an, doch wird dies auch von Kennern der australischen Fauna für unwahrscheinlich gehalten. Heute gemessene Eukalyptusbäume erreichen Höhen von höchstens knapp 100 m, doch wachsen sie dafür unglaublich schnell. Ihre Höhe nimmt mit jedem Jahr bis zu 3 m zu, ihr Holz ist dabei aber sehr dicht, fest und daher sehr geschätzt.

Die primitivsten heute lebenden Vertreter der Bedecktsamer sind offensichtlich die auf den Fidschi-Inseln im Stillen Ozean wachsenden immergrünen Gehölze. Dort hat 1934 der Amerikaner A. C. Smith einen 14 m hohen Baum mit ungewöhnlichen Früchten entdeckt, auch die Blätter waren in der pazifischen Region ungewöhnlich. Erst 1941 hat Otto Degener genügend Material mitsamt Blüten in die USA gebracht, anhand dessen Smith und Bailey eine neue Familie und neue Gattung mit einer einzigen Art beschrieben und diese *Degeneria vitiensis* genannt haben. Die Entdeckung dieser Gehölzart trug ganz wesentlich zu einer realen Vorstellung vom Gesamtcharakter der ursprünglichsten Bedecktsamer bei. Zu den ganz primitiven Vertretern gehört auch die Familie *Winteraceae* mit 6 Gattungen und rund 60 Arten aus der südpazifischen Region sowie weitere Familien aus der Ordnung *Magnoliales*. Aus der Familie Magnoliengewächse (*Magnoliaceae*) werden einige Arten auch in den europäischen Parks und Gärten gezüchtet. Die Magnolien (*Magnolia*) haben große, duftende und auffällige Blüten, die oft noch vor der Belaubung

Bild 4. Fruchtender Zweig der Gemeinen Esche (*Fraxinus excelsior*). Auf der kleinen Zeichnung der Blütenstand und dunkle Blattknospen.

blühen. In Parks wird auch der amerikanische Tulpenbaum (*Liriodendron tulipifera*) mit großen, orange gefleckten Blüten gezüchtet. Auch diese Gehölze verfügen über einige primitive Merkmale und entstammen gleichfalls der Verwandtschaft der ursprünglichsten Bedecktsamer.

Heidel- und Preiselbeeren wurden schon als Beispiele für besonders kleine Gehölze erwähnt.

In ihre Verwandtschaft gehören auch die Heidekrautarten *Calluna* und *Erica*. Die Baumheide (*E. arborea*) ist jedoch ein wirklicher, 3–5 m hoher Strauch, ein Strauchelement der immergrünen mediterranen Macchie. Unterirdisch hat die Baumheide kugelige oder knollige Wurzelknoten aus sehr hartem rotbraunem Holz, das wegen seiner Hitze- und Feuerfestigkeit ein hochwertiges Material für die Herstellung echter Bruyère-Pfeifen darstellt.

Über die gängigsten Bäume und Sträucher, die uns in der Natur auf Schritt und Tritt begleiten, erfahren wir auf den nächsten Seiten mehr. Sie halten zwar keine Rekorde, sind deswegen aber nicht minder schön.

Bild 5. Die langen dornähnlichen Zweige des Gemeinen Besenginsters (*Sarothamnus scoparius*) mit ihren für Schmetterlingsblütler charakteristischen Blüten.

Bild 6. Die Hagebutte, der Fruchtstand der Heckenrose (*Rosa canina*), birgt in ihrer fleischigen Hülle lang behaarte Früchte – Achänen.

1

mantel gehüllt ist. Der Samenmantel ist nicht giftig.

Unterklasse *Pinidae*

Familie **Kieferngewächse** – *Pinaceae*

2 Tanne, Weißtanne, Edeltanne
Abies alba
Hoher, stattlicher Baum mit pyramidenförmiger bis walziger Krone. Junge Jahrestriebe mit zarter, graubraun-flaumiger Oberhaut, die allmählich in eine weißlich-graugrüne, glatte Rinde übergeht; schuppige Borke erst bei alten Bäumen. Nadeln stumpf, flach, unterseits mit zwei weißen Streifen; sie sitzen in zwei Reihen gescheitelt mit den verbreiterten unteren Teilen an den Zweigen, die, wenn die Nadeln abgefallen sind, beinahe glatt erscheinen. Einhäusig; blüht im Mai und Juni. Staubgefäße in den männlichen Blütenzapfen mit zuerst orangefarbenen, später gelben Staubbeuteln. Weibliche Zapfen auf der Oberseite stärkerer Vorjahrstriebe; auch in der Reifezeit aufgerichtet. Reife weibliche Zapfen zerfallen, ihre Deckschuppen sind vorstehend, spitz, aufgestülpt. Im Gebirge und Gebirgs-

Holzgewächse

Abteilung **Nacktsamer** – *Pinophyta*
(*Coniferophyta, Gymnospermae*)

Klasse **Nadelhölzer** – *Pinopsida*
(*Coniferopsida*)

Unterklasse *Taxidae*

Familie **Eibengewächse** – *Taxaceae*

1 Bereneibe *Taxus baccata*
Bestandteil des buschigen Unterholzes von Mischwäldern. Heute schon sehr selten und geschützt! Verschiedene Kulturformen häufig in Parks. Wächst sehr langsam; Jahresringe daher sehr eng und alte Bäume dünnstämmig. Einziger Nadelbaum ohne Harzgänge. Holz und Nadeln enthalten das giftige Alkaloid Taxin. Zweihäusig; blüht im März und April. Männliche Blütenzapfen wachsen in Nadelachseln; sie haben schildförmige Staubblätter. Weibliche Zapfen knospenförmig, mit einer einzigen Samenanlage; sie reifen zu einem Samen heran, der in einen roten, becherförmigen Samen-

2

vorland, typischer Bestandteil von Buchen-Tannen-Mischwäldern. Oft in Forsten angepflanzt. In Parks gemeinsam mit verwandten Arten aus Nordamerika, Asien und Südspanien.

In Wäldern wird auch die fichten- oder tannenähnliche Küsten-Douglastanne *Pseudotsuga menziesii* angepflanzt. Ihre Zapfen sind hängend; die Deckschuppen sind lang und dreispaltig, sie ragen wie dreispitzige Zungen auffallend hervor. Nadeln mit zwei weißen Streifen; duften angenehm. Auch in Parks. Heimat Nordamerika.

3 Gemeine Fichte, Rottanne
Picea abies (*P. excelsa*)
Stattlicher, flach wurzelnder Baum mit schmaler, pyramidenförmiger Krone. Junge Rinde glatt, hellbraun; ältere Rinde grau oder rotbraun, schuppig, in eine aufgerissene Borke übergehend. Äste regelmäßig quirlständig. Nadeln an der Unterseite der Zweige, gescheitelt, spitz; nach Abfallen der Nadeln bleiben rhombenförmige Narben zurück. Einhäusig; blüht im April und Mai. Männliche Blütenzapfen eiförmig, erst rot, später gelblich; sie wachsen in den Achseln von Nadeln der Vorjahrstriebe. Weibliche

Blütenzapfen an den Enden der oberen Äste, rötlich, noch vor der Bestäubung hängend, mit kaum wahrnehmbaren Deckschuppen. Ausgewachsene weibliche Zapfen zerfallen nicht, sondern fallen als Ganzes ab. Ursprünglich in Wäldern der Gebirge und Gebirgsvorländer; jetzt allgemein auch in niederen Lagen. In Parks eine Reihe von Kulturformen, häufig zusammen mit einigen nordamerikanischen Arten angepflanzt.

4 Europäische Lärche *Larix decidua*
Schöner Baum, mit einer mächtigen Wurzel fest im Boden verankert. Astwuchs unregelmäßig, Seitenzweige dünn, hängend. Graubraune Rinde verwandelt sich in eine starke, unregelmäßig schuppige Borke. Nadeln fallen alljährlich ab; sie sind weich, hellgrün und stehen büschelig an kopfigen Kurztrieben. Blüht von April bis Juni. Männliche Blütenzapfen schwefelgelb, kugelförmig; weibliche Blütenzapfen karminrot. Weibliche Zapfen reifen im Herbst zu eirunden, kleinen Samenzapfen. Die Lärche ist ein Gebirgsnadelbaum, der lichte Standorte bevorzugt. Holz wertvoll, daher auch häufig in niederen Lagen angepflanzt, besonders am Rand von Nadelwäldern und in Parks.

♂ ♀

3

♀

♂

4

Familie **Kieferngewächse** – *Pinaceae*

1 Gemeine Kiefer, Waldkiefer,
Föhre, Forche *Pinus sylvestris*
Baum mit Pfahlwurzel und breit-kugelförmi-
ger bis flacher Krone. Rinde an jungen Ästen
grün, später rostfarben. An alten Stämmen
graubraune Borke; Schnittfläche rotbraun.
Nadeln zu zweit an Kurztrieben. Blüht von
Mai bis Juni. Männliche Blütenzapfen
schwefelgelb, weibliche rosarot, einzeln
oder zu zweit bis dritt an den Astenden;
reifen zwei Jahre lang. Das gelbliche Holz
wird als Bau- und Möbelholz sehr geschätzt.
Im Flach- und Hügelland auf Sandböden,
Heiden und Felsen. Häufig auf mageren,
sandigen Böden angepflanzt. In Parks oft
die verwandte Weymouths-Kiefer *P. strobus.*
Ihre Nadeln sind graugrün, lang und stehen
zu fünft in Büscheln. Heimat Nordamerika.

2 Schwarzkiefer, Schwarzföhre
Pinus nigra
Stattlicher Baum mit schwarzgrauer Rinde
am Stamm; Borke tief rissig. Nadeln länger
als bei der Waldkiefer, 8–15 cm lang, dunkelgrün, zäh, scharf zugespitzt. Blüht im Mai
und Juni. Männliche Blütenzapfen walzig,
gelblich, Staubblätter mit einem blaßrosa
Verbindungsstück; weibliche Blütenzapfen
während der Blüte karminrot bis violett,
bereift, reifen erst im Verlauf von drei Jahren
zu großen, glänzend gelbbraunen Zapfen
heran; Samenschuppen unten schwarzbraun. Die Schwarzkiefer ist sehr formenreich und wird deshalb oft in mehrere geographische Rassen untergliedert. Die Bäume werden bis zu 500 Jahre alt. Ihr Holz ist
sehr harzreich. Vom Vorland der östlichen
Kalkalpen bis zum Mittelmeer. In ganz Mitteleuropa in trockenen Wäldern und in Parks
auch als Zierbaum angepflanzt.

3 Berg- oder **Krummholzkiefer,**
Latsche *Pinus mugo*
Entweder Strauch mit niederliegendem,
unregelmäßig verzweigtem Stamm oder
Bäumchen mit geradem Stamm und pyramidenförmiger Krone. Wächst einerseits in
mitteleuropäischen Gebirgen, meist oberhalb der Waldgrenze als Knieholz, Legföhre
oder Latsche, andererseits im Hügelland auf
Hoch- und Torfmooren als Moorkiefer oder
Moorspirke. Nadeln stehen zu zweit, sind
etwas gebogen und gedreht, sattgrün, unter
der Lupe deutlich fein gezähnt. Männliche
Blütenzapfen gelb; Verbindungsstück zwi-

schen den beiden Staubbeutelhälften auffallend groß; weibliche Zapfen purpurrot bis
violett, sitzen am Ende der Jahrestriebe. Die
Latsche blüht ab Juli, die Moorkiefer bereits
ab Mai. Samenzapfen reifen im Verlauf von
drei Jahren; sie sind kegelig-eiförmig bis
kugelig. Die baumförmig wachsende Form
wird auch als eigene Art, *Pinus uncinata*,
Hakenkiefer, abgetrennt.
Die Zier der Alpen und Karpaten ist die stattliche Zirbel-Kiefer oder Arve *P. cembra;* ihre
Nadeln stehen gewöhnlich zu fünf in Büscheln, ihre Samen sind eßbar.

Familie **Zypressengewächse** –
Cupressaceae

4 Gemeiner Wacholder, Heidewacholder
Juniperus communis
Meist niedriger, schlanker Strauch, seltener
Bäumchen mit kegelförmiger Krone. Nadeln
fest, stechend, spitz, graugrün, dreizählig,
quirlständig,₁ mit einem weißen Streifen
an der Oberseite. Blüten zweihäusig; männliche Blüten achselständig, knospig-eiför-
mig, gelblich; weibliche einzeln, grünlich.
Blüht im April und Mai. Die Blütenzapfen
reifen zu kurzgestielten, bereiften, kugelförmigen, von drei fleischigen, verwachsenen
Samenschuppen gebildeten Beerenzapfen
heran, die zuerst grün sind und im zweiten
Jahr blauschwarz werden. Die Beerenzapfen werden vielfach als Aromatikum verwendet. Auf Weiden und Hängen oder als Unterholz in Nadel-, besonders in Kiefernwäldern.
In den Alpen kommt eine Zwergform vor, die
nur ca. 50 cm hoch wird. Geschützt!
Der Stinkwacholder oder Sadebaum *J. sa-
bina* wird zuweilen (ebenso wie amerikanische und ostasiatische Arten) angepflanzt.
Seine Nadeln sind schuppig, die Äste niederliegend.

Abteilung **Bedecktsamer** –
Magnoliophyta (Angiospermae)

Klasse **Zweikeimblättrige** –
Magnoliopsida (Dicotyledoneae)

Familie **Berberitzengewächse** –
Berberidaceae

1 Sauerdorn, Berberitze *Berberis vulgaris*
Strauch mit glatter Rinde und wechselständigen Blättern. In den Achseln der oft mehrteiligen Dornen Büschel kurzgestielter,
länglich-eiförmiger, scharf gezähnter Blätter. Gelbe, charakteristisch duftende Blüten
in hängenden Trauben. Staubblätter durch
Berührung reizbar. Früchte: rote Beeren.
Blüht von April bis Juli. Von der Ebene bis ins
Gebirgsvorland auf sonnigen Hängen und
in lichten Hainen. Auch in verschiedenen
Gartenformen gezogen.

Familie **Mistelgewächse** – *Loranthaceae*

2 Nadelholz-Mistel *Viscum laxum*
Halbschmarotzer. Immergrüner, kleiner
Strauch, der in der Krone von Nadelbäumen, besonders von Kiefern, buschige
Stöcke bis zu einem Meter Durchmesser bildet. Äste gabelig verzweigt, leicht abbre-
chend. Blätter gegenständig, gelbgrün,
länglich-eiförmig, ganzrandig, im Herbst
nicht abfallend. Blüten in den Astgabeln
in kleinen, eingeschlechtigen, dreiblütigen
Trugdolden. Früchte: gelblichweiße, kugelige Beeren. Blüht von März bis April; Beeren
erst im Dezember reif. Auf Laubbäumen
wächst die stattlichere Laubholz-Mistel
V. album mit größeren, weißen Beeren.

Familie **Ulmengewächse** – *Ulmaceae*

3 Flatterulme, Rüster *Ulmus laevis*
(*U. effusa*)
Stattlicher Baum mit breiter Krone. Blätter
kurzgestielt, eiförmig, scharf gesägt, oben
kahl, unterseits meist behaart, Blattgrund
auffallend unsymmetrisch. Blütenbüschel
an langen Stielen. Staubbeutel rötlich.
Früchte: Nüßchen mit breitgeflügeltem, am
Rande zottig bewimpertem, an der Spitze
ausgebuchtetem Saum. Blüht im März und
April. Auwälder und feuchte Wälder; oft auch
angepflanzt.
Verwandt: Bergulme *U. glabra* (*U. scabra*,
U. montana), vom Hügelland bis ins Gebirgsvorland in Wäldern, Feldulme *U. carpi-*

4

5

nifolia (*U. campestris*), in Flußniederungen. Die beiden letztgenannten Arten haben sitzende Blütenbüschel.

Familie **Rosengewächse** – *Rosaceae*

4 Himbeerstrauch *Rubus idaeus*
Äste in den unteren Teilen stachelig, sonst behaart bis kahl. Blätter unpaarig gefiedert, Teilblättchen unterseits weißfilzig, scharf gesägt; Endblättchen langgestielt, im Umriß herzförmig. Blütenkronen weiß, Blüten nikkend in blütenarmen Rispen. Sammelfrüchte rot, wohlschmeckend, reif leicht vom kegeligen Blütenboden abzutrennen. Blüht im Juni. Häufig auf Lichtungen, in Gebüschen und lichten Wäldern. Oft auch in Gärten als Obststrauch.

5 Brombeere *Rubus fruticosus*
Sammelart mit Dutzenden von Kleinarten. In Gebüschen, Wäldern und Ufergestrüpp. Viele Hybriden, deren Unterscheidung schwierig ist. Wichtigste gemeinsame Merkmale: Stengel verzweigt, bestachelt; Blätter meist hand- oder fußförmig, drei- bis fünfzählig; Kelch meist behaart, Kronblätter weiß, manchmal rosa überhaucht. Sammelfrüchte kugelig, dunkelviolett bis schwarz, meist bereift.
An Wegen, Feldrändern und Hohlwegen wächst ziemlich häufig die Kratzbeere, Akkerbeere oder Bockbeere *R. caesius* mit dreizähligen Blättern und Sammelfrüchten, die am Blütenboden fest verwachsen sind.

6 Hundsrose *Rosa canina*
Bekannteste und häufigste vieler mitteleuropäischer Rosen. Stattlicher Strauch mit hängenden, stacheligen Ästen. Blattstiele kahl, Blätter unpaarig gefiedert, fünf- bis siebenfiederpaarig, eiförmig bis elliptisch, Teilblättchen scharf gesägt. Blüten einzeln oder zu wenigen an den Astenden. Kelchblätter am Rande drüsig, außen zerschlitzt, Kronblätter hellrosa bis weißlich. Früchte: eikugelige bis länglich-eiförmige rote Hagebutten. Blüht von Mai bis Juli. Von der Ebene bis ins Gebirgsvorland in Gebüschen, an Hängen, auf Feldrainen und an Waldrändern. Die sehr ähnliche Heckenrose *R. dumetorum* hat behaarte Blätter.

6

1

2

Familie **Rosengewächse** – *Rosaceae*

1 Alpen-Rose *Rosa pendulina* (*R. alpina*)
Breit ausladender Strauch. Äste hängend
zerstreut mit feinen Stacheln bewachsen,
die oberen meist ohne Stacheln. Blätter unpaarig gefiedert, sieben- bis elffiederpaarig;
Blättchen länglich-elliptisch, doppelt scharf
und lang gesägt, oben dunkelgrün, unterseits zerstreut behaart. Blüten einzeln, selten
zu mehreren an langen Stielen. Kelch ungeteilt, Krone rot. Früchte: flaschenförmige,
hängende, rote Hagebutten. Blüht von Mai
bis Juli. In Vorgebirgs- und Gebirgswäldern,
im Hügelland an buschigen Hängen und in
Flußtälern.

Familie **Mandelbaumgewächse** –
Amygdalaceae

2 Schwarzdorn, Schlehe *Prunus spinosa*
Dicht verzweigter, stark dorniger Strauch.
Blätter elliptisch oder länglich, verkehrt-
eiförmig, am Rand kerbig-drüsig, gezähnt,
kahl, am Grunde keilförmig. Blüten in dichten Büscheln oder einzeln; entwickeln sich
meist früher als die Blätter. Kronen weiß,
klein. Steinfrüchte kugelig, reif dunkelblau,
gewöhnlich bereift. Blüht im März und April.
Von der Ebene bis ins Gebirgsvorland häufig an sonnigen Hängen und Rainen, auf
Geröll und Lichtungen und an Waldrändern.

3 Vogelkirsche, Süßkirsche
Cerasus avium (*Prunus avium*)
Heimat Vorderasien, in Hainen und an
buschbestandenen Hängen der niederen
Lagen wärmerer Gebiete heimisch geworden. Oft als Obstbaum gezüchtet, und zwar
in drei Sorten: als Vogelkirsche, Knorpel-
kirsche und als Herzkirsche. Baum mit aufrechter, ausladender Krone und glatten, fast
grauen Ästen. Blätter am ganzrandigen,
keilförmigen Grund mit zwei rötlichen,
runden Drüsen. Blattspreiten einfach bis
doppelt gesägt, unterseits flaumig. Kelchblätter ganzrandig, zurückgeschlagen; Krone weiß. Steinfrucht kugelig, rot und süß, bei
der Vogelkirsche angenehm bitterlich. Blüht
von April bis Mai.

4 Gewöhnliche Traubenkirsche,
Ahlkirsche *Padus avium*
(*Prunus padus, Padus racemosa*)
Strauch oder öfter Baum mit glänzend rotbraunen Ästen. Blätter verkehrt-eiförmig,
kurz zugespitzt, am Stiel mit zwei kleinen,
runden Drüsen; die Zähnchen schließen mit
rötlichen, abfallenden Drüsen ab. Blüten
weiß, in reichen, hängenden Trauben. Steinfrüchte schwarz. Blüten und zerriebene Blätter duften nach bitteren Mandeln. Blüht im
April und Mai. In niederen Lagen in Hainen,
Auen und schattigen Ufergebüschen. In
Parks als Zierbaum gepflanzt.

Familie **Apfelbaumgewächse** – *Malaceae*

5 Echte oder **Gemeine Zwergmispel**
Cotoneaster integerrima
Strauch mit rot überlaufenen Ästen. Blätter
kurzgestielt, ganzrandig, rundlich-elliptisch,

oberseits kahl, am Rand flaumig, unterseits hellgrün-filzig. Blüten in blütenarmen, hängenden Blütenständen. Kelch kahl, rotbraun, nicht abfallend; Kronblätter weiß oder rötlich, Staubgefäße rot. Früchte kahl, rot. Blüht im April und Mai. Von der Ebene bis ins Gebirgsvorland in sonnigen Gebüschen, an steinigen und felsigen Hängen, in lichten Wäldern und Waldsteppen. Einige verwandte Arten als Zierpflanzen, zum Beispiel die niederliegende Fächer-Zwergmispel *C. horizontalis.*

6 Zweigriffeliger Weißdorn

Crataegus oxyacantha

Strauch oder kleines Bäumchen mit rotbraunen, dornigen Ästen. Blätter tief gelappt, die Lappen stumpf, gezähnt. Blüht in reichen Trugdolden. Blütenstiele kahl, Kronen weiß oder rosa, bei den baumartigen Zuchtformen gefüllt. Steinfrüchte kugelig bis eiförmig mit je zwei Steinkernen. Blüht im Mai und Juni. Wild an buschbestandenen Hängen. Manchmal – ähnlich wie der verwandte Eingriffelige Weißdorn *C. monogyna* – angepflanzt. Eingriffeliger Weißdorn besonders in rotblühenden Formen (Rotdorn).

1

2

6

5

Familie **Apfelbaumgewächse** – *Malaceae*

1 Gartenbirnbaum *Pyrus communis*
Baum mit manchmal dornigen Zweigen;
Zuchtformen meist ohne Dornen. Blätter
langgestielt, eiförmig, zugespitzt, kleinge-
sägt, glänzend. Blüten auf langen Stielen in
Doldentrauben. Kronen weiß oder blaßrosa.
Kronblätter eiförmig, Staubblätter mit roten
Staubbeuteln; Griffel frei. Kernfrüchte bir-
nenförmig bis kugelig, reife Samen schwarz.
Blüht im April und Mai. Der Wilde Birnbaum
P. pyraster, der in niederen Lagen in Laub-
wäldern, an Waldrändern und auf buschbe-
standenen Feldrainen mit stark dornigen
Zweigen und kleinen Früchten wächst, wird
als selbständige Art angesehen. Die Kultur-
formen des Birnbaumes entstanden mögli-
cherweise durch eine Kreuzung des Wilden
Birnbaumes mit einigen vorderasiatischen
Arten.

2 Wilder Apfelbaum, Holzapfelbaum
Malus sylvestris
Baum mit in der Jugend filzigen, später kah-
len Ästen. Blätter eiförmig, gesägt, klein ge-
kerbt, unterseits nur auf den Adern filzig.
Blattstiel halb so lang wie die Blattspreite.
Blüten in lockeren Doldentrauben; Kronen
außen blaß rosa, innen weiß, Staubbeutel
gelb, Griffel bis etwa zur Mitte verwachsen.
Apfelfrucht beinahe kugelig, an beiden En-

den vertieft, reife Samen braun. Blüht im Mai.
Wild am Rande von Laubwäldern. Kultivierte
Apfelbäume haben keine Dornen, ihre Blätter sind unterseits filzig, oberseits zerstreut
behaart. Sie werden als selbständige Art angesehen: Gartenapfelbaum *M. domestica.*
Die Wildart ist nicht immer deutlich von verwilderten Kultursorten zu unterscheiden.
Der Apfelbaum wird in Mitteleuropa etwa
seit der jüngeren Steinzeit kultiviert.

3 Wilde Vogelbeere,
Gemeine Eberesche *Sorbus aucuparia*
Meist Bäume, manchmal auch Sträucher.
Knospen filzig. Blätter unpaarig gefiedert;
Blättchen   sitzend,   länglich-lanzettlich,

scharf gesägt, unterseits behaart. Blüten in reichen, verzweigten Doldenrispen; Kronen weiß; gewöhnlich drei Griffel. Kugelige, rote Früchte, etwas größer als Erbsen. Vom Flachland bis ins Gebirge wild in lichten Wäldern und an Hängen. Die kultivierte Hausvogelbeere oder Speierling *S. domestica* hat dagegen fünf Griffel und beinahe kirschengroße, nur an der sonnenbeschienenen Seite rote Beeren. Oft in Alleen angepflanzt.

4 Mehlvogelbeere, Mehlbeere, Mehlbeerbaum *Sorbus aria*

3

Sträucher oder Bäumchen mit glänzend rotbraunen Ästen. Blätter eiförmig, unregelmäßig gesägt bis seicht gelappt, unterseits weiß-filzig. Blüten in lockeren Doldentrauben, Kronen weiß, Kronblätter am Grunde wollig. Früchte orangefarben mit gelbem Fruchtfleisch. Blüht im Mai und Juni. Vom Flachland bis ins Gebirge an sonnigen Hängen und lichten Hainen. Verwandt: Elsbeere oder Els-Vogelbeere *S. torminalis* mit tief fiederspaltigen Blättern und gelbroten (reif braunen), heller punktierten Früchten.

Familie **Schmetterlingsblütengewächse** – *Fabaceae (Papilionaceae)*

5 Gemeiner Besenginster

Sarothamnus scoparius
(Cytisus scoparius)

Halbstrauch mit kantigen, grünen, bei Trockenheit schwarz werdenden Ruten. Blätter kurz gestielt, meist dreizählig, wechselständig mit lanzettlichen, am Rande seidig behaarten Blättchen. Blüten groß, einzeln oder zu zweit; Kronen gelb. Griffel spiralig eingerollt, ragt aus dem Schiffchen hervor. Hülsen schwarz. Blüht im Mai. In niederen Lagen recht häufig an Waldrändern, auf sandigen und steinigen Hängen; meidet Kalkboden.

6 Deutscher Ginster *Genista germanica*

4

Kleiner Halbstrauch. Zweige aufsteigend oder aufrecht, behaart, dornig. Blätter sitzend, länglich-eiförmig, zugespitzt, am Rande behaart. Blüten in Trauben an den Zweigenden. Kelch behaart, Krone goldgelb, Schiffchen behaart. Hülsen schwarzbraun behaart. Blüht im Mai und Juni. Von der Ebene bis ins Gebirgsvorland in trockenen Wäldern, besonders Kiefernwäldern, auf Sandböden und Weiden. Verwandt: Färberginster *G. tinctoria* mit dornenlosen Zweigen und kahlen Schiffchen und Hülsen.

Familie **Schmetterlingsblütengewächse**
– *Fabaceae (Papilionaceae)*

1 Schwarzwerdender Geißklee,

Bohnenstrauch *Cytisus nigricans*
(*Lembotropis nigricans*)
Kleiner Halbstrauch. Zweige aufrecht, grün,
anliegend behaart. Blätter gestielt, dreizählig, zugespitzt, verkehrt-eiförmig, dunkelgrün. Blättchen unterseits heller, manchmal
anliegend behaart. Blüten gelb, in reichen,
blattlosen Trauben; werden beim Trocknen
schwarz. Hülsen schwarzbraun, kahl. Blüht
von Mai bis August. Wächst von der Ebene
bis ins Gebirgsvorland an sonnigen Hängen, auf Felsen und in trockenen Wäldern.
Verwandt: Der Gemeine Goldregen oder
Bohnenbaum *Laburnum anagyroides* (*C.
laburnum*). Stattlicher Zierstrauch mit hängenden Trauben großer, gelber Blüten.

2 Dornige Hauhechel *Ononis spinosa*

Halbstrauch. Stengel reich verzweigt, aufsteigend oder aufrecht, meist dornig, ein-
oder zweireihig behaart. Blätter dreizählig,
mittleres Blättchen gestielt. Blüten groß,
einzeln; Kelche zweilippig, behaart; Kronen
rosa, selten weißlich oder satt rosa. Hülsen
einsamig, weich behaart, genauso lang
oder länger als der Kelch. Blüht von Juni bis
September. Niedere Lagen, wärmere Gebiete auf Weiden, Rainen, sonnigen Hängen. Verwandt: Kriechende oder Stinkende
Hauhechel *O. repens*; fast dornenloser, kriechender oder niederliegender Halbstrauch.

3 Gemeine Scheinakazie,

Gemeine Robinie, Falsche Akazie
Robinia pseudo-acacia
Meist Bäume mit tiefrissiger Borke. Blätter
gestielt, unpaarig gefiedert, Nebenblätter zu
starken, sichelförmig aufgestülpten Dornen
umgeformt. Blättchen gestielt, eiförmig bis
elliptisch, groß, ganzrandig. Blüten groß,
duftend, in reichen Trauben herabhängend.
Kelch behaart; Krone weiß, Fahne in der
Mitte grünlich. Hülsen groß, kahl. Blüht im
Mai und Juni. Heimat Nordamerika, seit dem
18. Jahrhundert bei uns angepflanzt.

Familie **Platanengewächse** – *Platanaceae*

4 Ahornblättrige Platane

Platanus × acerifolia (*P. hybrida*)
Häufig gezogene Hybride aus Morgenländi-
scher und Nordamerikanischer Platane;
Ausgangsarten werden nur selten in Parks
angepflanzt. Stattliche Bäume mit auffallend
schuppen- oder plattenförmig abblättern-
der Borke. Die hier abgebildete Art unterscheidet sich von den Elternarten durch die
unterseits kahlen Blätter, deren Mittellappen gewöhnlich länger sind als der Blattgrund breit ist, sowie durch die meist zu

zweit stehenden, kugelförmigen Blütenstände. Die aus dem östlichen Mittelmeergebiet stammende Morgenländische Platane *P. orientalis* hat weit längere Lappen und
bis zu sechs Blütenstände beieinander. Die
Nordamerikanische Platane *P. occidentalis*
hat unterseits behaarte Blätter, einen kürzeren Mittellappen und einzelne Blütenstände.
Platanen blühen im Mai.

Familie **Haselgewächse** – *Corylaceae*

5 Gemeine Hain- oder **Weißbuche**
Carpinus betulus
Bäume mit weißlicher, glatter Rinde und
glänzend braunen Ästen. Blätter länglich-
eiförmig, doppelt scharf gesägt, am Grund
schräg gerundet bis schwach herzförmig;
junge Blätter faltig. Männliche Kätzchen
walzig, weibliche büschelig, aufrecht, mit
Blüten hinter dreizipfeligen, blattartigen Hüllen. Fruchtknoten mit zwei roten Narben.
Nüßchen in einer dreilappigen Hülle verborgen, deren Mittellappen am längsten ist.
Blüht von April bis Mai. Bildet in niederen
Lagen einen Bestandteil von Hainen und
Mischwäldern. Wird oft angepflanzt.

6 Gemeine Haselnuß *Corylus avellana*
Dicht verzweigter Strauch. Blätter gestielt,
drüsig, verkehrt-eiförmig bis rundlich, am
Grund flach herzförmig bis gerundet, doppelt gesägt, kurz behaart. Männlicher Blütenstand ein bis 5 cm langes Kätzchen,
weiblicher Blütenstand knospenförmig, Blüten mit zwei fadenförmigen, roten Narben.
Frucht eine Nuß, in vergrößerte, zerschlitzte
Hochblätter gehüllt. Samen weiß mit zimt-
brauner Samenhülle. Blüht im März und
April. Vom Flachland bis ins Gebirge häufig
in lichten Hainen und an sonnigen Hängen.
Angepflanzt in Gärten und an Rainen.

4

5

♀ ♂

♀

6 ♂

Familie **Walnußgewächse** –
Juglandaceae

1 Echter Walnußbaum *Juglans regia*
Stattlicher Baum mit schwarzgrauer Borke,
Äste zuerst grünbraun, später aschfarben.
Blätter unpaarig gefiedert, mit drei bis vier
Paar Fiedern; Blättchen fest, dunkelgrün,
duftend, kahl, ganzrandig, länglich-eiför-
mig, zugespitzt. Männliche Kätzchen in den
Achseln der Vorjahrstriebe; weibliche Blü-
ten mit zweilappiger Narbe an den Enden
der Jahrestriebe. Frucht eine kugelige bis

eiförmige Steinfrucht mit fester, fleischiger
äußerer Fruchthülle und steinartig harter in-
nerer Fruchthülle. Samenhülle häutig, Same
lappig, weiß. Blüht im April und Mai. Heimat
Südosteuropa und Vorderasien. Bei uns oft
angepflanzt.

Familie **Birkengewächse** – *Betulaceae*

2 Hänge- oder **Warzenbirke**
Betula pendula (*B. verrucosa*)
Meist stattliche Bäume mit schlanken, aufrechten Stämmen und weißer Borke; Borke
schält sich ringsherum in papierartigen
Bändern ab. Stämme am Grunde tief gefurcht. Blätter gewöhnlich rautenförmig bis
herzförmig-dreieckig, leicht zugespitzt,
kahl, doppelt gesägt. Männliche und weibliche Kätzchen hängen herab; Staubblätter
gelb, Narbe purpurrot. Geflügelte Schließfrüchte, deren Flügel breiter sind als die
Früchte. Blüht im April und Mai. Wächst häufig in Wäldern, an Hängen und auf Felsen; oft
angepflanzt. Die Äste der verwandten Moor-
birke *B. pubescens* hängen nicht herab; sie
sind in der Jugend behaart wie die Blätter.

3 Schwarzerle, Roterle *Alnus glutinosa*
Bäume mit schlankem, dunkelgrauem
Stamm mit rissiger Rinde und in der Jugend
drüsigen, später hängenden Ästen. Blätter
rundlich, verkehrt-eiförmig, an der Spitze

1

2

3

4

gestutzt oder ausgerandet, doppelt ge- zähnt, kahl, sattgrün, in der Jugend klebrig. Männliche Kätzchen mit roten Deckschuppen, weibliche langgestielt, eiförmig, zur Fruchtzeit holzig, dunkelbraun bis schwarz. Schließfrüchte ungeflügelt. Blüht im März und April. Wächst an Auen und an Flußufern. Verwandt: Grauerle *A. incana* mit zugespitzten, unterseits graugrünen, flaumigen Blättern und hellgrauer, glatter Rinde.

Familie **Buchengewächse** – *Fagaceae*

4 Rotbuche *Fagus sylvatica*
Stattlicher Baum mit schlankem Stamm und glatter, weißlichgrauer Rinde. Knospen stechend spitz, rotbraun, mit gewimperten Schuppen. Blätter gestielt, fast ganzrandig, breit eiförmig, zugespitzt, am Grund breit keilförmig, kahl, nur am Rand bewimpert. Männliche Blüten in langgestielten, hängenden Büscheln; Blütenhülle rotbraun. Weibliche Blüten zu zweit an den Enden der Jahrestriebe, von einem gemeinsamen, kleinen Becher umgeben, der sich durch vier Klappen öffnet. Früchte dreikantige Schließfrüchte (Bucheckern). Blüht im April und Mai. Vom Hügelland bis ins Gebirge recht häufig. Hauptpflanze einer Pflanzengesellschaft – der Buchenwaldgesellschaft. In Parks auch als Zierbaum.

5 Echte Kastanie, Edelkastanie
Castanea sativa
Baum mit kurzem Stamm, dunkelgrauer Borke, spitz-eiförmigen Knospen. Blätter kurzgestielt, länglich-lanzettlich, fest, scharf gesägt. Männliche Blüten in aufrechten Büscheln, weibliche Blüten einzeln oder zu dritt, in kugelförmigen, stacheligen Bechern. Schließfrüchte (Kastanien) dunkelbraun, glänzend, ledrig, innen hell mit einer behaarten Fruchthülle und einem einzigen Samen. Blüht im Juni. Heimat Südeuropa. Der eßbaren Samen wegen oft angepflanzt; als Zierbaum auch in Parks. In einigen Gebieten eingebürgert, so zum Beispiel in den Tälern der Saar und der Mosel, in den Kleinen Karpaten und an anderen Stellen.

Familie **Weidengewächse** – *Salicaceae*

6 Silberpappel *Populus alba*
Schnell wachsender Baum mit weißlichgrauer Rinde. Blätter eiförmig, grob gezähnt bis buchtig gelappt, unterseits weißfilzig. Männliche Kätzchen groß, dick, weibliche kürzer. Blüte mit zwei roten Griffeln und gelben Narben. Samen mit langem Haarschopf. Blüht im März und April. Auwälder und Flußtäler; auch angepflanzt. Verwandt: Schwarzpappel *P. nigra;* oft zu Alleen angepflanzt, besonders in Formen mit schmalkegelförmiger Krone.

5

6

♀

♂

Familie **Weidengewächse** – *Salicaceae*

1 Zitterpappel, Espe *Populus tremula*
Bäume mit erst glatter, gelbbrauner, später aufreißender und schwach grauer Rinde. Junge Äste kahl oder kurz behaart, Knospen kahl, klebrig. Blätter beinahe rund bis rautenförmig, schwach ausgerandet, gezähnt. Kätzchen lang; Tragblätter handförmig geschnitten; Staubblätter vor dem Ausstäuben rot, Narben purpurrot, zu zweit stehend. Samen mit Haarschopf. Blüht im März und April. Vom Flachland bis ins Gebirge, an hellen und feuchteren Standorten in Wäldern, auf Lichtungen und Auen.

2 Salweide, Palmweide *Salix caprea*
Dicht verästelter Strauch oder Baum. Blätter langgestielt, länglich bis breit-eiförmig, zugespitzt, am Stiel verjüngt bis abgerundet, ganzrandig oder ungleichmäßig gezähnt, oberseits glänzend, unterseits in der Jugend graufilzig, später kahl; Nervatur scharf hervortretend. Kätzchen zweihäusig, erscheinen früher als die Blätter; männliche Kätzchen aufrecht, dick, lang behaart, Blüten mit gelben Staubblättern; weibliche Kätzchen beinahe sitzend, zur Fruchtzeit bis 10 cm lang. Blüht von März bis Mai. Vom Flachland bis ins Gebirge, häufig an Waldrändern, Hängen und Bächen und auf Lichtungen. An ähnlichen Standorten auch angepflanzt.

3 Purpurweide *Salix purpurea*
Strauch oder Baum mit dünnen, biegsamen

und zähen Ästen. Blätter kurzgestielt, länglich, verkehrt-lanzettlich bis lineal-lanzettlich, zugespitzt, am Rand klein gesägt, am Grund ganzrandig, graugrün, deutliche Nervatur. Männliche Kätzchen mit teilweise verwachsenen Staubblättern. Staubbeutel rot, werden nach dem Ausstäuben schwarz. Weibliche Kätzchen kegelförmig. Blüht im März und April. Von der Ebene bis ins Gebirgsvorland, häufig an Bach- und Flußufern und auf feuchten Wiesen. Zusammen mit der Korbweide *S. viminalis* auch als Korbflechterweide angepflanzt.

Familie **Buchengewächse** – *Fagaceae*

4 Stiel- oder **Sommereiche**
Quercus robur (*Q. pedunculata*)
Stattlicher Baum mit ausladender, unregelmäßiger Krone. Alte Äste stark, gekrümmt. Stamm im Alter mit schwarzgrauer, tief zerfurchter Borke. Knospen eiförmig, braun. Blätter kurzgestielt, fiederlappig, in der Jugend behaart, später kahl, lederig, gewöhnlich mit fünf Lappenpaaren; Blattgrund am Stiel herzförmig ausgerandet. Männliche Blüten hängen in Kätzchen herab, weibliche sitzen in schüsselförmigen Bechern; Narbe und Blütenhülle rot. Die Eicheln stehen zu zweit bis fünf an langen Stielen. Blüht im Mai. Von der Ebene bis ins Gebirgsvorland. Häufiger Bestandteil von Eichenwäldern. Regelmäßig angepflanzt.

5 Steineiche, Traubeneiche,
Wintereiche *Quercus petraea (Q. sessilis, Q. sessiliflora)*
Von der Sommereiche durch die eiförmige Krone, die langgestielten Blätter, den am Stiel keilförmig verengten Blattgrund und die sitzenden Eicheln unterschieden. Beide Arten kreuzen leicht; bei vielen Bäumen ist es daher schwer festzustellen, zu welcher Art sie gehören. Die Bastarde werden oft auch angepflanzt, und sie sind an manchen Stellen häufiger als die Elternarten. In Parks wird auch die nordamerikanische Roteiche *Q. rubra* mit roten Herbstblättern sowie die Sumpfeiche *Q. palustris* mit fiederteiligen Blättern angepflanzt.

6 Flaumeiche *Quercus pubescens*
Gewöhnlich buschiger Wuchs; Stamm oft gekrümmt; Borke rissig. Junge Äste und Knospen weißlich behaart. Blätter in der Jugend beiderseits graufilzig, ausgewachsen oben meist kahl, unterseits rauh-flaumig, länglich bis verkehrt-eiförmig, fiederlappig; Blattgrund am Stiel keil- oder herzförmig, Lappen abgerundet oder zugespitzt. Eicheln länglich-eiförmig, zugespitzt, mit flaumigen Bechern. Blüht im April und Mai. Wächst in den niederen Lagen der wärmsten Gebiete an besonnten Hängen, mit Vorliebe auf Kalkboden.

4

♀

♂

5

3

♂

♀

6

Familie **Bittereschengewächse –**
Simaroubaceae

1 Chinesischer Götterbaum
Ailanthus altissima
Stattlicher, oft hoher Baum. Zweige in der Jugend auffallend gelbrot, behaart. Blätter bis 1 m lang, unpaarig gefiedert, mit vielen Fiederpaaren, in der Jugend rötlich; Blättchen eiförmig-länglich, am Stiel mit einem bis drei drüsigen Zähnen, unterseits mit kleinen, rundlichen Drüsen, Blüten klein, gelbgrün, in großen, reichen, lang ausdauernden Rispen. Geflügelte Schließfrüchte. Blüht im Juni und Juli. Heimat Ostasien; oft als Zierbaum; auf mageren Böden angepflanzt; oft verwildert.

Familie **Kreuzblümchengewächse –**
Polygalaceae

2 Zwergbuchs, *Chamaebuxus alpestris*
Kleiner Halbstrauch, niedrig, verzweigt, mit zahlreichen Ausläufern. Stengel niederliegend, aufsteigend, oft wurzelnd. Blätter fast sitzend, nicht abfallend, immergrün, lederig, kahl, ganzrandig, lanzettlich bis elliptisch, stumpf mit einer angesetzten kleinen Spitze;

untere Blätter verkehrt-eiförmig und von vorn fein ausgerandet. Große Blüten, einzeln oder zu dritt in den Blattachseln; Kelchflügel während der Blüte gelbweiß, später purpurrot; Kronen weißlichgelb oder orangefarben, nach dem Abblühen rötlich. Frucht eine Kapsel. Blüht von April bis Juni. Wächst an steinigen Abhängen, in lichten Wäldern (meist Kiefernwälder) vom Hügelland bis ins Gebirgsvorland.

Familie **Spindelbaumgewächse, Baumwürgergewächse –** *Celastraceae*

3 Europäisches Pfaffenhütchen
Euonymus europaea
Wächst meist als Strauch. Äste in der Jugend vierkantig bis vierflügelig, glatt. Blätter gestielt, länglich-lanzettlich bis eiförmig, zugespitzt, kahl, am Stiel keilförmig. Blütenstand achselständig, gestielt; Kronblättchen grünlich. Kapseln viereckig mit weißen Samen in orangefarbenem Samenmantel. Blüht im Mai und Juni. Von der Ebene bis ins Gebirgsvorland recht häufig an Waldrändern, im Buschwerk und an Hängen. Wird manchmal als Zierstrauch angepflanzt.

land bis ins Gebirge recht häufig in Laubwäldern. Auch in Parks angepflanzt.

6 Spitzahorn *Acer platanoides*
Baum. Borke länglich zerfurcht, schuppig. Junge Zweige mit Milchsaft. Blätter zumeist handförmig fünfteilig mit spitzen Lappen und stumpfen Buchten, im Herbst orangefarben oder rot. Blüten in aufrechten Doldentrauben, gelbgrün. Spaltfrüchte mit langen, waagerecht abstehenden Flügeln. Blüht im April und Mai. Vom Flachland bis ins Gebirge recht häufig in Laubwäldern.

Familie **Roßkastaniengewächse** – *Aesculaceae* (*Hippocastanaceae*)

4 Gemeine Roßkastanie
Aesculus hippocastanum
Aus Südeuropa stammender Baum. Äste in der Jugend braunfilzig. Knospen dick und klebrig. Blätter langgestielt, handförmig siebenzählig; Blättchen länglich verkehrt-eiförmig, ungleich gezähnt, bis über 20 cm lang. Blüten in dichten, rispenartigen Blütenständen mit weißen, rot und gelb gefleckten, am Rand fein zerknitterten und gewimperten Kronblättern. Frucht eine stachelige Kapsel mit zwei Samenanlagen, von denen meist nur eine zu einem dunkelbraunen Samen heranreift. Blüht im Mai und Juni. Ständig als Alleebaum und in Parks angepflanzt. Verwandte Arten mit roten oder rosa Blüten.

Familie **Ahorngewächse** – *Aceraceae*

5 Bergahorn *Acer pseudo-platanus*
Baum mit regelmäßiger Krone; Borke am Stamm schuppig. Blätter tief handförmig fünflappig, mit scharfen Lappen und Buchten; Blattspreite unterseits graugrün, manchmal beiderseits rötlich. Blüten gelbgrün, fünfzählig in hängenden Rispen. Spaltfrüchte geflügelt, Flügel bilden spitzen Winkel. Blüht im Mai und Juni. Vom Flach-

Familie **Ahorngewächse** – *Aceraceae*

1 Feldahorn *Acer campestre*
Strauch oder Bäumchen. Stamm oft gekrümmt. Zweige mit Korkleisten. Blätter handförmig drei- bis fünflappig, Lappen ganzrandig, stumpf, Buchten scharf. Blüten gelbgrün, flaumig, in aufrechten Schirmtrauben. Spaltfrüchte behaart, mit waagerecht ausgestellten Flügeln. Blüht von Mai bis Juni. Wächst in den niederen Lagen wärmerer Gebiete, häufig an buschigen Hängen und in lichten Wäldern; im Hügelland seltener.

Familie **Kreuzdorngewächse** – *Rhamnaceae*

2 Faulbaum, Pulverholz
Frangula alnus (*Rhamnus frangula*)
Strauch mit glatter Rinde und dünnen Ästen. Blätter wechselständig, kurzgestielt, elliptisch, ganzrandig, mit Ausnahme der unterseitigen Nervatur kahl. Blüten gestielt, fünfzählig; Kelch am Grunde verwachsen, Krone winzig. Steinfrucht kugelig, schwarzviolett, dreisamig. Blüht im Mai und Juni. Vom Flachland bis ins Gebirge ziemlich häufig in feuchteren Wäldern, auf Geröll und am Wasser. Verwandt: Purgierkreuzdorn

Rhamnus cathartica mit gewöhnlich dornigen Ästen, gegenständigen, klein gesägten Blättern und vierzähligen Blüten. Wächst an buschbestandenen Hängen.

Familie **Lindengewächse** – *Tiliaceae*

3 Winterlinde *Tilia cordata* (*T. parvifolia*)
Stattlicher Baum mit langgestielten, unsymmetrisch herzförmigen, kahlen, unterseits gräulichen Blättern. In den Winkeln der Blattadern Büschel rostfarbener Härchen. Blüten gelblich-weiß; Blütenstand mit linealzungenförmigem Deckblatt fast bis zur Mitte mit dem Stiel verwachsen. Frucht eine kugelige Schließfrucht mit dünnwandiger Fruchthülle. Blüht von Juni bis Juli. Von der Ebene bis ins Gebirgsvorland ziemlich häufig in Laubwäldern. Auch in Parks und Alleen angepflanzt.

4 Sommerlinde *Tilia platyphyllos* (*T. grandifolia*)
Großer Baum mit hohem Stamm. Rinde schwärzlich. Blätter gestielt, breit-herzförmig, gewöhnlich unsymmetrisch, meist kurzflaumig, unterseits dunkelgrün. In den Winkeln der Blattadern Büschel weißlicher Härchen. Blüten weißlich-gelb. Früchte mit harter Fruchthülle und 5 vorstehenden Rip-

1

2

5

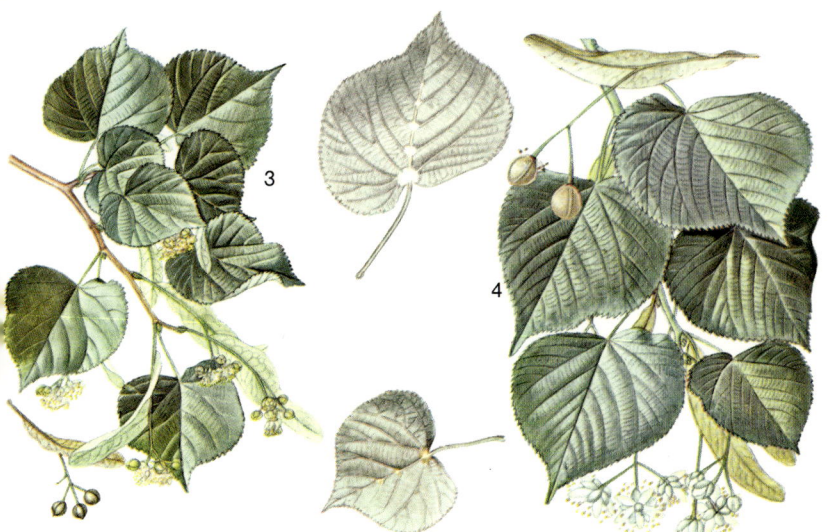

3

4

pen. Blüht im Juni. Wächst in Laubwäldern oder auf Geröll. In Parks zusammen mit der Schwarzlinde *T. americana* (Blätter bis über 20 cm lang) und mit der Silberlinde *T. tomentosa* (*T. argentea*) angepflanzt. Blätter der Silberlinde unterseits weißfilzig behaart.

Familie **Ölweidengewächse –** *Elaeagnaceae*

5 Gemeiner Sanddorn, Seedorn
Hippophaë rhamnoides
Dorniger Strauch. Äste dicht, in der Jugend silbrig-schuppig. Blätter wechselständig, lineal-lanzettlich, ganzrandig, unterseits silbrig bis rotbraun, fein geschuppt. Männliche Blüten in achselständigen Büscheln mit tief zweigeteilter, kelchartiger Blütenhülle. Weibliche Blüten traubenförmig gedrängt, röhrenförmig. Beeren orangerot, selten gelb, braun punktiert. Blüht von März bis Mai. In Mitteleuropa ursprünglich nur auf sandigen, schotterigen Flußufern oder steinigen Abhängen im Oberrhein- und Bodenseegebiet. Oft als Obst- und Zierstrauch angepflanzt.

6 Schmalblättrige Ölweide
Elaeagnus angustifolia
Meist ein Strauch, seltener ein kleines Bäumchen. Äste gewöhnlich dornig, Blätter wechselständig, kurzgestielt, länglich-lanzettlich, oben graugrün, unterseits silbrigweiß. Blüten glockig-röhrig, silbrig-gelblich, stark duftend. Früchte in der Regel hellgelb. Blüht im Mai und Juni. Heimat: Mittelmeergebiet. Oft zusammen mit der verwandten Silber-Ölweide *E. commutata* (*E. argentea*) angepflanzt. Die Silber-Ölweide hat breitere Blätter, hängende Blüten, silbrige Scheinfrüchte. In Parks und Gärten.

6

Familie **Seidelbastgewächse** –
Thymelaeaceae

1 Gemeiner Seidelbast
Daphne mezereum
Strauch, meist mit rutenförmigen Zweigen.
Blätter wechselständig, gewöhnlich gedrängt an den Zweigenden, länglich, stumpf
zugespitzt, kahl. Blüten stark duftend, dunkelrosa in seitenständigen Büscheln, entwickeln sich früher als die Blätter. Steinfrucht kugelig, rötlich, giftig. Blüht von
Februar bis April. Vom Flachland bis ins Gebirge in Laubwäldern. Verwandt: Rosmarin-
Seidelbast oder Steinrösl *D. cneorum.*
Wächst im Alpenvorland; Blätter überwintern. Der Rosmarin-Seidelbast wird oft zusammen mit dem südeuropäischen, gelbgrün blühenden Gelben oder Lorbeersei-
delbast *D. laureola* angepflanzt. Alle Seidel-
bast-Arten sind geschützt!

Familie **Efeugewächse** – *Araliaceae*

2 Gemeiner Efeu *Hedera helix*
Immergrüner Kletterstrauch. Stamm lianen-
artig mit Haftwurzeln, mit denen er sich an
der Unterlage festhält. Blätter langgestielt,
gegenständig, ledrig, glänzend, in zwei
verschiedenen Formen: Nichtblühende
Zweige haben handförmige, drei- bis fünf-
lappige Blätter, blühende dagegen ganzrandige, eiförmige bis breit-lanzettliche
Blätter. Blüten fünfzählig, grünlich, in langgestielten Dolden. Kugelige, schwarze Beeren. Blüht im September und Oktober. Vom

Flachland bis ins Gebirge in Wäldern und
Gestrüpp auf Felsen und auf Baumstämmen
(kletternd). Blüht und fruchtet selten. Oft als
Zierpflanze.

Familie **Hartriegelgewächse** –
Cornaceae

3 Kornelkirsche Gelber Hartriegel
Herlitze *Cornus mas.*
Strauch oder kleines Bäumchen. Äste kantig, angedrückt behaart. Blüht vor dem Erscheinen der Blätter. Blätter gegenständig,
kurzgestielt, eiförmig-elliptisch, keilförmig,
spitz, angedrückt behaart. Blüten gelb, Doldentrauben. Steinfrüchte länglich, scharlachrot. Blüht im März und April. Wächst an
buschbestandenen Hängen und in lichten
Wäldern der niederen Lagen wärmerer Gebiete. Verwandt: Weißer Hartriegel *C. alba*
mit unterseits graugrünen, behaarten Blättern. Aus Nordamerika und Ostasien stammender Zierstrauch.

4 Roter Hartriegel *Cornus sanguinea*
(*Svida sanguinea*)
Ausladender Strauch. Äste hängend, dunkelrot, gegen den Herbst rotbraun überlaufen. Blüht nach der Blattentfaltung. Blätter
gegenständig, gestielt, breit-elliptisch, zugespitzt, fast kahl. Blüten weiß, in Trugdolden. Steinfrüchte schwarzblau. Blüht im Mai
und Juni. Von der Ebene bis ins Gebirgsvorland, häufig in Laubwäldern und auf buschbestandenen Hängen, besonders in wärmeren Gebieten.

3

4

Familie **Heidekrautgewächse** – *Ericaceae*

5 Rostblättrige Alpenrose, Almrausch
Rhododendron ferrugineum
Kleiner Strauch. Blätter zäh, immergrün, lanzettlich, glänzend, unterseits rostbraun, am Rand umgerollt. Blüten dunkelrosa. Blüht von Mai bis Juli. Wächst auf felsigen Hängen der Alpen und in lichten Bergwäldern. Verwandt: Behaarte oder Bewimperte Alpenrose, Steinrose *R. hirsutum*. Blüten hellrosa, am Rande bewimpert, Blätter beiderseits grün. Wächst ebenfalls in den Alpen und im Alpenvorland, vor allem auf Kalkboden. Beide Arten geschützt! In Parks eine Reihe nordamerikanischer und asiatischer Arten und ihre Hybriden.

6 Sumpfporst *Ledum palustre*
Niedriger, kleiner Strauch. Äste aufrecht. Duft auffallend würzig. Junge Äste rostfarben behaart. Blätter wechselständig, sitzend, lineal bis breit-lanzettlich, ganzrandig, am Rande umgerollt, lederig, ausdauernd, unterseits rostrot-filzig. Blütendolden duftend, weiß. Frucht eine nickende Kapsel. Blüht von Mai bis Juli. Von der Ebene bis ins Gebirgsvorland auf Torfmooren, bemoosten Felsen und am Rand feuchter Wälder. Meidet Kalkboden. Giftig; früher als Mottenmittel verwendet. Stellenweise ausgerottet. Streng geschützt!

5

6

Familie **Heidekrautgewächse** – *Ericaceae*

1 Gemeines Heidekraut, Besenheide
Calluna vulgaris
Niedriger, kleiner Strauch. Zweige dicht beblättert, niederliegend-wurzelnd bis aufsit-
zend. Blätter wechselständig, überdecken
sich dachziegelig, lineal-nadelförmig, Blattränder eingerollt, berühren sich. Blüten nikkend, violett-rosa, mit trockenhäutigem
Kelch, in einseitswendigen Trauben. Frucht

eine Kapsel. Blüht von Juli bis Oktober. Vom
Flachland bis hoch in die Berge auf sauren
Böden. Stellenweise zusammenhängende
Bestände: die Heiden. Auch in lichten Wäl-
dern, auf Felsen, Weiden und Sandböden.

2 Schneeheide, Frühlingsheide,
Fleischrotes Heidekraut *Erica carnea*
Niederliegender, reich verästelter, kleiner
Strauch. Äste aufsteigend, dicht beblättert.
Blätter nadelig, ausdauernd kahl, glänzend
in dichten, vierzähligen Quirlen. Blüten in
dichten, einseitswendigen Trauben, gestielt,
nickend, fleischrot; Kronen schmal-glockig.
Kapsel walzig. Blüht von Februar bis Mai.
Wächst in den Alpen und dem Alpenvorland
auf Geröll und Felsen, in Kiefernwäldern und
im Knieholz. In einer Reihe von Zierformen
gezüchtet. Verwandt: Glockenheide oder
Sumpfheide *E. tetralix* mit behaarten Blättern; Grauheide *E. cinerea* mit Blüten in
dichten quirligen Trauben.

Familie **Heidelbeergewächse** –
Vacciniaceae

3 Preiselbeere, Kronsbeere
Vaccinium vitis-idaea
Niedriger, dichtverästelter, kleiner Strauch.
Kriechende Ausläufer und aufsteigende

Zweige. Blätter wechselständig, zäh, immergrün, verkehrt-eiförmig, an der Spitze abgerundet, schwach umgerollt, dunkelgrün, glänzend, unterseits braun getupft. Blüten in endständigen Trauben; Kronen weiß oder zart rosa, glockig, nickend. Reife Beeren rot, kugelig, glänzend. Blüht von Mai bis August. Vom Hügelland bis ins Gebirge, ziemlich häufig in trockenen Wäldern, hauptsächlich in Kiefernbeständen, auf Heiden und Torfmooren.

4 Heidelbeere, Blaubeere, Bickbeere
Vaccinium myrtillus
Niedriger, dichtverästelter, kleiner Strauch. Stämmchen kriechend, Ästchen aufsteigend. Blätter abfallend, wechselständig, eiförmig-rundlich, zugespitzt, fein gesägt, beiderseits grün, kahl. Blüten einzeln, nickend, gestielt, stehen in den Blattachseln; Kronen kugelig bis krugförmig, blaßgrün und blaßrosa. Reife Beeren kugelig, schwarzblau, meist bereift. Blüht von April bis Juli. Vom Flachland bis ins Gebirge häufig in den Wäldern. Die Beeren werden gerne für Kompott und Marmelade gesammelt, auch Heidelbeerwein wird aus ihnen hergestellt. Verwandt: Kleinfrüchtige Moosbeere *Oxycoccus quadripetalus* (*Vaccinium oxycoccos*) mit tief viergeteilten Kronen. Wächst auf Torfmooren.

Familie **Ölbaumgewächse** – *Oleaceae*

5 Hängende Forsythie, Goldglöckchen, Goldweide *Forsythia suspensa*
Strauch. Äste lang, rutenförmig, am Ende hängend, hohl, vierkantig, warzig. Blätter ungeteilt oder dreizählig, eiförmig bis länglich-eiförmig, unregelmäßig klein gezähnt; entwickeln sich meist später als die Blüten. Blühen in seitenständigen Büscheln, groß; Kronen hellgelb orangegelb. Frucht eine Kapsel. Blüht im April und Mai. Heimat: Ostasien. In Parks und Gärten als Zierstrauch.

6 Gemeiner Liguster, Rainweide
Ligustrum vulgare
Strauch mit grünbraunen, kahlen Ästen. Blätter abfallend oder überwinternd, gegenständig, kurz gestielt, länglich-lanzettlich, ganzrandig, meist zugespitzt, grün, im Herbst rot. Blüten in aufrechten, endständigen Rispen; Kronen gewöhnlich weiß, trichterförmig. Frucht eine schwarze, glänzende Beere. Blüht im Juni und Juli. In niederen Lagen wärmerer Gebiete, an buschbestandenen Hängen, im Ufergestrüpp und an Waldrändern. Als Zierstrauch gezogen, vor allem als Hecke.

5

6

Familie **Ölbaumgewächse** – *Oleaceae*

1 Gemeine Esche *Fraxinus excelsior*
Meist sehr stattliche Bäume, selten Sträucher. Äste graugrün. Knospen schwarzbraun, eiförmig. Blätter gegenständig, unpaarig gefiedert, mit 4–5 Fiederpaaren; Blättchen sitzend, eiförmig-lanzettlich, lang zugespitzt, am Grunde keilförmig, klein und scharf gezähnt, meist kahl. Blüten nackt, neben zwittrigen Blüten auch eingeschlechtige. Nüsse schmal-länglich, glänzend-braun, geflügelt, an langen, hängenden Stielen. Blüht von April bis Mai. Vom Flachland bis ins Gebirge ziemlich häufig in feuchten Wäldern, auf Auen und Geröll. Oft auch angepflanzt.

Familie **Nachtschattengewächse** –
Solanaceae

2 Bittersüßer Nachtschatten, Bittersüß
Solanum dulcamara
Kletternder, giftiger Strauch mit gestielten, verschieden geformten Blättern. Untere Blätter gewöhnlich einfach, eiförmig-lanzettlich, oft herzförmig, die oberen Blätter mit zwei Lappen oder dreizählig, ganzrandig, zugespitzt; mittleres Blättchen oder Mittellappen am größten. Blüten in nickenden Rispen an den Zweigenden; Kronen blauviolett, mit zurückgebogenen abstehenden Zipfeln. Staubbeutel gelb, zu einem Kegel vereint. Frucht eine nickende, dunkelrote, eiförmige Beere. Blüht von Juni bis August. Von der Ebene bis ins Gebirgsvorland recht häufig im Ufergebüsch, in feuchten Wäldern, an Zäunen und auf Schuttplätzen.

Familie **Geißblattgewächse** –
Loniceraceae

3 Schwarzer Holunder *Sambucus nigra*
Meist Sträucher, aber auch dünnstämmige,

niedrige Bäumchen. In den Zweigen weißes Mark. Blätter unpaarig gefiedert mit zwei bis drei Fiederpaaren elliptischer bis länglicher, zugespitzter, mit Ausnahme des Blattgrundes gesägter Blättchen. Blütenstand schirmförmig, eine reiche Trugdolde; Blüten gelblichweiß, duften durchdringend. Beeren schwarz, glänzend. Blüht im Juni und Juli. Von der Ebene bis ins Gebirgsvorland häufig im Buschwerk, in Wäldern, an Zäunen und an Schuttplätzen. Blütenstände und Früchte sind nach Zubereitung eßbar und wohlschmeckend; die Blätter sind schwach giftig!

4 Trauben- oder **Roter Holunder,**
Hirschholunder *Sambucus racemosa*
Strauch. In den Zweigen gelbbraunes Mark. Blätter unpaarig gefiedert, mit zwei bis drei Fiederpaaren; Teilblättchen länglich bis elliptisch, bis zum Stiel klein gesägt, unterseits fein dünnwollig. Blütenstand traubig, eine kugel- bis eiförmige Trugdolde. Blüten grünlichgelb. Beeren rot, mit giftigen Samen! Blüht von April bis Mai. Vom Hügelland bis ins Gebirge häufig auf Lichtungen und an Waldrändern.

5 Gemeiner Schneeball
Viburnum opulus
Meist Sträucher, aber auch kleine Bäumchen. Blätter handförmig, drei- bis fünflappig, scharfgezähnt, beiderseits grün. Blütenstand eine flache schirmförmige Trugdolde. Innere Blüten zwitterig, klein, glockig, weißlich; Randblüten groß, radförmig, weiß, unfruchtbar. Reife Früchte korallenrot. Blüht im Mai und Juni. Vom Flachland bis ins Gebirge ziemlich häufig in feuchten Wäldern und im Buschwerk. Eine Spielart mit nur sterilen Blüten in kugelförmigen Blütenständen wird in Gärten und Parks als Zierstrauch angepflanzt (sogenannter Gartenschneeball). Verwandt: Wolliger Schneeball *V. lantana.* Blätter unterseits filzig. Ebenfalls als Zierstrauch gezogen.

6 Traubige Schneebeere
Symphoricarphus rivularis
(S. albus, S. racemosus)
Strauch. Blätter eiförmig, gegenständig, ganzrandig, selten gelappt. Blüten in kleinen Trauben; Kronen glockig, klein, rosa. Beeren weiß, saftig, platzen bei heftigem Druck. Blüht von Juni bis August. Heimat Nordamerika. Häufig als „lebender Zaun" gezogen; oft verwildert. Verwandt: Heckenkirsche oder Geißblatt *Lonicera.* Diese Gattung ist in Mitteleuropa durch einige wilde und kultivierte Arten vertreten; am bekanntesten das eingebürgerte Wohlriechende oder Echte Geißblatt (Jelängerjelieber) *L. caprifolium.* Blätter verwachsen oder durchwachsen.

Schnecken und Muscheln

Die Schnecken (*Gastropoda*) gehören zu den bekanntesten Weichtieren, man begegnet ihnen in Wäldern, Wiesen, Feldern, Gärten, aber häufig auch in Gebäuden, Kellern und an Stellen, an denen sich Feuchtigkeit hält. Eine trockene Umgebung behagt den Schnecken nicht, daher verlassen sie ihre Schlupfwinkel meist erst nach Einbruch der Dämmerung, bei Tau oder tagsüber nach Regen.

Der Schneckenkörper ist in drei Teile gegliedert: Kopf, Fuß und asymmetrischer Eingeweidesack. Viele Arten haben eine Schale – ein Gehäuse, meist spiralig zusammengedreht, in das sie sich gänzlich zurückziehen können. Je nach Atemweise werden Schnecken drei Gruppen (Unterklassen) zugeordnet: Lungenschnecken (*Pulmonata*), Vorderkiemer (*Prosobranchia*) und Hinterkiemer (*Opistobranchia*).

Am bekanntesten sind die Lungenschnecken, die ihren Entwicklungshöchststand auf dem trockenen Land erreicht haben. Nur wenige Arten leben im Süßwasser, und noch weniger bewohnen die Meere. Das Hauptmerkmal der Lungenschnecken sind die Lungen, die aus den haarfeinen Blutgefäßen in der Mantelhöhle entstanden sind. Nach außen münden die Lungen in einer z. B. bei den Egelschnecken gut sichtbaren Atemöffnung, die einen Schließmechanismus hat.

Die Gehäuse der Lungenschnecken weisen eine unterschiedliche Gestalt auf. In der Regel sind sie spiralig gedreht, manchmal aber auch nur napfförmig. Bei den Nackt- und Egelschnecken befinden sich verkümmerte Gehäuserelikte unter dem Sattel.

Die häufigsten und auffälligsten Arten sind die Landlungenschnecken (*Stylommatophora*), sie haben im wahrsten Sinne des Wortes „Stielaugen". Diese sitzen an zwei langen, einziehbaren Fühlern und lassen sich als kleine schwarze Punkte an den voll ausgestreckten Fühlerspitzen ausmachen. Unter diesen Fühlern sitzt noch ein zweites kürzeres, ebenfalls einziehbares Fühlerpaar. Landlungenschnecken leben auf dem Land, suchen aber eine feuchte Umgebung auf. Es gibt Arten mit und ohne Gehäuse. Ein schön geformtes, kegelig-eirundes Schneckenhaus haben z. B. die Bernsteinschnecken (*Succinea*); die Schließmundschnecken (*Clausilia*) haben ein länglich-spindel-

Bild 1. Die Hain-Bänderschnecke (*Cepaea nemoralis*) hat ein schön gefärbtes Gehäuse. Der Untergrund kann verschiedene Töne von Gelb bis Rötlich zeigen, über ihn zieht sich normalerweise eine dunkelbraune Bänderung.

förmiges Gehäuse. Die Gehäusemündung ist meist verengt. Die Schnirkelschnecken (*Helicidae*) zeichnen sich durch kugelige bis abgeplattete, oft schön gefärbte (z. B. die Bänderschnecken – *Cepaea*) Gehäuse aus. Bei den zwittrigen Schnirkelschnecken findet sich ein besonderes Kalkgebilde, der sog. „Liebespfeil", der zur Paarung dient. Diese Pfeile werden in den Körper des Partners gebohrt, wobei einer als Männchen, der andere als Weibchen fungiert, nur letzteres wird befruchtet. Der Partner in der Rolle des Männchens kann bei weiteren Paarungen auch die Funktion des Weibchens übernehmen. Am bekanntesten von allen Schnirkelschnecken ist die Weinbergschnecke (*Helix pomatia*), deren Gehäuse mit einem Durchmesser bis zu 5 cm recht groß ist. Zu Unrecht wird ihr nachgesagt, sie sei ein Schädling. Sie ist im Gegenteil eher nützlich, da sie in den Gärten größtenteils verschiedene Unkräuter abweidet. Die Weinbergschnecke hat darüber hinaus ein beträchtlich eingeschränktes Territorium, oft überquert sie nicht einmal die Pfade zwischen den Beeten, und so reicht es, wenn man sie aus einem Gemüsebeet an eine andere Stelle versetzt. Bei anhaltender Trockenheit verkriechen sich die Schnecken in schattige Schlupfwinkel, um sich hier in ihre Gehäuse zurückzuziehen und deren Mündung mit einem eigenartigen Häutchen aus festwerdendem Schleim zu verdeckeln. So können sie ungünstige Zeiten überstehen. Vor Winterbeginn bohren sie sich mit ihrem Mündungsrand ins lockere Erdreich. Unterirdisch schützen sie sich noch mit einem harten, starken Kalkdeckel, der porös ist und das Atmen ermöglicht. Im Frühjahr drückt die Schnecke diesen Deckel heraus und kommt wieder an die Oberfläche. Schneckenfleisch gilt in vielen Ländern als eine besondere Delikatesse, was stellenweise zur Ausrottung der Weinbergschnecke geführt hat. Die Tiere sind heute geschützt. Zum Verzehr werden Schnecken inzwischen auf Farmen gezüchtet. Am schmackhaftesten ist ihr Fleisch im Frühjahr, dann enthält der Körper keine zur Anfertigung des Winterdeckels dienenden Kalksalze.

Zu den häufigen Arten gehören auch die sogenannten Nacktschnecken, vor allem die Weg- (*Arionidae*) und Egelschnecken (*Limacidae*). Diese Tiere haben in der Körpervorderpartie auf dem Rücken einen Sattel. Die Atemöffnung der Wegschnecken liegt am rechten Sattelunterrand in der Vorderhälfte, die Egelschnecken haben sie in der hinteren Sattelhälfte.

Von den Wasserlungenschnecken (*Basommatophora*) sind die Schlammschnecken (*Lymnaeidae*) und die Tellerschnecken (*Planorbidae*) die bekanntesten. Schlammschnecken haben ein bis zu 6 cm hohes Gehäuse, einen breiten Fuß und einen kurzen

Bild 2. Die Weinbergschnecke (*Helix pomatia*) ist die größte europäische Landschnecke.

Kopf. Sie kriechen auf der Unterseite eines dünnen Schleimfilms an der Wasseroberfläche entlang und ernähren sich u. a. von Algen, faulenden und auch frischen Wasserpflanzen. Ihre Eier legen sie in Kapseln auf Wasserpflanzen ab. In Trockenperioden schützen sie sich vor dem Austrocknen mit einem Deckel.

Tellerschnecken haben ein scheibenförmiges Gehäuse, einen kleinen Kopf und Fuß. Diese Schnecken haben im Gegensatz zu allen übrigen Süßwasser-Weichtieren rotes Blut.

Vorderkiemer-Schnecken haben hinten auf der Fußrückenseite ein angewachsenes Lid, mit dem sie die Gehäuseöffnung verschließen, wenn sie sich zurückziehen. Die bekanntesten Sumpfdeckelschnecken (*Viviparus*) zeichnen sich durch lange Fühler aus. Beim Männchen ist der rechte Fühler dicker und dient bei der Paarung als Kopulationsorgan. Diese Schnecken gebären lebende Junge.

Hinterkiemer-Schnecken kommen nur in den Meeren vor, ihr gemeinsames Merkmal sind die hinter dem Herzen liegenden Kiemen. Ihre Gehäuse sind meist reduziert oder völlig verschwunden.

Die Muscheln (*Bivalvia*) haben einen symmetrischen Körper, bestehend aus Rumpf und Fuß, während der Kopf reduziert ist. Auch Zungenband und Fühler sind im Gegensatz zu den Schnecken nicht vorhanden. Meist fehlen auch die Augen, die von einigen lichtempfindlichen Stellen des Körpers ersetzt werden. Der Muschelkörper wird von einem zweilappigen Mantel eingehüllt, der auch das aus einer rechten und linken Schale bestehende Körpergehäuse abscheidet. Die beiden Schalen sind an-

fänglich als eine einzige angelegt, die sich im Entwicklungsverlauf firstartig an einer Stelle knickt, an der dann ein elastisches Band entsteht. Die Schalen sind im Normalfall symmetrisch und haben Schüsselform. Bei einigen Arten unterscheiden sich aber die beiden Schalen in Größe und Form, dann ist die größere meist gebaucht und hat eine verzierte Oberfläche, während die kleinere flach bleibt. Einige Muschelarten wachsen mit der unteren Schale an ihrer Unterlage fest; bei vielen entsteht an den Schaleninnenwänden eine starke Perlmuttschicht. An der Rückseite sind die beiden Schalenhälften durch das Schloßband miteinander verbunden, häufig greifen die beiden Hälften mit ihrer Zahnung ineinander und bilden so das sogenannte Schloß. Die

Bild 3. Die Braune Wegschnecke (*Arion subfuscus*) erkennt man leicht an der gelblichen bis orangenen Schleimspur, die sie hinter sich herzieht. Mit Vorliebe frißt sie an Pilzen.

Bild 4. Die Flußperlmuschel (*Margaritana margaritifera*) bewohnt kühle Flüßchen und größere Bäche mit sauberem Wasser. Aus verschmutzten Gewässern ist sie vielerorts verschwunden, sie wird immer seltener.

Tiere schließen die Schalen mit Hilfe von Muskeln.

Muscheln sind überwiegend getrenntgeschlechtlich, bei einigen Arten kann sich das Geschlecht im Verlauf ihres Lebens ändern, sogar mehrfach, so daß sie in gewissen Perioden als Männchen auftreten, ein anderes Mal als Weibchen. Aus befruchteten Eiern entwickeln sich Larven.

Muscheln sind ausschließlich Wasserlebewesen, die meisten Arten leben in den Meeren, nur ein kleiner Teil kommt auch im Süßwasser vor. Die Zahl der auf der Welt bekannten Muschelarten liegt bei 25 000, in den Süßwässern Mitteleuropas kommen knapp über 30 Arten vor. Muscheln haben eine beträchtliche wirtschaftliche Bedeutung. Viele Arten gehören in den Küstenlandschaften zu den gängigen Speisen und werden als besondere Delikatessen auch ins Binnenland verfrachtet. Die Schalen vieler Meeresmuscheln, teils auch Süßwassermuscheln liefern Perlmutt, einige Arten werden auch wegen ihrer hochgeschätzten Perlen gesammelt.

Eine der bekanntesten Seemuscheln ist die Auster (*Ostrea edulis*). Sie hat asymmetrische Schalenhälften, die linke ist tiefer, dicker und haftet fest an ihrer Unterlage. Die

Bild 6. Die Meeresschnecke *Natica millepunctata.*

kleinere Schale funktioniert als Deckel. Da die Auster ortsfest lebt, ist ihr Fuß verkümmert. Sie kann 8–10 cm groß werden und ist schon mit einem Jahr geschlechtsreif. Austern leben in großen Kolonien.

Bild 5. In Tümpeln, Teichen, Seen und träge fließenden Gewässern lebt die Posthornschnecke (*Planorbarius corneus*).

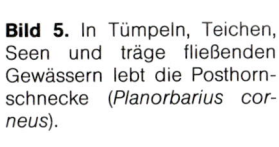

245

Klasse **Schnecken** – *Gastropoda*

Familie **Bernsteinschnecken** – *Succineidae*

1 Gemeine Bernsteinschnecke
Succinea putris
Verbreitungsgebiet: Europa, West- und Nordasien. Lebt am Ufer von Gewässern, in Sumpfgebieten, am Rand von Wassergräben. Wird 16–22 mm, im Donaugebiet bis 27 mm hoch und 13 mm breit. Lebensdauer: bis zu 3 Jahren. Nährt sich von frischen und verwelkten Pflanzenteilen. Bei der Paarung tritt ein Exemplar als Männchen, ein zweites als Weibchen auf. Das Weibchen legt 50 bis 100 Eier an feuchten Stellen auf den Boden ab. Die Schnecke überwintert in Erdspalten oder unter modernden Blättern. An ähnlichen Stellen überdauert sie auch Trockenperioden.

2 Uferbernsteinschnecke
Succinea pfeifferi
Verbreitungsgebiet: Europa, die kühleren Teile Asiens und Nordwestafrika. Lebt in Ebenen auf Schilf oder im Uferschlamm, oft auch in großen Mengen auf schwimmenden Pflanzen. Wird 12–15 mm hoch und 7 mm breit. Die Schale ist transparent. Biologie ähnlich wie bei *Succinea putris*.

Familie **Windelschnecken** – *Pupillidae*

3 Achtzähnige Windelschnecke
Abida frumentum
Verbreitungsgebiet: Südeuropa und die wärmeren Teile Mitteleuropas. Lebt auf trockenen Hängen. Hält sich gern auf feuchten Felsen, Bäumen und oft auch an Pflanzen auf. Wird 6–10 mm hoch und 3 mm breit.

Familie **Vielfraßschnecken** – *Enidae*

4 Große Vielfraßschnecke
Zebrina detrita
Verbreitungsgebiet: Mittel-, West- und Südeuropa, Südwestasien. Häufig in Kalksteingebieten. Sucht gern warme Stellen auf. Lebt auf Rasenhängen. Schale einfarbig oder mit braunen Streifen. Höhe der Schale 18–25 mm. Die Mündung ist oft mit vertrocknetem Schleim und angetrockneter Erde verschlossen.

Familie **Schließmundschnecken** – *Clausiliidae*

5 Gemeine Schließmundschnecke
Laciniaria biblicata
Verbreitungsgebiet: ganz Mitteleuropa, Südengland, Nordostfrankreich und Belgien, im Norden bis Schweden. Mehrere

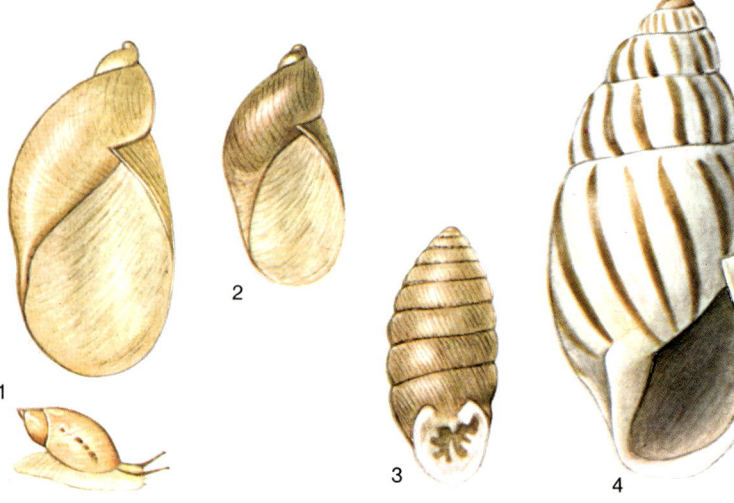

Rassen. Sehr variabel. Höhe 17–19 mm, Breite 4 mm. In Mitteleuropa praktisch überall zu finden, bewohnt Wälder, Gärten, Parks, Berghänge. Lebt an Baumstämmen, auf Felsen, Mauern usw. Bringt meist lebende Junge zur Welt, die in 5 bis 10 Monaten heranwachsen.

6 Angeschwollene Schließmundschnecke *Laciniaria turgida*
Verbreitungsgebiet: Osteuropa, vor allem die Karpaten. Das ganze Verbreitungsgebiet bisher noch nicht bekannt. Sehr variabel. Höhe 12–17 mm. Schale spindelförmig, transparent und glänzend. In höheren Lagen ist die Schale kleiner. Lebt insbesondere in feuchten Gebirgswäldern, wo sie in größeren Mengen in bewachsenen Tälern vorkommt. Sie ist jedoch auch an trockenen Stellen anzutreffen. Weitere, ihr sehr ähnliche Arten sind in ganz Europa verbreitet.

7 Feingerippte Schließmundschnecke *Clausilia dubia*
Verbreitungsgebiet: Mittel- und Westeuropa, Nordeuropa bis nach Schweden. Bewohnt vor allem Gebirge und felsige Hügelketten. Lebt auf Felsen, in Ruinen, auf Mauern usw. Sie ist 11–13 mm hoch und 3 mm breit. Die Riefelung ist variabel. Im Winter verbirgt sie sich unter Moos oder Laub.

Familie **Wegschnecken** – *Arionidae*

8 Große Wegschnecke *Arion rufus*
Verbreitungsgebiet: Mittel- und Westeuropa. In feuchten Wäldern und auf Wiesen. Wird 12–15 cm groß. Sehr großes Atemloch. Färbung variabel, von orangefarben über braun bis schwarz in den verschiedensten Abstufungen. In kälteren Gegenden meist schwarz, oft rot, der Fußsaum jedoch fast immer rötlich. Allesfresser. Oft auf Tierkadavern oder Exkrementen zu finden. Legt 300–500 Eier in mehreren Häufchen unter Steinen, ins Moos u. ä. ab.

9 Braune Wegschnecke *Arion subfuscus*
Verbreitungsgebiet: ganz Europa. Bewohnt meist Wälder sowohl der Gebirge als auch der Ebenen. Wird 4–7 cm lang. Färbung sehr variabel. Grundfarbe gelb bis rotgelb, Rücken braun, Seiten oft gestreift, Sohle gelbweiß. Schleim gelblich bis orangefarben. Lebt auf Pilzen, unter der Rinde von Baumstümpfen u. ä. Frißt auch Früchte und Pflanzenteile. Sehr häufig.

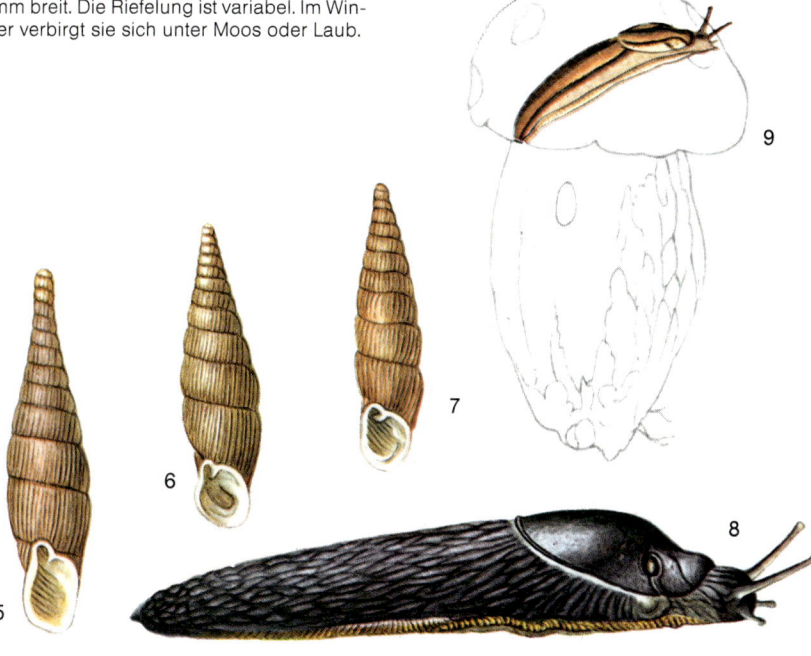

Familie **Egelschnecken** – *Limacidae*

1 Große Egelschnecke *Limax maximus*
Verbreitungsgebiet: Süd- und Mitteleuropa
bis England und Südskandinavien. Kommt
in Gärten, Parks, auch in Kellern u. ä. vor.
Färbung variabel, viele durch Temperatur-
unterschiede bedingte Farbabstufungen.
Bis 15 cm groß. In Kellern oft auf Gemüsevor-
räten, nährt sich jedoch manchmal auch von
anderen Schnecken. Bei der Paarung hängen beide Partner mit spiralig umschlunge-
nen Körpern an einem an Zweigen befestigten Schleimfaden. In Nächten mit größerer
Feuchtigkeit besonders aktiv.

2 Schwarze Egelschnecke
Limax cinereoniger
Verbreitungsgebiet: fast ganz Europa. Lebt
meist in Laubwäldern, an Baumstämmen,
auch unter der Rinde, unter Steinen u. ä.,
besonders in Berg- und Hügelregionen.
Färbung variabel, sogar ganz weiß; Schild
und Sohle sind jedoch immer dunkel. Wird
bis 3 Jahre alt. Bei der Paarung umschlin-
gen sich beide Partner, es sind aber auch
Fälle von Selbstbefruchtung bekannt.

Familie **Schnirkelschnecken** – *Helicidae*

3 Eingerollte Zahnschnecke
Helicondonta obvoluta
Verbreitungsgebiet: Süd- und Mitteleuropa,
auch Südostengland. Häufig in den Alpen.
Bewohnt wärmere Wälder, lebt auf Hängen
mit Kalkböden unter Steinen, Laub usw. In
Trockenzeiten bildet sie einen weißen, pergamentartigen Mündungsverschluß. Sie
wird 6 mm hoch und 15 mm breit. Schale
dünnwandig, scheibenförmig, in der Jugend behaart.

4 Steinpicker *Helicigona lapicida*
Ziemlich häufig in Mittel- und Westeuropa,
im Süden häufiger als im Norden. Lebt auf
feuchten Felsen, an Baumstämmen in Buchenwäldern, an denen sie bei Regen hoch
aufsteigt. Wird 7 mm hoch und 19 mm breit.
Die Schale ist schwach transparent.

248

5 Rossmässlers Felsenschnecke
Helicigona rossmässleri
Verbreitungsgebiet: Karpaten. Lebt in feuchten Wäldern auf Felsen und an Baumstämmen. Am häufigsten in 800–1400 m Höhe ü.d.M. Wird 10–13 mm groß. Weitere Arten sind in den Alpen und den Gebirgen Mitteleuropas verbreitet.

6 Garten-Bänderschnecke
Cepaea hortensis
Verbreitungsgebiet: Mittel- und Westeuropa. Hält sich an feuchten Stellen heller Wälder, in Gärten, am Fuß von Felsen u.ä. auf. Färbung der Schale ziemlich variabel. Manche Exemplare einfarbig gelb bis rot, andere gestreift. Wird 15–22 mm breit und 15–16 mm hoch. Stellenweise häufig.

7 Hain-Bänderschnecke
Capaea nemoralis
Verbreitungsgebiet: Mittel- und Westeuropa, die baltische Küste. Lebt in schütteren Wäldern, Gärten, auch in der Nähe menschlicher Wohnungen. Wird 17–26 mm breit und 15–22 mm hoch. Grundfarbe: verschiedene Abstufungen von Gelb oder Rot, Streifen meist satt dunkelbraun, aber auch ungestreift.

8 Gebirgs-Bänderschnecke
Cepaea vindobonensis
Verbreitungsgebiet: Ost- und Südosteuropa, Ausläufer bis in die Alpen und Täler der Donau und Moldau. Lebt vor allem auf kalkigen Hängen, am Waldrand u.ä., sekundär auch in Weinbergen, auf Dämmen usw. Breite der Schale 19–25 mm, Höhe 17–18 mm. Grundfarbe: weißlich bis gelb, Schale ausnahmslos gestreift.

9 Weinbergschnecke *Helix pomatia*
Verbreitungsgebiet: von Südostengland über Mitteleuropa bis auf den Balkan. Heute auch an Stellen, wo sie ursprünglich nicht lebte. Bewohnt lichte Laubwälder und Gesträuch, vor allem in wärmeren Gebieten. Liebt kalkhaltige Unterlagen, oft Ruinenmauern. Größte europäische Schnecke mit Schale. Die Schale ist bis 45 mm breit und 45 mm hoch. Die Schnecke lebt ca. 4–6 Jahre. Nährt sich von Pflanzen. Paarungszeit: Mai bis Juli. Nach 6 bis 8 Wochen legt jede Schnecke 40–70 Eier, die 5–6 mm groß sind. Bei Trockenheit verschließt sie sich mit einer schleimigen Absonderung, die trocknet und dann Pergament ähnelt. Sie kann so einige Monate lang aushalten. Den Winter über verschließt sie sich auch mit einem Kalkdeckel. Sie überwintert von Oktober bis April. Geschützt!

Familie **Schnirkelschnecken** – *Helicidae*

1 Maskenschnecke
Isognomostoma personatum
Verbreitungsgebiet: Mitteleuropa, hauptsächlich die Alpen, Pyrenäen und Karpaten. Auch in den deutschen Mittelgebirgen. In der Ebene kommt sie nicht vor. Sie hält sich meist in Steingeröll, aber auch unter Stämmen entwurzelter Bäume auf. Sie ist 6 mm hoch und 7–10 mm breit. Man kann sie leicht an ihrer dreizähnigen, verengten Schalenmündung erkennen. Schale ist körnig und mit Härchen bedeckt.

2 Schatten-Laubschnecke
Zenobiella umbrosa
Verbreitungsgebiet: Ostalpen, Deutsche Mittelgebirge, Westböhmen, Donaubecken. Sie hält sich in feuchten Waldtälern, auf nassen Hängen, am Fuße von Felsen in dichtem Pflanzenwuchs usw. auf. Sie kriecht auch gern an größeren Pflanzen hoch. Breite der Schale 11–13 mm, ihre Höhe 7–11 mm. In Kalkgebieten ist die Schale bedeutend stärker. Färbung blaß gelblichgrau bis rötlich hornfarben, seidenglänzend.

Familie **Schlammschnecken** – *Lymnaeidae*

3 Spitzschlammschnecke
Lymnaea stagnalis
Verbreitungsgebiet: ganz Europa, auch Marokko, Nordasien und Nordamerika. An manchen Stellen sehr stark verbreitet. Lebt in stehenden Gewässern des Flachlands. Schale eiförmig, langgezogen, 45–60 mm hoch, zugespitzt, 22–34 mm breit. Färbung heller oder dunkler hornfarben, oft mit gefärbten Niederschlägen bekrustet. Die Schnecke nährt sich von Algen und modernden Pflanzenteilen. Sie legt ihre Eier in Kapseln, die sie an Wasserpflanzen befestigt. Sie wird bis 3 Jahre alt und bildet viele unterschiedliche Standortformen.

4 Sumpfschlammschnecke
Galba palustris
Verbreitungsgebiet: ganz Europa, Algerien, Nordasien und Nordamerika. Kommt in stehenden Gewässern der Ebenen, auch in Flußarmen und Wassergräben vor. Schale eiförmig, langgezogen, mattglänzend, ihre Oberseite leicht gerillt. Größe ist sehr variabel, Höhe 20–30 mm, Breite 10–14 mm. Sie ist dunkel gefärbt, auch ihre Innenseite ist dunkel, meist dunkelviolett.

Familie **Tellerschnecken** – *Planorbidae*

5 Flache Tellerschnecke
Planorbis planorbis
Verbreitungsgebiet: ganz Europa. In stehenden Gewässern des Flachlandes, auch in Brackwasser. Schale scheibenförmig, ca. 3,5 mm hoch, 15–17 mm breit. Rotes Blut. Lebt an Wasserpflanzen, oft an der Wasseroberfläche, wo sie Luft atmet. Nährt sich von Algen u.ä. Sie wird 2–3 Jahre alt. Färbung honigfarben, mattglänzend.

6 Posthornschnecke
Planorbarius corneus
Verbreitungsgebiet: fast ganz Europa mit Ausnahme der nördlichen Gebiete. Lebt in langsam fließenden, dicht bewachsenen oder stehenden Gewässern. Schale 25–30 mm breit und 10–14 mm hoch. In Sümpfen und kleinen Tümpeln sind meist nur kleine Exemplare zu finden. Die Schalen junger Schnecken sind mit Borsten bewachsen. Färbung rotbraun bis olivbraun.

Familie **Landdeckelschnecken** – *Pomatiasidae*

7 Schöne Landdeckelschnecke
Pomatias elegans
Verbreitungsgebiet: ein Großteil Europas, im Süden nach Nordafrika ausstrahlend. Sie kommt jedoch nur stellenweise vor, so ist sie zum ·Beispiel in Norddeutschland überhaupt nicht zu finden. Sie lebt verborgen unter Fallaub, Steinen und bewachsenen Felsen und Mauern; in Mitteleuropa nur in wärmeren Gebieten und immer auf kalkhaltigen Böden. Schale 10–17 mm, Breite 8–13 mm. Färbung des Spitzenteils hell- bis violettbraun, sonst grau bis gelblichweiß oder fleischfarben.

Familie **Sumpfdeckelschnecken** – *Viviparidae*

8 Lebendgebärende Sumpfdeckelschnecke *Viviparus viviparus*
Verbreitungsgebiet: Großteil Europas. Bewohnt Tümpel, Teiche, Flußarme. Lebt im Schlamm des Grundes. Wird 30–40 mm hoch, 25–30 mm breit. Deckel mit Rillen. Gebiert lebende Junge, schon mit kleiner Schale. Färbung grünbraun, mit drei dunklen Bändern, die gelegentlich fehlen. Gehäuse oft mit andersfarbigen Fremdstoffen beschlagen. Nährt sich vor allem von Algen und organischen Resten.

9 Flußdeckelschnecke
Viviparus fasciatus
Verbreitungsgebiet: ganz Europa mit Ausnahme der nördlichsten Gebiete. Bewohnt größere Flüsse oder mit Flüssen in Verbindung stehende Wasserbecken. Hält sich zwischen Steinen auf. Schale 28–32 mm hoch, 22–24 mm breit. Gebiert lebende Junge. Nährt sich von Algen, organischen Resten im Schlamm, gelegentlich auch von Plankton.

4

5

6

7

8

9

Klasse **Muscheln** – *Bivalvia*

Familie **Flußmuscheln** – *Unionidae*

1 Große Flußmuschel *Unio tumidus*
Verbreitungsgebiet: fast ganz Europa. Bewohnt langsam fließende Flüsse, Seen und Teiche des Flachlandes. Schalenlänge: 70–90 mm. Sie legt jährlich über 200 000 Eier, die sich 4 Wochen lang an den Kiemen des Muttertiers entwickeln. Die geschlüpften Larven – Glochidien – setzen sich an Kiemen von Fischen fest und leben dann als erwachsene Muscheln im Grundschlamm. Die erwachsene Muschel nährt sich von Mikroorganismen und Detritus. Geschützt!

2 Teichmuschel *Anodonta cygnaea*
Verbreitungsgebiet: fast ganz Europa. Lebt in stehenden Gewässern des Flachlands. Wird 100–200 mm lang. Zwitter. Legt jährlich

bis 400 000 Eier. Ausgeschlüpfte Larven heften sich an der Haut von Fischen fest. Nach beendeter Entwicklung verlassen sie den Fisch und setzen sich im Schlamm des Grundes fest. Geschützt!

Familie **Flußperlmuscheln** – *Margaritanidae*

3 Flußperlmuschel
Margaritana margaritifera
Verbreitungsgebiet: unzusammenhängend. West-, Nord-, vereinzelt auch Mitteleuropa. Bewohnt kühle, kleine Flüsse mit klarem Wasser. Wird bis 150 mm lang und 70 mm breit. Schalen dickwandig. Glochidien klein, schmarotzen an den Kiemen von Fischen. In ihrem Mantel manchmal Perlenbildung. Nährt sich von Mikroorganismen und Detritus am Grund der Bäche und Flüsse. Selten. Geschützt!

1

3

2

4

Familie **Kugelmuscheln** – *Sphaeriidae*

4 Häubchenmuschel *Musculium lacustre*
Verbreitungsgebiet: fast ganz Europa. Lebt
in Flüssen, Bächen, auch in Teichen und
Sümpfen. Häufiger im Flachland. Wird 8–14
mm lang, 6–10 mm breit und 3–4 mm dick.
Schalen dünnwandig, transparent. Gebiert
lebende Junge.

Familie **Austern** – *Ostreidae*

5 Gemeine Auster *Ostrea edulis*
Verbreitungsgebiet: Küsten Europas von
Nordafrika bis zum Polarkreis. Sehr häufig.
Zwitter. Ein Exemplar zeitweilig Männchen,
dann Weibchen, später wieder Männchen
usw. Aus den Eiern schlüpfen frei im Was-
ser schwimmende Larven. Nährt sich von
Plankton und Detritus.

Familie **Herzmuscheln** – *Cardiidae*

6 Eßbare Herzmuschel *Cardium edule*
Verbreitungsgebiet: Atlantischer Ozean,
Nordsee, Ostsee, Mittelmeer und das
Schwarze Meer. Wird 3–5 cm lang. Lebt in
sandigem oder schlammigem Grund und in
der Gezeitenzone bis 10 m tief.

Familie **Bohrmuscheln** – *Pholadidae*

7 Große Bohrmuschel *Pholas dactylus*
Verbreitungsgebiet: vom Mittelländischen
Meer bis Norwegen. Bohrt in weicherem Ge-
stein, auch in Holz. Wird 8–12 cm lang und
3,5 cm breit. Sondert phosphoreszierenden
Schleim ab.

Familie **Kammuscheln** – *Pectinidae*

8 Bunte Kammuschel *Pecten varius*
Verbreitungsgebiet: Mittelmeer, Atlantik von
Spanien bis Westnorwegen, Nordsee. 3–7
cm große Schalen. Färbung stark variabel.
Junge Exemplare schwimmen durch Auf-
und Zuklappen der Schalen.

Familie **Miesmuscheln** – *Mytilidae*

9 Miesmuschel *Mytilus edulis*
Verbreitungsgebiet: vom Nördlichen Eis-
meer bis Nordafrika, Mittelmeer, Nord- und
Ostsee. Lebt in großen Kolonien, heftet sich
mit Byssusfäden an eine Unterlage fest. Wird
6–10 cm lang. Nährt sich von Algen, Detritus
und Urtierchen.

253

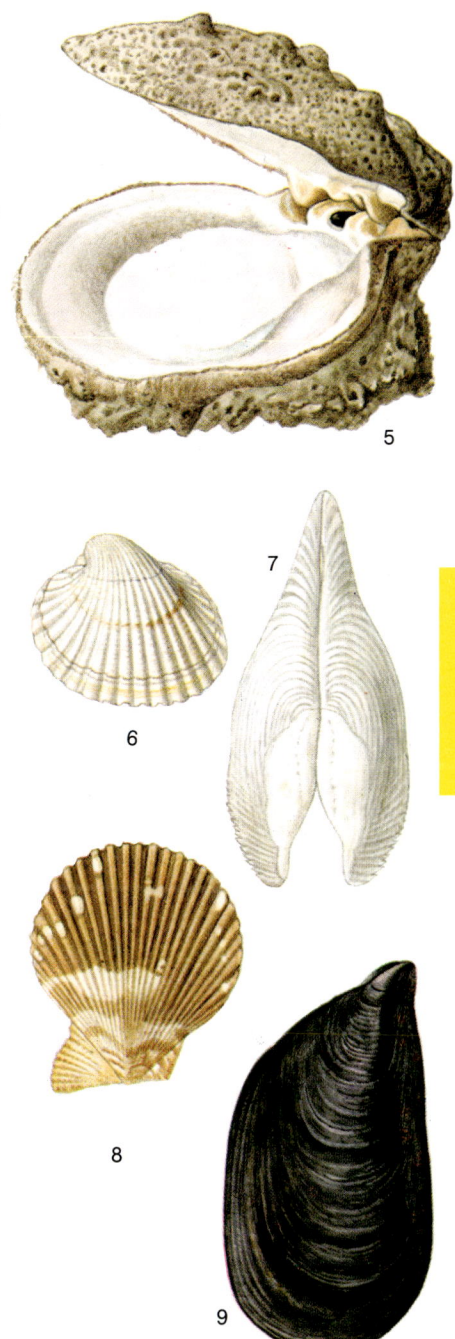

Spinnentiere, Hundertfüßer, Tausendfüßer

Die Klasse der <u>Spinnentiere</u> (*Arachnida*) ist sehr zahlreich, auf der ganzen Welt wurden bisher rund 36 000 Arten beschrieben. Sie werden in 9 Ordnungen aufgeteilt, von denen die Radnetzspinnen (*Araneida*), Afterskorpione (*Pseudoscorpionidea*), Weberknechte (*Opilionidea*) und Milben (*Acari*) in Europa am bekanntesten sind. Spinnentiere haben vier Beinpaare, ein Kieferklauen-(Cheliceren) und ein Tasterpaar. Ihr Körper ist gegliedert, doch verschmelzen die einzelnen Segmente häufig zu größeren Einheiten.

Am bekanntesten sind die Radnetzspinnen (*Araneida*), sehr häufige Tiere, denen man so gut wie überall begegnet, ohne weiteres auch in Wohnungen. Der Spinnenkörper besteht aus Kopfbrust und Hinterleib. Der Kopf ist durch eine Naht von der Brust getrennt, an ihm befinden sich normalerweise 8 Augen, seltener 6 oder weniger. Vor dem Mund sitzen Kieferklauen, in die eine Giftdrüse mündet. Neben dem Mund haben die Spinnen beinförmige Taster. Die vier Beinpaare sitzen an der Brust. Die Atemorgane sind entweder Lungensäcke oder Tracheen, manchmal beides. Am weichen Hinterleib münden die Ausgänge der Spinndrüsen. Spinnen sind getrenntgeschlechtlich, aus ihren Eiern schlüpfen Larven, die den erwachsenen Individuen bereits ähneln.

Spinnen kommen auch im Hochgebirge vor. Einige Arten sind Wasserbewohner und legen ihre Netze unter Wasser in salzigen Kolken an der Küste an. Die bekannteste Süßwasserspinne ist die Wasserspinne

Bild 1. Die Gartenkreuzspinne (*Araneus diadematus*) hat eine in der Regel recht variable Färbung, doch erkennt man sie mit Sicherheit an den auffälligen, zu einem Kreuz zusammengestellten weißlichen Flecken auf dem Hinterleib.

(*Argyroneta aquatica*), die unter Wasser in Tümpeln und anderen Gewässern ein glockenförmiges Gehäuse anlegt und es mit Luft füllt. Von dort aus geht sie auf Beutefang.

Die bekanntesten Radnetzspinnen sind die Kreuzspinnen (*Araneidae*). Ein typischer Vertreter dieser zahlreich auftretenden Familie (in Mitteleuropa gibt es über 50 Arten) ist die Gemeine Kreuzspinne (*Araneus diadematus*). Man begegnet ihr in Wäldern, Gärten, häufig auch an den Fenstern von Wohnhäusern, wo sie ihre auffälligen Netze spinnt. Die äußeren Gespinstringe des Netzes sind mit feinen Klebetröpfchen bedeckt. Diese Fäden „fangen" Insekten, während die Spinne in der Nestmitte an einer nicht klebenden Stelle sitzt oder in einem Versteck in der Nähe lauert. Sobald eine Beute ins Netz gerät, eilt die Spinne herbei, um sie mit einer ihrer Kieferklauen zu töten oder zu betäuben, mit Spinnfäden zu umwickeln und zu verwahren, bis sie Hunger bekommt. Dann spritzt sie ihre Verdauungssäfte in den Körper der Beute, die deren Gewebe zersetzen, so daß die Spinne es als dünnen Brei aufsaugen kann.

Die Hundert- und Tausendfüßer gehören zu den Tracheaten (*Tracheata*), die sich dadurch auszeichnen, daß sie mit Tracheen atmen. Tracheen sind feine Röhrchen, die paarig zu beiden Seiten an der Oberfläche der Körpersegmente münden, den ganzen Körper durchziehen und alle Organe mit Sauerstoff beliefern. Die größte Klasse der Tracheenatmer sind die Insekten.

Die Hundertfüßer (*Chilopoda*) haben einen sehr langen, in vertikaler Richtung stark abgeplatteten Körper, der deutlich in Segmente gegliedert ist. Der Körper besteht aus einem ein langes Fühlerpaar tragenden Kopf und einer Vielzahl von Körpersegmenten (von 15 bis 100 und mehr), an denen je ein Beinpaar sitzt. Der Mundapparat der Hundertfüßer hat Beißwerkzeuge und Pedipalpen, die durch Umbildung aus dem er-

Bild 2. Die Krabbenspinne (*Thomisus albus*) lauert auf einer Blüte auf Beute. Die weit gespreizten Vorderbeine dienen als Fangvorrichtung.

sten Beinpaar entstanden sind und in die Giftdrüsen münden. In Mitteleuropa sind über 50 Hundertfüßerarten bekannt.

Tausendfüßer (*Diplopoda*) sind Gliederfüßer mit verdoppelten Rumpfsegmenten, von denen jedes zwei Beinpaare trägt. Ihr Körper ist normalerweise zylindrisch und stark sklerotisiert. Am Kopf sitzen meist kurze Fühler und mehrere einfache Augen oder Ocellen. Der Mundapparat besteht aus einem Mandibelpaar und einem besonderen, durch Verwachsen der Unterkiefer (*Maxillen*) entstandenen, als Gnathochilarium bezeichneten Gebilde. In Mitteleuropa leben rund 100 Tausendfüßer-Arten.

Bild 3. Tausendfüßer (*Dermacentor pictus*) beim Paarungsspiel.

255

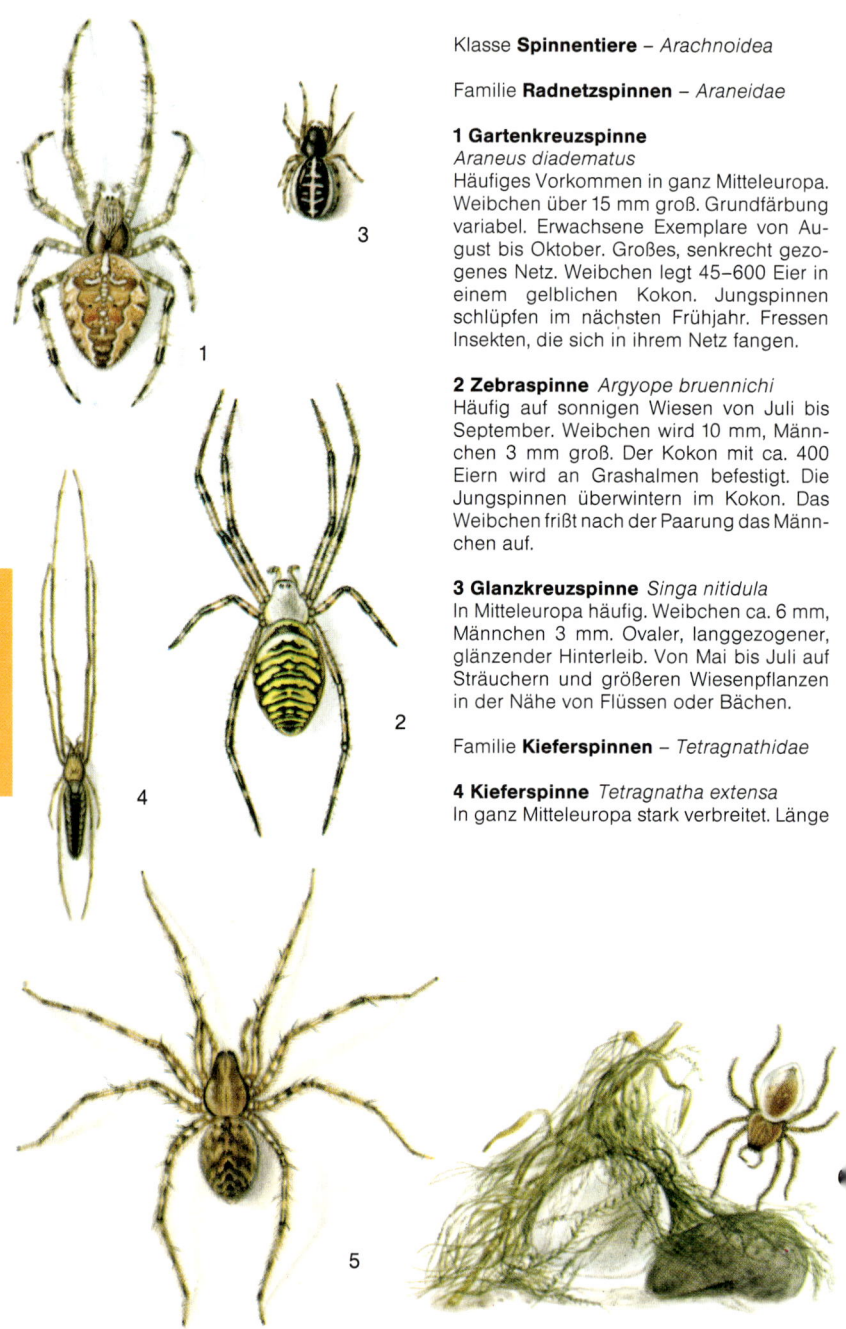

Klasse **Spinnentiere** – *Arachnoidea*

Familie **Radnetzspinnen** – *Araneidae*

1 Gartenkreuzspinne
Araneus diadematus
Häufiges Vorkommen in ganz Mitteleuropa. Weibchen über 15 mm groß. Grundfärbung variabel. Erwachsene Exemplare von August bis Oktober. Großes, senkrecht gezogenes Netz. Weibchen legt 45–600 Eier in einem gelblichen Kokon. Jungspinnen schlüpfen im nächsten Frühjahr. Fressen Insekten, die sich in ihrem Netz fangen.

2 Zebraspinne *Argyope bruennichi*
Häufig auf sonnigen Wiesen von Juli bis September. Weibchen wird 10 mm, Männchen 3 mm groß. Der Kokon mit ca. 400 Eiern wird an Grashalmen befestigt. Die Jungspinnen überwintern im Kokon. Das Weibchen frißt nach der Paarung das Männchen auf.

3 Glanzkreuzspinne *Singa nitidula*
In Mitteleuropa häufig. Weibchen ca. 6 mm, Männchen 3 mm. Ovaler, langgezogener, glänzender Hinterleib. Von Mai bis Juli auf Sträuchern und größeren Wiesenpflanzen in der Nähe von Flüssen oder Bächen.

Familie **Kieferspinnen** – *Tetragnathidae*

4 Kieferspinne *Tetragnatha extensa*
In ganz Mitteleuropa stark verbreitet. Länge

11 mm. Körper auffallend langgezogen. Spinnt ihr Netz an feuchten Stellen zwischen Pflanzen. Die Spinne sieht wie ein Stäbchen aus.

Familie **Trichterspinnen** – *Agelenidae*

5 Winkelspinne *Tegenaria derhami*
Überall in Europa zu finden. Länge 6–11 mm. Hat sehr lange Beine, wodurch sie viel größer erscheint. Lebt in Häusern, Ställen. Spinnt ihr dichtes, waagrecht gezogenes Netz in Mauerwinkeln. Ist das ganze Jahr über zu finden und lebt einige Jahre. Fängt Insekten. Das Weibchen hängt den kugeligen Kokon mit Eiern an mehreren Netzen an und maskiert ihn mit Mörtelstückchen u. ä.

6 Wasserspinne *Argyroneta aquatica*
Verbreitet in ganz Mittel- und Nordeuropa. Körperlänge 8–15 mm. Männchen größer als das Weibchen. Lebt in Tümpeln mit reinem Wasser. Sie spinnt zwischen Wasserpflanzen eine glockenähnliche Behausung, die sie mit Luft anfüllt. Sie lebt zwei Jahre und ist das ganze Jahr über zu finden. Geschützt!

Familie **Wolfspinnen** – *Lycosidae*

7 Waldwolfspinne *Xerolycosa nemoralis*
In ganz Mitteleuropa verbreitet. Wird 5–7 mm lang. Häufig in Nadelwäldern. Spinnt kein Netz. Fängt kleine Insekten. Ist von Mai bis August zu finden. Das Weibchen trägt den an seinem Hinterleib befestigten Kokon mit Eiern ständig mit sich, und auch die Jungen trägt es noch einige Zeit auf seinem Körper herum.

Familie **Raubspinnen** – *Pisauridae*

8 Raubspinne *Pisaura mirabilis*
Häufig im Flachland. Wird bis 13 mm lang. Lebt am Boden oder auf Pflanzenblättern. Bei der Brautwerbung bringt das Männchen dem Weibchen eine Fliege. Spinnt keine Netze, sondern jagt ihre Beute. Den Kokon mit Eiern trägt das Weibchen zwischen seinen Kiefern.

Familie **Krabbenspinnen** – *Thomisidae*

9 Krabbenspinne *Diaea dorsata*
Häufig in ganz Mitteleuropa zu finden. Länge 5–7 mm. Färbung ziemlich variabel. Lebt auf Tannen- und Eichengebüsch. Sie lauert auf ihre Beute in einer für sie typischen Stellung mit zwei langen, seitlich gespreizten Beinpaaren. Bewegt sich seitlich. Man findet sie hauptsächlich im Mai und Juni.

10 Krabbenspinne *Misumena vatia*
Kommt häufig in Mitteleuropa vor. Länge Weibchen 10 mm, Männchen 4 mm. Sie hält sich insbesondere im Mai an höheren Pflanzen und Büschen auf. Im Herbst und im Winter unter Laub oder Moos.

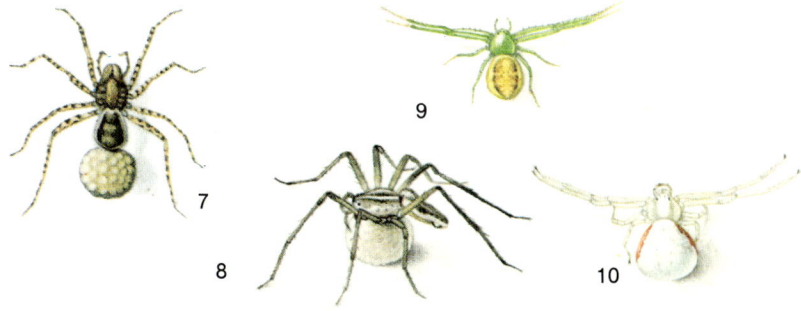

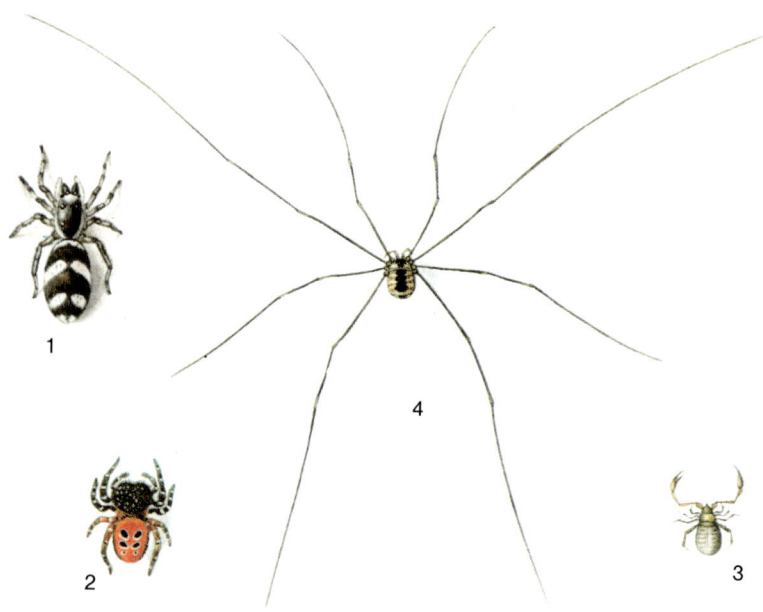

Familie **Springspinnen** – *Salticidae*

1 Zebra-Springspinne
Salticus zebraneus
Bewohnt in Europa warme Stellen. Länge bis 6 mm. Kurze Beine. Zeigt sich schon bald im Frühjahr. In der Hochzeitszeit „tanzt" das Männchen vor dem Weibchen. Das Weibchen spinnt das Nest und hütet die Eier.

Familie **Röhrenspinnen** – *Eresidae*

2 Röhrenspinne *Eresus niger*
Bewohnt die wärmeren Teile Europas. Länge 8–16 mm. Weibchen samtig schwarz, Männchen mit rotem Hinterleib mit 4 schwarzen Flecken. Lebt in Kolonien an sandigen Stellen. Gräbt 10 cm tiefe Löcher, die sie mit Spinnweben auspolstert. Beim Ausgang aus dem Erdloch ein Schutzdach und in der Umgebung Fangnetze.

Ordnung **Afterskorpione** – *Pseudoscorpiones*

3 Bücherskorpion *Chelifer cancroides*
Sehr verbreitet. Länge 3–4 mm. Lebt im Laub, unter Baumrinde, in alten Büchern usw. Verfolgt kleine Insekten und Milben. Läßt sich von Fliegen „transportieren". Hochzeits-„Tänze". Weibchen legt 5–18 Eier in einen Eiersack am Unterteil des Körpers. Fähig, Kokons zu spinnen.

Ordnung **Weberknechte** – *Opiliones*

4 Wandkanker – *Opilio parietinus*
Häufig an schattigen und feuchteren Stellen zu finden. Jagt Fliegen und Ameisen. Hochzeitskämpfe der Männchen. Weibchen legt Eier mit einem besonderen Legestachel in Häufchen in feuchte Erde oder in Erdspalten.

258

Ordnung **Milben** – *Acari*

5 Holzbock *Ixodes ricinus*
Kommt in fast ganz Europa vor. Männchen 1–2 mm, Weibchen bis 4 mm groß, vollgesaugt größer. Nach der Befruchtung, und mit Blut von Wirbeltieren vollgesaugt, legt das Weibchen bis 3000 Eier, aus denen sechsbeinige Larven schlüpfen, die sich nach Blutaufnahme in Nymphen verwandeln und sich als solche wiederum an den Gasttieren festhalten. Durch weitere Häutung verwandeln sie sich in erwachsene Tiere.

6 Sammetmilbe
Trombidium holosericum
Sehr häufig. Länge um 2,5 mm. Von Frühjahr bis Herbst auf Sträuchern, im Gras usw. Sechsbeinige, ebenfalls rote Larven.

7 Gemeine Käfermilbe
Parasitus coleoptratorium
Lebt in fast ganz Europa. Häufig auf Mistkäfern. Erwachsene Weibchen lassen sich von Käfern auf neue Lebensstätten, auf Mist, verwesende Stoffe usw. übertragen. Nähren sich zuerst von diesen modernden oder verwesenden Stoffen, später von Fliegeneiern.

Klasse **Hundertfüßer** – *Chilopoda*

Ordnung **Steinläufer** – *Lithobiomorpha*

8 Brauner Steinläufer
Lithobius forficatus
Häufig in ganz Mitteleuropa. Länge 20–30 mm. Lebt in Wäldern und Gärten unter Steinen. Baumrinde usw. Einzelgänger. Nährt sich von Insekten, Spinnen. Läuft vorwärts und rückwärts.

Klasse **Tausendfüßer** – *Diplopoda*

Ordnung **Saftkugler** – *Oniscomorpha*

9 Gesprenkelter Saftkugler
Glomeris pustulata
In Mitteleuropa stark verbreitet. Wird 4,5–14 mm lang. Ähnelt den Mauerasseln (s. Krebstiere), kann sich auch wie diese einrollen. Lebt unter Steinen, Baumstämmen usw. in offener Landschaft. Nährt sich von moderndem Laub. Bewegt sich nur sehr langsam. Weibchen legt Eier in ein besonderes, aus feuchtem Lehm angefertigtes Nest. Die Eier werden einzeln abgelegt.

Ordnung **Schnurfüßer** – *Opisthospermophora*

10 Erdschnurfüßer *Julus terrestris*
In ganz Mitteleuropa stark verbreitet. Länge 20 bis 50 mm. Bei Gefahr rollt er sich zusammen. Lebt unter Steinen, Baumrinde, Laub usw. Nachttier. Nährt sich hauptsächlich von moderndem Stoffen. Weibchen legt Eier in Häufchen ab und baut um sie herum aus Lehm und einem Sekret eine Kapsel.

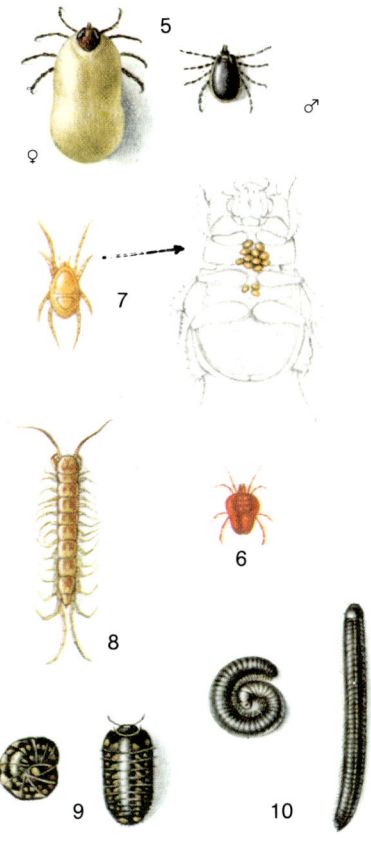

Krebstiere

Die Krebstiere (*Crustacea*) gehören zu den sogenannten Kiemenatmern (*Branchiata*), atmen also vermittels Kiemen. Sie sind überwiegend Wasserbewohner mit zwei Fühlerpaaren, von denen das erste aus einfachen, das zweite aus kürzeren, gespaltenen Antennen besteht. Ihre Körpersegmente sind unterschiedlich gestaltet. Meist sind sie getrenntgeschlechtlich.

Die meisten Krebstiere leben in den Meeren, ein kleinerer Teil im Süßwasser, und nur wenige Arten gehören zu den Landtieren. Sie vermehren sich durch Eier, aus denen bei vielen Arten den erwachsenen Tieren un-

ähnliche Larven schlüpfen. Diese Larven werden Nauplius genannt.

Zu den interessanten Kleinkrebsen gehören die meist in stehendem Süßwasser lebenden Kiemenfußkrebse (*Anostraca*). Nur das

Bild 1. Der Einsiedlerkrebs (*Eupagurus bernhardus*) hat einen weichen, leicht verwundbaren Hinterleib, daher sucht er in leeren Gehäusen der verschiedensten Seeschnecken Unterschlupf. Bei Gefahr verschließt er den Gehäuseeingang mit seiner breiteren Schere wie mit einem Deckel.

Bild 2. Kolonien der Seepockenart *Balanus tintinnabulum* sitzen fest auf Klippen, Muschelschalen oder sogar Krabbenscheren.

Salinenkrebschen (*Artemia salina*) bewohnt Salzseen, nicht aber das Meer, und kommt hier in unglaublichen Massen vor. An vielen Orten stellt es die Nahrungsgrundlage für Flamingos dar. Kiemenfußkrebse kommen für gewöhnlich in saisonabhängigen Gewässern wie austrocknenden Kolken, Wassergräben, Gruben usw. Die ungünstige Trockenzeit überstehen die Eier, aus denen die Larven schlüpfen, sobald sich nach einem Regenguß oder nach der Schneeschmelze das Becken wieder zu füllen beginnt.

Allgemein bekannt sind die winzigen Wasserflöhe (*Cladocera*). Sie leben normalerweise in Süßwasser. Ihr Kopf ist frei, der Körper sitzt in einer zweilappigen transparenten Hülle. Die Fühler des zweiten Paares sind verästelt, außergewöhnlich groß und dienen als Ruder. Wasserflöhe kommen vor allem in stehenden oder träge fließenden Gewässern in riesigen Mengen vor.

Eine interessante Gruppe sind die Rankenfußkrebse (*Cirripedia*), meist Meeresbewohner. Einige Arten parasitieren in den Körpern anderer Lebewesen, normalerweise sind sie Zwitter. Aus ihren Eiern schlüpfen schwimmende Larven. Im Reifezustand sitzen die Rankenfußkrebschen an ihrer Unterlage, z.B. einem treibenden Gegenstand oder dem Körper eines anderen Tieres fest. Ihr Körper ist von einem Mantel umhüllt, in dem oft Kalkplättchen eingelagert sind. Damit kann das Tier seine Körperhöhle vollkommen abschließen und so z.B. bei Ebbe ein Austrocknen verhindern.

Die bekannten höheren Krebse (*Malacostraca*) zeichnen sich durch eine konstante Körpersegmentzahl aus, normalerweise

sind es zwanzig. Der Kopf ist meist mit den Brustsegmenten zur Kopfbrust verbunden. Alle Segmente mit Ausnahme der als Telson bezeichneten Schwanzplatte tragen gespaltene oder einfache Extremitäten. Krebse leben sowohl im Meer- als auch im Süßwasser, einige Gruppen sogar auf dem Land. Zu den Krebsen mit wirtschaftlicher Bedeutung gehören vor allem die Zehnfüßer (*Decapoda*), von denen die Süßwasserkrebse, Hummer, Langusten und Krabben zu nennen wären. Ihr gemeinsames Merkmal ist der mächtige, auf der Rückenseite normalerweise mit den Brustsegmenten verwachsene Panzer. Die ersten drei Brustbeinpaare haben sich zu Pedipalpen umgebildet. Der Körper wird von fünf kräftigen Beinpaaren getragen, von denen die ersten drei mit Scheren ausgerüstet sind. Die Scheren des ersten Paares sind normalerweise riesig und außerordentlich stark. Bei einigen Arten ist eine dieser beiden Scheren viel größer als die andere. Die Krabben (*Brachyura*) zeichnen sich durch einen kurzen plattenförmigen, unter die Kopfbrust geschobenen Hinterleib aus und besitzen kräftige, manchmal asymmetrisch entwickelte Scheren. Viele Zehnfüßerarten werden zum Verzehr gefangen.

Bild 3. Die Entenmuschel (*Lepas anatifera*) sieht überhaupt nicht wie ein Krebstier aus, sie ist gänzlich in eine besondere Schale eingeschlossen. Dieses Gehäuse hängt mit dem Rückenteil an einem langen, biegsamen Stiel, der an einer festen Unterlage angewachsen ist, z.B. auf Klippen, Steinen, aber auch am Körper eines anderen Lebewesens, z.B. an Haien oder Walen.

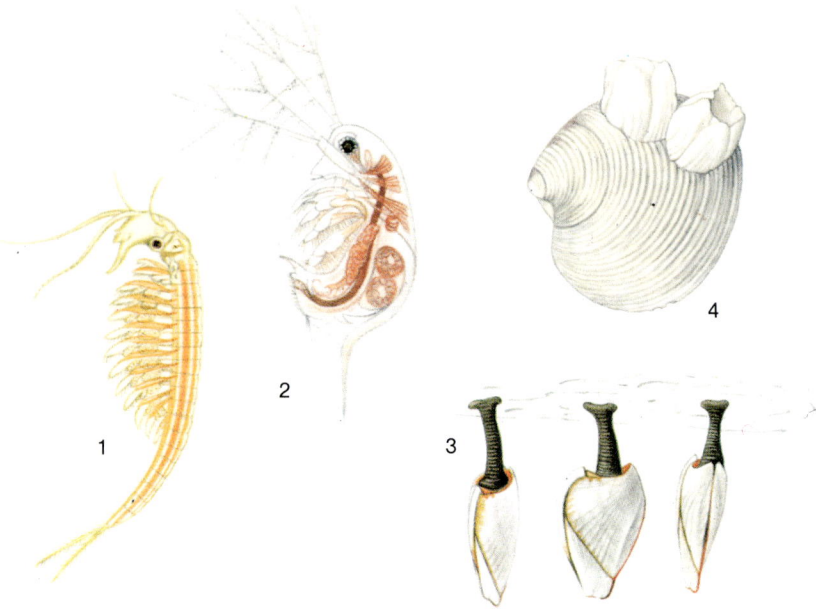

Klasse **Krebstiere** – *Crustacea*

Ordnung **Kiemenfüßer** – *Anostraca*

1 Kiemenfuß *Branchipus stagnalis*
Häufig in ganz Mitteleuropa. Länge bis 23 mm. In Wassergräben oder tieferen Tümpeln, von April bis September. Schwimmt mit der Bauchseite nach oben. Nährt sich von Mikroorganismen. Das Weibchen legt die Eier in einem besonderen Beutel an seinen Hinterleibsgliedern. Es trägt sie kurze Zeit mit sich und läßt sie dann in den Schlamm fallen. Eier sind auch nach 5 Jahren Trockenliegens entwicklungsfähig. Larven entwickeln sich sehr rasch. Geschützt!

Ordnung **Wasserflöhe** – *Cladocera*

2 Gemeiner Wasserfloh *Daphnia pulex*
In stehenden Gewässern stark verbreitet. Wird etwa 2 mm groß. Aus den überwinternden befruchteten Eiern schlüpfen nur Weibchen, die sich dann weiter durch unbefruchtete Eier vermehren. Die letzte Generation legt Eier, aus denen auch Männchen schlüpfen, und die Weibchen legen dann wiederum befruchtete Eier, die überwintern.

Ordnung **Entenmuscheln** und **Seepocken** – *Thoracica*

3 Entenmuschel *Lepas anatifera*
Lebt an der Meeresküste von der Nordsee bis zum Mittelmeer. Länge 3–4 cm. Stellenweise in großen Mengen. Gewöhnlich in der Tiefe, oft jedoch auch an schwimmenden Gegenständen. An einem muskelkräftigen, biegsamen Stiel hängt sie mit ihrer Rückenseite an einer Unterlage. Nährt sich von Plankton, das sie sich mit schlagenden Bewegungen ihrer 6 Fußpaare herbeistrudelt. Zwitter. Aus den Eiern schlüpfen Larven.

4 Gekerbte Seepocke *Balanus crenatus*
Lebt in der Brandungszone der Nord- und Ostsee. Sehr häufig, in Kolonien vorkommend. Sitzt mit einer breiten Fläche auf der Unterlage fest. Bei Ebbe liegen manche Kolonien trocken, und die Tiere schließen sich dann in ihren Gehäusen ab. Die Gekerbte Seepocke wird 10–20 mm groß.

Ordnung **Asseln** – *Isopoda*

5 Wasserassel *Asellus aquaticus*
Häufig in Mittel- und Nordeuropa. Wird bis
13 mm groß. Lebt am Grund stehender oder
langsam fließender Gewässer. Die Weibchen haben an der Unterseite der Brust
einen mit Eiern oder Keimen angefüllten
Brutsack. Nährt sich von modernden Pflanzenresten.

6 Meerassel *Ligia oceanica*
Vom mittleren Norwegen bis Spanien an
den Küsten stark verbreitet. Wird bis 28 mm
lang. Lebt an felsigen Stellen der Meeresküste unter Steinen oder zwischen Algen.
Bei Gefahr flieht sie ins Wasser. Führt ein
amphibisches Leben.

7 Kellerassel *Porcellio scaber*
In ganz Mitteleuropa stark verbreitet, wurde
jedoch über die ganze übrige Erde ver-
schleppt. Länge bis 16 mm. Färbung ziem-
lich variabel, meistens marmoriert. Lebt in
Gebäuden an feuchten Stellen, in Kellern,
Mauerspalten, unter der Baumrinde usw.
Kommt oft gesellig vor. Atmet mit Kiemen-
plättchen an der Unterseite des Hinterleibs.
Nährt sich von modernden Stoffen.

Ordnung **Flohkrebse** – *Amphipoda*

8 Gemeiner Flohkrebs *Gammarus pulex*
In Mitteleuropa stark verbreitet. Länge bis
24 mm. Lebt in seichten Seen, Teichen oder
Bächen, unter Steinen oder zwischen Pflanzen. Guter Schwimmer. Nährt sich hauptsächlich von pflanzlichen Stoffen. Überwintert im Sande vergraben, oft jedoch auch
unter Steinen. Die Geschlechter sind getrennt. Das Weibchen legt die Eier in einen
Brutsack an den Beinen, wo sie auch befruchtet werden. Die Jungtiere halten sich
bis zum Abschluß der Entwicklung im Brutsack auf.

9 Widderkrebs *Caprella linearis*
An der Küste der Nordsee und der Ostsee
bis Kiel verbreitet. Wird bis 20 mm groß. Seitlich zusammengedrückter, fadenförmiger
Körper. Seine Beine haben starke Klammer-
krallen. Lebt auf Algen, Seegras u. ä.
Schleicht an seiner Unterlage entlang und
lauert auf Beute. Raubtier. Fängt kleine
Krebse u. a.

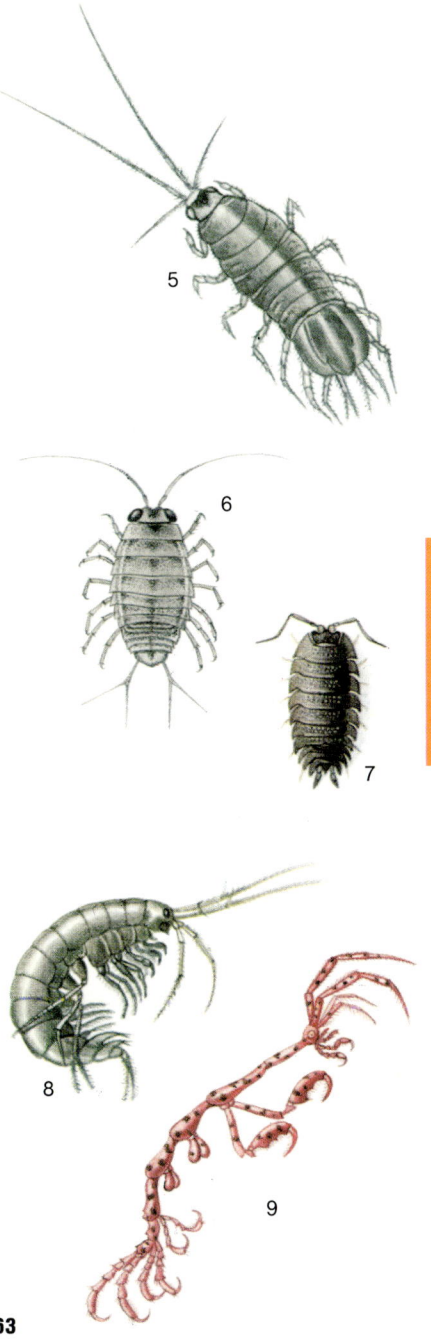

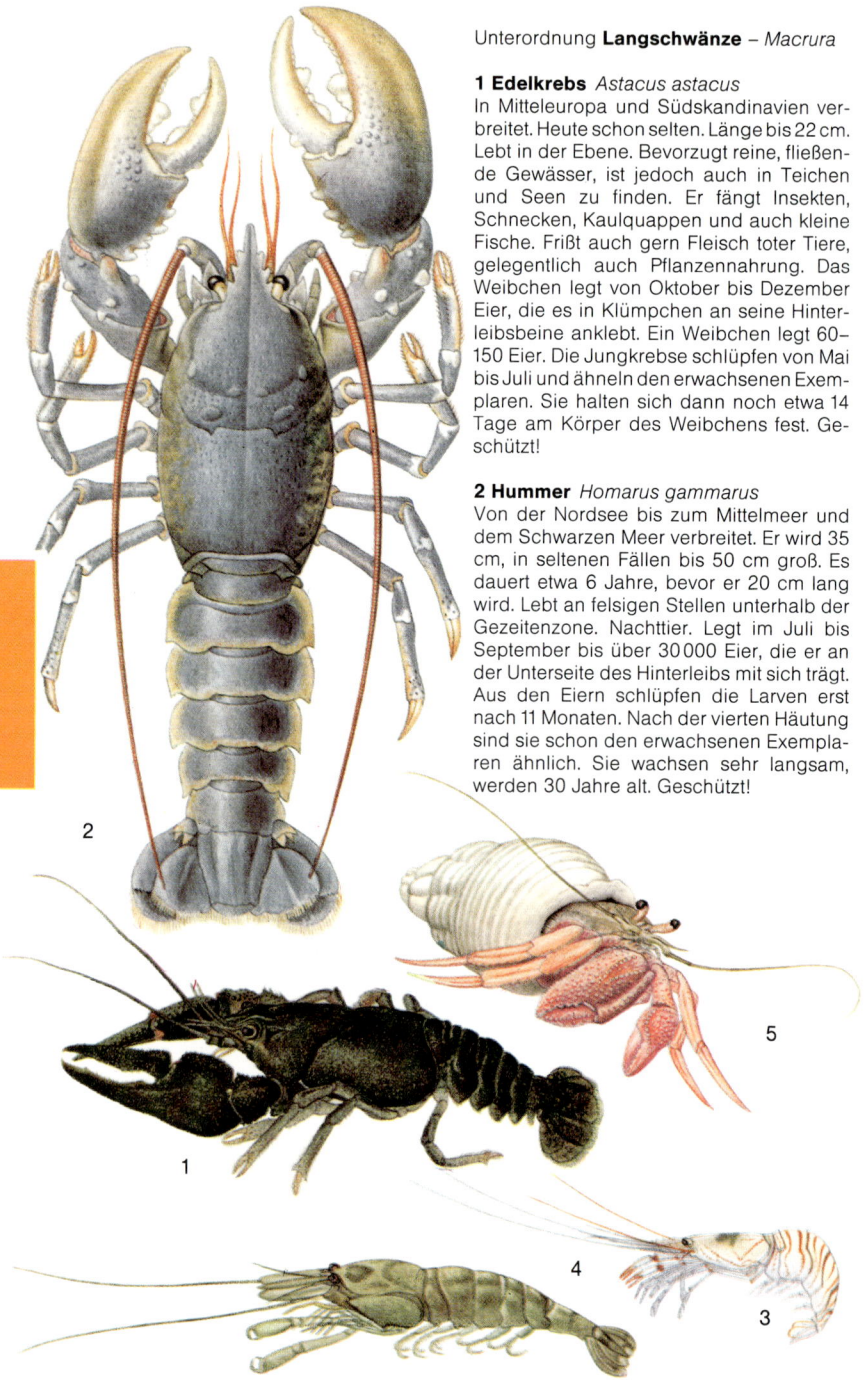

Unterordnung **Langschwänze** – *Macrura*

1 Edelkrebs *Astacus astacus*
In Mitteleuropa und Südskandinavien verbreitet. Heute schon selten. Länge bis 22 cm. Lebt in der Ebene. Bevorzugt reine, fließende Gewässer, ist jedoch auch in Teichen und Seen zu finden. Er fängt Insekten, Schnecken, Kaulquappen und auch kleine Fische. Frißt auch gern Fleisch toter Tiere, gelegentlich auch Pflanzennahrung. Das Weibchen legt von Oktober bis Dezember Eier, die es in Klümpchen an seine Hinterleibsbeine anklebt. Ein Weibchen legt 60–150 Eier. Die Jungkrebse schlüpfen von Mai bis Juli und ähneln den erwachsenen Exemplaren. Sie halten sich dann noch etwa 14 Tage am Körper des Weibchens fest. Geschützt!

2 Hummer *Homarus gammarus*
Von der Nordsee bis zum Mittelmeer und dem Schwarzen Meer verbreitet. Er wird 35 cm, in seltenen Fällen bis 50 cm groß. Es dauert etwa 6 Jahre, bevor er 20 cm lang wird. Lebt an felsigen Stellen unterhalb der Gezeitenzone. Nachttier. Legt im Juli bis September bis über 30 000 Eier, die er an der Unterseite des Hinterleibs mit sich trägt. Aus den Eiern schlüpfen die Larven erst nach 11 Monaten. Nach der vierten Häutung sind sie schon den erwachsenen Exemplaren ähnlich. Sie wachsen sehr langsam, werden 30 Jahre alt. Geschützt!

2

5

1

4

3

3 Steingarnele *Palaemon squilla*
Lebt in der Nord- und Ostsee. Wird 5–6 cm lang. Im Sommer hält sie sich an der Küste im Seegras u. ä. auf, im Winter an tieferen Stellen. Nährt sich von Algen, Detritus, kleinen Krebschen usw. Eiablage im Sommer. Das lebende Tier ist fast durchsichtig, verfärbt sich beim Kochen rot. Delikatesse.

4 Nordseegarnele *Crangon crangon*
Nordsee bis Mittelmeer. Wird 4–7 cm lang. Lebt in der Nähe der Küsten, im Sommer auch im Brackwasser. Nährt sich von kleinen Krebstieren, Fischeiern u. ä. m. Das Weibchen legt die Eier im April bis Juni und dann wiederum im Oktober bis November.

5 Einsiedlerkrebs *Eupagurus bernhardus*
Vom Mittelmeer bis in die Nordsee verbreitet, wo er besonders häufig vorkommt. Wird bis 10 cm lang. Er lebt an der Küste, man findet ihn jedoch auch in Tiefen von 450 m, auf sandigem oder steinigem Grund. Er sucht Schalen verschiedener Seeschnecken, in die er sich verkriecht, um seinen weichen Hinterleib zu schützen. Nährt sich von kleinen Weichtieren und Detritus.

Unterordnung **Krabben** – *Brachyura*

6 Strandkrabbe *Carcinus maenas*
Vom Mittelmeer bis in die Nähe Islands verbreitet. In der Nordsee ist sie häufig, seltener kommt sie in der Ostsee vor. Wird 5–6 cm lang, jedoch bis 8 cm breit. Hat stark entwickelte Scheren. Am Grund und auf dem Trokkenen bewegt sie sich sehr schnell mit seitlichen Bewegungen. Die Strandkrabbe nährt sich von Pflanzen- und Tierresten.

7 Gespensterkrabbe
Macropodia rostrata
Häufig in den Buchten der Nordsee und der Ostsee bis Kiel. Kommt auch im Mittelmeer vor. Lebt in der Nähe der Küste bis in Tiefen von 100 m. Verbirgt sich in Felsspalten oder im Sand. Wird bis 18 mm groß.

8 Chinesische Wollhandkrabbe
Eriocheir sinensis
Lebt in den Flüssen Nordchinas und an der Küste des Gelben Meeres. Von dort wurde sie nach Europa eingeschleppt, wo sie heute in der Elbe, der Weser und anderen Flüssen vorkommt. Wird bis 7,5 cm lang. Ihre auffallend breiten Scheren sind mit einem dichten Haarpelz bedeckt. Sie zieht oft weit flußaufwärts. Im Alter von 4 Jahren ist sie erwachsen, zieht dann ins Meer zurück, wo das Weibchen seine Eier legt.

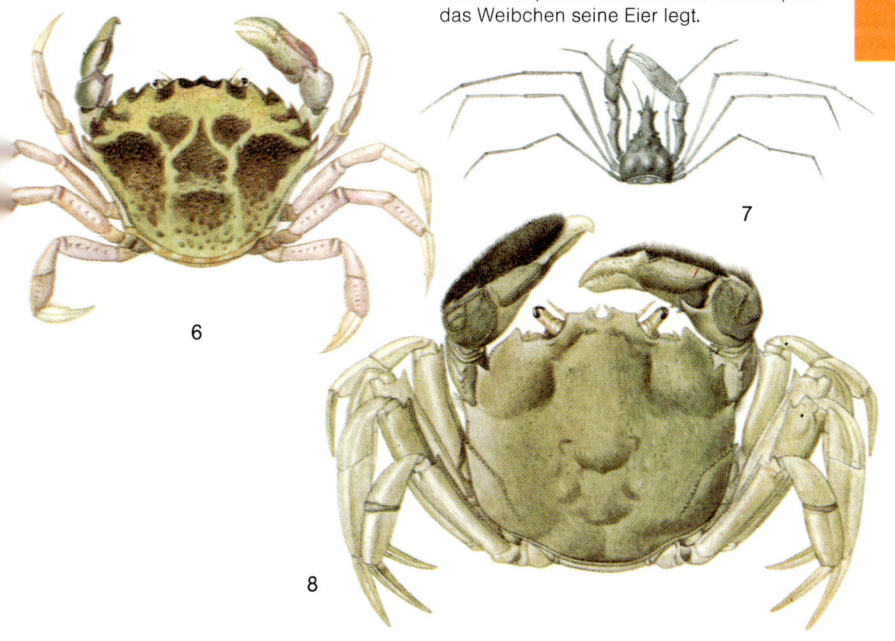

6

7

8

Springschwänze und Insekten

Die Springschwänze (*Collembola*) wurden früher zu den Insekten gezählt, stellen heute aber neben diesen eine selbständige Klasse dar. Sie sind primär flügellos, d. h., daß sie während ihrer Stammesentwicklung niemals Flügel besessen haben. Springschwänze treten recht zahlreich im und auf dem Boden in Wäldern, Gärten, auf Bäumen, Blättern und Blüten auf. Sie leben in großen Gesellschaften und sind für gewöhnlich 1–3 mm groß. Die meisten Arten sind gute Springer. Zum Sprung dient ihnen ein besonderes, an der Körperunterseite sitzendes Organ. Das ist eine in Ruhestellung unter den Körper geklappte, nach vorn weisende Gabel, mit der sie sich in die Höhe schnellen. Die Tiere ernähren sich von verfaulten Stoffen, Pilzen usw., einige Arten sind auch Fleischfresser. Die Weibchen legen im Lauf eines Jahres mehrfach Eier unter Steine, in Erdlöcher usw. Die Jungen häuten sich mehrmals. Auch reife Tiere häuten sich, wobei sie verlorene Organe wie Fühler oder Gliedmaßen ersetzen können. Die Springschwänze gehören zu den wichtigen Bodenbewohnern, die aktiv bei der Zersetzung von Pflanzenresten mitarbeiten und so die Humusbildung fördern. Einige Arten können teilweise durch Anfressen von Grünpflanzenteilen Schäden anrichten. Gegenwärtig sind von den Tropen bis in die Region des ewigen Schnees und Eises rund 3500 Arten bekannt, in Mitteleuropa leben etwa 400.

Die Insekten (*Insecta*) sind eine Gliederfüßerklasse, deren Körper drei Hauptabschnitte aufweist: Kopf (Caput), Brust (Thorax) und Hinterleib (Abdomen). Am Kopf sitzen in der Regel die aus vielen Einzelaugen zusammengesetzten Facettenaugen, einige Arten besitzen nur einfache Augen. Vorn seitlich am Kopf sind die sehr beweglichen, aus vielen Gliedern bestehenden Fühler angesetzt. Diese Fühler sind Tast- und Geruchssinnesorgane von ganz unterschiedlicher Gestalt. Die verschiedenen Insektenarten besitzen Faden-, Keulen- und Kammfühler sowie weitere Formen. Der Mundapparat der Insekten ist beißend bzw. zu einem Saug- oder Leckorgan umgebildet. Von oben wird er durch die Oberlippe (Labrum), von unten durch die Unterlippe (Labium) mit den kleinen Lippentastern abgedeckt. Der eigentliche Mundapparat besteht aus einem Oberkiefer- (Mandibeln) und Unterkieferpaar (Maxillen), die auch die Kiefertaster (Palpi maxillares) tragen. Aus der Mundhöhle ragt das sogenannte Zünglein (Hypopharynx). Die Brust besteht aus drei Teilen (Segmenten): aus Vorder-, Mittel- und Hinterbrust. An der Oberseite des zweiten und dritten Segments wächst je ein Flügelpaar. Manchmal ist eines dieser Paare zurückgebildet, z. B. bei den Fliegen, und bildet sogenannte Schwingkölbchen (Halteren). Einige Insektengruppen sind sekundär ungeflügelt, wie etwa die Flöhe. Bei den Urinsekten, z. B. den Borstenschwänzen (*Thysanura*), gibt es

Bild 1. Die Entwicklungsstadien des Schwalbenschwanzes (*Papilio machaon*). Die Raupen leben mit Vorliebe auf Dill.

Bild 2. Hirschkäfer-Zweikampf (*Lucanus cervus*).

nicht einmal primär entwickelte Flügel. Bei vielen Insektenarten sind die Flügel transparent, bei anderen ist das Vorderpaar hart, hat eine Schutzfunktion und bildet sogenannte Flügeldecken wie bei den Käfern.

Aus der Unterseite der Brustsegmente wächst je ein Beinpaar, so daß Insekten insgesamt sechs Beine haben, die, je nach der Lebensweise der einzelnen Insektenarten oder -gruppen, zum Springen, Graben, Schwimmen, Greifen usw. eingerichtet sind. Der Hinterleib hat eine unterschiedliche Gestalt, die fadenförmig lang oder auch breit und platt aussehen kann. Er besteht aus einer unterschiedlichen Zahl von Segmenten, die äußerlich als Ringe sichtbar sind.

Normalerweise gibt es zwei getrennte Geschlechter. Bei einigen Arten unterscheiden sich Männchen und Weibchen auffällig in Färbung, verschiedenen Fortsätzen oder Größe.

Die Entwicklung der Insekten vollzieht sich bei einigen Gruppen über eine vollkommene, bei anderen über eine unvollkommene Verwandlung. Bei der ersten schlüpfen aus den Eiern Larven (bei Schmetterlingen Raupen), die dem fertigen Insekt überhaupt nicht ähneln. Diese häuten sich mehrfach, um sich schließlich zu verpuppen. Aus der Puppe schlüpft dann das fertige Insekt, auch Vollkerf oder Imago genannt. Bei der Entwicklung mit unvollkommener Verwand-

lung entschlüpfen den Eiern Larven, die bereits dem Vollkerf ähneln, jedoch keine Flügel haben. Diese als Nymphen (bei einigen Arten auch als Najaden) bezeichneten Larven häuten sich mehrmals und werden dem ausgewachsenen Insekt immer ähnlicher. Hiermit ist nur das Grundschema beschrieben, denn bei manchen Arten oder Gruppen ist der Entwicklungsablauf noch komplizierter.

Die Insekten sind die artenreichste Tiergruppe. Die Zahl der beschriebenen Arten nähert sich einer Million, doch dürfte die tatsächliche Anzahl noch viel höher liegen.

Bild 3. Das Kartoffelkäferweibchen (*Leptinotarsa decemlineata*) legt seine orangefarbenen Eier in Gruppen ab. Die geschlüpften roten, schwarz punktierten Larven fressen oft das Kartoffelkraut kahl.

Bild 4. Die Raupe des Großen Gabelschwanzes (*Cerura vinula*) trägt am Hinterleib eine besondere Gabel, aus der sie bei Gefahr rosige Fäden zum Abschrecken des Feindes hervorstreckt.

Insekten werden in zwei Unterklassen eingeteilt, in die Ur- und Fluginsekten. Die Urinsekten (*Apterygota*) haben keine primär entwickelten Flügel, ihre Verwandlung ist unvollkommen. Hierher gehören z.B. die Borstenschwänze (*Thysanura*), kleine Insekten mit einem hinten verjüngten, mit feinen Schuppen bedeckten Körper, der mit zwei Borsten versehen ist, zwischen denen ein langer fadenförmiger Fortsatz sitzt. Die Füh-

Bild 5. Die Larve des Uferbolds (*Perla abdominalis*) lebt auf oder unter Steinen im Wasser. Sie liebt sauberes Wasser und kommt daher meist in reißenden Strömungen vor. Die Vollkerfe fliegen von April bis Juni im Bergvorland umher, legen beim Fliegen aber immer nur kurze Entfernungen zurück.

stellt einen Panzer dar, der das zweite, zusammengelegte Hautflügelpaar schützen soll.

Der Bildteil dieses Buches übergeht die Vertreter verschiedener Insektenordnungen, die nur selten auftreten oder weniger bekannt sind. Bei der riesigen Artenzahl ist das gar nicht anders möglich. Auch die einzelnen Ordnungen sind nicht streng nach dem zoologischen System zusammengestellt, damit auf den Tafeln einander ähnliche (keineswegs verwandte!) Arten dargestellt werden konnten, um eine leichtere Orientierung zu bieten. So sind z. B. Springschwänze und Flöhe überhaupt nicht miteinander verwandt, doch könnten Vertreter beider Gruppen vom Laien leicht verwechselt werden, genauso wie die Schnabel- (*Mecoptera*) und Schlammfliegen (*Megaloptera*) bzw. die Blattkäfer (*Chrysomelidae*) mit den Marienkäfern (*Coccinellidae*). In der folgenden Übersicht sollen die in Europa vorkommenden Insektenordnungen vorgestellt werden, deren Vertreter im Bildteil zu finden sind.

Eintagsfliegen (*Ephemeroptera*) sind kleine Insekten mit einem 3–40 mm langen Körper. Ihre Vorderflügel sind größer als die Hinterflügel, die bei einigen Arten überhaupt nicht

Bild 6. Entwicklung der Mosaikjungfern (*Aeschna*).

ler dieser Insekten sind in der Regel ziemlich lang. Ihre Beine sind schlank und brechen leicht ab, wachsen aber nach. Borstenschwänze sind Nachttiere. Ihre Entwicklung geht langsam vonstatten und durchläuft mehrere Larvenstadien. Auf der Welt gibt es etwa 500 Arten, in Mitteleuropa kommen über 20 vor.

Die Fluginsekten (*Pterygota*) zeichnen sich im Erwachsenenzustand durch Flügel aus. Bei einigen Arten sind die Flügel bei den Vollkerfen reduziert, doch handelt es sich hierbei um einen sekundären Verlust. So haben beispielsweise die Flöhe keine Flügel, weil sie sich an eine parasitische Lebensweise angepaßt haben.

Flügel und Flügelform unterscheiden sich bei den einzelnen Insektengruppen ganz wesentlich. Bei vielen Arten hat das erste Flügelpaar die Flugfunktion abgelegt und entwickelt sind. In Ruhe werden die Flügel mit der Oberseite aneinander auf dem Hinterleib zusammengelegt, daran kann man Eintagsfliegen leicht erkennen. Am Hinterleibsende tragen Eintagsfliegen ein Paar lange Borsten, zwischen denen noch eine wesentlich längere Afterborste sitzen kann.

Bei den Vollkerfen ist kein Mundapparat ausgebildet, daher können sie auch keine Nahrung aufnehmen. Die Verwandlung der Eintagsfliegen ist unvollkommen, die jungen Entwicklungsstadien werden Najaden genannt. Diese Larven ähneln den Vollkerfen nur wenig und leben im Wasser. Bei den

Bild 7. Auch die Larven der Prachtlibellen (*Calopteryx*) entwickeln sich in Flüssen und Bächen.

spannweite kann rund 5 cm erreichen. In Mitteleuropa leben etwa 90 Arten. Ihre Verwandlung ist unvollkommen. Der Körper des Vollkerfs ist länglich, schwach sklerotisiert. Die Flügel des Vorderpaares sind schmaler als das Hinterpaar, in Ruhe werden die Flügel flach auf den Hinterleib gelegt. Der Flug der Uferfliegen ist schwerfällig, der Mundapparat beim Vollkerf normalerweise verkümmert. Die Entwicklung spielt sich im Wasser ab, wohin die Weibchen ihre Eipakete legen. Die Nymphen leben ein bis vier Jahre unter Steinen in Bächen und Flüssen. Am häufigsten erscheinen sie in reißenden Gewässern, da sie reichlich Sauerstoff benötigen. Sie sind Räuber.

Die Libellen (*Odonata*) sind eine der bekanntesten Insektengruppen. Sie bevölkern die Ufer von Flüssen, Teichen, Seen, entfernen sich manchmal auch weit vom Wasser und fliegen auf Wiesen, Feldern oder Waldlichtungen umher. Sie sind große Insekten mit einem langen Hinterleib. Libellenflügel sind verhältnismäßig schmal und lang, die

Bild 8. Die Larven der Schaumzikaden (*Cercopidae*) entwickeln sich in einer dichten, an eine Pflanze geklebten Schaumflocke.

Bild 9. Die Entwicklungsstadien der Feuerwanze (*Pyrrhocoris apterus*).

Eintagsfliegen gibt es noch ein Stadium, das bei den übrigen Insekten nicht auftritt. Die ausgewachsene Najade klettert an einem Stengel aus dem Wasser und verwandelt sich dort in den Vollkerf, der aber noch in ein feines Häutchen gehüllt ist. Das ist die sogenannte Subimago. Bei einigen Arten beträgt die Dauer des Subimagostadiums nur einige Dutzend Minuten, bei anderen sogar zwei bis drei Tage. Das Leben der Imago ist sehr kurz, für gewöhnlich dauert es nur einige wenige Tage. Eintagsfliegen sind allgemein wegen ihres Massenauftretens bekannt. Im Sommer, wenn die Najadenentwicklung zum Abschluß kommt, erscheinen an den Flüssen oft Millionen von Eintagsfliegen. Oft fliegen sie bei Nacht Straßenlaternen in Ufernähe oder beleuchtete Fenster an. Gegenwärtig werden die Massenvorkommen von Eintagsfliegen immer seltener, da die Tiere in den verschmutzten Gewässern nicht leben können. Auf der Welt sind rund 2000 Arten bekannt, in Mitteleuropa über 80.

Die Stein- oder Uferfliegen (*Plecoptera*) sind von kleiner bis mittlerer Größe, ihre Flügel-

Bild 10. Das Weibchen des Großen Heupferds (*Tettigonia viridissima*) besitzt eine lange, kräftige Legeröhre, mit der es bis zu 100 Eier in den Boden legt.

Tiere sind ausgezeichnete Flieger. Die Augen sind groß, die Verwandlung ist unvollkommen. Aus den Eiern schlüpfen Larven (Nymphen), die im Wasser ein räuberisches Leben führen und den fertigen Libellen überhaupt nicht ähneln. Sie erbeuten winzige Wasserinsekten und Krebse, vergreifen sich aber auch an Kaulquappen oder Fischbrut. Manche Nymphen verwandeln sich schon nach drei Monaten in Vollkerfe, die Nymphen anderer Arten erst nach einem oder sogar vier Jahren. Die Mundöffnung der Libellennymphen ist von einer auffällig entwickelten Unter- und Oberlippe eingefaßt, seitlich sind Ober- und Unterkiefer angebracht. Die Unterlippe ist zu einer besonderen Fangmaske ausgebildet, die zum Erhaschen der Beute dient. Nach vollendeter Entwicklung kommen die Nymphen aus dem Wasser an die Oberfläche, klammern sich an einem Gegenstand, z. B. einer Pflanze, fest, und ihre Verwandlung zur Imago beginnt. Libellen sind Räuber und erbeuten im Flug alle möglichen Insekten, hauptsächlich Fliegen, aber auch Schmetterlinge. Auf der Welt sind 4700 Arten bekannt, in Mitteleuropa kommen rund 100 vor. Die Libellen werden in zwei Unterordnungen eingeteilt – in Klein- (*Zygoptera*) und Großlibellen (*Anisoptera*). Bei den Kleinlibellen sind Vorder- und Hinterflügel annähernd gleich groß, in Ruhe nehmen sie eine senkrechte Stellung ein. Großlibellen haben breitere Hinterflügel, in Ruhe sind sie waagerecht ausgebreitet. Während der Flug der Kleinlibellen behäbig ist, fliegen die Großlibellen sehr schnell und gewandt.

Schaben (*Blattodea*) sind mittelgroße bis große Insekten, doch sind auch nur wenige Millimeter große Arten bekannt. Normalerweise erreichen Schaben eine Länge von über 1 cm, tropische Arten bis 12 cm. Sie haben einen dreikantigen abwärts gewendeten Kopf und mächtig entwickelte Beißwerkzeuge. Die Flügel sind groß, das erste Paar ist sklerotisiert. Das zweite Paar ist breit, fein und unter den Vorderflügeln zusammengefaltet. Beide Flügelpaare liegen flach auf dem Körper. Auch wenn die Schaben gut entwickelte Flügel haben, gehören sie zu den schlechten Fliegern. Bei manchen Arten bzw. ihren Weibchen fehlen die Flügel völlig. Die Beine der Schaben sind lang und schlank, sie eignen sich zum schnellen Lauf. Schaben sind Nachttiere, tagsüber halten sie sich in Ritzen und Fugen verborgen. Sie sind Allesfresser, bevorzugen aber norma-

lerweise pflanzliche Nahrung. Einige Arten leben vergesellschaftet. Die Verwandlung ist unvollkommen. Die Weibchen legen ihre Eier in ein besonderes, Oothek genanntes Behältnis. Diese Oothek trägt das Weibchen für ein paar Tage mit sich herum, um sie an einem geeigneten Ort abzulegen, wo die Larven schlüpfen. Die Larven häuten sich fünf- bis neunmal, bei einigen Arten sogar zwölfmal. Die Nymphen ähneln den Vollkerfen, haben aber noch keine Flügel. Schaben sind vor allem in den Tropen verbreitet, wo über 3500 Arten leben, in Mitteleuropa gibt es etwa zehn Arten. Einige Arten kommen häufig in Mühlen, Bäckereien usw. vor; ihre Bekämpfung ist schwierig.

Fangschrecken (*Mantodea*) sind wärmeliebende, hauptsächlich in den Tropen und Subtropen verbreitete Insekten, dort leben etwa 2000 Arten. In den wärmeren Gebieten Mitteleuropas kommt eine einzige Art vor. Fangschrecken sind mittelgroße bis große Insekten. Einige Arten erreichen nur 1,5 cm Länge, andere hingegen 16 cm. Auffällig an ihnen ist die Form der Vorderbeine, die zum Greifen und Festhalten der Beute eingerichtet sind. Die Beine sind kräftig, die Hüften sehr lang, an den Schenkeln sitzen drei Dornenreihen, eine Dornenreihe befindet sich auf den Schienen. Die Fangschrecke packt ihre Beute mit Schenkel und Schiene, wobei sie sie mit den Dornen an vielen Stellen durchbohrt, um ihr Opfer an der Flucht zu hindern. Der dreikantige Kopf ist abwärts gerichtet, die Mundwerkzeuge sind groß und stark. Die Raublust der Fangschrecken ist sprichwörtlich, oft frißt das wesentlich größere Weibchen sogar seinen kleineren Partner. Fangschrecken haben große Flügel, die nicht selten den ganzen Hinterleib bedecken, doch ist ihr Flug schwerfällig und sie fliegen nur über kurze Entfernungen. Die Verwandlung ist unvollkommen. Die Weibchen legen ihre Eier in eine Oothek, die sie z. B. an Pflanzen festkleben. Dieser Behälter wird mit den Eiern zugleich abgeschieden. Die Oothek wird schnell hart und bietet den Eiern so einen guten Schutz. Die Larven schlüpfen nach längerer Zeit, sie sind gleichfalls räuberisch und ernähren sich von kleinen Insekten.

Die Ordnung Heuschrecken (*Orthoptera*) umfaßt mittelgroße bis große Insekten mit einem starken beißenden Mundapparat. Ihre normalerweise sehr kräftigen Hintergliedmaßen sind Sprungbeine. Der Körper ist seitlich zusammengedrückt, der Kopf ab-

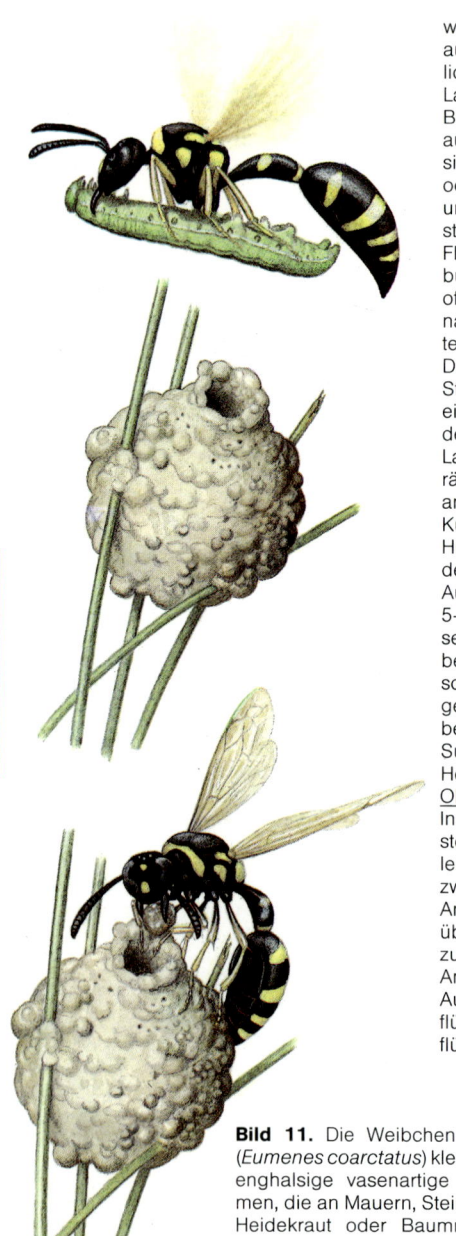

wärts gerichtet und mit mächtigen Kiefern ausgestattet. Die Fühler sind unterschiedlich lang, wie schon die Bezeichnungen Lang- und Kurzfühlerschrecken andeuten. Bei Männchen und Weibchen sind Flügel ausgebildet, die bei einigen Arten kürzer sind, bei anderen entweder den Weibchen oder beiden Geschlechtern fehlen. Vorder- und Hinterflügel unterscheiden sich häufig stark voneinander. Während die vorderen Flügel je nach Biotop eine unauffällige Färbung besitzen, erscheinen die Hinterflügel oft in bunten Farben. Die Männchen (ausnahmsweise auch die Weibchen einiger Arten) erzeugen durchdringende Geräusche. Dazu haben sie ein besonderes Organ, das Stridulierorgan, ausgebildet. Jede Art gibt ein spezifisches Zirpgeräusch von sich, mit dem das Männchen die Weibchen anlockt. Langfühlerschrecken erzeugen das Zirpgeräusch, indem sie die beiden Vorderflügel an der Basis gegeneinander reiben, die Kurzfühlerschrecken durch das Reiben der Hinterschenkel über die Vorderflügelränder. Die Verwandlung ist unvollkommen. Aus den Eizellen schlüpfen Larven, die sich 5–6 mal häuten und den Imagines ähnlich sehen. Einige Heuschreckenarten sind räuberisch, andere Pflanzenfresser. Das Heuschreckenweibchen hat eine mächtige Legeröhre. Auf der Welt sind rund 25 000 Arten bekannt, vorwiegend aus den Tropen und Subtropen, in Mitteleuropa treten etwa 120 Heuschreckenarten auf.

Ohrwürmer (*Dermaptera*) sind mittelgroße Insekten mit abgeplattetem länglichem, festem glänzenden Körper. Der lange Hinterleib der Männchen und Weibchen endet in zwei charakteristischen zangenförmigen Anhängen. Sie sind spitz und können auch übereinander gebogen werden, dienen zum Fangen und Festhalten der Beute, zu Angriff und Verteidigung, aber auch zum Ausbreiten und Zusammenfalten der Hautflügel bei den flugfähigen Arten. Die Vorderflügel sind kurz und hart, die Hinterflügel

Bild 11. Die Weibchen der Pillenwespe (*Eumenes coarctatus*) kleben für ihre Larven enghalsige vasenartige Behälter zusammen, die an Mauern, Steinen, aber auch an Heidekraut oder Baumrinde angebracht werden. Zur Ernährung der Larven wird eine kleinere Raupe erbeutet, betäubt und in den Topf eingebracht.

Bild 12. Ähnlich sorgt auch die Grabwespe (*Ammophila sabulosa*) für ihre Larven. Sie legt die betäubte Raupe in ein in den Boden gegrabenes Nest, auf ihren Körper kommt das Ei, worauf der Eingang verschlossen wird.

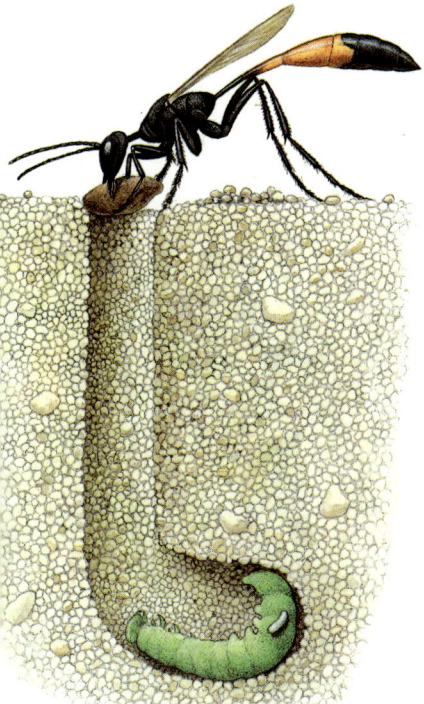

häutig, lang und in Ruhestellung dreimal unter den vorderen zusammengelegt. Ohrwürmer haben kurze Schreitbeine. Ihr mit Fadenfühlern ausgerüsteter Kopf weist nach vorn. Diese Nachttiere halten sich tagsüber in allen möglichen Ritzen oder unter der Baumrinde verborgen, um nach Einbruch der Dunkelheit auf die Jagd zu gehen. Ohrwürmer sind Allesfresser und durchlaufen eine unvollkommene Verwandlung. Die Weibchen legen einige Dutzend Eier, die sie pflegen, um sie vor Austrocknen und Schimmelbefall zu schützen. Auch die Larven werden bewacht. Auf der ganzen Welt sind 1300 Arten bekannt, in Mitteleuropa gibt es rund 10 Ohrwurmarten.

Kieferläuse (*Mallophaga*) sind winzig, sekundär flügellos und haben einen platten Körper. Ihr Kopf ist breiter als die Brust, die Mundwerkzeuge sind kräftig entwickelt, die Fühler ganz kurz, die Augen verkümmert oder nicht vorhanden. Sie leben parasitisch im Vogelgefieder oder Säugetierfell, ernähren sich von Feder- und Haarmaterial, häufig auch von Hautteilchen und dem Blut der Wirte. Ihre Verwandlung ist unvollkommen. Das Weibchen legt Eier (Nissen), die an Haaren oder Federn festkleben. Die Nymphen entwickeln sich meist in 3–4 Wochen, manchmal auch in nur 8 Tagen. Auf der ganzen Welt leben rund 3500, in Mitteleuropa ca. 130 Kieferlausarten.

Die Wanzen (*Heteroptera*) sind eine ziemlich zahlreiche Insektenordnung. Sie kommen fast überall vor, in Wäldern, Wiesen, Feldern, im Wasser und in menschlichen Behausungen. Es gibt kleine und mittelgroße Arten, die tropischen Arten sind größer.

Bild 13. Feld-Sandlaufkäfer (*Cicindela campestris*) mit Beute.

Bild 14. Der Gemeine Totengräber (*Necorphorus vespillo*) kann einen kleinen Vogelkadaver so unterwühlen, daß dieser schließlich im Erdboden verschwindet, wo das Weibchen seine Eier auf ihn ablegt. Die sich entwickelnden Larven ernähren sich von dem verwesenden Fleisch. – Die Rothalsige Silphe (*Oeceoptoma thoracica*) fängt in der Umgebung eines Tierkadavers kleine Larven von Fliegen und anderen Insekten.

Der Wanzenkörper ist in vertikaler Richtung stark abgeplattet. Das erste Flügelpaar bildet normalerweise Halbdecken, das zweite Hautflügel. Bei einigen Arten fehlen die Flügel. Der Mundapparat ist stechend-saugend, die Verwandlung unvollkommen. Die Larven ähneln der Imago, sind aber kleiner und haben keine Flügel. Einige Wanzenarten richten auf Früchten beträchtliche Schäden an, andere leben räuberisch. Ein Teil dieser Gruppe hat sich aufs Blutsaugen bei Warmblütern einschließlich des Menschen spezialisiert. Einige wasserbewohnende Arten haben sehr lange hintere Ruderbeine. Auf der Welt sind ca. 45 000 Arten bekannt, in Mitteleuropa kommen über 1000 Wanzenarten vor.

Gleichflügler (*Homoptera*) sind normalerweise winzig, haben zwei Hautflügelpaare, die in Ruhe meist dachartig zusammengelegt werden. Bei einigen Arten sind keine Flügel ausgebildet. Der Mundapparat ist stechend-saugend, die Verwandlung unvollkommen. Gleichflügler saugen meist Pflanzensäfte. Von den 53 000 existierenden Arten kommen in Mitteleuropa über 2000 vor. Viele Arten, z. B. Blatt- (*Aphidoidea*) oder Schildläuse (*Coccoidea*), gehören zu den gefährlichen Pflanzenschädlingen.

Die Hautflügler (*Hymenoptera*) sind die höchstentwickelte Insektengruppe. Sie haben einen frei beweglichen Kopf mit beißendem Mundapparat. Die meisten Arten besitzen kräftig ausgebildete Beißwerkzeuge, die nur bei einigen zu einem leckenden Saugapparat umgebildet sind. Die zwei

Hautflügelpaare weisen Längs- und Quergeäder auf, das hintere Flügelpaar ist in der Regel etwas kleiner. Die Weibchen haben eine Legeröhre. Die Verwandlung der Hautflügler ist vollkommen; die Larven häuten sich mehrmals und verwandeln sich dann in eine Puppe, aus der das fertige Insekt schlüpft. Die Größe der Hautflügler schwankt, bekannt sind nur ca. 1 mm große Arten, aber auch 6 cm große Riesen. Die Ordnung der Hautflügler ist sehr zahlreich vertreten. Auf der Welt sind über 150 000 Arten bekannt, in Mitteleuropa leben über 10 000.

Unter den Käfern (Coleoptera) findet man sowohl winzige als auch riesige Arten. Unter den kräftigen Flügeldecken haben die meisten Arten zusammengelegte Hautflügel. Der Mundapparat ist beißend, die Verwandlung vollkommen. Die Käfer sind eine der zahlenstärksten Ordnungen; auf der ganzen Welt sind über 350 000 Arten bekannt, in Mitteleuropa etwa 7000.

Schlammfliegen (Megaloptera) sind mittelgroße Insekten mit einem großen, senkrecht stehenden Kopf. Die großen, breiten Flügel werden in Ruhe dachartig über dem Hinterleib zusammengelegt. Ihr Flug ist recht

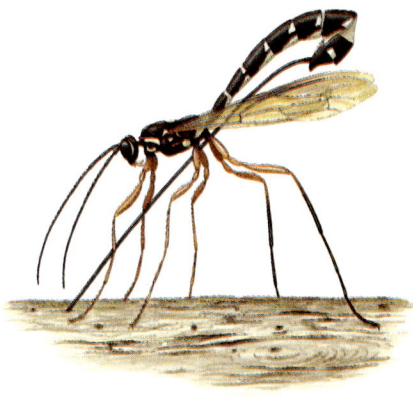

Bild 16. Die Larve der Riesenschlupfwespe (*Rhyssa persuasoria*) entwickelt sich in den Larven der großen Holzwespen. Das Schlupfwespen-Weibchen stößt seinen Legebohrer senkrecht ins Holz und bringt ein Ei in die Wespenlarve ein.

plump. Auf dem Kopf haben Schlammfliegen lange Fadenfühler, ihr Mundapparat ist beißend, die Verwandlung vollkommen. Die Larven leben zwei Jahre im Wasser, kommen dann ans Ufer, verpuppen sich unter dem Laub und nach ca. zwei Wochen

Bild 15. Hummelnest (*Bombus*) in einer Erdhöhle.

277

schlüpft das fertige Insekt. Von den 250 bekannten Arten leben in Mitteleuropa nur drei.

Kamelhalsfliegen (*Raphidioptera*) sind mittelgroße Insekten mit einer auffällig langen, halsähnlichen Vorderbrust. Der Kopf ist groß, der Mundapparat beißend. Die Flügel sind dicht geädert, beide Paare annähernd gleich groß, in Ruhe sind sie dachartig über dem Hinterleib zusammengelegt. Das Weibchen besitzt eine Legeröhre. Sowohl Vollkerf als auch Larven leben unter der Baumrinde und sind Fleischfresser. Die Verwandlung ist vollkommen. Auf der ganzen

Bild 17. Köcherfliegen (*Trichoptera*) leben in Gewässernähe, die Larven entwickeln sich im Wasser. Der Köcher, in dem sie Schutz suchen, wird aus kleinen Sandkörnern, Nadel-, Blatt-, Holzstückchen oder winzigen Schneckenhäusern zusammengeklebt. Anhand von Form und verwendetem Baumaterial läßt sich meist die Art bestimmen.

Bild 18. Der Braune Bär (*Arctia caja*) ist einer der schönsten Nachtfalter; seine Färbung ist recht variabel.

Welt leben etwa 200, in Mitteleuropa ca. 10 Arten.

Netzflügler (*Neuroptera*) sind kleine bis mittelgroße Insekten mit zwei fast gleich großen Hautflügelpaaren, die in Ruhe dachartig zusammengelegt werden. Die Verwandlung ist vollkommen. Von 7000 Arten kommen in Mitteleuropa etwa 100 vor.

Schnabelfliegen (*Mecoptera*) sind kleine bis mittelgroße Insekten mit einem auffällig langgestreckten, nach unten weisenden und in einer Art Rüssel endenden Kopf. Beißender Mundapparat, Fadenfühler, Flügel recht lang. Bei vielen Arten ist das Hinterleibsende bei den Männchen sichelartig aufwärts gebogen. Die Verwandlung ist vollkommen. Die Weibchen legen ihre Eier ins Erdreich. Die Larven haben auf dem Rücken Auswüchse und verpuppen sich im Boden. Vollkerfe und Larven ernähren sich von anderen kleinen Insekten. Auf der Welt sind 350 Arten bekannt, davon leben in Mitteleuropa rund 10.

Köcherfliegen (*Trichoptera*) sind mittelgroße Insekten mit transparenten Flügeln, die Hinterflügel sind in der Regel heller, ihre Fadenfühler sind sehr lang. Vollkerfe halten sich in Gewässernähe auf, ihre Verwandlung ist vollkommen. Die allesfressenden Larven leben im Wasser, dort bauen sie sich charakteristische Behälter, die Köcher, in denen sie sich verbergen. Sie verpuppen sich sogar unter Wasser. Vor dem Schlüpfen taucht die Puppe zur Oberfläche auf, dort schlüpft meist bei Nacht die Imago. Von den 3500 Arten leben in Mitteleuropa etwa 250.

Die Schmetterlinge (*Lepidoptera*) sind wohl die interessanteste Insektenordnung. Sie haben vier zumeist schuppenbedeckte Flügel. Ihre Kiefer haben sich zu einem einrollbaren Saugrüssel umgeformt. Die Fühler sind lang und verschieden geformt, die Bei-

Bild 20. Die Kohlschnake (*Tipula oleracea*) kommt oft in menschliche Behausungen geflogen und weckt dort unnötige Angst. Schnaken stechen nämlich nicht.

Bild 19. Das Weibchen des Ameisenlöwen (*Myrmeleon formicarius*) legt seine Eier in den Sand. Die Larven fangen Insekten, vorwiegend Ameisen, in trichterförmigen Gruben. Die Imago fliegt an Juniabenden über sandigen Stellen umher, tagsüber sitzt sie auf Sträuchern.

ne dünn. Die Larven (Raupen) haben drei Fußpaare an der Brust, für gewöhnlich vier Bauchfußpaare und noch ein Paar Nachschieber. Die Verwandlung ist vollkommen. Schmetterlinge sind häufige und zahlreiche Insekten; auf der Welt sind 110000 Arten bekannt, von denen in Mitteleuropa etwa 4000 vorkommen.

Zweiflügler (*Diptera*) sind kleine Insekten mit einem Körper, an dem deutlich Kopf, Brust und Hinterleib unterschieden werden können. Der Kopf ist sehr beweglich, der Mundapparat saugend, leckend oder stechend. Die Facettenaugen sind auffallend groß und bestehen aus vielen Ommatidien, bei vielen Arten haben sie eine metallische Färbung. Auf dem Scheitel sitzen normalerweise noch drei Punktaugen (Ocellen). Die Fühler sind in der Regel kürzer. Zweiflügler haben nur ein Flügelpaar, das zweite ist zu Schwingkölbchen umgebildet. Die Verwandlung der Zweiflügler ist vollkommen. Von den 130000 bekannten Arten erscheinen in Mitteleuropa über 6000.

Flöhe (*Aphaniptera*) sind winzig, sekundär ungeflügelt und haben einen seitlich zusammengedrückten Körper. Die hinteren Beine sind Sprungbeine, der Mundapparat ist stechend-saugend. Flöhe sind Parasiten, haben eine vollendete Verwandlung, ihre Larven ernähren sich von organischen Überresten. Die Puppe ist von einem Kokon auf Feder- und Haarmaterial eingehüllt. Auf der Welt leben rund 1600 Arten, in Mitteleuropa kommen rund 100 vor.

1

4

3

2

5

Klasse **Insekten** – *Insecta*

Ordnung **Springschwänze** – *Collembola*

1 Wasserspringschwänzchen
Podura aquatica
In Europa stark verbreitet. Länge 1 mm. Flügellos. Hält sich in ungeheueren Mengen auf Wasserpflanzen oder direkt auf der Wasseroberfläche von Bächen, Pfützen, Tümpeln usw. auf. Körper mit Schuppen bedeckt. Springt mit Hilfe eines gabelförmigen „Schwanzes". Das Weibchen legt bis über 1300 Eier.

Ordnung **Borstenschwänze** – *Thysanura*

2 Silberfischchen *Lepisma saccharina*
Stark verbreitet. Länge um 10 mm. In Wohnungen häufig. Nachtlebewesen. Nach dem Dunkelwerden verläßt es seine Verstecke und sucht kleine Abfälle. Am liebsten hält es sich in Badezimmern, hinter Tapeten usw. auf.

Ordnung **Eintagsfliegen** – *Ephemeroptera*

3 Gemeine Eintagsfliege
Ephemera vulgata
In Mitteleuropa stark verbreitet. Länge 14 bis 22 mm. Larven leben in langsam fließenden Gewässern. Sie hausen in Wohnröhrchen, die die Form eines U haben. Die Entwicklung dauert zwei Jahre. Schwarmzeit: Mai bis August.

4 Uferaas *Epheron virgo*
Länge 10–18 mm. Schneeweiß. Larven leben in großen Flüssen. Die Entwicklung dauert 1–2 Jahre. Schwarmzeit: August bis September. Das erwachsene Exemplar lebt nur 1–3 Tage. Die Eier legt das Weibchen auf die Wasseroberfläche. Die erwachsenen Nymphen verlassen das Wasser, verwandeln sich durch Häutung in eine Subimago und diese wiederum in ein erwachsenes, zeugungsfähiges Exemplar.

Ordnung **Steinfliegen** – *Plecoptera*

5 Uferbold *Perla abdominalis*
In Mitteleuropa stark verbreitet. Länge 17–28 mm. Bei großen Teichen und Flüssen. Die erwachsenen Insekten sitzen von April bis

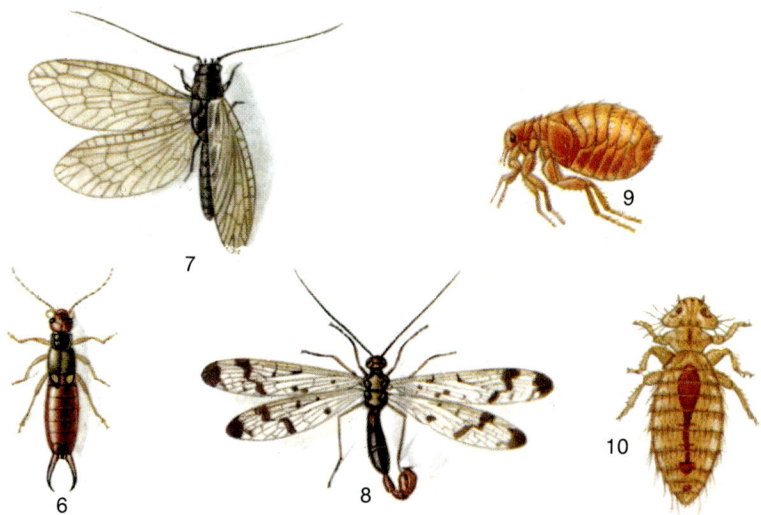

Juli an den unteren Blatteilen. Die Larven leben räuberisch im Wasser. Die entwickelten Larven kriechen an Baumstämmen hoch, ihre Rückenhaut platzt, und es erscheint das geflügelte Insekt.

Ordnung **Ohrwürmer** – *Dermaptera*

6 Ohrwurm *Forficula auricularia*
In Europa stark verbreitet. Länge 9–16 mm. Die kleinen Zangen am Hinterleibsende werden zur Abwehr und zum Entfalten der häutigen Flügel benützt. Tritt von April bis Oktober auf. Das Weibchen legt seine Eier in Klümpchen unter Steine in vorbereitete Kammern und bewacht sie, ebenso wie die geschlüpften Larven. Leben von pflanzlicher und tierischer Nahrung, nützlich als Blattlausvertilger.

Ordnung **Schlammfliegen** – *Megaloptera*

7 Wasserflorfliege *Sialis flavilatera*
Lebt in ganz Europa. Länge 19–38 mm. Tritt in der Nähe des Wassers im Mai und Juni auf. Larven leben im Wasser und nähren sich von Insekten und ihren Larven. Verpuppen sich in der feuchten Erde des Ufers. Erwachsene Exemplare leben nur wenige Tage. Das Weibchen legt bis 2000 Eier an Schilf ab.

Ordnung **Schnabelfliegen** – *Mecoptera*

8 Skorpionsfliege *Panorpa communis*
Lebt in ganz Europa. Länge um 20 mm. Der Hinterleib des Männchens ist ähnlich wie beim Skorpion verlängert. Das Weibchen legt bis zu 75 Eier in kleine Erdhöhlen. Die raupenähnlichen Larven leben im Moos.

Ordnung **Flöhe** – *Aphaniptera*

9 Menschenfloh *Pulex irritans*
Lebt auf der ganzen Welt. Länge um 4 mm. Flügellos. Erwachsene Exemplare leben parasitisch auch am Menschen. Wenn das Weibchen mit Blut vollgesaugt ist, legt es in Spalten, Ritzen u. ä. Eier, aus denen beinlose Larven schlüpfen.

Ordnung **Kieferläuse** – *Mallophaga*

10 Hühnerfederling *Menopon gallinae*
In Europa stark verbreitet. Länge 1–1,5 mm. Flügellos. Lebt im Gefieder der Hühnervögel, deren Federn er frißt. Nährt sich jedoch auch nach Durchbeißen der Haut vom Blut dieser Vögel. Jungvögel können daran eingehen.

Ordnung **Kamelhalsfliegen** –
Raphidioptera

1 Kamelhalsfliege *Raphidia notata*
In ganz Europa verbreitet. Wird etwa 30 mm
lang. Bewohnt Wälder, besonders sonnige
Waldränder. Tritt von April an den ganzen
Sommer über auf. Das Weibchen hat einen
langen Legestachel. Jagt verschiedene Insekten und Spinnen. Die flache Larve lebt
unter Baumrinde und nährt sich ebenfalls
von Insekten. Das Weibchen legt bis 50 Eier
auf Holz.

Ordnung **Netzflügler** – *Neuroptera*

2 Schmetterlingshaft
Ascalaphus macaronius
Lebt in warmen Gebieten auch Mitteleuropas. Wird bis 30 mm lang. An sonnigen Abhängen u. ä. Tritt im Juni auf. Nährt sich
von kleinen Lebewesen, die er im Flug fängt.
Die Larven leben am Boden im Gras und jagen andere Insekten, am liebsten Ameisen.
Puppe im Boden.

3 Ameisenlöwe *Myrmeleon formicarius*
In Mitteleuropa stark verbreitet. Flügel-
spannweite bis 75 mm. Erwachsene Exem-
plare leben nur kurz, von Juni bis August.
Das Weibchen legt seine Eier einzeln in den
Sand. Die Larven höhlen trichterförmige
Gruben aus, in denen sie meist Ameisen

fangen, die sie dann mit ihren kräftigen Freß-
werkzeugen aussaugen. Puppe im Boden in
einem sandigen Kokon.

4 Gemeine Florfliege *Chrysopa vulgaris*
Sehr häufig zu finden. Länge etwa 20 mm.
Fliegt meist abends. Im Herbst oft am Fenster. Jagt Blattläuse. Das Weibchen legt
langgestielte Eier in der Nähe von Blattläusen, von denen sich dann die Larven
nähren. Nach 10–24 Tagen verpuppen sie
sich. Jährlich zwei Generationen. Die erwachsenen Exemplare der zweiten Generation überwintern.

Ordnung **Schaben** – *Blattodea*

5 Hausschabe *Blatella germanica*
Heute auf der ganzen Erde verbreitet. Länge 11–15 mm. Läuft schnell, aber fliegt
schlecht. Im Dunkeln verläßt sie ihr Versteck
und sucht Nahrung. Frißt sowohl pflanzliche
als auch tierische Stoffe. Wärmeliebend.
Das Weibchen legt an die 30 Eier in eine besondere Kapsel, die es am Hinterleib mit
sich trägt. Nach 14 Tagen fällt die Kapsel ab,
es schlüpfen Larven, die überwintern und
nach sechs Häutungen zu erwachsenen
Hausschaben werden.

6 Küchenschabe *Blatta orientalis*
In ganz Europa verbreitet. Länge 19–30 mm.
Hält sich in alten Häusern, Bäckcreien u. ä.

auf. Wärmeliebend. Tritt das ganze Jahr über auf. Nachtlebewesen. Nährt sich von pflanzlichen und tierischen Stoffen.

Ordnung **Fangschrecken** – *Mantodea*

7 Europäische Gottesanbeterin
Mantis religiosa
Lebt in Mitteleuropa nur in den wärmsten Gegenden. Das Männchen wird bis 60 mm, das Weibchen bis 75 mm groß. Lebt auf Büschen. Kriecht sehr langsam. Tritt von Juni bis September auf. Lauert bewegungslos auf Beute, besonders Insekten, die sie mit den Vorderbeinen fängt. Das Weibchen legt Eier in Kapseln, die es an Zweigen befestigt. Die Larven schlüpfen im Frühjahr, leben räuberisch und wachsen im August heran. Geschützt!

Ordnung **Köcherfliegen** – *Trichoptera*

8 Große Wassermotte
Phrygaena grandis
In ganz Mitteleuropa häufig anzutreffen. Flügelspanne bis 70 mm. Tritt von April bis August in der Nähe von Gewässern auf. Das Weibchen legt seine Eierpaketchen dicht an der Wasseroberfläche an die Unterseite von Blättern ab. Die Larven fertigen aus Pflanzenstückchen Gehäuse an, in denen sie sich dann unter der Wasseroberfläche verpuppen. Die Insekten schlüpfen in Mengen,

fliegen über den Gewässern und paaren sich.

9 Rautenfleckige Köcherfliege
Limnophilus rhombicus
In ganz Mitteleuropa häufig anzutreffen. Länge 17–44 mm. Tritt von Mai bis September auf. Die Larven bauen aus Rinden- und Holzteilchen sowie aus Blättern verbundene Köcher. Verpuppen sich unter Wasser. Die den erwachsenen Exemplaren ähnliche Puppe beißt sich durch die Kokonhülle durch, schwimmt an die Wasseroberfläche, wo sie sich sofort in das Vollinsekt umwandelt. Die Tiere paaren sich abends im Flug über der Wasserfläche.

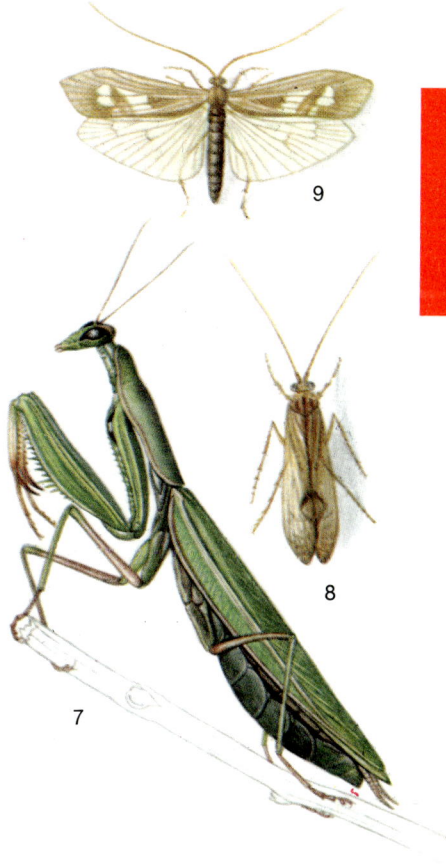

9

8

7

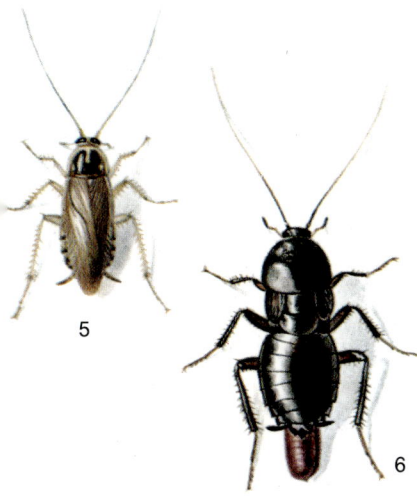

5

6

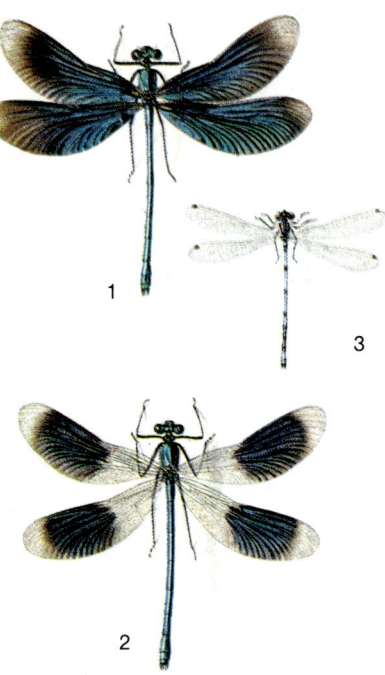

1

3

2

Ordnung **Libellen** – *Odonata*

Unterordnung **Kleinlibellen** – *Zygoptera*

1 Blauflügel-Prachtlibelle
Calopteryx virgo
In ganz Mitteleuropa stark verbreitet. Länge
34–39 mm. Das Männchen hat blaue, das
Weibchen bräunliche Flügel. Hält sich an
fließenden Gewässern und Teichen auf. Von
Mai bis August zu finden. Das Weibchen legt
seine Eier in Pflanzen unter der Wasserober-
fläche ab, wobei es oft ganz untertaucht. Die
Larven, die eine zweijährige Entwicklung
durchmachen, sind schlank und haben am
Hinterende drei blattförmige Anhänge.
Wenn ihre Entwicklung beendet ist, steigen
sie an Schilfstengeln aus dem Wasser,
klammern sich fest an und warten, bis ihre
Haut am Rücken aufplatzt und die fertige
Libelle ausschlüpft.

2 Gebänderte Prachtlibelle
Calopteryx splendens
Ist von Mai bis September häufig an den
Ufern stehender und fließender Gewässer
anzutreffen. Länge 33–40 mm. Die Flügel

des Männchens haben einen breiten bläulichen Streifen. Larven leben im Wasser.
Entwicklung wie bei der Blauflügel-Prachtlibelle.

3 Schlankjungfer *Coenagrion puella*
Sehr häufig in ganz Mitteleuropa. Länge 23–
30 mm. Der schlanke Körper ist beim Männchen blau, beim Weibchen grünlich gefärbt.
Tritt von Mai bis Ende September auf. Fliegt
zwischen Schilf und hohem Gras an den
Ufern von Gewässern. Das Weibchen legt
seine Eier in Wasserpflanzen, wobei es oft
ganz untertaucht. Larven leben in stehenden oder langsam fließenden Gewässern.
Einjährige Entwicklung. Die reife Nymphe
verläßt das Wasser und wird nach der letzten
Häutung zum erwachsenen Exemplar, dessen Flügel und Hinterleib rasch die endgül-
tige Größe erlangen.

Unterordnung **Großlibellen** – *Anisiptera*

4 Große Königslibelle *Anax imperator*
Ist stellenweise in ganz Europa anzutreffen.
Wird bis 80 mm groß. Tritt von Juni bis August auf. Oft weit vom Wasser zu finden. Ausgezeichneter und schneller Flieger, der im
Flug seine Beute – verschiedene Insekten –
fängt. Auch die Larven, die am Grund stehender Gewässer leben, sind außerordentlich räuberisch und jagen sogar kleine
Fische. Das Weibchen legt seine Eier in
Wasserpflanzen, taucht aber nicht unter.
Entwicklungsdauer: ein Jahr. Größte einheimische Libelle.

5 Braune Mosaikjungfer
Aeschna grandis
In Europa stark verbreitet. Länge 49–60 mm.
Grünblau und schwarz gesprenkelt. Tritt von
Ende Juni bis Ende September auf. Hält sich
auf Waldlichtungen, auf Wegen in der Nähe
von Teichen und Flüssen usw. auf. Zwei- bis
dreijährige Entwicklung. Larven leben räuberisch am Grund stehender Gewässer zwischen Wasserpflanzen und fangen oft auch
kleine Fische oder Kaulquappen.

6 Gemeine Nageljungfer
Gomphus vulgatissimus
In ganz Mitteleuropa häufig anzutreffen.
Länge 33–37 mm. Tritt von Mai bis Ende Juli
auf. Fliegt schnell und fängt im Flug Insekten. Das Weibchen legt seine Eier im Flug
frei ins Wasser. Die Larven sind verhältnismäßig dick, atmen mit Darmkiemen. Sie

sind räuberisch, fangen hauptsächlich Larven anderer Insekten, manchmal kleine Kaulquappen oder Molchlarven. Dreijähriger Entwicklungszyklus.

7 Vierfleck *Libellula quadrimaculata*
In Europa stark verbreitet. Länge 27 bis 32 mm. Tritt von Mai bis Mitte August auf. Fliegt rasch, gleichsam ziellos hin und her, fängt im Flug Insekten. Ruht an erhöhten Stellen. Das Weibchen legt seine Eier im Flug ins Wasser. Die Larven sind gedrungen und dick, leben meist am Grunde kleiner Teiche und Tümpel. Entwicklungsdauer: 2 Jahre. Bei dieser Libelle wurde eine Art Wanderung beobachtet, wobei eine große Anzahl

dieser Insekten weite Entfernungen zurücklegte.

8 Plattbauch *Libellula depressa*
In Europa stellenweise stark verbreitet. Länge 22–28 mm. Der flache Hinterleib ist beim Männchen himmelblau, beim Weibchen bräunlich gefärbt. Tritt von Mai bis Anfang August an Teichen, Flüssen, aber auch weit weg vom Wasser auf. Das Weibchen legt seine Eier auf die Oberfläche stehender Gewässer. Die Larven sind kurz und dick, graubraun. Entwicklungsdauer: 2 Jahre. Auch diese Libelle zieht manchmal in großen Schwärmen.

Alle heimischen Libellen-Arten sind geschützt!

4

5

7

6

8

Ordnung **Heuschrecken** – *Orthoptera*

Familie **Laubheuschrecken** – *Tettigoniidae*

1 Grünes Heupferd *Tettigonia viridissima*
In ganz Mitteleuropa stark verbreitet. Länge 28–35 mm. Lange Fühler. Die erwachsenen Exemplare fliegen. Das Weibchen hat einen langen Legestachel. Tritt von Juli bis Oktober im Flachland oder in Vorgebirgsgegenden auf. Oft hört man am Abend ihr lautes Zirpen. Zirpen auch tagsüber. Das Weibchen legt 70–100 Eier in den Boden. Larven und erwachsene Exemplare sind vorwiegend räuberisch, fangen verschiedene Insekten, seltener fressen sie auch Pflanzennahrung.

2 Warzenbeißer *Decticus verrucivorus*
Stellenweise sehr häufig. Länge 22–35 mm. Gesprenkelte Flügel. Lebt im Gras oder in Kleefeldern. Tritt von Juni bis September auf. Fleischfresser.

Familie **Grillen** – *Gryllidae*

3 Feldgrille *Gryllus campestris*
In fast ganz Europa verbreitet. Länge 20–25 mm. Lebt im Flachland auf trockenen Wiesen, Abhängen usw. Tritt von Mai bis Juli auf. Gräbt Erdlöcher. Einzelgänger, nur zur Zeit der Paarung zirpt das Männchen, um das

Weibchen anzulocken. Das Weibchen legt mit seinem Legestachel bis 300 Eier in den Boden. Pflanzliche und tierische Nahrung.

4 Hausgrille *Acheta domestica*
Ursprung: Mittelmeergebiet. Nach Europa zu Versuchszwecken eingeführt. Länge 15–25 mm. Hält sich in geheizten Räumen auf, verträgt Temperaturen unter 10 °C nicht. Nahrung verschiedenartig. Das Weibchen legt seine Eier in feuchte Erde u. ä. Während seines etwa zwei Monate dauernden Lebens legt es bis 4000 Eier. Das Männchen zirpt.

Familie **Maulwurfsgrillen** – *Gryllotalpidae*

5 Maulwurfsgrille *Gryllotalpa gryllotalpa*
In ganz Europa stellenweise sehr häufig. Länge 35–50 mm. Vorderbeine ähneln denen eines Maulwurfs. Fliegt schwerfällig. Erwachsene Exemplare treten von Mai bis September auf. Lebt in der Erde, wo sie sich Gänge gräbt. Das Männchen zirpt an warmen Tagen. Das Weibchen legt bis 300 Eier in eine unterirdische, mit seinem Speichel gemauerte Kammer. Pflanzliche und tierische Nahrung.

Familie **Feld-Heuschrecken** – *Acrididae*

6 Heusprengsel *Stenobothrus lineatus*
In Mitteleuropa stark verbreitet. Länge 16–23 mm. Lebt auf trockenen Wiesen und Steppen. Tritt von Juli bis September auf. Die Männchen zirpen, indem sie mit einer Art Kamm an der Innenseite der Hinterschenkel über hervorstehende Adern an den Flügeldecken streichen.

1

2

5

7 Grünliche Feldheuschrecke
Omocestus viridulus
In Mitteleuropa stark verbreitet. Länge 13–24 mm. Besonders häufig im Mittelgebirge, an trockenen Stellen an Abhängen und auf Wiesen, von Juli bis September. Das Weibchen ist grünlich, das Männchen graubraun. Nährt sich von Pflanzenteilen, richtet aber keinen Schaden an.

6

8 Schnarrheuschrecke
Psophus stridulus
Stellenweise häufig. Länge 20–34 mm. Hinterflügel rot gefärbt, was allerdings erst beim Flug sichtbar wird. Tritt von Juli bis Oktober an trockenen, sonnigen, oft felsigen Stellen auf. Das Männchen bringt beim Flug ein schnarrendes Geräusch hervor. Das Weibchen legt seine Eier in Häufchen in den Boden und hüllt sie in ein schaumiges Sekret ein. Die Eier überwintern und im Frühjahr schlüpfen sehr gefräßige Larven. Nährt sich von Pflanzen. Geschützt!

7

9 Blauflügelheuschrecke
Oedipoda coerulescens
Stellenweise stark verbreitet. Länge 16 bis 24 mm. Hinterflügel bläulich. Tritt von Juli bis September auf. Geschützt!

8

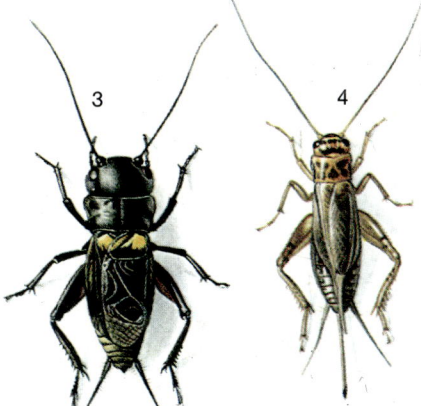

3

4

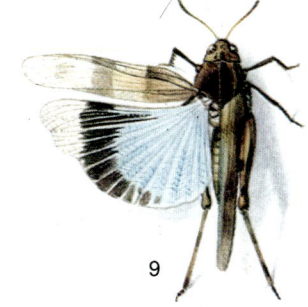

9

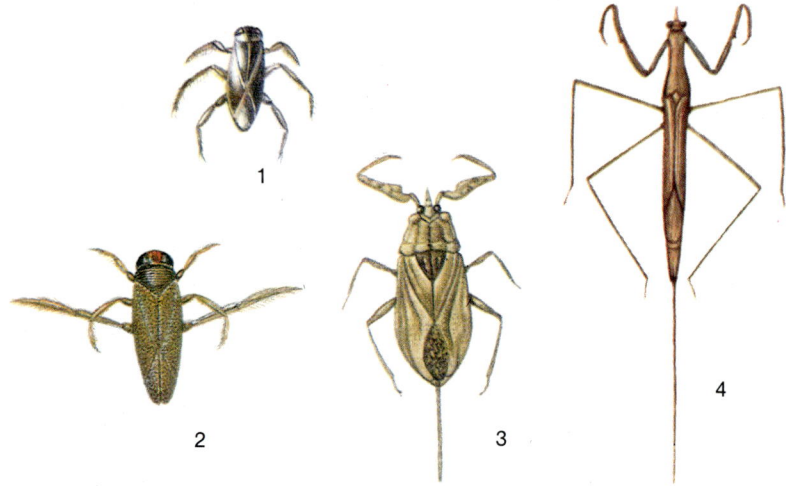

1

2 3

4

Ordnung **Wanzen** – *Heteroptera*

Familie **Wasserzikaden** – *Corixidae*

1 Große Ruderwanze *Corixa punctata*
Verbreitet in ganz Mitteleuropa. Länge um 10 mm. Lebt in Tümpeln und Teichen, im Winter sogar oft unter dem Eis. Nährt sich von Pflanzenteilen, Algen und Kleintieren. Fliegt an Sommerabenden umher.

Familie **Rückenschwimmer** – *Notonectidae*

2 Gemeiner Rückenschwimmer *Notonecta glauca*
In ganz Mitteleuropa verbreitet. Länge etwa 20 mm, Spindelform. Hinterbeine lang, zum Rudern geeignet. Lebt in stehenden Gewässern. Schwimmt mit dem Bauch nach oben. Lebt räuberisch, jagt Insekten. Sein Stich ist schmerzhaft. In Sommernächten fliegt er umher.

Familie **Skorpionswanzen** – *Nepidae*

3 Wasserskorpion *Nepa cinerea*
Häufig in Tümpeln und Teichen. Länge 20–25 mm. Vorderbeine zangenartig, dienen zum Fang der Beute, z.B. Insekten oder kleiner Fischchen. Am Körperende ein langes Atemrohr. Lebt am Grunde von Gewässern.

4 Stabwanze *Ranatra linealis*
Häufig in Tümpeln und Teichen. Langgezogener, stabförmiger Körper mit langen Beinen. Länge 30–40 mm. Am Grund stehender Gewässer lebend. Am Körperende ein Atemrohr. Lebt räuberisch, fängt Wasserinsekten.

Familie **Wasserläufer** – *Gerridae*

5 Wasserläufer *Gerris lacustris*
Stark verbreitet. Länge etwa 20 mm. Hält sich auf der Oberfläche stehender oder langsam fließender Gewässer auf. Das Körperende und die Beine stark behaart. Diese Härchen sind nicht benetzbar, so daß sie ein rasches Umherlaufen auf der Wasseroberfläche ermöglichen. Lebt räuberisch, fängt auf der Wasserfläche Insekten.

Familie **Raubwanzen** – *Reduviidae*

6 Rote Mordwanze *Rhynocoris iracundus*
In Mitteleuropa stark verbreitet. Länge bis 15 mm. Schlanker Körper, lange Beine. Lebt auf sonnigen, grasbewachsenen Abhängen, wo sie sich meist auf doldenblütigen Pflanzen, aber auch auf anderen Pflanzen

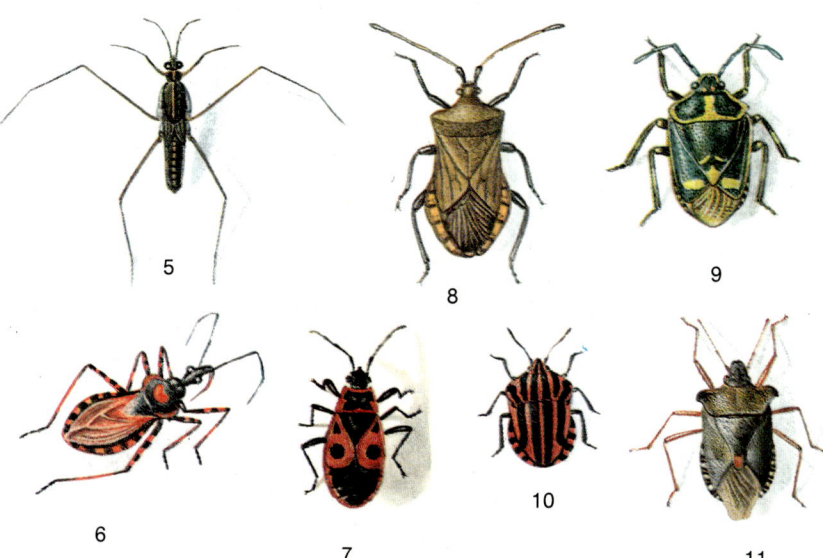

5

8

9

6

7

10

11

aufhält. Lebt räuberisch, fängt Insekten und saugt sie aus. Ihr Stich ist schmerzhaft. Erscheint manchmal in großer Zahl.

Familie **Feuerwanzen** – *Pyrrhocoridae*

7 Gemeine Feuerwanze
Pyrrhocoris apterus
In Mitteleuropa überall häufig anzutreffen. Länge etwa 10 mm. Kommt am häufigsten am Fuße von Linden, auch unter abstehender Baumrinde oder an Mauern vor. Tritt von Frühjahrsanfang bis in den Spätherbst auf. Lebt gesellig. Nährt sich von Pflanzensäften, aber auch von toten Gliederfüßern (Insekten), die ausgesaugt werden sowie von Früchten und Samen.

Familie **Saumwanzen** – *Coreidae*

8 Saumwanze *Coreus marginatus*
Stark verbreitet. Länge etwa 15 mm. Hat einen fast viereckigen Kopf. An warmen Tagen fliegt sie herum. Hält sich im Gesträuch oder auf Pflanzen auf. Verbreitet einen charakteristischen, scharfen Geruch. Pflanzenfresser.

Familie **Gemeine Wanzen** – *Pentatomidae*

9 Kohlwanze *Eurydema oleraceum*
In Europa stark verbreitet. Länge 5,5–7 mm. Metallisch glänzend, Färbung ziemlich variabel. Hält sich an Feldrändern u. ä. auf. Saugt Pflanzensäfte; bei stärkerem Befall sterben die Pflanzen ab. Großer Schädling, der insbesondere an Kohlpflanzen Schaden anrichtet.

10 Streifenwanze *Graphosoma lineatum*
Lebt in Südeuropa und an wärmeren Stellen Mitteleuropas. Länge etwa 10 mm. Kommt auf Möhrenpflanzen in Gärten, aber auch im Wald auf Blüten, Himbeeren usw. vor. Tritt im Sommer auf. Im Süden Getreideschädling.

11 Rotbeinige Baumwanze
Pentatoma rufipes
Stark verbreitet. Länge 13–16 mm. Tritt im Sommer in Gärten und Wäldern, insbesondere auf Eichen und Erlen auf. Macht Jagd auf Raupen, die sie aussaugt. Hauptnahrung sind jedoch Pflanzensäfte, richtet Schaden an.

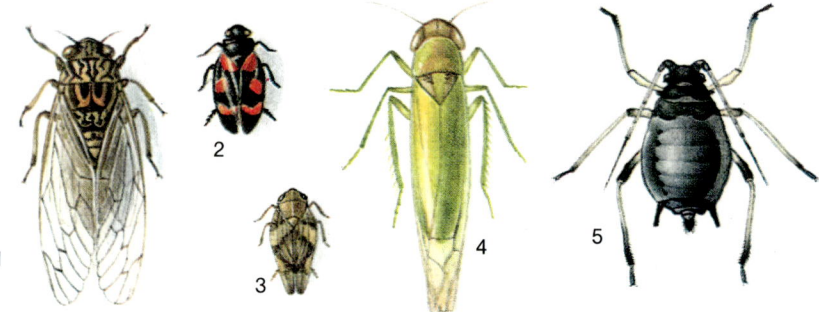

Ordnung **Pflanzensauger** – *Homoptera*

Unterordnung **Zikaden** – *Cicadoidea*

1 Bergzikade *Cicadetta montana*
In Mitteleuropa nur an warmen Stellen, z. B. im Donaubecken. Länge um 25 mm. Besonderer Zirpapparat zwischen Brust und Hinterleib. Nur die Männchen zirpen. Ihr Gesang setzt schon bald am Morgen ein, ein hoher, melodischer und ununterbrochener Ton, der erst bei Sonnenuntergang aufhört. Stechen Rinde und Ästchen an. Die Larve lebt im Boden und saugt an Baum- und Kräuterwurzeln. Mehrjähriger Entwicklungszyklus. Geschützt!

2 Blutzikade *Cercopis sanguinolenta*
In Mitteleuropa stellenweise sehr häufig anzutreffen. Länge etwa 10 mm. Lebt auf Wiesen des Flachlandes. Tritt von Juni bis August auf. Die Weibchen legen ihre Eier an Gras. Die Larven schlüpfen erst im Frühjahr und nähren sich von Pflanzensäften, die sie saugen. Die Larven sondern eine Flüssigkeit

ab, in die sie Luft einblasen, so daß ein Schaum entsteht, in dem sie sich verbergen.

3 Wiesenschaumzikade
Philaenus spumarius
In ganz Europa verbreitet. Länge etwa 6 mm. Hält sich auf Wiesen und an Waldrändern auf. Das Weibchen legt seine Eier meistens in Weidenzweigchen, aus denen dann die ausgeschlüpften Larven Säfte saugen. Die Larven sind grünlich und leben in einem Schutzschaum. Zum erwachsenen Insekt wird die Larve nach ihrer fünften Häutung. Die Wiesenschaumzikade fliegt und springt gut.

4 Grünzirpe *Empoasca decipiens*
In Europa stark verbreitet. Länge etwa 3 mm. Klein und daher unauffällig. Tritt von Juni bis September auf. In Laubwäldern und Gärten. Bei starker Vermehrung schadet sie durch Saugen an Bäumen. In Europa über 200 ähnliche Arten, von denen viele zu den Schädlingen des Getreides und anderer Kulturpflanzen gehören.

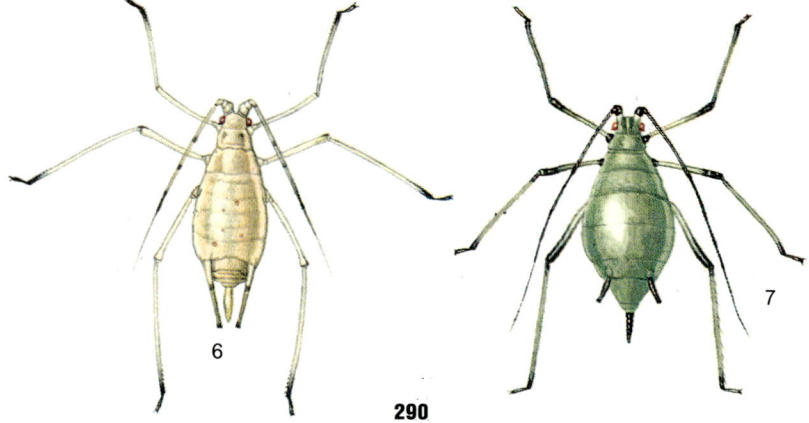

9

8

Unterordnung **Blattläuse** – *Aphidoidea*

5 Schwarze Bohnenlaus *Aphis fabae*
In Europa stark verbreitet. Kleine, schwarz
gefärbte Blattlaus. Überwintert auf Spindel-
bäumen, von wo dann die geflügelten Weibchen auf Mohn, Zuckerrüben u. ä. fliegen
und Säfte saugen. Bei starker Vermehrung
richten sie beträchtlichen Schaden an, weil
die Pflanzen durch das Saugen verküm-
mern und absterben.

6 Esparsette-Laus
Acyrthosiphon onobrychis
In Mitteleuropa sehr häufig. Kommt in den
Sommermonaten vor allem in Erbsenfel-
dern, aber auch auf anderen Pflanzen vor.
Saugt am Pflanzenstengel. Ähnlich wie bei
anderen Blattläusen bringen unbefruchtete
Weibchen lebende Junge zur Welt (Jung-
fernzeugung – Parthenogenese), während
die befruchteten Weibchen im Herbst Eier
legen. Die Männchen schlüpfen aus den
befruchteten, im Herbst abgelegten Eiern
und sind kleiner. Die Insektenkolonie wird
von einem ungeflügelten Weibchen ge-
gründet, das immer aus einem befruchteten
Ei schlüpft.

7 Ackerbohnen-Laus *Megoura vicia*
Im Sommer häufig, lebt in Kolonien auf Wik-
ken. Entwicklung ähnlich wie bei der vorher-
genannten Blattlaus.

8 Blutlaus *Eriosoma lanigerum*
In Europa stark verbreitet, ursprüngliche
Heimat jedoch Amerika. Befällt vor allem
Apfelbäume. Lebt in Kolonien, die wie Wat-
teflöckchen deutlich sichtbar sind. Über-
wintert als Larve unter der Baumrinde oder

im Boden. Im Sommer vermehrt sie sich ohne Befruchtung. Einer der gefährlichsten
Schädlinge unserer Obstbäume.

9 Fichtengallaus *Sacchiphantes abietis*
In Europa stark verbreitet. Etwa 1,5 mm groß.
Lebt auf Fichten. Ruft durch Saugen an den
Enden der kleinen Zweige die Bildung
schuppiger Gallen hervor. Alle Generationen, ob befruchtet oder unbefruchtet, legen
lediglich Eier. Das befruchtete Weibchen
der letzten Generation legt ein einziges Ei,
die geschlüpfte Larve überwintert.

Unterordnung **Schildläuse** – *Coccoidea*

10 Zwetschgen-Napfschildlaus
Eulecanium corni
In Europa stark verbreitet. Weibchen etwa
5 mm, Männchen 2,5 mm lang. Lebt vor allem auf Pflaumenbäumen, Eschen, Hasel-
sträuchern u. ä. Weibchen flügellos, an der
Rinde festgesaugt. Legt seine Eier unter
seinen Schild. Männchen geflügelt.

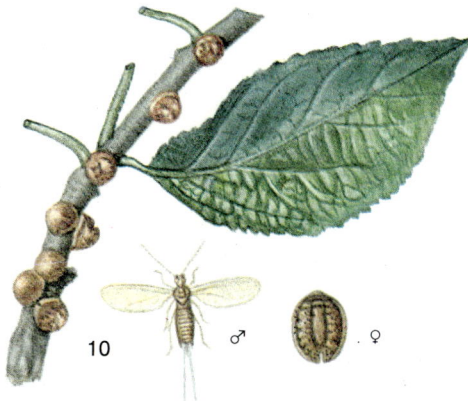

10   ♂   ♀

Ordnung **Hautflügler** – *Hymenoptera*

Familie **Blattwespen** – *Tenthredinidae*

1 Weidenblattwespe *Pontania viminalis*
Eine kleine, an Gewässern stark verbreitete
Blattwespe. Das Weibchen legt die Eier in
Weidenblätter, in die Unterseite des Blattan-
satzes. An den Blättern ruft dies die Bildung
von rötlichen Gallen hervor.

2 Tannenblattwespe *Lygaeonematus
abietinus*
Wird 4,5–6 mm lang. Tritt Ende April auf. Zuerst schlüpfen die Männchen. Die Weibchen
legen die Eier in junge Fichtennadeln. Im Juni verpuppen sich die Larven in der Streu in
einem Kokon. Schädling.

Familie **Keulenblattwespen** – *Cimbicidae*

3 Keulenblattwespe *Cimbex femorata*
Erinnert an eine große Wespe, hat jedoch
keulenförmig verbreiterte Fühler. Die Larve
ist hellgrün mit einem roten Rückenstreifen.
Sie befrißt Birkenblätter, dann baut sie sich
an einem Zweig einen pergamentartigen,
braunen Kokon, in dem sie überwintert. Geschützt!

Familie **Holzwespen** – *Siricidae*

4 Riesenholzwespe *Urocerus gigas*
Sehr auffallend, bis über 40 mm groß, zylin-
derförmiger Körper. Das Weibchen hat einen großen Legestachel, den es in gesun-
des Fichtenholz bis 1,5 cm tief einbohrt und
4 Eier ablegt. Insgesamt legt es bis 350 Eier.
Tritt von Juni bis August auf. Die Larven
nagen im Holz Gänge, die sie mit dem zer-
nagten Holzmehl verstopfen. Schädling.

Familie **Schlupfwespen** – *Ichneumonidae*

5 Gemeine Schlupfwespe
Rhyssa persuasoria
In einem großen Teil Europas und Asiens
verbreitet. Länge bis über 40 mm. Bewohnt
größere Kiefernwälder. Das Weibchen
macht mit einem besonderen Instinkt Holz-
wespenlarven ausfindig, bohrt seinen Legestachel durch das Holz bis in den Gang
der Larve und legt in deren Körper ein Ei ab.

6 Sichelwespe *Ophion luteus*
Auffallend, in Europa häufig anzutreffen.
Wird etwa 30 mm groß. Hinterleib sichelförmig gebogen. Kommt auf Waldlichtungen
vor, fliegt am Abend auch zum Licht in
menschliche Behausungen. Lebt parasitisch auf Raupen großer Nachtfalter. Das
Weibchen bohrt mit seinem Legestachel die
Raupe an und legt in sie die Eier ab.

Familie **Brackwespen** – *Braconidae*

7 Weißlingsschmarotzer
Apanteles glomeratus
Eine kleine Wespe. Kommt im Sommer im Wald, auf Wiesen und in Gärten vor. Das Weibchen legt seine Eier in Raupen ab. Die winzigen Larven nähren sich vom Fettkörper des Wirtstieres.

Familie **Blattlausschlupfwespen** – *Aphidiidae*

8 Blattlausschlupfwespe
Diaeretus rapae
Sehr kleines Insekt. Die Weibchen stechen ihre Eier in den Hinterleib von Blattläusen. Die Larve frißt den Körper des Wirtstieres aus und verpuppt sich im Blattlauskörper.

Familie **Gallwespen** – *Cynipidae*

9 Eichengallwespe *Cynips quercusfolii*
Überall stark verbreitet. Das erwachsene In-sekt entgeht oft unserer Aufmerksamkeit, bekannt sind jedoch die Gallen (Galläpfel), in deren Kammern die Larve lebt. Im Herbst verpuppt sich die Larve, und meist zu Be-ginn des Winters schlüpft das erwachsene Insekt.

10 Rosengallwespe *Diplolepis rosae*
Dies ist die verbreitetste Gallwespe. Wird 4–5 mm lang. Das erwachsene Insekt neh-men wir kaum wahr, die Gallen jedoch, in denen die Larven leben, sind an Rosen- und Heckenrosensträuchern auffallend.

5

7

10

9

293

1
2
3

Familie **Dolchwespen** – *Scoliidae*

1 Rotstirnige Dolchwespe
Scolia flavifrons
Eine riesige Wespe, die an warmen Stellen
Europas vorkommt, in Mitteleuropa nur in
den südöstlichen und südlichen Teilen.
Wird bis 50 mm lang. An sonnigen Tagen
auf Blumen zu finden. Das Weibchen sucht
die Larven von Nashornkäfern auf und legt
auf sie Eier ab. Die ausgeschlüpfte Larve frißt
ihr Wirtstier nach und nach auf und verpuppt
sich neben seinen Überresten.

Familie **Ameisenwespen** – *Mutillidae*

2 Europäische Ameisenwespe
Mutilla europaea
In Mitteleuropa stark verbreitet. Bunt gefärbt.
Weibchen flügellos. Die Männchen sitzen
auf Blüten, die Weibchen kriechen am Bo-
den umher und suchen Hummelnester. Ihre
Eier legen sie in Hummellarven ab.

Familie **Faltenwespen** – *Vespidae*

3 Hornisse *Vespa crabro*
Sie ist die größte europäische Wespe. Stellenweise recht häufig. Lebt meist in alten
Wäldern. Baut aus einer papierähnlichen
Masse ein großes, gelbbraunes Nest in hohlen Bäumen, Nistkästen usw. Das Weibchen
überwintert nach der Befruchtung in einem
Versteck. Im Frühjahr baut es ein Nest; es
klebt mit Speichel eine aus moderndem
Holz abgekratzte Masse zusammen und
baut die erste Wabe. Aus den ersten Larven
schlüpfen die Arbeiterinnen, die die Arbeit

fortsetzen. Im Herbst schlüpfen dann schon
Weibchen und Männchen. Die Hornissen leben räuberisch. Geschützt!

4 Feldwespe *Polistes gallica*
Eine mittelgroße Wespe, die häufig an sonnigen Stellen zu finden ist. Sie baut eine einfache Wabe aus papierähnlichem Material
mit einigen Zellen. Das Nest ist an einem
Stiel meist an Mauern, Felsen u. ä. befestigt.
Oft auch an Zweigen von Sträuchern. Aus
den Larven schlüpfen Arbeiterinnen, die jedoch selbst Eier legen, aus welchen wiederum Männchen (Drohnen) schlüpfen.

5 Gemeine Wespe *Paravespula vulgaris*
Die am häufigsten vorkommende Erdwes-
pe. Lebt in großen Kolonien, die das Weibchen gründet. In einem Hohlraum im Boden
baut es an einem Stiel die ersten Zellen und
legt Eier. Die ausgeschlüpften Larven werden 20 Tage gefüttert, und nach der Verpuppung schlüpfen nach weiteren 20 Tagen Arbeiterinnen. Diese setzen den Bau fort und
bilden Stockwerke, die durch stielartige
Stützen abgeteilt sind. Nach und nach
tragen die Arbeiterinnen Sandkörner fort,
um die Höhlung in der Erde zu vergrößern.
Die Anzahl der Arbeiterinnen kann 2000 erreichen. Das Nest hat 5–14 Waben. Das Leben im Nest stirbt im Herbst ab. Die Weibchen (Königinnen) überwintern in hohlen
Bäumen, gelegentlich auch in Räumen
menschlicher Behausungen usw.

6 Deutsche Wespe
Paravespula germanica
In ganz Europa stark verbreitet. Ihre Nester

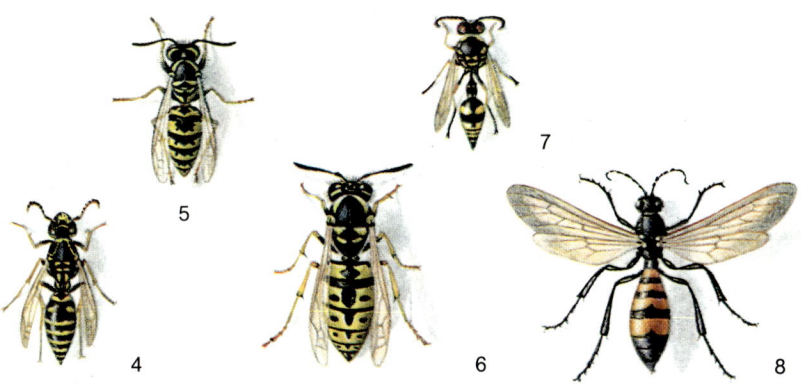

5

7

4

6

8

baut sie in Feldern unter der Erde. Im Süden kann man riesige Nester finden, in denen bis etwa 60 000 Wespen leben. Durchschnittlich pflegen in einem Nest im September an die 1600 Arbeiterinnen, 1600 Männchen und 700 Weibchen zu leben. Wärmeliebend, bei kühlem Wetter fliegt sie nicht. Taglebewesen. Nährt sich von süßen Obstsäften, Nektar u. ä., zur Ernährung der Nachkommenschaft fängt sie jedoch vor allem Insekten.

Familie **Glockenwespen** – *Eumenidae*

7 Pillenwespe *Eumenes coarctatus*
Bewohnt ganz Europa. Gehört zu den einzeln lebenden Wespen. Wird 11–15 mm groß. An Waldsträuchern oder Heidekraut baut sie aus reinem Lehm und Speichel ein kugelförmiges Nest mit einem Hals. Der Larve bringt die Pillenwespe als Nahrung kleine, kahle Raupen, von denen sie 14–16 Stück herbeischleppt.

Familie **Wegwespen** *Psammocharidae*

8 Gemeine Wegwespe
Psammocharus fuscus
In ganz Europa an warmen Stellen stark verbreitet. Länge 10–14 mm. Zu Frühjahrsbeginn auf blühenden Salweiden. An sandigen Stellen gräbt sie Löcher, an deren Ende eine Kammer für die Larve liegt. Sie füttert die Larve mit Spinnen. Sie lähmt mit ihrem Stachel auch große Spinnen, die sie dann als unbewegliche Beute ins Nest schleppt. Das gelähmte Opfer ist zwar unbeweglich, aber es lebt manchmal länger als einen Monat, und die Larve nährt sich von seinem Körper.

Familie **Ameisen** – *Formicidae*

1 Waldameise *Formica rufa*
In Europa stark verbreitet. Mehrere Rassen mit unterschiedlicher Lebensweise. Bei manchen lebt im Nest nur ein einziges Weibchen, bei anderen sind es bis 5000 Weibchen, und so ein Staat produziert jährlich 2 Millionen neuer Individuen. Bauen ein großes, haufenförmiges Nest aus Baumnadeln, Blättern u. ä. Im Sommer Hochzeitsflug der geflügelten Männchen und Weibchen. Allesfresser. Verfolgen und fangen jedes für sie erreichbare Lebewesen. Sie sind nützlich, in einem Umkreis von 20 m um ihr Nest vernichten sie sämtliche Insekten. Die Arbeiterinnen sind 4–9 mm lang, die Weibchen 9–11 mm. Geschützt!

2–4 Schwarze Wegameise *Lasius niger*
Stark verbreitet. Arbeiterin (**4**) 3–5 mm groß, Männchen (**2**) und Weibchen (**3**) viel größer. Unterirdisches Nest mit Überbau über der Erde. Schwärmen an warmen Sommertagen. Nach dem Hochzeitsflug lassen sie sich am Boden nieder, die Weibchen werfen ihre Flügel ab, die Männchen gehen meist zugrunde. Das Weibchen gründet einen neuen Staat, und sobald die ersten Arbeiterinnen ausschlüpfen, widmet es sich nur mehr dem Eierlegen. Allesfresser. Leckt gerne Blattlaussekrete.

Familie **Grabwespen** *Sphegidae*

5 Gemeine Sandwespe
Ammophila sabulosa
In Europa häufig an trockenen, sandigen Stellen anzutreffen. Wird 18–20 mm groß. Gräbt im Boden einen etwa 3 cm langen Gang, an dessen Ende eine Kammer für die Larve liegt. Wenn sie ausfliegt, verschließt sie den Eingang mit einem Steinchen. Bringt der Larve Raupen, sobald sie mit ihrem Stachel lähmt. Sie fängt die Raupen des Kiefernschwärmers u. ä. Ihre Beute schleppt sie in ihren Beißwerkzeugen, wobei sie auf ihr wie ein Reiter auf seinem Pferd sitzt. Sie zieht die Raupe in ihr Nest und befestigt an deren Körper ein Ei. Den Nesteingang verschüttet sie und stampft den Sand fest. Dann baut sie ein weiteres Nest.

6 Bienenwolf *Philanthus triangulum*
Bewohnt warme Teile Europas. Körperlänge 12 bis 16 mm. Kommt vor allem auf sandigen Hängen vor, an denen das Weibchen ein Nest baut. Dabei bedient es sich seiner Vorderbeine und Oberkiefer, mit denen es ziemlich große Sandkörner wegträgt. Es höhlt einen 20–100 cm langen Gang aus, von dem Seitengänge abzweigen, die in einer Zelle enden. Im Durchschnitt hat ein Nest 5–7 solcher Zellen, in denen sich die Larven entwickeln. Die Nahrung der Larven besteht ausschließlich aus Honigbienen. Der Bienenwolf überfällt sie auf Blüten, lähmt sie und umschlingt seine Beute mit allen Beinpaaren, um sie ins Nest davonzuschleppen. Aus den erlegten Bienen saugt er den Honig, und wenn er nicht nistet, läßt er den toten Körper an Ort und Stelle zurück. Um die Nachkommenschaft eines Weibchens aufzuziehen, sind rund zwanzig Bienen nötig. Die ausgewachsene Larve umspinnt sich in ihrer Zelle, so daß ein flaschenförmiges Gebilde mit engem Hals entsteht. Mit diesem Hals ist es waagerecht an der Zellenwand befestigt, so daß es nirgends den Boden berührt. Das dient zum Schutz gegen Feuchtigkeit und Schimmelbildung. Einem 10–11 monatigen Ruhestadium folgt nur eine kurze Puppenzeit.

7 Wirbelwespe *Bembex rostrata*
In Mitteleuropa an warmen, sandigen Stellen stark verbreitet. Gedrungener Körper. Oberlippe verlängert. Gräbt in sandigen Hängen oder in der Heide am 40 cm lange Gänge. Lebt meist in Kolonien. Den Gangeingang verdeckt sie mit Sand, findet ihr Nest jedoch unfehlbar wieder. Fängt Fliegen, sogar große Schmeißfliegen, die sie mit ihrem Stachel betäubt und der Larve ins Nest bringt. Ihre Larven sind sehr gefräßig. Obwohl das Nest gut verborgen ist, wird es

♂

2

3 ♀

4

5

6

doch von schmarotzenden Goldwespen gefunden.

Familie **Goldwespen** – *Chrysididae*

8 Feuergoldwespe *Chrysis ignita*
In Süd- und Mitteleuropa stark verbreitet.
Körperlänge 6–12 mm. Unterseite des Hinterleibs konkav, so daß sie sich bei Gefahr zu einem Knäuel zusammenrollen kann. Legeröhre des Weibchens vorschiebbar. Hält sich an sonnigen Mauern, Zäunen u.ä. auf. Sucht die Nester solitärer Wespen auf, in die das Weibchen eindringt und ein Ei auf die Larve ablegt. Die Larve der Feuergoldwespe hat einen großen, chitinigen Kopf und Freßwerkzeuge zum Aussaugen der Körpersäfte des Wirtstieres. Nach der Verpuppung schlüpft dann im Frühjahr ein erwachsenes Exemplar der Feuergoldwespe, das sich von Blütennektar nährt. Fliegt im Sommer.

9 Blaugoldwespe *Chrysis cyanea*
In Mittel- und Südeuropa stark verbreitet.
Länge etwa 4 mm. Am häufigsten können wir sie an alten Holzzäunen antreffen.

10 Rotgoldwespe *Chrysis cuprea*
In Mitteleuropa stellenweise stark verbreitet.
Länge 5 bis 6 mm. Biologie ähnlich wie bei der Feuergoldwespe. Viele Goldwespen werden beim Eindringen in fremde Nester vom Besitzer des Nestes,der sehr kräftig ist, ertappt. Die Goldwespe faltet dann ihre Fühler unter den Kopf, rollt sich zu einem Knäuel zusammen, und da der äußere Chitinpanzer ihres Körpers sehr hart ist, trägt der Nestbesitzer die Goldwespe lediglich aus dem Nest und wirft sie hinaus.

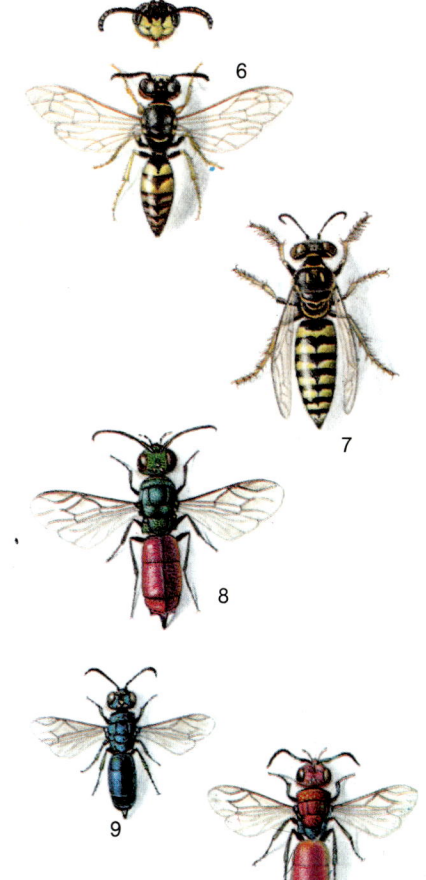

7

8

9

10

297

Familie **Bienen** – *Apidae*

Alle heimischen Bienen und Hummeln sind geschützt!

1 Holzbiene *Xylocopa violacea*
In Südeuropa und an warmen Stellen Mitteleuropas verbreitet. Erinnert an eine große Hummel. Schwarzbraune, violett glänzende Flügel. Das Weibchen beißt in altes Holz bis 30 cm lange Gänge, die es durch aus Holzmehl und seinem klebrigen Speichel gefertigte Zwischenwände in bis zu 12 Kammern unterteilt. Jede Kammer füllt es mit einem Nahrungsvorrat.

2 Große Blattschneiderbiene
Megachile centuncularis
An warmen Stellen Europas anzutreffen. Länge 10–12 mm. Das Weibchen beißt in altes Holz Gänge, die es mit Blattstückchen austapeziert. Am liebsten schneidet es diese Stückchen aus den Blättern der Heckenrosen und Rosen heraus. Am Ende des Ganges baut es die erste Zelle, die es mit Blütenstaub füllt. Dann legt es ein Ei und verschließt die Zelle mit einem Deckblatt. Im Gang entsteht so ein „Zylinder" mit 8–10 Zellen.

3 Wollbiene *Anthidium manicatum*
Lebt an wärmeren Stellen Europas. Erinnert an Wespen, weil ihr Hinterleib zum Teil kahl und gelb gestreift ist. Das Männchen hat einen gleichsam gekerbten Hinterleib, ist größer als das Weibchen. Das Nest wird mit abgekratzter Pflanzenwolle ausgepolstert.

4 Langhornbiene *Eucera longicornis*
Lebt in Südeuropa und an warmen Stellen Mitteleuropas. Länge 10–12 mm. Stellenweise stark verbreitet. Die Männchen haben außerordentlich lange Fühler. Im Frühjahr an sonnigen Hängen. Fliegt mit Vorliebe auf Pflanzen mit komplizierten Blüten. Hat langgezogene Mundwerkzeuge und kann deshalb Nektar auch aus sehr tiefen Blüten saugen.

5 Erdbiene *Andrena carbonaria*
In ganz Europa mit Ausnahme der nördlichsten Teile stark verbreitet. Solitäre Biene. Länge 10–12 mm. Fliegt vom Frühjahr an. Gräbt in der Erde ihr Nest, oft in Kolonien. Lange, absteigende Gänge, die sich seitlich verzweigen und in mehrere Kammern auslaufen.

6 Hosenbiene *Dasypoda hirtipes*
In Mitteleuropa ziemlich stark verbreitet. Hinterbeine stark behaart. Die Biene kann auf ihnen eine große Menge von Pollen ansammeln, so daß die Beine dann wie gelbe „Höschen" aussehen. Baut ihr Nest im Boden ähnlich wie die Erdbiene.

7 Kuckucksbiene *Melecta armata*
In Mitteleuropa stark verbreitet. Länge 10–12 mm. Tritt gleich zu Frühjahrsbeginn auf. Das Weibchen hält sich in der Nähe der Erdbienen auf, dringt in ihre Erdhöhle ein und legt dort sein Ei, bevor die Nesteigentümerin ihre Kammern verschließt. Die Larve der Kuckucksbiene verbraucht alle Vorräte für sich, und die Erdbienenlarve verhungert.

8 Erdhummel *Bombus terrestris*
In ganz Europa stark verbreitet. Nach der Überwinterung legt das Weibchen ein Nest bis 1,5 m tief in der Erde in Mauselöchern usw. an. Das Nest umhüllt es mit Laub, Moos usw., das es in den Löchern findet. Aus einer

1

2

3

wachsartigen Masse baut es die einzelnen Kammern, in die es Pollen und Nektar herbeibringt. Die Larven werden dann von ihm noch nachgefüttert. Nach 20 Tagen schlüpfen die ersten Arbeiterinnen, von denen dann im Nest bis 150 Stück sowie mehr als 100 junge Weibchen zu sein pflegen. Im Herbst gehen die Arbeiterinnen, die Männchen und die alten Weibchen ein, die jungen Weibchen überwintern in einem geeigneten Schlupfwinkel.

9 Steinhummel *Bombus lapidarius*
In Mitteleuropa weit verbreitet. Ganz schwarz mit einem roten Hinterleibsende. Nest im Boden, in Steinhaufen, Felsspalten u.ä.

10 Honigbiene *Apis mellitica*
Lebt auf der ganzen Erde. Stammt wahrscheinlich aus Indien. Gründet einen stabilen Staat, in dem immer nur ein einziges Weibchen (Königin) ist. Im Sommer eine größere Anzahl von Männchen (Drohnen) und bis 70000 Arbeiterinnen. Die Königin legt lediglich Eier in Wabenzellen aus Wachs. Zweierlei Zellen: für Arbeiterinnen und Drohnen und für Weibchen. Im Frühjahr legt das Weibchen bis 1000 Eier täglich, jährlich bis 80000. Bei Verlust der Königin ziehen die Arbeiterinnen eine neue Königin heran. Königin lebt 3–4 Jahre. Die Bienen schwärmen ein- oder mehrmals jährlich, wenn eine neue Königin vor dem Ausschlüpfen steht.

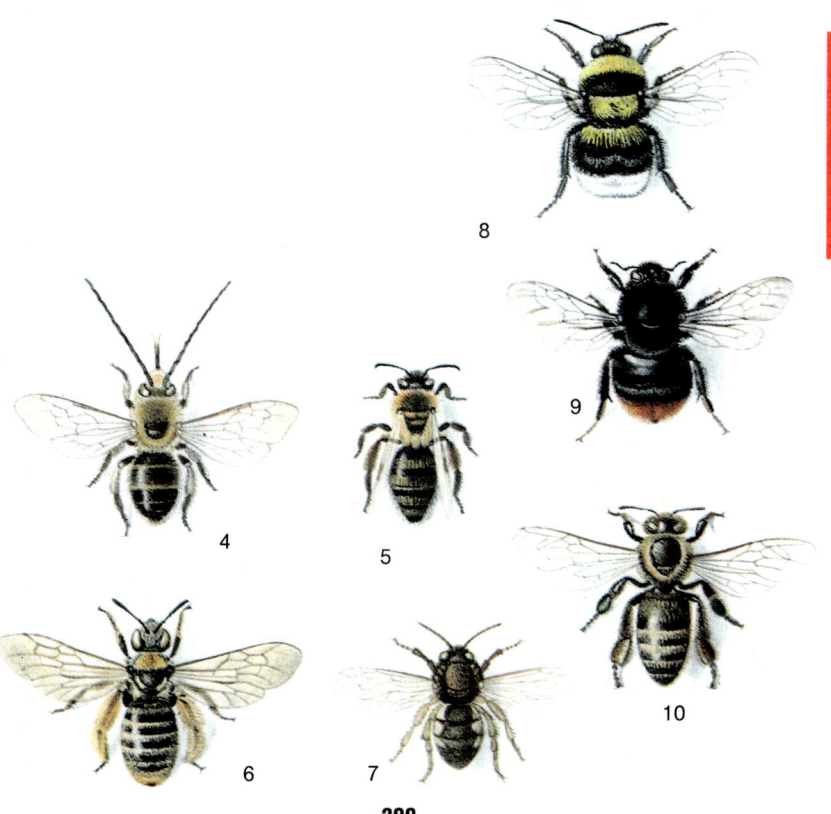

8

9

4

5

10

6   7

Ordnung **Käfer** – *Coleoptera*

Familie **Sandlaufkäfer** – *Cicindelidae*

1 Feldsandläufer *Cicindela campestris*
In Europa stellenweise häufig anzutreffen.
Länge 12–16 mm. Sehr große und auffallende Freßwerkzeuge. Tritt von April bis Juni
auf. Hält sich an sonnigen, sandigen Stellen,
auf Wegen, in verlassenen Steinbrüchen
u. ä. auf. Läuft schnell umher und sucht seine
Beute, die er auf eine Entfernung von 15 cm
mit Sicherheit erkennt. Er jagt vor allem
verschiedene Insektenlarven, Spinnen und
Würmer. Wenn er gestört wird, schwingt er
sich sofort in die Luft, bei kühlem Wetter
fliegt er jedoch nicht. Die Larven leben in
Erdlöchern, die er bis 2 m tief in Lehm- oder
Sandboden gräbt. Der Kopf der Larve ist
stark chitinisiert. In der Höhlenöffnung lauert
die Larve auf ihre Beute, hauptsächlich verschiedene Insekten, die sie dann in ihrem
Erdloch verzehrt. Um sich in ihrem Erdgang
gut bewegen zu können, hat die Larve an
ihrem Hinterleib einen höckerartigen Aus-
wuchs. Die Entwicklung der Larve dauert
2–3 Jahre. Sie verpuppt sich im Juli, die
Käfer schlüpfen nach 4 Wochen und vermehren sich wiederum erst im Frühjahr des
nächsten Jahres. Geschützt!

2 Kupferbrauner Sandläufer
Cicindela hybrida
Lebt vor allem in Waldgebieten. Länge 12 bis
14 mm. Die Käfer sind im Mai und Juni auf
sandigen Waldwegen und in Heideland zu
finden. Biologie wie beim Feldsandläufer.
Geschützt!

3 Waldsandläufer *Cicindela silvatica*
Stellenweise häufig anzutreffen. Länge 14–
16 mm. Im Juni auf Waldwegen, Lichtungen,
hauptsächlich in Kiefernwäldern. Biologie
wie beim Feldsandläufer. Geschützt!

Familie **Laufkäfer** – *Carabidae*

4 Gartenlaufkäfer *Carabus hortensis*
In Mittel- und Südosteuropa stellenweise
verbreitet. Länge 24 bis 30 mm. In Wäldern,
sträucherbestandenen Hängen, in Gärten
u. a. anzutreffen. Nachträuber. Jagt Insekten
und ihre Larven, aber auch Würmer und kleine Weichtiere. Tagsüber unter Baumrinde,
Steinen usw. Wie alle Laufkäfer bevorzugt er
feuchtere Stellen, an trockenen, wasser-
losen Orten geht er binnen weniger Tage
zugrunde. Langgestreckte, mit großen Beißwerkzeugen ausgestattete Larven. Leben
ebenfalls räuberisch und jagen Larven anderer Insekten, Würmer usw. Geschützt!

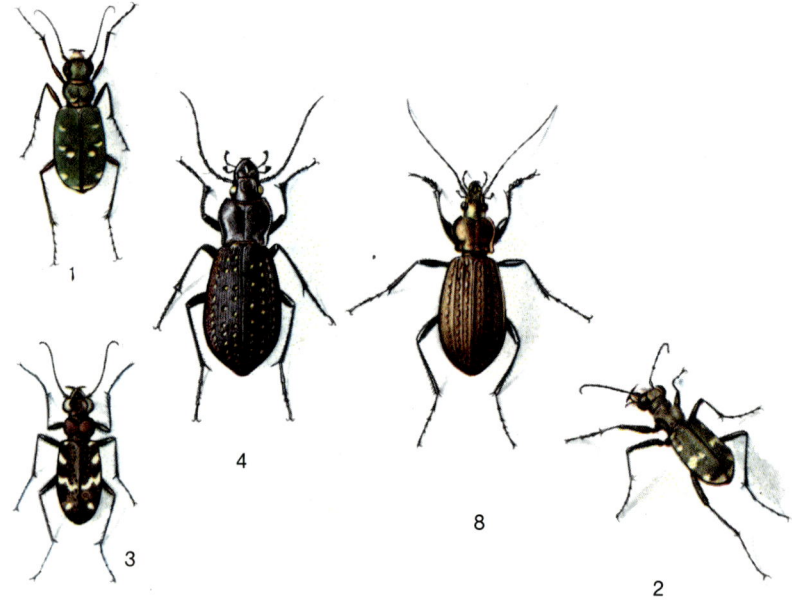

1

3

4

8

2

5 Goldschmied *Carabus auratus*
In Mitteleuropa, insbesondere in Deutschland, stellenweise stark verbreitet. Länge 22–26 mm. Kommt hauptsächlich im Mai und Juni auf Wiesen, in Feldern und Gärten vor. Bevorzugt Lehmböden. Jagt oft auch tagsüber. Frißt Regenwürmer, Weichtiere und Insekten, jedoch nur ihre Weichteile. Alle Laufkäfer der Gattung *Carabus* bespritzen die zerkauten Teile ihrer Beute mit einem Darmsekret, das innerhalb kurzer Zeit das Gewebe zerlegt und einen flüssigen Brei bildet, den der Käfer aufsaugt. Die Eier legt das Weibchen im Frühjahr und Sommer einzeln in Erdlöcher, insgesamt an 50 Stück. Die Larven schlüpfen nach 8–10 Tagen und sind sehr räuberisch. Sie verpuppen sich im Boden in einer Brutkammer. Die ausgeschlüpften Käfer überwintern schon ab Ende August, die Mehrzahl der erwachsenen Exemplare geht zugrunde. Die Entwicklung von der Eiablage bis zum jungen Käfer dauert 78 Tage. Geschützt!

6 Lederlaufkäfer *Carabus coriaceus*
Über die gemäßigte Zone Europas mit Ausnahme der Britischen Inseln verbreitet. Länge bis 40 mm. Tritt hauptsächlich im Juli und August in Wäldern auf. Nachtlebewesen. Tagsüber unter Steinen, Baumstämmen u.ä. Bei Regen kriecht er auf Wegen herum. Käfer und Larve leben räuberisch. Geschützt!

7 Goldleistenlaufkäfer
Carabus violaceus
Fast in ganz Europa stark verbreitet. Neigt stark zur Bildung von Unterarten. Vermutlich wurden die einzelnen geographisch getrennten Unterarten in der Eiszeit voneinander isoliert und haben sich seither gesondert entwickelt. Länge 25 bis 35 mm. Kommt hauptsächlich im Juni und Juli in der Nähe menschlicher Behausungen, oft in Schuppen und Kellern u.ä. vor. Wenn man ihn in die Hand nimmt, sondert er eine scharf übelriechende Flüssigkeit ab. Geschützt!

8 Kupferroter Laufkäfer
Carabus cancellatus
In Mitteleuropa überall stark verbreitet. Länge 17–26 mm. Kommt vor allem im Mai in Wäldern, Feldern und Gärten vor. Läuft schnell, 1 m in 5–7 Sekunden. Tagsüber verbirgt er sich unter Baumrinde, Steinen usw. Sehr nützlich, jagt unter anderem auch den Kartoffelkäfer. Der Kupferrote Laufkäfer verzehrt täglich 9 Kartoffelkäferlarven und nimmt mehr Nahrung auf, als er selbst wiegt. Geschützt!

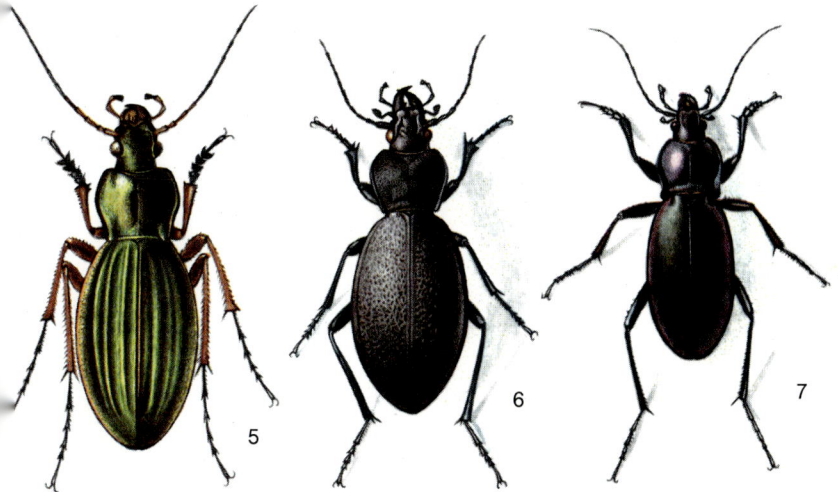

5

6

7

Familie **Laufkäfer** – *Carabidae*

1 Puppenräuber *Calosoma sycophanta*
In fast ganz Europa verbreitet. Länge 24–30 mm. Gehört zu den prächtigsten Käfern. Sehr räuberisch. Verfolgt seine Beute, meist Raupen, in Baumkronen. Nach der Überwinterung legen die Weibchen 100 bis 600 Eier. In 14 Tagen verbraucht ein Käfer etwa 40 große Raupen und ebensoviel verbraucht die Larve. Im Juni verpuppt sich die Larve im Boden und bereits im September ist der erwachsene Käfer entwickelt, der jedoch erst im Mai des nächsten Jahres den Boden verläßt. Anfang Juli verlassen die Käfer die Bäume und vergraben sich wiederum bis 50 cm tief in den Boden, wo sie wieder überwintern. Der Käfer lebt 2–3 Jahre. Geschützt!

2 Kleiner Puppenräuber
Calosoma inquisitor
Ist überall in Mitteleuropa anzutreffen. Länge 15–18 mm. Bewohnt vor allem Eichenwälder der Ebenen. In manchen Jahren, wenn es viele Raupen gibt, tritt er in großen Mengen bereits Ende April oder Anfang Mai auf. Hält sich in den Kronen der Eichen auf, wo er insbesondere auf die Raupen der Spanner und anderer schädlicher Schmetterlinge Jagd macht. Anfang Juli vergräbt er sich in den Boden, wo er überwintert. Geschützt!

3 Bombardierkäfer *Brachynus crepitans*
In Mitteleuropa stark verbreitet. Länge 6–9 mm. Lebt gemeinsam mit einigen weiteren Exemplaren unter Steinen an warmen, sonnigen Stellen. Bei Gefahr sondert er aus einer Afterdrüse am Hinterleib ein Dampfwölkchen ab. (Ätzende Flüssigkeit, die verdampft.) Dabei ist ein puffender Knall zu hören. Kleinere Angreifer werden durch „Salven" mehrerer Käfer verläßlich verjagt. Die Absonderung wirkt brennend und erinnert ein wenig an Salpetersäure.

4 Grabkäfer *Pterostichus vulgaris*
Sehr verbreitet. Länge 14–20 mm. Der Käfer verbirgt sich tagsüber unter flachen Steinen u.ä. an schattigen, feuchten Stellen. Läuft schnell. Kommt überall, besonders in Mitteleuropa, häufig vor.

5 Buckellaufkäfer *Zabrus gibbus*
In Mitteleuropa überall stark verbreitet. Länge 14 bis 16 mm. Die erwachsenen Käfer halten sich an Getreidehalmen auf und fressen die Getreidekörner. Die Larven wiederum fressen die Frühjahrssaat oder auch Gras. Tagsüber verbergen sich die Käfer und die Larven in ausgescharrten Erdlöchern.

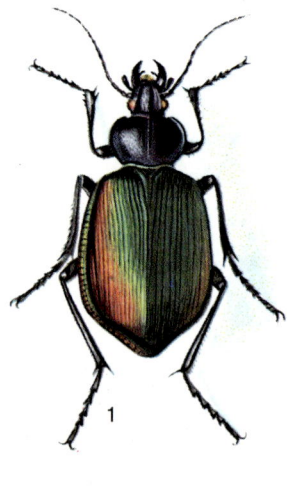

1

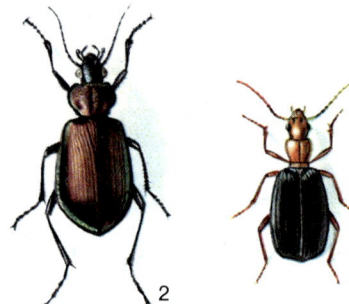

2

3

4

5

Familie **Schwimmkäfer** – *Dytiscidae*

6 Gelbrandkäfer *Dytiscus marginalis*
Kommt in ganz Europa häufig vor. Länge
30 bis 35 mm. Das Männchen hat eine napfförmig verbreiterte Sohle der Vorderbeine.
Bewohnt kleine Teiche, Tümpel usw., die
mit Wasserpflanzen bewachsen sind. Das
Weibchen macht an den Stengeln dieser
Pflanze Einschnitte und schiebt ein Ei hinein.
Die Larve hat einen dreikantigen Kopf mit
mächtigen, hakenförmigen Freßwerkzeu-
gen, mit deren Hilfe sie ihre Beute, Kaulquappen, Fischchen u.ä. aussaugt. Auch
die Käfer leben räuberisch. Die Larve verpuppt sich in der Uferböschung. Die Käfer
fliegen am Abend.

7 Furchenschwimmer *Acilius sulcatus*
In ganz Europa verbreitet. Länge etwa
18 mm. Bewohnt stehende, wenigstens zum
Teil bewachsene Gewässer. Fliegt in der
Nacht und gelangt manchmal auch in künst-
liche Wasserbecken. Fischrogenschädling.
Larven gleichfalls räuberisch, lauern zwi-
schen Wasserpflanzen auf ihre Beute.

Familie **Taumelkäfer** – *Gyrinidae*

8 Taumelkäfer *Gyrinus natator*
Ist stellenweise häufig anzutreffen. Obwohl
klein, ist er durch seine kreisförmigen Bewegungen auf der ruhigen Wasseroberfläche
auffallend. Bei Gefahr taucht er blitzschnell
unter. Lebt räuberisch, jagt kleine Insekten.

Familie **Wasserkäfer** – *Hydrophilidae*

9 Kolbenwasserkäfer *Hydrous piceus*
In Mitteleuropa stellenweise stark verbreitet.
Länge 35–45 mm. Bewohnt stehende, stark
bewachsene Gewässer. Nährt sich zum Teil
von Pflanzennahrung, frißt jedoch auch
Fischrogen. Das Weibchen legt die Eier in
ein besonderes, aus einem Sekret angefertigtes Gehäuse. In dieser Kapsel liegen etwa
50 Eier. Die Larven schlüpfen nach 16 Tagen
und sind räuberisch. Geschützt!

7

8

6

♂

♀

9

303

Familie **Kurzflügler** – *Staphylinidae*

1 Goldstreifiger Moderkäfer
Staphylinus caesareus
In ganz Mitteleuropa stark verbreitet. Länge 15–20 mm. Tritt in den Sommermonaten auf. Die erwachsenen Käfer halten sich im Aas von Tieren, in modernden Stoffen u. ä. auf. Käfer und Larven nähren sich von verwesenden Stoffen, sie überfallen aber auch Insekten, Würmer und Weichtiere. Die Larven ähneln den erwachsenen Individuen, es fehlen ihnen jedoch die Flügel und Flügeldecken.

2 Roter Pilzraubkäfer *Oxyporus rufus*
In Mitteleuropa überall verbreitet. Länge 7 bis 11 mm. Häufig in verschiedenen, in Verwesung übergehenden Pilzen. Auch die Larven leben in großen Mengen in Pilzen.

Familie **Aaskäfer** – *Silphidae*

3 Gemeiner Totengräber
Necrophorus vespillo
In Europa stark verbreitet. Länge 12 bis 22 mm. Am Abend und in der Nacht fliegen die Käfer zu Tierkadavern und scharren unter dem toten Tier gemeinsam das Erdreich fort, bis der Kadaver allmählich einsinkt und eingescharrt ist. Das Weibchen legt dann in den Kadaver seine Eier. Die Larven nähren sich von den verwesenden tierischen Stoffen. Die reife Larve verpuppt sich in einer Erdhöhlung.

4 Totengräber *Necrophorus germanicus*
In Europa nur stellenweise und sporadisch. Länge 20–30 mm. Man findet ihn unter Kadavern größerer Tiere, wie Hasen, Kaninchen u. ä. Führt ein sehr verborgenes Leben. Fliegt nur nachts. Gehört zu den größten, aber auch zu den seltensten Totengräbern.

5 Schwarzglänzender Aaskäfer
Silpha atrata
In Mitteleuropa stark verbreitet. Länge 12–16 mm. Flügeldecken mit drei Längskielen. Man findet diesen Käfer unter Steinen, Papier u. ä. auf Feldern und Wegen von Mai an. Bewegt sich oft auch in freiem Gelände. Nährt sich von toten Schnecken oder Würmern, greift jedoch manchmal auch lebende Tiere an. Bei Gefahr sondert er ein übelriechendes Sekret ab.

1

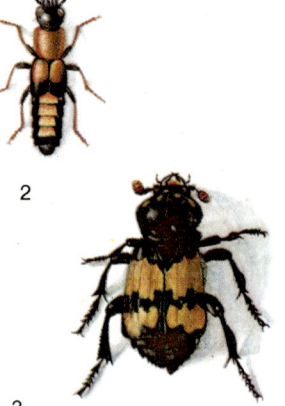

2

3

4

6 Vierpunkt-Aaskäfer
Xylodrepa quadripunctata
In Mitteleuropa sehr stark verbreitet. Länge 12–14 mm. Bewohnt Eichenwälder. Tritt im Frühjahr auf. Lebt auf Bäumen, wo er Raupen jagt, von denen er sich nährt. Im Juni verschwinden die Käfer und man findet auf den Blättern flache Larven, die ebenfalls räuberisch leben und Raupen verzehren. Gegen Ende des Sommers verpuppen sich die Larven im Boden, und die schon im Herbst geschlüpften Käfer überwintern im Boden und kommen erst im Frühjahr des nächsten Jahres ans Tageslicht.

Familie **Stutzkäfer** – *Histeridae*

7 Miststutzkäfer *Hister unicolor*
In Mitteleuropa stark verbreitet. Länge 7–9 mm. Sehr harter Körper. Die Käfer leben häufig im Kuhmist, im Stalldünger u. ä. Jagen kleine Insekten, die ihnen als Nahrung dienen. In Europa findet man viele weitere Arten, viele haben auf ihren schwarzen Flügeldecken dunkelrote Flecken.

Familie **Speckkäfer** – *Dermestidae*

8 Gemeiner Speckkäfer
Dermestes lardarius
Ist heute mit Fellen und Pelzen in alle Erdteile eingeschleppt. Länge 6–9 mm. Kommt in Lagern, im Haushalt, aber auch im Freien vor. Der Rücken der Larve ist mit dichten langen Haaren bedeckt. In der freien Natur leben die Larven auf Pelzresten von Tierkadavern, Federn usw. Auch in Pelzen, Vogelsammlungen usw. zu finden. Die Entwicklung dieser Käfer dauert manchmal nur 6 Wochen. Die Larven fressen an Speck, Wurst, Schinken und Rauchfleisch, außerdem an getrocknetem und geräuchertem Fisch, an Fellen, Häuten und Därmen, an Borsten, Haaren, Horn, Hufen, Federn oder an ausgestopften Tieren. Da die Larven auch die winzigsten Fleischfasern vom Knochen abnagen, setzt man sie gelegentlich zum Skelettieren ein. Gibt man eine Tierleiche in einen Behälter mit einer Dermestes-Zucht, hat man bald ein sauber abgefressenes Skelett des Tieres.

9 Kabinettkäfer *Anthrenus museorum*
In Europa überall verbreitet. Länge 2–3 mm. Körper kugelig. Schädling naturwissenschaftlicher Sammlungen. Es schaden sowohl der Käfer als auch die Larven. Larven sind 5 mm lang und behaart. Käfer oft auch auf Blüten zu finden.

10 Pelzkäfer *Attagenus punctatus*
Überall stark verbreitet. Länge 4–7 mm. Gefährlicher Pelzschädling, schadet auch ausgestopften Tieren, Teppichen, Möbelüberzügen usw. Häufig findet man ihn am Fenster, wenn er ins Freie will. Die haarigen Larven sind etwa 5 mm lang. Erwachsene oft auch an Blüten. (Das Bild zeigt den selteneren *A. pellio*.)

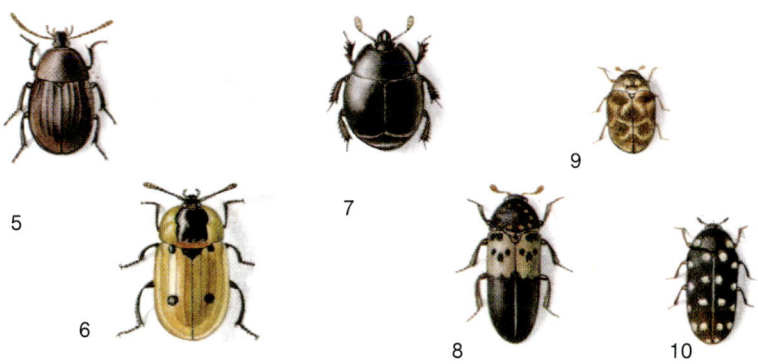

5

7

9

6

8

10

Familie **Hirschkäfer** – *Lucanidae*

1 Hirschkäfer *Lucanus cervus*
Bewohnt ganz Mitteleuropa und den Süden Nordeuropas, westlich bis nach Portugal. Länge des Männchens 37–75 mm, des Weibchens 30–45 mm. In Eichen- und Mischwäldern. Das Weibchen legt seine Eier in moderndes Holz der Eichenstümpfe und -stämme. Die Larven entwickeln sich 3–5 Jahre, werden 10 cm lang und sind blind. Bereits an der Puppe ist das zukünftige Geschlecht des Käfers erkennbar. Die Käfer schlüpfen im Herbst, verlassen ihr Versteck jedoch erst im Frühjahr. Tagsüber halten sie sich an Baumstämmen auf, aus denen Saft fließt, abends fliegen sie. Geschützt!

2 Balkenschröter
Dorcus parallelopipedus
In einem großen Teil Europas zu finden. Länge 20–32 mm. Überall dort, wo genügend altes, moderndes Holz für die Entwicklung der Larven vorhanden ist. Die Käfer ruhen tagsüber auf den Zweigen, spät nachmit-

tags und abends fliegen sie herum. Sie treten Ende April auf und man kann sie noch im September finden. Die Larven entwickeln sich im Moder.

Familie **Blatthornkäfer** – *Scarabaeidae*

3 Mondhornkäfer *Copris lunaris*
In Mitteleuropa an wärmeren Stellen verbreitet. Länge 15–23 mm. Männchen mit spitzem Horn am Kopf. Hält sich hauptsächlich in den Exkrementen von Rindvieh auf. Gräbt unter den Exkrementen senkrechte Gänge, in denen das Weibchen aus dem Mist Nahrung für die Larven vorbereitet.

4 Dungkäfer *Aphodius fimetarius*
In ganz Europa, Asien und Nordamerika stark verbreitet. Länge 5–8 mm. Das Weibchen legt seine Eier in Rinder- oder Pferdemist, von dem sich die Larven nähren. Manche Exemplare überwintern und sind dann an sonnigen Tagen bereits zu Beginn des Monats März anzutreffen.

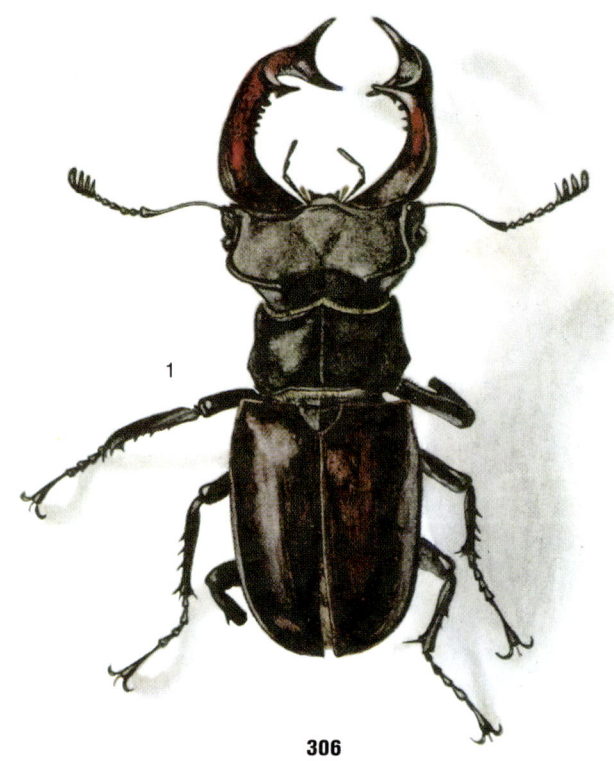

1

5 Waldmistkäfer *Geotrupes stercorosus*
Lebt in ganz Europa. Länge 12–19 mm. Ausschließlich in Wäldern, wo er sich häufig auf Aas, Pilzen u.ä. aufhält. Im Mai bis Juni graben die Käfer unter Exkrementen einen bis 60 cm tiefen, senkrechten Schacht mit Seitenstollen, in die das Weibchen Reste der Exkremente schafft und die Eier ablegt. Die sich von diesen Vorräten nährenden Larven überwintern und verpuppen sich erst im nächsten Jahr.

6 Maikäfer *Melolontha melolontha*
Bewohnt Europa. Länge 20–30 mm. Im Mai und Juni legt das Weibchen bis 3 Häufchen von je 15–30 Eiern in die Erde. Die Larven (Engerlinge) entwickeln sich 2–3 Jahre, dann verpuppen sie sich, der ausgeschlüpfte Käfer überwintert jedoch in der Erde und kommt erst im nächsten Frühjahr an die Oberfläche. Die Larven nähren sich von Pflanzenwurzeln, die Käfer fressen Baumblätter ab. Fliegen am Abend. Schwärmen meist Mitte Juni. Heute schon selten.

7 Junikäfer *Rhizotrogus solstitialis*
In ganz Europa verbreitet. Länge 14–18 mm. Sehr häufig zu finden. Fliegt in der Abenddämmerung, in manchen Jahren in großen Mengen. Tritt von Juni bis Augustbeginn auf. Das Weibchen legt seine Eier im Juli in weichen Boden. Die Larven schlüpfen nach etwa einem Monat und fressen Gras-, Getreidewurzeln usw. ab. Verpuppen sich im Frühjahr des dritten Jahres. Die Käfer fressen Obstbaumblätter ab und sind daher sehr schädlich.

8 Walker *Polyphylla fullo*
In Mitteleuropa und Südengland verbreitet. Länge 25–36 mm. Lebt an sandigen Stellen des Flachlandes. Von Juni bis August legt das Weibchen 25–40 Eier in sandigen Boden. Die Larven nähren sich von Graswurzeln, verpuppen sich nach drei Jahren und nach weiteren drei Wochen, im Juni, fliegen in der Dämmerung die erwachsenen Käfer aus. Geschützt!

9 Gartenlaubkäfer *Phyllopertha horticola*
In fast ganz Europa, östlich bis in die Mongolei. Länge 8,5–11 mm. Kommt oft in riesigen Mengen von Mai bis Juli vor. Hält sich in Gärten, Parks, an Waldrändern u.ä. auf. Die Käfer fressen Blüten ab. Das Weibchen legt Eier in den Boden. Die Larven schlüpfen nach 2 Wochen und benagen Pflanzenwurzeln. Entwicklungsdauer: 2–3 Jahre.

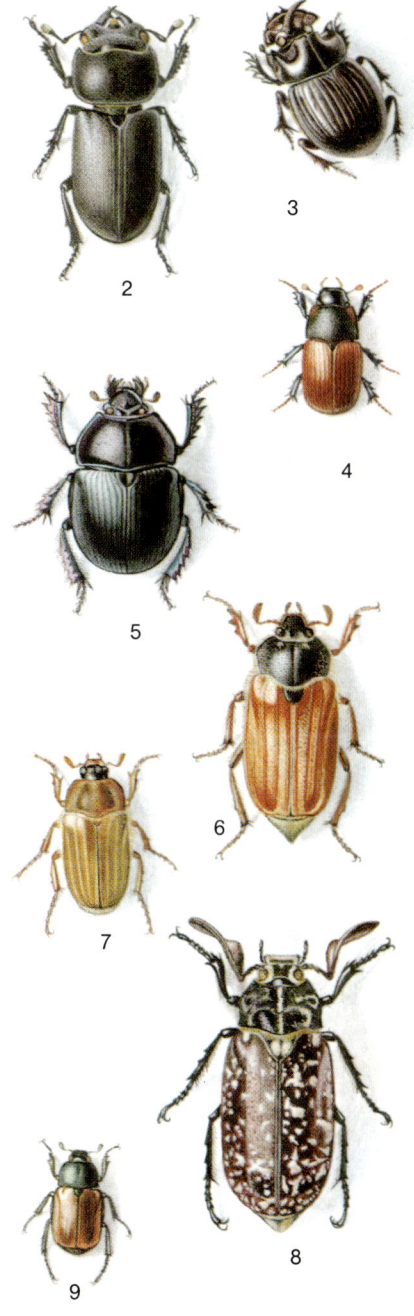

2

3

4

5

6

7

8

9

Familie **Laubkäfer** – *Scarabaeidae*

1 Nashornkäfer *Oryctes nasicornis*
Stammt aus Südeuropa. Länge 25–40 mm.
In seinem großen Verbreitungsgebiet ist er
ziemlich variabel. Die Larven entwickeln
sich in modernden Baumstümpfen und
-stämmen von Laubbäumen, vor allem von
Eichen und Buchen, manchmal auch in alten Komposthaufen. Die Larven sind sehr
dick, mit einem sackförmigen Hinterleib,
Kopf stark chitinisiert, mit mächtigen Freß-
werkzeugen. Die Entwicklung der Larve
dauert je nach den Bedingungen mehrere
Jahre. Vor der Verpuppung baut die Larve
aus Lehm und Holzmehl einen Kokon, in
dem der ausgeschlüpfte Käfer noch 2 Monate verbringt. Die erwachsenen Käfer
treten von Juni bis August auf. Nachtkäfer.
Der Nashornkäfer kam bei uns früher vor allem in Eichenlohehaufen vor, da die Larven
Wärme zu ihrer Entwicklung benötigen. Weil
aber in den Gerbereien immer mehr Chemi-
kalien verwendet wurden, nahm der Be-
stand der Art bei uns immer mehr ab. Jetzt
hat der Käfer aber in Kompost, verrottetem
Sägemehl, Stroh und dergleichen neue Ent-
wicklungsstätten gefunden und kommt vielfach nicht selten, zuweilen auch in großen
Mengen vor. Geschützt.

2 Gemeiner Rosenkäfer *Cetonia aurata*
Lebt in fast ganz Europa. Länge 14–20 mm.
Die Käfer treten von Mitte Mai bis in den
Sommer hinein auf blühenden Heckenrosen u. ä. auf. Das Weibchen legt seine Eier in
modernde Baumstümpfe u. ä., seltener auch
in Ameisenhaufen. Die Entwicklung dauert
meist ein Jahr. Die erwachsene Larve baut
sich einen Kokon aus Lehm und Splittern,
die sie mit einem besonderen Sekret verbindet. Die Larven machen zwei Häutungen
durch und werden 4–5 cm lang. Geschützt!

3 Eremit, Juchtenkäfer
Osmoderma eremita
Bewohnt fast ganz Europa. Nur stellenweise
und nicht häufig. Länge 24–30 mm. Die Kä-
fer treten von Ende Mai bis Juli auf. Gute
Flieger. Das Weibchen legt seine Eier in
Hohlräume alter Laubbäume wie Linden,
Buchen und Eichen. Die Larven entwickeln
sich einige Jahre, minimal jedoch drei
Jahre, und werden bis 10 cm lang. Bevor
sich die Larve verpuppt, baut sie um sich
einen Kokon aus modernden Holzteilchen.
Der Käfer verbreitet einen üblen Geruch.

Der deutsche Name Juchtenkäfer rührt daher, daß die lebenden Käfer nach Juchten
riechen. Geschützt!

4 Gebänderter Pinselkäfer
Trichius fasciatus
Lebt in fast ganz Europa. Länge 9–12 mm.
Die Zeichnung seiner Flügeldecken ist sehr
variabel. Die Käfer halten sich an warmen,
sonnigen Sommertagen auf Blüten auf. Das
Weibchen legt seine Eier in morsches Holz
von Laubbäumen, insbesondere von Buchen. Die Larven entwickeln sich zwei Jahre.
Das Insekt kommt sehr häufig und zahlreich
insbesondere in bewaldetem Hügelland
vor.

Familie **Prachtkäfer** – *Buprestidae*

5 Großer Riesenprachtkäfer
Chalcophora mariana
Kommt in Mitteleuropa nur an wärmeren
Stellen vor. Länge 25–30 mm. Oberseite
metallisch bronzefarben, Unterseite gold-
glänzend. Bewohnt Kiefernwälder. Wie alle
Prachtkäfer wärmeliebend. Die Käfer treten
an sonnigen Tagen, besonders gegen Mit-
tag, wenn es am wärmsten ist, auf. An Baumstämmen zu finden. Die Larven entwickeln
sich in Baumstümpfen und trockenen
Baumstämmen der Kiefern und bohren flache Zickzackgänge, die für sie charakteristisch sind. Die Larven sind flach, haben

einen gegliederten Körper und einen breiten Kopf. Richten nicht viel Schaden an. Geschützt!

6 Lindenprachtkäfer *Poecilonota rutilans*
Kommt in Mitteleuropa an wärmeren Stellen vor. In manchen Gegenden zahlreich. Länge 10–14 mm. Im Flug ist der Hinterleibsrücken metallisch blau, und der Käfer bietet einen schönen Anblick. Kommt im Juni und Juli in Lindenalleen oder auf Linden am Waldrand vor. Das Weibchen legt seine Eier in Rindenspalten der Sonnenseite von Lindenstämmen. Die Larven hausen im Holz. Ihre Entwicklung dauert zwei Jahre. Bei einem wiederholten Befall desselben Baumes stirbt der Baum ab. Bei starker Verbreitung ist der Käfer schädlich. Geschützt!

7 Gemeiner Prachtkäfer
Buprestis rustica
In Mitteleuropa stellenweise stark verbreitet. Länge 13–18 mm. Das Ende der Flügeldecken ist gleichsam abgehackt. Lebt in Nadelwäldern. Die Larven leben unter der Rinde oder im Holz von Baumstümpfen oder frisch gefällter Bäume, hauptsächlich in Fichten. Zweijährige Entwicklung. Von Juni bis September kann man die Käfer in heißen Mittagsstunden oft nicht selten an den Brutbäumen finden. Sie fliegen nicht sofort auf, wenn man näher kommt. Geschützt!

8 Metallischglänzender Prachtkäfer
Anthaxia nitidula
Lebt in Mitteleuropa an wärmeren Stellen. Länge 5–7 mm. Die Käfer treten im Juni und Juli, oft recht zahlreich, auf Blüten von Rosen, Löwenzahn, Wucherblumen u. ä. auf. Die Larven entwickeln sich auf Schlehen. Geschützt!

9 Zweifleckiger Prachtkäfer
Agrilus biguttatus
In Mitteleuropa stark verbreitet. Länge 12 mm. Enden der Flügeldecken abgerundet. Ende Mai an sonnigen Tagen auf Baumstümpfen und auch auf Blättern zu finden. Die Larven entwickeln sich in dicker Rinde von Eichen.

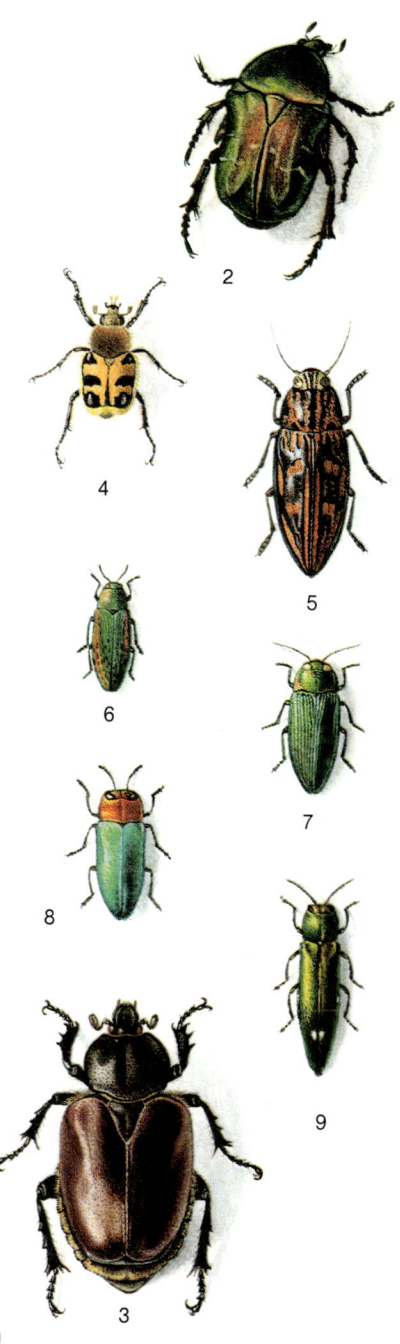

2

4

5

6

7

8

3

9

1   2   3   4

Familie **Schnellkäfer** – *Elateridae*

1 Blutroter Schnellkäfer
Elater sanguineus
Lebt in fast ganz Europa. Länge 13–18 mm.
Bewohnt Vorgebirgswälder. Kommt oft bereits Ende März vor. Die Larven leben unter
der Rinde oder in Baumstümpfen von Kiefern, oft gesellig. Die Larve wird bis 2 cm
lang.

2 Mäusegrauer Schnellkäfer
Lacon murinus
In ganz Europa verbreitet. Länge 11 bis
17 mm. Bewohnt sowohl das Flachland als
auch Gebirgsgegenden. Lebt auf Wiesen,
Feldern, Waldlichtungen, auch in Gärten.
Die Larve ist ein Feld- und Waldschädling,
da sie die Wurzeln und andere Teile aller
Kulturpflanzen, oft auch die Wurzeln junger
Setzlinge benagt. Der erwachsene Käfer tritt
von Frühjahr bis Herbst auf und frißt an
Buchen- und Eichenknospen. Oft auch auf
Getreideähren im Feld zu finden.

3 Saatschnellkäfer *Agriotes lineatus*
Lebt in der ganzen paläarktischen Region.
Länge 8–9 mm. Bewohnt Flachland und Gebirgsgebiete. Die Käfer treten im Mai und
Juni auf Wiesen auf. Die Larven fressen alles
Pflanzliche, richten Schaden in Baumschulen, im Süden in Weinbergen u. ä. an. Verpuppt sich im Boden. Entwicklung drei- bis
vierjährig.

Familie **Weichkäfer** – *Cantharidae*

4 Gemeiner Weichkäfer
Cantharis fusca
In Europa stark verbreitet. Länge 12 mm. Tritt
vom Frühjahr bis in den Sommer hinein auf
Pflanzen, Sträuchern, auch am Boden auf.
Jagt kleine Insekten, von denen er sich
nährt. Manchmal frißt er auch junge Schößlinge. Die Larven sind behaart und haben
starke Freßwerkzeuge. Sie leben räuberisch
unter Laub u. ä., wo sie auf Insekten und
kleine Weichtiere Jagd machen. Sie überwintern im Boden, aber an sonnigen Tagen
kriechen sie hervor und sind auf dem
Schnee zu finden. Nach dem Überwintern
verpuppen sie sich zu Frühjahrsbeginn.

Familie **Leuchtkäfer** – *Lampyridae*

5 Kleiner Leuchtkäfer
Lamprorhiza splendidula
Ist in ganz Mitteleuropa stark verbreitet. Länge 9–11 mm. Bewohnt vor allem die Ränder
feuchterer Laubwälder. Nachtinsekt. Ende
Juni und im Juli fliegen die Männchen in
großen Mengen an warmen Abenden. Die
Weibchen flügellos, nur mit Flügeldeckenresten, halten sich am Boden auf. Leuchtorgan an der Bauchseite des Hinterleibs.
Intensives Phosphoreszieren, auch bei den
Weibchen und Larven. Die Larven sind
Fleischfresser. Der erwachsene Käfer lebt
nur kurz. Das Leuchten dient wahrscheinlich
zum Auffinden des Partners.

Familie **Zipfelkäfer** – *Malachidae*

6 Erzfarbener Zipfelkäfer
Malachius aenus
In ganz Mitteleuropa stark verbreitet. Länge
7–8 mm. Flügeldecken weich. Im Frühjahr
fast überall auf Blüten anzutreffen. Die Larve
hält sich in den Gängen von Borkenkäfern
und anderen Holzkäfern auf.

7

8   9

6

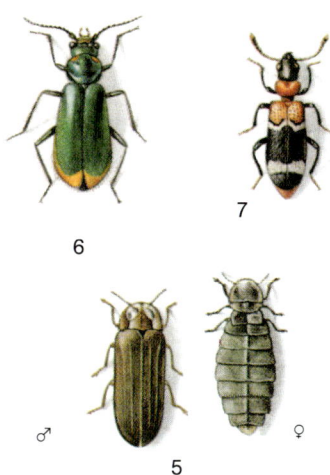

♂   ♀

5

Familie **Buntkäfer** – *Cleridae*

7 Ameisenartiger Buntkäfer
Thanasimus formicarius
Ist in ganz Mitteleuropa stark verbreitet.
Länge 7–10 mm. Das Weibchen legt bis 30
Eier zu je 2 bis 4 Stück unter Rindenschuppen. Die Larven kriechen in die Gänge von
Borkenkäfern und anderen Holzkäfern und
fallen dort deren Larven an. Die Larve faßt
ihre Beute mit den ersten beiden Fußpaa-
ren, dreht sie auf den Rücken, beißt sich in
ihren Körper an der Hinterleibsbasis ein und
verzehrt ihn. Die Larven sind sehr beweglich.
Das Insekt überwintert entweder als Larve
oder auch schon als erwachsener Käfer.

8 Bienenwolf *Trichodes apiarius*
Lebt an wärmeren Stellen Mitteleuropas.
Länge 9–15 mm. Der erwachsene Käfer lebt
auf Blüten und nährt sich von anderen Insekten. Tritt von Mai bis Juli auf. Die Larven
entwickeln sich in den Nestern solitärer Bienen und nähren sich von deren Larven oder
Puppen. Geschützt!

Familie **Klopfkäfer** – *Anobiidae*

9 Trotzkopf *Anobium pertinax*
In Europa stark verbreit. Länge 5–7 mm. Lebt
in Holz, in dem er Gänge nagt. Im Haushalt in
alten Möbeln. Er stößt mit dem Kopf an die
Wände seiner Gänge und „klopft", womit er
seine Artgenossen des anderen Ge-
schlechts anlockt. Auf dem Land sind diese
klopfenden Tiere als „Totenuhr" u.ä. bekannt. Das Weibchen legt seine Eier in Flug-
löcher, und bei einem wiederholten Befall
können alte Möbel derart zernagt werden,
daß sie zerfallen. Wenn man den Käfer fängt,
stellt er sich tot.

3

4

2

1

Füßchen an verschiedene Bienenarten, auch an Honigbienen, mit denen sie in deren Nest gelangen, wo sie in die Zellen eindringen, die Eier und Vorräte ihres Gastgebers verzehren und sich nach einer komplizierten Entwicklung, während der sie sich in Scheinpuppen und dann wiederum in Larven verwandeln, verpuppen. Geschützt!

Familie **Schwarzkäfer** – *Tenebrionidae*

1 Totenkäfer *Blaps mortisaga*
In Mitteleuropa stark verbreitet. Länge 22–28 mm. Tritt von April bis in den Herbst hinein auf. Lebt oft in menschlichen Behausungen. Tagsüber ist er unter dem Fußboden, in Kellern u. ä. versteckt, wo auch die Larven leben.

2 Mehlkäfer *Tenebrio molitor*
Heute stark verbreitet. Wird künstlich gezüchtet, seine Larven dienen als Vogel- und Eidechsenfutter. Länge 14–17 mm. Larven als „Mehlwürmer" bekannt. Der Käfer lebt häufig in menschlichen Behausungen, in Abfällen, in Hühnerställen und Taubenschlägen. Die Larven fressen auch tierische Nahrung.

Familie **Ölkäfer** – *Meloidae*

3 Maiwurm *Meloë proscarabaeus*
Stark verbreitet. Länge 12–35 mm. Das Weibchen hat einen großen Hinterleib. Flügeldecken kurz. Flügellos. Zeitig im Frühjahr im Gras zu finden. Das Weibchen legt seine Eier in Erdmulden. Die ausgeschlüpften Larven klammern sich mit ihren krallenartigen

4 Spanische Fliege *Lytta vesicatoria*
Lebt in Südeuropa und den wärmeren Teilen Mitteleuropas. Länge 11–22 mm. Die fliegenden Käfer treten massenweise im Juni vor allem auf Eschen auf, deren Blätter sie abfressen. Der Körper des Käfers enthält ein starkes Gift, das Kantharidin. Das Weibchen legt seine Eier in Häufchen von 40–50 Stück in den Boden. Die Larven klammern sich an solitäre Bienen der Gattung *Osmia,* und ihre Entwicklung ähnelt der der Larven des Maiwurms.

Familie **Rüsselkäfer** – *Curculionidae*

5 Fichtenrüsselkäfer *Hylobius abietis*
Auf allen Nadelbäumen stark verbreitet. Länge 8–14 mm. Tritt von Mai bis September auf. Das Weibchen legt in die Rinde der Wurzeln frischer Baumstümpfe von Kiefern, Fichten und Lärchen 50–100 Eier. Die Larven nähren sich von Bast und Splint.

6 Tannenrüsselkäfer *Pissodes piceae*
In Mitteleuropa stellenweise stark verbreitet. Länge 7–12 mm. Kommt auf Tannen vor und gehört zu den gefährlichsten Schädlingen. Manchmal vermehrt er sich derart, daß er den Baum von den Wurzeln bis in die Krone befällt. Das Weibchen legt seine Eier auf die Rinde ab.

5   7   9   11

6   8   10   12

7 Haselnußbohrer *Curculio nucum*
In Mitteleuropa stark verbreitet. Länge 7–8
mm. Durch seinen besonders langen „Rüssel" gekennzeichnet. Tritt von Mai bis Juli
auf. Das Weibchen bohrt junge Nüsse an
und legt in sie je ein Ei. Die Larve nährt sich
vom Nußkern.

8 Braunwurz-Blattschaber
Cionus scrophulariae
Stark verbreitet. Länge 4–6 mm. Kann seinen walzenförmigen „Rüssel" an die Unterseite der Brust anlegen. Lebt gesellig auf
der Knotigen Braunwurz, auch auf Königs-
kerzen. Die beinlosen Larven haben einen
schleimigen Überzug. Beim Verpuppen
wird der Schleim hart und schützt die
Puppe.

9 Kornkäfer *Calandra granaria*
Ursprüngliche Heimat wahrscheinlich in
Südasien. Wurde in die ganze Welt verschleppt und ist der gefürchtetste Getreideschädling. Länge 3–4 mm. Der Käfer kann
nicht fliegen und verbreitet sich nur durch

Verschleppung. Lebt in schlecht gelüfteten
Getreidespeichern.

Familie **Borkenkäfer** – *Scolytidae*

10 Buchdrucker *Ips typographus*
Lebt in kühleren Teilen Europas. Länge etwa
4 mm. Gefürchteter Fichtenschädling. Die
Larven nagen Gänge, die senkrecht zum
Muttergang verlaufen.

11 Riesenbastkäfer
Dendroctonus micans
In Mitteleuropa stark verbreitet. Länge 6–9
mm. Bewohnt Fichtenwälder. Die Larven na-
gen einen gemeinsamen, sich ständig ver-
breiternden Gang. Die Käfer schlüpfen Ende
Juli. Befällt geschwächte Fichten. Größte
Borkenkäfer-Art.

12 Kiefernmarkkäfer
Myelophilus piniperda
In Europa stark verbreitet. Länge 3,5–5 mm.
Bewohnt große Kiefernwälder. Befällt vor
allem gefällte Bäume.

Familie **Bockkäfer** – *Cerambycidae*

1 Sägebock *Prionus coriarius*
Lebt in ganz Europa, von wo aus sein Verbreitungsgebiet auch nach Nordafrika, Kleinasien und Westsibirien ausstrahlt. Wird 19–45 mm lang. Das Männchen hat zwölfgliedrige, stark gezähnte, das Weibchen elfgliedrige, schwach gezähnte Fühler. Bewohnt ältere Laub-, Nadel- oder Mischwälder. Stellenweise sehr zahlreich. Die Larven entwickeln sich in modernden Stämmen oder Baumstümpfen von Eichen, Buchen, Tannen, Fichten oder anderen Bäumen. Oft auch in den Wurzeln. Die Käfer schwärmen im Juli und August, oft auch am hellen Tage.

2 Mulmbock *Ergates faber*
In Europa nur stellenweise verbreitet. Länge 23–60 mm. Die Fühler des Männchens sind länger als sein Körper, beim Weibchen viel kürzer. Bewohnt am liebsten alte Kiefernbestände. Das Weibchen legt bis über 300 Eier einzeln meist auf moderndes Holz ab, wo die klebrigen Eier am besten festhalten. Die Larven entwickeln sich oft in alten Kiefern-, seltener in Fichtenbaumstümpfen. Befällt manchmal Balken hölzerner Konstruktionen, die mit Ziegeln kombiniert sind, da diese eine größere Feuchtigkeit des Holzes verursachen. Befällt auch Telegraphenstangen, Zaunpfähle u. ä. Mehrjährige Entwicklung. Die Käfer schwärmen nachts von Juli bis September. Der erwachsene Käfer lebt 3 Wochen. Geschützt!

3 Waldbockkäfer *Spondylis buprestoides*
Lebt in ganz Europa und östlich bis nach Japan. Stellenweise sehr zahlreich. Länge 12–22 mm. Die Larven entwickeln sich in alten Kiefern-, seltener in Fichtenbaumstümpfen. Die Käfer fliegen in der Dämmerung von Juni bis September. Tagsüber unter Baumstämmen usw. versteckt.

4, 5 Großer Eichenbock
Cerambyx cerdo
Bewohnt Europa. Selten. Wird 24–53 mm lang. Die Fühler des Männchens sind viel länger als sein Körper, die des Weibchens etwa gleich lang wie sein Körper, eher noch kürzer. Die Larven entwickeln sich vor allem in Eichen, seltener auch in Kastanienbäumen oder in Hagebuchen, Buchen und Eschen. Das Weibchen legt meist je 2–3 Eier in Rindenspalten, am häufigsten in stehende alte Eichen. Die Larven schlüpfen nach 12–14 Tagen, nagen in der Rinde und dort überwintern sie auch zum ersten Mal. Im Frühjahr fressen sie wiederum in der Rinde und etwa in der Mitte des Jahres dringen sie in den Bast und Splint vor, verursachen dadurch einen Ausfluß, der an der dunkleren Verfärbung des Stammes erkennbar ist. Im nächsten Jahr, nach einer weiteren Überwinterung, bohrt sich die Larve 15–50 cm tief ins Holz ein, nagt dort eine Kammer, in der sie sich verpuppt. Im gleichen Jahr, nach etwa 5–6 Wochen, schlüpft der erwachsene Käfer, der jedoch im Holz nochmals überwintert und erst im nächsten Jahr ausfliegt. In stehenden Bäumen ist die Entwicklung dieser Käfer dreijährig, in gefällten Bäumen kann sie sich verlangsamen und bis zu fünf

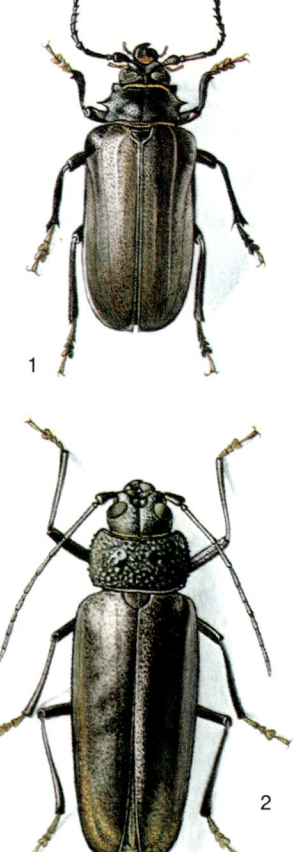

1

2

Jahren verlängern. Bei einem leichten Befall ist der von diesem Käfer angerichtete Schaden nicht sehr groß, bei einem stärkeren, wiederholten Befall können auch große Bäume absterben, und das Holz wird durch die von den Larven genagten Gänge stark entwertet. An manchen Stellen hat dieser Käfer ganze alte Eichenalleen vernichtet. Heute ist er jedoch schon seltener, da auch die Bestände alter Eichen abnehmen. Die Käfer schwärmen abends und nachts im Juni und Juli. Der Große Eichenbock gehört zu den größten und schönsten europäischen Käfern. Geschützt!

6 Moschusbock *Aromia moschata*
In Europa sehr stark verbreitet und von da aus bis nach Sibirien. Länge 13–34 mm. Der erwachsene Käfer tritt meist auf Weiden auf, ist aber auch auf den Blüten hoher Pflanzen zu finden. Er befällt vor allem alte Weidenbäume. Bei stärkerem, wiederholtem Befall können die Larven den Baum binnen weniger Jahre völlig vernichten. Der Moschusbock kann sich auch in Pappeln und Erlen entwickeln. Der Käfer ist durch den durchdringenden Geruch seines Sekrets auffallend. Er fliegt von Juni bis August. In der Familie der Bockkäfer gehört der Moschusbock zu den am schönsten gefärbten Arten. Geschützt!

315

Familie **Bockkäfer** – *Cerambycidae*

1 Wespenbock *Necydalis major*
In Europa und von da aus bis nach Sibirien verbreitet. Länge 21–32 mm. Kommt zwar nur stellenweise, aber dort zahlreich, hauptsächlich im Flachland vor. Hat sehr kurze Flügeldecken. Die Larve entwickelt sich in Laub- und Nadelbäumen wie Pappeln, Linden, Birken, auch Obstbäumen, Tannen usw. Die Käfer fliegen im Juni und Juli und sitzen oft an Baumstämmen, auf Holzstapeln usw. Geschützt!

2 Alpenbock *Rosalia alpina*
Lebt in Süd- und Mitteleuropa, im Norden bis Südschweden. Länge 15–38 mm. Seine Färbung ist sehr variabel. Sein Vorkommen nimmt mit dem Rückgang der einstigen großen Buchenbestände ab, er kommt jedoch stellenweise noch sehr häufig vor. Die Larven entwickeln sich in alten Buchen, seltener auch in Hagebuchen. Lebt in den Bergen von 600 m aufwärts, vor allem auf warmen Hängen. Fliegt bei sonnigem Wetter von Juni bis Anfang September. Richtet fast gar keinen Schaden an. Er hat viele Feinde, vor allem Spechte und Eidechsen. Geschützt!

3 Weberbock *Lamia textor*
In Europa und Asien bis nach Japan stark verbreitet. Wird 15–30 mm lang. Die Entwicklung der Larven geht in Weiden und Espen, vor allem in altem Holz und auch in den Wurzeln vor sich. Richten keinen nennenswerten Schaden an. Die erwachsenen Käfer sitzen im Sommer bewegungslos auf Weidenzweigen und werden erst abends aktiv. Geschützt!

4 Veränderlicher Schönbock
Callidium aeneum
Lebt in Süd-, Mittel- und Nordeuropa, östlich bis nach Sibirien. Länge 9–15 mm. Bewohnt vor allem Gebirgsgegenden, wir finden ihn jedoch auch häufig im Flachland. An manchen Stellen ist er selten. Die Larven entwickeln sich in Laub- und Nadelbäumen, am liebsten in Eichen, Buchen und Fichten. Sie fressen die an der Oberfläche liegenden Holzpartien. Die erwachsenen Käfer kommen von Ende Mai bis Juli vor.

5 Blauer Schönbock
Callidium violaceum
Lebt in Europa und ganz Asien bis Japan. Länge 8–16 mm. In Mitteleuropa überall stark verbreitet, besonders in Nadelwäldern sowohl im Flachland als auch im Gebirge. Die Larven in trockenem Holz der Nadelbäume, selten auch in Buchen, Hagebuchen und Obstbäumen. Die Larven benagen die Oberflächenpartien des Holzes, erst vor der Verpuppung nagen sie sich tief ins Holz ein. Das Weibchen legt seine Eier auch auf gefällte Bäume, die Larven entwickeln sich dann in schon bearbeitetem Holz und kön-

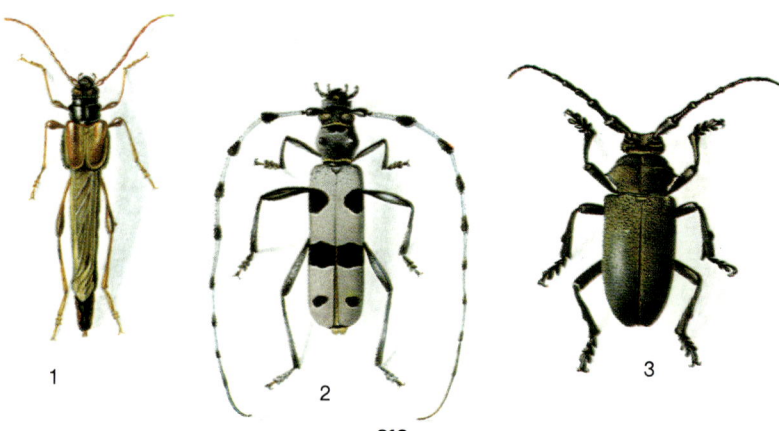

1   2   3

nen in Dachstühlen, deren Holz nicht geschält ist, Schaden anrichten. Die erwachsenen Käfer treten von Mai bis August auf.

6 Roter Halsbock *Leptura rubra*
In ganz Europa stark verbreitet. Länge 10–19 mm. Färbung ziemlich variabel, Männchen meist gelblich, Weibchen rötlich. Larven in Baumstümpfen oder Stämmen von Fichten oder Kiefern. Seltener auch an Telegraphenstangen. Der erwachsene Käfer hält sich von Juni bis September auf Blüten auf. Kommt im Flachland und in Gebirgsgegenden vor.

7 Zweibinden-Zangenbock
Rhagium bifasciatum
In ganz Europa verbreitet. Länge 12–22 mm. Die Larven entwickeln sich im Holz von älteren Laub- und Nadelbäumen. Am zahlreichsten auf Kiefern, Fichten und Eichen. Kommt bis hoch in den Bergen vor. Die erwachsenen Käfer sitzen auf Pflanzen- und Sträucherblüten oder an Baumstämmen, von Mai bis August. In Mitteleuropa verhältnismäßig stark verbreitet.

8 Nadelholzbock *Rhagium inquisitor*
In Europa stark verbreitet. Kommt sowohl in Gebirgsgegenden als auch im Flachland vor. Länge 10–21 mm. Oft auch in menschlichen Behausungen, wohin er mit im Wald gesammeltem Holz gelangt. Die Larven leben unter der Rinde von Kiefern, Fichten

und Tannen. Die Käfer schlüpfen im Herbst, sie überwintern jedoch und treten von April bis Anfang September auf. Wir finden sie oft auf Holzstößen, aber auch auf Pflanzenblüten.

6

7

8

4 5

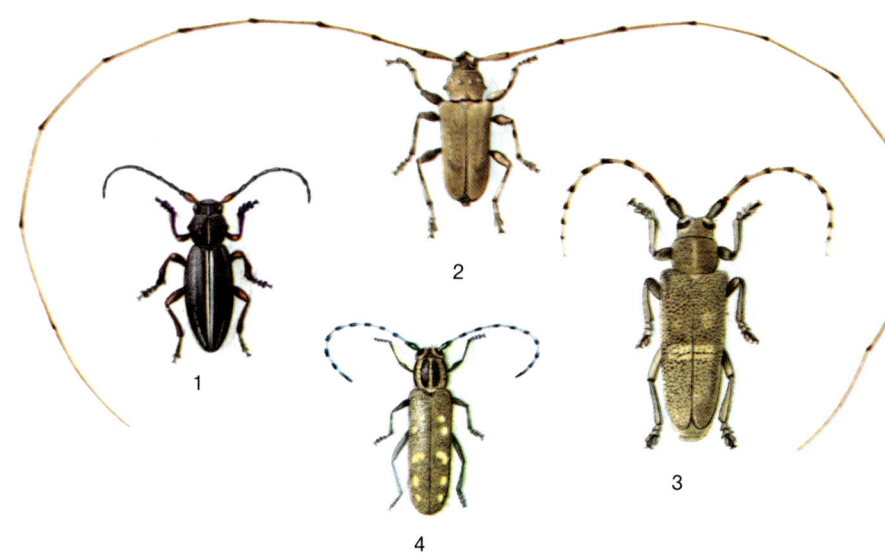

1

2

4

3

Familie **Bockkäfer** – *Cerambycidae*

1 Grauer Erdbock *Dorcadion pedestre*
Im Osten Mitteleuropas und von dort aus bis
auf den Balkan verbreitet. Bewohnt meist
Flachland, ist jedoch manchmal auch in
höheren Lagen zu finden. Länge 11–17 mm.
Im Frühjahr, von April bis Juni, sehr zahlreich
und häufig. Die Larven entwickeln sich im
Boden an Graswurzeln, womit sich diese Art
von allen anderen Bockkäfern unterscheidet. Die Käfer sind in Steppengebieten oft in
großen Mengen an Gräsern zu finden.

2 Zimmermannsbock
Acanthocinus aedilis
Lebt in Europa und Asien. In Mitteleuropa in
Kiefernwäldern stark verbreitet. Länge 12–
20 mm. Das Männchen hat sehr lange Fühler, die etwa 5fache Körperlänge erreichen
können. Die Fühler der Weibchen sind etwa
doppelt so lang wie der Körper. Man erkennt
die Weibchen aber auch noch an der weit
vorstehenden Legeröhre. Die Larven entwickeln sich in Kiefern, am häufigsten finden
wir sie in Baumstümpfen, wo sie unter der
Rinde zickzackförmige Gänge nagen. Selte-

ner finden wir sie auch in gefällten Stämmen
oder in stehenden Bäumen, die von anderen Schädlingen geschwächt sind. Sie verpuppen sich in der Rinde. Jährlich zwei Generationen, die erste im März, die zweite im
August. Der erwachsene Käfer tritt von März
bis September auf. Der Käfer entwickelt sich
zuweilen auch in bereits verarbeitetem Holz,
z. B. in Möbeln.

3 Großer Pappelbock
Saperda carcharias
Von Europa bis Sibirien zu finden. In Mitteleuropa stellenweise stark verbreitet. Länge
20–30 mm. Die Larven entwickeln sich in
Pappeln oder Espen und richten oft großen
Schaden an. Das Weibchen legt seine Eier
in die Rinde vornehmlich junger Bäume.
Die Larven nagen im Holz ovale Gänge.
Zweijährige Entwicklung. Die Käfer fliegen
an warmen Abenden im Juni und Juli und
fressen Blätter oder die junge Rinde der
Zweige ab. In den Blättern beißen sie rundliche Löcher heraus. Bei starkem Befall richtet er großen Schaden an, die befallenen
jungen Bäume sterben ab.

4 Aspenbock, Kleiner Pappelbock
Saperda populnea
Lebt in Europa, Nordamerika und Afrika.
Länge 9–15 mm. In Mitteleuropa überall
stark verbreitet. Das Weibchen legt seine
Eier auf junge Triebe oder in ein Grübchen,
das sie in die Rinde nagt. An diesen Stellen
verdickt sich der Stamm. Die Larven entwik-
keln sich in Espen, aber auch in Pappeln
und Salweiden. Sie nähren sich vorerst von
der am Stämmchen hervorgerufenen Verdickung, dann aber nagen sie tiefer ins Holz
und am Ende eines etwa 5 cm langen Ganges verpuppen sie sich. Die Käfer fliegen
von Ende Mai bis Mitte Juli. Stellenweise
richten sie an jungen Baumkulturen großen
Schaden an.

5 Linienbock, Rothalsiger Weidenbock
Oberea oculata
In Europa sowohl im Flachland als auch in
höheren Lagen stark verbreitet. Länge 15–21
mm. Larven in Weiden und Salweiden. Das
Weibchen legt je ein Ei in Grübchen, die es
in jungen Zweigen nagt. Die Larve nagt
einen bis 30 cm langen Gang. Einjährige
Entwicklung. Die geschlüpften Käfer nagen
sich an die Oberfläche und hinterlassen
eine rundliche Öffnung. Sie schwärmen
hauptsächlich im Juni und Juli, sind jedoch
auch noch Anfang September anzutreffen.
An Weidenzweigen finden wir oft sitzende
Gruppen von Käfern, die knarrende Töne
hervorbringen.

6 Schenkelbock, Spitzdeckenbock
Stenopterus rufus
In Süd- und Mitteleuropa stark verbreitet.
Länge 8 bis 16 mm. Tritt an warmen Stellen
auf. Die Larven entwickeln sich in Laubbäumen, am häufigsten in Eichen. Die erwachsenen Käfer sind auf Pflanzenblüten in großer Zahl von Mai bis August anzutreffen, vor
allem auf Schafgarbe und Wilder Möhre.

7 Vierfleckenbock
Pachyta quadrimaculata
In Europa und Asien bis in die Mongolei verbreitet. In Mitteleuropa zahlreich und häufig
im Gebirge, im Flachland jedoch selten.
Länge 11 bis 20 mm. Körper stark und gedrungen. Die Larven entwickeln sich im Holz
von Fichten, häufig auch in anderen Nadelbäumen. Die erwachsenen Käfer findet man
von Juni bis August auf verschiedenen
Blüten.

8 Schulterbock *Toxotus cursor*
In Europa und Westasien verbreitet. In Mitteleuropa häufig in Vorgebirgs- und Gebirgsregionen. Länge 25–32 mm. Mehrere, ziemlich variable Rassen bekannt. Die Larven
entwickeln sich in Baumstümpfen von Fichten, Kiefern und Tannen. Die erwachsenen
Käfer sitzen im Walde oft auf Holzstößen
oder halten sich an Waldpflanzen auf Lichtungen auf. Käfer von Mai bis August.

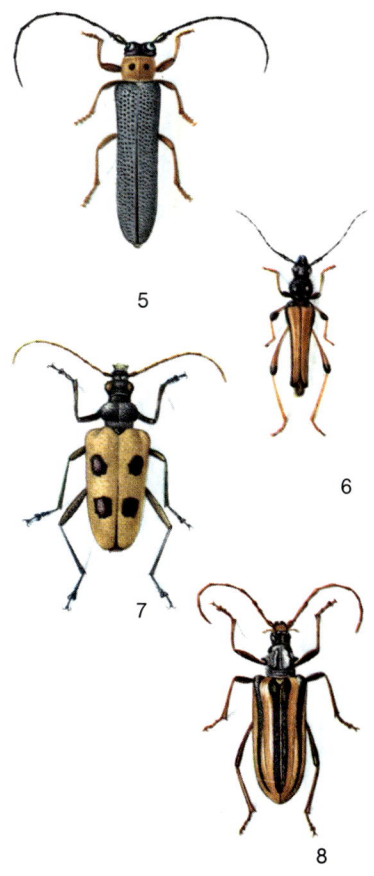

5

6

7

8

1

Familie **Blattkäfer** – *Chrysomelidae*

1 Dickbeiniger Schilfkäfer
Donacia crassipes
In Mitteleuropa dort stark verbreitet, wo Seerosen wachsen. Länge 9–11 mm. Die Käfer halten sich auf den schwimmenden Blättern der Seerosen und Teichrosen auf. Das Weibchen beißt in diese Blätter kleine Löcher, durch die es an die Unterseite der Blätter die Eier ablegt. Die Larven gehen tiefer unter die Wasseroberfläche und schneiden die Luftkanälchen der Pflanzen an, von wo sie Sauerstoff schöpfen. Die Puppe lebt ebenfalls unter Wasser in einem Kokon, der gleichfalls an einen Luftkanal angeschlossen ist.

2 Vierpunktiger Sackkäfer
Clytra quadripunctata
In Mitteleuropa sehr stark verbreitet. Länge 8–11 mm. Erwachsene Käfer oft in großen Mengen an Weiden, Erlen und Linden. Die Larven entwickeln sich in Ameisennestern, vor allem der Gattung *Formica*, wo sie aus ihrem eigenen Kot eine sackartige Hülle bauen, in der sie sich verbergen und später auch verpuppen.

3 Roter Pappelblattkäfer
Melasoma populi
Lebt in ganz Europa. Länge 6–12 mm. Hält sich vor allem auf Pappeln, aber auch auf Weiden auf. Die erwachsenen Käfer und die Larven fressen Blätter ab, so daß oft nur die Blattrippen übrigbleiben. Bei Gefahr scheidet der Käfer ein stark nach Blausäure oder Karbol riechendes Sekret ab, das ihn schützen soll und dessen Grundlage die Salizylsäure der Pappel- und Weidenblätter ist, die die Larven gefressen haben.

4 Kartoffelkäfer
Leptinotarsa decemlineata
Ursprungsland Mexiko, heute jedoch nach ganz Europa verschleppt. Das Weibchen überwintert tief im Boden, im Frühjahr benagt es die keimenden Kartoffeln. Später legt es auf die Blätter der Kartoffelpflanze Häufchen von bis zu 90 Eiern. Die Larven fressen die Blätter ab. Nach 20 Tagen verpuppen sich die Larven im Boden, die Käfer schlüpfen nach 2 bis 3 Wochen und nach weiteren 10 Tagen können sie wiederum Eier legen. Ein einziges Weibchen legt bis 700 Eier. Bei starkem Auftreten können die Käfer und Larven ganze Kartoffelfelder kahl fressen.

5 Erlenblattkäfer *Agelastica alni*
In Mitteleuropa stark verbreitet. Länge 5–6 mm. Kommt in großen Mengen vor. Das befruchtete Weibchen hat einen großen Hinterleib. Seine Eier legt es im Mai und Juni in Häufchen von 50 an die Unterseite von Erlenblättern. Insgesamt legt es bis 900 Eier. Die Larven fressen die Blätter ab und verpuppen sich dann im Boden.

6 Großer gelbstreifiger Erdfloh
Phyllotreta nemorum
In Mitteleuropa stark verbreitet. Winzig, nur 2 mm lang. Nagt Löcher in Blätter von Kreuzblütlern. Die Käfer leben gesellig. Wenn man sich ihnen nähert, springen sie mit Hilfe ihres letzten, kräftigen Beinpaares nach allen Seiten davon.

7 Schildkäfer *Cassida viridis*
In Mitteleuropa stark verbreitet. Länge 7–10 mm. Der Schild bedeckt den Kopf. Kommt insbesondere auf Lippenblütlern vor. Larve flach, seitlich mit Dornen bewehrt, hinten mit einem Schwanzfortsatz, in dem sie Kotreste über sich hält und sich so maskiert.

Familie **Marienkäfer** – *Coccinellidae*

8 Siebenpunkt
Coccinella septempunctata
Stark verbreitet. Länge 5–8 mm. Kommt an den verschiedensten Stellen vor. Nährt sich vor allem von Blattläusen. Das Weibchen legt während seines Lebens bis 700 Eier in Häufchen in die Nähe von Blattläusen. Auch die Larven verzehren Blattläuse. Der Siebenpunkt gehört bei uns zu den bekanntesten Marienkäfern; er variiert nur wenig.

9 Zweipunkt-Marienkäfer
Adalia bipunctata

In Mitteleuropa sehr stark verbreitet. Länge 4–6 mm. Das Weibchen legt im April und Mai gelbliche Eier zu 6–20 Stück in die Nähe von Blattläusen ab. Die Larven nähren sich von Blattläusen oder Schildläusen. Eine Larve verzehrt täglich 15 Blattläuse. Nach 20–35 Tagen verpuppt sich die Larve. Die geschlüpften Käfer überwintern meist alle. Ein erwachsener Käfer vertilgt täglich 10 Blattläuse. Man bekommt die Tiere vor allem deswegen oft zu sehen, weil sie gern in Wohnungen überwintern (in Fensternischen, auf Dachböden und dergleichen). Findet man im Winter einen Käfer im warmen Zimmer, dann sollte man ihn in einen kalten Raum setzen, am besten auf einen ungeheizten Dachboden. Frost schadet den Tieren überhaupt nicht, bleiben sie aber in der Wärme, dann wachen sie im Frühjahr nicht mehr auf.

10 Augenmarienkäfer *Anatis ocellata*

In Mitteleuropa stark verbreitet. Länge 8–9 mm. Tritt am häufigsten in großen Mengen auf Nadelbäumen auf. Das Weibchen legt seine Eier im Juli an die Unterseite der Nadeln und auf die Rinde. Die Larven sind sehr gefräßig und nähren sich vor allem von den Eiern und Larven der Fichtengallaus. Sehr nützlich.

11 Blattern-Marienkäfer
Exochomus quadripustulatus

In Mitteleuropa stark verbreitet. Länge 3–5 mm. Kommt vor allem auf Fichten und Kiefern vor. Jagt Schildläuse. Puppen in der Haut der Larve.

2   3

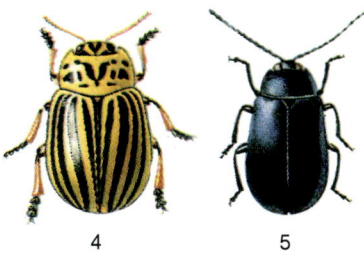

4   5

6   7

8   9   10   11

1

Ordnung **Schmetterlinge** – *Lepidoptera*

Familie **Wurzelbohrer** – *Hepialidae*

1 Hopfenwurzelbohrer *Hepialus humuli*
In Mitteleuropa stellenweise stark verbreitet.
Spannweite 45–70 mm. Der Falter tritt von
Mai bis August auf. Fliegt abends, niedrig, im
Zickzackflug, schwerfällig. Die gelbliche
Raupe mit schütterer, schwarzer Behaarung
lebt von April bis Mai an den Wurzeln des
Hopfens, aber auch des Löwenzahns, des
Sauerampfers und der Möhre. Verpuppt
sich im Boden in Kammern. Das Weibchen
legt die Eier auf den Boden. Zweijährige
Entwicklung.

Familie **Holzbohrer** – *Cossidae*

2 Weidenbohrer *Cossus cossus*
In Europa stark verbreitet. Spannweite bis
etwa 90 mm. Tritt im Juni und Juli auf. Nachtfalter. Tagsüber sitzt er an Baumstämmen.
Das Weibchen legt die Eier mit einer Legeröhre in Rindenspalten. Die Raupe lebt in
den Stämmen von Eichen, Weiden, Pappeln
und Obstbäumen, in deren Holz sie lange
Gänge nagt. Die Raupe überwintert zweimal
und verpuppt sich im Mai des dritten Jahres
in einem Kokon. Nach 4–6 Wochen schlüpft

der Falter. Bei einem starken Befall wird das
Holz der betroffenen Bäume völlig entwertet.

3 Blausieb *Zeuzera pyrina*
In Europa verbreitet, aber nicht sehr zahlreich vorkommend. Spannweite des Männchens etwa 50 mm, des Weibchens bis 70
mm. Tritt von Mai bis Anfang August auf. Das
Weibchen legt die Eier einzeln an Baumstämme. Die Raupe nagt im Holz von Laubbäumen, vor allem in Eschen, Ulmen und
Roßkastanien, aber auch in vielen Obstbäumen. Zweijährige Entwicklung. Bei starkem
Befall Entwertung des Holzes.

Familie **Widderbären** – *Syntomidae*

4 Weißfleck *Syntomis phegea*
In Mitteleuropa überall stark verbreitet.
Spannweite etwa 40 mm. Tritt im Juni und
Juli auf. Flug ähnlich wie bei den Widderchen. Die grau bis schwarz behaarte Raupe
lebt an verschiedenen Pflanzen, vor allem
an Löwenzahn. Die Raupe überwintert und
verpuppt sich erst im Mai des nächsten
Jahres. Geschützt!

Familie **Widderchen** – *Zygaenidae*

5 Steinbrechwidderchen
Zygaena filipendulae
In Europa stark verbreitet. Spannweite etwa
35 mm. Tritt in großen Mengen von Juni bis
Ende August auf Wiesen auf. Am Tag fliegt
der Falter schwerfällig und plump. Sitzt gern
an sonnigen Stellen auf Disteln u. ä. Die Raupe ist dick, gelblich und schütter behaart.
Lebt vor allem auf Hornklee (*Lotus corniculatus*), aber auch auf anderen Pflanzen.
Puppe in einem schwefelgelben, pergamentartigen Kokon. Geschützt!

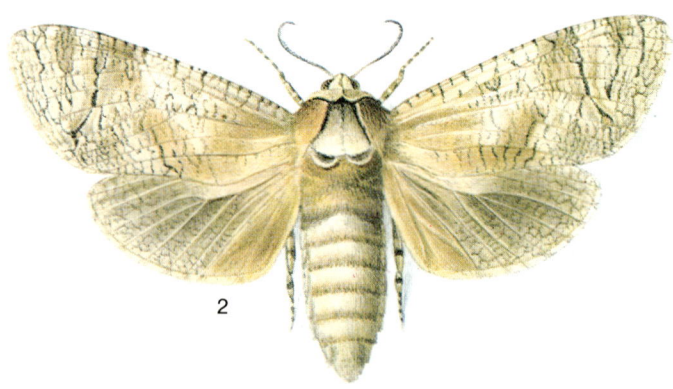

2

3

4

6 Fleischfarbenes Widderchen
Zygaena carniolica
In Mitteleuropa an wärmeren Stellen sehr stark verbreitet. Spannweite etwa 30 mm. Fliegt im Juli und August. Flug schwerfällig und langsam. Raupe hellgrün mit weißlichen Längsstreifen und einer Reihe von schwarzen Fleckchen, lebt auf Esparsetten und Hornklee. Puppe im Kokon. Geschützt!

5

7 Veränderliches Widderchen
Zygaena ephialtes
Bewohnt warme Stellen Mitteleuropas. Spannweite etwa 30 mm. Fliegt im Juli und August auf sonnigen, grasigen Hängen. Farbe der Raupen sehr variabel, gelblich bis grünlich, an den Seiten eine Reihe schwarz, manchmal roter Flecken, schüttere Behaarung. Die Raupe lebt auf der Bunten Kronwicke. Puppe schwarz in silbrig glänzendem Kokon. Geschützt!

6

Familie **Sackspinner** – *Psychidae*

8 Einfarbiger Sackspinner
Pachytelia unicolor
In Mitteleuropa stark verbreitet. Spannweite des Männchens bis 28 mm. Tritt im Juni und Juli in schütteren Nadel-, manchmal auch Laubwäldern auf. Erwachsene Falter leben nur 2 Tage. Das Weibchen hat keine Flügel, seine Beine und Fühler sind verkümmert und es verläßt nie den Sack, in dem es geschlüpft ist. Dort legt es auch die Eier ab. Die Raupen leben an Gräsern in einem Sack aus Blatt- und Halmstückchen. Säcke mit Puppen findet man oft an Prell- oder Kilometersteinen. Das Männchen schlüpft aus einer Puppe, die aus dem Sack herausgeschoben wird.

7

8

♂

♀

Familie **Glasflügler** – *Sesiidae*

1 Hornissenschwärmer *Sesia apiformis*
Ist in Mitteleuropa ziemlich verbreitet.
Spannweite etwa 40 mm. Starke Ähnlichkeit
mit Hornissen. Flügel durchsichtig. Tritt von
Juni bis Ende Juli auf. Sitzt am liebsten an
Pappelstämmen. Fliegt schnell und gibt
dabei ein summendes Geräusch von sich.
Die Weibchen legen ihre Eier einzeln auf
Pappeln, aber auch auf Birken, Weiden und
Linden. Insgesamt legt ein Weibchen bis
über 1000 Eier. Die Raupen bohren sich bis
unter die Rinde durch, dort überwintern sie,
im nächsten Jahr nagen sie Gänge im Holz
und überwintern nochmals. Verpuppen sich
in einem Kokon aus Holzstaub. Bevor der
Falter schlüpft, schiebt sich die Puppe an
die Oberfläche.

Familie **Zahnspinner** – *Notodontidae*

2 Großer Gabelschwanz *Cerura vinula*
In Europa stark verbreitet. Spannweite bis
70 mm. Fliegt nach Einbruch der Dunkelheit
von Mai bis Anfang Juli. Die auffallenden,
gleichsam buckeligen Raupen mit ihren typischen „Gabeln" am Ende des Hinterleibs
findet man auf Weiden und Pappeln von Juli
bis September. Die „Gabeln" sind zu röhr-
chenförmigen Auswüchsen umgewandelte
Nachschieber, aus denen die Raupe rosa
Fäden hervortreten lassen kann, um Feinde
abzuschrecken. Die Raupe verpuppt sich in
einem aus Rindensplittern gefertigten und

in Rindenspalten befestigten Kokon. Die
Raupen können in Baumschulen großen
Schaden anrichten.

3 Mondvogel *Phalera bucephala*
In Europa sehr stark verbreitet. Spannweite
um 50 mm. Tritt im Mai und Juni auf. Fliegt
abends, am liebsten in der Nähe von Lin-
den- und Pappelalleen. Die mit feinen
Haaren bewachsene, schwarzbraune, mit
gelben Streifen gezierte Raupe lebt von Juni
bis Oktober auf Weiden, Linden, Pappeln
und Birken. Oft findet man auf einem kleinen
Zweig eine Menge von Raupen. Erst die älteren Raupen zerstreuen sich nach allen Seiten. Sie verpuppen sich im Boden. Die Puppe ist beweglich, dunkel und glänzend.

Familie **Prozessionsspinner** –
Thaumetopoeidae

4 Eichenprozessionsspinner
Thaumetopoea processionea
In Mitteleuropa, vor allem in seinen südlichen Teilen, stark verbreitet. Spannweite
etwa 30 mm. Die Falter halten sich nur in den
Kronen von Eichen auf. Fliegen im August
und September. Werden leicht durch Licht
angelockt. Das Weibchen legt die Eier in
Häufchen zu 200–300 Stück und deckt sie
mit Härchen des eigenen Körpers zu. Die
Raupen schlüpfen im Mai und halten sich in
gemeinsamen Nestern auf. Sie wandern in
langen Prozessionen dicht hintereinander.
Sie fressen in der Nacht. Im Juli verpuppen

sie sich in Kokons, ebenfalls im gemeinsamen Nest.

Familie **Nachtpfauenaugen** – *Saturniidae*

5 Großes Nachtpfauenauge
Saturnia pyri
Im Südteil Mitteleuropas stark verbreitet. Der größte europäische Schmetterling. Spannweite bis über 120 mm. Tritt im Mai auf und fliegt an warmen Abenden in Obstgärten, an Waldrändern u.ä. Die Raupen mit auffallend hellblauen Warzen, aus denen starke Borsten wachsen, findet man von Ende Mai bis August auf Birn- und anderen Obstbäumen. Die Puppe in einem braunen Kokon auf der Rinde der Zweige. Die Raupe gibt schnarrende Laute von sich. Geschützt!

6 Kleines Nachtpfauenauge
Eudia pavonia
Im Großteil Europas verbreitet. Spannweite des Männchens um 60 mm, des Weibchens bis 75 mm. Fliegt im Mai und Juni in schütteren Laubwäldern und an Waldrändern. Die erwachsene Raupe ist schön grün mit schwarzen Querstreifen und gelben Warzen. Sie lebt von Mai bis August auf Laubbäumen oder Sträuchern, auch auf Brombeerstauden. Die Puppe ist schwarzbraun in einem weißlichen bis braungelben, sehr festen, birnenförmigen Kokon. Geschützt!

7 Nagelfleck *Aglia tau*
In Mitteleuropa stellenweise stark verbreitet. Spannweite um 65 mm. Tritt im April und Mai

6

7

vor allem in lichten Buchenwäldern auf. Das Männchen fliegt rasch und im Zickzack, das Weibchen sitzt meist an Baumstämmen knapp über dem Boden. Die Raupen leben von Mai bis Juli, vor allem auf Buchen. Sie sind grünlich, mit weißgelben Quer- und einem Längsstreifen an den Seiten. Die Puppe in einem schütteren Kokon. Geschützt!

5

1

2

den und überwintern in der Streu. Im Frühjahr steigen sie wieder in die Baumwipfel und im Juni, wenn sie schon 7–10 cm lang geworden sind, verpuppen sie sich. Ein Teil der Raupen überwintert jedoch nochmals. Die Puppe in einem Kokon, der an den abgefressenen Trieben oder in Rindenspalten der Kiefern befestigt ist. Die Raupe ist bräunlich, behaart, mit einem hellen Streifen an den Seiten.

4 Brombeerspinner *Macrothylacia rubi*
In Europa stark verbreitet. Spannweite um 50 mm. Fliegt an Sommerabenden, oft jedoch auch tagsüber. Sein Flug ist rasch und ruckartig. Das Weibchen legt die Eier vor allem auf Brombeerstauden, aber auch auf Rosen oder junge Eichen. Die Raupe ist samtschwarz, behaart, mit orangefarbenen, schmalen Querstreifen. Die Raupe findet man vor allem im Herbst auf begrasten Hängen, Wiesen, in Parks usw., wo sie auf dem Boden kriecht. Oft finden wir sie noch im November, wie sie ein Versteck im Boden sucht, in dem sie überwintert. Sie verpuppt sich erst im Frühjahr des nächsten Jahres. Die Puppe in einem grauen, weichen Kokon. Viele der im Boden überwinternden Raupen gehen ein.

5 Kupferglucke *Gastropacha quercifolia*
In fast ganz Europa stark verbreitet. Spannweite bis 80 mm. Die Flügelränder sind gleichsam ausgeschnitten. Fliegt von Juni bis August. Die Raupe lebt auf Obstbäumen, aber auch auf anderen Laubbäumen und auch auf Schlehdorn. Sie ist graubraun, leicht behaart, mit rötlichen Warzen an bei-

Familie **Wiesenspinner** – *Lemoniidae*

1 Habichtskrautspinner *Lemonia dumi*
In ganz Mitteleuropa verbreitet. Spannweite bis 50 mm. Fliegt abends von September bis Oktober, manchmal bis in den November hinein. Die Raupe von Mai bis Juli auf Löwenzahn, Kuhblume, Habichtskraut und Huflattich. Verpuppt sich im Boden. Geschützt!

Familie **Birkenspinner** – *Endromiidae*

2 Birkenspinner *Endromis versicolor*
In Mitteleuropa stark verbreitet. Spannweite um 50 mm. Der Falter tritt oft schon Ende Februar und fliegt bis Mai. Die Raupe lebt auf Birken, auch auf Weißbuchen, selten auch auf anderen Bäumen. Die jungen Raupen leben gesellig. Raupe grün mit weißlichem Rücken und Querstreifen an den Seiten. Die Puppe rot, im Kokon. Geschützt!

Familie **Glucken** – *Lasiocampidae*

3 Kiefernspinner *Dendrolimus pini*
In ganz Mitteleuropa stark verbreitet. Spannweite der Männchen um 55 mm, der Weibchen bis 80 mm. Der Falter tritt im Juli auf. Das Weibchen legt 150–250 große Eier in Häufchen auf Kiefernzweige oder -nadeln. Die Raupen schlüpfen nach drei Wochen und fressen die Nadeln ab. Sie häuten sich dreimal. Ende Oktober kriechen sie zum Bo-

3

6

5

den Seiten des Rückens und wird bis 10 cm lang. Die Puppe in einem weichen behaarten Kokon. Bei starkem Befall richtet sie in Baumschulen Schaden an. Geschützt!

6 Ringelspinner *Malacosoma neustrium*
In fast ganz Europa stark verbreitet. Spannweite bis 40 mm. Falter von Ende Juni bis August. Das Weibchen legt die Eier in Ringen um junge Zweige von Obstbäumen, Schlehbüschen, Pappeln, Eichen und Birken. In jedem Ring sind 200–400 Eier. Die Eier überwintern und die Raupen schlüpfen im Mai. Die Raupe ist schütter behaart, hat einen blauen Kopf und einen oft blau, weiß und rot quergestreiften Körper. Die Raupen leben gesellig und spinnen aus Fäden weißliche Nester, die sie nur verlassen, um zu fressen. Nach der dritten Häutung wird die

gesellige Lebensweise aufgegeben, und in der zweiten Junihälfte verpuppen sie sich in einem weißen oder gelblichen Kokon auf der Baumrinde oder zwischen Blättern.

7 Eichenspinner *Lasiocampa quercus*
In den klimatisch milderen Teilen Europas stark verbreitet. Spannweite bis 70 mm. Der Falter tritt in Wäldern und Alleen von Juni bis August auf. Die Raupe lebt auf verschiedenen Laubbäumen, manchmal auch auf Nadelbäumen. Sie wird bis 7 cm lang, ist überwiegend braungelb mit gelblichen Härchen. Sie überwintert und verpuppt sich erst im Mai des zweiten Jahres in einem festen, braunen Kokon. Im Gebirge und weiter im Norden überwintert sie nochmals als Puppe. Diese Art richtet keinen nennenswerten Schaden an.

4

7

1

2

3

Familie **Trägerspinner** *Lymantriidae*

1 Rotschwanz *Dasychira pudibunda*
In ganz Mitteleuropa stark verbreitet. Spannweite um 45 mm. Tritt im Mai und Juni, eine zweite Generation manchmal im Oktober auf. In lichten Wäldern, Parks u. ä. Die Raupe hat eine ziemlich variable Färbung, von gelb und rosa bis rötlich mit gleichfarbigen Härchen. Am Rücken hat sie gelbliche bis orangefarbene Börstchen. Die Raupen leben auf Laubbäumen. Puppe in einem gelben, stark behaarten Kokon.

2 Goldafter *Euproctis phaeorrhoea*
In Mitteleuropa stark verbreitet. Spannweite um 35 mm. Fliegt von Ende Juni bis Ende Juli. Das Weibchen legt die Eier in Häufchen an die Unterseite von Eichenblättern und bedeckt sie mit Härchen. Die im August schlüpfenden Raupen leben gemeinsam, überwintern in Nestern und erst im Frühjahr beginnt ihr Leben auf eigene Faust. Ende Juni verpuppen sie sich in einem Kokon, der in einem zusammengerollten Blatt verborgen ist. Bei starker Vermehrung treten Schäden auf.

3 Nonne *Lymantria monacha*
In Europa stark verbreitet. Spannweite der Männchen bis 45 mm, der Weibchen bis 55 mm. Färbung stark variabel bis zu einer schwarzen Aberration. Tritt im Juli und August auf. Das Weibchen legt die Eier unter Rindenschuppen auf Nadel-, seltener auf Laubbäume. Die Raupen schlüpfen erst im nächsten Jahr, meist im April, steigen in die Baumkronen und fressen die Nadeln oder Blätter ab. Nach durchschnittlich 9 Wochen verpuppen sie sich in Rindenspalten. Die Färbung der Raupen ist sehr variabel, sie sind schütter behaart.

4 Schwammspinner *Lymantria dispar*
In fast ganz Europa verbreitet. Spannweite des Männchens 35–40 mm, des Weibchens 55–70 mm. Fliegt von Ende Juli bis September, lebt nur 7–8 Tage. Das Weibchen legt die Eier in Häufchen ab. Die Eier überwintern, die Raupen schlüpfen im April oder Mai und leben auf Laubbäumen, vor allem Eichen, Linden u. ä. Sie sind bräunlich, behaart, mit blauen und roten Warzen. Puppe in einem schütteren Kokon an der Südseite

♂

4

♀

5

6

7

8

9

Falter tritt im August und September auf, dann überwintert er in Höhlen, Kellern u. ä., und nach der Überwinterung fliegt er nochmals im März und April. Die Raupen leben von Mai bis September auf Pappeln und Weiden. Sie sind grün mit einem gelben Streifen an den Seiten.

7 Blaues Ordensband *Catocala fraxini*
In ganz Mitteleuropa verbreitet. Spannweite bis 90 mm. Falter fliegt von Ende Juli bis September, sitzt tagsüber an Baumstämmen, fliegt abends und in der Nacht. Die Raupe wird bis 10 cm lang, ist grau oder grünlich, schwarz gesprenkelt, mit einem hellen Fleck am Rücken im schwarzen Streifen des 8. Gliedes. Die Raupe lebt auf Eschen, Pappeln und Ulmen. Geschützt!

8 Pappelkarmin *Catocala elocata*
In fast ganz Europa verbreitet, aber ziemlich selten. Spannweite um 75 mm. Der Falter tritt von Juli bis Oktober auf. Sitzt tagsüber an Baumstämmen. Wenn er gestört wird, öffnet er rasch die Vorderflügel und zeigt seine rotgefärbten Hinterflügel, wodurch Feinde oft abgeschreckt werden. Die graue Raupe mit dunklen Rücken- und Seitenstreifen lebt von Mai bis Juni auf Weiden und vor allem auf Pappeln. Geschützt!

der Stämme, oft mehrere Puppen beisammen.

Familie **Eulen** – *Noctuidae*

5 Saateule *Scotia segeta*
In Europa stark verbreitet. Spannweite um 40 mm. Der Falter tritt im Mai und Juni, später im August und September auf Feldern, Wiesen und auch in Gärten auf. Die Raupen sind glatt, grau, schwarzgefleckt, Rücken und Seiten mit hellen Streifen. Tagsüber verbergen sich die Raupen, nachts kommen sie zum Fressen hervor. Nahrung: Blätter und unterirdische Teile von Rüben, Getreide, Gras usw.

6 Zimteule *Scoliopteryx libatrix*
In Europa stark verbreitet. Spannweite um 40 mm. Vorderflügel ausgeschnitten. Der

9 Weidenkarmin *Catocala electa*
In Mitteleuropa stellenweise stark verbreitet. Spannweite um 70 mm. Der Falter tritt im Juli und August auf. Die Raupe ist gelbgrau bis bräunlich mit feinen schwarzen Pünktchen. Sie wird bis über 7 cm lang, lebt im Mai und Juni auf Weiden. Geschützt!

Familie **Bärenspinner** – *Arctiidae*

1 Weiße Tigermotte

Spilosoma menthastri

In Mitteleuropa stark verbreitet. Spannweite um 40 mm. Der Falter fliegt im Mai und Juni an Abenden. Tagsüber ist er auf Pflanzen in Waldlichtungen und Gärten sitzend zu finden. Die Raupe ist behaart, dunkelbraun, mit einem orangegelben Rückenstreifen. Sie lebt den ganzen Sommer über auf verschiedenen Pflanzen, am häufigsten auf Brennnesseln, Minzen u. ä. Die Puppe ist schwarz in einem grauen Kokon, am Boden zu finden.

2 Punktbär *Utetheisa pulchella*

Lebt in den Südteilen Mitteleuropas, fliegt aber oft bis weit in den Norden, Spannweite um 40 mm. Der Falter fliegt im Juni, dann im September und Oktober auf feuchten Wiesen in der Nähe des Waldes oder auf Waldlichtungen u. ä. Die Raupe ist weiß, fein behaart, mit schwarzen Punkten und roten Flecken. Sie lebt im Mai und Juni, dann auch im September und Oktober auf Vergißmeinnicht, Natternkopf, Spitzwegerich und anderen Kräutern.

3 Zimtbär *Phragmatobia fuliginosa*

In fast ganz Europa stark verbreitet. Spannweite 30 bis 35 mm. Viele Farbvarietäten. Der Falter tritt im April und Mai, die zweite Generation im August auf. Fliegt nach Einbruch der Dunkelheit und kommt oft durch offene Fenster bis ins Zimmer. Die Raupe ist grau bis rotbraun, mit Haarbüscheln an den Warzen. Sie lebt auf Vergißmeinnicht, Sauerampfer, Labkraut, Lattich und anderen Pflanzen. Puppe in einem grauweißen, filzigen Kokon.

4 Purpurbär *Rhyparia purpurata*

In Mitteleuropa stark verbreitet. Spannweite um 45 mm. Einige Farbvarietäten. Der Falter fliegt im Juni und Juli nach Einbruch der Dunkelheit. Die Raupe ist ziemlich variabel, meist schwarz mit dunkelroten und an den Seiten gelben Härchen. An den Seiten gelbe, rote und schwarze Flecken. Lebt von Herbst bis Frühjahr auf Schafgarben, Spitzwegerich, Labkraut u. ä. Geschützt!

5 Brauner Bär *Arctia caja*

In fast ganz Europa anzutreffen. Spannweite bis 70 mm. Färbung oft sehr variabel. Der Falter ist in den Sommermonaten sehr häufig. Tagsüber verbirgt er sich unter Blättern. Die Raupe ist mit langen Haaren bewachsen und hat schwarze und weiße Warzen. Die Haare sind auf der Rückenseite schwarz, an den Seiten rostbraun. Die Raupen leben auf verschiedenen Pflanzen von August bis September und nach der Überwinterung von Mai bis Juni. Geschützt!

6 Russischer Bär

Panaxia quadripunctaria

In Mitteleuropa an sonnigen, besonders an kalkreichen Hängen ziemlich häufig anzutreffen. Spannweite um 55 mm. Mehrere Farbvarietäten. Der Falter tritt im Juli an grasigen Hängen auf. Die Raupe im April und Mai auf Spitzwegerich, Klee, Weidenröschen, aber auch auf Buchen und Eichen. Sie ist graubraun bis schwarz, mit gelben Streifen am Rücken und an den Seiten und

1

2

3

4

5

6

orangefarbenen Flecken an den Seiten.
Puppe in einem schütteren Kokon.

7 Schönbär *Panaxia dominula*
Ziemlich stark in Mittel- und Nordeuropa
verbreitet. Spannweite um 55 mm. Mehrere
Farbvarietäten. Der Falter tritt im Juni und
Juli im Gesträuch, an Waldrändern, in Alleen
u. ä. auf. Die Raupe ist im Herbst und dann im
Frühjahr auf Brennesseln, Taubnesseln,
Erdbeeren, Vergißmeinnicht, aber auch auf
Weiden, Pappeln und anderen Pflanzen zu
finden.

7

Familie **Spanner** – *Geometridae*

8 Grünes Blatt *Geometra papilionaria*
In Mittel- und Nordeuropa verbreitet. Spannweite um 45 mm. Der Falter tritt von Juni bis
August in lichten Wäldern auf. Er sitzt an
Baumstämmen. Die Raupe ist grün mit gelben Streifen an den Seiten und fünf Fortsätzen am Rücken. Sie lebt im Mai und Juni
auf Birken, Erlen, Buchen und auch auf
Haselstauden. Die Puppe ist gelbgrün und
hat einen rotbraunen Rücken.

8

9 Stachelbeerspanner
Abraxas grossulariata
In ganz Europa verbreitet. Spannweite bis
40 mm. Der Falter kommt häufig in Gärten
und Wäldern vor, in denen wilde Stachelbeeren wachsen. Tritt von Juni bis August
auf. Die Raupe lebt hauptsächlich auf
Stachelbeeren, sie ist weiß mit breiten
schwarzen Flecken am Rücken und einem
orangefarbenen Streifen an den Seiten.

9

1

Familie **Schwärmer** – *Sphingidae*

1 Totenkopf *Acherontia atropos*
In Südeuropa verbreitet, von wo er regelmäßig nach Mittel- und auch Nordeuropa fliegt. Spannweite bis etwa 110 mm. Fliegt spätabends und nachts. Ausgezeichneter Flieger, der im Sommer aus Mittelmeerländern anfliegt. Das Weibchen legt in Mitteleuropa die Eier am häufigsten auf Kartoffelkulturen, aber auch auf Stechäpfel. Bis zum Sommerende wachsen die Raupen zu einer Länge von bis zu 10 cm heran. Sie sind gelbgrün, mit schwarzen, blauen und gelben Streifen und Flecken. Am Ende des Körpers haben die Raupen ein großes Horn. Die Puppe liegt im Boden in einer harten Lehmkapsel, in kälteren Gegenden Mitteleuropas geht sie jedoch zugrunde.

2 Windenschwärmer *Herse convolvuli*
Von den Küsten des Atlantiks bis Australien sehr stark verbreitet. Spannweite um 105 mm. Der Falter fliegt nach Einbruch der Dunkelheit im Mai und Juni, die zweite Generation dann im August und September. Die nördlicheren Teile Mitteleuropas sucht er vom Süden kommend auf. Das Weibchen legt die Eier auf Winden. Die erwachsene Raupe ist bis 9 cm lang, meist hellbraun oder grünlich, mit hellen schrägen Streifen an den Seiten und einem dunklen Längsstreifen am Rücken. Die Raupe lebt meist auf Winden, man findet sie von Juni bis in den Herbst, tagsüber verbirgt sie sich oft in Erdlöchern, erst am Abend geht sie auf Futtersuche. Die Puppe hat eine bogenförmige Scheide für den Rüssel.

3 Ligusterschwärmer *Sphinx ligustri*
In Mitteleuropa stark verbreitet. Spannweite um 90 mm. Der Falter tritt im Mai und Juni,

manchmal bis August auf. Er fliegt nach Eintritt der Dunkelheit, oft auch ins offene Fenster erleuchteter Räume. Die Raupe ist hellgrün mit schrägen violetten, unten weiß umrandeten Streifen an den Seiten. Das Horn am Körperende ist gelb. Die Raupen leben von Ende Juni bis September auf Flieder, Rainweiden, aber auch auf anderen Sträuchern. Puppe rotbraun. Geschützt!

4 Kiefernschwärmer *Sphinx pinastri*
In ganz Mitteleuropa stark verbreitet. Spannweite um 80 mm. Der Falter tritt von April bis September in Nadelwäldern auf. Er sitzt an Baumstämmen, wo er seiner Schutzfärbung wegen fast unsichtbar ist. Das Weibchen legt die Eier auf Kiefern und Fichten. Die Raupen befressen die Nadeln. Da sie von vielen Parasiten befallen werden, hat sich dieser Schwärmer in Mitteleuropa nie so stark vermehren können, um ein Schädling zu werden. Die Raupe ist hellgrün mit einem bräunlichen Streifen am Rücken und

2

schmalen, weißen und gelben Längsstreifen an den Seiten und roten Flecken. Die Raupe lebt von Juni bis Oktober auf Nadelbäumen. Die Puppe überwintert, manchmal zweimal.

5 Abendpfauenauge *Smerintha ocellata*
In Mitteleuropa verbreitet. Spannweite um 85 mm. Der Falter tritt von Mai bis August vor allem in der Nähe von Gewässern, wo Weiden oder Pappeln wachsen, auf. Die Raupe ist grün mit bläulichen schrägen Streifen an den Seiten und ist weißlich getupft. Das Horn ist blau. Lebt auf Weiden, Pappeln, aber auch auf jungen Obstbäumen von Juni bis September. Der Falter fliegt oft durch das offene Fenster zum Licht. Geschützt!

6 Eichenschwärmer *Marumba quercus*
In Südeuropa verbreitet, fliegt jedoch auch nach Mitteleuropa. Spannweite bis 100 mm. In Südeuropa tritt der Falter von Mai bis August auf, nach Mitteleuropa fliegt er meist im Juli. Bewohnt Eichenwälder. Die Raupe ist grün, hat an den Seiten gelbe, schräge Querstreifen und orangefarbene Flecken. Die Raupe lebt von Juni bis Oktober vor allem auf jungen Eichen. Puppe braun mit Metallglanz.

7 Pappelschwärmer *Laothoe populi*
In Mitteleuropa stellenweise stark verbreitet. Spannweite bis 75 mm. Der Falter tritt im Mai und Juni, manchmal noch im August und Anfang September auf. Sitzt an Pappelstämmen. Die Raupe ist gelbgrün mit gelben, schrägen Querstreifen an den Seiten und gelb getupft. Man findet die Raupe von Juni bis September vor allem auf Pappeln, aber auch auf Weiden. Die dunkelbraune Puppe liegt im Boden.

4

5

7

3

6

Familie **Schwärmer** – *Sphingidae*

1 Wolfsmilchschwärmer
Celerio euphorbiae
In Mitteleuropa stark verbreitet. Spannweite um 70 mm. Der Falter tritt von Mai bis September auf Waldlichtungen, Viehweiden, bei Flüssen und überall dort auf, wo Wolfsmilch wächst. Fliegt in der Dämmerung und besucht Blüten, aus welchen er mit seinem langen Saugrüssel Nektar saugt. Die Raupe lebt auf Wolfsmilch und ist auffallend gefärbt. Grundfarbe schwärzlich, am Rücken ein roter Längsstreifen, an den Seiten gelbliche Streifen und Flecken. Die Raupen leben im Juli und August. Sie verpuppen sich im Boden.

2 Labkrautschwärmer *Celerio gallii*
In Mitteleuropa stellenweise häufig. Spannweite um 70 mm. Der Falter tritt von Mai bis Juli, manchmal auch noch im September auf. Fliegt in schnellem Flug nach Einbruch der Dunkelheit. Die Raupe ist meist dunkelgrün mit einem gelben Rückenstreifen und großen gelben, schwarz umrandeten Flecken an den Seiten. Sie lebt von Juli bis August auf Labkraut, Weidenröschen und Wolfsmilch und hält sich meist an unbeschatteten, sonnigen Stellen auf. Puppe gelbbraun, dunkel schraffiert.

3 Weinschwärmer *Deilephila elpenor*
In Mitteleuropa häufig anzutreffen. Spannweite um 65 mm. Der Falter tritt meist im Mai und Juni, selten von Juli bis September auf. Fliegt sehr schnell. Er hält sich meist an Orten, wo Heideröschen wachsen, bei Bächen, auf Waldlichtungen usw. auf. Die Raupe lebt von Juni bis Ende August vor allem auf Heideröschen, aber auch auf Labkraut, Weinstöcken und anderen Pflanzen. Es gibt drei Typen von Raupen: grüne, braune und schwärzliche. Auf dem 4. und 5. Glied sind braune und weiße Augen. Die Raupe wird bis 8 cm lang. Die Puppe ist gelbbraun, schwarz getupft. Der Falter fliegt oft durch das geöffnete Fenster zum Licht.

4 Oleanderschwärmer *Daphnis nerii*
In Nordafrika und Südeuropa verbreitet. Spannweite um 100 mm. In den Sommermonaten fliegt der Falter bis Mitteleuropa, das Weibchen legt hier manchmal sogar Eier, und wir können dann auch Raupen antreffen. Die Raupe ist bis über 9 cm lang, hellgrün, mit einem weißen Längsstreifen vom 4. Glied an den Seiten, und mit zwei

1

2

3

4

5

6

7

weißen, blau umrandeten Augen an beiden Seiten des 3. Gliedes. Die Raupe lebt von April bis Juni und die zweite Generation im August und September auf Oleander, seltener auch auf Immergrün. Die Puppe ist schlank, gelbbraun, schwarz getupft.

5 Nachtkerzenschwärmer
Proserpinis proserpina
In Mittel- und Südeuropa verbreitet. Spannweite um 40 mm. Flügel gleichsam ausgeschnitten. Der Falter tritt im Mai auf, fliegt nach Einbruch der Dunkelheit. Die Raupe ist grün oder bräunlich, schwarz marmoriert, mit gelben, blau umsäumten Flecken an den Seiten. Die Raupe lebt im Juli und August auf Weidenröschen und Nachtkerzen. Puppe rotbraun. Geschützt!

6 Taubenschwanz
Macroglossum stellatarum
In Mitteleuropa stark verbreitet. Spannweite um 45 mm. Der Falter fliegt meist tagsüber von Juni bis Oktober auf Waldlichtungen, Waldwiesen u. ä. Er hat einen sehr langen Saugrüssel, mit dem er Nektar aus röhrenförmigen Blüten saugt. Fliegt sehr schnell und bleibt, ähnlich wie ein Kolibri, beim Saugen des Nektars im Flug an einer Stelle stehen. Die Raupe ist grün mit einem weißen Längsstreifen an den Seiten. Die beiden Generationen der Raupe leben im Juni und Juli und dann im August und September auf Labkraut und Waldmeister. Tagsüber verbirgt sich die Raupe, und erst in der Nacht verläßt sie ihr Versteck und frißt. Puppe graubraun oder blaugrün.

Familie **Dickkopffalter** – *Hesperiidae*

7 Kommafalter *Hesperia comma*
In ganz Europa stark verbreitet. Spannweite um 30 mm. Der Falter fliegt sehr schnell. Er ist von Juni bis August auf Lichtungen, Hängen und Wiesen, auch in Gebirgsgegenden zu finden. Die dunkelgraue Raupe mit zwei schwarzen Streifen auf jeder Seite lebt vom Herbst an auf verschiedenen Wiesengräsern, überwintert und tritt wiederum im Frühjahr auf. Die Raupe spinnt aus Blättern der Gräser ein Röhrchen. Die Puppe ist bräunlich, blau bestäubt.

1

2

3

4

Augenfalter. Die Raupe ist gelblich mit einem dunklen Längs- und mit rötlichen Seitenstreifen. Tagsüber versteckt sie sich, in der Nacht verläßt sie ihr Versteck und frißt an verschiedenen Gräserarten. Geschützt!

2 Weißer Waldportier *Hipparchia circe*
In ganz Mittel- und Südeuropa verbreitet. Spannweite bis 80 mm. Der Falter fliegt von Juni bis August in lichten Wäldern. Die Raupe lebt von Mai bis Juni auf verschiedenen Gräsern. Geschützt!

3 Berghexe *Hipparchia briseis*
In ganz Mitteleuropa stark verbreitet. Spannweite um 55 mm. Der Falter fliegt von Juli bis September und hält sich auf sonnigen, felsigen Hängen auf, wo er mit Vorliebe auf durchwärmten Felsen oder Steinen sitzt. Die gelbgraue Raupe hat einen dunklen Rückenstreifen und an den Seiten je einen dunklen und zwei helle Streifen. Die Raupen leben meist auf Sumpf-Kopfgras, aber auch auf anderen Gräsern. Geschützt!

4 Bacchantin *Pararge achine*
In Mittel- und Nordeuropa verbreitet. Spannweite um 50 mm. Der Falter fliegt im Juni und Juli in schattigen Wäldern. Die hellgrüne Raupe mit einem schwarzen und zwei weißen Rückenstreifen kommt im August und September, und nach dem Überwintern wiederum im Mai auf Lolch und anderen Gräsern, auch auf Weizen, vor. Sie verpuppt sich im Mai.

Familie **Fleckenfalter** – *Nymphalidae*

5 Tagpfauenauge *Nymphalis io*
In ganz Europa sehr stark verbreitet. Spannweite bis 60 mm. Der Falter tritt vom März bis in den Herbst hinein in bis zu drei Generationen auf. Manchmal überwintert er auch, oft hinter dem Fenster, in Kellern, Höhlen usw. Die Raupe ist schwarz, weiß getupft, mit schwarzen Stacheln. Die Raupen leben gesellig meist auf Brennesseln, auch auf Hopfen und Brombeersträuchern von April bis September. Die Puppe ist hellbraun mit goldschimmernden Flecken und hängt meist mit dem Kopf nach unten. Der Falter schlüpft nach 1–2 Wochen, die Puppe der dritten Generation überwintert. Geschützt!

6 Trauermantel *Nymphalis antiopa*
In Mitteleuropa stark vertreten. Spannweite bis 70 mm. Der Falter fliegt von Juni bis in

Familie **Augenfalter** – *Satyridae*

1 Damenbrett *Melanargia galathea*
In Mittel- und Südeuropa verbreitet. Spannweite um 50 mm. Der Falter tritt sehr häufig und zahlreich von Juni bis August auf Waldwiesen, Lichtungen, Hängen u.ä., auch in höheren Lagen auf. Fliegt bei Tag wie alle

den Herbst hinein, überwintert und tritt dann wiederum von Ende April an auf. Er hält sich hauptsächlich in Birkenwäldchen auf, wo er an den Baumstämmen sitzt und aus verletzten Stellen des Stammes Baumsaft saugt. Die Raupe ist schwarz mit roten Flecken und hat schwarze Stacheln. Die Raupen leben von Mai bis Juni gesellig auf Birken, aber auch auf Pappeln, Weiden und Ulmen. Geschützt!

7 Kleiner Fuchs *Aglais urticae*
In Europa stark verbreitet. Spannweite um 50 mm. Der Falter tritt in zwei bis drei Generationen von Mai bis Oktober auf. Sowohl Männchen als auch Weibchen überwintern und erscheinen dann wiederum zu Frühjahrsbeginn. Mehrere Varietäten. Kommt an Hängen, auf Waldlichtungen, in Feldern und Gärten usw. vor. Oft findet man den Falter hinter dem Fenster, im Keller u. ä. Die Raupe ist schwarz mit gelbgrünen Längsstreifen. Sie hat Stacheln. Lebt von Mai bis zum Herbst auf der Großen und Kleinen Brennnessel, selten auf Hopfen.

8 C-Falter *Polygonia c-album*
In Mitteleuropa stark verbreitet. Spannweite um 60 mm. Mehrere Farbvarietäten. Der Falter tritt in zwei oder drei Generationen von Mai bis Oktober auf, überwintert und zeigt sich dann wiederum zu Frühjahrsbeginn. Fliegt an Waldrändern, auf Lichtungen, auch in Gärten. Das vordere Körperdrittel der Raupe ist rostbraun, der übrige Körper weiß, die Unterseite rötlich. Die Raupe hat Stacheln. Sie lebt auf den Blättern der Brennnessel, aber auch auf Stachelbeer- und Johannisbeersträuchern, Hopfen, auf Ulmen und Haselstauden. Geschützt!

6

7

5

8

1

Familie **Fleckenfalter** – *Nymphalidae*

1 Admiral *Vanessa atalanta*
In Mitteleuropa verbreitet. Spannweite um 60 mm. Der Falter kommt in zwei Generationen von Juni bis in den Herbst hinein fast überall an freien Stellen vor. Die Falter der zweiten Generation überwintern und zeigen sich zu Frühjahrsbeginn. Die Färbung der Raupe ist variabel, meist ist sie schwarz mit gelben Streifen an den Seiten, stachelig; sie lebt von Mai bis Juni und dann später von August bis September in zusammengerollten Blättern, vor allem auf Brennesseln.

2 Distelfalter *Vanessa cardui*
Ist fast überall auf der ganzen Welt zu finden. Sehr häufig in Mitteleuropa. Spannweite um 55 mm. Der Falter tritt in zwei bis drei Generationen von Ende Mai bis zum Herbst an sonnigen Stellen auf. Sitzt gern auf Blüten. Die stachelige Raupe ist bräunlich mit gelben Streifen und Punkten. Sie lebt von Mai bis September auf den Blättern der Brennessel, des Huflattichs, der Klette und anderer Pflanzen.

3 Landkärtchen *Araschnia levana*
In Mitteleuropa stark verbreitet. Spannweite um 35 bis 40 mm. Der Falter tritt in je einer Frühjahrs- und Sommergeneration auf. Die Frühjahrsgeneration lebt im März und April und ist gelbrot mit schwarzen Flecken, die Sommergeneration im Juli und August und ist schwarzbraun mit gelben Flecken. Die Raupen leben im Juni und dann im August und September auf Brennesseln, in der Jugend gemeinsam. Die Raupe ähnelt der des Tagpfauenauges, sie hat jedoch am Kopf zwei lange Stacheln.

4 Großer Schillerfalter *Apatura iris*
In ganz Mitteleuropa verbreitet. Spannweite um 60 mm. Oberseite der Flügel metallisch

2

3

4

5

schillernd. Der Falter tritt von Juni bis August in lichten Laubwäldern auf. Er fliegt in den Morgenstunden niedrig über dem Boden und saugt an Exkrementen, Aas u. ä. Die Raupe ist grün mit gelben Streifen und Punkten. Am Kopf hat sie zwei blaue, lange Hörnchen. Sie lebt vom August an auf Salweiden, Espen und Weiden, an deren Blättern sie frißt. Sie überwintert und ist wiederum von April bis Juni an diesen Bäumen zu finden. Geschützt!

6

7

5 Kleiner Eisvogel *Limenitis camilla*
In Mittel-, Süd- und Südwesteuropa verbreitet. Spannweite um 50–55 mm. Der Falter tritt von Mai bis Juli in lichten Laubwäldern auf. Er bevorzugt feuchte Stellen. Sitzt mit Vorliebe auf Brombeerblüten. Die Raupe ist grün und hat schwärzliche Stacheln. Sie lebt auf Geißblatt; überwintert. Geschützt!

6 Großer Eisvogel *Limenitis populi*
In Mitteleuropa stellenweise stark verbreitet. Spannweite um 80 mm. Der Falter tritt im Juli und August auf. Das Weibchen hat, im Unterschied zum Männchen, breite weiße Streifen auf den Flügeln. Sitzt gerne auf feuchter Erde, Exkrementen u.ä. Segelflug. Die Raupe ist grün, hat behaarte Auswüchse. Sie überwintert in einem zusammengerollten Blatt und frißt dann bis Mai Pappelblätter, besonders an jungen Bäumen. Auch auf Espen zu finden. Geschützt!

7 Trauerfalter *Neptis hylasaceris*
An wärmeren Stellen Mitteleuropas verbreitet. Spannweite bis 55 mm. Der Falter fliegt im Mai und Juni, die zweite Generation dann von Juli bis August in lichten Laubwäldern. Kommt nur stellenweise vor. Die gelbbraune Raupe mit kleinen Warzen am Körper lebt auf Frühlings-Platterbsen.

8 Kaisermantel *Argynnis paphia*
In Mitteleuropa sehr stark verbreitet. Spannweite bis 70 mm. Der Falter fliegt von Julibeginn bis Mitte September. Kommt hauptsächlich auf feuchten Waldwiesen und -lichtungen vor. Sitzt gern auf Disteln und saugt Nektar aus ihren Blüten. Das Weibchen legt,

meist im August, die Eier auf Veilchen ab. Die Raupen schlüpfen nach 14 Tagen, überwintern bis Mai und befressen dann die jungen Veilchentriebe, vor allem nachts. Sie verpuppen sich Ende Juni. Die Raupe ist bräunlich mit einem gelben Rückenstreifen, dunklen Streifen an den Seiten und langen gelben Stacheln. Geschützt!

9 Kleiner Perlmutterfalter
Issoria lathonia
In Mitteleuropa stark verbreitet. Spannweite 40–45 mm. Der Falter tritt von Frühjahrsbeginn bis in den Herbst hinein in zwei bis drei Generationen auf. Fliegt auf Wiesen, Hängen, Feldern u.ä. Die Raupen leben auf Veilchen oder Esparsetten und überwintern. Geschützt!

8

9

Familie **Bläulinge** – *Lycaenidae*

1 Dukatenfalter *Lycaena virgaureae*
In Mitteleuropa stark verbreitet. Spannweite bis 35 mm. Die Flügel des Männchens gold-orangefarben, des Weibchens braun ge-scheckt. Bewohnt lichte Wälder, wo er sich auf Lichtungen, Waldwiesen u. ä. aufhält. Die dunkelgrüne Raupe hat gelbliche Streifen und Höcker am Rücken. Sie lebt von April bis Juni auf Sauerampfer. Die Puppe ist am Stengel oder am Boden zu finden. Ge-schützt!

2 Silbriger Vielpunktbläuling
Polyommatus bellargus
In Mittel- und Südeuropa verbreitet. Spann-weite um 33 mm. Der Falter tritt in zwei Ge-nerationen auf: im Mai und Juni und dann vom Juli bis September. Fliegt auf Feldern, an Hängen u. ä. Saugt Nektar aus den Blüten des Klees, der Luzerne usw. Die blaugrüne Raupe mit dunklen Streifen am Rücken und oft auch noch mit rotgelben Flecken lebt von April bis Juli auf Klee und anderen Schmet-terlingsblütlern. Die grünliche Puppe ist meist am Boden zu finden. Geschützt!

3 Großer Fleckenbläuling *Maculinea arion*
In Mitteleuropa in einigen Formen verbreitet. Spannweite um 25 mm. Der Falter fliegt von Juni bis August an sonnigen Hängen und auf Wiesen. Sitzt gern auf den Blüten des Quendels. Die Raupe ist blaugrün mit einem dunklen Rückenstreifen und lebt vom Herbst an auf Quendelpflanzen. Die Raupe überwintert bei den Ameisen und dort nährt sie sich auch vor dem Verpuppen von Ameisenlarven und -puppen. Die Ameisen dulden sie wegen ihrer Absonderung. Die Puppe ist in Ameisenhaufen zu finden. Ge-schützt!

Familie **Schwalbenschwänze** oder **Ritter** – *Papilionidae*

4 Schwalbenschwanz *Papilio machaon*
In ganz Europa verbreitet. In Mitteleuropa meist zwei Generationen, die erste schon im April und Mai, die zweite im Juli und August, im Süden bis in den Oktober hinein. Spann-weite bis 80 mm. Fliegt gut und ausdauernd. Bewohnt am liebsten trockene, hügelige Gegenden. Sitzt gern auf Blüten, aus denen er Nektar saugt. Das Weibchen legt die Eier einzeln auf Doldengewächse wie Pimpi-nelle, Kümmel, Karotten usw. Die frisch geschlüpfte Raupe ist schwärzlich, später hellgrün mit schwarzen Querstreifen und hellroten Flecken. Die Puppe ist am Stengel mit dem Kopf nach oben an Fäden befestigt. Manche Puppen überwintern auch zweimal. Geschützt!

5 Segelfalter *Papilio podalirius*
In ganz Europa mit der Ausnahme Skandi-naviens und Englands verbreitet. Spann-weite bis 75 mm. Frühjahrs- und Sommer-generation. Tritt vor allem auf sonnigen Hän-gen auf. Das Weibchen legt die Eier einzeln auf Obstbäume oder Schlehdorn. Die Rau-pen schlüpfen nach 10 Tagen. Sie sind grün mit einem gelben Rückenstreifen, von dem sich schräge, gelbe Querstreifen nach den Seiten ziehen. Verpuppt sich mit dem Kopf

♂   1

♀

2   3

340

nach oben, die Puppe ist mit einer Gespinst-
schlinge befestigt.

6 Osterluzeifalter *Zerynthia polyxena*
In Südeuropa, aber auch in den südlichen
Gebieten Mitteleuropas verbreitet. Spannweite um 50 mm. Der Falter tritt im April und
Mai stellenweise zahlreich auf. Fliegt an offenen, sonnigen Stellen, an denen Osterluzei
wächst. Die Raupen finden wir von Juni bis
August auf derselben Pflanze. Sie sind rostbraun, rötlich oder grau mit roten Auswüchsen. Die Puppe ist gelbgrau. Geschützt!

7 Schwarzer Apollo
Parnassius mnemosyne
In Mittel- und Nordeuropa stellenweise stark
verbreitet. Spannweite bis 60 mm. Der Falter
fliegt im Juni vor allem in Gebirgsgegenden,
oft jedoch auch im Flachland. Die Raupe ist
schwarz mit roten Punktreihen. Sie verbirgt
sich tagsüber und erst abends verläßt sie ihr
Versteck, um zu fressen. Sie ist im April und
Mai auf Lerchensporn zu finden. Die Puppe
ist dick, gelblich, mit einem weißlichen
Staub bedeckt. Geschützt!

8 Apollofalter *Parnassius apollo*
In Mittel- und Nordeuropa stellenweise stark
in Gebirgsgegenden verbreitet. Spannweite
bis 70 mm. In den Alpen ist eine dunkle
Form bekannt. Der Falter fliegt von Juni bis
August an sonnigen Hängen. Sitzt gern auf
Distelblüten. Die Raupe ist schwarz mit zwei
Reihen großer roter Flecken und bläulichen
Warzen. Sie lebt im Mai und Juni auf Sedum.
Die Puppe ist bläulich, in einem schütteren
Kokon im Boden. Geschützt!

5

6

7

4

8

1

2

Familie **Weißlinge** – *Pieridae*

1 Großer Kohlweißling *Pieris brassicae*
In ganz Europa stark verbreitet. Spannweite um 55 mm. Der Falter tritt von April bis in den Herbst hinein in 2 bis 3 Generationen auf. Fliegt fast überall. Das Weibchen legt die Eier in kleinen Häufchen an die Unterseite von Kohlblättern oder Blättern verwandter Pflanzen. Die Raupen fressen die Blätter bis auf die Blattstiele. Sie leben von Mai bis

Juni und dann von August bis September. Sie sind gelbgrün, schwarz getupft, mit gelben Streifen am Rücken und an den Seiten. Vor dem Verpuppen kriecht die Raupe an Mauern, Baumstämmen usw. hoch. Die Puppe ist gelbgrün mit schwarzen Flecken und Punkten. Einer der schädlichsten Schmetterlinge. Die Raupen werden stark von Schlupfwespen befallen.

2 Kleiner Kohlweißling *Pieris rapae*
In ganz Europa stark verbreitet. Spannweite um 45 mm. Der Falter fliegt im April und Mai, eine zweite Generation tritt im Juli auf, manchmal noch eine dritte Generation im Herbst. Auf Feldern, Wiesen und Gärten zu finden. Die Raupe ist grünlich mit gelben Streifen am Rücken und an den Seiten. Sie lebt im Juni und dann im August und September auf Kreuzblütlern, vor allem auf Rübenblättern.

3 Baumweißling *Aporia crataegi*
In ganz Europa verbreitet. Früher ein gefürchteter Schädling, heute nur stellenweise in größeren Mengen auftretend. Spannweite um 60 mm. Der Falter fliegt im Juni und Juli. Das Weibchen legt die Eier an die Unterseite der Blätter von Obstbäumen, vor allem der Apfelbäume. Die Raupen leben von Sep-

4

3

tember an, dann spinnen sie sich in Blätter ein und überwintern. Zu Frühjahrsbeginn bilden sie ein Nest um Knospen herum, die sie dann befressen. Verpuppen sich Ende Mai an Baumstämmen u.ä. Die Raupe ist blaugrau bis violett mit schwarzen und rostbraunen Streifen.

4 Aurorafalter *Anthocharis cardamines*
In Mitteleuropa stark verbreitet. Spannweite um 40 mm. Beim Männchen ist die Hälfte der Vorderflügel orangefarben. Der Falter tritt von April bis Juni auf, das Männchen ist im Flug sehr auffallend. Fliegt niedrig über dem Boden in Gärten, Hohlwegen und auf Waldwegen. Die Raupe ist blaugrün und hat einen weißen Streifen an den Seiten. Sie lebt von Juni bis August, vor allem auf Kresse. Geschützt!

5 Goldene Acht *Colias hyale*
In Mitteleuropa sehr stark verbreitet. Spannweite um 40 mm. Der Falter tritt im Mai und Juni, später wiederum im August und September auf. Er fliegt an sonnigen Grashängen, auf Kleefeldern, Stoppelfeldern u.ä. Die Raupe ist dunkelgrün mit vier gelben Längsstreifen. Sie ist von Juni bis September auf Wicken und Klee zu finden. Die Puppe ist graugrün, gelb gestreift. Geschützt!

6 Hochmoorgelbling
Colias palaenoeuropomene
In Mitteleuropa dort verbreitet, wo Torfmoore sind. Spannweite um 50 mm. Der Falter tritt von Juni bis Juli, manchmal noch im August auf Torfmooren auf, wo größere Bestände von Rauschbeeren zu finden sind, auf denen die Raupen leben. Die Raupe ist grün mit einem gelben, unten schwarz gesäumten Längsstreifen an den Seiten. Die Puppe ist gelbgrün. Geschützt!

5

6

7

7 Großer Postillon *Colias edusa*
Lebt in fast ganz Europa. Spannweite um 50 mm. Grundfarbe des Männchens ist orangefarben bis rotgelb, des Weibchens weißlich bis orangefarben oder gelb. Der Falter fliegt in zwei Generationen, im Mai und Juni, und dann im Juli und August. Er tritt an sonnigen Hängen, auch auf Feldern und Waldlichtungen u.ä. auf, die Raupe auf Schmetterlingsblütlern. Sie ist grün und hat an den Seiten einen weißlichen, gelb gefleckten Längsstreifen. Geschützt!

8 Zitronenfalter *Gonopteryx rhamni*
In Mitteleuropa überall stark verbreitet. Spannweite um 55 mm. Der Falter fliegt vom Juli bis zum Herbst. Er überwintert und zeigt sich im Frühjahr bei sonnigem Wetter schon Ende März. Fliegt in Gärten, auf Feldern, Wiesen u.ä. Die Raupe ist dunkelgrün mit einem weißlichen Streifen an den Seiten. Sie lebt von Juli an vor allem auf Kreuzdorn, in Gebirgsgegenden auch auf Heidelbeersträuchern. Die Puppe ist grün und hat an den Seiten zwei weiße Streifen.

8

Ordnung **Zweiflügler** – *Diptera*

Familie **Schnaken** – *Tipulidae*

1 Kohlschnake *Tipula oleracea*
Länge 15–23 mm. Ist von April bis Juni überall stark verbreitet. Das Weibchen legt bis
500 schwarze Eier in den Boden. Die Larven
nähren sich von Humusstoffen, später fressen sie an den Wurzeln von Kulturpflanzen.

Familie **Gallmücken** – *Cecidomyidae*

2 Hessenfliege *Mayetiola destructor*
In ganz Europa stark verbreitet. Länge 2,5–4
mm. Fliegt von April bis Mai und dann wieder im September. Das Weibchen legt je
ein oder zwei Eier an die unteren Blätter von
Mais, Weizen oder Gerste. Die Larven
schlüpfen nach 8 Tagen und saugen am
Halm. Die Larven der zweiten Generation
dringen zu den Wurzeln der Wintersaat vor
und verursachen eine Schwellung der
Pflanzen, die dann meist eingehen.

3 Buchengallmücke *Mikiola fagi*
Sehr stark in Buchenwäldern verbreitet.
Klein und unauffällig. Das Weibchen legt die
Eier einzeln auf die Oberseite von Buchen-
blättern. Die Larven rufen auffallend rot
gefärbte Gallen hervor, von denen auf einem Blatt auch mehrere sein können. Andere Arten von Gallmücken verursachen die
Bildung von ähnlichen Gallen an den Blättern anderer Bäume.

Familie **Haarmücken** – *Bibionidae*

4 Markusfliege *Bibio marci*
Von März bis Mai in Wäldern stark verbreitet.
Länge 10 bis 13 mm. Schwarz mit auffallend

langen Beinen. Fliegt langsam. Larven in Humusböden.

Familie **Bremsen** – *Tabanidae*

5 Gemeine Rinderbremse
Tabanus bovinus
In fast ganz Europa, hauptsächlich in der Nähe von Wasser verbreitet. Länge 20–24 mm. Fliegt im Sommer. Das Weibchen fällt warmblütige Tiere und auch den Menschen an und saugt Blut, das es zur Entwicklung der Eier braucht. Die Einstichstelle brennt und schwillt an. Das Weibchen legt die Eier an Wasserpflanzen. Die Larven steigen in den Schlamm hinab und leben räuberisch. Langsame Entwicklung.

6 Regenbremse *Haematopoda pluvialis*
In der Nähe von Flüssen und Teichen stark verbreitet. Wird bis 10 mm lang. Die Augen des Männchens sind dicht behaart, die des Weibchens kahl und schön grün gefärbt. Fliegt im Sommer und sticht sehr schmerzhaft.

7 Goldaugenbremse
Chrysops caecutiens
In der Nähe von Gewässern stark verbreitet. Länge 8–9 mm. Das Weibchen hat goldgrüne Augen. Tritt von Mai bis September auf. Die Weibchen fallen große Säugetiere und auch den Menschen an und saugen Blut. Die schwarzglänzenden Eier sind an Wasserpflanzen zu finden. Die Larven sind walzenförmig und führen ein räuberisches Leben im Schlamm. Die Puppen im Sand oder im Boden.

Familie **Wollschweber** – *Bombyliidae*

8 Trauerschweber *Hemipenthes morio*
Eine auffallende Fliege, die trockene Waldlichtungen bewohnt. Länge 5–12 mm. Das Weibchen fliegt über den kahlen Boden und sucht nach Raupen, die von Larven von Raupenfliegen oder Schlupfwespen befallen sind. Auf diese Larven legt sie die Eier und die Larven leben dann parasitisch auf Parasiten.

Familie **Waffenfliegen** – *Stratiomyidae*

9 Waffenfliege *Stratiomys chamaeleon*
Eine stark verbreitete und auffallende Fliege mit einem flachen Hinterleib. Länge 12–14 mm. Tritt hauptsächlich im Sommer auf.

4   5

6

7

8

9   10

Fliegt auf Blüten und Sträuchern in der Nähe von Gewässern und saugt Nektar. Sie ist nicht scheu. Das Weibchen legt die Eier auf Pflanzenblätter über der Wasseroberfläche. Die Larven steigen ins Wasser hinab und leben an seichten Stellen im Gewirr der Wasserpflanzen. Sie haben ein langes Atemrohr. Sie leben räuberisch, vor dem Verpuppen kommen sie ans Ufer und verpuppen sich im Boden.

10 Grünliche Waffenfliege *Eulalia viridula*
Ist auf den Blättern von Sträuchern in der Nähe von Gewässern stark verbreitet. Länge 6–7 mm.

Familie **Schwebfliegen** – *Syrphidae*

1 Johannisbeer-Schwebfliege
Syrphus ribesii
In Mitteleuropa verbreitet. Größe 10–11 mm.
Der gelbschwarz geringelte Hinterleib erinnert an den einer Wespe. Diese Färbung
schützt die nicht wehrhafte Schwebfliege,
indem die Wehrhaftigkeit einer Wespe vor-
getäuscht wird. Diese Nachahmung nennt
man Mimikry. Kommt im Sommer und
Herbst auf Blüten vor, wo sie Nektar saugt.
Fliegt sehr rasch, steht jedoch oft an sonnigen Orten an einer Stelle in der Luft. Das
Weibchen legt die Eier auf Blätter. Die Larven sind grünlich und fressen Blattläuse.

1   2

2 Schlammfliege *Eristalis arbustorum*
In Mitteleuropa stark verbreitet. Ist vom
Sommer bis in den Spätherbst auf Blüten,
vor allem auf Waldlichtungen zu finden. Länge 10 bis 12 mm. Die Larve lebt im Schlamm
der Gewässer, in Jauche und in Senkgru-
ben. Sie ist weißlich, walzenförmig und
hat am Ende des Körpers ein schwanzähn-
liches Atemrohr. Sie verpuppt sich an
Baumstämmen u. ä.

Familie **Essigfliegen** – *Drosophilidae*

3 Gemeine Essigfliege, Taufliege *Drosophila melanogaster*
Im Sommer und Herbst in großen Mengen.
Klein, nur 3,5–4 mm lang. Befallen in
Schwärmen weiches Fallobst, kommen
auch ins Haus, sammeln sich an gärenden
Flüssigkeiten an.
Die Taufliege *Drosophila* gehört zu den
wichtigsten Versuchstieren der Verer-
bungslehre. Einfache Haltung, schnelle Vermehrung, geringe Chromosomenzahl, vor
allem aber die Größe der Chromosomen in
den Zellen ihrer Speicheldrüse machten sie
geradezu zum „Haustier" der Genetiker.
Durch Kreuzungsexperimente konnte man
Genkarten der Chromosomen aufstellen.
Viele Mutationen zeigen sich bei der Taufliege in deutlichen Veränderungen z. B. bei
der Augenfarbe oder Flügellänge, so daß
sich mit ihr gut experimentieren läßt.

Familie **Lausfliegen** – *Hippoboscidae*

4 Vogellausfliege *Ornithomyia avicularia*
Ist sehr stark verbreitet, vor allem in Wäldern.
Länge 5–6 mm. Dauernd beflügelt. Lebt pa-
rasitisch auf verschiedenen Vögeln, wo sie

sich im Gefieder aufhält und das Blut des
Wirtstieres saugt. Die Vögel werden angeflo-
gen. Die befruchteten Weibchen bringen
bereits entwickelte Larven zur Welt, die sich
sofort verpuppen und auf den Boden fallen.

Familie **Echte Fliegen** – *Muscidae*

5 Gemeine Stubenfliege
Musca domestica
Kommt auf der ganzen Erde in mensch-
lichen Behausungen vor. Länge 7–8 mm.
Das Weibchen legt die Eier in Exkremente,
Dung und faulende Abfälle. Der ganze Ent-
wicklungszyklus dauert nur 14 Tage, und die
Fliege kann daher in vielen Generationen
jährlich auftreten. Sie überwintert als Larve
oder Puppe.

6 Gemeine Stechfliege
Stomoxys calcitrans
Sehr häufig auf dem Lande, wo Viehzucht
betrieben wird. Länge 6–7 mm. Das Weibchen legt die Eier in Tierkot. Die erwachsene
Fliege fliegt oft auch in die Wohnungen und
sticht den Menschen. Die Einstichstelle
juckt.

Familie **Schmeißfliegen** – *Calliphoridae*

7 Goldfliege *Lucilia caesar*
Überall stark verbreitet. Pflegt auf hohen
Pflanzen und den Blättern von Sträuchern
zu sitzen. Länge 7–10 mm. Sehr glänzender
Körper. Sucht gern Tierleichen und Exkremente auf, in die das Weibchen die Eier
ablegt und in denen sich auch die Larven
entwickeln.

3

4

5

6

7

8 Blaue Schmeißfliege, Aasfliege
Calliphora vicina
In Wohnungen stark verbreitet. Der gedrungene Körper ist 8–12 mm lang. Sie tritt vom Frühjahr bis zum Herbst auf und verrät sich durch ein starkes Gesumme. Das Weibchen legt die Eier in Tierleichen, Exkremente, aber auch auf Käse und Fleisch ab. Die Larven schlüpfen nach 24 Stunden. Entwicklungsdauer 4 Wochen, dann verpuppen sie sich im Boden.

9 Rautenfleckige Schmeißfliege
Sarcophaga carnaria
Überall sehr stark verbreitet. Länge 10–16 mm. Man findet sie auf Blüten, an Mauern, Baumstämmen und auch in Wohnungen. Die Larven sind Parasiten in Regenwürmern, andere Arten gehen an Tierleichen. Die Larven verpuppen sich dann in braune, fäßchenartige Tönnchenpuppen. Die Fliege verunreinigt Lebensmittel.

Familie **Raupenfliegen** – *Larvaevoridae*

10 Raupenfliege *Exorista larvarum*
Kommt überall an sonnigen, begrasten Stellen vor. Länge 6–15 mm. Die Weibchen suchen Schmetterlingsraupen und legen auf sie die Eier ab. Die geschlüpften Larven dringen in den Körper der Raupe ein und fressen in ihr. Die entwickelten Larven verlassen dann den Körper des Wirtstieres und verpuppen sich im Boden. Nur höchstens 5 Prozent der befallenen Raupen entwickeln sich weiter zu Faltern.

8

9

10

Rundmäuler, Knorpel- und Knochenfische

Rundmäuler gehören zu den Kieferlosen (*Agnatha*), bei denen nur ein primitiver Knorpelschädel ohne Kiefer ausgebildet ist. Die bekannteste Ordnung der Klasse Rundmäuler sind die Neunaugen (*Petromyzoniformes*). Bei den Neunaugen findet man kein echtes Knochengewebe, das Skelett ist knorpelig. Ihr Körper hat eine gestreckte Schlangenform, ist nackt, aber mit einer Rückenflosse und in der hinteren Hälfte mit einem angedeuteten Schwanzflossensaum versehen. Paarige Flossen haben Neun-

augen nicht. Ihre kieferlosen runden Mäuler haben Hornzähne. Die Tiere haben nur eine einzige, blind endende Nasengrube. An beiden Körperseiten sitzen hinter den Augen 7 Kiemenlöcher. Aus den Eiern der Neunaugen entwickeln sich Larven, die Querder genannt werden. Ihre Augen sind hautüberwuchert, nach 2–4 Jahren verwandeln sie sich in erwachsene Tiere. Einige Arten bewohnen sowohl Süßwasser als auch Meere. In den europäischen Süßwässern kommen meist zwei Arten vor, das Fluß- (*Lampetra*

Bild 1. Der Lachs (*Salmo salar*) kann springend sogar 3 m hohe Hindernisse überwinden.

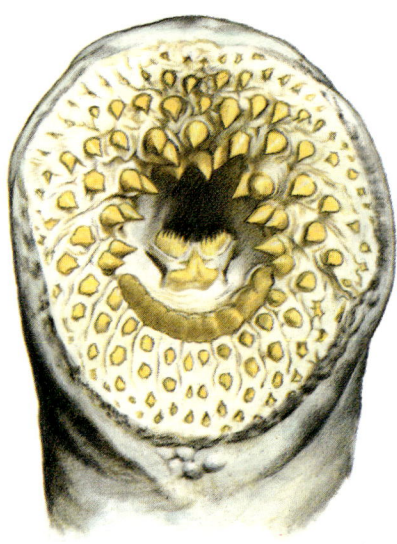

Bild 2. Das trichterförmige Maul des Meerneunauges (*Pteromyzon marinus*) ist mit hornähnlichen Zähnen ausgerüstet. Die gleichfalls zahnbewehrte Zunge arbeitet wie ein Bohrer oder Saugkolben.

Bild 3. Die Bachschmerle (*Noemacheilus barbatulus*) lebt am Grund fließender Gewässer und ernährt sich von Zuckmückenlarven (*Chironomidae*).

fluviatilis) und das Bachneunauge (*Lampetra planeri*). Hier kann sich aber auch das große Meerneunauge (*Petromyzon marinus*) zeigen, das 100 cm lang und 2–3 kg schwer werden kann. Es ist ein Bewohner des nördlicheren Atlantikabschnitts sowohl an der amerikanischen als auch der europäischen Küste, sucht aber zur Fortpflanzung im Frühjahr die Flüsse und größeren Bäche auf. Die Fortpflanzung erfolgt normalerweise in der Strömung auf steinigem Grund, wo das Weibchen bis zu 250 000 Eier in Gruben ablegt. Die bis in die Flußoberläufe vordringenden Neunaugen sterben nach dem Ablaichen. Tiere, die in Küstennähe geblieben sind, laichen unter Umständen mehrmals. Meerneunaugen ernähren sich meist von Fischblut, doch wurden Fälle verzeichnet, in denen sie sich an Haien oder auch an kleinen Wirbellosen auf dem Meeresgrund festgesaugt hatten. Meerneunaugen werden häufig in Reusen gefangen, in Europa meist an den Küsten Frankreichs, Englands und der Bundesrepublik Deutschland.

Auch das Flußneunauge lebt in den Meeren längs der nordeuropäischen Küsten. In die Flüsse ziehen die Frühjahrspopulationen, die sogleich ablaichen, aber auch die Herbstpopulationen, die im Fluß überwintern und sich erst im folgenden Jahr fortpflanzen. Nahrung nehmen die Flußneunaugen nur im Meer auf. Ihre wirtschaftliche Bedeutung ist gering, am meisten werden sie im Finnischen Meerbusen gefangen.

Die Knorpelfische stellen die unterste Entwicklungsstufe der Kiefermäuler (*Gnathostomata*) dar, an deren Schädel bereits Kiefer entwickelt sind, wobei der Unterkiefer

Bild 4. Der Hecht (*Esox lucius*) hat eine charakteristische, weit nach hinten zum Schwanz verschobene Rückenflosse.

Bild 5. Der räuberische Hecht schnappt eine Beute immer erst quer, um sie danach zum leichteren Verschlingen in Längslage zu drehen.

frei beweglich zu sein pflegt. Sie haben paarige Flossen, die höheren Gruppen auch paarige Gliedmaßen.

Die Knorpelfische (*Chondrichthyes*) zeichnen sich durch ein Knorpelskelett aus und haben ein charakteristisches querliegendes Maul an der Bauchseite ihres Körpers. Das Maul ist mit Kiefern versehen, die zahlreiche spitze Zähne tragen. Sind die Zähne abgenutzt, biegen sie sich nach vorn, dahinter rückt eine neue Zahnreihe nach. Diese Zähne sind Hautgebilde. Zu den bekanntesten Knorpelfischen gehören die Haie (*Selachiformes*) mit gestreckten, von dornbesetzten sogenannten Plakoidschuppen bedeckten Körpern. Diese Dornen weisen nach hinten und machen die Haihaut außerordentlich rauh. An jeder Körperseite haben Haie 5–7 Kiemenspalten.

Das Haiskelett ist ein Knorpelskelett, es weist aber Ansätze zur Verkalkung auf. Haie haben ein verhältnismäßig kurzes Verdauungssystem. Die Mundhöhle geht in den Schlund über, die kurze Speiseröhre mündet in den Magen. Haie haben eine große, viel Tran enthaltende Leber, derentwegen sie häufig gefangen werden. Als Delikatessen gelten auch Haifischflossen, zumal in China.

Die meisten Haie gebären lebende Junge. Ein kleinerer Teil der Arten legt Eier, die eine viereckige Form haben; ihre Ecken laufen zu langen Zipfeln aus, die zum Festhalten an der Vegetation dienen.

Eine Reihe von Haifischarten wird nur meterlang, doch gibt es auch Arten von 20 m Länge. Einige Arten werden auch dem Menschen gefährlich. Über 250 Arten leben in allen Meeren mit Ausnahme des Kaspischen Meeres, nur eine einzige Art kommt auch in Süßwasser vor.

Die verwandten Rochen (*Rajiformes*) zeichnen sich durch einen vertikal abgeplatteten Körper mit stark verbreiterten Brustflossen aus. Die Kiemenspalten sitzen zu 5 Paaren auf der Bauchseite. Der Schwanz hat oft Peitschenform.

Eine höhere Entwicklungsstufe der Kiefermäuler stellen die Knochenfische (*Osteichtyes*) dar: Ihr Skelett ist knorpelig oder knochig, der Körper für gewöhnlich geschuppt, seltener nackt. Bei manchen Fischarten sind die Schuppen zusammengewachsen und stellen eine Art Panzer aus Knochenplättchen dar. Flossen sind fast immer ausgebildet. Die paarigen Brust- und Bauchflossen sind mit den Vorder- und Hintergliedmaßen identisch. Die übrigen Flossen sind unpaarig und bilden eine oder mehrere Rückenflossen, eine Schwanzflosse und eine oder mehrere Afterflossen. Die Kiefer sind gezahnt oder auch zahnlos. Bei fast allen Fischen ist die sogenannte Seitenlinie auf den Flanken ausgebildet. Darin sitzen Sinneszellen, die Vibrationen im Wasser, Erschütterungen, Schall usw. wahrnehmen und eine Art Radareinrichtung darstellen. Fische atmen ihr ganzes Leben mit Kiemen, die von Kiemendeckeln geschützt werden. Von den Knorpelganoiden (*Chondrostei*), deren Körper fünf Reihen aus großen Knochenplatten tragen und ein Knorpelskelett besitzen, sind die Störartigen (*Acipenseriformes*) am bekanntesten. Störe haben einen zu einem langen Rüssel ausgestreckten Kopf und im erwachsenen Zustand zahnlose Mäuler. An der Unterseite tragen sie am Maul Tastbarteln.

Knochenfische (*Teleostei*) haben ein verknöchertes Skelett. Ihr Körper ist meist mit Hautschuppen bedeckt, in ihrer Haut sitzen kleine Schleimdrüsen, der Schädel wird von flachen Knochenplättchen gebildet. Viele Arten treten in millionenköpfigen Schwärmen auf, z.B. die Heringe (*Clupeidae*). In diese Familie gehören ca. 160 Arten in 50 Gattungen. Sie bewohnen Tropen, Subtropen, gemäßigte Zonen, aber auch arktische Meere. Heringsartige kommen auch im Süßwasser vor. Den größten Teil ihres Lebens halten sich die Heringsfische fern von den Küsten auf und ernähren sich von Kleinlebewesen, dem Plankton. Während der Laichzeit finden sie zu Riesenschwärmen von über 1 km Länge und 50 m Breite zusammen. Die alljährlich angelandeten Heringsfischmengen machen rund 40% des Weltfischfangs aus; das beweist die große Bedeutung der Heringsfische für die menschliche Ernährung. Wohlbekannt sind auch die Lachsfische (*Salmonidae*), unter denen sich sowohl Süßwasser- als auch Seefischarten finden. Sie zeichnen sich durch eine kleine strahlenlose Fettflosse zwischen Rücken- und Schwanzflosse aus.

Zu den bekanntesten Süßwasserfischen gehören die Hechte (*Esocidae*), vor allem aber die wirtschaftlich bedeutenden Karpfenfische (*Cyprinidae*), die in künstlich angelegten Teichen gehalten werden. Karpfen haben zahnlose Kiefer, anstelle der Zähne haben sich bei ihnen kräftig gezahnte Schlundknochen entwickelt. Zu den beliebten Sportfischen gehören die in tieferem Süßwasser lebenden Welse (*Siluridae*). Sie haben eine nackte, schuppenlose Haut und ums Maul 6 lange Barteln. Ein sehr schmackhaftes Fleisch besitzen die Aale (*Anguillidae*) mit ihren langen schlangenförmigen Körpern. Die Barschartigen (*Perciformes*) haben harte Flossenstrahlen in der Vorderpartie ihrer zweigeteilten Rückenflosse, sie kommen sowohl in Süß- als auch Salzwasser vor. Zu den viel befischten Gruppen gehört auch die Familie Makrelen (*Scombridae*), räuberische Seefische mit spindelförmigen Körpern, die in riesigen Schwärmen auftreten. Auch unter den Dorschartigen (*Gadiformes*) gibt es eine ganze Reihe von Nutzfischarten, meist sind es Seefische wie die Dorsche (*Gadidae*) mit einer unpaarigen Bartel auf der Unterlippe.

Bild 6. Das Bitterling-Weibchen (*Rhodeus sericeus*) legt seine Eier mit einer langen Legeröhre zwischen die Kiemenblätter lebender Muscheln.

Klasse **Rundmäuler** – *Cyclostomata*

Ordnung **Neunaugen** –
Petromyzoniformes

1 Bachneunauge *Lampetra planeri*
In ganz Europa verbreitet, aber sehr selten
geworden. Lebt ständig in Flüssen und Bächen. Wird bis 30 cm lang. Im Frühjahr
legt das Weibchen 500 Eier ab. Die Larven
leben 2–4 Jahre, dann verwandeln sie sich
in erwachsene Tiere. Im Frühjahr nach der
Metamorphose laichen die Tiere in den
Oberläufen, wo dann auch die Larven leben.
Die erwachsenen Exemplare gehen nach
dem Laichen ein. Geschützt!

2 Flußneunauge *Lampetra fluviatilis*
Lebt im Meer an den nordeuropäischen
Küsten. Länge bis zu 50 cm. Im Herbst über-
siedelt das Tier in die Flüsse, wo es von
April bis Mai in den Quellregionen mit sandigem Boden laicht. Das Männchen baut ein
Nest – eine Vertiefung von bis 50 cm Durchmesser. Das Weibchen legt 5000–40 000
Eier ab. Nach dem Laichen gehen sowohl
das Männchen als auch das Weibchen an
Erschöpfung ein. Nach 14–21 Tagen schlüpfen die Larven, die sich von kleinen Organismen nähren. Im Spätsommer des dritten
Jahres, wenn die Larven an die 18 cm lang
sind, beginnt ihre Verwandlung. Das zahnlose Maul bekommt Zähne, die Augen treten
an die Oberfläche hervor. Die Metamorphose ist nach 6–8 Wochen beendet und die
jungen Neunaugen wandern dann ins Meer,
wo sie sich räuberisch von verschiedenen

Fischen nähren. Ihre Nahrung schaben sie
mit den Zähnen und saugen sie dann mit
Hilfe der Zunge ein. Sie wachsen schnell.
Die erwachsenen Exemplare ziehen dann
wieder zu ihren Laichplätzen in Flüsse und
Bäche. Geschützt!

Klasse **Knorpelfische** – *Chondrichthyes*

Ordnung **Haiartige** – *Selachiformes*

3 Kleinfleckiger Katzenhai
Scyliorhinus canicula
Lebt an den europäischen Küsten, auch im
Mittelmeer. An der Küste Englands stark ver-
breitet. Wird bis 1 m lang. Für den Menschen
ungefährlich. Sucht seine Nahrung am
Grund, frißt Weichtiere und Krustentiere.
Nachttier. Das Weibchen legt bis 20 Eier ab,
die in harten Hüllen liegen. Diese Hüllen
haben an den Enden rankenartige Fortsät-
ze, die sich an Pflanzen verfangen. Die
Entwicklung der Eier dauert 6–7 Monate.

Ordnung **Rochenartige** – *Rajiformes*

4 Nagelrochen *Raja clavata*
Der verbreitetste Rochen der europäischen
Küstengewässer. Auch in der Nordsee zu
finden. Das Männchen wird bis 70 cm, das
Weibchen bis 125 cm lang. Der Körper hat,
durch die breiten Brustflossen bedingt, eine
rhombische Form. Die Rückenhaut ist mit
stachligen Dornen bedeckt. Hält sich vorwiegend auf schlammigem Grund an seichten Stellen auf. Seine Nahrung besteht aus
Krabben, kleinen Schollen u. ä. Die vierkan-
tigen Eier stecken in festen Hüllen, die an
jeder Ecke Fortsätze tragen. Die Entwicklung des Embryos im Ei dauert 4,5–5,5
Monate.

1

2

3

Klasse **Strahlenflosser** – *Actinopterygii*

Ordnung **Knorpelganoiden** – *Acipenseriformes*

5 Stör *Acipenser sturio*
In der Nähe der Küsten des Nordatlantiks, auch in der Nordsee, Ostsee, im Mittelmeer und Schwarzen Meer verbreitet. Wird etwa 2 m lang (Maximum 3 m). Im Frühjahr wandert er in die großen Flüsse, wo er laicht. Dann kehrt er wieder ins Meer zurück. Eier ähnlich wie Froscheier; werden auf steinigen Boden abgelegt. Ein Weibchen legt 800 000 bis 2,5 Millionen Eier. Die Brut schlüpft nach einigen Tagen. Der Aufenthalt der Jungfische im Fluß dauert maximal 2 Jahre, dann ziehen sie ins Meer. Seine Nahrung sucht der Stör meist am Grund, wo er mit seinem vorgestülpten Maul Weichtiere, Krustentiere, Würmer und auch kleine Fische erbeutet, die er mit Hilfe seiner Barteln sucht.

6 Sterlet *Acipenser ruthenus*
Hat eine lange Schnauze. Lebt in den in das Schwarze Meer und in die Kaspisee mündenden Flüssen. In Mitteleuropa kommt er selten in der Donau bis nach Linz vor. Er wird bis 50 cm lang. Laichzeit von Mai bis Juni. Nahrungssuche wie beim Stör. Vorzügliches Fleisch, aus den Eiern wird Kaviar hergestellt.

Überordnung **Echte Knochenfische** – *Teleostei*

Ordnung **Heringsartige** – *Clupeiformes*

Familie **Heringe** – *Clupeidae*

7 Maifisch *Alosa alosa*
Bewohnt die Nordsee. Wird bis 70 cm lang. Im Frühjahr dringt er weit stromaufwärts in die Flüsse vor, wo er laicht. Nährt sich von Plankton. Das Weibchen legt bis 200 000 Eier auf den Grund ab. Liebt klares, reines Wasser.

7

4

6

5

Familie **Lachse** – *Salmonidae*

1 Lachs *Salmo salar*
Lebt im Meer an den Küsten Europas, Asiens und Amerikas. Im Herbst zieht er in Schwärmen in die Flüsse bis in ihr Quellgebiet, wo er in den Wintermonaten laicht. Die jungen Lachse verbringen 3–5 Jahre in den Flüssen, dann ziehen sie ins Meer, wo sie innerhalb einiger Jahre die Reife erreichen. Am Laichplatz, in kaltem Wasser, in einer Tiefe von etwa 1 m, höhlt das Weibchen mit Schwanzschlägen eine Vertiefung aus, in die es die Eier ablegt und mit Sand zudeckt. Im Gegensatz zu anderen Wanderfischen laicht der Lachs auch mehrmals. Viele der Fische gehen jedoch an Erschöpfung zugrunde oder fallen Raubfischen zum Opfer. Ein Weibchen legt bis 40 000 Eier ab. Die überlebenden Exemplare kehren zu Frühjahrsbeginn ins Meer zurück. Der Lachs wird bis 1,5 m lang und 50 kg schwer. In den europäischen Flüssen gehört er zur aussterbenden Fauna, obwohl noch vor ziemlich kurzer Zeit alljährlich Hunderttausende dieser Fische zum Laichen stromaufwärts zogen. Während der Laichzeit und des Zuges nimmt er keine Nahrung zu sich, im Meer nährt er sich von Heringen, Sprotten, Kru-

stentieren u. ä. Die Jungfische fressen Insektenlarven, später auch kleine Fische.

2 Forelle *Salmo trutta*
Früher unterschied man mehrere Arten, heute sieht man sie als verschiedene Rassen an. Die Meerforelle (*S. t. trutta*) lebt im Meer in der Nähe der Küsten, von Frankreich bis in die Ostsee. Sie wird 1,3 m lang. In die Flüsse zieht sie nur zur Laichzeit. Die Seeforelle (*S. t. t. forma lacustris*) bewohnt die Alpen- und Voralpenseen und laicht in deren Zuflüssen. Das Weibchen wird bis 80 cm lang und legt etwa 30 000 Eier ab. Die bekannteste Forelle, die Bachforelle (*S. t. t. forma fario*) lebt in rasch strömenden Gebirgswässern der sog. Forellenzone. Sie ist in ganz West-, Mittel- und Nordeuropa bis nach Finnland, südlich bis nach Italien und Marokko verbreitet. Sie wird 30 cm lang. Sie laicht im Alter von 2–3 Jahren in den Wintermonaten, das Weibchen legt bis 1500 Eier ab. Liebt reines, klares Wasser. Nährt sich von Insekten, Würmern, Mollusken u. ä. Die Forelle gehört zu den beliebtesten Fischen. Sie wird an vielen Stellen künstlich gezüchtet und die Brut wird ausgesetzt. An vielen Stellen Europas wurde die Regenbogenforelle (*Salmo gairdneri irideus*), die ursprüng-

1

2

3

lich aus Nordamerika stammt, ausgesetzt. Sie verträgt wärmeres Wasser und laicht im Frühjahr.

3 Huchen *Hucho hucho*
Lebt in reinem Wasser der Donaunebenflüsse. Zieht nie ins Meer. Er wird bis 150 cm lang und 15 kg, ausnahmsweise bis 30 kg schwer. Großer Raubfisch. Nährt sich von Fischen und anderen Wasserwirbeltieren. Im März bis April unternimmt er kurze Züge stromaufwärts und laicht dort auf steinigem Boden. Das Weibchen legt bis 25 000 Eier ab. Wird stellenweise künstlich abgelaicht. Vorzügliches Fleisch.

4 Seesaibling *Salvelinus salvelinus*
Ähnelt der Forelle. Bewohnt die kühlen Gebirgsseen der Alpen. In Färbung und Größe sehr variabel. In nahrungsarmen Seen wird er nur 40 cm lang. Wir unterscheiden die dunkle, die normale und die große Form. Die an letzter Stelle erwähnte Form wird 80 cm lang und 10 kg schwer. Die beiden ersten Formen nähren sich von Plankton, die große Form von Fischen. Der Fisch laicht von September bis Januar am Ufer oder im Juli am Grund in einer Tiefe von 20–80 m.

5 Große Maräne *Coregonus lavaretus*
Bewohnt die kühleren Unterläufe der Flüsse, Brackwasser, auch tiefe Seen des nördlichen Mitteleuropas und Nordeuropas. Sehr variabel – wir unterscheiden 4 Grundformen, deren jede einzelne wiederum örtlich variabel ist. Nährt sich von Plankton. Manche Formen werden erfolgreich in Teichen ausgesetzt und gezüchtet.

6 Äsche *Thymallus thymallus*
In fast ganz Europa verbreitet. Hohe Rükkenflosse. Wird bis 48 cm lang und etwa 1 kg schwer. Lebt in reinen Flüssen und größeren Bächen in der sog. Äschenzone – in wärmerem Wasser als in der Forellenzone. Die Männchen sind größer als die Weibchen und verfärben sich in der Laichzeit von März bis April sehr eindrucksvoll. Nährt sich von Insektenlarven, kleinen Lebewesen u.ä. Geschätzter Angelsportfisch. Schmackhaftes Fleisch.

4

5

6

Ordnung **Hechtartige** – *Esociformes*

Familie **Hechte** – *Esocidae*

1 Hecht *Esox lucius*
Lebt auf der ganzen nördlichen Halbkugel in Flüssen und stehenden Gewässern. Länge bis 1,5 m, Gewicht bis über 40 kg. In Mitteleuropa laicht er im März und April. Legt in seichtem Wasser bis 1 000 000 Eier ab. Die ausgeschlüpfte Brut sinkt zum Grund. Nach 2–3 Stunden heften sich die Jungfische mit Hilfe einer besonderen Drüse am Ende des Kopfes an Wasserpflanzen an. Das Maul und die Kiemen öffnen sich erst nach 8 Tagen. Erst dann steigen die kleinen Hechte an die Oberfläche empor, um dort ihre Schwimmblase mit Luft zu füllen. Die Hechte nähren sich von Fischen, Amphibien u. ä.

Ordnung **Karpfenartige** – *Cypriniformes*

Familie **Karpfenfische** – *Cyprinidae*

2 Karpfen *Cyprinus carpio*
Stammt ursprünglich aus den Flüssen Südosteuropas und aus China und Japan. Heute in allen europäischen Flüssen sehr selten. Wird künstlich in Fischteichen gezüchtet. Er wird ausnahmsweise bis 1,5 m lang und 35 kg schwer. Die Flußkarpfen – die wilde Form – haben einen niedrigen Körper. Karpfenzucht in Europa schon im 13. Jahrhundert. Viele lokale Zuchtrassen. Der Karpfen erreicht seine Reife im 3.–4. Jahr. Laichzeit von Mai bis Juni bei Temperaturen von 15–20 °C. Das Weibchen legt 100 000 bis 1 000 000 Eier ab. Die Brut schlüpft nach 3–6 Tagen. Im Winter steigt der Karpfen zu tieferen, schlammigen Stellen hinab, wo er überwintert. Er nährt sich von kleinen Lebewesen und auch von Wasserpflanzen. Kann bis 50 Jahre alt werden.

3 Karausche *Carassius carassius*
Lebt in den Gewässern Mittel- und Osteuropas, ist aber auch in Asien und Nordamerika verbreitet. Bewohnt stehende und langsam fließende Gewässer. Hoher Körper, Lippen ohne Barteln. Wird nur 20–30 cm lang und etwa 1 kg schwer. Laicht im Mai und Juni. Das Weibchen legt bis 300 000 Eier an Wasserpflanzen ab. Nährt sich von Insekten, Weichtieren und kleinen Krustentieren. Die Goldkarausche ist eine goldglänzende Form.

1

2

3

4

4 Schleie *Tinca tinca*
Bewohnt stehende und langsam fließende
Gewässer Europas und Westsibiriens. Lebt
auch im Brackwasser der Ostsee. Wird 50
cm lang und etwa 5 kg schwer. Sehr kleine
Schuppen, Haut schleimig. Wird 20 Jahre
alt. Große Exemplare wachsen nur in tieferen Seen heran. Laichzeit Mai bis Juli. Das
Weibchen legt durchschnittlich 300 000 Eier
ab, die klebrig sind und an Wasserpflanzen
haftenbleiben. Nachttier. Gutes Fleisch. Die
Schleie ist vielerorts auch ein beliebter
Sportfisch, der mit der Grundangel gefangen wird.

5 Plötze *Rutilus rutilus*
In allen Flüssen und stehenden Gewässern
Mittel- und Nordeuropas verbreitet. Kommt
auch in Brackwaser vor. Überall sehr zahlreich. Körperlänge 15–35 cm. Gewicht selten über 1 kg. Laichzeit von April bis Mai
in der Nähe der Ufer. Das Weibchen legt
100 000 Eier ab. Wichtiger, als Nahrung für
Raubfische dienender Fisch, insbesondere
für Hechte. In Fischteichen wirtschaftlich un-
wichtig. In den Flüssen bei Angelsportlern
beliebt. Sowohl pflanzliche als auch tierische Nahrung – kleine Weichtiere, Krustentiere und Insekten.

6 Brachsen *Abramis brama*
Gehört zu den größten europäischen Süß-
wasserfischen. Länge bis 70 cm und ein
Gewicht von über 7 kg. Körper seitlich zu-
sammengedrückt und hoch. Vom Ural bis
Westfrankreich verbreitet. Bewohnt stehen-
de und langsam fließende Gewässer mit
schlammigem Boden. Laicht von Mai bis
Juli. Das Weibchen legt 20 000 bis 300 000
Eier in der Nacht ab. Die Jungfische halten
sich in großen Schwärmen in der Nähe des
Ufers auf. Sucht seine Nahrung meist am
Grund. Nur in der Nacht kommt der Fisch zur
Oberfläche. Nährt sich von kleinen Lebe-
wesen.

7 Güster *Blicca bjoerkna*
Hat einen sehr hohen und kurzen, stark ab-
geflachten Körper. Bewohnt die Flüsse und
Teiche Europas. Wird meist nur 30 cm lang
und bis 1 kg schwer. Laichzeit von Mai bis
Juni. Das Weibchen legt an 100 000 Eier zwischen Wasserpflanzen ab. In den Fischteichen gehört die Güster zu den wirtschaftlich
unbedeutenden Fischen. Nährt sich von
kleinen Lebewesen und teilweise auch von
Wasserpflanzen.

5

6

7

Familie **Karpfenfische** – *Cyprinidae*

1 Aland *Leuciscus idus*
Lebt in ganz Europa in Flüssen und Seen mit Zu- und Abflüssen. Wird 30–45 cm lang, selten auch bis 70 cm und erreicht ein Gewicht von 1–4 kg. Laicht von April bis Juni in großen Schwärmen in Ufernähe. Das Weibchen legt 40 000 bis 100 000 Eier auf Steinen und Wasserpflanzen ab. Nährt sich von Insekten, Würmern, kleinen Weichtieren und Krustentieren. Große Exemplare fressen auch kleine Fische, man rechnet den Aland jedoch nicht zu den Raubfischen. Fleisch außerordentlich schmackhaft, der Fisch ist jedoch verhältnismäßig selten.

2 Döbel *Leuciscus cephalus*
Ein sehr zahlreich auftretender Fisch, der in langsam fließenden Flüssen und Bächen ganz Europas vorkommt. Wird bis 30 cm, selten bis 70 cm lang, und erreicht ein Gewicht von 0,25–5 kg. Laicht im April und Mai. Das Weibchen legt bis zu 100 000 Eier auf Wasserpflanzen ab. Allesfresser. Nährt sich von Pflanzen und kleinen Lebewesen und richtet oft Schaden unter kleinen Forellen an. Fleisch ziemlich schmackhaft.

3 Hasel *Leuciscus leuciscus*
In ganz Mittel- und Nordeuropa verbreitet. Bewohnt rasch strömende Flüsse und Bäche, ist auch in Seen mit Zu- und Abflüssen zu finden. Wird 15 bis 20 cm lang und wiegt maximal 1 kg. Laichzeit von März bis Mai. Konkurriert mit den Äschen und Forellen. Nährt sich von kleinen Lebewesen, teilweise auch von Pflanzen. Ihr Fleisch ist nicht sehr geschätzt.

4 Rapfen *Aspius aspius*
Der einzige wirkliche Raubfisch unter den Karpfenfischen. Lebt an der Oberfläche größerer Flüsse. In Mittel- und Osteuropa verbreitet. Auch im Brackwasser der Ostsee zu finden. Kräftiger, aber langgezogener Körper. Wird 40–60 cm lang und 3–4 kg schwer. In Einzelfällen kann er bis 1,2 m lang werden und ein Gewicht von 10 kg erreichen. Laichzeit von März bis Anfang Juni. Das Weibchen legt 80 000–100 000 Eier auf sandigen Grund ab. Fängt Fische, aber auch Amphibien, gelegentlich auch kleine Vögel, insbesondere die Jungen der Wasservögel. Ist sehr scheu. Fleisch schmackhaft. Als Sportfisch geschätzt.

1

2

3

5 Moderlieschen *Leucaspius delineatus*
Bewohnt Mittel- und Osteuropa. Lebt in stehenden und langsam strömenden Gewässern, ist jedoch auch in kleinen Teichen und Tümpeln zu finden. Hält sich meist in Schwärmen auf. Hat einen silbrigen Glanz, die Seitenlinie ist verkürzt. Wird 5–6 cm, ausnahmsweise auch bis 12 cm lang. Laichzeit von April bis Mai. Das Weibchen legt etwa 150 Eier spiralig oder kreisförmig um Wasserpflanzenstengel. Das Männchen hält bei der Nachkommenschaft Wache und fächelt ihr mit den Brustflossen sauerstoffreiches Wasser zu. Die Jungfische sind bereits nach einem Jahr vermehrungsfähig. Nähren sich von Algen und kleinen Lebewesen. Wichtiger Bestandteil der Raubfischnahrung.

6 Schneider *Alburnoides bipunctatus*
Lebt in Mitteleuropa. Sehr häufig in Süd- und Westdeutschland, anderswo seltener. Lebt in ganzen Schwärmen in rasch strömenden, reinen Flüssen, jedoch nie in Höhenlagen von über 700 m ü. d. M. Wird 9–11 cm lang. Laichzeit April bis Juni. Das Weibchen legt seine Eier auf sandigen Boden in fließenden Gewässern ab. Fischer benützen diesen Fisch als Köder beim Raubfischfang.

7 Ukelei *Alburnus alburnus*
In ganz Europa nördlich der Alpen und östlich bis zur Wolga verbreitet. Auch im Brackwasser der Ostsee zu finden. In Schottland und Irland kommt sie nicht vor. Sie hält sich in der Nähe der Wasseroberfläche der Flüsse des Flachlandes oder in Seen und Teichen mit Zu- und Abflüssen auf. Wird 10–15 cm lang. Laicht von März bis Juni mit lautem Geplätscher im seichten Uferwasser. Das Weibchen legt die Eier an ins Wasser ragende Baumwurzeln, an Wasserpflanzen usw. ab. Kommt sehr zahlreich vor und ist deshalb ein wichtiger Bestandteil der Raubfischnahrung. Vertilgt eine beträchtliche Menge von Mückenlarven. Frißt außerdem Plankton. Angler benützen diese Fische als Köder beim Raubfischfang. An manchen Orten, wo sie in sehr großen Mengen vorkommen, werden mit Ukeleien auch Schweine gefüttert.

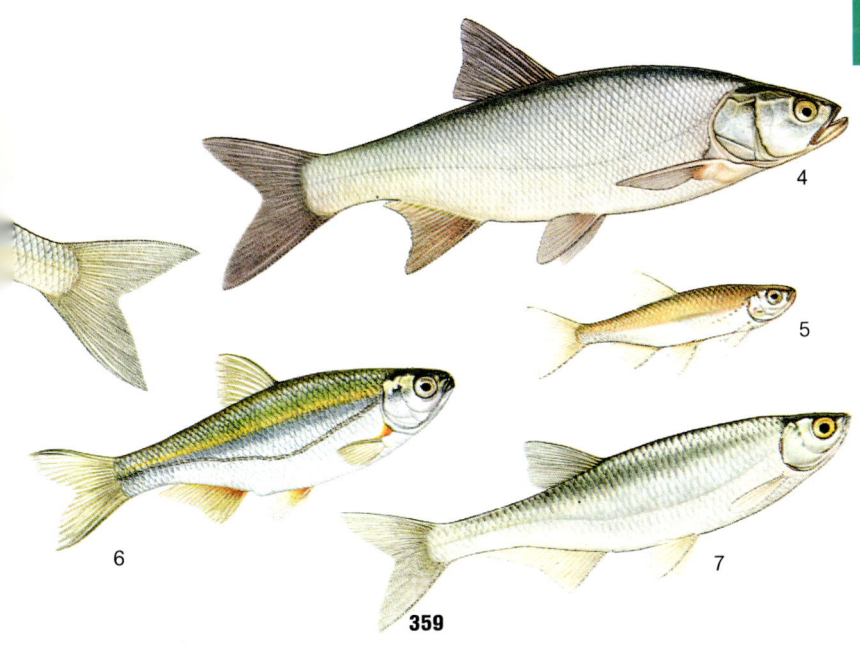

4

5

6

7

Familie **Karpfenfische** – *Cyprinidae*

1 Sichling *Pelecus cultratus*
Ein osteuropäischer Fisch, der früher auch in den Buchten der Ostsee zu finden war. Aus dem Schwarzen Meer zieht er oft in die Donau. Wird 60 cm lang. Hält sich in Schwärmen auf. Laicht im Mai und Juni in Salz- und Süßwasser, manche Exemplare auch in den Flußoberläufen. Das Weibchen legt etwa 100 000 Eier auf Wasserpflanzen ab. Nährt sich hauptsächlich von Plankton.

2 Elritze *Phoxinus phoxinus*
Lebt in rasch strömenden Bächen in ganz Europa, auch in höheren Gebirgslagen. Wird 7–14 cm lang. Die Männchen sind im Frühjahr bunt gefärbt. Die Fische laichen von Mai bis Juli am Tage in ganzen Zügen an seichten Stellen mit sandigem Boden. Das Weibchen legt 100–200 große, gelbe Eier ab. Die Jungfische wachsen rasch. Die Elritze erreicht ein Alter von nur 3–4 Jahren. Nährt sich von Insektenlarven und Würmern. Hält sich in Schwärmen in der Nähe der Wasseroberfläche auf.

3 Bitterling *Rhodeus sericeus*
Bewohnt Mitteleuropa nördlich der Alpen. Lebt in stehenden und langsam strömenden Gewässern. Wird 4–10 cm lang. Das Männchen bekommt in der Laichzeit ein buntes Hochzeitskleid, dem Weibchen wächst ein Legerohr. Die Fische halten sich in Gruppen dort auf, wo auf sandigem Grund Fluß- oder Teichmuscheln leben. Sobald das Männchen eine Muschel gefunden hat, stößt es in ihrer unmittelbaren Nähe ein Wölkchen seiner Samenflüssigkeit aus, die die Muschel dann mit dem Wasser einsaugt. Das Weibchen steckt daraufhin sein Legerohr zwischen die Muschelschalen und legt dort ein Ei ab, das so in der Muschel befruchtet wird. Dieser Vorgang wird so lange wiederholt, bis das Weibchen alle Eier abgelegt hat (an die 40). Die Muscheln schützen die Eier und die geschlüpften Jungfischchen, die ihren Gastgeber verlassen, wenn sie ihren Dotter aufgezehrt haben. Die Bitterlinge nähren sich vor allem von pflanzlicher Nahrung, fressen aber auch kleine Krustentiere und Würmer. Vermehren sich auch in Aquarien.

4 Nase *Chondrostoma nasus*
War früher in den meisten europäischen Flüssen, vor allem der Oder und Elbe, stark verbreitet. Heute kommt sie zahlreicher noch in der Donau, im Rhein und seinen Nebenflüssen vor. Ihr Kopf ist nasenförmig langgezogen. Hält sich in der Nähe des Grundes auf. Laichzeit von März bis Mai. Zieht stromaufwärts zu steinigen Stellen, wo sie in Schwärmen laicht. Ein Weibchen legt bis 100 000 Eier ab. Wird bis 50 cm lang und 2 kg schwer. Nährt sich von pflanzlicher und tierischer Kost (kleinen Lebewesen). Ihr Fleisch ist nicht sonderlich schmackhaft.

5 Flußbarbe *Barbus barbus*
Lebt in ganz Mitteleuropa nördlich der Alpen. Westlich der Elbe jedoch selten. Hält sich am Grund reiner strömender Gewässer, aber auch in Tümpeln auf. Wird bis 70 cm lang und 5 kg schwer. Lebt in Schwärmen. Zur Laichzeit von April bis Juni zieht sie stromaufwärts. Das Weibchen legt 5000 bis 30 000 goldgelbe Eier auf sandigen Boden ab. Nährt sich von kleinen Lebewesen, wie z. B. von Eintagsfliegenlarven, aber auch von Eiern und der Brut anderer Fische. Ihre Eier werden als giftig angesehen.

6 Rotfeder *Scardinius erythrophthalmus*
Bewohnt stehende und langsam strömende

♀

2

♂

1

Gewässer Europas. In den Alpen bis zu einer Höhe von 2000 m. Bauch-, After- und Schwanzflossen erwachsener Exemplare lebhaft rot. Wird bis 30 cm lang und bis 2 kg schwer. Laichzeit von April bis Mai. Das Weibchen legt bis 100 000 rötliche Eier auf Pflanzen ab. Nährt sich von pflanzlicher und tierischer Nahrung. Das Fleisch ist schmackhaft.

7 Gründling *Gobio gobio*
Von Westfrankreich nach dem Osten bis nach Mittelsibirien verbreitet. Kommt in Spanien, Nordschweden und Norwegen nicht vor. Viele Rassen. In den Maulwinkeln je eine Bartel. Auffallend große Flossen. Lebt am Grunde in Bächen und Flüssen, aber auch in stehenden Gewässern mit steinigem oder sandigem Grund. Kommt auch im Brackwasser der westlichen Ostsee vor. Oft vermehrt er sich stark in Teichen, durch die ein Bach fließt. Wird 10–20 cm lang. Laichzeit von Mai bis Juni. Das Weibchen legt 1000 bis 3000 Eier in Klümpchen auf Steine oder Wasserpflanzen ab. Die Brut schlüpft je nach Temperatur nach 10–20 Tagen. Der Gründling nährt sich von kleinen Lebewesen und Pflanzenresten. Hält sich in größeren Gruppen auf, häufig gemeinsam mit anderen Fischen.

Familie **Karpfenfische** – *Cyprinidae*

1 Zährte *Vimba vimba*
In Mittel- und Osteuropa stark verbreitet. Oberkiefer langgezogen. Lebt am Grund der Flüsse. Wird 20–30 cm lang und bis 2 kg schwer. Zur Laichzeit von April bis Juni Rükken oft schwarz gefärbt. Am Laichplatz sind oft Tausende Fische zu finden. Das Weibchen legt 100 000 bis 200 000 Eier ab. Nährt sich von kleinen Lebewesen am Grund. Ihr Fleisch ist nicht besonders schmackhaft.

Familie **Schmerlen** – *Cobitidae*

2 Schlammpeitzger *Misgurnus fossilis*
Lebt in fast ganz Europa, fehlt jedoch in England, Norwegen, Spanien und Italien. Bewohnt den Grund schlammiger, stehender oder langsam strömender Gewässer. Um das Maul hat er 10 Barteln, die ihm bei der Nahrungssuche helfen. Wird 20–30 cm lang. Zur Laichzeit, von April bis Juni, legt das Weibchen bis 10 000 Eier auf Wasserpflanzen ab. Der Fisch ist mit akzessorischer

Darmatmung ausgestattet, so daß er auch in sauerstoffarmen Gewässern leben kann. Er schwimmt zur Wasseroberfläche, schluckt Luft, drückt sie in den mit zahlreichen Äderchen ausgestatteten Darm und stößt die verbrauchte Luft durch die Afteröffnung aus. Nährt sich von Mollusken und anderen Lebewesen des Grundes, aber auch von Pflanzenresten. Sein Fleisch ist schmackhaft.

3 Steinbeißer *Cobitis taenia*
Bewohnt ganz Europa, fehlt nur in Norwegen, Irland und Schottland. Hält sich am Grund reiner, langsam strömender Gewässer oder auch stehender Gewässer mit Sandboden auf. Hat an der Oberlippe 6 kurze Barteln. An der Seite hat er 12–20 rundliche Flecken. Die kleinen, hoch am Kopf angesetzten Augen haben eine gelbe Iris. Wird 8–12 cm lang. Vergräbt sich gern bis zum Kopf im Sand. Laichzeit von April bis Juni. Seine Nahrung besteht aus kleinen Lebewesen des Grundes. Auch der Steinbeißer ist mit einer zusätzlichen Darmatmung ausgestattet. Unter dem Auge hat er einen Dorn, den er bei Gefahr aufstellt. Wenn man ihn in die Hand nimmt, gibt er zischende Laute von sich.

4 Bachschmerle
Noemacheilus barbatulus
In ganz Europa verbreitet, kommt jedoch

nicht in Norwegen und Schweden vor. In großen Mengen in den Buchten der Ostsee zu finden. Ihr Körper ist schlangenartig, glatt, nur an den Seiten beschuppt. Lebt am Grund reiner und strömender Gewässer, seltener in Seen oder Teichen. Färbung sehr variabel. Bauch jedoch weiß oder bläulich. Wird 10–15 cm lang. Laichzeit von April bis Juni. Das Weibchen legt etwa 6000 Eier auf Wasserpflanzen ab. Nährt sich von kleinen Lebewesen des Grundes. Wurde früher als Delikatesse angesehen.

Familie **Echte Welse** – *Siluridae*

5 Wels *Silurus glanis*
In Europa vom Rhein nach dem Osten bis nach Westasien verbreitet. Großer Kopf mit einem breiten Maul. Körper unbeschuppt. Lebt in tieferen, langsam strömenden Flüssen, in Stauseen und Seen. In tiefen Gewässern kann der Wels bis 3 m lang werden und ein Gewicht von 250 kg erreichen. Lebt einzeln, nur während der Laichzeit in Paaren. Laicht von Mai bis Juni an Ufern mit starkem Pflanzenwuchs. Das Weibchen legt bis 200 000 Eier bei einer Temperatur von 18–20 °C in seichtes Wasser ab. Der Wels hält sich am Grund auf, steigt jedoch gern, besonders in der Nacht, an die Wasseroberfläche. Auf den ersten Blick täppisch, jedoch ein schneller Jäger. Raubfisch, der Fische, Wasservögel bis zur Größe einer Gans und auch kleinere Säugetiere fängt. Die Jungfische fressen Insekten, Mollusken und Amphibien. Sehr schmackhaftes Fleisch.

Familie **Katzenwelse** – *Ictaluridae*

6 Zwergwels *Ictalurus nebulosus*
Stammt aus den USA. Nach Europa im Jahre 1885 eingeführt und in Flüsse und Teiche ausgesetzt. Wird 45 cm lang und 1 kg schwer. Unterscheidet sich vom Wels, abgesehen von seiner Größe, dadurch, daß er 8 Barteln hat, d. h. um zwei mehr, und hinter der Rückenflosse eine kleine Fettflosse. Hält sich am Grund auf. Nachttier. Laicht zu Frühjahrsbeginn. Zur Laichzeit in Paaren. Das Weibchen gräbt zwischen Wurzeln eine Nestgrube, und das Männchen bewacht die Eier und später auch die kleinen Jungfische. Nährt sich von kleinen Lebewesen wie Fischchen u. ä.

6

5

Ordnung **Aalartige** – *Anguilliformes*

1 Flußaal *Anguilla anguilla*
Lebt an den europäischen Küsten und in Flüssen. Wird bis über 1 m lang, das Männchen jedoch nur etwa 50 cm, Maximalgewicht bis 5 kg. Die Aale ziehen in den Westatlantik in das sog. Sargassomeer bei den Bermudainseln. Hier laichen sie zu Frühjahrsbeginn bei einer Temperatur von 17 °C in einer Tiefe von etwa 400 m. Nach der Laichzeit sterben die Elterntiere ab. Die Larven, die früher als selbständige Art beschrieben wurden, treten mit Hilfe des Golfstroms ihre lange Reise zu den europäischen Küsten an. Nach 2 Jahren, wenn sie etwa 7,5 cm lang geworden sind, erreichen sie ihr Ziel, aber erst im Alter von 3 Jahren verwandeln sie sich in kleine Aale (Steigaale). Ein Teil zieht in die Flüsse, wo sie sich zu Weibchen entwickeln, und der Rest, der in den Flußmündungen und im Brackwasser bleibt, wächst zu Männchen heran. Nach der Geschlechtsreife ziehen die Aale wiederum zu ihren Laichplätzen im Meer. Raubfisch.

Ordnung **Hornhechtartige** – *Beloniformes*

2 Hornhecht *Belone belone*
Lebt in Schwärmen im nordöstlichen Teil des Atlantischen Ozeans, kommt auch in der Ostsee, im Mittelmeer und im Schwarzen Meer vor. Raubfisch. Nährt sich von schwimmenden Krabben und Fischen, auch von Insekten. Laicht an seichten Stellen. Knochen werden beim Kochen grün.

Ordnung **Büschelkiemerartige** – *Syngnathiformes*

3 Schmalschnäuzige Seenadel
Syngnathus typhle
In der Ost- und Nordsee stark verbreitet. Wird 30 cm lang. Färbung variabel. Bewohnt seichte, bewachsene Stellen. Laichzeit von April bis August. Die Eier trägt das Männchen in einer besonderen Bruttasche an der Bauchseite seines Körpers, hier entwickeln sich auch die Jungtiere, die das Männchen dann ins Meer aussetzt. Nährt sich von kleinen Krustentieren und auch von Jungfischen. Die Beute wird mit dem Wasser in den Saugmund aufgesaugt.

Ordnung **Barschartige** – *Perciformes*

Familie **Zackenbarsche** – *Serranidae*

4 Seebarsch *Morone labrax*
Bewohnt die Küstengewässer Europas und auch Afrikas. Zieht oft in die Flüsse, z.B. in die Elbe. Wird bis 1 m lang. Laicht von Mai bis Juli bei den Flußmündungen, aber auch in den Flüssen selbst. Im Meer schwimmen die Eier pelagisch (durch Auftrieb), im Süßwasser liegen sie am Grund. Die Jungfische schlüpfen nach 6 Tagen. Raubfisch. Frißt insbesondere Sardinen, deren Schwärmen er folgt.

1

2

3

4

Familie **Echte Barsche** – *Percidae*

5 Flußbarsch *Perca fluviatilis*
Lebt in Flüssen, Seen und Teichen in ganz
Europa. Tritt sehr zahlreich auf. Wird bis
40 cm lang und 4 kg schwer. Um über 30
cm lang zu werden, benötigt er 15 Jahre. Hält
sich in kleinen Gruppen auf. Laichzeit von
April bis Anfang Juni. Das Weibchen legt bis
250 000 Eier in Schnüren auf Wasserpflanzen ab. Die Jungfische schlüpfen nach 18
Tagen und nehmen 14 Tage lang keine Nahrung zu sich. Raubfisch.

6 Zander *Stizostedion lucioperca*
In Mittel- und Nordosteuropa verbreitet. In
reinen Flüssen, Teichen, auch in Brackwasser. Wird bis 1,3 m lang und erreicht ein
Gewicht von 10 kg. Laicht von April bis Juni
in einer Tiefe von 3–5 m. Das Weibchen legt
bis 300 000 Eier in Klümpchen ab. Raub-

fisch. In seiner Jugend frißt er kleine Lebewesen, später Fische.

7 Kaulbarsch *Acerina cernua*
Lebt in den Flüssen Mittel- und Nordeuropas. Sehr zahlreich. Wird etwa 20 cm lang.
Hält sich gern in tiefen, reinen Gewässern,
auch in den Buchten der Ostsee auf. Laichzeit von März bis Mai. Das Weibchen legt
50 000 bis 100 000 Eier ab. Raubfisch. Nährt
sich von Insekten, Würmern, aber auch von
Eiern und der Brut anderer Fische.

8 Streber *Aspro streber*
Kommt nur in der Donau und ihren Nebenflüssen vor. Lebt in strömenden Gewässern
mit steinigem Grund. Wird 14–18 cm lang.
Laichzeit von März bis Mai. Nährt sich von
Würmern, Insekten, kleinen Krustentieren
und kleinen Fischen.

5

6

8

7

Ordnung **Dorschartige** – *Gadiformes*

Familie **Dorsche** – *Gadidae*

3 Quappe *Lota lota*
Auf der ganzen nördlichen Halbkugel verbreitet. Südgrenze ihrer Verbreitung in Europa ist Norditalien. Lebt in tieferen strömenden Gewässern oder in Seen und Teichen mit Zu- und Abflüssen und ist auch in höheren Lagen anzutreffen. Wird 40–80 cm lang und 3 kg schwer. Laichzeit von November bis Anfang Februar. Während dieser Zeit unternimmt die Quappe kurze Züge stromaufwärts und sucht Stellen mit sandigem Grund. Das Weibchen legt bis zu 1 Million Eier in flache Vertiefungen oder auf Wasserpflanzen ab. Die Brut schlüpft nach 4 Wochen. Nachtlebewesen. Raubfisch.

Ordnung **Plattfischartige** – *Pleuronectiformes*

Familie **Zungen** – *Soleidae*

4 Seezunge *Solea solea*
In den Küstengewässern Europas im Atlantik, der Nordsee und einem Teil der Ostsee verbreitet. Wird bis 50 cm lang. Färbung dem Untergrund angepaßt. Erwachsene Fische leben auf sandigem Grund nicht tiefer

Familie **Makrelen** – *Scombridae*

1 Makrele *Scomber scombrus*
Im Atlantik, der Nord- und Ostsee, im Mittelmeer und Schwarzen Meer verbreitet. Wird bis 50 cm lang. Im Sommer in seichten Küstenregionen, im Winter in der Tiefe. Zieht in riesigen Schwärmen. Laicht von Mai bis August in Küstennähe. Das Weibchen legt bis 400 000 Eier ab. Nach drei Jahren erreichen die jungen Makrelen eine Länge von 30 cm und sind vermehrungsfähig. Sie nähren sich zuerst von kleinen Krustentieren, später von kleinen Heringen, Sprotten und Mollusken.

Familie **Groppen** – *Cottidae*

2 Groppe *Cottus gobio*
In fast ganz Europa verbreitet. Bewohnt rasch strömende Flüsse und Bäche, ist aber auch in Seen zu finden. Hält sich am Grunde auf, versteckt sich oft unter Steinen. Wird 10–18 cm lang. Laichzeit von März bis April. Das Weibchen legt 100 bis 300 Eier in Häufchen in Vertiefungen des Grundes. Das Männchen bewacht die Brut.

als 50 m. In der Nacht aktiv. In der Nordsee laichen die Fische von April bis August. Die jungen Fische sind noch symmetrisch gebaut, halten sich bis zu ihrem zweiten Lebensjahr in der Nähe der Küste auf. Die Seezunge nährt sich von Würmern, Mollusken und kleinen Fischen.

Ordnung **Armflosserartige** –
Lophiiformes

Familie **Anglerfische** – *Lophiidae*

5 Seeteufel *Lophius piscatorius*
In der Nordsee, an den Küsten Westeuropas und im Nordteil des Mittelmeeres verbreitet. Wird bis 2 m lang. Am Kopf und dem Vorderteil des Körpers einzelne, abgesonderte Flossenstrahlen. Der erste Strahl trägt einen blattförmigen Fortsatz. Im Maul mehrere Reihen spitzer Zähne. Hält sich am Meeresgrund, meist im Schlamm auf. Laicht von März bis April, in einer Tiefe von 1–2 km. Die Eier steigen an die Wasseroberfläche. Die Brut hat sehr bizarre Formen. Raubfisch. Lauert auf seine Beute und benützt seine langen Flossenstrahlen als Köder, mit denen er Fische anlockt.

Ordnung **Stichlingsartige** –
Gasterosteiformes

Familie **Stichlinge** – *Gasterosteidae*

6 Dreistachliger Stichling
Gasterosteus aculeatus
In ganz Europa verbreitet, wenn auch an vielen Stellen künstlich ausgesetzt. Zahlreich auch in den Küstengewässern. Wird 4–7 cm lang. Interessante Brutpflege. Das zur Laichzeit bunt gefärbte Männchen baut aus Pflanzenteilen ein kugeliges Nest, in das das Weibchen 80–100 Eier ablegt. Das Männchen bewacht die Eier und später die Brut. In ein Nest legen manchmal auch mehrere Weibchen ihre Eier ab. Laichzeit von April bis Juni, während der das Weibchen 5–6mal Eier ablegt. Gegen Ende der Laichzeit schließen sich die Fische zu großen Zügen zusammen. Der Stichling wird nur 2–3 Jahre alt. Sehr räuberischer Fisch. Frißt die Eier und oft auch die Brut anderer Fische.

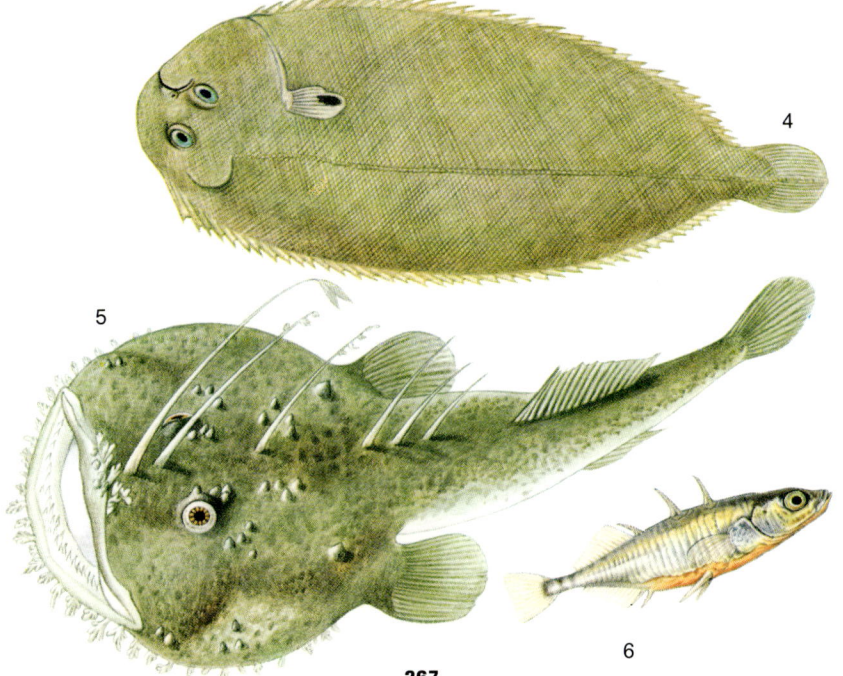

4

5

6

Lurche und Kriechtiere

Lurche (*Amphibia*) sind vierbeinige Wirbeltiere mit einer sogenannten Metamorphose. Dabei verwandelt sich die Larve (Kaulquappe), die im Wasser lebt und mit Kiemen atmet, in das ausgewachsene Tier, das mit Lungen atmet und auf dem Trockenen leben kann. Einige Lurcharten sind ovovivipar, d. h., daß ihre Weibchen lebende Junge gebären, die ihre Eientwicklung im Mutterleib durchgemacht haben. Die Haut der Lurche ist nackt und drüsig, das Hautsekret ist meist giftig.

Die Schwanzlurche (*Caudata*) haben vier im Reifezustand gut ausgebildete, wenn auch relativ schwache Gliedmaßen, die nur zu langsamem Kriechen dienen. Der lange Schwanz bleibt das ganze Leben erhalten, er ist seitlich zusammengedrückt und dient in Verbindung mit Rumpfbewegungen zum Schwimmen. Diese Lurche verfügen über eine beträchtliche Regenerationsfähigkeit, d. h. sie können verlorene Körperteile ersetzen, sogar mitsamt Knochen. Sie sind sehr zahlreich, leben auf dem Trockenen, halten sich aber an feuchten Orten auf. Im Frühjahr begeben sie sich ins meist stehende Wasser, wo die Weibchen ihre Eier legen. In dieser Zeit wächst den Männchen einiger Arten ein auffallend hoher Kamm auf Rücken und Schwanz. In Ausnahmen, wie z. B. beim Alpensalamander (*Salamandra atra*), sind die Larven nicht ans Wasser gebunden, da die Weibchen schon entwickelte Junge gebären, die ihre Kiemen bereits im Mutterleib ablegen.

Auf Kiefern und Gaumen haben Schwanzlurche einfache kleine Zähnchen, die nur zum Fangen der Beute dienen. Die Zunge ist recht unbeweglich und normalerweise mit der ganzen Unterseite angewachsen, die Augen haben Lider. Die in Höhlengewässern lebenden Arten haben verkümmerte, andere hingegen recht große Augen. Beim Gehörorgan ist kein Mittelohr und kein Trommelfell entwickelt, daher ist das Gehör dieser Lurche unvollkommen. Ihre Larven atmen alle mit Kiemen, nach der Metamorphose jedoch mit Lungen, wobei häufig die Haut und die Kehlschleimhaut eine Hilfsfunktion zur Atmung ausüben. Interessanterweise können sich einige Arten schon im Larvenstadium fortpflanzen, ein Phänomen, das Neotenie genannt wird. Diese Arten, die ihr ganzes Leben lang eigentlich Larven bleiben und vermittels Kiemen atmen, verlassen das Wasser überhaupt nicht.

Ein europäisches Beispiel für diese Lebensweise ist der Grottenolm (*Proteus sanguinus*), der die Karstgebiete Jugoslawiens in Dalmatien, der Herzegowina und den angrenzenden Teilen Italiens bewohnt. In den Höhlengewässern hält er sich praktisch in ewiger Dunkelheit auf, daher sind seine Augen verkümmert und hautbedeckt. Olme vermehren sich durch Eier, doch bei der in Höhlen üblichen Temperatur von ca. 15 °C entwickeln sich die Keime der Eizellen im Mutterleib, so daß dann lebende Junge geboren werden.

Die meisten Schwanzlurche leben als erwachsene Tiere außerhalb des Wassers, brauchen aber eine beträchtliche Feuchtigkeit. Aus diesem Grund suchen sie an trockenen warmen Tagen Verstecke in feuchter Umgebung im Moos, unter Steinen, gestürzten Baumstämmen oder Felslöchern und -ritzen auf. Die meisten Arten kommen erst bei Dunkelheit zum Vorschein, wenn die Luft kühler und feuchter ist, bei Tage vor allem nach Regenfällen.

Die umfangreichste Familie dieser Ordnung stellen die Salamander oder Wassermolche (*Salamandridae*) dar. In Europa ist der stellenweise, vor allem in Wäldern mit kristallklaren Bächen, sehr häufige Feuersalamander (*Salamandra salamandra*) am bekanntesten. Er verläßt seine Schlupfwinkel überwiegend abends oder in den frühen Morgenstunden, regelmäßig auch nach Regen bei Tage. Sein Hautsekret ist giftig und kann auch beim Menschen ein unangenehmes Schleimhautbrennen verursachen.

Molchen (*Triturus*) kann man in fast jedem stehenden Gewässer einschließlich Gräben, kleinen Tümpeln, Baggerteichen usw., begegnen, vor allem im Frühjahr. Molche haben einen seitlich stark zusammengedrückten Schwanz, ein Indiz dafür, daß sie sich den größten Teil des Jahres im Wasser aufhalten, wo ihnen dieser Schwanz natürlich zur Fortbewegung dient. Während der Fortpflanzungszeit unterscheiden sich die Männchen auffällig von den Weibchen. Ihnen wachsen auf Rücken und Schwanz hohe Kämme, auch ihre Färbung ist zu dieser Zeit außerordentlich bunt und kräftig. Anschließend verschwinden die Säume und Farben bei den Männchen wieder.

Die Froschlurche (*Salientia*) haben einen schwanzlosen Körper und normalerweise mächtig entwickelte, muskulöse und mit Schwimmhäuten versehene Hinterbeine. Ihre Larven (Kaulquappen) haben ein Schwänzchen, das ebenso wie die Kiemen bei der Metamorphose verschwindet. Die Haut ist nackt und schleimig, das Hautsekret vieler Arten, z. B. der Kröten (*Bufo*) ist giftig. Die Trommelfelle des Gehörorgans sitzen an der Kopfoberfläche und sind gut zu sehen. Frösche legen ihre Eier in Ballen oder Schnüren ab, normalerweise ins Wasser, doch gibt es tropische und auch europäische Arten, deren Weibchen die Eier an Land legen. Die Kaulquappen leben im Wasser und atmen mit Kiemen. Im Wasser spielt sich auch ihre Verwandlung ab. Aus dem Wasser kommen winzige, schon mit entwickelten Lungen atmende Fröschlein.

Frösche haben einen hochentwickelten Sinn für Standorte und Richtungen, die einmal gewonnenen Erfahrungen behalten sie in gewissem Grad für immer. Viele Arten unternehmen alljährlich sogar kilometerlange Wanderungen zu den Tümpeln, Teichen oder anderen Gewässern, in denen sie sich als Kaulquappen entwickelt haben. Im zeitigen Frühjahr marschieren Frösche oft in Massen in die Richtung ihres Teichs. Auf diesen Wanderungen müssen sie vielerlei Hindernisse überwinden, eine besondere Gefahr stellen Straßen dar. An Stellen mit regelmäßigen Froschzügen stellen Naturschützer oft längs der Straße Zäune aus Kunststoff auf, so daß die Frösche vor diesen unüberwindlichen Hindernissen haltmachen müssen. Dann werden sie eingesammelt und auf die andere Straßenseite geschafft, so daß die Tiere ungefährdet über

Bild 1. Der Moorfrosch (*Rana arvalis*) hält sich überwiegend in Moorschlenken auf, erscheint aber auch in Teichen, zumal im Frühjahr.

Felder und Wiesen das angestrebte Ziel erreichen.

Während der Fortpflanzung spielt bei der Verständigung der Frösche die bei vielen Arten charakteristisch ausgeprägte Stimme eine wichtige Rolle. Einige Froscharten halten sich nur während der Paarungszeit im Wasser auf, wie z.B. die Kröten, andere weilen in Wassernähe, weitere leben den größten Teil des Jahres ununterbrochen im Wasser.

Viele Frösche haben einen eigenartigen Abwehrmechanismus, der zum Abschrecken und Vertreiben des Angreifers dienen soll. Ein Beispiel liefert der grell gefärbte Unken-

bauch. Droht dem Tier eine Gefahr, vor der es sich nicht durch die Flucht ins Wasser retten kann, hebt es den Kopf und legt die Vordergliedmaßen auf dem gekrümmten Rücken zusammen, wodurch es unvermittelt die Schreckfärbung des Bauchs zeigt. Packt dennoch ein Tier die Unke mit dem Maul, verspürt es sogleich die Wirkung des giftigen Hautsekrets, ein scharfes Brennen auf den Schleimhäuten. Beim nächsten Mal errinnert sich der Angreifer gewiß an dieses Erlebnis und läßt die Unke nach dem Erblicken der Schreckfärbung in Ruhe.

Die Kriechtiere (*Reptilia*) sind höhere Wirbeltiere, die zu ihrer Entwicklung nicht mehr

Bild 2. Den Kammolch-Männchen (*Triturus cristatus*) wächst in der Paarungszeit ein hoher gezackter Kamm auf dem Rücken.

Bild 3. Die Gelbbauchunke (*Bombina variegata*) wühlt sich bei Gefahr in den Schlamm ein. Bleibt ihr dazu keine Zeit mehr, zeigt sie ihre grelle Körperunterseite, um den Feind abzuschrecken.

auf das Wasserbiotop angewiesen sind. Ihre Eier zeigen ein System von Keimhäuten, die weitgehend an eine Entwicklung an der Luft angepaßt sind. In der Reptilienhaut findet sich eine verhornte Oberhautschicht, die Hornschuppen ausbildet und den Körper vor dem Austrocknen schützt. Bei den Schildkröten entstehen Knochenplatten, die mit einigen Knochen zu einem Panzer verwachsen. Reptilien atmen ausschließlich durch Lungen. Ihre Temperatur ist wechselwarm, d.h., bei einer höheren Temperatur der Luft oder des Grundes, auf dem sich das Reptil aufhält, steigt auch die Temperatur seines Blutes und damit des Körpers. Bei einer niedrigen Außentemperatur hingegen sinkt die Körpertemperatur. Dann sind Reptilien weniger aktiv oder sogar unbeweglich, die kalte Jahreszeit verschlafen sie. Trockenzeiten überstehen viele Reptilien in einem sogenannten Sommerschlaf.

Ein wichtiger Sinn ist bei vielen Reptilien der Gesichtssinn. Ihre Augen haben Lider, die bei den verschiedenen Gruppen unterschiedlich ausgebildet sind, z.B. bei den Chamäleons kreisförmig verwachsen oder aber völlig zusammengewachsen und durchsichtig bei den Schlangen (*Serpen-*

tes) oder Geckos. Das Gehörorgan der Reptilien hat keine Ohrmuscheln, das Trommelfell wird nur von Haut oder Schuppen geschützt. Schlangen haben überhaupt kein Trommelfell, auch die Eustachische Röhre fehlt ihnen, und so können sie nicht hören. Geruch und Geschmack sind bei den meisten Reptilien unvollkommen entwickelt, werden bei vielen aber durch das sogenannte Jacobsonsche Organ ersetzt. Schlangen oder einige Echsen (*Sauria*) strecken oft ihre weit gespaltene Zunge heraus, bewegen sie hin und her und ziehen sie wieder ins Maul zurück. Mit der Zungenspitze „sammeln" sie so aus der Luft Moleküle löslicher Stoffe, die sie dann zur Analyse in eine paarige Grube am Gaumen bringen. Dort sitzen hochempfindliche Zellen, den Riechzellen der Nase ähnlich. So erhält das Reptil seine Information über Beute oder drohende Gefahr. Einige Kriechtiere, z.B. die Echsen, haben noch einen eigentlichen Geruchssinn, unabhängig von diesem Jacobsonschen Organ.

Einige Reptilien besitzen Zähne, sogar in großer Zahl, z.B. Schlangen und Echsen, andere, etwa die Schildkröten, sind zahnlos und haben nur vogelschnabelähnliche Kie-

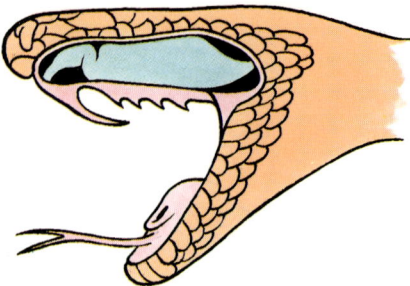

Bild 4. Giftapparat der Kreuzotter (*Vipera berus*). Das Gift entsteht in der paarigen Giftdrüse, die weit hinter dem Auge im Kopfoberteil sitzt. Diese Drüse ist von Schließmuskeln umgeben, die das Gift jäh durch das Kanälchen in den Giftzahn pressen.

fer. Die Zähne sind in der Regel nur zum Greifen und Halten der Beute eingerichtet. Bei einigen Arten haben sich die Speicheldrüsen in Giftdrüsen umgebildet. Giftige Reptilien haben deshalb einige gefurchte oder hohle Zähne, die das Gift beim Biß in den Körper des Opfers fließen lassen.

Viele Reptilien haben vier gut entwickelte Gliedmaßen, bei anderen sind sie entweder verkümmert oder überhaupt nicht vorhanden.

Reptilien vermehren sich durch Eier, die entweder eine harte Kalkschale oder nur eine ledrige oder pergamentartige Haut besitzen. Einige Arten sind ovovivipar, d.h. ihre Keime entwickeln sich in Eiern, verbleiben jedoch im Leib des Muttertieres. Dann gebären diese Weibchen lebende Junge oder die Jungtiere schlüpfen unmittelbar nach der Eiablage.

Eine eigenwillige Reptiliengruppe stellen die Schildkröten (*Testudines*) dar, bei denen sich ein besonderes passives Abwehrorgan – der Panzer – entwickelt hat. Er besteht aus zwei Teilen, aus dem Rückenpanzer, der Carapax genannt wird, und aus dem Bauchpanzer, dem sogenannten Plastron. (Bei einigen Schildkrötenarten ist aber der Panzer verkümmert oder mit einer starken Haut bedeckt.) Diese beiden Panzerteile sind seitlich zusammengewachsen oder durch Bindegewebe verbunden. Zwischen ihnen befindet sich vorn die Öffnung für Kopf und Vordergliedmaßen, hinten die für Schwanz und Hinterbeine. Der Rücken-

panzer ist normalerweise gewölbt, der Bauchpanzer flach. Die Knochenschilde sind auf der Außenseite mit Hornplatten bedeckt. Kopf, Schwanz und Beine können manche Schildkröten gänzlich in ihrem Panzer bergen. Die zahnlosen Schildkrötenkiefer sind wie die Vogelschnäbel hornverkleidet. Die Hornmasse ist vor allem bei den fleischfressenden Arten scharfkantig. Die fleischige Zunge ist breit angewachsen und kann nicht herausgestreckt werden. Der Gesichtssinn der Schildkröten ist gut, das Auge hat zwei Lider und eine Nickhaut. Die Füße sind im Normalfall fünfzehig und bei den Landschildkröten zum Graben, bei den Wasserschildkröten zum Schwimmen geeignet. Alle Schildkröten vermehren sich durch Eier, die eine harte, aber recht elastische Schale haben. Die Weibchen graben ihre Eier in Sand oder lockeres Erdreich ein. Schildkröten halten lange Zeit ohne Nahrung aus, manche Arten sogar über ein Jahr.

Echsen und Schlangen bilden zusammen die Ordnung der Schuppenkriechtiere (*Squamata*). Ihre gemeinsamen Merkmale sind der schuppenbedeckte Körper und die spaltförmige Kloake.

Die Echsen (*Sauria*) sind die zahlenmäßig stärkste Reptiliengruppe. Sie haben in der Regel gut ausgebildete Beine, doch sind diese bei manchen Arten verkümmert oder nicht vorhanden. Ihr wichtigster Sinn ist der Gesichtssinn. Ihre Augen haben Lider, die z. B. bei den Geckos zusammengewachsen und durchsichtig sind. Viele Echsenarten haben in den Schwanzwirbeln eine Knorpelscheibe, an der ihr Schwanz leicht abbricht. Das ist eine wirksame Abwehreinrich-

Bild 5. Wie alle Schlangen orientiert sich auch die Ringelnatter (*Natrix natrix*) mit Hilfe der gespaltenen Zunge.

Bild 6. Eidechsen ernähren sich hauptsächlich von Insekten, deren Larven und Spinnen. Von Schmetterlingen verschlingen sie nur den Rumpf, die Flügel bleiben übrig.

tung gegen Feinde. Wirft die Echse den Schwanz ab, befaßt sich der Angreifer normalerweise mit dem sich windenden Schwanzstück, so daß die angegriffene Echse entkommen kann. Der abgebrochene Schwanz wächst in der Regel nach, man erkennt ihn an der unterschiedlichen Schuppenform. Die Schwanzwirbelsäule wächst aber nicht nach, an ihrer Stelle dient ein fester Knorpelstab zur Versteifung des Schwanzes. Zu diesen Echsen gehören beispielsweise die europäischen Eidechsen (*Lacerta*), die Skinke und die Geckos. Die meisten Echsen vermehren sich durch Eier, die normalerweise eine häutige Hülle haben. Einige Arten sind ovovivipar, wie beispielsweise die Waldeidechse (*Lacerta vivipara*). Echsen nehmen in erster Linie tierische Nahrung (z. B. Insekten), manche

Arten aber auch Pflanzennahrung auf. Zu den Pflanzenfressern gehören die Dornschwanzagamen in Nordafrika oder die Meerechsen auf den Galapagosinseln, die in den großen Tangfeldern vor der Inselküste weiden. Die größten Vertreter der Echsen finden sich in der Familie der Warane, die bis 3 m lang werden können (Komodowaran). Die einzigen Giftechsen mit Giftzähnen im Unterkiefer sind die Krustenechsen in den südlichen USA.

Schlangen (*Serpentes*) bilden eine spezialisierte Reptiliengruppe, die in der Lage ist, eine verhältnismäßig große Beute zu fangen und zu verschlingen. Gliedmaßen haben sie nicht. Die Augenlider der Schlangen sind verwachsen und durchsichtig. Schlangen vermehren sich durch weichhäutige Eier oder sind ovovivipar (z. B. Kreuzotter). Sie nehmen ausschließlich tierische Nahrung an. Manche Arten erwürgen ihre Beute und verschlingen sie dann ganz, andere töten sie vor dem Verschlingen mit ihrem Gift. Die wichtigste Fortbewegungsart der Schlangen ist das „Schlängeln". Außerdem können viele Arten gut schwimmen und klettern; manche Wüstenschlangen schnellen sich seitlich über den Sand (Seitenwinder). Um wachsen zu können, häuten Schlangen ihre Hornschuppenhaut im ganzen. Nach den Zahntypen unterscheidet man ungiftige Glattzähner (Nattern), schwach giftige Hinterständige Furchenzähner (Trugnattern), giftige Vorderständige Furchenzähner (Giftnattern) und giftige Vorderständige Röhrenzähner (Vipern).

Alle europäischen Lurche und Kriechtiere sind geschützt.

Bild 7. Die Jungen der Ringelnatter schlüpfen aus Eiern, die eine weiche ledrige Hülle haben.

Klasse **Lurche** – *Amphibia*

Ordnung **Schwanzlurche** – *Caudata*

Familie **Salamander** und **Wassermolche** – *Salamandridae*

1 Feuersalamander
Salamandra salamandra
Bewohnt ganz Mitteleuropa und ist südlich bis nach Nordafrika verbreitet. Lebt in feuchtem Moos, zwischen Steinen in der Nähe von Bächen, auch in Mäuselöchern. In den Bergen bis zu einer Höhe von über 1200 m. Überwintert in Höhlen oder tief im Boden, oft in größeren Gruppen. Erwacht Ende März. Im April bis Mai setzt das Weibchen in Quellbäche bis 70 bereits entwickelte, etwa 3 cm große Larven ab, die bereits mit 4 Beinen und Kiemen ausgerüstet sind. Die Metamorphose (Umwandlung in die Landform) findet nach 3–4 Monaten statt. In Ausnahmefällen überwintern die Larven im Wasser. Die Jungtiere verlassen nach der Metamorphose das Wasser. Die Reife erreichen sie nach 5 Jahren. Der Feuersalamander wird 20 cm lang. Er nährt sich von Spinnen, Würmern, Schnecken und Insekten. Seine Haut sondert ein für kleine Lebewesen tödlich giftiges Sekret ab. Er wird bis 18 Jahre alt. Manchmal läßt er ein feines Pfeifen hören. Am häufigsten ist er nach dem Regen auf Waldwegen zu finden.

2 Alpensalamander *Salamandra atra*
Einfarbig schwarz, glänzend. Bewohnt die Alpengebiete und einige Gebirgsgebiete auf dem Balkan. Dort ist er in Höhenlagen von 700 bis 3000 m anzutreffen. Er wird etwa 15 cm lang. Hält sich unter Steinen, im Moos und im Gebüsch auf. Vom Wasser unabhängig. Das Weibchen bringt zwei völlig entwik-kelte, lebende Junge zur Welt, die im Mutterleib bis 5 cm lang werden und noch vor der Geburt ihre Kiemen verlieren. Im Mutterleib nähren sich die Jungen vom Dotter der sich nicht entwickelnden Eier. Der Alpensalamander nährt sich von kleinen Insekten, Spinnen, Würmern und kleinen Schnecken. Er wird mit 3 bis 5 Jahren geschlechtsreif. Erreicht ein Alter von etwa 12 Jahren.

3, 4 Kammolch *Triturus cristatus*
Bewohnt ganz Europa mit der Ausnahme Spaniens und Irlands, östlich bis zum Ural. Wird 14–18 cm lang. In den Bergen ist er selten in Höhenlagen über 1000 m anzutreffen. Während der Hochzeitszeit wächst dem Männchen ein hoher, zweiteiliger Rückenkamm, der sich von der Stirn bis zur Schwanzspitze zieht. Zu dieser Zeit führen die Männchen vor den Weibchen auffallende Balztänze auf. Das Weibchen hat keinen Kamm. Es legt im April oder Mai in stehende Gewässer über 100 Eier auf Wasserpflanzen ab. Die Larven schlüpfen nach 2–3 Wochen. Die Metamorphose findet nach 3 Monaten statt, wenn die Larve 4,5–9 cm Länge erreicht hat. Nach der Eiablage verlassen die erwachsenen Exemplare das Wasser meist sehr spät, oft erst im Spätsommer. Reife im 4. Lebensjahr. Überwintert unter Laub, in Höhlungen, selten auch im Schlamm unter Wasser. Raubtier. Fängt kleine Krustentiere, Insekten, Mollusken, aber auch Froscheier und Kaulquappen, manchmal sogar die Larven der eigenen Art.

5 Teichmolch *Triturus vulgaris*
Das Bild stellt eine Larve dar. Der Teichmolch ist in ganz Europa verbreitet. Wird 8–11 cm lang. Kommt sehr zahlreich vor. Das Männchen hat während der Hochzeit den Rückenkamm nicht so tief ausgeschnitten

1

wie der Kammolch und an der Schwanzwurzel ist der Kamm – zum Unterschied von *Triturus cristatus* – nicht unterbrochen. Das Weibchen legt Anfang Mai bis Juni 100–250 Eier einzeln auf Wasserpflanzen ab. Die Larven schlüpfen nach 2 Wochen und jagen kleine Krustentiere. Die Metamorphose findet nach 3 Monaten statt, und die Jungtiere verlassen dann das Wasser. Die erwachsenen Exemplare halten sich nur während der Fortpflanzungszeit im Wasser auf, dann leben sie im Walde unter Laub oder Moos u.ä. verborgen. Sie überwintern in Löchern, Höhlungen u.ä. Sie nähren sich von Insekten, Würmern, Schnecken, auch von Kaulquappen u.ä.

6 Bergmolch *Triturus alpestris*
In Mitteleuropa verbreitet, aber auch in Westeuropa zu finden. Zahlreich in der Alpenregion. Wird 8–12 cm lang. Zur Hochzeitszeit hat das Männchen auf dem Rücken einen nur niedrigen Kamm, und die sonst orangefarbige Unterseite seines Körpers wechselt nach Rot. In Höhen bis zu 3000 m zu finden. Lebt in reinen Seen, Gebirgstümpeln und langsam strömenden Gewässern. Das Weibchen legt von März bis Juli Eier, aus denen nach 2–3 Wochen etwa 7 mm lange Larven schlüpfen. Nach 3–4 Monaten, wenn die Larven etwa 3 cm lang geworden sind, findet die Metamorphose statt. Es sind jedoch auch Fälle der Vermehrung im Larvenstadium bekannt.

Alle europäischen Lurche und Kriechtiere sind geschützt!

3

4

5

2

6

Ordnung **Froschlurche** – *Salientia*

Familie **Scheibenzüngler** – *Discoglossidae*

1 Rotbauchunke *Bombina bombina*
Lebt in fast ganz Europa, vor allem im Flachland. Wird etwa 4,5 cm lang. Bewohnt Teiche, Tümpel u. ä. Das Weibchen legt mehrmals jährlich Eier, meist im Mai und Juni, in Häufchen auf Wasserpflanzen oder auf dem Grund. Die Kaulquappen sind ziemlich groß. Metamorphose vom September bis Oktober. Überwintert in Löchern, unter Laub usw. Erwacht im April und hält sich den ganzen Sommer über im Wasser auf. Nährt sich von kleinen Wasserlebewesen.

2 Gelbbauchunke *Bombina variegata*
Lebt in ganz Europa mit Ausnahme des Nordens. Eiablage im Juni, aber auch später. Die Kaulquappen schlüpfen nach 7–9 Tagen. Metamorphose nach 4 Monaten. Überwintert auf dem Trockenen. Vom Frühjahr an den ganzen Sommer über im Wasser. Nährt sich hauptsächlich von Mückenlarven.

3 Geburtshelferkröte *Alytes obstetricans*
Lebt im westlichen Teil Mitteleuropas und in Südwesteuropa. Bewohnt Hügel- und Bergregionen. Wird 5,5 cm lang. Vermehrungszeit vom zeitigen Frühjahr bis in den Sommer. Paarung außerhalb des Wassers. Das Männchen wickelt sich Schnüre mit 20–100 Eiern um die Hinterbeine und trägt sie bis zum Schlüpfen der Kaulquappen mit sich. Entwicklungszeit der Eier 3–6 Wochen. Bevor die Kaulquappen schlüpfen, sucht das Männchen das Wasser auf, und die Kaulquappen verbleiben dann im Wasser. Sie verwandeln sich erst im Spätherbst oder im nächsten Jahr nach einer Überwinterung im Wasser. Nachttier. Stark tönende Stimme.

Familie **Krötenfrösche** – *Pelobatidae*

4 Knoblauchkröte *Pelobates fuscus*
In West- und Mitteleuropa, östlich bis nach Westasien. Wird 8 cm lang. Nachtlebewesen, ist aber auch manchmal tagsüber anzutreffen. Das Weibchen legt von März bis Mai in Tümpeln u. ä. Eier in 15–50 cm langen Schnüren ab, in denen an 1000 Eier zu sein pflegen. Die schwarzen Kaulquappen werden bis 10 cm lang. Nach der Metamorphose sind die Tiere 3 cm groß und kriechen manchmal aus dem Wasser. Die erwachsenen Exemplare verlassen nach der Eiablage das Wasser und leben dann auf dem Trockenen. Sie überwintern in Erdlöchern, manchmal bis 2 m tief unter der Oberfläche. Sie nähren sich von kleinen Lebewesen. Strömen einen besonderen Knoblauchgeruch aus.

1

2

3

4

Familie **Kröten** – *Bufonidae*

5 Erdkröte *Bufo bufo*
In ganz Europa und Asien verbreitet. Wird 12 cm, im Süden bis 20 cm lang. Tritt überall sehr zahlreich auf. Hält sich in Wäldern, Feldern, Gärten usw. auf und ist manchmal auch in Kellern zu finden. Nachttier. Nährt sich von Insekten, Schnecken, Würmern, ausnahmsweise auch von kleinen Amphibien. Sie überwintert in trockenen Erdlöchern. Das Weibchen legt 2 Schnüre von je 1200–6000 Eiern ab und beide Eltern wickeln sie um Wasserpflanzen. Die Kaulquappen schlüpfen nach 12 Tagen und leben gesellig. Metamorphose nach 77–91 Tagen. Die Jungtiere verlassen dann das Wasser, wachsen langsam.

6 Wechselkröte *Bufo viridis*
Ist in West- und Mitteleuropa, und von da aus bis in die Mongolei verbreitet. Kommt auch an trockenen Stellen vor, im Gebirge bis zu einer Höhe von 3000 m. Gräbt etwa 30 cm tiefe Höhlen. Nachttier. Nährt sich von Insekten, Spinnen, Würmern usw. Überwintert auf dem Trockenen. Das Weibchen legt im Frühjahr in seichtem Wasser zwei 3–4 m lange Schnüre mit 10000–12000 Eiern auf Wasserpflanzen ab. Das Männchen läßt sich im Frühjahr mit trillernden Tönen hören.

7 Kreuzkröte *Bufo calamita*
In West- und Mitteleuropa verbreitet. Wird 6–8 cm lang. Springt nicht, sondern kriecht nur. Im Winter vergräbt sie sich bis 3 m tief in den Boden. Schwimmt und klettert gut. 3000–4000 Eier im Mai auf Wasserpflanzen. Metamorphose sehr kurz, bereits nach 42–49 Tagen. Die jungen, 1 cm großen Kröten klettern auf Bäume. Nachttier. Die scharfe, knarrende Stimme klingt wie ra, ra, ra. Nährt sich von Insekten, Würmern u. ä.

Alle europäischen Lurche und Kriechtiere sind geschützt!

5

6

7

377

1

Familie **Laubfrösche** – *Hylidae*

1 Laubfrosch *Hyla arborea*
Kommt in ganz Europa vor. Wird 3,5–4,5 cm lang. Während der Hochzeitszeit im Wasser. Im Mai legt das Weibchen bis 1000 Eier in Klümpchen ab. Metamorphose nach 90 Tagen, die jungen Frösche verlassen dann das Wasser. Die erwachsenen Exemplare kriechen nach Eiablage aus dem Wasser und klettern auf Sträucher und Bäume. Sie passen ihre Farbe der Farbe der Blätter an. Der Laubfrosch nährt sich von Insekten und Spinnen. Im Herbst steigt er von den Bäumen herab und verbirgt sich unter Steinen, in Löchern u. ä. und auch im Schlamm.

Familie **Echte Frösche** – *Ranidae*

2 Wasserfrosch *Rana esculenta*
Bewohnt ganz Europa, Asien und Nordafrika. Kommt sowohl im Flachland als auch in den Bergen vor. Hält sich nur in der Nähe von Gewässern auf. Das Männchen wird 7,5 cm, das Weibchen bis 13 cm lang. Das Weib-chen legt im Mai oder Juni 2000–3000 Eier in Klümpchen ab. Die Kaulquappen schlüpfen nach 5–6 Tagen. Metamorphose nach 130 Tagen. Manchmal überwintern die Kaulquappen im Wasser. Der Wasserfrosch nährt sich von Insekten, Würmern und Spinnen und kleinen Fischchen. Erwachsene Exemplare überwintern im Schlamm am Grund von Gewässern, Jungtiere jedoch auf dem Trockenen. Sonnen sich gerne. Die Männchen quaken mit ihrem typischen „Krax, krax" oder auch „Öeck-öeck-öeck".

3 Seefrosch *Rana ridibunda*
In Mittel- und Südeuropa; aber auch in Südostengland, Holland und in den Ostseeländern. Hält sich im Flachland an wärmeren Stellen an den Ufern von Gewässern auf. Wird 15–17 cm lang. Paarung im April oder Mai. Das Weibchen legt 5000–10 000 Eier ab. Metamorphose nach 82–125 Tagen. Jagt Insekten, Würmer, kleine Fische, aber auch die Jungen kleinerer Vögel und Säugetiere. Sehr starke Stimme – „kre-kre-kre". Überwintert am Grund von Gewässern.

4 Grasfrosch *Rana temporaria*
In fast ganz Europa und bis nach Ostasien verbreitet. In den Alpen bis zu einer Höhe von 3000 m. Kommt auch nördlich vom Polarkreis vor. Überall sehr zahlreich. Hält sich in Parks, Gärten, Wäldern u. ä. auf. Wird

2

3

bis 10 cm lang. Paarung oft bereits im März, in den Bergen und im Norden vom Mai bis Juni. Quakt nur während der Hochzeitszeit. Das Weibchen legt 1000–4000 Eier ab. Die Kaulquappen schlüpfen nach 3–4 Wochen. Metamorphose nach 2–3 Monaten, aber die Kaulquappen können auch im Wasser überwintern. Nach Eiablage lebt der Grasfrosch auf dem Trockenen, in Gebirgsregionen kann man ihn jedoch auch im Sommer im Wasser finden. Nachttier. Gegen Ende Oktober kehrt er ins Wasser zurück, wo er überwintert. Jungtiere bis zum 3. Lebensjahr überwintern jedoch meist auf dem Lande. Nährt sich von Insekten, Spinnen und Würmern.

5 Moorfrosch *Rana arvalis*
Verbreitungsgebiet: von Belgien in ganz Mittel- und Nordeuropa bis zum Polarkreis, östlich bis nach Sibirien. Lebt vor allem auf Torfwiesen. Paarung im März und April. Das Weibchen legt bis 2000 Eier in einem oder zwei kugeligen Häufchen ab. Dann verläßt es das Wasser und kehrt erst im Herbst zum Überwintern dorthin zurück. Metamorphose nach 2–3 Monaten. Reife mit 3 Jahren. Auf dem Lande Nachttier, junge Exemplare sind auch tagsüber aktiv. Nährt sich von Insekten, Schnecken, Würmern usw. Zur Zeit der Paarung ist das Männchen bläulich gefärbt.

6 Springfrosch *Rana dalmatina*
Bewohnt Mittel- und Südosteuropa, nach Norden hin bis Südschweden. Lebt vor allem in lichten Wäldern in der Nähe der Flüsse des Flachlandes. Das Männchen wird 6 cm, das Weibchen 9 cm lang. Auffallend lange Hinterbeine, die eine Länge von bis zu 12,5 cm erreichen. Springt bis 1 m hoch und 2 m weit. Paarung nachts gegen Ende März und im April. Das Weibchen legt in Tümpeln 600–1500 Eier ab. Metamorphose nach 2–3 Monaten. Die kleinen Frösche verlassen dann das Wasser. Im Sommer sind sie auch an trockenen, vom Wasser weit entfernten Stellen zu finden. Der Springfrosch nährt sich hauptsächlich von verschiedenen Insekten. Er überwintert meist im Wasser.

Alle europäischen Lurche und Kriechtiere sind geschützt!

6

5

4

Klasse **Kriechtiere** – *Reptilia*

Ordnung **Schildkröten** – *Testudines*

Familie **Sumpfschildkröten** – *Emydidae*

1 Europäische Sumpfschildkröte
Emys orbicularis
In Mittel- und Südeuropa, Südwestasien und Nordwestafrika verbreitet. Früher bewohnte sie auch England und das Rheinland. Wird 35 cm lang. Hält sich am liebsten in stehenden oder langsam strömenden Gewässern mit schlammigem, bewachsenem Grund auf. Nährt sich von Insekten, Würmern, Mollusken, kleinen Fischen. Sonnt sich gern am Ufer. Im Mai oder Juni legt das Weibchen 10–15 Eier in eine kleine Grube am Ufer ab. Die Jungen schlüpfen nach 8–10 Wochen und sind 2,5 cm lang. Im Oktober verkriechen sich die Schildkröten in den Schlamm und überwintern dort.

Ordnung **Schuppenkriechtiere** – *Squamata*

Familie **Glattechsen** – *Scincidae*

2 Johannisechse *Ablepharus kitaibelii*
In Südosteuropa verbreitet, kommt auch in Mitteleuropa (in Ungarn und der Tschechoslowakei) vor. Wird etwa 10 cm lang. Lebt in felsigen Waldsteppen, verlassenen Weinbergen und am Rand lichter Wälder an trockenen Stellen. Nährt sich hauptsächlich von kleinen Insekten. Bewegt sich rasch und geschickt. Das Weibchen legt 3–8 Eier ab.

Familie **Halsbandeidechsen** – *Lacertidae*

3 Mauereidechse *Lacerta muralis*
Um das Mittelmeer verbreitet, von wo aus ihr Verbreitungsgebiet auch nach West- und Mitteleuropa ausstrahlt. In Deutschland im Rheingebiet. Wird bis 20 cm lang. Klettert geschickt auf Felsen und Bäumen. Nährt sich von Insekten, Spinnen und Würmern. Im Mai oder Juni legt das Weibchen in Bodenvertiefungen 2–8 Eier ab. Die Jungen schlüpfen nach 6–8 Wochen. Winterschlaf.

4 Zauneidechse *Lacerta agilis*
In Europa nördlich der Alpen stark verbreitet. Wird bis über 20 cm lang. Der Rücken des Männchens ist vorwiegend grün, der des Weibchens grau. Hält sich an warmen, sonnigen Hängen, auf Waldlichtungen u.ä. auf. Im Gebirge ist sie bis zu einer Höhe von 2000 m zu finden. Im Mai bis Juni legt das Weibchen 3–15 Eier in flache Grübchen ab. Die Jungen schlüpfen nach 7–12 Wochen. Zauneidechsen überwintern in Erdlöchern, unter Laubhaufen u.ä. Sie nähren sich von Insekten, Spinnen und Tausendfüßern.

5 Smaragdeidechse *Lacerta viridis*
Bewohnt Süd- und Mitteleuropa. Im Süden erreicht sie eine Länge von bis zu 50 cm, in Mitteleuropa wird sie nur etwa 30 cm lang. Lebt an warmen, felsigen Orten. Guter Kletterer. Im Frühjahr tragen die Männchen untereinander Kämpfe aus. Das Weibchen legt im Mai oder Juni 5–13, im Süden bis zu 21

1

2

Eier ab. Die Jungen schlüpfen nach 6–8 Wochen. Nährt sich von Insekten, Mollusken, aber auch von kleinen Eidechsen und Schlangen. Gräbt bis 1 m tiefe Erdhöhlen, in denen sie sich von Oktober bis April aufhält.

6 Waldeidechse *Lacerta vivipara*

In Mittel- und Nordeuropa verbreitet, vereinzelt auch nördlich des Polarkreises zu finden. Vornehmlich in Gebirgsregionen, aber auch im Flachland. Das Weibchen legt in kurzen Intervallen 2–12 Eier, aus denen sofort etwa 3 cm lange Junge schlüpfen. In den nördlichen Gebieten schlüpfen die Jungen bereits im Mutterleib, in den spanischen Pyrenäen legt sie jedoch Eier.

Familie **Schleichen** – *Anguidae*

7 Blindschleiche *Anguis fragilis*

Von England bis Südschweden und über ganz Europa bis nach Algerien stark verbreitet. Wird bis etwa 50 cm lang. Färbung variabel. Stellenweise zahlreich. Im Gebirge bis zu einer Höhe von 2200 m. Hält sich am liebsten in Laubwäldern mit feuchtem Boden unter Laub, Steinen u. ä. auf. Überwintert von Ende Oktober an in Erdlöchern, meist zu mehreren. Die Blindschleiche ist ovovivipar, aus den vom Weibchen gelegten Eiern schlüpfen sofort die Jungen. Ein Weibchen hat 5–26 Junge. Nährt sich von Schnecken, Würmern und Insekten.

Alle europäischen Lurche und Kriechtiere sind geschützt!

Familie **Nattern** – *Colubridae*

1 Würfelnatter *Natrix tessellata*
Von Südwestfrankreich über Deutschland
bis nach Zentralasien und auch in den östlichen Teilen Nordafrikas verbreitet. In Einzelfällen kann sie bis etwa 1 m lang werden.
Ist ziemlich an Gewässer gebunden, in denen sie den Großteil ihres Lebens verbringt.
Im Gebirge kommt sie bis zu einer Höhe von
2700 m vor. Nährt sich hauptsächlich von
kleinen Fischen, seltener auch von Amphibien. Stellenweise Schädling der Fischbrut.
Das Weibchen legt gegen Ende Juni 4–12
Eier.

2 Ringelnatter *Natrix natrix*
In Europa stark verbreitet. Östlich bis zum
Aralsee. Meist in Wassernähe. In den Bergen
bis zu 2000 m. Charakteristische Flecken an
den Seiten des Kopfes. Im Herbst sucht die
Ringelnatter ihre Winterherberge in Felsspalten, Erdhöhlen u. ä. auf, wo oft gemeinsam mehrere Exemplare überwintern. Nährt
sich von Amphibien, seltener von Fischen
und kleinen Säugetieren. In der Jugend frißt
sie auch Insekten. Von Juli bis August legt
das Weibchen unter Laub, in Uferböschungen oder ins Moos 6–30, selten mehr Eier.
Die Jungen schlüpfen nach 2 Monaten, im
Süden schon früher, und sind 11–18 cm lang.

3 Äskulapnatter *Elaphe longissima*
In den warmen Regionen Europas und Süd-
westasiens verbreitet. Wird bis 2 m lang und
ist die längste europäische Schlange. Lebt
in Wäldern und Buschwerk. In den Alpen finden wir sie bis zu 2000 m Höhe. Versteht vor-
trefflich zu klettern, windet sich an Bäumen
empor, wo sie Vogelnester sucht und Jung-

vögel verzehrt. Ihre Hauptnahrung sind jedoch kleine Nagetiere und auch Eidechsen. Ende Juni oder im Juli legt das Weibchen in Erdhöhlen, in hohle Bäume oder Baumstümpfe 5–8 ledrige Eier, die 5,5 cm lang und 3,5 cm breit sind. Die Jungen schlüpfen nach 6–8 Wochen. Im Herbst verkriechen sich die Nattern in hohle Baumstümpfe, in Baue von Säugetieren, Felsspalten u. ä., wo sie überwintern.

4 Schlingnatter *Coronella austriaca*
Bewohnt fast ganz Europa mit Ausnahme Irlands und der Mittelmeerinseln. Wird höchstens 75 cm lang. Stellenweise sehr zahlreich. Hält sich gern in Wäldern oder Buschwerk auf. In den Bergen bis zu einer Höhe von 2200 m zu finden. Nährt sich hauptsächlich von Eidechsen, frißt auch kleine Nagetiere oder Vögel, gelegentlich auch andere Schlangen. Die Jungen fressen auch Insekten. Ovovivipar. Aus den gegen Ende August oder Anfang Oktober gelegten Eiern schlüpfen augenblicklich Junge.

Familie **Vipern** – *Viperidae*

5 Kreuzotter *Vipera berus*
Bewohnt Mittel- und teilweise auch Südeuropa, im Norden bis über den Polarkreis. Wird etwa 80 cm lang. Färbung variabel, bei den schwarzen Exemplaren verliert sich die bekannte Zickzackzeichnung völlig. Hält sich meist in Mischwäldern auf. Im Gebirge kommt sie bis zu einer Höhe von 2700 m vor. Vorwiegend Nachtlebewesen, nur hoch in den Bergen jagt sie auch tagsüber. Nährt

sich vornehmlich von kleinen Nagetieren. Sehr wirksames Gift. Die Kreuzotter greift den Menschen nicht von selbst an. Ende August oder Anfang September bringt das Weibchen entweder lebende Junge zur Welt oder es legt 6–20 Eier, aus denen die Jungen sofort schlüpfen. Ein Weibchen hat 6–20 Junge. Im Frühjahr kämpfen die Männchen und versuchen, ihre Widersacher zu Boden zu drücken, fügen sich jedoch keinen Schaden zu. Im Oktober suchen die Kreuzottern Verstecke in Erdlöchern, Felsspalten u. ä. auf, wo sie gemeinsam, oft auch mit anderen Schlangen, überwintern.

6 Aspisviper *Vipera aspis*
In Südwesteuropa verbreitet. In Deutschland nur im südlichen Teil des Schwarzwaldes. Hält sich im Hügelland oder in niedrigen Gebirgsregionen an felsigen Stellen auf. Nachtlebewesen. Nährt sich von kleinen Nagetieren, selten auch von kleinen Vögeln. Die Jungen fangen kleine Eidechsen. Das Weibchen bringt im August lebende Junge zur Welt. Sehr wirksames Gift. Wird höchstens 75 cm lang.

Alle europäischen Lurche und Kriechtiere sind geschützt!

6

5

Vögel

kauen ihre Nahrung nicht, sondern verschlingen sie ganz oder stückweise, daher nehmen sie den Geschmack weniger gut wahr als die Säuger. Auch der Geruchssinn ist bei Vögeln schwach entwickelt.

Der Tastsinn ist unterschiedlich ausgebildet. Normalerweise haben Vögel Sinneskörper im Schnabel und auf der Zunge, einige auch an den Wurzeln besonderer Federn, an den Füßen usw. Vögel, die Nahrung aus dem Boden holen und diese dabei nicht sehen können, haben auch an der Schnabelspitze Sinneskörper, wie z.B. die Waldschnepfe (*Scolopax*). Besondere Sinneskörperchen für die Wahrnehmung von Wärme befinden sich an ungefiederten Körperstellen.

Vögel (*Aves*) sind höhere Wirbeltiere mit gleichbleibender und verhältnismäßig hoher Körpertemperatur zwischen 38 und 44 °C. Sie haben zwei Gliedmaßenpaare, von denen das vordere zu Flügeln ausgebildet ist, die bei den meisten Arten zum Fliegen dienen. Einige Arten haben schwache, flugunfähige oder nur zum Schwimmen umgebildete Flügel. Unter den Vögeln Europas gehörte der heute bereits ausgerottete Riesenalk zu den flugunfähigen Arten. Alle heutigen europäischen Vögel gehören zu den Fliegern (*Carinata*).

Die Sinnesorgane der Vögel sind unterschiedlich entwickelt. Zu den untergeordneten Sinnen gehört der Geschmack, denn Geschmacksinneszellen sitzen normalerweise erst tiefer im weichen Gaumen und auf der Schleimhaut unter der Zunge. Vögel

Bild 1. Die Uferschwalbe (*Riparia riparia*) fliegt wendig über dem Wasserspiegel von Flüssen, Teichen und Seen dahin und jagt Insekten.

Das vollkommenste und wichtigste Sinnesorgan der Vögel ist das Auge. Vögel sehen viel besser als die übrigen Tiere. Ihr Auge ist groß und stellt sich nicht nur durch die Linse scharf wie das der Säuger, sondern auch noch durch Verlängerung oder Verkürzung der Augachse. Die Augen können sich auch unabhängig voneinander bewegen, so kann der Vogel mit jedem Auge ein anderes Objekt beobachten. Normalerweise sitzen die Augen zu beiden Seiten des Kopfes und jedes hat ein selbständiges Sehfeld. Bei einigen Vögeln, wie z.B. den Eulen, sind beide Augen nach vorn gerichtet. Farben nehmen Vögel so ähnlich wie der Mensch wahr. Außer dem Ober- und Unterlid besitzen die Vögel noch eine weitere, sogenannte Nickhaut, die vom inneren Augenwinkel ausgeht und das Auge bedecken kann. Die Netzhaut des Vogelauges enthält viel mehr Sehzellen als die des Menschenauges, z.B. bei den Greifvögeln etwa fünfmal mehr, deshalb können diese auch eine Beute auf große Entfernung wahrnehmen. Ein wichtiges Sinnesorgan der Vögel ist auch das Gehör, obgleich sein Bau weniger vollkommen ist und es eher noch dem Reptilienohr ähnelt. Es besitzt nur ein Hör-

knöchelchen, das dem Steigbügel im Ohr des Menschen entspricht; auch ist der Gehörgang ziemlich kurz. Trotzdem ist das Gehör der Vögel sehr gut und einige Arten, z.B. die Eulen, lassen sich bei der nächtlichen Jagd von ihm leiten. Der äußere Gehörgang der Vögel hat keine Ohrmuschel und ist vom Gefieder verdeckt.

Eine große Bedeutung im Leben der Vögel kommt dem Stimmorgan zu, das seinen Sitz am unteren Ende der Luftröhre hat. Besonders vollkommen ist es bei den Singvögeln ausgebildet, dort wird es Syrinx genannt. Andere Vogelgruppen haben ein einfacheres Stimmorgan, ihre Angehörigen haben eine eintönige, oft nur krächzende Stimme. In Ausnahmen – wie z.B. beim Weißstorch (*Ciconia ciconia*) – fehlt ihnen ein Stimmorgan, und die zur Verständigung mit dem Partner notwendigen Töne werden durch Schnabelklappern ersetzt.

Bild 2. Der Eisvogel (*Alcedo atthis*) ernährt sich vor allem von Kleinfischen, zu deren Fang er sich ins Wasser stürzt. Mit seiner Beute läßt er sich auf einem Ast nieder, wo er sie in Ruhe verschlingt.

Bild 3. Der Uhu (*Bubo bubo*) hat wie alle Eulen große, nach vorn gerichtete Augen.

Bild 4. Die Schleiereule (*Tyto alba*) hört ausgezeichnet. Der Eulenflug ist geräuschlos, die Vögel hören im Flug unter sich auch das schwache Piepen von Mäusen oder deren Geraschel im Laub, und so können sie sich leicht der Beute bemächtigen.

Das Vogelskelett ist nicht nur fest, sondern auch leicht, da die meisten Knochen hohl und luftgefüllt sind; vor allem die langen Röhrenknochen. Ein möglichst geringes Gewicht des Skeletts ist für den Flug von Bedeutung. Auch die zum Fliegen dienenden festen Schwungfedern sind sehr leicht, stützen einander ab, und ihre Fahnen bilden den Wall für die „Luftkissen". Die einfachste Flugweise ist der Gleitflug, bei dem sich der Vogel mit nur gespreizten Flügeln, die auf einer Luftschicht ruhen, vorwärts bewegt. Ähnlich ist der Segelflug, bei dem der Vogel aufsteigende Luftströme nutzt. Eine häufige Flugweise ist der aktive Ruderflug, bei dem der Vogel mit den Flügeln schlägt, was freilich höchst energieaufwendig ist. Dieser Ruderflug ist bei den verschiedenen Vögeln unterschiedlich schnell, was auch mit entsprechend angepaßten Flügeln zusammenhängt: Vögel mit langen, schmalen Flügeln sind bessere Flieger als solche mit kurzen, breiten.

Ein wichtiges Organ ist der mit einer starken, dicken Hornschicht überzogene Schnabel. Je nach Ernährungsweise ist er bei den verschiedenen Vogelarten entsprechend ausgebildet. Der Schnabel von Greif- oder Raubvögeln hat eine hakenartig gekrümmte

Bild 5. Der Weißstorch (*Ciconia ciconia*) ist ein stummer Vogel, der nur Zischgeräusche von sich gibt. Die Partner verständigen sich durch Schnabelklappern. Zum Gruß biegen sie normalerweise den Kopf über den Rükken.

Oberhälfte und sehr scharfe Ränder. Damit können die Vögel eine Beute nicht nur zerreißen, sondern quasi zerschneiden. Enten haben einen platten, seitlich mit Hornkerben versehenen Schnabel, der zum Durchseihen des nahrungshaltigen Wassers dient. Körnerfresser haben einen kräftigen, harten kegelförmigen Schnabel, um die Sämereien zermalmen zu können. Der Schnabel von Insektenfressern ist dünn und spitz, damit die Vögel ihre Beute aus Ritzen und Spalten ziehen können. Die Reiher (*Ardeidae*) benutzen ihren langen spitzen Schnabel auf der Jagd wie eine Harpune. Es gibt Vögel mit aufwärts und abwärts gebogenen Schnäbeln, bei einigen Nahrungsspezialisten wie z. B. den Kreuzschnäbeln (*Loxia*) greifen die Schnabelhälften übereinander, so können sie leichter die Samen aus den Zapfen holen. Andere Vögel haben Schnäbel, die zum Fischfang taugen, weitere zum Zerbrechen von Muschelschalen usw.

Der Vogelkörper ist mit Gefieder bedeckt, das aber nicht auf seiner gesamten Oberfläche, sondern nur in gewissen Zonen wächst, die Federfluren genannt werden. Stellen, an denen keine Federn wachsen, heißen Federraine. Da diese Federraine gleichfalls zugedeckt sind, lassen sie sich nicht auf den ersten Blick entdecken. Die typischen Federn, die den Umriß eines Vogelkörpers modellieren, werden Kontur- oder Umrißfedern genannt. Das sind beispielsweise auch die Schwingen. Diese Federn haben einen langen, festen und elastischen Kiel, an dem seitlich Außen- und

Bild 6. Greifvögel haben einen kräftigen Schnabel, dessen hakiger Oberkiefer zum Töten, Zerreißen oder auch Rupfen der Beute dient.

Innenfahnen sitzen, welche ihrerseits aus Ästen bestehen. Von diesen gehen rechtwinklig abstehend Strahlen aus, auf denen Häkchen sitzen. Hat ein Vogel verletzte Fahnen im Gefieder, zieht er die beschädigten Federn durch den Schnabel oder die Klauen, wodurch die einzelnen Häkchen wieder ineinandergreifen und die Fahne zu einer Fläche schließen. Auch die Steuerfedern im Schwanz oder Stoß sind normalerweise lang und haben starke Kiele. Manche Vögel, z. B. die Spechte, stützen sich beim Hämmern oder Klettern damit ab. Der in der Haut sitzende Federteil wird Spule genannt.

Unter den Konturfedern sitzen die weichen Dunenfedern mit einer kurzen schwachen Spule ohne Kiel und hakenlosen Strahlen. Bei vielen Vögeln, z. B. den Enten, hat das Dunengefieder eine große Bedeutung beim Brutgeschäft, da die Vögel damit den Nestrand polstern. Die Dunen verhindern Wärmeverluste und Abkühlung der Eier während der Abwesenheit des brütenden Altvogels, der vor dem Verlassen des Nests das Gelege zudeckt. Ein weiterer Federtyp sind die Fadenfedern, dünn, haarähnlich, mit einer pinselartigen Spitze. Sie wachsen oft dicht neben den Konturfedern. In den Schnabelwinkeln wachsen kurzspulige Borstenfedern mit fahnenlosem Kiel, die vor allem beim Beutefang als Tastorgan dienen. Federn sind verschieden gefärbt. Die Färbung kann einerseits durch Farbstoffe oder

Pigmente zustande kommen, andererseits durch Lichtbrechung, die den metallischen Ton entstehen läßt. Bei Pigmentmangel hat ein Vogel weiße Federn, dann ist von Albinismus die Rede. Bei einem Überschuß an dunklem Farbstoff, der den Vogel schwarz werden läßt, kommt Melanismus zustande. Diese Abweichungen können sich auf bestimmte Partien beschränken, dann sind die Vögel verschieden gescheckt. Vögel wechseln regelmäßig ihr Gefieder, sie mausern. Die alten Federn fallen aus, da sie von den neu wachsenden verdrängt werden. Manche Vogelarten mausern einmal jährlich, die meisten Singvögel und viele weitere Gruppen zweimal im Jahr. Die Konturfedern werden meist nach und nach gewechselt, so verliert der Vogel seine Flugfähigkeit nicht. Einigen Wasservögeln, z. B. den Enten, fallen alle Schwingen gleichzeitig aus, und solange die neuen nicht nachwachsen, sind die Enten flugunfähig. Bei vielen Vögeln

Bild 7. Der lange Schnabel des Großen Brachvogels eignet sich zum Fang von Weichtieren und Insektenlarven im Schlamm oder Regenwürmern im weichen Erdreich.

sind zwei unterschiedliche Färbungen im Jahreslauf bekannt. Eine ist das buntere Brut-oder Hochzeitskleid, das hauptsächlich bei den Männchen erscheint und farbenprächtiger als das Schlicht- oder Ruhekleid aussieht. Manche Vögel bekommen im Herbst nach der Vollmauser ein unterschiedliches Winterkleid, das sich nach der Teilmauser im Frühjahr ins Hochzeitskleid verwandelt. Zu diesen Vogelarten gehören beispielsweise die Bergfinken (*Fringilla montifringilla*), Watvögel und Möwen (*Laridae*). Unterscheiden sich Männchen und Weibchen in der Färbung stark voneinander, spricht man von Geschlechtsdimorphismus. Der läßt sich gut bei Amseln (*Turdus merula*), Neuntötern (*Lanius collurio*) oder Fasanen (*Phasianus colchicus*) beobachten. Bei anderen Arten sind Männchen und Weibchen gleich gefärbt und auch nicht auf den ersten Blick auseinanderzuhalten, wie bei der Dohle (*Corvis mo-*

Bild 8. Tauben haben einen nicht besonders großen Schnabel, der an der Wurzel weich und nur an der Spitze hart und ein wenig gebogen ist. Mit der Schnabelspitze picken sie harte Sämereien und Früchte auf.

Bild 9. Der Wiedehopf (*Upupa epops*) hat einen dünnen spitzen Schnabel, mit dem er leicht Käferlarven aus dem weichen Wiesen- und Weideboden oder auch aus dem Mulm morscher Baumstümpfe holt.

nedula), Saatkrähe (*Corvus frugilegus*) oder dem Weißstorch (*Ciconia ciconia*).
Vögel leben überhaupt nicht so vogelfrei, wie die Menschen sich das oft vorstellen. Während der Brutzeit bewohnt jedes Pärchen ein abgegrenztes Gebiet, das Nistbereich oder Brutterritorium genannt wird. Dieses Territorium ist von einem gedachten Zaun umfriedet, man könnte es mit einem umzäunten Garten vergleichen, auf dem ein Mensch sein Haus baut. Die Territoriumsgrenze eines Pärchens wird normalerweise von den Vögeln der benachbarten Reviere respektiert. Einige Vögel, auch manche Singvögel, nisten in Kolonien, in denen die Nester nahe beieinander oder sogar dicht aneinander sitzen, wie etwa die Nester der Mehlschwalbe (*Delichon urbica*). Bei diesen Vögeln ist das eigentliche Nistrevier so zusammengeschrumpft, daß es nur noch aus dem Nest und dessen nächster Umgebung besteht. Die Vögel konkurrieren nicht mit-

einander, da sie normalerweise ausgezeichnete Flieger sind und ihre Nahrung in
der Luft erbeuten oder ihr in beträchtlicher
Entfernung vom Nest nachstellen. Das Zusammenleben in Kolonien bringt gewisse
Vorteile, vor allem eine höhere Sicherheit.
Wie erkennen die Vögel, daß ein bestimmtes
Revier besetzt ist? Singvögel machen ihren
Besitzanspruch auf eigene Weise, nämlich
durch ihren Gesang deutlich. Oft singt das
Männchen noch vor dem Nestbau auf einer
erhöhten Singwarte, und so erfahren die
übrigen Männchen derselben Art, daß diese
Stelle belegt ist. Bei den Singvögeln suchen
normalerweise die Männchen den Nistplatz
aus, bei zahlreichen Arten kehren sie auch
ein paar Tage eher als die Weibchen aus
den Winterquartieren zurück. Der Gesang
hat vor allem bei jungen, unverpaarten Individuen noch eine andere Bedeutung: Er soll
der Partnerfindung dienen und in einigen
Fällen auch die übrigen Männchen in der
Umgebung abschrecken. Ein gesunder,
starker Vogel hat einen kraftvollen Vortrag,
mit dem er seine Überlegenheit gegenüber
schwächeren Tieren der eigenen Art kund-
tun will. Interessant ist, daß schwächere
Tiere oft verstummen, sobald sie einen kraftvollen Gesang in der Nähe hören. Außer
dem Gesang haben die Vögel noch andere
arttypische Rufe zur Verständigung. Der
wichtigste ist der Lockruf, mit dem sich die
Vögel untereinander auch außerhalb der
Brutzeit verständigen, wenn sie normalerweise nicht singen. Den gleichen Ruf bringen auch die Weibchen hervor. Andere Laute drücken Warnung oder Schrecken aus.
All diese arttypische Rufe und Stimmen,
außer dem Gesang, sind den Vögeln angeboren und werden auch von künstlich auf-
gezogenen Jungen ausgestoßen, die nie
die Stimme von Altvögeln gehört haben. Bei
vielen Arten müssen die Jungvögel den Gesang aber erst von den Alten lernen. Einige
Arten, so z.B. der Neuntöter (*Lanius collurio*), haben keinen eigenen Gesang, sondern ahmen verschiedene Melodien anderer Singvögel nach.

Bild 10. Spechte haben außergewöhnlich
starke und dabei elastische Schwanzfedern,
mit denen sie sich beim Hämmern ihrer
Höhlen oder beim Herausmeißeln von im
Holz lebenden Insekten abstützen.

390

Bild 11. In Stallungen und Hausgängen baut die Rauchschwalbe (*Hirundo rustica*) ihr napfartiges Nest aus Halmen und speichelverklebten Schlammkügelchen.

Vor dem Brutgeschäft müssen die Vögel ein Nest bauen, das ihnen zum Ausbrüten der Eier und Aufziehen der Brut dient. Viele Vögel, vor allem Singvögel, bauen feste, komplizierte und wahrhaft kunstvolle Nester, andere nur ganz schlichte, und manche Arten legen ihre Eier einfach in eine seichte Erdmulde. Besondere Nester erstellen die Höhlenbrüter, etwa die Spechte (*Picidae*). Sie meißeln die Höhlen in Baumstämme oder in starke Äste und legen darin ihre Eier frei auf den Boden. Andere Vögel suchen bereits fertige und verlassene Höhlen oder Ritzen auf, in denen sie dann ihr eigenes Nest anlegen. Nur ausnahmsweise bauen Vögel überhaupt keine Nester, z. B. die Nistparasiten wie der Kuckuck (*Cuculus canorus*) und einige andere. Bei manchen Arten baut das Weibchen das Nest, bei anderen beide Partner mit vereinten Kräften, bei dritten übernimmt das Männchen die Bauarbeiten, während das Weibchen die Auspolsterung durchführt. Viele Vögel bringen ihr Nest im Geäst aufgehängt an, andere am Boden in Form von hüttenähnlichen Bauten. Zum Nestbau nehmen die Vögel meist Pflanzenmaterial, zur Auskleidung dienen Federn und Haare.

Einige Arten greifen auch zu Erd- oder Gesteinsmaterial. So schmiert beispielsweise die Singdrossel (*Turdus philomelos*) den Nistkessel mit lehmvermengtem Mulm aus; andere Vögel nehmen Lehm als Baumaterial für das ganze Nest, wie etwa die Mehlschwalben. Der Bau eines genau festliegenden Nesttyps ist den Vögeln angeboren. Ein junger Vogel baut im Frühjahr sein erstes Nest genauso wie ein älteres, im Nestbau schon erfahrenes Tier. Auch die Plazierung des Nests ist angeboren. Die meisten Vogelarten legen ihr Nest an der gleichen Stelle an, z. B. der Buchfink (*Fringilla coelebs*) stets im Geäst, der Specht stets in einer Höhle. Ihre Nester bauen die Vögel für gewöhnlich recht schnell, binnen weniger Tage sind sie damit fertig.

Manche Vögel brüten nur einmal im Jahr, andere regelmäßig zweimal, aber z.B. der Haussperling (*Passer domesticus*) kann viermal jährlich Junge aufziehen. Vögel, die in die Nähe des Menschen übergewechselt sind, wo sie viel bessere Lebensbedingungen, vor allem mehr Nahrung finden, brüten nicht selten häufiger als Waldbewohner derselben Art.

Auch die Eierfarbe ist bei den einzelnen Vogelarten konstant und erlaubt die Bestimmung, welches Ei zu welcher Art gehört. Einige Arten können farblich verschiedene Eier hervorbringen, aber nur in einem bestimmten Spielraum festliegender Färbungstypen. Die Eierfarbe ist meist der Umgebung, in der ein Vogel brütet, angepaßt. Höhlenbrüter haben häufig weiße Eier, da diese ohnehin gut verborgen sind und keine Tarnung brauchen wie Eier, die in mehr oder weniger offene Nester gelegt werden, z.B. auf Sandufern. Die gefleckten oder gesprenkelten Eier dieser Arten gehen fast immer in ihrer Umgebung auf. Es gibt aber auch Höhlenbrüter, die dennoch gefleckte Eier haben. Das ist beim Turmfalken (*Falco tinnunculus*) der Fall, der einst in Felswänden nistete, denen die Eierfarbe angepaßt war, und der erst sekundär zum Höhlenbrüter geworden ist.

Bild 12. Der Prachttaucher (*Gavia arctica*) baut sein großes Nest unmittelbar am Ufer, um aus ihm schnell ins Wasser gleiten zu können. Seine Beine sind nämlich weit hinten am Rumpf angesetzt, und so kann er sich auf dem Trockenen nicht in die Luft erheben.

Bei vielen Arten bebrüten die Vogeleltern erst das komplette Gelege, so daß die Jungen dann gleichzeitig aus dem Ei schlüpfen. Bei anderen Arten wird gleich mit dem ersten Ei gebrütet, so daß die Jungen nacheinander schlüpfen. Bei einem Gelege von 5 Eiern in 48stündigen Intervallen macht der Unterschied zwischen dem ersten und dem letzten geschlüpften Jungvogel volle 10 Tage aus. Bei einem größeren Gelege können sich die zuletzt geschlüpften Jungen nicht in der Konkurrenz mit den älteren und größeren Geschwistern durchsetzen und kommen um. Die Eier bebrütet bei den meisten Arten ausschließlich das Weibchen, es wird dabei vom Männchen gefüttert. Bei anderen Arten wechseln sich die beiden Partner regelmäßig ab, bei dritten löst das Männchen sein Weibchen nur gelegentlich ab, und bei einigen Arten brütet das Männchen allein. Auch die Brutdauer ist artkonstant. Die Jungen schlüpfen ohne Hilfe aus dem Ei, dabei hilft ihnen der Eizahn, ein Fortsatz auf dem

Bild 13. Das Kuckucksjunge beherrscht das zwischen die Schilfhalme geflochtene korbförmige Nest des Teichrohrsängers (*Acrocephalus scirpaceus*).

Tag an bewegungs- und schwimmfähig. Die Jungen der nichtfütternden Vögel schlüpfen weitgehend entwickelt und ernähren sich vom ersten Tag an selbständig, wobei die Eltern sie führen und schützen. In Australien und auf einigen Pazifikinseln lebt eine besondere Vogelfamilie, die Großfußhühner (*Megapodidae*), die ihre Eier in Haufen aus verwesendem Laub und Lavasand verscharren. In diesen künstlichen Brutanlagen entsteht Gärungswärme, die Eier entwickeln sich, die geschlüpften Jungvögel sind sofort selbständig und brauchen überhaupt keine Brutpflege seitens der Eltern.

Um die Jungen der meisten fütternden Vögel kümmern sich für gewöhnlich beide Eltern und füttern sie mit vereinten Kräften.

Bild 14. Ein Waldbaumläufer (*Certhia familiaris*) an seinem hinter einem abgeschilferten Rindenstück angebrachten Nest.

Oberschnabel, mit dem sie die Schale kreisrund aufbrechen. Der so entstandene Deckel fällt ab, und der Weg aus dem Ei ist frei. Man unterscheidet fütternde und nichtfütternde Vogelarten. Zu den Fütterern gehören z. B. Singvögel, Spechte, Tauben, zu den Nichtfütterern etwa Enten, Hühnervögel usw. Neben diesen ausgeprägten Typen gibt es auch Arten, bei denen die Altvögel in den ersten Tagen ihren Jungen Futter bringen, das sich diese aber selbst aus dem Schnabel nehmen müssen. Hierzu gehören auch die Rallen (*Rallidae*), bei denen auch die älteren selbständigen Jungen aus dem ersten Gelege den jüngeren Geschwistern aus dem zweiten Gelege Futter bringen. Die Jungen vieler fütternder Arten, vor allem der Singvögel, schlüpfen meist unbefiedert, nur stellenweise mit Flaum bedeckt und mit geschlossenen Augen. Bei anderen fütternden Vogelarten, z. B. bei Eulen und Greifvögeln, schlüpfen die Jungen in einem dichten Dunenkleid. Ähnlich schlüpfen auch die Möwenjungen nicht nur mit einem dichten Dunengefieder, sondern sind vom ersten

Bild 15. Der Neuntöter (*Lanius collurio*) legt sich Vorräte für die Zeit an, in der sich die Insekten vor dem schlechten Wetter verkriechen. Er spießt seine Beute auf Dornen.

Bei den Greifvögeln bringt das Männchen Nahrung herbei, die es dem Weibchen übergibt. Das zerkleinert die Beute zu Portionen und füttert damit die Jungen. Bei vielen Arten versorgen die Männchen die größeren Jungvögel direkt. Nach dem Flüggewerden verlassen die Jungvögel normalerweise den Heimatort. Altvögel bleiben ihrem Standort meist treu und kehren über viele Jahre an ihn zurück. Die Jungvögel suchen sich im folgenden Jahr eigene Territorien, sofern sie nicht zu den Kolonienbrütern gehören.

Je nachdem, ob Vögel im Jahreslauf wandern oder am Ort bleiben, werden sie in drei grundlegende Gruppen eingeteilt. Standvögel verlassen ihre engere Heimat nicht und bleiben auch den Winter über in der Nähe ihrer Brutplätze. Zugvögel verlassen alljährlich im Herbst ihre Heimat und fliegen in Tausende von Kilometern entfernte Winterquartiere.

Strichvögel streifen nach dem Brutgeschäft im weiteren Umkreis ihrer Heimat umher, oft sogar mehrere hundert Kilometer weit. Diese drei Hauptgruppen sind nicht immer streng abzugrenzen. Bei manchen Vogelarten können ziehende Individuen auftreten, während andere Tiere der gleichen Art sich wie Standvögel verhalten. Daneben gibt es Arten, deren Weibchen ziehen, während die Männchen am Ort bleiben. Manchmal können bei früher strengen Zugvögeln Populationen auftauchen, die nicht ziehen. So waren beispielsweise die Stare immer Zugvögel, doch sind sie in der Nähe des Menschen zu Standvögeln geworden, und nur manche Weibchen ziehen über Winter nach Süden.

Der Vogelzug der meisten europäischen Arten verläuft in grob drei Richtungen: von Nord- und Nordosteuropa in südwestlicher Richtung über Westeuropa und die Pyrenäenhalbinsel. Die zweite Richtung führt mehr oder weniger direkt von Norden nach Süden über Italien und Sizilien, die dritte südöstlich über den Balkan und Kleinasien. Verschiedene Populationen ein und derselben Art können unterschiedlich ziehen. Vögel ziehen in breiter Front, doch an Stellen mit Hindernissen wie z. B. Bergmassiven suchen sie Pässe auf, die Front wird schmaler und der Schwarm dichter. Viele europäische Vögel überwintern bereits in Süd- oder Südwesteuropa, andere fliegen ins tropische oder südliche Afrika. Solche Reisen werden natürlich nicht ohne Pause zurückgelegt. Manche Arten schaffen täglich 100 km, andere mehr. Dann brauchen sie Ruhe

Bild 16. Stieglitz (*Carduelis carduelis*) beim Füttern.

Bild 17. Der Eichelhäher (*Garrulus glandarius*) legt sich im Herbst Vorräte aus Eicheln oder Bucheckern an. Meist findet er aber diese Vorratskammern nicht wieder, die dann anderen Tieren zur willkommenen Beute werden.

und vor allem Nahrung. Manchmal bleiben sie mehrere Tage an einem Ruheplatz, ehe sie wieder aufbrechen. So kann die Reise in die afrikanischen Tropen mehrere Wochen dauern. An ihren Winterplätzen verweilen die Vögel auch nur einige Wochen, um sich dann auf den Rückflug in die Brutgebiete zu machen. Der Rückflug geht viel schneller vonstatten, da die Vögel jetzt von ihrem sehr starken Bruttrieb angespornt werden.

Bei der Orientierung in Nestnähe verlassen sich die Vögel vor allen Dingen auf den Gesichtssinn. Offenbar prägen sie sich die Lage ihres Nests und auffällige Landmarken in der Umgebung, die sie bei der Nahrungssuche anfliegen, bis ins kleinste Detail ein. Viele Vögel bewegen sich in regelmäßigen Kreisen, die man mit den Wechseln der Säuger vergleichen könnte und die sie auch im Gedächtnis tragen.

Mit jedem Jahr nimmt die Zahl der Vögel ab. Eine der Ursachen besteht im Mangel an Nistgelegenheiten. Besondere Aufmerksamkeit sollte den Höhlenbrütern gewidmet werden. Natürliche Höhlen in alten Bäumen sind bereits sehr selten, oft müssen die Vögel Ersatzplätze aufsuchen und nisten

beispielsweise in einem Steinhaufen am Boden. Dort sind sie wieder größeren Gefahren ausgesetzt und werden eine leichte Beute für Raubtiere. Diesen Vögeln kann man durch die Anbringung von Nistkästen helfen, nicht nur in Gärten oder Parks, sondern auch in den Wäldern.

Für Arten, wie Grauschnäpper, Hausrotschwanz und Bachstelze, verwendet man „Halbhöhlen" – Nistkästen, die vorne teilweise offen sind; Kohlmeisen, Kleiber und Trauerschnäpper nisten in den üblichen Kästen mit der Fluglochweite 32 mm. Will man Blau-, Tannen- und Sumpfmeisen gegenüber den stärkeren Kohlmeisen bevorzugen, hängt man Nistkästen mit 26 mm auf. Für Mehlschwalben gibt es Kunstnester aus Beton zu kaufen, die man unter der Dachrinne anbringen kann, Mauersegler ziehen ihre Brut gerne in Hohlräumen unter den Dachziegeln auf.

Zum Abschluß noch ein paar Zeilen zum Verhalten des Vogelbeobachters im Gelände. Wer freilebende Vögel beobachtet, sollte sich immer darüber im klaren sein, daß er in deren Lebensbereich eindringt und zwangsläufig ein gewisses Maß an Störungen verursacht. Dies gilt besonders für Vogelfotografen, die ja ihren „Objekten" möglichst nahekommen möchten, um eindrucksvolle Fotos zu erhalten. Um Naturfotografie verantwortungsbewußt auszuüben, ist ein hohes Maß an Selbstbeschränkung notwendig. Vor allem sollte man das Fotografieren am Nest oder in Nestnähe unbedingt unterlassen, da die Altvögel sonst leicht Eier oder Junge im Stich lassen. Besonders bei gefährdeten Arten ist dies nicht nur verantwortungslos, sondern auch strafbar.

Vogelschutzgebiete und andere Reservate sind nicht in erster Linie dazu da, den Ornithologen gute Beobachtungsmöglichkeiten zu bieten, sondern dienen vor allem zur Erhaltung gefährdeter Natur. Daher gibt es in diesem Refugium auch keine Privilegien für die Mitglieder von Natur- und Artenschutzverbänden. Jedermann muß die entsprechenden Verbote beachten und sollte auf diese Weise den anderen Besuchern Vorbild sein. Im Grunde gilt das ja grundsätzlich für den Aufenthalt in der freien Natur.

Alle europäischen Vogelarten sind geschützt, ausgenommen die dem Jagdrecht unterliegenden Arten.

Bild 18. Die Saatkrähe (*Corvus frugilegus*) ist ganz einfarbig glänzend schwarz, Männchen und Weibchen unterscheiden sich nicht.

Klasse **Vögel** – *Aves*

Ordnung **Sperlingsvögel** – *Passeriformes*

Familie **Rabenvögel** – *Corvidae*

1 Kolkrabe *Corvus corax*
In Europa, Asien und Nordafrika verbreitet. In Osteuropa lebt er auch in Dörfern auf Kirchtürmen u.ä. gemeinsam mit Dohlen. In Mitteleuropa in größeren Waldregionen. Baut sein Nest auf hohen Bäumen oder auf Felsen, benützt es viele Jahre lang und baut es auch um. Den Nestbau führt nur das Weibchen durch, das Männchen bringt jedoch Baumaterial wie Zweige, Moos, Haare usw. heran. Das Weibchen legt, oft bereits Anfang Februar, 5–6 grünlich gefleckte und gesprenkelte Eier. Die Jungen schlüpfen nach 21 Tagen und bleiben etwa 40 Tage im Nest. Es brütet hauptsächlich das Weibchen, das Männchen löst es bisweilen ab.

Sie nähren sich von kleinen Wirbeltieren und Insekten.

2 Rabenkrähe *Corvus corone corone*
In West- und Mitteleuropa verbreitet. Ganz schwarz gefärbt. Bewohnt bewaldete Gebiete, in denen Wälder mit Wiesen und Feldern abwechseln. Hält sich oft in der Nähe von Gewässern auf, an deren Ufern sie Nahrung sucht. Ihr Nest baut sie auf hohen Bäumen, meist bereits im März, aus kleinen Zweigen, Moos, verschiedenem Material. Das Weibchen legt gegen Ende März oder Anfang April 5–6 grünliche, dunkel gefleckte Eier. Das Weibchen brütet 17–20 Tage und das Männchen füttert es. Die Jungen verbleiben einen Monat im Nest. Wenn die Jungen ausgeflogen sind, treibt sich die ganze Familie in der Umgebung herum. Im Winter vereinen sich die Familien zu großen Schwärmen. Fressen pflanzliche und tierische Kost.

3 Nebelkrähe *Corvus corone cornix*
In Ost- und Mitteleuropa verbreitet. An der Verbreitungsgrenze der schwarzen Rabenkrähe und der grauen Nebelkrähe, die un-

1

3

2

gefähr an der Elbe und Moldau entlang nach Wien und über die Alpen nach Norditalien verläuft, kommt es laufend zur Kreuzung dieser beiden Arten. Die Biologie der Nebelkrähe ähnelt der der Rabenkrähe. Sie nistet jedoch auch in Städten in großen Parks. Sie ist sehr vorsichtig und mißtrauisch.

4 Saatkrähe *Corvus frugilegus*
In fast ganz Europa, von Mittelfrankreich und Norditalien beginnend, östlich dann über das nördlich des Himalaja liegende Asien verbreitet. Hält sich in Schwärmen auf und nistet auch manchmal in riesigen Kolonien. Liebt offene Landschaften, wo sie auf Wiesen und Feldern ihre Nahrung sucht. Oft nistet sie auch in Städten, auf Friedhöfen u. ä. Ihr Nest baut sie auf hohen Bäumen. Auf einem Baum befinden sich oft viele Nester. Anfang April legt das Weibchen 3–5 grünliche, dunkel gefleckte Eier. Die Jungen schlüpfen nach 17 Tagen und bleiben etwa 5 Wochen im Nest. Vor dem Winter ziehen Schwärme der Saatkrähen nach dem Süden, und an ihrer Stelle fliegen die weiter im Norden lebenden Populationen zu uns. Tierische und pflanzliche Nahrung.

5 Dohle *Corvus monedula*
Lebt in ganz Europa, Nordasien und Nordwestafrika. Hält sich in Schwärmen auf. Nistet auf Felsvorsprüngen, Türmen, in hohlen Bäumen u. ä. Oft auch in Städten zu finden. Im März baut sie sich ihr Nest aus kleinen Zweigen, Stroh, Moos, Federn usw. Ende April legt das Weibchen 4–6 blaugrüne, grau gefleckte Eier. Es brütet vorwiegend das Weibchen, 17–18 Tage. Die Dohle nährt sich von Insekten, Spinnen, Schnecken, Würmern und nur ausnahmsweise auch von Jungen kleiner Wirbeltiere, sie frißt jedoch auch Samen, Beeren u. a.

6 Elster *Pica pica*
In ganz Europa, einem Großteil Asiens und Nordwestafrikas, auch in Nordamerika verbreitet. Ist schwarzweiß gefärbt und hat einen langen Schwanz. Etwa 45 cm lang. Bewohnt am liebsten Flachland mit kleinen Wäldern und Gebüsch. Ihr Nest baut sie auf Bäumen oder hohen Sträuchern aus kleinen Zweigen, Rasenstückchen, Halmen, Blättern u. ä. Über dem Nest ein Dach aus dornigen Zweigen. Im April legt das Weibchen 3–10 grünliche, dicht gefleckte Eier. Die Jungen schlüpfen nach 17–18 Tagen. Nach 26 Tagen sind die Jungen flügge und treiben sich dann bis über den Winter mit ihren Eltern herum. Die Elstern nähren sich von Insekten, Schnecken, kleinen Wirbeltieren, aber auch von Samen und Beeren.

Alle europäischen Vogelarten sind geschützt!

Familie **Rabenvögel** – *Corvidae*

1 Tannenhäher *Nucifraga caryocatactes*
In Europa von Skandinavien, östlich dann bis nach Ostasien stark verbreitet. In Mitteleuropa und in den Alpen lebt er in Nadelwäldern, im Norden nur in Gebirgsgegenden. Fehlt in Westeuropa. Wird über 30 cm lang. Sein Nest baut er oft bereits gegen Ende Februar meist auf hohen Fichten in den dichtesten Zweigen aus abgebrochenen kleinen Zweigen, Moos, Flechten, Haaren, Gras usw. In der zweiten Märzhälfte legt das Weibchen 3–4 hellgrüne, braun und grau gefleckte Eier. Das Weibchen brütet 16 Tage und wird beim Brüten vom Männchen gefüttert. Die Jungen bleiben 21–25 Tage im Nest. Nach dem Ausfliegen bleiben sie mit den Eltern beisammen. Nährt sich von Insekten, selten auch von Vogeljungen, von Samen, Eicheln, Nüssen u. ä.

2 Eichelhäher *Garrulus glandarius*
In ganz Europa, in Asien bis China und in Nordwestafrika verbreitet. Lebt vor allem in Laub- oder Mischwäldern. Sein Nest baut er Anfang April auf hohen Bäumen. Das aus kleinen Zweigen, Halmen, Moos u. ä. gefertigte Nest liegt manchmal in einer Höhe von nur etwa 2 Metern. Ende April oder Anfang Mai legt das Weibchen 5–7 graugrüne, bräunlich gefleckte Eier. Beide Eltern lösen einander beim Brüten, das 16–17 Tage dauert, ab. Während der Brutzeit ist der Eichelhäher sehr vorsichtig. Er ist imstande, die Stimmen verschiedener Waldvögel nachzuahmen. Die Eichelhäher legen im Flug weite Entfernungen zurück, sie fliegen jedoch nicht in Schwärmen, sondern einzeln in großen Abständen hintereinander. Während des Fluges läßt er sich nicht hören, wenn sich ihm jedoch im Wald der Mensch nähert, schreit er sehr laut. Nährt sich von pflanzlicher und tierischer Kost. Sammelt Vorräte von Eicheln bei Baumstümpfen.

3 Alpendohle *Pyrrhocorax graculus*
Vor allem in den Alpen, aber auch in den Pyrenäen und einigen Gebieten Zentralasiens verbreitet. Wird etwa 37 cm lang. Bewohnt Höhenlagen bis über 2000 m. Im Flachland nur im Winter anzutreffen. Hält sich in Schwärmen auf. Baut ihr Nest in Felsritzen aus kleinen Zweigen, Haaren, kleinen Wurzeln usw. Ende April legt das Weibchen nur zwei grüne, braun gefleckte Eier. Sehr ge-

1

2

3

4

5

wandt. Nährt sich von Insekten, Schnecken, kleinen Wirbeltieren, auch Samen.

Familie **Stare** – *Sturnidae*

4 Star *Sturnus vulgaris*
In ganz Europa stark verbreitet, nach Osten bis nach Zentralasien, auch in Nordafrika. Länge 16,5–18,5 cm. Im Hochzeitskleid gefleckt, sonst schwarz. Zum Winter, meist im September, zieht er nach Südeuropa und Nordafrika. Vor dem Zug versammeln sich die Stare in großen Schwärmen und übernachten im Schilf. Sie kommen im März zurück, in seltenen Fällen überwintern sie. Sie nisteten ursprünglich in Baumhöhlungen in Laubwäldern, heute oft in Parks, Obst- und Ziergärten, wo die Menschen ihnen Nistkästchen aufhängen. Das Nest baut das Weibchen aus trockenem Gras, Federn u. ä. Manchmal bringt auch das Männchen Baumaterial herbei. Ende April legt das Weibchen 5–6 blaugrüne Eier. Während der 14tägigen Brutzeit brüten beide Eltern. Die Eltern füttern ihre Jungen. Nach Verlassen des Nestes in Schwärmen. Nähren sich von Insekten, Würmern, Kirschen und anderem Ost usw.

5 Rosenstar *Sturnus roseus*
Bewohnt Südeuropa und Zentralasien. Überwintert in Nordindien. Länge etwa 23 cm. Nach Mitteleuropa kommt er in Schwärmen, nistet hier aber selten. Sein Nest baut er in Höhlungen, Steinhaufen, auch im Boden. Manchmal baut er auch ein freistehendes Nest. Nährt sich in erster Linie von Heuschrecken, denen er in großen Schwärmen in die Steppen folgt. Frißt jedoch auch andere Insekten sowie verschiedene Früchte. Im Winterquartier in Indien nährt sich

auch von Reis. Das Weibchen legt 3–8 hellblaue Eier. Die Jungen werden von beiden Eltern aufgezogen.

Familie **Pirole** – *Oriolidae*

6 Pirol *Oriolus oriolus*
In Europa, Nordafrika, Zentral-, West- und Südasien stark verbreitet. Aus Europa zieht er für den Winter nach Afrika. Länge 21–23 cm. Die Männchen pfeifen mit einer hohen Flötenstimme. Bewohnt Laubwälder, aber auch Parks und Gärten. Das Weibchen baut in Astgabeln aus langen Grashalmen ein körbchenartiges Nest. Es legt 3–5 weißliche Eier mit kleinen rotbraunen und violetten Flecken. Die Jungen schlüpfen nach 14–15 Tagen. Der Pirol nährt sich vor allem von Insekten und ihren Larven, Spinnen und kleinen Schnecken, manchmal von Früchten, z. B. Kirschen.

Alle europäischen Vogelarten sind geschützt!

6

Brüten lösen beide Eltern einander ab. Brutzeit 13–15 Tage. Manchmal nistet er auch zweimal. Klettert spiralig an Baumstämmen hoch. Nährt sich von kleinen Insekten und ihren Eiern.

2 Gartenbaumläufer
Certhia brachydactyla
In Mittel- und Westeuropa (außer England) und Südeuropa und auch in Tunesien verbreitet. Körperlänge etwa 13 cm. Bewohnt am liebsten alte Laubwälder, auch große Parks und Gärten. Nistbiologie wie beim Waldbaumläufer. Die Baumläufer sind Standvögel, die den Winter über bei uns bleiben.

Familie **Mauerläufer** – *Tichodromatidae*

3 Mauerläufer *Tichodroma muraria*
In den Gebirgen Süd- und Mitteleuropas, in den Alpen und Pyrenäen verbreitet. Verbreitungsgebiet strahlt von da nach Osten über die Karpaten und den Balkan bis zum Himalaja aus. Länge 16–17,5 cm. Bewohnt Gebirgsregionen, im Flachland nur im Winter anzutreffen. Während der Nistzeit in Paaren, sonst einzeln lebend. Klettert behend an Felswänden. Baut sein Nest aus Gras, Moos u. ä. in Felsspalten. Ende Mai 3–5 weiße Eier mit rotbraunen Flecken und Punkten. Nur das Weibchen brütet. Nährt sich von Insekten, ihren Larven und Eiern.

Familie **Kleiber** – *Sittidae*

4 Kleiber *Sitta europaea*
In ganz Europa und Asien (mit Ausnahme Südasiens) stark verbreitet. Körperlänge 13–16 cm. Standvogel. Lebt in Wäldern, Parks usw., auch in Städten. Nest in Baumhöhlungen, Nistkästchen u. ä., wohin er Kieferrindenschuppen oder Stückchen trockener Blätter zusammenträgt. Zu große Öffnungen mauert er mit einem Gemisch von Lehm und Speichel zu. Im Mai 6–8 weiße, rot gesprenkelte Eier. Das Weibchen brütet 15–18 Tage. Beide Eltern füttern die Jungen. Der Kleiber nährt sich von Insekten, ihren Larven, Spinnen, aber auch von Samen.

Familie **Finkenvögel** – *Fringillidae*

5 Kernbeißer
Coccothraustes coccothraustes
In ganz Europa und den gemäßigten Teilen

Familie **Baumläufer** – *Certhiidae*

1 Waldbaumläufer *Certhia familiaris*
In fast ganz Europa, Zentral- und Ostasien und auch in Nordamerika verbreitet. Körperlänge 11–15,5 cm. Hält sich vor allem in Nadel- oder Mischwäldern auf. Baut sein Nest am liebsten unter abstehende Baumrinde oder in Holzstöße, aus kleinen Zweigen, Gras, Moos und Federn. Im April oder Mai 6–7 weiße, rot gefleckte Eier. Beim

Asiens sowie in Nordafrika verbreitet. Körperlänge 16,5–17,5 cm. Sehr kräftiger Schnabel. Bewohnt Laubwälder, aber auch Gärten und Parks. Standvogel. Im April baut er auf Bäumen, meist beim Stamm in einer Höhe von 2–10 m, sein Nest. Anfang Mai 4–6 bläuliche, grau und violett gefleckte und gestreifte Eier. Die Jungen schlüpfen nach 12–14 Tagen. Nährt sich vor allem von verschiedenen Samen und Kernen, zur Nistzeit auch von Insekten.

6 Grünling *Carduelis chloris*

Sein Verbreitungsgebiet erstreckt sich über ganz Europa nach Zentralasien und Nordwestafrika. Länge 15–17 cm. Sehr zahlreich in Wäldern, Parkanlagen und Gärten. Im April baut er sein Nest aus kleinen Wurzeln, trockenen Halmen, kleinen Zweigen u. ä. in dichten Zweigen, insbesondere von Nadelbäumen, in einer Höhe von 1–20 m über dem Boden. Anfang Mai 5–6 weißliche Eier mit rotbraunen und braunen kleinen Flecken und Punkten. Das Weibchen brütet 12–14 Tage, und das Männchen füttert es während dieser Zeit.

7 Stieglitz *Carduelis carduelis*

In ganz Europa, Klein- und Zentralasien und Nordafrika stark verbreitet. Länge 13–15,5 cm. Bewohnt kleinere, lichte Misch-und Laubwälder, auch Parkanlagen, Gärten, Friedhöfe usw. Nistet Ende April. Nistet zwei- bis dreimal jährlich. Legt 4–6 weiße, violett und rötlich gesprenkelte und punktierte Eier. Das Weibchen brütet 12–14 Tage. Nährt sich vor allem von Samen, im Sommer auch von Insekten und ihren Larven.

Alle europäischen Vogelarten sind geschützt!

4

5

6

7

Familie **Finkenvögel** – *Fringillidae*

1 Zeisig *Carduelis spinus*
In fast ganz Europa, nach dem Osten bis Zentralasien verbreitet. Länge 11–13,5 cm. Bewohnt vor allem Gebirgsregionen, lebt aber auch im Flachland. Das Nest baut nur das Weibchen, meist auf hohen Nadelbäumen auf den Zweigenden. Das aus kleinen Zweigen, Moos usw. angefertigte Nest wird mit Raupengespinst, Haaren u. ä. ausgelegt. Im April 4–6 weiße, rotbraun gesprenkelte Eier. Das Weibchen brütet 12–14 Tage. Manchmal nisten Zeisige auch zweimal. Nähren sich hauptsächlich von Samen, im Sommer auch von Insekten. Im Winter in Schwärmen.

2 Bluthänfling *Carduelis cannabina*
In ganz Europa, östlich bis nach Zentralasien, auch in Nordafrika stark verbreitet. Länge 13–15,5 cm. Bewohnt Feldraine, Friedhöfe, Gärten u. ä. Zum Teil Zugvögel. Im April baut er in einer Höhe von 1,5–2,5 m in dichtem Gestrüpp, am liebsten in Wacholdergebüsch, sein Nest aus kleinen Zweigen, Halmen und Würzelchen und legt es mit Haaren, Pflanzenwolle u. ä. aus. Im April 4–6 weiße, dicht rötlich gefleckte Eier. Brütet 12–14 Tage. Nährt sich von Samen und auch von Insekten.

3 Birkenzeisig *Carduelis flammea*
In Nordeuropa, Asien und Amerika, auch in England verbreitet, selten nistet er auch in Mitteleuropa. Länge 12–14,5 cm. Im Winter in Mitteleuropa in großen Schwärmen zu finden. Baut sein Nest aus dünnen Zweigen, Halmen, Moos u. ä. im Gestrüpp oder Knieholz. 4–6 bläuliche, braun gefleckte Eier. Brütet 10–12 Tage. Nährt sich von Samen, zum Teil auch von Insekten.

4 Girlitz *Serinus serinus*
In fast ganz Europa mit Ausnahme von England und Skandinavien verbreitet. Länge etwa 11,5 cm. Lebt in der Nähe menschlicher Behausungen, in Gärten, Parkanlagen usw. Zugvogel. Kommt Ende März aus dem Süden zurück. Das Männchen singt auf Drähten, hohen Bäumen usw. Das Nest aus Würzelchen, Halmen u. ä., ausgelegt mit Federn und Haaren, baut das Weibchen allein auf 2–4 m hohen Baumästen. Es brütet auch selbst 11–13 Tage. Beide Altvögel füttern die Jungen. Nach dem Ausfliegen halten sich die Vögel in kleinen Schwärmen auf. In vereinzelten Fällen überwintern sie.

5 Gimpel *Pyrrhula pyrrhula*
In ganz Europa und dem gemäßigten Teil
Asiens verbreitet. Körperlänge 15–19 cm. In
Mitteleuropa nistet er meist in Gebirgsgegenden, selten im Flachland. Bewohnt Na-
del- und Mischwälder, auch Parkanlagen
und Gärten, wenn sie stark mit dichten Bäumen und Sträuchern bewachsen sind. Sein
Nest baut er im April aus kleinen Zweigen,
Moos, Blättern, Haaren u.ä. verhältnismäßig
niedrig, meist in einer Höhe von 2 m. Das
Weibchen legt 4–6 hellblaue Eier mit rötlichen und violetten Flecken und schwarzen
Punkten. Es brütet 13 Tage. Der Gimpel
nährt sich von Samen, Trieben, Beeren, aber
auch von Insekten und Larven. Im Winter hält
er sich in Gruppen im Flachland auf.

6 Fichtenkreuzschnabel
Loxia curvirostra
In ganz Europa, dem gemäßigten Asien und
in Nordamerika verbreitet. Länge 17–18,5
cm. Bewohnt Nadelwälder, in denen er zu
verschiedenen Jahreszeiten nistet. Das Nisten hängt von der Menge der Fichten- und
Tannenzapfen ab, mit deren Samen er die
Jungen füttert. Das Nest sitzt dicht am
Stamm oder in Astgabeln. Im Winter ist das
Nest tief, seine Wände sind stark. Das Weibchen legt 3–4 grauweißliche Eier mit schütteren violetten und rotbraunen Flecken. Es
brütet allein 14–16 Tage. Während dieser
Zeit wird es vom Männchen gefüttert. Die
Jungen haben nach dem Schlüpfen gerade
Schnäbel, erst nach drei Wochen beginnen
sich die Schnäbel in typischer Weise zu
krümmen.

7 Buchfink *Fringilla coelebs*
In ganz Europa, Westasien und Nordafrika
verbreitet. Körperlänge 14–18 cm. Einer der
häufigsten Vögel. Lebt in Wäldern, Gärten,
Parkanlagen usw. In den Bergen bis zu einer
Höhe von 1500 m. Viele Finken überwintern,
auch Exemplare aus den nördlicheren Gebieten kommen im Winter zu uns. Sein rundes Nest aus Würzelchen, Moos, Flechten
wird mit Haaren ausgelegt; der Fink baut es
meist in einer Höhe von 2–10 m auf Bäumen
und Sträuchern. Das Weibchen legt 4–6
hellbraune oder bläulichweiße Eier mit rotbraunen oder rostbraunen Flecken und feinen Streifen. Die Jungen schlüpfen nach
13–14 Tagen. Nährt sich von Samen, Beeren,
auch von Insekten.

**Alle europäischen Vogelarten sind ge-
schützt!**

7

5

6

Familie **Finkenvögel** – *Fringillidae*

1 Bergfink *Fringilla montifringilla*
Bewohnt Nordeuropa und Asien. Länge 15–
18 cm. Nistet in Birken-oder Mischwäldern
des Nordens. Baut sein Nest aus kleinen
Birkenzweigen, Moos, Federn u. ä. meist
ziemlich niedrig auf Bäumen. Das Weibchen legt 5–7 Eier, die Buchfinkeneiern ähneln. In Mitteleuropa alljährlich von Oktober
an in Schwärmen anzutreffen.

Familie **Sperlinge** – *Passeridae*

2 Haussperling *Passer domesticus*
In ganz Europa, Asien und Nordafrika verbreitet, wurde jedoch auch nach Amerika
und Australien verschleppt. Körperlänge
14–18 cm. Der häufigste Vogel Europas. Hält
sich in der Nähe menschlicher Behausungen auf. Baut sein Nest auf Zweigen oder
in Höhlungen aus Halmen, Fasern, Haaren,
Federn u. ä. Nistet bis viermal jährlich. Das
Weibchen legt 3–8 in der Färbung ziemlich
variable, gefleckte und gesprenkelte Eier.
Brütet 13–14 Tage. Nährt sich von verschiedenen Samen, auch Knospen, im Sommer
auch von Insekten.

3 Feldsperling *Passer montanus*
In ganz Europa und Asien mit Ausnahme
von Indien verbreitet. Körperlänge 14–16,5
cm. Bewohnt vor allem offene Landschaften,
Gärten und Obstgärten auf dem Lande, die
Peripherie der Städte, den Rand von Laubwäldern usw. Baut sein Nest aus trockenem
Gras, Wolle, Federn u. ä. in hohlen Bäumen,
Wänden, Nestern anderer Vögel usw. Nistet
bis dreimal jährlich. Das Weibchen legt 5–6
graugrüne, dunkel gefleckte Eier. Beide Eltern lösen sich beim Brüten, das 13–14 Tage
dauert, ab. Standvogel. Nährt sich von Insekten und verschiedenen Samen, die Jungen füttert er vor allem mit Insekten.

Familie **Ammern** – *Emberizidae*

4 Grauammer *Miliaria calandra*
In Europa von Südskandinavien verbreitet,
südlich bis nach Nordafrika, östlich bis
Kleinasien. Länge 18–20 cm. Bewohnt meist
große Wiesen mit Gebüsch. Das Nest baut
dieser Vogel im Gestrüpp am Boden oder
auch nur zwischen Grasbüscheln. Das Nest
wird mit Halmen, Blättern, Wolle, Haaren
usw. ausgepolstert. Das Weibchen legt 3–6
meist rötlichgelbe Eier mit dunklen Flecken,

1

2

3

4

Wölkchen und Haarlinien. Es brütet nur das Weibchen 12–14 Tage. Nährt sich von Samen, im Sommer von Insekten.

5 Goldammer *Emberiza citrinella*

In ganz Europa, im Osten bis nach Westsibirien verbreitet. Körperlänge 16–20 cm. Zahlreich in offener Landschaft oder an Waldrändern. Das Weibchen baut sein Nest allein, meist am Boden, aus Halmen, Roßhaaren u. ä. Ende April legt es 2–5 weißliche Eier mit vielen dunklen Flecken, Punkten und Haarlinien. Beide Eltern brüten abwechselnd 12–14 Tage. Nähren sich von verschiedenen Samen, im Sommer auch von Insekten, Spinnen und Tausendfüßern.

6 Ortolan *Emberiza hortulana*

In ganz Europa, nach Osten bis Zentralasien. Körperlänge 15–17,5 cm. Bewohnt Flach- und Hügelland, vor allem große Gärten. Zugvogel, überwintert in Südeuropa. Nistet am Boden. Das Weibchen legt 4–6 weißgraue Eier mit dunkelbraunen Flecken, Punkten und Wellenlinien. Brütet 12–14 Tage. Nährt sich von Samen, im Sommer auch von Insekten, Spinnen u. ä.

7 Rohrammer *Emberiza schoeniclus*

In ganz Europa und dem gemäßigten Asien verbreitet. Länge 15–17,5 cm. Bewohnt Flachland in der Nähe von Teichen, Seen u. ä., das stark mit Schilf und Weidenbeständen bewachsen ist. Nest am Boden oder dicht über dem Boden in Gras oder Sträuchern. Das Weibchen legt 4–6 meist bräunliche Eier mit braunschwarzen Flecken und Haarlinien. Brütet 12–14 Tage. Nistet zweimal. Nährt sich vorwiegend von Samen. Überwintert in Südeuropa.

8 Schneeammer *Plectrophenax nivalis*

Nistet in den nördlichsten Gebieten Europas, Asiens und Nordamerikas. Körperlänge 15–19 cm. Im Winter zieht sie nach ganz Europa. Ihr mit Federn und Haaren ausgepolstertes Nest liegt zwischen Steinen. Im Juni 5–6 bläulich-weiße Eier mit rostbraunen Flecken und Streifen. Brütet 14 Tage. Nährt sich im Sommer von Insekten, im Winter von Samen. Im Winter in der Gesellschaft von Bergfinken.

Alle europäischen Vogelarten sind geschützt!

Familie **Lerchen** – *Alaudidae*

1 Haubenlerche *Galerida cristata*
In fast ganz Europa, im gemäßigten und südlichen Asien, südlich auch bis nach dem tropischen Afrika verbreitet. Körperlänge 18,5–20,5 cm. Hält sich in der Nähe von Städten und Dörfern an offenen, öden Stellen, auf Feldern u. ä. auf. Standvogel. Baut ihr Nest in einer Bodenmulde. Legt 3–5 weißliche, dunkel gefleckte Eier, die sie in 13 Tagen ausbrütet. Die Eltern füttern die Jungen mit Insekten. Nährt sich von Samen und oft von Resten aus Pferdemist.

2 Heidelerche *Lullula arborea*
Bewohnt ganz Europa, Vorderasien und Nordafrika. Länge 14,5–17,5 cm. Kommt zahlreich in Kiefernwäldern, aber auch in der Umgebung von Städten vor. Singt oft in der Nacht. Zugvogel, der im März in unsere Gebiete kommt. Nistet am Boden. Das Weibchen legt 3–5 meist weißliche, zart gefleckte Eier. Brütet 13–15 Tage. Nährt sich hauptsächlich von Insekten.

3 Feldlerche *Alauda arvensis*
Bewohnt ganz Europa, den größten Teil Asiens und Nordafrika. Länge 15–20,5 cm. Überall in Feldern zu finden. Das Männchen singt in flatterndem Flug. Das in einer Bodenvertiefung gebaute Nest wird mit Fäden, Halmen, Haaren usw. ausgelegt. Das Weibchen legt 3–5 in ihrer Färbung sehr variable Eier mit Flecken und Punkten. Brütet 12–14 Tage. Nährt sich von Insekten, Spinnen, Würmern, auch von Samen. Zum Winter zieht sie in Schwärmen nach dem Süden.

Familie **Stelzen und Pieper** – *Motacillidae*

4 Baumpieper *Anthus trivialis*
In ganz Europa, östlich bis Sibirien verbreitet. Überwintert in Zentralafrika. Länge 15,5–18 cm. Bewohnt Nadel-, Laub- und Mischwälder. Ist überall sehr zahlreich, auch im Gebirge. Seinen Brutplatz sucht er im April auf. Das Männchen singt auf hohen Bäumen oder Telegraphenstangen. Nest am Boden, im Gras verborgen, aus Grashalmen geflochten und mit Moos und Haaren ausgepolstert. Das Weibchen legt 5–6 in der Farbe variable, gefleckte und gestrichelte Eier. Es brütet 12–13 Tage. Nährt sich vor allem von Insekten, auch von Samen.

5 Wiesenpieper *Anthus pratensis*
In ganz Europa verbreitet. Überwintert in Südeuropa und Nordafrika. Länge 15–17 cm. Hält sich auf feuchten Wiesen, Berghängen, aber auch im Flachland auf. Das Männchen singt im Flug. Nest am Boden, aus Moos, Schilfhalmen, Haaren u. ä. 4–5 helle Eier mit dunklen Flecken und Haarlinien. Brütet 13 Tage. Nährt sich hauptsächlich von Insekten und Spinnen, im Herbst auch von Samen. Überwintert bei uns selten.

6 Schafstelze *Motacilla flava*
In ganz Europa, im nördlich des Himalaja gelegenen Asien und auch in Nordafrika verbreitet. Überwintert in Afrika. Länge 16–19 cm. Bewohnt feuchte Wiesen des Flachlands. Das Weibchen baut sein Nest am Boden aus Halmen, Federn, Haaren u.ä. Legt 4–6 weißliche bis rötliche, dicht graubraun gesprenkelte Eier. Brütet 13 Tage. Nährt sich von Insekten, Spinnen, Würmern und kleinen Schnecken. Zieht im September nach dem Süden. Bildet vorher Schwärme, die im Schilf übernachten.

7 Gebirgsstelze *Motacilla cinerea*
In Europa, einem Großteil Asiens und in Afrika verbreitet. Die europäischen Vögel überwintern im Mittelmeerraum. Länge 17–20 cm. Wohnt nicht nur im Gebirge, sondern auch im Flachland in der Nähe von Bächen und Teichen. Ihr Nest baut sie am liebsten in Höhlungen einer felsigen Uferböschung, in Mauern u.ä. 4–6 gelbliche, rötlich und braun gefleckte und gestrichelte Eier. Brütet 12–14 Tage. Verläßt unsere Gegenden im September.

8 Bachstelze *Motacilla alba alba*
In ganz Europa, Asien und Afrika stark verbreitet. Länge 18–20,5 cm. Baut ihr Nest in Mauerlöchern usw. und legt es mit Federn und Haaren aus. Im April oder Mai legt das Weibchen 5–6 weißliche, dicht dunkel gesprenkelte und gestrichelte Eier. Die Jungen schlüpfen nach 12–14 Tagen. Nährt sich von verschiedenen Insekten und ihren Larven, auch von Spinnen und Würmern. Im Herbst schließen sich die Bachstelzen in kleinen Schwärmen zusammen. Zieht im September bis November.

Alle europäischen Vogelarten sind geschützt!

Familie **Meisen** – *Paridae*

1 Kohlmeise *Parus major*
In ganz Europa mit Ausnahme des Nordens, in Asien und einem Teil Nordafrikas verbreitet. Länge 14–16,5 cm. Lebt in Wäldern, Gärten, Parkanlagen usw. Im Winter in kleinen Schwärmen zusammen mit anderen Meisen. Oft an Futterkästchen zu finden. Baut ihr Nest in Löchern und Höhlungen aus Moos, Flechten, Haaren, Federn u.ä. Das Weibchen legt 6–14 weißliche, rotbraun gefleckte Eier. Die Jungen schlüpfen nach 13–14 Tagen. Nistet zweimal. Die Altvögel füttern die Jungen 15–20 Tage. Nährt sich vorwiegend von Insekten, im Winter auch von Samen. Tut sich gern an aufgehängtem Talg gütlich.

2 Blaumeise *Parus caeruleus*
In ganz Europa mit Ausnahme des Nordens, in Nordafrika, östlich bis zum Kaukasus verbreitet. Länge 11,5–13,5 cm. Bewohnt Wälder, Parkanlagen, auch in Städten zu finden. Nistet in Höhlungen, Baumstümpfen, Baumspalten, Röhren u.ä. Das Weibchen legt 7–16 weißliche Eier mit dichten rostbraunen Flecken und Punkten. Brütet 13–15 Tage. Nährt sich vorwiegend von Insekten und ihren Larven, im Winter auch von Samen. Lebt im Winter in Paaren, aber auch gesellig mit anderen Meisen.

3 Tannenmeise *Parus ater*
Bewohnt ganz Europa, östlich bis Japan, südlich bis Nordafrika. Länge 11–12 cm. In Mitteleuropa Standvogel. Lebt in Mischwäldern, hält sich jedoch vorwiegend auf Nadelbäumen auf. Nest aus Moos und Haaren in Baumhöhlungen. Ende April 7–11 weißliche, rot gesprenkelte Eier. Die Jungen schlüpfen nach 14–16 Tagen und werden nach weiteren 15 Tagen flügge. Nährt sich hauptsächlich von Insekten, im Winter von Nadelbaumsamen.

4 Haubenmeise *Parus cristatus*
Bewohnt ganz Europa, östlich bis zum Ural. Länge 12 bis 13 cm. Hält sich vor allem in Nadelwäldern auf. Baut ihr Nest in verschiedenen Höhlungen und Spalten. Das Weibchen legt 5–11 weißliche, rotbraun gefleckte Eier. Die Jungen schlüpfen nach 15–17 Tagen und verlassen das Nest nach weiteren 20 Tagen. Nährt sich vor allem von Insekten in jedem Entwicklungsstadium. Im Winter oft in Schwärmen anderer Meisen, die sie führt.

5 Sumpfmeise *Parus palustris*
In Europa und im südlichen Teil Ostasiens verbreitet. Länge 12–14 cm. Bewohnt Laub- und Mischwälder, auch Parkanlagen und Gärten. Ihr Nest aus Halmen, Gras, Moos, Haaren u.ä. baut sie in Höhlungen. Das Weibchen legt 6–10 weißliche, rot gefleckte Eier. Brütet 14–15 Tage. Die Jungen werden 17–19 Tage von den Altvögeln gefüttert. Bleibt auch im Winter in Paaren, hält sich in kleinen Schwärmen beisammen. Nährt sich von Insekten, Spinnen und im Winter auch von kleinen Samen.

6 Schwanzmeise *Aegithalos caudatus*
In ganz Europa, östlich bis nach Japan verbreitet. Länge etwa 15 cm. Auffallend langer Schwanz. Bewohnt Laubwälder, Parkanlagen u.ä. Mit Ausnahme der Nistzeit hält sie sich in kleineren Schwärmen auf. Baut ihr Nest auf Bäumen und Sträuchern, am liebsten in einer Astgabel am Stamm. Das Nest ist oval, von allen Seiten geschlossen, mit einem seitlichen Eingang. Es ist aus Moos, Flechten, Spinnweben, innen mit Flaumfedern ausgepolstert. 7–12 weißliche Eier mit roten Flecken und Punkten. Brütet 13 Tage. Nährt sich von Insekten.

7 Beutelmeise *Remiz pendulinus*
In Südeuropa, dem südlichen Teil Mitteleuropas, östlich bis Japan verbreitet. Länge 10,5–11,5 cm. Hält sich in Wassernähe, vor allem bei Teichen auf. Das geschlossene, kugelige Nest baut sie an dünnen Zweigenden der Weiden aus langen Fasern, der Wolle der Pappeln u.ä. Der Nesteingang ist tunnelartig. Das Weibchen legt 6–8 weiße Eier und brütet 12–15 Tage. Inzwischen baut das Männchen ein weiteres Nest. Nährt sich vor allem von Insekten und Spinnen.

Familie **Goldhähnchen** – *Regulidae*

8 Wintergoldhähnchen *Regulus regulus*
In ganz Europa, Asien und Nordamerika stark verbreitet. Länge 8,5–10,5 cm. Kleinster europäischer Vogel. Wiegt 5–6 g. Bewohnt Nadelwälder, baut sein Nest aus kleinen Zweigen, Halmen, Haaren, Spinnweben u.ä. auf dichten Zweigen von Fichten oder Tannen. 8–11 gelbliche Eier mit dunklen Wellenlinien. Brütet 16–17 Tage. Nährt sich von kleinen Insekten und Spinnen. Im Winter in kleinen Schwärmen in den Baumkronen, wo sie leise zwitschern.

Alle europäischen Vogelarten sind geschützt!

7

6

8

Familie **Würger** – *Laniidae*

1 Raubwürger *Lanius excubitor*
In Europa, Asien, Nordamerika und Nordafrika stark verbreitet. Länge 24–27,5 cm. Bewohnt offene Landschaften mit Sträucherbeständen, insbesondere mit dornigem Gestrüpp. Spießt manchmal seine Beute, Insekten und kleine Wirbeltiere, auf Dornen auf. Baut sein Nest aus trockenen kleinen Zweigen, Moos, Halmen u. ä. auf hohen Sträuchern. Im Mai 5–7 weißliche, grau und braun gefleckte Eier. Die Jungen schlüpfen nach 15 Tagen und werden von den Altvögeln 20 Tage lang gefüttert.

2 Neuntöter *Lanius collurio*
Bewohnt fast ganz Europa und Asien. Überwintert in Afrika und Südasien und kommt deshalb aus seinen Winterquartieren verhältnismäßig spät, erst Anfang Mai, zurück. Hält sich in Gegenden mit einem Bewuchs von dornigem Gestrüpp auf. Das im Dickicht in einer Höhe von 1–2 m verborgene Nest baut er aus kleinen Zweigen, Halmen, kleinen Wurzeln, Moos und polstert es mit Haaren aus. Das Weibchen legt 3–7 rosafarbene, schwarz und braun gefleckte Eier. Brütet 14–15 Tage. Die Jungen verlassen das Nest nach 2 Wochen und halten sich dann im Dickicht auf. Der Neuntöter nährt sich vorwiegend von Insekten, manchmal fallen ihm jedoch Junge kleiner Vögel oder

Nagetiere zum Opfer. Seine Beute spießt er auf Dornen auf. Ahmt die Stimmen anderer Vögel nach. Länge etwa 20 cm.

3 Rotkopfwürger *Lanius senator*
In Europa mit Ausnahme von England, östlich bis nach Polen, südlich bis Nordafrika verbreitet. Überwintert in Zentralafrika. Länge 19,5–20 cm. Zieht schon im August nach dem Süden und kommt erst im Mai zurück. Nistet an sonnigen Stellen. Nest ähnlich wie beim Neuntöter im Gestrüpp. 5–7 gelbliche bis grünliche, grau und olivenfarben gefleckte Eier. Brütet 14–15 Tage, füttert die Jungen 20 Tage. Hauptnahrung: Insekten.

Familie **Seidenschwänze** – *Bombycillidae*

4 Seidenschwanz *Bombycilla garrulus*
Bewohnt die nördlichsten Teile Europas, Asiens und Nordamerikas. Länge 19–23 cm. Nach Mitteleuropa kommt er nur im Winter, oft in großen Schwärmen. Am häufigsten ist er auf Ebereschen oder auf Sträuchern mit Beeren, von denen er sich nährt, anzutreffen. Dem Schwarm kann man sich nähern,

er ist nicht scheu. Im Norden nistet er in Nadel- oder Mischwäldern. Baut sein Nest aus kleinen Zweigen, Moos u. ä. auf Bäumen. Das Weibchen legt 4–6 bläuliche, schwarz und violett gefleckte Eier. Es brütet nur das Weibchen 14 Tage. Frißt auch Insekten.

Familie **Braunellen** *Prunellidae*

5 Heckenbraunelle *Prunella modularis*
In ganz Europa und Nordwestasien verbreitet. Länge 14,5–16,5 cm. Bewohnt dichte Nadelholzbestände. Ihr verhältnismäßig großes Nest baut sie in dichten Zweigen aus Moos und polstert es mit Haaren aus. Im Mai 4–7 einfarbig blaugrüne Eier. Brütet 12–14 Tage. Nährt sich meist von Insekten. Zieht im Oktober in die Mittelmeerländer.

Familie **Zaunkönige** – *Troglodytidae*

6 Zaunkönig *Troglodytes troglodytes*
In ganz Europa, dem gemäßigten Asien, Nordamerika und Nordostafrika verbreitet. Länge 9,5–11,5 cm. Wiegt etwa 9 g. In Mitteleuropa bleibt er auch im Winter. Mit Aus-

nahme der Nistzeit Einzelgänger. Baut ein kugeliges Nest aus kleinen Zweigen und Moos, das er mit Haaren und Federn auslegt. In dieses Nest mit einem Eingang an der Seite legt das Weibchen 5–7 weißliche, rot gefleckte Eier. Brütet 14 bis 16 Tage. Nährt sich von Insekten.

Familie **Wasseramseln** – *Cinclidae*

7 Wasseramsel *Cinclus cinclus*
In ganz Europa, östlich nach Zentralasien und ins Himalajagebirge, und in Nordwestafrika verbreitet. Länge 17,5–20 cm. Bewohnt Gebirge, hält sich an Bächen und Gebirgsflüssen auf. Standvogel. Sucht ihre Nahrung am Grund der Gewässer, wo sie Insekten und ihre Larven findet. Auch das Baumaterial ihres Nestes sammelt sie unter der Wasseroberfläche. Nistet in Höhlungen unter Steinen, oft unter Wasserfällen. Das Weibchen legt 4–6 weiße Eier. Die Jungen schlüpfen nach 15–17 Tagen und verlassen das Nest nach 3 Wochen.

Alle europäischen Vogelarten sind geschützt!

Familie **Fliegenschnäpper** – *Muscicapidae*

1 Grauer Fliegenschnäpper
Muscicapa striata
In ganz Europa, östlich bis in die Mongolei, südlich bis Nordwestafrika verbreitet. Überwintert im tropischen und südlichen Afrika. Länge 14–17 cm. Kommt Anfang Mai aus dem Süden zurück. Lebt an Waldrändern, in Parkanlagen u. ä. Sein verhältnismäßig großes Nest baut er aus Halmen, kleinen Wurzeln usw. und legt es mit Haaren und Federn aus. Nest meist auf einem waagrechten Zweig, auch auf bewachsenen Mauern usw. Das Weibchen legt 4–6 blauweiße, grau und rostrot gefleckte Eier. Beide Eltern brüten 13 Tage. Nährt sich von Insekten. Seine Beute fängt er im Flug. Zieht im September nach dem Süden.

2 Trauer-Fliegenschnäpper
Ficedula hypoleuca
Bewohnt ganz Europa, Westasien und Nordwestafrika. Überwintert in Afrika. Länge 12,5–14,5 cm. Stellenweise sehr zahlreich. Lebt in lichten Laubwäldern, in Parkanlagen usw. Sein Nest aus Moos, Fasern, Spinnweben usw. baut er in Höhlungen und Baumstämmen. Das Weibchen legt 4–8 helle, blaugrüne Eier. Die Jungen schlüpfen nach 13 Tagen und werden von den Eltern 18 Tage lang gefüttert. Zieht Ende Oktober nach dem Süden. Nährt sich von Insekten.

Familie **Grasmücken** – *Sylviidae*

3 Klappergrasmücke *Sylvia curruca*
In fast ganz Europa, östlich bis nach Sibirien verbreitet. Die europäischen Vögel überwintern in Afrika. Länge 12,5–13,5 cm. Fliegt im August oder September nach dem Süden und kommt in der zweiten Aprilhälfte zurück. Hält sich im Buschwerk der Wälder, in Gärten und Parkanlagen auf. Das sehr schütter aus Grashalmen und kleinen Wurzeln geflochtene Nest baut sie in hohen Brennesseln, Sträuchern usw. Das Weibchen legt 4–6 weißliche oder gelbliche Eier, die violettgrau und gelbbraun gesprenkelt und punktiert und schwarz gestrichelt sind. Die Jungen schlüpfen nach 11 bis 13 Tagen. Nährt sich von Insekten und Spinnen.

4 Mönchsgrasmücke *Sylvia atricapilla*
In ganz Europa, östlich bis zum Fluß Ob, und in Nordwestafrika verbreitet. Überwintert in Zentralafrika. Länge 14–15 cm. Bewohnt Laubwälder, aber auch dicht bewachsene Gärten und Parkanlagen. Zieht im September nach dem Süden und kommt Ende April zurück. Das aus Halmen und Spinnweben geflochtene Nest baut sie mit Vorliebe etwa 75 cm über dem Boden in Brombeerhecken, im Gebüsch usw. Das Weibchen legt 4–6 gelbliche bis grünliche, grau bis rötlich gefleckte Eier. Brütet 13–14 Tage. Nährt sich vorwiegend von Insekten, im Herbst jedoch auch von Himbeeren und Heidelbeeren.

5 Gartengrasmücke *Sylvia borin*
Bewohnt fast ganz Europa, östlich bis nach Westsibirien verbreitet. Überwintert in Zentralafrika. Länge etwa 14 cm. Zieht Ende September nach dem Süden und kommt im Mai zurück. Hält sich an mit Buschwerk bewachsenen Stellen auf. Ihr aus Pflanzenstengeln geflochtenes Nest baut sie 0,5 bis 3 m über dem Boden in Himbeer- oder Brombeergestrüpp u. ä. Legt 4–6 gelbliche

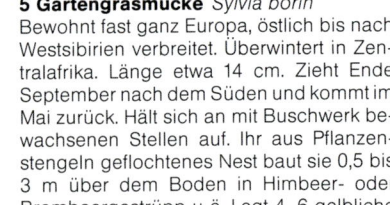

1

2

bis grünliche, grau und olivenfarben gefleckte oder marmorierte Eier. Brütet 12
Tage. Zieht oft ein Kuckucksjunges auf.
Nährt sich von verschiedenen Insekten und
ihren Larven.

6 Sperbergrasmücke *Sylvia nisoria*
In Mitteleuropa, östlich bis nach Westsibi-
rien verbreitet. Überwintert in der östlichen
Hälfte Afrikas. Länge 16–18 cm. Zieht im
August nach dem Süden und kommt Ende
April zurück. Bewohnt große Parkanlagen,
Gärten und Waldränder. Ihr Nest aus Grä-
sern, Halmen, Roßhaaren u. ä. baut sie 1–2 m
über dem Boden in dichtem Gebüsch. Das
Weibchen legt 4–5 gelbliche bis grünliche,
grau gesprenkelte Eier. Brütet 14–15 Tage,
die Jungen werden 16 Tage gefüttert. Nährt
sich vorwiegend von Insekten, am Ende des
Sommers auch von verschiedenen Beeren.

7 Gelbspötter *Hippolais icterina*
In Europa von Mittelfrankreich nach dem
Osten bis zum Oberlauf des Flusses Ob verbreitet. Überwintert in einigen Regionen Afrikas. Länge 13 bis 16 cm. Zieht im August
nach dem Süden und kommt Anfang Mai
zurück. Bewohnt lichte Laubwälder, ist auch
in größeren Parkanlagen zu finden. Sein
Nest aus Stengeln, Blättern, kleinen Wurzeln
u. ä. baut er auf Laubbäumen oder im
Buschwerk. Sein Nest tarnt er mit Birken-
rinde. Meist 5 rosafarbene, schütter schwarz
punktierte oder gefleckte Eier. Brütet 13
Tage. Nährt sich vorwiegend von Insekten.

**Alle europäischen Vogelarten sind ge-
schützt!**

1

2

3

Familie **Grasmücken** – *Sylviidae*

1 Weidenlaubsänger
Phylloscopus collybita
In ganz Europa, nach dem Osten bis zum Baikalsee, und in Nordwestafrika verbreitet. Überwintert in Nordostafrika. Länge 12 bis 14 cm. Zieht im Oktober nach dem Süden und kurz nach seiner Rückkehr, schon Ende März, kann man den eintönigen Gesang des Männchens hören. Bewohnt Laub- oder Mischwälder, auch in Parkanlagen zu finden. Das Weibchen baut das Nest am Boden, im Gras, in Form einer kleinen Hütte aus Halmen und Moos. Legt 5–6 weiße Eier mit rotbraunen Punkten. Es brütet nur das Weibchen. Die Jungen schlüpfen nach 13–14 Tagen und werden dann 2 Wochen gefüttert. Nährt sich ausschließlich von kleinen Insekten.

2 Waldlaubsänger
Phylloscopus sibilatrix
In ganz Europa mit Ausnahme des Nordens und in Westasien verbreitet. Überwintert in Zentralafrika. Länge 12–14 cm. Bewohnt größere Wälder, aber auch in Parkanlagen zu finden. Zieht im September nach dem Süden und kommt Mitte April zurück. Das Männchen singt mit einer zirpenden Stimme. Baut das Nest am Boden in Form einer kleinen Hütte, die mit Haaren ausgelegt ist und den Eingang an der Seite hat. Das Weibchen legt 6–8 Eier.

3 Feldschwirl *Locustella naevia*
In ganz Europa mit Ausnahme des Nordens und Südens, nach Osten hin bis in die Mongolei verbreitet. Die europäischen Vögel überwintern in Nordafrika. Länge 13–15 cm. Zieht bereits im August nach dem Süden und kommt Ende April zurück. Lebt, in dichtem Buschwerk verborgen, an den Ufern von Teichen und Flüssen. Baut ein tiefes Nest aus Gras am Boden unter den Büschen. Legt 5–7 rosafarbene, rostrot gefleckte und punktierte Eier. Es brüten abwechselnd beide Eltern 13–15 Tage. Die Jungen verlassen das Nest nach 10 Tagen, sind zu dieser Zeit jedoch noch nicht imstande zu fliegen. Nährt sich vor allem von Insekten.

4 Drosselrohrsänger
Acrocephalus arundinaceus
In Europa mit Ausnahme Englands und Skandinaviens, östlich bis nach Australien, auch in Nordafrika verbreitet. Die europäischen Vögel überwintern in Äquatorialafrika. Länge etwa 20 cm. Zieht im August und September nach dem Süden und kommt Mitte Mai zurück. Singt sehr laut und schrill. Bewohnt die Schilfbestände von Teichen, Seen und Flüssen. Baut sein Nest in Form eines Körbchens an Schilfhalmen. Das Weibchen legt 4–6 bläuliche, olivgrün und braun gefleckte Eier. Beide Eltern brüten abwechselnd 14–15 Tage.

5 Teichrohrsänger
Acrocephalus scirpaceus
In Mitteleuropa, und von da aus nach Südengland und Zentralasien verbreitet. Überwintert in Nord- und Äquatorialafrika. Länge 15–16 cm. Zieht Ende September nach dem Süden und kommt Mitte April zurück. Bewohnt die Umgebung von Gewässern. Hält sich in Schilfbeständen auf. Flicht sein Nest aus langen Halmen. Legt 4–5 weißliche Eier mit olivfarbenen Flecken oder Wölkchen. Die Jungen schlüpfen nach 11–12 Tagen. Nährt sich von Insekten.

Familie **Drosseln** – *Turdidae*

6 Wacholderdrossel *Turdus pilaris*
In Mittel- und Nordeuropa, östlich bis zum
Baikalsee verbreitet. Länge 24,5–28 cm.
Zugvogel, aber im Winter erscheinen bei
uns Exemplare aus dem Norden. Die Vögel
bauen ihre Nester oft in Kolonien in lichten
Laubwäldern, auch auf Birken, manchmal
ziemlich niedrig über dem Boden. Auf einem Baum findet man oft mehrere aus Gras,
kleinen Zweigen, Moos u. ä. geflochtene und
meist mit Lehm verkittete Nester. Das Weibchen legt 5–7 grünlichweiße Eier mit dichten
rostbraunen Flecken und Haarlinien. Brütet
13–14 Tage. Nährt sich im Sommer vor allem
von Insekten, im Winter von Beeren.

7 Misteldrossel *Turdus viscivorus*
In ganz Europa, östlich bis zum Baikalsee,
südlich in Nordwestafrika verbreitet. Zugvogel. Länge 26–29,5 cm. Bewohnt am liebsten Nadelwälder, selten auch in großen
Parkanlagen zu finden. Das aus kleinen
Wurzeln, Halmen, Moos und Lehm gebaute
Nest meist auf Kiefern etwa 10 m über dem
Boden. Im April legt das Weibchen 4–5
blaugrüne, violett und grau, manchmal auch
braun gefleckte Eier. Das Nest baut das
Weibchen, das Männchen bringt Baumaterial herbei. Nur das Weibchen brütet 13–14
Tage. Nährt sich vorwiegend von Insekten,
die sie am Boden sucht. Vom Herbst an halten sich die Vögel in kleinen Trupps auf.

**Alle europäischen Vogelarten
sind geschützt!**

417

Familie **Drosseln** – *Turdidae*

1 Singdrossel *Turdus philomelos*
In ganz Europa, Kleinasien, nach dem Osten bis zum Baikalsee verbreitet. Überwintert in Südeuropa und Nordafrika. Länge 22–24,5 cm. Fliegt im Oktober nach dem Süden und kommt im März oder Anfang April zurück. Bewohnt Wälder, Gärten, Parkanlagen usw. Baut ihr Nest aus Stengeln, kleinen Zweigen u. ä. im Gebüsch, auf Bäumen, auch auf Mauern usw. Das Nest wird innen mit einem Gemisch von Erde und Speichel ausgemauert. Das Weibchen legt 4–6 grünblaue, schütter schwarz punktierte Eier, die es selbst in 12–13 Tagen ausbrütet. Die Singdrossel nährt sich von Insekten, Würmern, Schnecken und im Herbst auch von Beeren.

2 Ringdrossel *Turdus torquatus*
In England, Skandinavien, in den Alpen, Pyrenäen, im Riesengebirge und im Kaukasus verbreitet. Überwintert in Nordafrika. Länge etwa 27 cm. Zieht im Oktober nach dem Süden und kommt im April zurück. Bewohnt Gebirgshänge. Nest in den dichten Zweigen des Knieholzes. 4–5 grünliche, dicht marmorierte und gestrichelte Eier. Beide Altvögel brüten abwechselnd 14 Tage.

3 Amsel *Turdus merula*
In ganz Europa und von da in einem schma-

len Gürtel über Asien bis nach China verbreitet. Länge 23,5–28 cm. Bewohnt Wälder, aber insbesondere Gärten und Parkanlagen. Ein Teil der Amseln überwintert bei uns, andere ziehen in die Mittelmeerländer. Sie baut ihr Nest aus Halmen, kleinen Wurzeln u. ä. auf Bäumen, Sträuchern, auf Balken usw. Das Weibchen legt 4–6 blaugrüne Eier mit dichten braunen und grauen Flecken, Punkten und Streifen. Es brütet 13–14 Tage. Nährt sich von Insekten, Würmern, Schnecken, aber auch von Beeren, Obst u. ä.

4 Steinschmätzer *Oenanthe oenanthe*
In ganz Europa und Asien, in Nordamerika und Grönland stark verbreitet. Überwintert vorwiegend im tropischen Afrika. Länge 15–17 cm. Zieht im August bis September nach dem Süden und kommt im April zurück. Bewohnt steinige, nicht bewaldete Hänge, felsige Ebenen, Steinbrüche u. ä. Baut sein Nest zwischen Steinen, in verlassenen Löchern usw. aus Halmen, Haaren und Federn. Im Mai legt das Weibchen 5–7 grünliche Eier, die es selbst in 14 Tagen ausbrütet. Nährt sich vor allem von Insekten.

5 Braunkehlchen *Saxicola rubetra*
In fast ganz Europa, östlich bis Westsibirien verbreitet. Überwintert in Äquatorialafrika. Länge 13–15,5 cm. Zieht im August oder September in kleinen Schwärmen nach dem Süden und kommt im April zurück. Hält

sich in Hügelland mit großen Wiesen und verstreutem Buschwerk auf. Sitzt gern an erhöhten Stellen. Baut sein Nest aus Halmen, Moos u.ä. am Boden und polstert es mit Haaren und Pflanzenwolle aus. Im Juni 5–6 blaugraue, oft rostbraun punktierte Eier. Das Weibchen brütet 13–14 Tage. Nährt sich vorwiegend von Insekten.

6 Gartenrotschwanz
Phoenicurus phoenicurus
In ganz Europa, Kleinasien, östlich bis Westsibirien, auch in Nordafrika verbreitet. Überwintert hauptsächlich in Äquatorialafrika. Länge 13,5–17 cm. Zieht im August bis September nach dem Süden und kommt in der ersten Aprilhälfte zurück. Lebt fast überall, in Wäldern, Gärten, in der Nähe menschlicher Behausungen. Baut sein Nest aus Halmen, kleinen Wurzeln, Blättern, Haaren u.ä. in Höhlungen, Mauern, zwischen Dachbalken usw. Das Weibchen legt 5–8 grünblaue Eier. Nistet zweimal. Brütet 13–15 Tage. Nährt sich vor allem von Insekten.

7 Hausrotschwanz
Phoenicurus ochruros
In Mittel- und Südeuropa, westlich bis England, östlich bis Nordchina verbreitet. Die europäischen Vögel überwintern in Nordafrika. Länge etwa 15 cm. Zieht im Oktober nach dem Süden und kommt Ende März zurück. Bewohnte ursprünglich felsige Stellen, hat sich aber nun in der Nähe des Menschen festgesetzt. Sein Nest baut er unter Schuppendächern, in Scheunen, am Fenstersims usw. aus kleinen Wurzeln, Halmen, Haaren u.ä. Das Weibchen legt 5–6 weiße Eier. Brütet 14 Tage. Der Hausrotschwanz nährt sich vorwiegend von Insekten.

Alle europäischen Vogelarten sind geschützt!

3

4

5

6

7

1

2

3

Familie **Drosseln** – *Turdidae*

1 Nachtigall *Luscinia megarhynchos*
In West-, Mittel- und Südeuropa, östlich bis Zentralasien und südlich bis Nordafrika verbreitet. Überwintert vor allem in Äquatorialafrika. Länge 18–20 cm. Zieht im August nach dem Süden und kommt Ende April zurück. Zieht nur in der Nacht. Bewohnt die Ränder von Laub- oder Mischwäldern, dichte Bestände in der Nähe von Flüssen, Teichen u.ä. Das Männchen singt nicht nur in der Nacht, sondern auch tagsüber. Sein Gesang ist weit hörbar. Ihr Nest baut die Nachtigall aus Halmen, Wurzeln, Moos, Schilfhalmen usw. und polstert es mit Haaren aus. Es ist meist im dichten Gebüsch verborgen. Das Weibchen legt 4–6 olivbraune, manchmal dicht gefleckte Eier, die es selbst in 13 Tagen ausbrütet. Die Jungen verlassen das Nest sehr bald. Die Nachtigall nährt sich vor allem von Insekten und Würmern.

2 Blaukehlchen *Luscinia svecica*
In ganz Europa mit Ausnahme von England und den Mittelmeerländern, östlich bis nach der Mongolei verbreitet. Überwintert in Nordafrika. Länge etwa 15 cm. In Mitteleuropa nistet dieser Vogel nur selten, ist aber während des Zuges oft sehr zahlreich im Buschwerk in der Nähe von Flüssen zu finden.

3 Rotkehlchen *Erithacus rubecula*
In ganz Europa, Kleinasien, östlich bis nach Westsibirien verbreitet. Länge 13–16 cm. Die Mehrzahl der Vögel zieht im Oktober nach Nordafrika, ältere Männchen bleiben oft den ganzen Winter über beim Brutplatz. Hält sich im dichten Unterholz in Wäldern, Parkanlagen und Gärten auf. Baut sein Nest aus Moos, kleinen Wurzeln, Halmen, Haaren u.ä. am Boden unter Grasbüscheln, zwischen Steinen, in Löchern usw. Das Weibchen legt 5–7 gelbliche, rot gefleckte und punktierte Eier, die nur das Weibchen allein ausbrütet. Die Jungen schlüpfen nach 13–14 Tagen. Beide Eltern füttern. Manchmal nistet der Vogel ein zweites Mal. Nährt sich vor allem von Insekten, im Herbst und Winter auch von Beeren und Waldfrüchten.

Familie **Schwalben** – *Hirundinidae*

4 Rauchschwalbe *Hirundo rustica*
In ganz Europa, einem Großteil Asiens, in Nordamerika und Nordafrika sehr stark verbreitet. Die europäischen Vögel überwintern in Afrika südlich der Sahara. Länge 18–23

cm. Zieht im September nach dem Süden und kommt in der ersten Aprilhälfte zurück. Das von Männchen und Weibchen gemeinsam gebaute Nest ist napfförmig. Baumaterial: Lehmkügelchen mit Speichel gemischt und Halme. Mit Haaren und Federn ausgepolstert. Das Weibchen legt 4–6 weißliche, rot und violett gefleckte Eier. Es brütet 14–16 Tage und wird dabei vom Männchen gefüttert. Beide Altvögel füttern dann die Jungen etwa 3 Wochen. Wenn die Jungen flügge werden, übernachten die Vögel in Schwärmen im Rohrdickicht der Teiche. Nährt sich vorwiegend von Insekten, die sie im Flug fängt.

5 Mehlschwalbe *Delichon urbica*

In ganz Europa, einem Großteil Asiens und auch in Nordafrika verbreitet. Die europäischen Vögel überwintern in Afrika südlich der Sahara. Länge 15–16,5 cm. Zieht im September nach dem Süden und kommt in der zweiten Aprilhälfte zurück. Ihr Nest baut sie unter Dachrinnen, Fenstersimse usw. an senkrechte Wände. Das aus Lehm zusammengeklebte Nest ist ganz geschlossen und hat seinen Eingang an der Seite unter dem oberen Rand. Die Vögel leben oft in großen Kolonien. Das Weibchen legt 4–5 völlig weiße Eier. Beide Eltern brüten abwechselnd 12–13 Tage und füttern dann die Jungen 20–23 Tage lang. Manchmal nisten sie zum zweiten Mal im Juli. Fangen ihre Nahrung, Insekten, im Flug.

6 Uferschwalbe *Riparia riparia*

In ganz Europa, einem Großteil Asiens, In Nordamerika und Nordwest- und Nordostafrika sehr stark verbreitet. Die europäischen Vögel überwintern in Äquatorial- und Südafrika. Länge 12,5–14,5 cm. Zieht im August nach dem Süden und kommt in der zweiten Aprilhälfte zurück. Hält sich gerne in der Umgebung von Flüssen, Seen und Teichen auf, aber auch in Sandgruben, wo sie in die senkrechten Sandwände einen bis 1,5 m langen Nistgang gräbt. Das eigentliche Nest ist eine napfartige Vertiefung, die sie mit Federn und Halmen auslegt. Nistet in Kolonien. Das Weibchen legt Mitte Mai 5–7 rein weiße Eier. Beide Eltern brüten abwechselnd 15 Tage und füttern dann die Jungen im Nest 23 Tage. Nährt sich von Insekten, die sie im Flug fängt.

Alle europäischen Vogelarten sind geschützt!

4

5

6

421

dem das Nest nur mit Holzsplittern ausgelegt ist. 6–8 weiße Eier, die Männchen und Weibchen abwechselnd in 15–17 Tagen ausbrüten. Die Jungen verlassen das Nest nach 17–20 Tagen. Die Grünspechte nähren sich von Larven verschiedener Holzkäfer, zerscharren jedoch auch gern Ameisenhaufen und suchen dort Puppen und Ameisen, die an ihrer langen, vorstreckbaren Zunge klebenbleiben. Hie und da besuchen sie auch Bienenstöcke.

2 Buntspecht *Dendrocopos major*
In ganz Europa, östlich in einem Gürtel bis Japan, südlich bis Nordafrika verbreitet. Er ist ein Standvogel, treibt sich jedoch im Winter in der Umgebung seines Brutplatzes umher. Das Nistloch zimmert er in Laub- und Nadelbäumen in einer Höhe von 2–10 m über dem Boden. Das Weibchen legt im April bis Mai in die mit kleinen Spänen ausgelegte Höhlung 4–8 glänzendweiße Eier. Die Jungen schlüpfen nach 13–15 Tagen. Nährt sich von Larven verschiedener Käfer, z. B. der Borkenkäfer, aber auch von Nadelbaumsamen und Haselnüssen, die er in eine Vertiefung einkeilt und dann aufhackt. Im Winter oft in der Gesellschaft von Kleibern und Meisen zu finden.

Ordnung **Spechtartige** – *Piciformes*

Familie **Spechte** – *Picidae*

1 Grünspecht *Picus viridis*
In ganz Europa mit Ausnahme seiner nördlichsten Teile, im Osten bis in die Ukraine verbreitet. Länge 33–37 cm. Treibt sich nach dem Nisten in der weiteren Umgebung herum, zieht jedoch nicht fort. Bewohnt gerne lichte Wälder, Parkanlagen und Obstgärten. Beide Nistpartner zimmern in 14 Tagen in angefaulten Baumstämmen ein Nistloch, in

3 Schwarzspecht *Dryocopus martius*
In ganz Europa mit Ausnahme Englands und Südeuropas, östlich bis nach Japan verbreitet. Bewohnt vor allem große Nadelwälder im Flachland und in den Bergen, er ist aber auch in Laubwäldern anzutreffen, wo er sein Nistloch in starken Buchen oder Birken zimmert. Im Frühjahr klopft er so wie andere Spechte an trockenen Aststümpfen. Das Nest pflegt meist höher als 4 m über dem Boden zu sein. Das Nistloch von etwa einem halben Meter Tiefe zimmern beide Partner etwa 2 Wochen lang, und unter dem Baum findet man dann eine Menge Holzsplitter. Das Weibchen legt 4–5 weiße Eier. Die Jungen schlüpfen nach 12–14 Tagen und verlassen das Nest nach 24–28 Tagen. Nährt sich hauptsächlich von Larven der Holzkäfer, aber auch von Ameisen und ihren Puppen.

4 Wendehals *Jynx torquilla*
In ganz Europa, östlich bis Japan verbreitet. Zugvogel. Überwintert in Nord- und Ostafrika. Länge 18,5–19,5 cm. Zieht meist bereits im August nach dem Süden und gleich nach seiner Rückkehr in der zweiten Aprilhälfte kann man sein typisches, gleichsam klagendes Rufen hören. Er bewohnt die Ränder von Laubwäldern, Parkanlagen, Obstgärten, größere Ziergärten usw. Zimmert selbst sein Nest, sucht fertige Baumhöhlungen auf, begnügt sich auch mit Mauerspalten. Sein Nistloch polstert er nicht aus. Das Weibchen legt im Mai bis Juni 7–10 weiße Eier. Es brüten abwechselnd beide Eltern 13–14 Tage und füttern dann die Jungen 24–26 Tage lang. Nährt sich von Raupen, Ameisenpuppen u. ä. Der Wendehals hat einen sehr langen und beweglichen Hals und kann seinen Kopf bis um 180 Grad herumdrehen.

Ordnung **Seglerartige** – *Micropodiformes*

Familie **Segler** – *Micropodidae*

5 Mauersegler *Micropus apus*
In ganz Europa, östlich bis nach China, südlich bis nach Nordwestafrika verbreitet. Zugvogel. Überwintert in Afrika südlich der Sahara. Länge 18–21 cm. Zieht Anfang August, manchmal bereits Ende Juli nach dem Süden und kommt Ende April oder Anfang Mai zurück. Sein Nest baut er unter den Dachbalken hoher Häuser, in Kirch- oder Burgtürmen u. ä. Das Nest besteht nur aus Pflanzenwolle und Federn, die er im Flug fängt und beim Bau mit seinem klebrigen Speichel verbindet. Das Weibchen legt 2–3 weiße Eier, die es selbst in 18 Tagen ausbrütet, während das Männchen es füttert. Die Jungen verlassen das Nest nach 6 Wochen und sind sofort flügge. Die Mauersegler nähren sich von Insekten, die sie lediglich in der Luft im Flug fangen. Sie halten sich gern in Schwärmen auf, die ständig in raschem Flug mit großem Geschrei umherflitzen. Sie sind sehr schnelle Flieger und legen in einem Tag bis zu 900 km zurück.

Alle europäischen Vogelarten sind geschützt!

5

4

Ordnung **Racken** – *Coraciiformes*

1 Blauracke *Coracias garrulus*
In Europa mit Ausnahme von England und dem Norden, östlich nach Vorderasien, südlich bis nach Nordwestafrika verbreitet. Zugvogel. Überwintert in Afrika. Zieht Ende August nach dem Süden und kommt Anfang Mai zurück. Länge 30–34 cm. Baut ihr Nest in Baumhöhlungen. Das Weibchen legt 3–5 reinweiße Eier. Beide Eltern brüten abwechselnd 19 Tage. Jagt vor allem im Flug. Sie nährt sich von Insekten, aber auch von kleinen Wirbeltieren.

2 Bienenfresser *Merops apiaster*
In Südeuropa, in Asien bis nach Indien und in Nordwestafrika verbreitet. Zugvogel. Überwintert in Afrika südlich der Sahara. Hält sich dort auf, wo er Sand- oder Lehmböschungen oder -wände vorfindet, in welche er Nistlöcher gräbt. Lebt in kleineren Kolonien. 5–6 weiße Eier. Beide Eltern brüten abwechselnd 22 Tage. Nährt sich hauptsächlich von Hautflüglern, insbesondere von Bienen und Wespen.

3 Eisvogel *Alcedo atthis*
In ganz Europa mit Ausnahme des Nordens, östlich bis nach Asien, und in Nordwestafrika verbreitet. Standvogel. Im Winter streift er umher. Länge 16,5–18,5 cm. Bewohnt Stellen mit reinem Wasser, wo er auch ein Steilufer findet, das zum Nisthöhlenbau geeignet ist. Der Nistgang ist etwa 1 m über der Wasseroberfläche, und der eigentliche Nistnapf ist mit Fischschuppen und -gräten ausgepolstert. Das Weibchen legt 6–8 weiße Eier. Die Jungen schlüpfen nach 21 Tagen. Der Eisvogel fängt seine Beute (kleine Fische) im Wasser.

4 Wiedehopf *Upupa epops*
In ganz Europa und Asien mit Ausnahme der nördlichsten Gebiete und auch in fast ganz Afrika verbreitet. Zugvogel. Die europäischen Vögel überwintern in Äquatorialafrika. Länge 28–32,5 cm. Zieht im August oder September nach dem Süden und kommt im April zurück. Bewohnt am liebsten offene Landschaften mit Wiesen und Weiden. Sein Nest baut er in Baumhöhlungen, in Steinhaufen u.ä. Das Weibchen legt im Mai 4–8 grau- oder bräunlichweiße Eier, die es selbst in 16 Tagen ausbrütet. Dabei wird es vom Männchen gefüttert. Der Wiedehopf nährt

sich hauptsächlich von Käferlarven. Er ruft sein typisches „Hupupup".

Ordnung **Ziegenmelker** – *Caprimulgiformes*

5 Ziegenmelker *Caprimulgus europaeus*
In fast ganz Europa, östlich bis nach Mittelsibirien, auch in Nordwestafrika verbreitet. Zugvogel. Überwintert hauptsächlich in Afrika südlich der Sahara. Länge 26–28 cm. Zieht im September nach dem Süden und kommt Mitte Mai zurück. Baut kein Nest, das Weibchen legt 2 weißliche, dicht grau gefleckte Eier in eine Bodenmulde, in der sie kaum zu sehen sind. Beide Eltern brüten abwechselnd 16 bis 19 Tage. Die Jungen werden nur nachts gefüttert. Fängt im Flug verschiedene Insekten.

Ordnung **Eulen** – *Strigiformes*

6 Schnee-Eule *Nyctea scandiaca*
Lebt in der nördlichen, waldlosen Tundra Europas, Asiens und Nordamerikas. Im Winter zieht sie nach dem Süden und erscheint hier und da auch in Mittel- und Südeuropa. Länge 56–65 cm. Ist überwiegend ein Tagvogel. Sitzt gern auf erhöhten Stellen. Geschickter Flieger. Nistet am Boden oder in Felsspalten. Legt 3–8 weiße Eier. Fängt vor allem Nagetiere.

2

3

Ordnung **Eulen** – *Strigiformes*

1 Uhu *Bubo bubo*
In ganz Europa mit Ausnahme von England, in Asien mit Ausnahme der nördlichen und südlichen Teile und auch in Nordafrika verbreitet. Länge 62–72,5 cm. Das Weibchen ist ein wenig größer. Standvogel, bleibt in seinem Brutgebiet auch im Winter. Bewohnt große Wälder, bewaldete Felshänge, usw. Lebt sowohl im Flachland als auch in den Bergen. Sein Nest baut er in Baumhöhlungen, in Burgruinen, aber auch direkt am Boden. Schon Anfang März legt das Weibchen 2–5 weiße Eier. Es brütet nur das Weibchen 35 Tage. Der Uhu fliegt nur nachts. Tagsüber hält er sich verborgen. Es fallen ihm Säugetiere bis zur Größe eines Hasen, aber auch Vögel zum Opfer.

1

2 Waldohreule *Asio otus*
In fast ganz Europa, östlich bis Japan, auch in Nordamerika und Nordafrika verbreitet. Länge 35–39 cm. In Europa Standvogel, manchmal Strichvogel. Zahlreich in Wäldern, Schutzgehegen und Parkanlagen. Baut ihr Nest in verlassenen Nestern anderer Vögel, in Eichhörnchennestern u.ä. Im April 4–6 weiße Eier. Während das Weibchen 27–28 Tage brütet, wird es vom Männchen gefüttert. Nährt sich vor allem von Nagetieren, aber auch von Maikäfern und anderen Käfern, die sie nach Sonnenuntergang fängt. Tagsüber verbirgt sie sich stets am gleichen Ort in dichten Zweigen.

3 Steinkauz *Athene noctua*
In ganz Europa mit Ausnahme des Nordens, östlich bis Korea und auch in Nordafrika verbreitet. Länge 23,5–27,5 cm. Standvogel. Bewohnt Waldränder, Ruinen, Parkanlagen, Alleen u.ä. Hält sich gern auf Dächern hinter dem Kamin auf. Fliegt nur nachts, an trüben Tagen jagt er auch nachmittags. Oft hört man nachts seine klagende Stimme in der Nähe menschlicher Behausungen. Tagsüber verbirgt er sich in Höhlen, Löchern usw. An solchen Stellen baut er auch sein Nest. Das Weibchen legt 4–7 weiße Eier und brütet 28 Tage. Der Steinkauz nährt sich von kleinen Nagetieren, gelegentlich auch von kleinen Vögeln, vor allem von Sperlingen, aber auch von Insekten.

4 Waldkauz *Strix aluca*
In ganz Europa mit Ausnahme seiner nördlichen Teile, in manchen Gegenden Asiens und in Nordafrika verbreitet. Länge 41–46 cm. Geht nach Eintritt der Dämmerung auf Beutejagd aus. Tagsüber hält er sich in dichten Zweigen der Bäume verborgen, meist an

4

5

Ordnung **Kuckucksartige** – *Cuculiformes*

Familie **Kuckucke** – *Cuculidae*

6 Kuckuck *Cuculus canorus*

In ganz Europa und fast ganz Asien und Afrika verbreitet. Die europäischen Exemplare überwintern in Afrika südlich der Sahara. Länge 31–39 cm. Zieht im August oder September nach dem Süden und kommt Ende April zurück. Gleich nach seiner Ankunft kann man den Ruf des Männchens hören. Bewohnt am liebsten lichte Wälder mit buschigem Unterholz. Das Weibchen sucht Nester kleiner Vögel auf und legt in diese Nester je ein Ei. Ein Weibchen legt auf diese Weise im Durchschnitt 18 Eier. Die jungen Kuckucke schlüpfen bereits nach 12 Tagen und zehn Stunden später werfen sie Eier und Jungvögel ihrer Gastgeber aus dem Nest. Der kleine Kuckuck bleibt 23 Tage im Nest und seine Pflegeeltern füttern ihn noch weitere drei Wochen. Er nährt sich vor allem von Raupen, auch von behaarten Raupen, von Spinnen o. ä.

Alle europäischen Vogelarten sind geschützt!

einem bestimmten Standort, unter dem man sein Gewölle findet. Bewohnt Wälder, Parkanlagen, große Gärten, Alleen. Lebt sowohl im Flachland als auch im Gebirge. Sein Nest baut er in Baumhöhlungen, unter Dachbalken u. ä. Das Weibchen legt 2–5 weiße Eier und brütet 28 Tage. Der Waldkauz jagt vor allem kleine Nagetiere.

5 Schleiereule *Tyto alba*

In ganz Europa, Südasien, Australien, Afrika und Amerika stark verbreitet. Länge 33–39 cm. Standvogel. Ursprünglich Bewohner der Felsen. In Europa nunmehr in der Nähe des Menschen. Nistet auf Dachböden, unter Dachbalken, in Ruinen, Türmen usw., auch in Taubenschlägen. Das Weibchen legt ohne besonderen Nestbau auf nacktem Boden 4–6 weiße Eier und brütet 30–34 Tage. Das Männchen füttert es während des Brütens. Die Jungen werden erst nach 50 Tagen flügge. Wenn sich die Feldmäuse sehr stark vermehren, brütet die Schleiereule auch zweimal jährlich. Außer Feld- und anderen Mäusen jagt sie auch Maulwürfe, Spitzmäuse, Sperlinge und Insekten. Die jungen Vögel fliegen oft sehr weit von ihrem Brutrevier.

6

Ordnung **Greifvögel** – *Accipitriformes*

1 Wanderfalke *Falco peregrinus*
In Europa, Asien, Afrika, Nordamerika und Australien stark verbreitet, in Mitteleuropa heute sehr selten. Länge 41–50 cm. Lange, spitze Flügel. Nistet in Felsspalten, in Türmen oder Nestern, die von anderen Greifvögeln verlassen wurden. Im April 3–4 rotbraun gefleckte Eier. Brütet 38–29 Tage. Das Männchen jagt für die Jungen Nahrung, jedoch das Weibchen füttert. Jagt vorwiegend im Flug. Fängt vor allem Vögel, Tauben, Krähen, Stare, Möwen usw.

2 Baumfalke *Falco subbuteo*
Bewohnt ganz Europa, das gemäßigte Asien und Nordafrika. Zugvogel. Überwintert in Südafrika. Länge 32–36 cm. Kehrt im April zu seinem Nistrevier zurück. Nistet in verlassenen Krähennestern u. ä. Hält sich in kleineren Wäldern auf. Das Weibchen legt 2–4 rotbraun gefleckte Eier. Brütet 28 Tage. Die Jungen werden nur vom Weibchen gefüttert, während das Männchen auf Beutefang geht. Es erjagt in der Luft verschiedene kleine Vögel und Insekten.

3 Turmfalke *Falco tinnunculus*
In ganz Europa, Asien und Afrika stark verbreitet. Länge 31–38 cm. Baut sein Nest auf Felsvorsprüngen, in verlassenen Nestern anderer Vögel, in Türmen und Höhlen. Nistet manchmal in ganzen Kolonien. Im Mai legt das Weibchen 3–8 rotbraun gefleckte Eier. Brütet 28 Tage. Geht der Beutejagd am liebsten in offenem Gelände, Feldern und Wiesen nach. Beim Ausspähen nach Beute steht er „rüttelnd" in der Luft. Nährt sich vor allem von kleinen Nagetieren und Insekten. Zum Winter zieht er nach Nordafrika, überwintert aber auch häufig in unseren Städten.

4 Steinadler *Aquila chrysaëtos*
Lebt in Europa, Asien, Nordamerika und Nordafrika. Länge 82–92 cm. Flügelspannweite etwa 2 m. Schwanz lang und breit. Hochzeitsflüge im März. Nest auf Felsen aus Holzstückchen, Grasbüscheln, Haaren usw. Das Weibchen legt 1–3 braun gefleckte Eier. Die Jungen schlüpfen nach 45 Tagen. Es brüten abwechselnd beide Eltern. Das Männchen geht auf Beutefang aus, das Weibchen füttert die Jungen. Der Steinadler jagt Vögel und Säugetiere bis zur Größe einer jungen Gemse.

5 Schreiadler *Aquila pomarina*
Nistet in Mitteleuropa, östlich bis Südasien. Länge 61 bis 65 cm. Flügelspannweite etwa 150 cm. Im Frühjahr Hochzeitsflüge. Nest auf Bäumen aus Zweigen, Gras u. ä. Das Weibchen legt meist 2 gefleckte Eier. Es brütet vor allem das Weibchen, das hier und da vom

1   2   3

Männchen abgelöst wird. Die Eltern ziehen gewöhnlich nur ein Junges auf. Jagt Nagetiere, Kriechtiere, Vögel und Insekten.

6 Rohrweihe *Circus aeruginosus*
In Europa, von da aus bis in den Fernen Osten, auch in Afrika und der australischen Region verbreitet. Länge 49–60 cm. Hält sich an größeren Teichen und Seen auf. Stellenweise zahlreich. Baut ihr Nest in großen Rohrbeständen aus Schilfhalmen. Das Weibchen legt im Mai 3–6 grünlichweiße Eier. Die Jungen schlüpfen nach 32–33 Tagen. Beide Eltern gehen auf Nahrungssuche, es füttert jedoch nur das Weibchen. Die Rohrweihe fängt junge Möwen, Feldmäuse, Frösche usw. Zum Winter zieht sie nach dem tropischen Afrika.

7 Mäusebussard *Buteo buteo*
In fast ganz Europa und von da aus bis nach Japan verbreitet. Länge 46–55 cm. Färbung ziemlich variabel, von schwarzbraunen bis zu weißen Exemplaren. Nistet in kleineren Wäldern, von wo er es nicht weit in die offene Landschaft hat, in der er auf Beute ausgeht. Baut sein Nest auf Bäumen in einer Höhe von 8–15 m über dem Boden aus Holzstückchen. Das Weibchen legt 2–5 braun und violett gefleckte Eier. Beide Eltern, mehr jedoch das Weibchen, brüten 30 Tage. Jagt vor allem Mäuse, ausnahmsweise auch Vögel. Sitzt gern an erhöhten Stellen. Standvogel, streift im Winter umher.

Ordnung **Greifvögel** – *Accipitriformes*

1 Rauhfußbussard *Buteo lagopus*
Im Tundrengebiet des Nordens Europas, Asiens und Amerikas verbreitet. Überwintert regelmäßig in Mittel- und Südeuropa. Länge 53-60,5 cm. Nach Mitteleuropa kommt er im Oktober und hält sich hier bis zum März auf. Jagt Feldmäuse. In seinem Brutrevier nistet er auf Bäumen und legt 2–7 Eier. Frißt dort Lemminge.

2 Schwarzer Milan *Milvus migrans*
In Europa, Asien, Afrika und Australien sehr stark verbreitet. Länge etwa 56 cm. In der Nähe von Flüssen, Seen oder Teichen. Baut sein Nest in Baumkronen oder benützt Nester anderer Vögel. Das Weibchen legt 2–3 Eier und brütet 30 Tage. Nährt sich von kleinen Wirbeltieren sucht jedoch am liebsten verschiedene Nahrungsreste am Boden. Überwintert in Afrika.

3 Seeadler *Haliaeetus albicilla*
In Mittel- und Nordeuropa und in ganz Asien mit Ausnahme des südlichen Teils verbreitet. Länge 75–98 cm, Flügelspannweite bis 230 cm. Lebt an der Meeresküste, an den Ufern von Seen, großen Teichen und Flüssen. Baut sein Nest auf hohen Bäumen. Das Weibchen legt 2–3 weißliche Eier. Es brüten abwechselnd beide Altvögel 1,5 Monate. Fängt vor allem Fische.

4 Habicht *Accipiter gentilis*
In ganz Europa verbreitet. Länge des Männ-

chens 52–56 cm, des Weibchens 60–64,5 cm. Färbung oft variabel. Bewohnt kleinere Wälder und nistet oft in der Nähe von Dörfern. Sein großes Nest baut er auf Bäumen aus Zweigen und bessert es alljährlich aus. Das Weibchen legt 3–5 graugrüne, oft bräunlich gefleckte Eier. Es brütet vor allem das Weibchen 38 Tage. Jagt Kleinsäuger und Vögel.

5 Sperber *Accipiter nisus*
In ganz Europa verbreitet. Länge des Männchens 31–34 cm, des Weibchens 37 bis 41 cm. Stand- und auch Strichvogel. Bewohnt Wälder, vor allem Nadelwälder. Baut sein Nest mit Vorliebe auf hohen Fichten dicht am Stamm aus trockenen Zweigen. Das Weibchen legt im Mai 4–6 blaugrüne, braunrot gefleckte Eier, die es allein in 31–36 Tagen ausbrütet. Das Männchen bringt Nahrung für das Weibchen und später auch für die Jungen. Jagt vor allem kleine Vögel.

6 Wespenbussard *Pernis apivorus*
In Europa mit Ausnahme des nördlichen und südlichen Teils verbreitet. Länge 50–57 cm. Zugvogel. Überwintert in West- und Zentralafrika. Zieht im Oktober nach dem Süden und kommt im April zurück. Bewohnt am liebsten Laub- oder Mischwälder im Flachland. Nistet in verlassenen Nestern anderer Greifvögel in der Nähe von Lichtungen oder am Waldrand. Das Weibchen legt meist nur 2 weißliche, rotbraun gefleckte Eier. Die Jungen schlüpfen nach 30–35 Tagen. Gräbt

1

2

die Brut von Wespen aus, frißt aber auch weiche Früchte.

7 Fischadler *Pandion haliaetus*
In Mittel-, Nord- und Südeuropa, Asien, Australien und Amerika verbreitet. Zugvogel. Die europäischen Exemplare überwintern in Afrika. Länge 56–61,5 cm. Zieht im September nach dem Süden und kommt im April zum Brutplatz zurück. Bewohnt das Stromgebiet großer Flüsse, die Umgebung von Seen und Teichen und auch die Meeresküste. Baut sein Nest aus Zweigen, Grasbüscheln, Torf u. ä. auf hohen Bäumen, vor allem auf Kiefern und Eichen. Das Weibchen legt 2–3 bläuliche, rotbraun gefleckte Eier. Die Jungen schlüpfen nach 29 Tagen. Nährt sich vor allem von Fischen.

Die europäischen Vögel überwintern in Afrika. Länge etwa 80 cm. Bewohnt das Rohrdickicht an Teichen und Seen. Nistet meist in Kolonien. Nährt sich vor allem von Fischen, Fröschen und Insekten.

3 Nachtreiher *Nycticorax nycticorax*
In Südeuropa, den südlichen Gebieten Mitteleuropas, in Südostasien, ganz Afrika und in Amerika verbreitet. Länge etwa 55 cm. Die europäischen Vögel überwintern in Afrika. Lebt an den Ufern von Teichen, Sümpfen u.ä. Baut sein Nest aus Holzstückchen auf Bäumen oder im Gebüsch. Lebt in Kolonien. Das Weibchen legt meist 4 grünblaue Eier. Bei der Bebrütung lösen sich beide Altvögel ab, bis nach 21 bis 23 Tagen die Jungen schlüpfen. Nährt sich hauptsächlich von Fischen.

4 Zwergrohrdommel *Ixobrychus minutus*
In Europa mit Ausnahme von England, östlich bis nach Sibirien verbreitet. Länge etwa 35 cm. Die europäischen Vögel überwintern in Afrika. Bewohnt das Röhricht der Teiche, Tümpel, Flußarme usw. Zieht im August nach dem Süden und kommt Ende April zurück. Baut das Nest auf niedergedrücktem Schilf niedrig über dem Wasser. Nährt sich von kleinen Fischen, Fröschen und Insekten.

5 Große Rohrdommel *Botaurus stellaris*
In ganz Europa bis Südschweden, östlich bis nach Japan verbreitet. Auch in Afrika zu finden. Die europäischen Exemplare überwintern meist in Äquatorialafrika. Länge etwa 70 cm. Zieht im Oktober nach dem Süden und kommt im März zurück. In seltenen Fällen überwintert sie auch bei uns. Lebt ver-

Ordnung **Schreitvögel** – *Ciconiiformes*

1 Graureiher *Ardea cinerea*
In fast ganz Europa, in Asien bis nach Japan und in Afrika verbreitet. Die europäischen Exemplare überwintern in Afrika. Länge etwa 90 cm. Kommt Anfang April zum Brutplatz zurück. Bewohnt See- oder Teichregionen. Baut sein Nest aus trockenen Zweigen auf hohen Bäumen. Lebt in Kolonien. Das Weibchen legt 4-5 blaugrüne Eier. Beide Eltern brüten abwechselnd 25–28 Tage. Jagt Fische, Amphibien, auch kleine Nagetiere und Vögel.

2 Purpurreiher *Ardea purpurea*
In Süd- und Osteuropa, selten auch in Mitteleuropa, in Südasien und Afrika verbreitet.

borgen im Röhricht der Teiche und Seen, von wo in der Nacht ihre an das Muhen eines Rindes erinnernde Stimme zu hören ist. Baut ihr Nest auf niedergedrücktem Schilf. Im April oder Mai legt das Weibchen 4–6 graugrüne Eier. Die Jungen schlüpfen nach 25–26 Tagen. Nährt sich von Fröschen, kleinen Fischen, Insekten u. ä.

6 Weißstorch *Ciconia ciconia*
In Europa, Zentralasien, in Ostasien und Japan, in Nordafrika verbreitet. Die europäischen Störche überwintern in Afrika. Länge etwa 1 m. Zieht Ende August nach dem Süden und kommt in der ersten Aprilhälfte zurück. Baut sein großes Nest auf hohen Bäumen, Dächern, Schornsteinen u. ä. Das Weibchen legt 2–6 weiße Eier, die von beiden Altvögeln 30–34 Tage lang bebrütet werden. Die Eltern bringen den Jungvögeln die Beute ins Nest, die aus Insekten, Amphibien, kleinen Säugetieren und Regenwürmern besteht.

7 Schwarzstorch *Ciconia nigra*
In Mittel- und Osteuropa, auch in Südschweden und auf der Pyrenäenhalbinsel. Die europäischen Exemplare überwintern in Afrika südlich der Sahara. Länge etwa 1 m. Zieht im September nach dem Süden und kommt Anfang April zurück. Bewohnt bewaldete Gegenden im Flachland und im Gebirge. Das Nest baut dieser Storch auf hohen Bäumen dicht am Stamm. Das Weibchen legt 2–5 bläulichweiße Eier. Es brüten beide Altvögel, und die Jungen schlüpfen nach 28–32 Tagen. Der Schwarzstorch fängt vor allem Fische.

Ordnung **Ruderfüßer** – *Pelecaniformes*

1 Kormoran *Phalacrocorax carbo*
In Europa, Asien, Afrika, Australien und Nordamerika stark verbreitet. Länge 80–90 cm. Zieht im September in das Mittelmeergebiet und kommt Anfang März zu den Nistplätzen in Mitteleuropa zurück. Nistet in Kolonien. Das Nest aus Holzstückchen auf Bäumen. Das Weibchen legt 3–4 blaugrüne Eier. Die Jungen schlüpfen nach 28–30 Tagen und bleiben 8 Wochen im Nest. Nährt sich vor allem von Fischen.

Ordnung **Entenvögel** – *Anseriformes*

2 Singschwan *Cygnus cygnus*
Bewohnt vor allem die nördlichen Gebiete Europas und Asiens. In den Wintermonaten ist er in Mittel- und Südeuropa auf Flüssen oder nicht zufrierenden Seen anzutreffen. Länge 155–170 cm. Flügelspannweite bis 2,5 m. Wiegt etwa 10 kg. Lebt in seiner Heimat an den Ufern von Seen oder an der Küste von Meeresbuchten, wo er im Schilf sein großes Nest baut. Das Weibchen legt 4–6 Eier und brütet, vorwiegend allein 35–40 Tage.

3 Höckerschwan *Cygnus olor*
Ist gebietsweise in Nordeuropa und Zentralasien, in den letzten Jahren auch halbzahm auf vielen Seen und Teichen Mitteleuropas verbreitet. Länge etwa 160 cm. Baut sein Nest in Röhricht oder am Boden auf Inseln aus kleinen Zweigen, Schilf u. ä. Das Weibchen legt 5–9 grünlichweiße Eier. Es brütet meist selbst, während das Männchen den Nistplatz bewacht. Manchmal löst es das Weibchen beim Brüten ab. Die Jungen schlüpfen nach 35 Tagen. Nährt sich vor allem von Pflanzenkost.

4 Graugans *Anser anser*
In Schottland, Skandinavien, Mittel- und Osteuropa gebietsweise, östlich bis in den Fernen Osten verbreitet. Länge 78–92 cm. Ihr Nistrevier sucht sie Ende Februar oder Anfang März auf. Baut ihr Nest meist im Röhricht, manchmal auch in niedrigen Weiden, aus Schilfhalmen und ähnlichem Material und polstert es mit Flaumfedern aus. Das Weibchen legt 4–7 weißliche Eier, die es selbst ausbrütet. Die Jungen schlüpfen nach 28 Tagen. Ende Oktober zieht sie nach dem Süden. Nähren sich von verschiede-

1

2

3

nen Pflanzenteilen, Samen, Gras, Triebe
usw.

5 Saatgans *Anser fabalis*
In den Nordgebieten Europas und Asiens
verbreitet. Länge 73–90 cm. Überwintert
zahlreich schon vom September an in Mit-
tel-, West-und Südeuropa, wo sie sich auf
eisfreien Süßwasserflächen aufhält. Sehr
wachsam und mißtrauisch. Nährt sich von
pflanzlicher Nahrung, die sie auf Wiesen
und Feldern findet. In ihr Brutrevier kehrt sie
im Mai zurück. Ihr Nest, in das sie 3–6 Eier
legt, die sie 26 Tage bebrütet, baut sie aus
Halmen u. ä.

6 Ringelgans *Branta bernicla*
Bewohnt die Küsten Nordasiens und Nordamerikas. Länge 58–88 cm. Im Winter zieht
sie bis nach Spanien und Marokko. Zu dieser Zeit kommt sie auch in Schwärmen bis
tief nach Mitteleuropa. Ihr Nest baut sie an
trockenen Stellen der Tundra aus Grashalmen. Das Weibchen legt 3–6 Eier und brütet
etwa 25 Tage. Nährt sich von Gras, Samen
und auch von Flechten.

7 Brandgans *Tadorna tadorna*
An den Küsten Nord- und Westeuropas verbreitet. Länge etwa 65 cm. In Mitteleuropa ist
sie während der Wintermonate, manchmal
auch im Frühjahr, auf Flüssen und Teichen
zu finden. Nistet in Löchern und Höhlungen
und benützt manchmal auch verlassene
Fuchsbaue. Das Weibchen legt 6–16 einfarbig gelbliche Eier, die es selbst bebrütet. Die
Jungen schlüpfen nach 28 Tagen. Nährt
sich von pflanzlicher Nahrung und auch von
kleinen Lebewesen wie Insekten, Würmern
und Krustentieren.

4

5

7

6

435

Ordnung **Entenvögel** – *Anseriformes*

1 Stockente *Anas platyrhyncha*
In Europa, Asien und Nordamerika sehr stark verbreitet. Länge 49–63 cm. Bewohnt dichtbewachsene Wasserflächen, Teiche, Seen und Flüsse. Nistet oft auch auf kleinen Wasserflächen in Parkanlagen. Baut ihr Nest am Boden in Grasbüscheln, unter Strauchwerk, selten auch auf Bäumen. Das Weibchen legt 8–14 meist grüngraue Eier und brütet allein 26 Tage. Pflanzliche und animalische Kost.

2 Schnatterente *Anas strepera*
In Südengland, Mitteleuropa, östlich bis zum Amur und auch in Nordamerika verbreitet. Länge etwa 48 cm. Überwintert in den Mittelmeerländern und kommt im März zu ihrem Brutrevier zurück. Im Mai oder Juni legt das Weibchen 8–14 cremefarbene Eier in sein im Riedgras oder in Brennesseln verborgenes Nest. Es brütet lediglich das Weibchen, und die Jungen schlüpfen nach 26 Tagen. Pflanzliche und tierische Kost.

3 Krickente *Anas crecca*
In ganz Europa mit Ausnahme Spaniens, in der gemäßigten Zone Asiens, in Nordasien und auch in einem Großteil Nordamerikas verbreitet. Länge 30,5 bis 38 cm. Gewicht etwa 300 g. Die in Europa lebenden Exemplare überwintern in Südeuropa und Nordafrika. Zieht im August nach dem Süden und kommt im April zurück. Bewohnt dichtbewachsene Teiche. Baut ihr Nest am Boden, oft weitab vom Wasser, auf Wiesen u.ä. Im Mai legt das Weibchen 8–10 Eier. Nährt sich von pflanzlicher und animalischer Kost.

4 Knäckente *Anas querquedula*
In Europa verbreitet, östlich bis Japan. Länge 34–40 cm. Die europäischen Vögel überwintern in Nord- und Zentralafrika. Bewohnt Gegenden mit stark bewachsenen Wasserflächen. Baut ihr Nest in dichtem Gras oder unter Buschwerk. Ende April 8–12 Eier. Das Weibchen brütet etwa 23 Tage. Nährt sich von pflanzlicher und tierischer Kost. Zieht im September in Schwärmen nach dem Süden.

5 Löffelente *Anas clypeata*
In West-, Mittel- und Nordeuropa, östlich über Asien bis nach Nordamerika verbreitet. Bewohnt teichreiche Gegenden mit Wiesen.

1

2

3

4

Zieht im September nach dem Süden und kommt in der zweiten Märzhälfte zurück. Baut ihr Nest auf Wiesen und in Feldern im Gras und polstert es mit trockenem Riedgras und grauen Flaumfedern aus. Das Weibchen brütet auf seinen 9–12 grauen Eiern 23–24 Tage. Nährt sich hauptsächlich von tierischer Kost, die sie mit ihrem breiten, siebähnlich gebauten Schnabel in seichtem Wasser sammelt.

6 Kolbenente *Netta rufina*
Kommt stellenweise in Mitteleuropa und West- und Zentralasien vor. Die europäischen Enten überwintern in Südeuropa. Länge etwa 60 cm. Zieht im September nach dem Süden und kommt im April zurück. Nistet auf kleinen Inseln oder dicht beim Wasser am Ufer. Das Weibchen legt 7–10 graugelbe Eier, die es 27 Tage bebrütet. Sucht ihre Nahrung am liebsten an der offenen Wasseroberfläche.

7 Tafelente *Aythya ferina*
Vor allem in Mitteleuropa (auch in England), östlich bis nach Westsibirien und in Nordamerika verbreitet. Länge etwa 40 cm. Sehr zahlreich. Bewohnt größere, mit Schilf bewachsene Teiche und Seen. Baut ihr Nest auf Riedgrasbüscheln oder auf kleinen Inseln in der Nähe des Ufers. Das Weibchen legt 8–14 verhältnismäßig große, gelbgrüne Eier, die es etwa 24 Tage bebrütet. Ihre Nahrung (Wasserlebewesen und Wasserpflanzentriebe) sucht die Tafelente vorwiegend unter Wasser.

8 Reiherente *Aythya fuligula*
Ursprünglich in Nordeuropa, Asien und Island beheimatet. Während der letzten Jahre begann sie sich Richtung Süden zu verbreiten, und heute kommt sie zahlreich in England und in Mitteleuropa vor. Die in Europa lebenden Vögel überwintern an der europäischen Westküste und im Mittelmeergebiet. Länge etwa 38 cm. Zieht im Oktober nach dem Süden. Baut ihr Nest Ende Mai in Riedgrasbüscheln oder am Ufer dicht beim Wasser. Das Weibchen legt 6–9 grünlichgraue Eier, die es 25–26 Tage bebrütet. Die Jungen sind völlig schwarz. Nährt sich von pflanzlicher und tierischer Kost, die sie, da sie ausgezeichnet taucht, vorwiegend unter Wasser sucht.

5

6

7

8

Ordnung **Entenvögel** – *Anseriformes*

1 Schellente *Bucephala clangula*
In den nördlichen Regionen Europas, Asiens und Nordamerikas verbreitet. In den letzten Jahren nistet sie jedoch stellenweise auch in Mitteleuropa. Im Winter an den Küsten West- und Südeuropas. Länge etwa 40 cm. Die Brutplätze in Mitteleuropa sucht sie bereits Ende März auf. Baut ihr nur mit Flaumfedern ausgepolstertes Nest in Baumhöhlungen oder in Nistkästen. Das Weibchen legt 8–18 grünliche Eier, die es etwa 30 Tage bebrütet. Pflanzliche und tierische Kost.

2 Eiderente *Somateria mollissima*
Bewohnt die nördlichsten arktischen Gebie-te Europas, Islands, Grönlands, Nordamerikas und Nordostsibiriens. Länge etwa 58 cm. Im Herbst und im Winter tritt sie regelmäßig in Mitteleuropa auf eisfreien Flüssen auf. Baut ihr Nest an der Meeresküste im Gras, zwischen Steinen u. ä. Das Weibchen legt 4–5 grünliche Eier, die es sorgfältig in einer großen Menge von feinen Nestdaunen in 24–27 Tagen ausbrütet. Nährt sich vorwiegend von kleinen Lebewesen.

3 Gänsesäger *Mergus merganser*
In den nördlichen Teilen Europas, Asiens und Nordamerikas verbreitet. Länge etwa 65 cm. Nistet an Binnengewässern. Das Nest liegt oft weitab vom Wasser, gewöhnlich in Baumhöhlungen. Das Weibchen legt 7–12 schmutziggrünliche Eier und brütet 35 Tage. Die Jungen springen ohne Hilfe aus der Nesthöhlung auf die Erde. In Mitteleuropa erscheinen die Gänsesäger regelmäßig in den Wintermonaten auf eisfreien Flüssen. Nähren sich von kleinen Fischchen, Mollusken u. ä.

Ordnung **Lappentaucher** – *Colymbiformes*

4 Prachttaucher *Gavia arctica*
In den nördlichen Teilen Europas, Asiens und Nordamerikas verbreitet. Nistet auch in Schottland und Nordpolen. Länge 70–74 cm. Baut sein Nest am Ufer dicht am Wasser. Bewohnt Seen. 1–3 Eier, die abwechselnd von beiden Altvögeln etwa 25 Tage lang be-

brütet werden. In der Zeit vom Oktober bis April zeigt er sich hier und da auf den mitteleuropäischen Flüssen. Nährt sich vorwiegend von Fischen, Mollusken, größeren Insekten, kleinen Krustentieren u. ä.

5 Haubentaucher *Podiceps cristatus*
In ganz Europa und Asien, mit Ausnahme der nördlichsten Gebiete verbreitet. Länge 54–61 cm. Die europäischen Vögel überwintern in West- und Südeuropa, oft auch auf den Flüssen Mitteleuropas. Zieht nachts. Baut sein Nest im Röhricht aus Wasserpflanzen. Das Weibchen legt meist 3–4 schmutzziggrünliche Eier, die beide Eltern abwechselnd 25 Tage lang bebrüten. Nähren sich von kleinen Fischen und Insekten.

6 Schwarzhalstaucher
Podiceps nigricollis
In ganz Europa mit Ausnahme von Skandinavien, östlich bis Westsibirien, auch im westlichen Teil Nordamerikas. Länge 31–33,5 cm. Die europäischen Vögel überwintern in West- und Südeuropa. Bewohnt dichtbewachsene Teiche und Seen. Zieht im Oktober oder November nach dem Süden und kommt im April zurück. Nistet oft in Kolonien, die manchmal aus einigen hundert Paaren bestehen. Baut sein Nest im Röhricht. Das Weibchen legt 3–4 grünliche Eier. Die Jungen schlüpfen nach 20 Tagen. Nährt sich vorwiegend von Insekten.

7 Zwergtaucher *Podiceps ruficollis*
In ganz Europa, Süd- und Südostasien, Au-

stralien und ganz Afrika sehr stark verbreitet. Länge etwa 23 cm. Sehr zahlreich, aber scheu. Hält sich verborgen. Bewohnt kleine Teiche und Tümpel, Flußarme u. ä., die stark mit Schilf bewachsen sind. Seinen Brutplatz sucht er im April auf. Er baut aus Wasserpflanzenresten ein schwimmendes Nest im Röhricht, meist in der Nähe der offenen Wasserfläche. Das Weibchen legt 4–20 weißlichgrünliche Eier, die es abwechselnd mit dem Männchen 20 Tage lang bebrütet. Nährt sich vor allem von Wasserinsekten.

1   2

Ordnung **Taubenvögel** – *Columbiformes*

Familie **Tauben** – *Columbidae*

1 Ringeltaube *Columba palumbus*
In ganz Europa mit Ausnahme der nördlichsten Teile verbreitet. Länge etwa 40 cm. Die europäischen Tauben überwintern in Südeuropa und Nordwestafrika. Zieht im September oder Oktober nach dem Süden und kommt Mitte März zurück. Bewohnt am liebsten Nadel- oder Mischwälder, ist aber auch in größeren Parkanlagen anzutreffen. Baut ihr Nest 5–30 m über dem Boden auf flach in die Breite wachsenden Zweigen der Bäume. Das Nest ist ein schütteres, achtlos zusammengelegtes Häufchen trockener Zweige. Das Weibchen legt im April 2 weiße Eier. Die Jungen schlüpfen nach 16–18 Tagen. Nährt sich im Wald von verschiedenen Samen, fliegt aber auch auf Felder auf Nahrungssuche.

2 Hohltaube *Columba oenas*
In ganz Europa mit Ausnahme Skandinaviens, östlich bis nach Zentralasien, südlich bis nach Nordwestafrika verbreitet. Länge etwa 34 cm. Die europäischen Exemplare überwintern in Südeuropa und Nordafrika. Zieht im September oder Oktober nach dem Süden und kommt Mitte März zurück. Bewohnt mit Vorliebe Laubwälder mit alten Eichen und Buchen, in denen genügend Höhlungen zu finden sind, wo sie ihr Nest bauen kann. Bezieht manchmal auch künstliche Nistkästen. Das Weibchen legt im April und ein zweites Mal im Juni 2 weiße Eier. Die Jungen schlüpfen nach 17–20 Tagen. Nährt sich vor allem von verschiedenen Samen. Ihre Stimme klingt wie „huuhu-hu".

3 Turteltaube *Streptopelia turtur*
In ganz Europa, östlich bis nach Zentralasien und in ganz Nordafrika verbreitet. Überwintert in Afrika nördlich des Äquators. Länge etwa 30 cm. Zieht im September oder Oktober nach dem Süden und kommt im April zurück. Bewohnt Jungwälder und bewachsene Hänge, in deren Nähe Felder und Wiesen liegen. Baut ihr Nest in dichten Be-

3   4

ständen, auf höheren Sträuchern u. ä. 1–7 m über dem Boden. Das Nest ist ein aus kleinen Zweigen und Stengeln achtlos zusammengelegtes Häufchen. Das Weibchen legt 2 weiße Eier, die Jungen schlüpfen nach 14–17 Tagen. Nährt sich von verschiedenen Samen, am liebsten Unkrautsamen, auch von kleinen Schnecken u. ä.

4 Türkentaube *Streptopelia decaocto*
War ursprünglich nur in Süd- und Kleinasien und im Süden des Balkans beheimatet. Vor einigen Jahrzehnten begann sie jedoch ihr Wohngebiet nach dem Westen auszudehnen, und heute gehört sie in ganz Europa zu den verbreitetsten und zahlreichsten Vögeln. Lebt in der Nähe menschlicher Behausungen, in den Parkanlagen der Städte, in Gärten usw. Oft kann man diese Taube auch auf Futterplätzen am Fenstersims finden. Nistet mehrmals jährlich vom Frühjahrsbeginn bis in den Herbst hinein. Wurde auch bei Nestbau und Eiablage im Winter beobachtet. Baut ihr Nest in dichten Baumkronen oder auf hohen Sträuchern, am liebsten im Gezweig der Fichten, der Zierbäume in Parkanlagen usw. Das Weibchen legt 2 weiße Eier. Nährt sich von verschiedenen Samen, aber auch von Schnecken und Insekten, im Winter frißt sie auch Speisereste und kleingeschnittene Fleischstückchen.

Ordnung **Alken** – *Alciformes*

Familie **Echte Alken** – *Alcidae*

5 Trottellumme *Uria aalge*
An den Küsten Nordeuropas, Englands, Nordostasiens und des nordwestlichen Teils von Nordamerika verbreitet. Länge etwa 45 cm. Im Winter hält sie sich an den Küsten Norddeutschlands, Westeuropas und im Mittelmeergebiet auf. Bewohnt felsige Stellen. Das Weibchen legt auf einen Felsvorsprung ein einziges großes, geflecktes Ei, das beide Altvögel abwechselnd 35 Tage bebrüten. Nährt sich von Lebewesen, die sie im Meer fängt, z. B. von kleinen Fischen und Krustentieren.

6 Papageitaucher *Fratercula arctica*
Vor allem an den Küsten Skandinaviens und der nördlichen Inseln, an der Westküste Englands, auf Island und Grönland verbreitet. Länge 30–36 cm. In den Wintermonaten erscheint er an den Küsten Westeuropas und im Mittelmeergebiet. Baut sein Nest in bis zu 3 m langen Erdhöhlen. Das Weibchen legt nur ein einziges Ei, das beide Eltern abwechselnd 35 Tage bebrüten. Nährt sich von kleinen Seefischen.

Alle europäischen Vogelarten sind geschützt!

5

6

Ordnung **Watvögel** – *Charadriiformes*

1 Lachmöwe *Larus ridibundus*
In Europa, östlich bis nach dem Fernen
Osten verbreitet. Länge 33,5–43 cm. Den
Brutplatz suchen diese Vögel in der zweiten
Märzhälfte auf. Sie nisten in großen Kolo-
nien auf Inseln in Teichen, auf niederge-
drücktem Schilf, auf Riedgrasbüscheln u.ä.
Ihr Nest bauen sie aus Halmen, kleinen
Zweigen, Blättern u.ä. Das Weibchen legt
meist 3, in der Färbung sehr variable, ge-
fleckte Eier. Die Jungen schlüpfen nach 22–
24 Tagen. Nährt sich von Insekten, kleinen
Fischen, auch von Früchten wie z.B. Kirschen u.ä. Folgt auf Feldern gern dem Pflug
und sammelt aus dem umgepflügten Boden
Käferlarven und Regenwürmer.

2 Sturmmöwe *Larus canus*
In England, den nördlichen Gebieten Europas, in Nordasien und den nordwestlichen

Teilen Nordamerikas verbreitet. Länge 38–
48 cm. Während der Wintermonate an den
Küsten Westeuropas und oft auch auf den
mitteleuropäischen Flüssen. Ihren Brutplatz
sucht sie im April auf. Das Weibchen legt 3
gefleckte Eier. Die Jungen schlüpfen nach
25–26 Tagen und werden von den Eltern 35
Tage lang gefüttert. Nährt sich von pflanzlicher und tierischer Kost.

3 Silbermöwe *Larus argentatus*
Bewohnt die Nord- und Südküsten Europas,

442

Nordasiens und Nordamerikas. Länge 55–69 cm. Nistet am Boden der Ufer, auf dem Balkan auch auf Dächern von Häusern. Das Weibchen legt 2–3 gefleckte Eier. Die Jungen schlüpfen nach 26 Tagen und sind nach 8–9 Wochen flügge. Nährt sich von verschiedenen kleinen Lebewesen, Abfällen usw. Im Herbst kommt sie zuweilen auch im Binnenland auf Flüssen, insbesondere auf der Donau, vor.

4 Mantelmöwe *Larus marinus*
An den Küsten Skandinaviens, Islands, Englands und Nordamerikas verbreitet. Länge 61–76 cm. Im Winter treibt sie sich an den Küsten Nord- und Westeuropas herum. Begleitet oft Überseeschiffe aufs freie Meer und wartet auf Speisereste und Abfälle. Frißt außerdem auch Fische, Krustentiere, Eier und junge Vögel u. ä. Baut ihr Nest an felsigen Meeresküsten. Meist 3 gefleckte Eier. Beide Altvögel brüten abwechselnd 29–30 Tage, und auch die Jungen füttern sie gemeinsam.

5 Schmarotzerraubmöwe
Stercorarius parasiticus
Bewohnt die arktischen Gewässer und die Küsten Nordeuropas, Nordasiens und Nordamerikas. Länge etwa 46 cm. Im Winter zieht sie bis zur afrikanischen Küste. Streift auch manchmal in Mitteleuropa auf Flüssen herum, öfter ist sie jedoch an der Meeresküste zu finden. Nistet in Kolonien. Nährt sich von verschiedenen Lebewesen, die sie im Meer erjagt, fängt aber auch Lemminge und frißt Beeren. Verfolgt andere Möwen, die sie nötigt, ihre Beute fallen zu lassen, die sie dann im Flug aufnimmt.

6 Flußseeschwalbe *Sterna hirundo*
In ganz Europa, in der gemäßigten Zone Asiens und in Nordamerika sehr stark verbreitet. Die europäischen Exemplare überwintern in Südafrika. Zieht im August nach dem Süden und kommt Anfang Mai zum Brutplatz zurück. Nistet in Kolonien. Baut ihr Nest am Boden aus wenigen trockenen Zweigen, kleinen Wurzeln usw. Das Weibchen legt 2–4 gefleckte, in der Färbung sehr variable Eier. Die Jungen schlüpfen nach 20–22 Tagen. Nährt sich von kleinen Fischen. Wenn sie die Beute erspäht hat, bleibt sie über ihr flatternd an einer Stelle in der Luft stehen und stößt dann plötzlich heftig ins Wasser nieder. Länge 34–40 cm.

7 Trauerseeschwalbe *Chlidonias nigra*
In einem Großteil Europas, östlich bis nach Zentralasien, und auch in Teilen Nordamerikas verbreitet. Länge 24–27 cm. Die europäischen Exemplare überwintern in Äquatorialafrika. Zieht schon Ende Juli nach dem Süden und kommt im Mai zurück. Lebt in kleineren Kolonien. Baut ihr Nest auf schwimmenden Wasserpflanzen. Das Weibchen legt 2–3 gefleckte Eier. Die Jungen schlüpfen nach 14–17 Tagen. Nährt sich vor allem von verschiedenen Wasserinsekten, kleinen Krustentieren und Fischen, fliegt aber auch oft einige Kilometer weit auf Felder, um dort Insekten zu fangen.

Alle europäischen Vogelarten sind geschützt!

Ordnung **Watvögel** – *Charadriiformes*

1 Kiebitz *Vanellus vanellus*
In ganz Europa verbreitet. Länge etwa 30 cm. Sehr häufig. Guter Flieger. Die europäischen Exemplare überwintern in West- und Südeuropa und in Nordafrika. Bewohnt feuchte Wiesen oder Felder nahe von Teichen und Seen. Baut sein Nest auf grasigen Bodenerhöhungen und polstert es mit Grashalmen aus. Das Weibchen legt 4 gefleckte Eier, die beide Eltern abwechselnd 24 Tage lang bebrüten. Nach zwei Tagen verlassen die Jungen das Nest. Nähren sich von Insekten, Würmern, Mollusken und Samen.

2 Goldregenpfeifer *Charadrius apricarius*
In Nordeuropa, England, Island und an der Ostküste Grönlands verbreitet. Im Winter in West- und Südwesteuropa und in Nordafrika. Im September und Oktober zieht er regelmäßig über Mitteleuropa, wo wir ihn meist in kleineren Schwärmen vor allem auf Feldern antreffen können. Länge 25–30 cm. Bewohnt die Sumpfgegenden des Nordens. Baut sein Nest ähnlich wie der Kiebitz am Boden und legt 4 Eier. Die Jungen schlüpfen nach 20 Tagen. Nährt sich von Insekten, Würmern u. ä.

3 Flußregenpfeifer *Charadrius dubius*
In ganz Europa mit Ausnahme von England und Nordskandinavien, in fast ganz Asien und in Nordafrika stark verbreitet. Die in Europa lebenden Exemplare überwintern in Äquatorialafrika. Länge 16–19 cm. Zieht im September bis November nach dem Süden und kommt Mitte April zurück. Bewohnt am liebsten sandige Ufer von Seen, Teichen und Flüssen. Das Nest ist lediglich eine Mulde zwischen Steinen. Das Weibchen legt 4 gelbliche, dunkel gefleckte Eier, die beide Altvögel abwechselnd 22–24 Tage bebrüten. Nährt sich von Insekten und von Würmern.

4 Seeregenpfeifer
Charadrius alexandrinus
An den Küsten ganz Europas mit Ausnahme der nördlichsten Gebiete, in der gemäßigten Zone Asiens und in Südasien, in ganz Afrika, Australien, dem Süden der USA und im Westen Südamerikas verbreitet. Die europäischen Vögel überwintern an den Küsten Afrikas südlich des Äquators. Länge 16–18,5 cm. Bewohnt sandige Stellen an der Küste des Meeres. Das Weibchen legt in eine Mulde zwischen Steinen 4 gefleckte Eier, die es 24 Tage bebrütet. Nährt sich von Insekten, kleinen Krustentieren, Würmern und Mollusken.

5 Alpenstrandläufer *Calidris alpina*
In England, an der Nordküste Deutschlands, in Skandinavien und in den nördlichen Gebieten Asiens und Nordamerikas verbreitet. Die europäischen Expemplare überwintern an den Küsten Westeuropas, der Mittelmeerländer und Afrikas. Länge 19–22,5 cm. Im Herbst, von Ende August an, ist er während seines Zuges nach dem Süden oft sehr zahlreich an Teichufern in Mitteleuropa anzutreffen. Nistet vor allem in den Tundren und baut sein Nest in Torfmooren. Das Weibchen legt 4 Eier.

6 Kampfläufer *Philomachus pugnax*
Bewohnt die nördlichen Gebiete Europas und Asiens, nistet jedoch auch in Mitteleuropa, z. B. in Polen, in Holland und in Belgien. Länge 23 bis 33 cm. Die europäischen Vögel überwintern in Afrika. Die Männchen sind in ihrer Färbung sehr variabel und haben zur Nistzeit kragenartig verlängerte Halsfedern. Das Weibchen baut sein Nest in einer Bodenmulde, die es mit Halmen und Blättern auslegt. Es legt 4 Eier, die es allein in 20–21 Tagen ausbrütet. Nährt sich vor allem von Insekten, Würmern und Mollusken.

7 Rotschenkel *Tringa totanus*
In ganz Europa, östlich über die gemäßigte Zone Asiens bis in den Fernen Osten verbreitet. Länge 27–31 cm. Zieht von August bis Oktober nach Süden und kommt Ende März zurück. Bewohnt Sümpfe, Moore, nasse Wiesen, Schlammflächen. Das Nest in einer Bodenmulde, die mit Gras ausgepolstert ist. Das Weibchen legt 4 gefleckte Eier, die beide Eltern abwechselnd 22–25 Tage bebrüten. Nährt sich von Insekten, Würmern, Mollusken, kleinen Krustentieren.

Alle europäischen Vogelarten sind geschützt!

1

2

Ordnung **Watvögel** – *Charadriiformes*

1 Uferschnepfe *Limosa limosa*
Im nördlichen Teil Westeuropas mit Ausnahme Englands, in Norddeutschland, in ganz Mittel- und Osteuropa und in Asien bis nach dem Fernen Osten verbreitet. Auch in Island anzutreffen. Die in Europa lebenden Uferschnepfen überwintern in Nord- und Äquatorialafrika. Länge 39,5–49,5 cm. Das Weibchen ist immer wesentlich größer als das Männchen. Zieht im August oder September nach dem Süden und kommt Mitte April zurück. Bewohnt sumpfige Wiesen bei Teichen und Seen. Ihr Nest baut sie in einer flachen Bodenmulde im dichten Gras oder am Rasen und polstert es mit ein wenig Gras aus. Das Weibchen legt 4 dunkel gefleckte Eier. Beide Eltern bebrüten die Eier abwechselnd 24 Tage lang. Nähren sich von Insekten und ihren Larven, Würmern und kleinen Mollusken.

2 Säbelschnäbler *Recurvirostra avosetta*
In Südspanien, an den Küsten Deutschlands, selten auch an Sumpfufern mitteleuropäischer Teiche und Seen, nach Osten hin bis in die Mongolei verbreitet. Die europäischen Säbelschnäbler überwintern in Südafrika. Länge 42 bis 47,5 cm. Baut sein Nest im Schlamm abgelassener Teiche u. ä. zwischen Pflanzen in einer Bodenmulde, die mit nur wenigen Pflanzenhalmen ausgepolstert wird. Das Weibchen legt 4 olivgrüne, braungrau gefleckte Eier, die beide Eltern abwechselnd 24–25 Tage bebrüten. Nährt

sich von Insekten, ihren Larven, Krustentieren und Mollusken.

3 Großer Brachvogel *Numenius arquata*
In Europa mit Ausnahme des Südens, in Island, und östlich bis Westsibirien verbreitet. Die europäischen Exemplare überwintern in Ostafrika. Länge 54–69 cm. Bewohnt große, feuchte Wiesen, aber auch Steppengebiete in der Nähe von Gewässern. Seine Brutstätte sucht er Ende März auf. Baut sein Nest in einer Bodenmulde im Gras. Das Weibchen legt 4 gefleckte Eier. Beide Altvögel wechseln beim Brüten, das 26–28 Tage dauert, ab. Brutpflege übt nur das Weibchen aus. Nährt sich von Insekten und ihren Larven, auch von Wasserpflanzensamen u. ä.

4 Waldschnepfe *Scolopax rusticola*
In ganz Europa mit Ausnahme des Nordens, östlich in einem Gürtel bis nach Japan, auch auf den Azoren und den Kanarischen Inseln verbreitet. Länge 34–38 cm. Die europäischen Waldschnepfen überwintern in Südeuropa und Nordafrika. Zieht nur in der Nacht. Kehrt Ende März zum Brutplatz zurück. Bewohnt Laub- oder Mischwälder und hält sich auf größeren Waldwiesen, bei Bächen usw. auf. Ihr Nest in einer kleinen Bodenmulde unter Strauchwerk ist mit Laub und Moos ausgepolstert. Das Weibchen legt 4 gefleckte, in der Färbung ziemlich variable Eier, die sie allein in 22 Tagen ausbrütet. Nährt sich von Insekten, Würmern und Schnecken.

5 Bekassine *Gallinago gallinago*
In ganz Europa mit Ausnahme des Südens, östlich über die gemäßigte Zone Asiens bis nach Japan verbreitet. Länge 24,5–31 cm. Die europäischen Vögel überwintern meist in Afrika. Bewohnt Sümpfe, feuchte Wiesen und Torfmoore. Sucht das Brutrevier im März auf, in Ausnahmefällen überwintert sie dort. Das Nest in einer tiefen Mulde im Gras. Das Weibchen legt 4 olivfarbene und grünlich gefleckte Eier, die es allein in 19–21 Tagen ausbrütet. Nährt sich von Insekten, Spinnen und Würmern. Im Herbst in Schwärmen.

Ordnung **Rallen** – *Gruiformes*

Familie **Echte Kraniche** – *Gruidae*

6 Kranich *Grus grus*
In Nordeuropa und -asien verbreitet. In Ausnahmefällen nistet er auch im Norden und Osten Mitteleuropas. Körperlänge 105–120 cm. Die europäischen Kraniche überwintern in Nordafrika und im Niltal. Bewohnt große Sumpfgebiete. Sucht das Brutrevier im April oder Mai auf. Fliegt in typischer Keilformation. Das Weibchen baut ein großes Nest im Sumpf aus Schilf und Wasserpflanzen. Es legt meist 2 graugrüne, dunkel gefleckte Eier. Die Jungen schlüpfen nach 29–30 Tagen. Nährt sich zum Großteil von pflanzlicher Kost, frißt aber auch Insekten.

Alle europäischen Vogelarten sind geschützt!

Familie **Echte Rallen** – *Rallidae*

1 Wasserralle *Rallus aquaticus*
In ganz Europa verbreitet. Länge etwa 28,5 cm. Nachtvogel. Überwintert in Südeuropa und Nordafrika. Fliegt Mitte April in ihr Brutrevier. Bewohnt teichreiche Gegenden. Baut ihr Nest im Moor und Buschwerk u.ä. aus Gras, Riedgras, Blättern usw. Das Weibchen legt 6–12 gelbliche, rotbraun gefleckte Eier, die beide Eltern 20 Tage lang bebrüten. Die ausgeschlüpften Jungen sind schwarz. Die Eltern bringen ihnen das Futter bis in den Schnabel. Nährt sich von Insekten, Würmern und kleinen Blättchen.

2 Tüpfelsumpfhuhn *Porzana porzana*
In fast ganz Europa, östlich bis nach Zentralasien, auch in Nordwestafrika verbreitet. Länge 21–25 cm. Die europäischen Vögel überwintern in Südeuropa und Nordafrika. Zieht im Oktober nach dem Süden und kommt Mitte April zurück. Führt ein verborgenes Leben. Sein Nest baut es im Sumpf auf Riedgrasbüscheln aus Gras und Blättern.

3 Teichhuhn *Gallinula chlorophus*
Lebt in fast ganz Europa, in Zentral- und Ostasien, auch in Amerika und Afrika. Länge etwa 32 cm. Die europäischen Teichhühner ziehen nach Nordafrika, nur in seltenen Fällen überwintern sie in Europa. Bewohnt Seen, Teiche, auch kleine Tümpel, wenn sie stark bewachsen sind. Das Nest im Röhricht auf der Wasseroberfläche wird aus Schilf und Wasserpflanzen gebaut und hat einen tiefen Napf. Das Weibchen legt 6–8 gelbliche, rostbraun gefleckte Eier. Die Jungen schlüpfen nach 19–22 Tagen. Nährt sich von Insekten, Würmern, auch von Samen und Pflanzenteilen.

4 Bläßhuhn *Fulica atra*
In ganz Europa verbreitet. Länge 38–45 cm. Überwintert in West-und Südeuropa, oft jedoch auch in Schwärmen auf den Flüssen Mitteleuropas. Bewohnt jeden Typ stehender Gewässer, wenn sie stark bewachsen sind. Das Brutrevier suchen sie im März auf. Ihr Nest bauen sie an der Wasseroberfläche an der Grenze des Pflanzenwuchses aus Schilfhalmen u.ä. Oft führt zum Nest eine „Brücke". Das Weibchen legt 5–15 hellviolette Eier mit kleinen schwarzen Flecken. Die Jungen schlüpfen nach 22 Tagen und haben einen orangefarbenen Kopf. Nährt sich von kleinen Wasserlebewesen, auch von Samen und Pflanzenteilen.

Familie **Trappen** – *Otididae*

5 Großtrappe *Otis tarda*
In Süd- und Mitteleuropa, östlich bis nach China, auch in Nordwestafrika verbreitet. Länge des Männchens etwa 100 cm, des Weibchens etwa 80 cm. Bewohnt Steppengebiete, auch auf großen Feldern zu finden. Das Weibchen legt in eine Bodenmulde 2–3 braune, gefleckte Eier und brütet etwa 30 Tage. Größere Nistplätze sind bei Berlin und in der Südslowakei zu finden. Nährt sich von Insekten, kleinen Wirbeltieren, auch von Samen und Pflanzenteilen.

Ordnung **Hühnervögel** – *Galliformes*

Familie **Glattfußhühner** – *Phasianidae*

6 Rebhuhn *Perdix perdix*
In fast ganz Europa mit Ausnahme des nördlichen Skandinaviens, östlich bis nach Zentralasien verbreitet. Länge etwa 26 cm. Bewohnt Steppengebiete, in Europa vor allem auf Feldern anzutreffen. Das Weibchen legt

2

3

gewöhnlich Anfang Mai in eine Bodenmulde etwa 15 olivbraune Eier und brütet 23–25
Tage. Um die Jungen kümmert sich jedoch
auch das Männchen. Nährt sich hauptsächlich von pflanzlicher Kost, im Sommer
jedoch auch von Insekten, Spinnen und
Schnecken. Im Herbst schließen sich die
Rebhühner zu Schwärmen zusammen.

7 Wachtel *Coturnix coturnix*
In fast ganz Europa, über die gemäßigte
Zone Asiens bis nach Japan und auch in
Nord-und Südafrika verbreitet. Länge etwa
18 cm. Im Winter zieht die Wachtel aus Europa nach Afrika. Bewohnt Steppengebiete,
Felder und Wiesen. Zieht im Oktober nach
dem Süden und kommt Ende April zurück.
Ein Hahn hat mehrere Weibchen. Das Weibchen legt in eine ausgescharrte Mulde 6–18
meist dunkelbraun gefleckte und punktierte
Eier, die es allein in 18–20 Tagen ausbrütet. Nährt sich von
verschiedenen Samen, Trieben, auch kleinen Schnecken,
Würmern und Insekten.

**Alle europäischen Vogelar-
ten sind geschützt!**

449

Familie **Glattfußhühner** – *Phasianidae*

1 Fasan *Phasianus cholchicus*
War ursprünglich in einigen Rassen in Mittel- und Ostasien verbreitet, wurde jedoch später an verschiedenen Stellen Europas und Nordamerikas ausgesetzt. Nach Mitteleuropa wurde er bereits im 14. Jahrhundert gebracht. Die nach Europa gebrachten Rassen haben sich stark gekreuzt. Länge des Männchens etwa 80 cm, des Weibchens etwa 60 cm. Bewohnt Flach- und Hügelland, wo er kleine Wälder, bewachsene Hänge usw. findet. Das Weibchen legt in eine mit Laub und Gras ausgepolsterte Bodenmulde 8–15 einfarbig bräunliche Eier, die es allein in 23–27 Tagen ausbrütet. Das Männchen (der Hahn) hat mehrere Hennen. Nährt sich von Pflanzenkost, jungen Trieben, Samen u. ä., auch von verschiedenen kleinen Lebewesen.

2 Steinhuhn *Alextoris graeca*
Bewohnt Gebirgsgegenden von Südeuropa, östlich bis China. Zahlreich auf dem Balkan und an den Südhängen der Alpen. Man hat versucht, das Steinhuhn auch an verschiedenen Stellen Mitteleuropas anzusiedeln. Länge etwa 35 cm. Lebt an felsigen Hängen, im Sommer bis in die Knieholzzone, im Winter in den Tälern. Das Weibchen legt im Mai oder Juni in Bodenmulden zwischen Steinen oder im Rasen 10–15 hellbraune, oft dicht gefleckte Eier. Nährt sich von Samen, Gras, Insekten u. ä.

Familie **Rauhfußhühner** – *Tetraonidae*

3 Alpenschneehuhn *Lagopus mutus*
In den nördlichen Tundren Europas, Asiens und Nordamerikas, aber auch in England, Spanien und in den Alpen verbreitet. Länge etwa 35 cm. Im Sommer bis auf die weißen Flügel braun gefärbt, im Winter völlig weiß mit einem schwarzen Schwanz. Dies ist seine Schutzfärbung zur Zeit des Schneefalls. Das Weibchen legt in eine Bodenmulde zwischen Steinen oder Gras meist 7–10 rotbraun gesprenkelte Eier. Nährt sich von Trieben und Knospen z.B. der Weiden und Birken usw., aber auch von Samen, und in der Sommerzeit auch von Insekten, Spinnen und kleinen Schnecken. Im Winter übernachtet es in Schneelöchern.

4 Birkhuhn *Lyrurus tetrix*
In ganz Europa mit Ausnahme des Südens und in der ganzen gemäßigten Zone Asiens verbreitet. Sein Hauptverbreitungsgebiet liegt jedoch in den nördlichsten Landstrichen, vor allem in der Taiga. Länge des Hahnes 65 cm, der Henne etwa 45 cm. Der Hahn wiegt etwa 1,5 kg. Bewohnt am liebsten

3

2

1

4

6

5

Laub- oder Mischwälder, in deren Umgebung feuchte Wiesen zu finden sind. Ein Männchen hat mehrere Hennen. Das Weibchen legt in eine mit Moos und Gras ausgepolsterte Bodenmulde 6–10 gelbliche, dunkel gefleckte Eier und brütet allein etwa 26 Tage. Nährt sich von Samen, Beeren, Jungtrieben, Insekten, Würmern u. ä.

5 Auerhuhn *Tetrao urogallus*
In Nordengland, Mittel- und Nordeuropa, östlich bis nach Sachalin verbreitet. Länge des Männchens etwa 100 cm, des Weibchens 70 cm. Bewohnt große Wälder. Das Weibchen legt in eine flache, mit Laub, Nadeln u. ä. ausgepolsterte Bodenmulde 5 bis 12 gelbliche, braun gefleckte Eier, die es selbst in 24–27 Tagen ausbrütet. Nährt sich von Trieben, Nadeln, auch ganzen jun-

gen Nadelzweigenden, von Insekten, Schnecken u. ä.

6 Haselhuhn *Tetrastes bonasia*
In ganz Mittel- und Nordeuropa, östlich bis nach Ostsibirien und Südostchina verbreitet. In Mitteleuropa heute nur selten im Gebirge anzutreffen, zahlreich in Skandinavien. Länge etwa 38 cm. Bewohnt Mischwälder, insbesondere mit Birken und einem dichten Unterholz von Sträuchern. Das Weibchen legt in eine flache Grube an Baumstämmen 8–12 gelbliche, dunkel gefleckte Eier und brütet 25 Tage. Nährt sich von Samen, Trieben, Beeren, aber auch von Insekten, kleinen Schnecken u. ä.

Alle europäischen Vogelarten sind geschützt!

Säugetiere

Säuger (*Mammalia*) sind die höchstentwickelte Wirbeltiergruppe mit konstanter Körpertemperatur. Eine Ausnahme stellen nur Säuger mit Winterschlaf dar, z. B. Fledermäuse, bei denen in dieser Periode die Körpertemperatur bis auf 0 °C sinkt.

Die Körperform der Säugetiere ist ganz unterschiedlich und hängt von der Anpassung an einen bestimmten Lebensraum ab. Typisch ist ein länglicher Rumpf mit vier Gliedmaßen. Bei einigen Gruppen sind die Vordergliedmaßen umgebildet, z. B. bei den Fledermäusen zu Flügeln, bei Walen zu Flossen. (Die Hintergliedmaßen der Wale sind verkümmert.) Die Säugetierhaut ist sehr dick und haarbedeckt, nur wenige Gruppen tragen kein Fell (Delphine). Bei anderen Arten, z. B. den Igeln, haben sich die Fellhaare zu Stacheln umgebildet. Haare sind ein Hautprodukt und für die Säuger charakteristisch. Einige Arten tragen auf dem Körper Hornschuppen, die z. B. bei den Schuppentieren (*Pholidota*) einen harten Panzer bilden. Einen mit Hornschuppen bedeckten Schwanz haben auch Mäuse und Ratten. Schuppen sind auch ein Hautprodukt, ebenso die Scheiden der Hörner. Bei vielen Säugern haben sich so Tast- oder Spürhaare ausgebildet, die an den verschiedensten Körperpartien wachsen. Die Raubtiere tragen sie am Maul, sie bilden den sogenannten Bart. Spürhaare befinden sich bei anderen Arten auch an den Pfoten, Flanken sowie weiteren Körperteilen, mit denen die Tiere in Kontakt mit ihrer Umgebung kommen. Der das Fell bildende Haarkomplex wird regelmäßig erneuert, dieser Vorgang heißt Haarwechsel. Normalerweise haaren Säuger im Frühjahr, dann bekommen sie ein dünneres, kürzeres Fell, und im Herbst, wenn ihnen das lange dichte Winterfell wächst.

Charakteristisch für die Säuger sind die Hautdrüsen. Talgdrüsen halten ihre Haut fettig und geschmeidig, die Schweißdrüsen sorgen durch Wasserverdunstung für die Abkühlung der Körperoberfläche, zugleich scheiden sie im Schweiß Salze und Abfallstoffe aus. Einige Säuger besitzen keine Schweißdrüsen, verschiedene Schweiß- und Talgdrüsen haben sich zu Duftdrüsen umgebildet, die ihren Platz an After, Bauch, zwischen den Hufschalen (z. B. bei Rehen und Schafen), auf den Wangen usw. haben.

Diese Duftdrüsen sind für die sich mit dem Geruchssinn orientierenden Säugetiere äußerst wichtig. Mit dem Sekret ihrer Duftdrüsen markieren die Tiere ihre Reviere, sie dienen auch der Partnerfindung. Einige Säuger wie z. B. die Skunks (*Mephitis mephitis*) oder Iltisse (*Mustela putorius*) verspritzen die scharfen Duftdrüsensekrete gegen ihren Feind und setzen sich so zur Wehr.

Aus den Hautdrüsen haben sich auch die Milchdrüsen gebildet. Diese scheiden Milch ab, die 90% Wasser, Eiweiße, Fette, Zucker, Mineralstoffe usw. enthält. Die Säuger (mit Ausnahme der Kloakentiere) scheiden ihre Milch durch Zitzen oder Brustwarzen ab, von denen sie 1–14 Paare haben, je nach der bei den einzelnen Arten üblichen Jungenzahl.

Säugetiere haben ein charakteristisches, aus mehreren Zahntypen bestehendes Gebiß. Das sind zunächst Schneidezähne, mit denen die Tiere einen Bissen abbeißen, kegelförmige Eckzähne, deren Aufgabe darin besteht, eine Beute zu halten oder zu töten, und zuletzt Backen- oder Mahlzähne zum Zerkleinern der Nahrung. Die Gestaltung des Gebisses hängt von der Nahrung ab, die das jeweilige Tier aufnimmt. Zahl und Gestalt der Zähne sind für die einzelnen Gruppen oder Arten typisch. In Ausnahmen fehlen einigen Säugern die Zähne gänzlich, wie z. B. den Ameisenbären (*Myrmecophagidae*).

Bei manchen Säugerarten haben sich, von Hormonen beeinflußt und den Geschlechtsdrüsen hervorgebracht, sekundäre Geschlechtsmerkmale ausgebildet. So zeichnet sich z. B. das Löwenmännchen durch eine mächtige Mähne aus, den Männchen der Hirsche wächst ein Geweih, Stiere sind mächtiger als Kühe, den Elefantenmännchen wachsen größere Stoßzähne usw. Bei vielen Säugergruppen lassen sich aber Männchen und Weibchen nicht auf den ersten Blick unterscheiden.

Die Reifungszeit ist bei den einzelnen Säugerarten ganz unterschiedlich und hängt unter anderem auch mit der Größe des Tiers zusammen. Ein Elefantenbulle wird erst mit 18 Jahren geschlechtsreif, ein kleines Nagetier schon mit wenigen Monaten. Oft kommen Männchen und Weibchen nur in der Paarungszeit zusammen. Bei einigen Arten leben die Pärchen ganzjährig zusammen, eventuell sogar das ganze Leben.

Bild 1. Der Rothirsch (*Cervus elaphus*) trägt einen imposanten Geweihschmuck.

Bild 2. Großohr-Fledermaus (*Plecotus auritus*) im Flug.

Manche Männchen haben mehrere Weibchen, sie leben polygam. Viele Arten paaren sich für gewöhnlich einmal im Jahr, einige Arten auch nur alle zwei bis vier Jahre einmal, während es beispielsweise bei den kleinen Nagern auch zu sechs Paarungen im Jahr kommen kann. Die Zahl der Jungen hängt vor allem mit der Körpergröße des Tiers zusammen. Die größten Arten setzen für gewöhnlich nur ein Junges, die größeren Raubtiere normalerweise 2–3, die kleinen Raubtierarten sogar über 10 usw. Eine Ausnahme unter den kleinen Säugern bilden die Fledermäuse, deren Weibchen nur ein einziges Junges gebären, da sie mit diesem Jungen fliegen müssen. Bei manchen Säugern kommen nackte und blinde Junge zur Welt, z. B. bei den Mäusen. Raubtiere werfen gleichfalls blinde, aber schon behaarte Junge. Huftiere gebären voll entwickelte Junge, die schon binnen weniger Stunden selbständig der Mutter folgen können.

Säuger sind vorwiegend landbewohnende Tiere, doch gibt es auch Arten, die sich in Süßwasser und Meeren aufhalten. Ihre Verbreitung erstreckt sich über den ganzen

Bild 3. Die Jungen der Hausmaus (*Mus musculus*) kommen nackt und blind zur Welt, sind aber mit 6–7 Wochen bereits erwachsen.

Erdball, in Mitteleuropa sind rund 90 wild lebende Säugetierarten bekannt.

Zahlreich in Europa sind die <u>Insektenfresser</u> (Ordnung *Insectivora*). Sie jagen Wirbellose, aber auch kleinere Wirbeltiere. Die populärste Familie stellen die Igel (*Erinaceidae*) dar; die europäischen Arten zeichnen sich durch ihre Stacheln auf Rücken und Flanken aus. Unter der Haut haben Igel einen besonderen Muskel, mit dem sie sich zusammenrollen und so den verwundbaren Bauch vor einem Feind schützen können. Igel sind nachtaktive Geschöpfe und gehen erst nach Einbruch der Dunkelheit auf die Jagd. Den Winter verschlafen sie unter Laubhaufen oder in Erdlöchern. Während des Winterschlafs sinkt ihre Körpertemperatur auf 5 °C ab. Nach dem Erwachen im Frühjahr beginnen sie sich wieder zu bewegen, bis ihre Temperatur auf mindestens 20 °C gestiegen ist.

Auch die Vertreter einer weiteren Insektenfresserfamilie, die Spitzmäuse (*Soricidae*), sind häufig. Sie sind kleine Säuger, die

Bild 4. Der Maulwurf (*Talpa europaea*) ist perfekt an das Leben unter der Erde angepaßt. Zum Wühlen der unterirdischen Gänge dienen ihm die außerordentlich großen schaufelartigen Vordergliedmaßen. Oft legt er sich Regenwurmvorräte an. Er betäubt die Würmer, indem er ihr Nervenzentrum durchbeißt, so daß sie bewegungs- und fluchtunfähig werden.

sich durch ein bewegliches fleischiges Schnäuzchen und ein zartes Fellchen auszeichnen. Ihr Schwanz ist ziemlich lang, die Beinchen kurz, deshalb können sie sich nicht sonderlich schnell fortbewegen. Spitzmäuse sind Nachttiere. Einige Arten sind in die unmittelbare Nähe des Menschen gezogen.

Eine eigenwillige Säugergruppe stellen die Fledermäuse (*Chiroptera*) dar. Die Vertreter dieser zahlenstarken Ordnung sind zumeist klein und haben einen fellbedeckten Körper. Im Gegensatz zu den übrigen Säugern können sie aktiv fliegen, in der Luft bemächtigen sie sich auch ihrer Beute. Fledermäuse

Bild 5. Die Farbgebung des Eichhörnchens (*Sciurus vulgaris*) ist recht verschieden. Neben rostroten kann man auch braune oder sogar schwarze Tiere entdecken.

haben zwischen den verlängerten Fingern der Vordergliedmaßen, dem Rumpf und den Hintergliedmaßen und manchmal auch dem Schwanz eine nackte, reich mit Nerven durchsetzte Flughaut. Die Zehen der Hinterfüße haben Krallen, mit denen sich die Tiere kopfab aufhängen können. Von der Ferse geht ein besonderer Fortsatz zum Spannen der Flughaut zwischen Hinterbeinen und Schwanz aus. Fledermäuse sind Nachttiere. Auf Beutefang begeben sie sich normalerweise erst nach der Dämmerung, den Tag verschlafen sie in hohlen Bäumen, auf Dachböden, in Stollen usw. Ihre Augen sind sehr klein, da die Tiere sie bei der Jagd praktisch nicht brauchen. Sie besitzen nämlich eine besondere, mit dem Radar vergleichbare Einrichtung. Im Flug stoßen sie für das Menschenohr unhörbare Ultraschall-Schreie aus, die von den im Weg befindlichen Gegenständen reflektiert werden. Das Echo fangen die Tiere mit ihren großen Ohrmuscheln ein und analysieren es. In kühleren Gebieten verschlafen die Fledermäuse die Winterzeit, dabei sinkt ihre Körpertemperatur fast bis auf den Nullpunkt ab. Hasen (Ordnung *Lagomorpha*) zeichnen sich dadurch aus, daß sie hinter ihren vorderen Schneidezähnen noch ein Paar schwa-

che, schmale Zähne haben, die unablässig nachwachsen. Beim Zerkleinern der Nahrung bewegt sich der Unterkiefer der Hasen von links nach rechts, bei den Nagern hingegen von vorn nach hinten. Hasen ernähren sich durchweg von Pflanzenmaterial. Viele Arten leben gesellig.

Die Nagetiere (Ordnung *Rodentia*) haben in Ober- und Unterkiefer je zwei Schneidezähne. Diese Zähne arbeiten wie Stechbeitel und wachsen dauernd nach. Die Nager sind die größte Säugergruppe, sowohl was die Artenzahl als auch die Menge anbelangt. Manchmal können sie katastrophal überhandnehmen und dann große Schäden verursachen. Einige Nager liefern wertvolles Pelzwerk wie z.B. der Biber (*Castor fiber*) oder die Nutria (*Myocastor coypus*), die in großer Zahl auf Farmen gezüchtet wird. Nager leben auf dem Boden, auf Bäumen und im Wasser.

Die Raubtiere (*Carnivora*) sind hervorragend ans Fangen und Töten lebender Beute angepaßt. Ihnen kommt eine große Bedeutung zu, da sie in der Natur das ökologische Gleichgewicht unter den Pflanzenfressern erhalten, die sonst überhandnehmen und sämtliche Vegetation vernichten würden. Raubtiere haben ein mächtig entwickeltes Gebiß, mit dem sie sich auch wirksam zur Wehr setzen können. Mit den langen, spitzen Eckzähnen töten sie die Beute. Der letzte Backenzahn im Oberkiefer und der erste Mahlzahn im Unterkiefer sind zu Reißzähnen umgestaltet. Sie haben eine scharfe, ein wenig messerartige Krone und dienen zum Zerreißen der Beute. Manche Raubtiere sind ausschließlich Fleischfresser, andere Allesfresser.

Die vollkommensten Raubtiere sind die Katzenartigen (*Felidae*) mit ihren sehr kräftigen, spitzen, einziehbaren Krallen. Eine Ausnahme stellt der Gepard dar, der ausgewachsen keine einziehbaren Krallen hat. Die Katzenartigen haben einen vollkommeneren Gesichtssinn als die übrigen Raubtiere, sie sehen auch farbig.

Die Hundeartigen (*Canidae*) zeichnen sich durch eine langgestreckte Schnauze und lange Beine aus. Ihre Zehen sind mit starken, stumpfen, nicht einziehbaren Krallen bewehrt. Hundeartige sind gute und ausdauernde Läufer, sie haben ein ausgezeichnetes Gehör und einen perfekten Geruchssinn. Ihr Auge ist schwächer, sie erkennen keine Farben. Bei Hitze oder in Erregung lassen sie schnell hechelnd die Zunge heraushängen. Auf diese Weise kühlen sie sich ab, da ihre Schweißdrüsen nicht an der Körperoberfläche münden und so auch keinen Schweiß abführen können. Hundeartige leben häufig in Meuten oder Rudeln zusammen.

Die Merkmale der Marderartigen (*Mustelidae*) sind ein gestreckter, zylindrischer Körper und kurze Beine. Sie sind äußerst gewandte Raubtiere. Die meisten Arten

Bild 6. Der wichtigste Vertreter des Niederwilds ist der Feldhase (*Lepus europaeus*). Kaum jemand weiß, daß der Hase sogar ganz ordentlich schwimmen kann.

Bild 7. Den Luchs (*Lynx lynx*) charakterisieren die langen Haarbüschel an den Ohren.

scheiden ein übelriechendes Sekret ab. Einige Arten sind Bodenbewohner, andere halten sich auf Bäumen oder, wie der Fischotter (*Lutra lutra*), sogar im Wasser auf.

Zu den allergrößten Raubtieren gehören die Bären (*Ursidae*) mit ihrem gedrungenen Körper, breitem Kopf und langen Kiefern. Ihr Schwanz ist kurz, ihre Zehen tragen mächtige stumpfe Krallen. Bären sind Sohlengänger und gehören größtenteils zu den Allesfressern. In Mitteleuropa kommt nur eine einzige Art vor, der Braunbär (*Ursus arctos*). Dem Leben im Wasser haben sich die Flossenfüßer (*Pinnipedia*) angepaßt, wie ihr torpedoförmiger Körper verrät. Das sind relativ große Säuger. Ihre Gliedmaßen sind Ruderfüße, die Zehen sind durch Schwimmhäute verbunden, ihre Krallen verkümmert. Auch der Schwanz ist verkümmert. Ihr Gebiß besteht aus scharfen, kegelförmigen Zähnen. Auch die Backenzähne haben scharfe Spitzen, so daß sie sich nicht wesentlich von den übrigen Zähnen unterscheiden. Die Zähne dienen nur zum Packen schlüpfriger Fischkörper.

In den europäischen Meeren kommen auch Wale (*Cetacea*) vor. Das sind große bis riesenhafte Säuger, die sich gänzlich dem Leben im Wasser angepaßt haben. Ihre Kiefer sind meist recht lang. Ein Gebiß hat sich nur bei den Zahnwalen entwickelt, die Zähne haben alle die gleiche Gestalt.

Aus der Ordnung der Paarhufer (*Artiodactyla*) kommt in Europa eine Reihe von Arten vor. Paarhufer laufen auf zwei Zehen gestützt. Die Fußachse verläuft zwischen der dritten und vierten Zehe, die in den meisten Fällen größen- und formgleich sind. Die übrigen Zehen sind zurückgebildet oder fehlen. Paarhufer leben oft herdenweise zusammen und werden in allesfressende Nichtwiederkäuer (*Nonruminantia*) und Wiederkäuer (*Ruminantia*) eingeteilt. Erstere haben ein vollständiges Gebiß und einen einfachen Magen, zu ihnen gehören beispielsweise die Schweine (*Suidae*). Wiederkäuer haben einen besonderen, aus drei oder häufiger vier Abschnitten bestehenden Magen, sind normalerweise Pflanzenfresser und käuen ihre Nahrung wieder. Im Oberkiefer lassen sie die Schneidezähne vermissen, meist auch die Eckzähne. Bei den geweihtragenden Arten wachsen nur den Männchen die Geweihe, mit Ausnahme des Rens; bei diesem Tier tragen auch die Weibchen ein schwächeres Geweih. Moschustiere (*Moschus moschiferus*) schieben überhaupt keines. Zu einer bestimmten Zeit werfen die Tiere ihre Stangen ab, worauf dann wieder ein neues Geweih wächst. Bei horntragenden Wiederkäuern haben für gewöhnlich sowohl Männchen als auch Weibchen Hörner, letztere allerdings wesentlich schwächer ausgebildete. Hörner fallen nicht ab und wachsen ständig weiter.

Nach der Bundes-Artenschutzverordnung sind alle wildlebenden einheimischen Säugetierarten vollkommen geschützt; ausgenommen davon sind Arten, die dem Jagdrecht unterstehen, und einige wenige, bei denen das im Text vermerkt ist.

Obwohl Begriffe wie Natur- und Artenschutz heute in aller Munde sind, denkt man dabei eher an Schmetterlinge oder Vögel als an gefährdete Säugetierarten. Das liegt offensichtlich daran, daß die meisten Säugetiere nachtaktiv und nicht einfach zu beobachten und daher vielen Menschen fremd sind. Erschwerend für den Säugetierschutz kommt noch hinzu, daß es auch in der Wissenschaft noch große Lücken gibt über Lebensraum, Verhalten, Fortpflanzung und vor allem das Vorkommen der einzelnen Arten. Das Interesse, das man landläufig den heimischen Säugetieren entgegenbringt, beschränkt sich hauptsächlich auf Arten wie Reh, Hirsch, Fuchs, Hase und Wildschwein, die nicht nur vom Jäger geschätzt werden, sondern auch aus Märchen und Sagen bekannt sind. Raubtiere wie Marder oder Wiesel dagegen werden oft geringschätzig als „Raubzeug" bezeichnet und dementsprechend gnadenlos bekämpft.

Wenn es um die kleineren Arten geht, zögert man ebenfalls nicht, sie in die Kategorie der „Schädlinge" einzuordnen, es sei denn, es ist eine Fledermaus, deren „Nützlichkeit" inzwischen viel gepriesen wird. Um bei uns eine möglichst artenreiche Säugetierfauna zu erhalten, sollte die Einteilung der Arten in „nützlich" und „schädlich" unterbleiben. Die Nützlichkeit einer Tierart darf nicht das einzige Kriterium für deren Schutzwürdigkeit

sein. Auch alle freilebenden Säugetiere sind wichtige Mitglieder im Haushalt der Natur.

Gerade in den letzten Jahren wurden wissenschaftliche Studien bei mehreren bedrohten Säugetierarten angestellt. Als Beispiel sei das Projekt Otter genannt, das sich mit der Erforschung der Lebensansprüche des Fischotters beschäftigt. Ein Erfolg derartiger Bemühungen ist jedoch nur dann zu erwarten, wenn die gewonnenen Ergebnisse auch wirklich Eingang in die Planungsbüros finden, die Eingriffe in die freien Natur durchführen wollen. Dieser Aspekt gewinnt immer mehr an Bedeutung, denn Lebensraumzerstörung ist heute die Hauptursache für das große Artensterben.

Bild 8. Das allesfressende Wildschwein (*Sus scrofa*) wird gelegentlich zum Feldschädling, wenn es in ganzen Rotten Kartoffel- oder Rübenfelder umwühlt.

Klasse **Säugetiere** – *Mammalia*

Ordnung **Insektenfresser** – *Insectivora*

Familie **Igel** – *Erinaceidae*

1, 2 Europäischer Igel
Erinaceus europaeus
Der Westeuropäische Igel (*Erinaceus europaeus*) (1) ist unterseits braun und hat um die Augen dunkle Streifen, während der Osteuropäische Igel (*Erinaceus concolor*) (2) eine weiße Unterseite hat. Die Verbreitungsgrenze dieser beiden Rassen zieht sich von der Oder zum Oberlauf der Elbe und entlang der Moldau. Der Igel lebt in Laub- und Mischwäldern mit dichtem Unterholz, auch in Parkanlagen usw. Bevorzugt trockenere Stellen. Kommt auch in Städten vor. In den Alpen ist er bis zu einer Höhe von 2000 m zu finden. Sein Nest richtet er in Erdlöchern her, manchmal unter Laubhaufen, meist mit zwei Eingängen. Hier wirft das Weibchen 3–8, selten bis 10 Junge, die weiche, weiße Stacheln haben. Nachttier. Seinen Winterschlaf

Hält sich an feuchten, bewachsenen Stellen auf. In den Alpen bis zu einer Höhe von 2000 von Würmern, Insekten, kleinen Wirbeltieren und Vogeleiern. Frißt auch Obst.

Familie **Maulwürfe** – *Talpidae*

3 Europäischer Maulwurf
Talpa europaea
Zahlreich in ganz Mitteleuropa und Westasien. Lebt an feuchten Stellen mit aufgelockertem Boden unter der Erde. In den Alpen bis zu einer Höhe von 2400 m. Scharrt ein weitverzweigtes Röhrensystem mit Wohn- und Laufbauten. Wird 13–17 cm lang und 70–120 g schwer. Von seinem ersten Lebensjahr an wirft das Weibchen zweimal jährlich 3–9 Junge. Sie werden 4–6 Wochen gesäugt. Hält keinen Winterschlaf.

Familie **Spitzmäuse** – *Soricidae*

4 Waldspitzmaus *Sorex araneus*
In ganz Europa zahlreich, mit Ausnahme einiger Gebiete am Mittelmeer und in Irland.

1

2

Hält sich an feuchten bewachsenen Stellen auf. In den Alpen bis zu einer Höhe von 2000 m. Lebt vor allem in feuchten Wäldern, Torfmooren, auch in Straßengräben. Bewohnt die Erdlöcher von Wühlmäusen und Maulwürfen, gräbt jedoch manchmal auch ihre eigenen Löcher. Im Winter auch in Häusern und Bauten zu finden. Das Weibchen wirft bis viermal jährlich (von April bis September) 5–7 Junge. Am aktivsten nach Sonnenuntergang und vor Sonnenaufgang. Hält keinen Winterschlaf.

5 Wasserspitzmaus *Neomys fodiens*
Bewohnt ganz Mitteleuropa. In den Alpen bis zu einer Höhe von 2500 m. Hält sich bei Flüssen, Bächen, Teichen und Tümpeln auf. Bewohnt die Erdhöhlen und Gänge von Nagetieren oder scharrt in den Uferböschungen ihre eigenen Erdlöcher aus. Hält sich in Kellern, in denen sie Wasser findet, auf. Baut ihr Nest in Baumhöhlungen bis zu 3 m über dem Boden, jedoch immer in Wassernähe. Guter Schwimmer. Jagt Insekten, Würmer und kleine Fischchen. Wird 7–11 cm lang und erreicht ein Gewicht von 10–20 g. Das Weibchen wirft zwei- bis dreimal jährlich 4–10 Junge. Nachttier. Am aktivsten in den Morgenstunden.

6 Hausspitzmaus *Crocidura suaveolens*
Lebt in West- und Südeuropa sowie einem Teil Mitteleuropas. In Gebirgsgegenden bis zu einer Höhe von 1600 m. Lebt an offenen Stellen, seltener am Waldrand, am häufigsten in Gärten, Parkanlagen usw. und sucht im Winter menschliche Behausungen, Ställe, Keller u. ä. auf. In der freien Natur lebt sie in Mäuselöchern oder in selbstgegrabenen Gängen. Wird 6–8,5 cm lang und 6–7,5 g schwer. Das Weibchen wirft zwei- bis viermal jährlich je 3–10 Junge. Hält keinen Winterschlaf. Nährt sich von Insekten und Würmern. Nachttier.

Alle heimischen Säugetiere sind geschützt!

3

4

5

6

461

Ordnung **Fledermäuse** – *Chiroptera*

Familie **Hufeisennasen** – *Rhinolophidae*

1 Kleine Hufeisennase
Rhinolophus hipposideros
Bewohnt die südlichen Teile Mitteleuropas. In den Alpen bis zu einer Höhe von 2000 m. Tagsüber auf Dachböden, in Kirchtürmen, Höhlen usw. Fliegt schwerfällig und langsam. Ihr Versteck verläßt sie erst nach völligem Einbruch der Dunkelheit und nur bei warmem und windlosem Wetter. Überwintert schlafend in Höhlen, Stollen usw. in Gruppen von oft mehr als 100 Exemplaren in langen Reihen von der Decke hängend. Die Jungen kommen in Kolonien von Weibchen zur Welt. Ein Wurf von 1–2 Jungen jährlich. Winterschlaf von Oktober bis April.

Familie **Glattnasen** – *Vespertilionidae*

2 Mausohr *Myotis myotis*
Sehr zahlreich. Tagsüber auf Dachböden, in Türmen, Kellern usw. Im Winter in Höhlen, Stollen u. ä., oft in außerordentlich großen Mengen. Fliegt erst nach völligem Einbruch der Dunkelheit, in einer Höhe von 5–8 m über dem Boden, über Parkanlagen und Gärten, langsam und schwerfällig. Fluggeschwindigkeit 15 km die Stunde. Es sind Frühjahrs- und Herbstflüge bis in Entfernungen von über 200 km bekannt. Jährlich, im Mai oder Juni, ein Junges, das in Kolonien von Weibchen zur Welt kommt. Diese Kolo-

nien bestehen aus 100–2000 Exemplaren. Die Jungen entwickeln sich sehr schnell, und nach 5–6 Wochen fliegen sie bereits. Tiefer Winterschlaf.

3 Fransenfledermaus *Myotis nattereri*
Bewohnt fast ganz Europa. Die Weibchen leben in kleineren Kolonien von bis zu 30 Exemplaren, die Männchen einzeln. Tagsüber in Baumhöhlungen, Vogelhäuschen u. ä., im Winter in verlassenen Stollen, Höhlen oder Kellern. Fliegt langsam und niedrig in der Nähe von Bäumen und fängt auf den Zweigen sitzende Insekten. Geht vom Einbruch der Dunkelheit an bis in die Morgenstunden auf Beutejagd. Bei windigem Wetter fliegt sie nicht. Langer Winterschlaf.

4 Abendsegler *Nyctalus noctula*
In ganz Europa stark verbreitet. Tagsüber in kleinen Gemeinschaften in Baumhöhlungen. Jagt in Wäldern, Parkanlagen, über Wasserflächen u. ä. Verläßt sein Versteck am frühen Abend und fliegt bis zur Morgendämmerung, im Herbst auch bereits am Nachmittag. In sein Winterquartier fliegt er 750–1500 km in südlicher oder südwestlicher Richtung, überwintert jedoch manchmal auch in Höhlen, Ställen u. ä. Das Weibchen wirft 1–2 Junge. Der Abendsegler fliegt

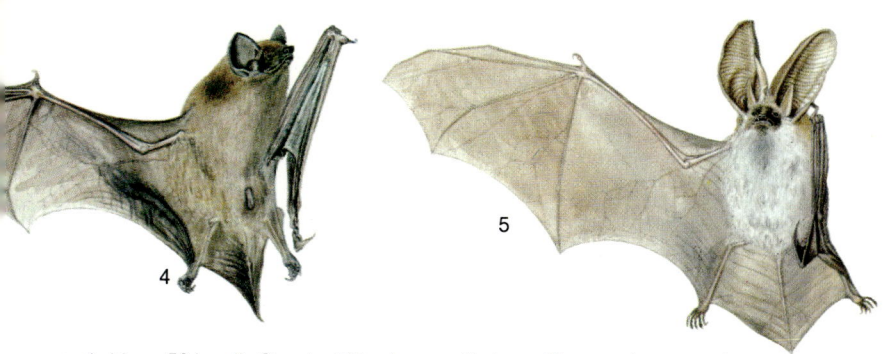

4

5

rasch, bis zu 50 km die Stunde. Hält seinen Winterschlaf von Oktober bis April.

5 Großohr *Plecotus auritus*
In Europa, Asien und Nordafrika verbreitet. Auffallend große Ohrmuscheln. Hält sich zahlreich in der Nähe menschlicher Behausungen auf. Fliegt nach dem Dunkelwerden, immer niedrig über dem Boden, ändert oft die Flugrichtung. Jagt am Waldrand, in Parkanlagen, auch im Wald. Das Weibchen wirft im Juni 1–2 Junge. Die Jungen sind nach 6 Wochen selbständig. Hält von Oktober bis Ende März einzeln oder in Gruppen von 2–3 Exemplaren Winterschlaf.

Ordnung **Hasen** – *Lagomorpha*

6 Schneehase *Lepus timidus*
In Irland, Schottland, Nordeuropa, Asien und Nordamerika verbreitet. Eine Rasse lebt auch in den Alpen. Im Sommer bis 3400 m ü. d. M., im Winter steigen die Tiere bis unter 600 m herab. Im Sommer graubraun, im Winter reinweiß. Das Weibchen wirft von Mai bis August 2–5 Junge mit offenen Augen.

7 Feldhase *Lepus europaeus*
Ist in den bebauten Steppengebieten Europas verbreitet. Lebt auch in Wäldern. Wird bis 8 kg schwer. Das Weibchen wirft in 3–4 Würfen von Februar oder März bis September je 2–4 Junge, die mit offenen Augen zur Welt kommen. Tagsüber hält sich der Feldhase im Buschwerk verborgen. Pflanzenkost.

Alle heimischen Säugetiere sind geschützt!

6

7

Ordnung **Hasen** – *Lagomorpha*

1 Wildkaninchen *Oryctolagus cuniculus*
Ursprünglich Bewohner des westlichen Mittelmeergebietes. Im Mittelalter wurde es an verschiedenen Stellen Europas ausgesetzt und ist heute überall stark verbreitet. In den Bergen kommt es nur in Ausnahmefällen bis zu einer Höhe von 600 m vor. Bewohnt lichte Wälder, auch Parkanlagen u. ä. Wird bis 2 kg schwer, selten bis 3 kg. Gräbt einen Bau. Das Weibchen wirft in 3 bis 6 Würfen von März bis September je 5–12, ja sogar 15 Junge, die blind zur Welt kommen und die Augen nach 10 Tagen öffnen. Die Jungen saugen 4 Wochen. Geschlechtsreif in 6–8 Monaten.

Ordnung **Nagetiere** – *Rodentia*

Familie **Hörnchen** – *Sciuridae*

2 Eichhörnchen *Sciurus vulgaris*
In ganz Europa und von da aus bis nach Japan verbreitet. Waldbewohner, der in den Bergen bis zur Baumgrenze lebt. Baut auf Bäumen aus kleinen Zweigen, Blättern, Moos, Haaren u. ä. ein großes, kugeliges Nest, benützt jedoch manchmal auch verlassene Vogelnester oder Höhlungen. Das Weibchen wirft in 2 bis 5 Würfen von Januar bis August je 3–7 blinde Junge. Nährt sich von Baumsamen, Früchten, Pilzen, Insekten, auch von Vogeleiern und Jungvögeln, und frißt auch junge Triebe. Im Herbst füllt es seine unter Moos u. ä. angelegte Vorratskammer. Hält keinen Winterschlaf.

3 Ziesel *Citellus citellus*
Im östlichen Teil Mitteleuropas und von da aus östlich bis nach China verbreitet. Fehlt in Westeuropa. Steppentier. Gräbt einen 1–4 m tiefen und bis 7 m langen Bau in der Erde.

Das Weibchen wirft 6–11 Junge, die nach etwa 4 Wochen die Augen öffnen. Nährt sich von Gras, Früchten, auch Insekten. Schläft von Oktober bis April in seinem Bau. Sammelt keine Wintervorräte an.

4 Murmeltier *Marmota marmota*

Bewohnt die Gebirgsgegenden der Alpen, Karpaten und die Gebirge Asiens. Lebt an felsigen Hängen. Gräbt 1,5–3 m tiefe und bis 10 m lange Baue, die mehrere Ausgänge haben. Lebt in Kolonien. Für den Winter gräbt es ein Winterlager, dessen Eingang es zustopft. Schläft von Ende September bis April. Im Herbst sammelt es im Körper Fett an. Das Weibchen wirft 2–6 Junge, die blind zur Welt kommen und ihre Augen nach 20 Tagen öffnen. Aktiv tagsüber, aber oft auch nachts. Pfeift. Nährt sich von Gras, Samen, Früchten, auch von Insekten. Sammelt keine Wintervorräte.

Familie **Schläfer** – *Myoxidae*

5 Siebenschläfer *Glis glis*

Von Spanien über Mitteleuropa bis Kleinasien verbreitet. Bewohnt Laubwälder bis zu einer Höhe von 1500 m ü.d.M. Zahlreich in Gärten und Parkanlagen, hält sich auch in Gebäuden u.ä. auf. Das Weibchen wirft von Juni bis August 2–9 Junge, die blind zur Welt kommen und ihre Augen nach 20 Tagen öffnen. Nachttier. Nährt sich von Knospen, Trieben, Samen, Früchten, von Insekten und selten auch von Jungvögeln. Schläft von Ende August bis Mai. Sein mit Moos ausgelegtes Nest kann man in Baumhöhlungen, Nistkästen u.ä. finden.

6 Gartenschläfer *Eliomys quercinus*

Von Portugal über Mitteleuropa bis zum Ural, südlich bis nach Nordafrika verbreitet. Bewohnt vor allem Nadelwälder mit Unterholz, aber auch Parkanlagen u.ä. Baut ein kugeliges Nest in Felsspalten, Baumhöhlungen usw. Das Weibchen wirft 2–8 Junge, die ihre Augen nach 18 Tagen öffnen. Nachttier. Ausgezeichneter Kletterer. Nährt sich von Trieben, Früchten, Obst und Insekten. Im Herbst kommt er in die Nähe menschlicher Behausungen. Überwintert in Höhlen, Nistkästen u.ä.

7 Haselmaus *Muscardinus avellanarius*

In Europa bis Mittelschweden, auch in einem Teil Englands, südlich bis Italien verbreitet. Fehlt in Spanien. In den Bergen bis zu einer Höhe von 2000 m ü.d.M. Bewohnt dichte Strauchwerkbestände, am liebsten Jungwälder. Im Sommer baut sie kugelige Nester mit einem Durchmesser von bis 12 cm und dem Eingang an der Seite. Das Nest ist 1–1,5 m, manchmal aber sogar bis 20 m über dem Boden. Nährt sich von Samen, Früchten, Knospen und Insekten. Zum Winterschlaf bettet sie sich von Oktober bis Ende März in Baumhöhlungen, Felsspalten, auch unter Laubhaufen. Während dieser Zeit fällt ihre Körperwärme bis auf 1 °C.

Alle heimischen Säugetiere sind geschützt!

6

7

5

1
2

Familie **Mäuseartige** – *Muridae*

1 Hausmaus *Mus musculus*
In ganz Europa verbreitet. Ursprüngliches Verbreitungsgebiet: die asiatischen und nordafrikanischen Steppen und das Mittelmeergebiet. In den Alpen bis zu einer Höhe von 2700 m ü.d.M. Lebt in menschlichen Behausungen, Ställen, Holzstößen usw. Ihr Nest baut sie in Löchern, unter Fußböden, in Mauerspalten u.ä. Das Weibchen wirft mehrmals jährlich 4–8, selten auch 12 nackte und blinde Junge. Sie öffnen ihre Augen nach 12–14 Tagen und sind bereits nach 6–7 Wochen fortpflanzungsfähig. Nährt sich von verschiedenen Abfällen, Samen usw. Nicht geschützt!

2 Zwergmaus *Micromys minutus*
In Europa und von da aus nach Südostasien verbreitet, ist aber nicht sehr zahlreich. Lebt an Waldrändern, an Teichufern in dichtem Röhricht, in Hafer- und anderen Feldern. Baut zwischen Stengeln in einer Höhe von 40–80 cm über dem Boden ein kugeliges Nest mit dem Eingang an der Seite. Dort wirft das Weibchen zwei- bis dreimal im Jahr je 3–12 Junge, die blind zur Welt kommen und die Augen nach 7 Tagen öffnen. Als Schlafstätte baut die Zwergmaus ein Nest mit zwei Ausgängen. Im Winter kommt sie in Scheunen, Ställen u.ä. vor. Ist vor allem nachts aktiv. Nährt sich von Samen und Insekten. Hält keinen Winterschlaf.

3 Waldmaus *Apodemus sylvaticus*
In ganz Europa verbreitet, nördlich bis Island, südlich bis auf Kreta. Sehr zahlreich auftretend. In den Alpen bis zu einer Höhe von 2500 m ü.d.M. Bewohnt trockene Nadel- und Mischwälder, Buschwerk und auch Felder. Im Winter kommt sie auch in Häusern, aber lediglich im Erdgeschoß, vor. Baut ihr Nest in Höhlen, die sie selbst gräbt. Der Bau hat zwei bis drei Ausgänge. Das Weibchen wirft bis viermal jährlich je 2–9

Junge, die ihre Augen nach 12 Tagen öffnen. Klettert gut und springt bis 80 cm weit. Kann auch schwimmen. Nachttier. Hält keinen Winterschlaf. Nährt sich von Samen, Wurzeln, Trieben und auch von Insekten.

4 Hausratte *Rattus rattus*
Bewohnte ursprünglich die tropischen Gebiete der Alten Welt, von wo aus sie sich auf Schiffen in die ganze Welt verbreitete. In Europa kommt sie derzeit nur stellenweise vor, meist in der Umgebung größerer Flüsse, in Häfen und in Städten. Hält sich gern in menschlichen Behausungen am Dachboden, in Speichern u.ä. auf. Springt und klettert sehr gut. Das Weibchen wirft bis dreimal jährlich 4–8, aber auch 12 Junge. Die Jungen kommen nackt und blind zur Welt, bekommen nach 7 Tagen ihr Fell und öffnen die Augen nach 13–16 Tagen. Nährt sich vorwiegend von Pflanzenkost und Haushaltsüberresten. Hält keinen Winterschlaf. Wird bis 7 Jahre alt. Nicht geschützt!

5 Wanderratte *Rattus norvegicus*
Lebte ursprünglich in Nordostasien und wurde von dort aus in die ganze Welt verschleppt. In ganz Europa sehr zahlreich. Gehört zu den größten Schädlingen und überträgt auch eine Reihe von Krankheiten. In den Bergen bis zu einer Höhe von 1600 m ü.d.M. zu finden. Hält sich gern an Stellen auf, wo es Wasser gibt, auch in Kanälen, in den städtischen Kanalisationssystemen, am Mist u.ä. Aus den Kanälen gelangt sie durch die Abzugsrohre in Ställe, Keller und Häuser, insbesondere im Winter. Lebt in Gruppen. Baut ihr Nest in Erdlöchern. Scharrt gut, kann auch schwimmen und tauchen. Das Weibchen wirft zwei- bis viermal jährlich je 6–9, aber auch 16 Junge, die blind zur Welt kommen und nach 13–17 Tagen die Augen öffnen. Hält keinen Winterschlaf. Allesfresser. Fällt auch kleinere Wirbeltiere an. Wird 4 Jahre alt. Nicht geschützt!

Familie **Hamster** – *Cricetidae*

6 Hamster *Cricetus cricetus*
Von Frankreich über Mitteleuropa bis zum Jenissei verbreitet. Bewohnt die bebauten Steppengebiete des Flachlandes. Gräbt einen Bau, der im Sommer 30–60 cm, im Winter bis über 2 m tief liegt und als Nistbau und Vorratskammer dient. Das Weibchen wirft zwei- bis dreimal jährlich 6–18 Junge, die nach 14 Tagen die Augen öffnen. Nachttier. Hält Winterschlaf, wobei seine Körpertemperatur auf etwa 4 °C sinkt.

Schläft von Oktober bis März. Regelmäßig nach 5 Tagen erwacht das Tier und frißt von seinen Wintervorräten, die bis 15 kg betragen können. Allesfresser. Nährt sich von verschiedenen Pflanzen, Samen, aber auch von Wirbellosen und von kleinen Wirbeltieren. Die Vorräte trägt er in seinen Backentaschen in den Bau.

Alle heimischen Säugetiere sind (bis auf Ausnahmen) geschützt!

3

1

2

Familie **Wühlmäuse** – *Microtidae*

1 Bisamratte *Ondatra zibethica*
Bewohnte ursprünglich Nordamerika. Im
Jahre 1905 wurde sie in Europa in der Nähe
von Prag ausgesetzt. Von da aus verbreitete
sie sich über ganz Europa, wobei sie jährlich
etwa 25 km weit vordrang. Lebt in Teichen,
Seen, Tümpeln und Flüssen, in den Bergen
bis zu einer Höhe von 1000 m ü.d.M. Gräbt
ihre Baue in den Uferböschungen. Der Bau
ist etwa 1 m tief und hat mehrere Ausgänge.
Bei einer starken Vermehrung können die
Bisamratten große Schäden an Dämmen
anrichten. Für den Winter baut sie aus Schilf
und Binsen einen Bau, der über der Wasserfläche liegt, etwa 1 m hoch ist und 2 m im
Durchmesser mißt. Das Weibchen wirft bis
viermal jährlich je 5–14 Junge, die ihre
Augen nach 11 Tagen öffnen und nach 3 Wochen das Nest verlassen. Ausgezeichneter
Schwimmer und Taucher. Vor allem nachts
und morgens aktiv. Hält keinen Winterschlaf.
Nährt sich von Wasserpflanzen, auch von
Mollusken, selten auch von Fischen. Wird
etwa 5 Jahre alt. Nicht geschützt!

2 Rötelmaus *Clethrionomys glareolus*
Bewohnt ganz Europa mit Ausnahme des
Südens, und Asien bis zum Jenissei. Eine
ähnliche Form auch in Nordamerika. In den
Alpen bis zu einer Höhe von 2200 m ü.d.M.
Sehr zahlreich. Lebt an Waldrändern, in
Buschwerk u.ä. Baut Erdbauten. Ihr Nest ist
kugelig, aus Gras, Moos usw., im Buschwerk
etwa 1 m über dem Boden, ansonsten unter
der Erde. Das Weibchen wirft drei- bis viermal jährlich je 3 bis 8 Junge, die ihre Augen
nach 9 Tagen öffnen. Klettert und springt
sehr gut. Hält keinen Winterschlaf. Legt
Vorräte an, z.B. von Samen, die sie mit Laub

zudeckt. Nährt sich vor allem von Pflanzenkost, selten auch von Insekten. Wird 1,5–2,5
Jahre alt. Nicht geschützt!

3 Feldmaus *Microtus arvalis*
Bewohnt Europa mit Ausnahme
von England und Skandinavien,
östlich bis nach China verbreitet.
Lebt in bebauten Steppen, auf
Feldern, trockenen Wiesen und in
lichten Wäldern. Kommt oft in
großen Kolonien vor. Gräbt im
Boden ein Netz von Gängen. Die
Nistkammer liegt etwa 0,5 m tief.
Auch Gänge an der Oberfläche,
in denen sie sich bewegt. Im Winter Tunnelbau unter dem Schnee. Das Weibchen wirft bis zwölfmal jährlich je 3–13 Junge, die die Augen nach 8–10 Tagen öffnen.
Vor allem nachts aktiv. Hält keinen Winterschlaf. Nährt sich von Gras, Trieben und
Feldfrüchten. Wird 1,5–4 Jahre alt. Großer
Schädling. Nicht geschützt!

Familie **Biberartige** – *Castoridae*

4 Biber *Castor fiber*
Bewohnte einst ganz Europa, wurde aber
fast überall ausgerottet. Lebt heute in Europa nur an wenigen Stellen, vor allem in
Nord- und Osteuropa. Östlich reicht sein
Verbreitungsgebiet bis in die Mongolei. Bewohnt die Ufer stehender und langsam strömender Gewässer. Gräbt seinen Bau, der einen unter die Wasseroberfläche führenden
Schacht hat, in den Uferböschungen. Baut
auch die sog. Biberburgen, die 2–3 m aus
dem Wasser herausragen. Diese Bauten
sind aus Zweigen und kleineren Baumstämmen ausgeführt, die der Biber selbst abbeißt
und herbeischleppt. Über die Wasserfläche

fließender Gewässer baut der Biber aus Zweigen, Gras u.ä. Staudämme. Lebt in Paaren in ganzen Kolonien. Ausgezeichneter Schwimmer und Taucher. Das Weibchen wirft Ende April 2–7 Junge, die behaart und mit offenen Augen zur Welt kommen. Sie werden etwa 8 Wochen gesäugt. Nachttier. Im Winter hält er keinen Winterschlaf. Er nährt sich von Pflanzen und Baumtrieben. Für den Winter legt er unter Wasser Vorräte z.B. von Weidenzweigen u.ä. an. Er wird bis über 30 Jahre alt.

Familie **Ferkelratten** – *Octodontidae*

5 Nutria *Myocastor coypus*
In Südamerika beheimatet. Wird in Europa in Farmen gezüchtet. Aus diesen Farmen gelangte sie auch in die freie Natur, wo sie heute ebenfalls anzutreffen ist. Wird bis 8 kg schwer, manchmal auch schwerer. Lebt im Wasser. Ihr Bau in der Uferböschung ist bis 6 m lang und 3 m tief. Ihr Nest baut sie im Buschwerk der Ufer. Schwimmt sehr gut, aber kann nicht gut tauchen. Das Weibchen wirft zwei- bis dreimal jährlich je 4–7 Junge, die mit offenen Augen zur Welt kommen. Sie saugen 8 Wochen lang, aber bereits nach 10 Tagen fressen sie selbst. Die Nutria nährt sich von Gras und Wasserpflanzen. Aktiv in der Dämmerung und auch tagsüber. Hält keinen Winterschlaf. Nicht geschützt!

Alle heimischen Säugetiere sind (bis auf Ausnahmen) geschützt!

4

5

Ordnung **Raubtiere** – *Carnivora*

Familie **Katzenartige** – *Felidae*

1 Wildkatze *Felis silvestris*
In Europa, Vorder- und Zentralasien und in Nordafrika verbreitet. Bewohnt nur tiefe Wälder, vor allem in Gebirgsgegenden. Sucht als Schlupfwinkel Baumhöhlungen, verlassene Dachsbaue u. ä. auf. Das Weibchen wirft in diesen Verstecken 3–7 blinde Junge, die ihre Augen nach 9–11 Tagen öffnen. Sie saugen 4 Monate lang, können jedoch bereits im Alter von 1,5 Monaten Nahrung in Form der herbeigebrachten Beute zu sich nehmen. Jede Wildkatze hat ihr Revier, in dem sie lebt und jagt. Nur zur Paarungszeit oder bei Futtermangel verläßt sie dieses Revier und unternimmt bis 100 km weite Wanderungen. Mit Ausnahme der Brunstzeit lebt sie als Einzelgänger. Hält keinen Winterschlaf. Nur nachts aktiv. Jagt kleine Wirbeltiere, auch Insekten u. ä.

2 Luchs *Lynx lynx*
In Ost- und Nordeuropa und in den Bergen des Balkans verbreitet. In Mitteleuropa zahlreich auf dem Gebiet der Tschechoslowakei. Wurde auch in den französischen Alpen beobachtet. Bewohnt bewaldete Gebirgsregionen bis zu einer Höhe von 2500 m ü. d. M. Mit Ausnahme der Brunstzeit Einzelgänger. Nachttier, das sich tagsüber in Felsspalten, Höhlungen u. ä. verborgen hält. Erreicht ein Gewicht von 30, selten bis 45 kg. Ausgezeichneter Gesichts- und Gehörsinn. Klettert gut und läuft auch schnell. Das Weibchen wirft im Mai 2–3, selten auch 5 gefleckte Junge, die blind zur Welt kommen und die Augen nach 16 Tagen öffnen. Sie werden 2 Monate lang gesäugt. Der Luchs jagt nachts Säugetiere bis zur Größe eines Rehbocks, auch Vögel, vor allem Hühnervögel. Er lauert seiner Beute auf und bemächtigt sich ihrer im Sprung.

Familie **Hundeartige** – *Canidae*

3 Wolf *Canis lupus*
Bewohnte früher ganz Europa, wurde jedoch fast ausgerottet. Heute ist er noch in Nordosteuropa zu finden. In Mitteleuropa in der Slowakei und auch in Polen. Im Gebirge lebt er bis zu einer Höhe von 2500 m ü. d. M. Er hält sich in großen Wäldern und in

1

2

3

Steppen mit Buschbeständen auf. Im Frühjahr und im Sommer in Familien, im Herbst schließt er sich zu großen Rudeln zusammen. Er erreicht ein Gewicht von 50, ausnahmsweise 70 kg. Tragzeit 60–65 Tage. Das Weibchen wirft im April bis Mai 4–8 blinde Junge, die ihre Augen nach 10 Tagen öffnen. Nachttier. Seine Beute jagt er im Lauf. In einer Nacht legt er bis 100 km zurück. Im Rudel wagt er auch große Haustiere anzufallen, vor dem Menschen flieht er jedoch. Frißt verschiedene Wirbeltiere, auch Insekten, ja sogar Früchte.

4 Fuchs *Vulpes vulpes*
Das häufigste hundeartige Raubtier Europas. Kommt auch in Asien und Nordamerika vor. In den Alpen bis zu einer Höhe von 3000 m ü.d.M. Bewohnt Wälder, kleine Baumbestände, größere Parkanlagen u.ä. Gräbt seinen Bau mit mehreren Ausgängen. Tragzeit 51–54 Tage. Das Weibchen wirft im Februar bis Mai 4–12 blinde Junge, die die Augen nach 12–15 Tagen öffnen. Nährt sich von Wühlmäusen, anderen kleinen Säugetieren, Vögeln und auch von Insekten, Schnecken, teilweise auch von Waldfrüchten. Wird 10 bis 12 Jahre alt.

Familie **Marderartige** – *Mustelidae*

5 Fischotter *Lutra lutra*
War ursprünglich stark in ganz Europa, Asien und Nordafrika verbreitet. In Mitteleuropa wurde er jedoch an vielen Stellen ausgerottet. Bewohnt stehende und strömende Gewässer mit nichtregulierten Ufern. Dem Wasserleben angepaßt. Gräbt in den Ufern seinen Bau. Der Eingang liegt 50 cm unter der Wasserfläche. Sehr guter Schwimmer und Taucher. Hält 6–8 Minuten unter Wasser aus. Tragzeit 61 bis 63 Tage. Das Weibchen wirft 2–6 Junge, die erst nach 4 Wochen die Augen öffnen. Nährt sich vor allem von Fischen, auch von Krustentieren, Amphibien usw. Wird 10–18 Jahre alt.

Alle heimischen Säugetiere sind geschützt!

4

5

471

Familie **Marderartige** – *Mustelidae*

1 Baummarder *Martes martes*
In fast ganz Europa, östlich bis nach Kleinasien verbreitet. Lebt in Wäldern. Klettert
sehr gut und springt von Baum zu Baum bis
3,5 m weit. Sein Nest legt er in Baumlöchern,
auch in verlassenen Vogel- oder Eichhörnchennestern, manchmal auch in Eulennist-
kästen an. Das Weibchen wirft 2–7 Junge.
Nährt sich von kleinen Säugetieren, insbesondere von Eichhörnchen, auch von
Vögeln, Insekten, und im Herbst auch von
Obst und Beeren. Wird 8–14 Jahre alt.

2 Steinmarder *Martes foina*
In ganz Europa mit Ausnahme der Britischen Inseln und Skandinaviens, und in
Asien bis zum Himalaja und der Mongolei
verbreitet. In den Alpen bis zu einer Höhe
von 2000 m ü. d. M. Ziemlich häufig. Hält
sich gern in der Nähe menschlicher Behausungen auf und setzt sich oft auf Dachböden
der Häuser, manchmal auch in Städten, fest.
Sein Nest baut er aus Gras unter dem Dach,
in Ruinen, Felsspalten und oft auch in Erdlöchern. Das Weibchen wirft im Frühjahr 3–7
Junge. In der Nacht aktiv. Jagt Vögel, raubt
Geflügel und Eier, frißt auch gern Obst.

3 Hermelin *Mustela erminea*
Lebt in Europa, wo sein Verbreitungsgebiet
im Süden durch die Pyrenäen, die Alpen
und die Karpaten begrenzt ist. In den Alpen
ist es bis zu einer Höhe von 3000 m ü. d. M.
zu finden. Hält sich sowohl an trockenen als
auch an feuchten Stellen, in Steppen oder
Wäldern oder auch in Gärten in der Nähe
menschlicher Behausungen auf. In den
Sommermonaten ist es vorwiegend rotbraun, im Winter völlig weiß mit einer
schwarzen Schwanzspitze. Baut sein Nest in
Erdlöchern, Mauern, unter dem Fußboden

von Ställen u. ä. Das Weibchen
wirft im April bis Mai 3–7 Junge.
Klettert gut und kann auch
schwimmen. Nährt sich von kleinen Nagetieren und Vögeln,
manchmal auch von Wirbellosen
oder Früchten. Wird 5–10 Jahre
alt.

4 Mauswiesel *Mustela nivalis*
In Europa mit Ausnahme Irlands, in Nordafrika, im Norden und der gemäßigten Zone
Asiens stark verbreitet. In den Alpen bis zu
einer Höhe von 2700 m ü. d. M. Sehr schlank,
was ihm ermöglicht, auch in enge Löcher,
z. B. der Ziesel, Ratten u. ä. einzudringen. Bewohnt Wälder und Buschwerk bei Feldern.
Im Winter zieht es in die Nähe menschlicher Behausungen und hält sich dort in
Ställen, Scheunen, Kellern, Kanälen u. ä. auf.
Geht sehr ungern ins Wasser. Das Weibchen wirft 3–7, selten auch 12 Junge. Saugen 6–7 Wochen. Das Mauswiesel ist sehr
nützlich, denn es fängt Mäuse, Wühlmäuse
und junge Ratten. Frißt selten auch Wirbellose. Wird 4–7 Jahre alt.

5 Iltis *Mustela putorius*
Bewohnt fast ganz Europa. Lebt in Wäldern
und auf Feldern, hält sich jedoch auch gerne
in der Nähe menschlicher Behausungen
auf. Sein Nest baut er in Kaninchenbauen, in
Baumhöhlungen, Rohren usw. Ist stellenweise sehr zahlreich. Hält sich am Boden
auf, klettert nur ungern, ist jedoch ein guter
Schwimmer und kann auch tauchen. Das
Weibchen wirft im April bis Mai 3–11 Junge
mit einem weißlichen Fell. Nachttier. Nährt

sich von kleineren Säugetieren, Vögeln und ihren Eiern.

6 Frettchen *Mustela furo*
Eine gezüchtete Iltisform, die der Mensch zur Jagd auf Wildkaninchen benützt. Die Jäger lassen das Frettchen in den Kaninchenbau eindringen, aus dem die Kaninchen flüchten und ins Netz gehen.

7 Dachs *Meles meles*
In Europa und Asien verbreitet. In den Alpen bis zu einer Höhe von 2000 m ü.d.M. Bewohnt vorwiegend Wälder. Gräbt in der Erde seinen Bau, der aus einem Kessel, einigen Röhren und Luftlöchern besteht. Hält sich gern an trockenen und warmen Stellen auf. Das Weibchen wirft 2–6 Junge. Nachttier. Hält keinen echten Winterschlaf. Verzehrt alles von Insekten bis zu kleinen Wirbeltieren und Waldfrüchten.

2

Familie **Bären** – *Ursidae*

1 Braunbär *Ursus arctos*
In einigen Rassen von Europa bis nach Asien und in Nordamerika verbreitet. In Mitteleuropa selten. In nennenswerten Mengen kommt er derzeit in der Slowakei und in Polen vor. Bewohnt bewaldete Gebirgsregionen, wo er bis zu einer Höhe von 2600 m ü. d. M. auftritt. Seinen Bau hat er in Erdlöchern, unter entwurzelten Bäumen oder in Felshöhlen. Die Männchen sind größer als die Weibchen und erreichen (in Europa) ein Gewicht von bis zu 350 kg. Das Weibchen wirft 2–5 sehr kleine, blinde Junge, die ihre Augen erst nach 4–5 Wochen öffnen. Der Wurf kommt von Dezember bis Februar zur Welt. Zu dieser Zeit liegt das Weibchen im Bau, nimmt keine Nahrung zu sich, hält die Jungen mit den Pfoten an ihrem Körper und wärmt sie. Im Frühjahr, wenn die Jungen vier Monate alt sind, folgen sie ihrer Mutter, die sich zwei Jahre lang um sie kümmert. Im Winter eine lange Schlafperiode von November bis März, es handelt sich jedoch um keinen echten Winterschlaf, da die Körpertemperatur des Tieres nicht sinkt. Wird 35 bis 60 Jahre alt. Allesfresser. Nährt sich praktisch von allem, was er findet: Insekten, Würmer, Kriechtiere, Vögel, Säugetiere bis zur Größe eines Hirsches. Wenn er sehr hungrig ist, überfällt er auch Schafe, ja sogar Kühe. Fängt auch gern Fische und liebt Honig. Im Herbst frißt er vorwiegend Waldfrüchte, Beeren u. ä.

Ordnung **Robben** – *Pinnipedia*

2 Seehund *Phoca vitulina*
Bewohnt die Küstengewässer und Inseln des Nordatlantik und des nördlichen Stillen Ozeans. Gelangt auch in Flüsse, z. B. in die Elbe bis 700 km stromaufwärts. Auch in Deutschlands Nordseeküsten und dem Westteil der Ostsee. Lebt gesellig in Herden. Tagtier. Die Männchen erreichen ein Gewicht von bis zu 150 kg. Tragzeit etwa 340 Tage. Das Weibchen wirft Anfang Juni oder Juli ein oder zwei Junge. Das Junge wiegt 10–15 kg und ist 90 cm lang. Die Jungen werden 4–6 Wochen gesäugt, nach der Entwöhnung nähren sie sich 6 Wochen lang von Garnelen. Das Junge kann sofort nach der Geburt schon tauchen. Ist mit 3–4 Jahren erwachsen. Hält 5–6, ausnahmsweise auch bis 15 Minuten unter Wasser aus. Schläft auch unter Wasser und kommt mit geschlossenen Augen an die Oberfläche, um Luft einzuatmen. Schwimmt mit einer Geschwindigkeit von etwa 17 km, bei der Beutejagd bis zu 35 km je Stunde. Nährt sich vorwiegend von Fischen. Wird bis 30 Jahre alt.

Ordnung **Wale** – *Cetacea*

3 Braunfisch *Phocaena phocaena*
In der Nord- und Ostsee, im Mittelmeer, im Schwarzen Meer, im Atlantischen Ozean und im nördlichen Teil des Stillen Ozeans stark verbreitet. An den Küsten Europas, insbesondere Deutschlands, sehr zahlreich. Kommt oft in den Flüssen stromaufwärts, z. B. im Rhein, der Elbe, der Themse usw. Einige Exemplare leben gesellig. Tragzeit 10–11 Monate. Das Weibchen wirft ein einzi-

3

ges, 6–8 kg schweres Junges. Erwachsene Exemplare werden bis 80 kg schwer. Außerordentlich gefräßig. Nährt sich von Fischen, wie z. B. Heringen, Makrelen und Lachsen. Gerät oft in Fischernetze und zerreißt sie, weshalb er bei den Fischern nicht beliebt ist.

4 Tümmler *Tursiops truncatus*
In der Ost- und Nordsee, im Mittelmeer und Schwarzen Meer, auch im Atlantischen Ozean stark verbreitet. Wird 2,5–3 m lang.

Langgezogene Kiefer. Lebt gesellig, oft in großen Gemeinschaften. Das Weibchen wirft im Spätsommer ein einziges Junges, das es lange säugt. Vorzüglicher Schwimmer. Legt in einer Stunde 35 km zurück. Raubtier. In beiden Kiefern kräftige Zähne. Nährt sich hauptsächlich von Fischen in den oberen Wasserschichten. Frißt außerdem auch Kopffüßer, Mollusken und andere Seetiere. Dort, wo es nur wenig Fische gibt, richten die Tümmler oft beträchtlichen Schaden an und werden deshalb von den Fischern unbarmherzig verfolgt. Während der Brunstzeit kämpfen die Männchen miteinander. Beim Schwimmen springt der Tümmler gern aus dem Wasser.

Alle heimischen Säugetiere sind geschützt!

1

Ordnung **Paarhufer** – *Artiodactyla*

Familie **Schweine** – *Suidae*

1 Wildschwein *Sus scrofa*
In Europa, Asien und Nordafrika stark verbreitet. Bewohnt Wälder mit Unterwuchs. Lebt in Familien und kleinen Herden, nur die alten Männchen – die Eber – sind Einzelgänger. Tagsüber halten sich die Wildschweine im Dickicht versteckt, nachts gehen sie auf Nahrungssuche aus. Tragzeit 16–20 Wochen. Das Weibchen – die Bache – baut ein „Nest" aus Moos und Gras und wirft in ihm 3–12 längsgestreifte Junge. Allesfresser. Bevorzugt Pflanzenkost, frißt Beeren, Früchte, Wurzeln, Gras u. ä. Wühlt aus der Erde auch Würmer, Insekten und kleine Wirbeltiere hervor. Der Eber erreicht ein Gewicht von über 200 kg.

Familie **Hirsche** – *Cervidae*

2 Damhirsch *Dama dama*
Ursprünglich Bewohner des Gebietes des Mittelmeeres und Kleinasiens. Von dort wurde er bereits im 10. und 11. Jahrhundert nach Europa gebracht und in Gehegen als Jagdwild ausgesetzt. Heute stellenweise in größeren Waldbeständen Europas anzutreffen. Lebt gesellig in kleineren Herden oder auch als Einzelgänger. Die Männchen

haben schaufelförmige Geweihe. Das Männchen wird bis zu 125 kg, das Weibchen bis 50 kg schwer. Die Brunst verläuft von Mitte Oktober bis November. Tragzeit etwa 230 Tage. Das Weibchen wirft im Juni oder Juli ein, selten zwei bis drei Junge. Dämmerungs- und Nachttier. Nährt sich von Gras, Feldfrüchten, Eicheln, Baumrinde, Trieben u. ä.

3 Rothirsch *Cervus elaphus*
In einigen Rassen in Europa, Asien, Nordafrika und Nordamerika verbreitet. Bewohnt sowohl Flachland als auch Gebirge. In den Alpen bis zu einer Höhe von 2000 m ü. d. M. Hält sich in Herden von 6–12, selten bis zu 80 Exemplaren auf, die von Leittieren – alten Hirschkühen – geführt werden. in solchen Herden finden sich Hirschkühe und Hirschkälber. Die alten Männchen sind mit Ausnahme der Brunstzeit Einzelgänger oder leben in kleinen Herden unter Führung des stärksten Hirsches. Der Rothirsch hält sich tagsüber verborgen, nachts geht er dann auf Nahrungssuche auf Waldlichtungen, Waldränder, Wiesen oder Felder. Zur Brunstzeit von September bis Oktober leben die Männ-

476

chen einzeln und die stärksten kämpfen miteinander um eine Hirschkuhherde. Tragzeit 231 bis 238 Tage. Die Hirschkuh wirft ein, selten zwei Junge. Das Männchen erreicht ein Gewicht von bis zu 225 kg, das Weibchen 120 kg.

4 Sikahirsch *Cervus nippon*
Ursprünglich Bewohner Nordchinas und Japans. Wurde in Europa in Gehegen und in der freien Natur ausgesetzt. Leben im Flachland und auf Hochebenen. Im Sommer gefleckt. Das Männchen wird 55 kg, das Weibchen 45 kg schwer. Wenig verzweigtes Geweih. Brunstzeit von Oktober bis November. Ein bis zwei Junge im Juni. Wird etwa 20 Jahre alt. Nährt sich, so wie andere Hirsche, von Gras, verschiedenen Feldfrüchten, Trieben, Eicheln, Baumrinde, Zweigen u. ä.

5 Reh *Capreolus capreolus*
In fast ganz Europa und einem Großteil Asiens verbreitet. In den Alpen bis zu einer Höhe von 2400 m. Bewohnt Wälder mit Unterholz, kleine Waldbestände in Feldern, Wiesen mit Buschwerk u. ä. Jedes Reh hat sein Revier. Im Sommer einzeln oder in kleinen Gruppen, im Winter in größeren Rudeln, die von alten Rehgeißen geführt werden. Die alten Rehböcke leben mit Ausnahme der Brunstzeit als Einzelgänger. Gewicht 15–30 kg. Die Rehbrunst findet von Juli bis Anfang September statt. Das Weibchen wirft im Mai oder Juni ein bis zwei, manchmal auch drei Kitze. Das Reh nährt sich von Gras, Trieben, Waldfrüchten usw.

Alle heimischen Säugetiere sind geschützt!

3

4

5

Familie **Hirsche** – *Cervidae*

1 Elch *Alces alces*
In Nordeuropa, Asien und Nordamerika verbreitet. In Mitteleuropa lebt er nicht. Bewohnt große, feuchte Wälder, Sümpfe mit Buschwerk. Im Sommer lebt er als Einzelgänger oder in Familien, im Winter schließen sich 10–15 Exemplare zu einer Herde zusammen. Erreicht ein Gewicht von 600 kg. Das Männchen hat ein sehr großes, schaufelförmiges Geweih. Brunstzeit von Ende August bis Oktober. Tragzeit 35–38 Wochen. Das Weibchen wirft Ende April oder Anfang Mai 1–2, ausnahmsweise auch 3 Junge. Auf Nahrungssuche geht der Elch gegen Abend oder am frühen Morgen. Nährt sich von Trieben, Wasserpflanzen, die er aus dem Wasser holt, kleinen Zweigen usw. Wird 20–25 Jahre alt.

Familie **Rinderartige** – *Bovidae*

2 Gemse *Rupicapra rupicapra*
Bewohnt die Hochgebirgsregionen Europas, östlich bis zum Kaukasus. In den Alpen ist sie bis zu einer Höhe von 3000 m ü. d. M. zu finden. Bewohnt felsige, schwach bewachsene Steilhänge. Klettert ausgezeichnet und springt bis 8 m weit. Lebt mit Ausnahme der alten Männchen in Rudeln, deren Leittier meist eine Geiß ist. Das Männchen wird bis 60 kg, das Weibchen bis 40 kg schwer. Das Gehörn ist bei den Böcken stärker als bei den Geißen. Die Geiß wirft im April bis Juni 1, selten 2–3 Junge. Tagtier. Nährt sich von Gras, Blättern, Trieben u. ä. Wird 15–20 Jahre alt.

3 Steinbock *Capra ibex*
In den Hochgebirgsregionen der Pyrenäen, der Alpen, des Kaukasus und Zentralasiens verbreitet. In den Alpen lebt er oberhalb der Baumgrenze. In Rudeln Geißen, Kitze und junge Böcke. Die älteren Böcke bilden eigene Rudel von bis zu 30 Exemplaren. Die Böcke werden bis 110 kg, die Geißen bis 50 kg schwer. Brunstzeit von Mitte Dezember bis Anfang Januar. Tragzeit 22–23 Wochen. Die Geiß wirft Ende Mai bis Anfang Juni ein, selten zwei Junge. Springt und klettert sehr gut. Nährt sich von Gebirgspflanzen, Blättern, Flechten u. ä. Wird bis 30 Jahre alt.

4 Mufflon *Ovis musimon*
Ursprünglich ein Bewohner Sardiniens, Korsikas und Zyperns. Wurde an vielen Stellen Europas ausgesetzt. Bewohnt hier die Wälder des Hügellandes und der Mittelgebirge. Lebt in Herden von meist 10–20, im Winter von bis über 30 Exemplaren. Hält sich gern in Laub- und Mischwäldern auf. Die alten Böcke leben in separaten Herden, die sehr alten sind Einzelgänger. Der Bock erreicht ein Gewicht von 50 kg. Brunst von Oktober bis Dezember. Tragzeit 21–22 Wochen. Das Muffelschaf wirft Ende März bis Anfang Mai ein, selten zwei Junge. Vorwiegend Nacht-

1

tier, tagsüber selten aktiv. Nährt sich von Gras, Blättern, Trieben usw. Wird 20 Jahre alt.

5 Wisent *Bison bonasus*
Gegen Ende des 18. Jahrhunderts war der Wisent in der freien Natur Europas ausgerottet. Heute wird er in einigen Reservationen und Wildparks gezüchtet. Bewohnt am liebsten Mischwälder mit dichtem Unterholz. Lebt in Herden von 6–40 Exemplaren, die von alten Kühen angeführt werden. Nur sehr alte Bullen sind Einzelgänger. Der Bulle erreicht ein Gewicht von 1800 kg. Brunst im August und September. Tragzeit 40–41 Wochen. Die Wisentkuh wirft meist im Mai oder Juni ein, selten zwei Junge. Tag- und Nachttier. Nährt sich vom Laub der Bäume und Sträucher, kleinen Zweigen, Gras, Baumrinde usw. Wird 30 bis 40 Jahre alt.

2

3

4

5

Weiterführende Literatur

AICHELE, D. & M. GOLTE-BECHTLE: Was blüht denn da?, Franckh-Kosmos Verlag, Stuttgart 1988

AICHELE, D. & H.-W. SCHWEGLER: Blumen der Alpen, Franckh-Kosmos Verlag, Stuttgart 1987

AICHELE, D. & H.-W. SCHWEGLER: Unsere Gräser, Franckh-Kosmos Verlag, Stuttgart 1988

AICHELE, D. & H.-W. SCHWEGLER: Unsere Moos- und Farnpflanzen, Franckh-Kosmos Verlag, Stuttgart 1984

AICHELE, D. & H.-W. SCHWEGLER: Welcher Baum ist das?, Franckh-Kosmos Verlag, Stuttgart 1987

BAEHR, M. & B. BAEHR: Welche Spinne ist das?, Franckh-Kosmos Verlag, Stuttgart 1987

BAUMANN, H. & S. KÜNKELE: Die Orchideen Europas, Franckh-Kosmos Verlag, Stuttgart 1988

BROHMER, P.: Fauna von Deutschland, Quelle & Meyer Verlag, Heidelberg 1984

BRUUN, B.; H. DELIN & L. SVENSSON: Der Kosmos-Vogelführer, Franckh-Kosmos Verlag, Stuttgart 1990

CERNY, W.: Welcher Vogel ist das?, Franckh-Kosmos Verlag, Stuttgart 1984

CORBET, G. & D. OVENDEN: Pareys Buch der Säugetiere, Verlag Paul Parey, Hamburg und Berlin 1982

DELIN, H. & L. SVENSSON: Der Kosmos-Vogelatlas, Franckh-Kosmos Verlag, Stuttgart 1989

DIERL, W. & W. RING: Insekten. Mitteleuropäische Arten, BLV Verlagsgesellschaft, München 1988

DOBRORUKA, L. J.: Die Hundertfüßler (Chilopoda), Die Neue Brehm-Bücherei, Wittenberg Lutherstadt 1971

ENGELHARDT, W.: Was lebt in Tümpel, Bach und Weiher, Franckh-Kosmos Verlag, Stuttgart 1989

ENGELMANN, W.-E.: Lurche und Kriechtiere Europas, dtv und Ferdinand Enke Verlag, Stuttgart 1986

ERHART, J.; M. ERHART; J. KUBICKA & M. SVRECK: Der Kosmos Pilzführer, Franckh-Kosmos Verlag, Stuttgart 1985

FITTER, R.; A. FITTER & M. BLAMEY: Pareys Blumenbuch, Verlag Paul Parey, Hamburg und Berlin 1986

FRIELING, H.: Was fliegt denn da? Franckh-Kosmos Verlag, Stuttgart 1985

GERSTMEIER, R.: Welcher Schmetterling ist das?, Franckh-Kosmos Verlag, Stuttgart 1988

GRUBER, U.: Die Schlangen Europas, Franckh-Kosmos Verlag, Stuttgart 1989

HARDE, K. W. & F. SEVERA: Der Kosmos-Käferführer, Franckh-Kosmos Verlag, Stuttgart 1988

HEINROTH, O. & M. HEINROTH: Die Vögel Mitteleuropas. 4 Bände, Frankfurt a. M. 1966–1968

HEINZEL, H.; R. FITTER & J. PARSLOW: Pareys Vogelbuch, Verlag Paul Parey, Hamburg und Berlin 1983

HOFMANN, H.: GU Naturführer Säugetiere, Gräfe und Unzer, München 1988

HUMPHRIES, C. J.; J. R. PRESS & D. A. SUTTON: Der Kosmos Baumführer, Franckh-Kosmos Verlag, Stuttgart 1987

JAHNKE, K. & B. P. KREMER: Das Watt, Franckh-Kosmos Verlag, Stuttgart 1990

JURZITZA, G.: Welche Libelle ist das?, Franckh-Kosmos Verlag, Stuttgart 1988

KREMER, B. P.: Welches Blatt ist das?, Franckh-Kosmos Verlag, Stuttgart 1989

MATZ, G. & D. WEBER: Amphibien und Reptilien, BLV-Verlagsgesellschaft, München 1983

MEBS, T.: Greifvögel Europas, Franckh-Kosmos Verlag, Stuttgart 1989

MITCHELL, A. & J. WILKINSON: Pareys Buch der Bäume, Verlag Paul Parey, Hamburg und Berlin 1987

MÜLLER, H.: Fische Europas, dtv und Ferdinand Enke Verlag, Stuttgart 1983

NICOLAI, J.; W. RING & K. WOTHE: GU Naturführer Vögel, Gräfe und Unzer, München 1986

POTT, E.: Vögel in Wald, Park und Gärten, Franckh-Kosmos Verlag, Stuttgart 1988

REICHHOLF-RIEHM, H.: Steinbachs Naturführer. Schmetterlinge, Mosaik Verlag, München 1983

ROTHMALER, W.: Exkursionsflora in Deutschland, Berlin 1976

SCHAUER, T. & C. CASPARI: Der große BLV Pflanzenführer, BLV Verlagsgesellschaft, München 1984

SCHMEIL, O. & J. FITSCHEN: Flora von Deutschland und seinen angrenzenden Gebieten, Quelle & Meyer Verlag, Heidelberg 1982

SCHOBER, W. & E. GRIMMBERGER: Die Fledermäuse Europas, Franckh-Kosmos Verlag, Stuttgart 1987

SEDLAG, U. (Hg.): Insekten Mitteleuropas, dtv, Ferdinand Enke Verlag, Stuttgart 1980

SINGER, D.: Die Vögel Mitteleuropas, Franckh-Kosmos Verlag, Stuttgart 1988

STREBLE, H.: Was find ich am Strande?, Franckh-Kosmos Verlag, Stuttgart 1990
STRESEMANN, E.: Exkursionsfauna von Deutschland. Wirbellose I, Berlin
STRESEMANN, E.: Exkursionsfauna von Deutschland. Wirbeltiere, Berlin
TAUSCHER, H.: Unsere Heuschrecken, Franckh-Kosmos Verlag, Stuttgart 1986

WITT, R.: Wildsträucher in Natur und Garten, Franckh-Kosmos Verlag, Stuttgart 1989
ZAHRADNIK, J. & CIHAR, J.: Der Kosmos Tierführer, Franckh-Kosmos Verlag, Stuttgart 1986
ZAHRADNIK, J.: Der Kosmos-Insektenführer, Franckh-Kosmos Verlag, Stuttgart 1989

Register der Pflanzen- und Tiernamen

Aus zwei Worten bestehende und auch durch Bindestrich zusammengefügte deutsche Namen werden aus Platzgründen nur unter dem Gattungsnamen aufgeführt, z.B. „Akelei, Gemeine" und „Akelei, Wald-" statt „Gemeine Akelei" und „Wald-Akelei".

kosmos Naturführer

DIE PRAKTISCHEN BIOTOPFÜHRER

kosmos Naturführer
Bruno P. Kremer
Naturspaziergang Wald
Beobachten – Erleben – Verstehen

kosmos Naturführer
Bruno P. Kremer
Naturspaziergang Wiese
Beobachten – Erleben – Verstehen

kosmos Naturführer
Ralf Blauscheck
Naturspaziergang Am Wasser
Beobachten – Erleben – Verstehen

Bruno P. Kremer

Naturspaziergang Wald

Interessante Spaziergänge
verspricht dieser Biotop-
führer mit seinen zahl-
reichen Anregungen zum
eigenen Entdecken.
Verständliche Texte und
eindrucksvolle Farbbilder
lassen ein faszinierendes
Bild vom Lebensraum Wald
entstehen.
128 Seiten, 144 Abb., geb.
ISBN 3-440-06024-1

Bruno P. Kremer

Naturspaziergang Wiese

Dieses Buch vermittelt in
Themen rund um die Wiese
Anregungen und Ent-
deckungen, die weit über
das reine Kennenlernen der
Tier- und Pflanzenarten
hinausgehen.
128 Seiten, 151 Abb., geb.
ISBN 3-440-06025-X

Ralf Blauscheck

Naturspaziergang Am Wasser

Gewässer, lebenswichtiger
Bestandteil unserer Um-
welt, sind in ihrer Existenz
bedroht, deshalb wird die
Kenntnis ihrer Tier- und
Pflanzenwelt immer dring-
licher. Dieser Biotopführer
verdeutlicht ökologische
Zusammenhänge, gibt Tips
für Beobachtungen und
eigene Erkundungen.
128 Seiten, 148 Abb., geb.
ISBN 3-440-06023-3